高等教育改革发展专题观察报告

（2017）

中国高等教育学会　组编

北京理工大学出版社
BEIJING INSTITUTE OF TECHNOLOGY PRESS

图书在版编目（CIP）数据

高等教育改革发展专题观察报告．2017/中国高等教育学会组编．—北京：北京理工大学出版社，2018.3

ISBN 978－7－5682－5402－1

Ⅰ．①高…　Ⅱ．①中…　Ⅲ．①高等教育－教育改革－研究报告－中国－2017　Ⅳ．①G649.21

中国版本图书馆CIP数据核字（2018）第046429号

出版发行／北京理工大学出版社有限责任公司
社　　址／北京市海淀区中关村南大街5号
邮　　编／100081
电　　话／（010）68914775（总编室）
　　　　　（010）82562903（教材售后服务热线）
　　　　　（010）68948351（其他图书服务热线）
网　　址／http：//www.bitpress.com.cn
经　　销／全国各地新华书店
印　　刷／虎彩印艺股份有限公司
开　　本／787毫米×1092毫米　1/16
印　　张／24
字　　数／533千字
版　　次／2018年3月第1版　2018年3月第1次印刷
定　　价／98.00元

责任编辑／张慧峰
文案编辑／张慧峰
责任校对／周瑞红
责任印制／王美丽

编委名单

提升政治站位　找准职责定位　推动工作进位
努力开创中国高等教育学会工作新局面
——在中国高等教育学会第七次会员代表大会上的讲话

（代 序）

杜玉波

（2017 年 7 月 4 日）

各位会员代表，各位理事、常务理事，同志们：

这次大会选举我担任第七届中国高等教育学会会长，我衷心感谢部党组和各位代表、各位理事的充分信任。刚才，蕙青副部长代表部党组作了讲话，对新一届学会工作提出了明确要求，这使我们对学会的未来充满了信心和希望。

中国高等教育学会已经走过了 34 年的光辉历程。自 1983 年成立以来，在第一、第二届会长蒋南翔，第三届会长何东昌，第四、第五届会长周远清，第六届会长瞿振元的领导下，取得有目共睹的成绩，在高等教育战线赢得了很高的声誉和影响力，为繁荣发展我国高等教育事业发挥了独特而重要的作用。刚才，瞿振元同志对过去五年的工作作了全面回顾，系统总结了学会工作的基本经验。瞿振元同志担任会长的五年间，以出色的领导才能、勤勉的工作精神，与各位副会长一道带领第六届高教学会理事会，在促进高等教育行政决策科学化民主化，服务高等教育事业科学发展等方面开展了大量卓有成效的工作，为学会今后的工作打下了坚实基础。在此，我要向瞿振元会长、各位副会长和第六届高教学会理事会全体同志，表示衷心的感谢和崇高的敬意！

我深知，高教学会会长这个岗位，担子不轻，责任重大。我一定认真学习贯彻习近平总书记系列重要讲话精神，牢固树立政治意识、大局意识、核心意识、看齐意识，坚决贯彻部党组决策部署，发挥好政治上把关、工作上明向、业务上指导的作用，尽心尽力、尽职尽责，不负重托、不辱使命，努力为开创高教学会工作新局面、助力我国高等教育事业发展作出自己的贡献。

借此机会，我想就学习贯彻落实好部党组决策部署和蕙青同志讲话要求，做好第七届学会的工作，与大家交流一些想法。主要围绕“站位、定位、进位”这三个关键词，讲三点意见。

一、提升政治站位，把握办会方向

不谋万世者，不足谋一时；不谋全局者，不足谋一域。做好学会工作，需要我们从全局出发，向前展望，知道我们在哪里、要往哪里去。事在四方，要在中央。把握好学会工作的站位和方向，关键是要提升政治站位，解决好我们高教工作者的思想认识和政治立场问题，做到心中有党、心中有人民、心中有教育事业。

我们说，提升政治站位，首要的是用习近平总书记的教育思想武装头脑、指导实践、推动工作。作为中国特色社会主义理论体系的最新成果，作为马克思主义在当代中国的新发展，总书记系列重要讲话已形成了一个系统完整、逻辑严密的科学理论体系。其中，总书记的教育思想特别是关于高等教育的重要论述，是总书记治国理政新理念新思想新战略中不可或缺的一项重要内容，为我们推进新时期高等教育改革发展提供了科学理论指导和行动指南。我们学习贯彻总书记的教育思想，就是要把“四个服务”作为历史使命，更加深刻地理解高等教育服务国家、服务人民的目标追求，使高等教育的发展方向始终同国家发展的现实目标和未来方向联系在一起；就是要把“四个坚持”作为行动纲领，更加清醒地把握中国特色社会主义大学的办学路径，肩负起人才培养、科学研究、社会服务、文化传承创新、国际交流合作的重要使命；就是要把扎根中国大地作为核心要求，更加自信地坚定走自己的发展道路，扎根中国、融通中外，立足时代、面向未来，努力提升我国高等教育综合实力和国际竞争力；就是要把坚持党的领导作为根本保证，全面加强和改进高校党的建设和思想政治工作，为高等教育改革发展提供坚实保障。

我们说，提升政治站位，还必须在高等教育改革发展新形势下坚定信心、保持定力、开拓奋进。以习近平同志为核心的党中央作出了一系列重大战略决策，为我国高等教育实现新一轮跨越式发展创造了重要机遇。

从外交政策来看，“一带一路”国际合作高峰论坛成功召开，以和平合作、开放包容、互学互鉴、互利共赢为核心的丝路精神在世界赢得广泛共识。随着中国越来越迈向世界舞台中央，高等教育“走出去”、深化国际交流合作的外部环境不断优化。

从区域经济发展政策看，京津冀协同发展战略、长江经济带发展战略两大区域性发展战略向纵深推进。作为千年大计、国家大事的雄安新区设立，成为继深圳经济特区、上海浦东新区之后又一具有全国意义的新区。我国高等教育正面临着对接国家和区域经济社会发展战略、享受政策红利的全新机遇。

从教育政策看，中央作出加快建设世界一流大学和一流学科的战略决策，吹响了中国大学冲刺世界前沿的号角。中央全面深化改革领导小组第三十五次会议审议通过了《关于深化教育体制机制改革的意见》，明确提出统筹推进育人方式、办学模式、管理体制、保障机制改革，使各级各类教育更加符合教育规律和人才成长规律。《中国教育现代化 2030》正在抓紧研制。全国教育大会正在紧张筹备。我国教育面向现代化目标的新一轮跨越蓄势待发。

概括以上两个方面，说到底，提升政治站位，就是要牢固树立“四个意识”，不断坚定“四个自信”，始终在思想上政治上行动上同以习近平同志为核心的党中央保持高度一致，紧紧围绕高等教育服务“四个全面”战略布局和“五位一体”总体布局的各项任务，推动学会各项工作再上新台阶。这是一个基本前提，也是根本政治要求，必须成为我们的思想自觉和行动自觉。

二、找准职责定位，把握服务面向

实践出真知，妙理贵躬行。怎么找准职责定位？学会要秉承“推动教育科学研究、服务教育改革发展实践”的办会定位，践行“开拓创新、求真务实”的工作作风，遵循“研究、咨询、中介、服务”的办会宗旨，成为党和国家联系各高校、广大高等教育工作者的重要桥梁和纽带，成为建设中国特色现代高等教育体系中不可或缺的重要组成部分，成为推动高等教育科学研究的重要方面军。这是学会章程明确的，也是我们必须坚持和发扬的。怎么把握好服务面向？就是要紧紧围绕高教学会的八项基本职能，把握好现阶段各项重点任务，明确需要做好的工作，重点做好“四个服务”。

第一，服务我国高等教育事业的改革发展。高等教育学会的一切工作，都要服从和服务于我国高等教育改革发展的大局，聚焦在高等教育立德树人、提升质量、改革创新等目标任务的落实上。

一要聚焦于“中国特色”这个根本特征。中国的高教工作者应以梳理和回应中国高等教育面临的实践问题为己任，形成中国特色的高等教育理论成果。这就要求我们必须深入研究如何加强和改善党对高校思想政治工作的领导，把牢高校意识形态工作主导权；深入研究如何培育践行社会主义核心价值观，贯穿结合融入高校办学育人全过程；深入研究如何树立中国特色高等教育自信，彰显高等教育文化功能和属性。

二要聚焦于“立德树人”这个根本任务。在座各位都是高等教育的组织者、实践者、推动者，要更加深入地认真研究如何把提高人才培养能力作为高校工作的核心点，回归和坚守教书育人本位，为中国特色社会主义事业源源不断培养德才兼备的优秀人才；认真研究如何把实施素质教育作为重要路径，创新人才培养机制，探索培养学生终身学习发展、创新性思维、适应时代要求关键能力的有效途径；认真研究如何把加强教师队伍建设作为有力抓手，引导广大教师成为先进思想文化的传播者、党执政的坚定支持者、学生成长的指导者和引路人。

三要聚焦于“提高质量”这个战略主题。“十三五”规划以“提高教育质量”为主题明确未来五年教育工作的重点任务。我们要把提高质量作为办好中国特色社会主义大学的核心任务，着力研究如何探索分类发展之路，优化调整学科专业、层次、区域等布局结构，引导高校在不同类型和层次上办出特色、各展所长；着力研究如何主动融入移动互联网、人工智能等快速发展的信息化潮流，促进高等教育内容、方法和手段现代化；着力研究如何建立完善质量标准，改进教学评价，形成全面科学的高等教育质量保障体系。

四要聚焦于“深化改革”这个根本动力。只有在破除制约科学发展的体制机制障碍上持续努力、久久为功，才能最大限度地增强高校的办学活力。要持续研究如何调整和改革高等教育管理体制机制，推进高等教育治理体系和治理能力现代化；持续研究如何在考试招生制度改革上取得有效突破，探索形成分类考试、综合评价、多元录取的考试招生模式；持续研究如何深化高等学校办学体制改革，形成公办和民办高等教育共同健康发展的格局。

以上四个方面12个问题（其实还不限于这些问题），会后请秘书处组织有关专家进行充分论证和广泛讨论。如果能形成一定程度的共识，建议就作为学会下一步课题研究的重点，鼓励各高校、各分会积极择题研究，请在座的领导和专家加强指导，真正产出一批有价值、能应用、解难题的研究成果，为高等教育改革发展出大主意、出好点子。

第二，服务政府部门的宏观决策。当前，我国高等教育事业发展进入“由大到强”的新阶段，高等教育发展的基础条件前所未有，毛入学率2016年已达到42.6%，建成了世界上规模最大的高等教育体系，再过几年就要达到50%，进入普及化阶段；对高等教育的需求强度前所未有，人民群众对优质、多样化高等教育的需求日益强烈，从“上大学”到“上好学”，成为人民群众对于高等教育的新期待；对高等教育的重视投入前所未有，国家先后出台了“双一流”建设的总体方案和实施办法，不断加大对高等教育的支持投入力度；随着各项改革不断深入，各级政府适应形势需要进行决策调整和出台政策文件的挑战压力也前所未有。据统计，“十二五”期间，国家共出台相关的重大教育政策文件超过700个，在高等教育领域涉及学科专业结构调整、创新创业教育、优化高等教育资源配置和区域布局、创新科研管理体制机制等多方面。在出台这些政策的过程中，要做到科学决策、民主决策，必须要开展好政策制定前的基础研究，政策实施中的观察和纠偏，政策实施后的效果评估和反馈研究等。高等教育学会团结凝聚了一批专家学者，并有覆盖众多的管理领域和专业领域的分支机构，有条件有能力协调有关力量开展调查研究，对政府部门出台的一些教育政策、重大举措进行评估并提供重大政策建议，为建立完善教育政策体系提供决策参考。

第三，服务高等学校的办学治校。高等教育学会的工作既要顶天，也要立地；既要有着眼国家发展“时与势”的宏观格局，也要有探究学校办学“是与非”的问题导向。我认为，高校管理者和大学教师的普遍思虑和现实诉求，应当成为高教学会工作的基本着眼点和涵育发展的最佳养分。比如，在推进高等教育“放管服”改革上，既要积极为政府“放好权”提供决策咨询，也要为高校“用好权”提供有效政策建议。这就要求我们扑下身子深入高校研究依法依章程自主办学过程中可能遇到的困难问题，进一步发挥好作为第三方机构对高校评价监督指导的功能和作用。再比如，在服务高校“双一流”建设上，既要贯彻中央决策部署，深入研究建设标准和条件，探索形成操作性强、认可度高、适用性广的中国特色“双一流”高校评价指标体系；也要协助高校寻找有效建设路径，深入研究国际高等教育发展共同特征，结合学校办学具体实际完善方案，加快一流大学和一流学科建设步伐，早日实现建设目标。

第四，服务高等教育学术研究的理论探索。高等教育的发展需要坚持理论先行。实践证明，无论是高等教育结构布局的调整，还是高等教育教学内容和课程体系的更新、推动高等教育强国建设，高等教育的每一步进程和重大举措，背后都有理论探索的力量。高教学会覆盖众多学科领域，具有广泛的群众性，要自觉担负起以理论创新服务决策、指导实践的重任。为此，要更好地把提升学术研究水平与加强学术平台建设统一起来，以全国性学术团体的学术活动示范引领各地各层面研究工作，以高水平的研究成果支撑学术平台建设，切实发挥思想库、智囊团的作用；要更好地把理论创新和指导实践统一起来，课题选题突出前瞻性、战略性、应用性，加强宏观政策和发展战略研究，加强具体政策机制和典型案例研究，加强教育教学改革和体制机制创新研究；要更好地把学术追求与学术规范、社会责任统一起来，树立优良学风，严格标准、严把质量、多出精品，不断丰富和发展中国特色社会主义高等教育思想理论体系。

三、推动争先进位，把握工作导向

大道至简，实干为要。不断加强和改进自身建设，是高等教育学会生存和发展的基础。第七届理事会要继续坚持和发扬学术立会、服务兴会、规范办会、创新强会的优良传统，把加强学会自身建设作为推进工作的基本立足点，下真功夫、下苦功夫、下巧功夫，以坚定信念、扎实工作和良好形象为学会开拓事业、壮大力量、赢得地位。

一是把繁荣学术思想作为立会之本。作为高等教育学术研究的国家队，学会要把繁荣学术思想作为重要职责，充分发挥学术研究和理论创新方面的引领示范作用。要旗帜鲜明地坚持以马克思主义为指导，自觉把中国特色社会主义理论体系贯穿于学会研究和各项工作的全过程，转化为清醒的理论自觉、坚定的政治信念、科学的思维方法。要创新学会思想政治工作方式方法，加强和改进学会党的建设，全面贯彻落实党的教育方针，把高教领域广大知识分子凝聚在党的周围。要坚持百花齐放、百家争鸣、推陈出新，鼓励大胆探索、发扬学术民主、尊重差异、包容多样，鼓励学术争鸣、相互切磋、平等讨论，营造繁荣发展的良好学术氛围。

二是把提供高端服务作为兴会之源。新修订的《学会章程》，提出要把学会建设成中国特色新型智库。智库是要出思想、出成果、出人才的，智库建设这个目标要靠不断提高学会的服务质量和价值贡献来实现。要继续深化研究服务，以推进高等教育现代化进程中的重大理论和现实问题为主攻方向，加强问题研究，关注实践、立足实践，积极回应社会关切。要提供优质咨询服务，积极参与战略问题和公共政策研究咨询，通过提供政策研究、决策评估、政策解读以及咨询报告、调研数据、规划设计、意见建议等多元化咨询产品，服务党和政府科学民主决策。要参与高等教育行业治理，落实深化高等教育“放管服”改革要求，积极承接政府职能转移，进一步发挥社会组织服务国家、服务社会、服务群众、服务行业的重要作用。

三是把完善标准规范作为办会之纲。目前，学会拥有 29 个省级高教学会、16 个行业高教学会、12 所大学高教学会、66 个分支机构，组织网络规模大、人员数量多。要推动机构清理，通过明确标准、加强规范，让人员机构各得其所，强化机构间协同联络合作，充分发挥作用。要建强工作队伍，加强人才培养和引进，完善人事管理和激励机制，充分调动学会会员和工作人员的积极性、主动性。要加强制度建设，推动学会内部制度的立、改、废、释工作，绷紧制度约束的“高压线”，夯实依法依规办会的制度基础。要强化内部管控，坚决落实中央八项规定精神，驰而不息反“四风”，对于不节俭办会、不规范办会的行为要立即纠正、坚决制止，营造廉洁、高效、向上的办会风气。

四是把推动创新合作作为强会之要。学会工作要充分依托高等教育战线，不能搞单兵突进，要以开放包容的胸怀，主动加强沟通联络，不断拓宽合作范围，激发自身活力。要加强与大学合作，及时掌握高等学校办学治校的最新前沿动态，构建与大学长期良性的合作互动机制。要深化与地方政府合作，结合推进京津冀协同发展、长江经济带等国家战略，推动高等教育与区域经济社会协调发展。要探索推动国际合作，积极推动学会“走出去”，坚持“国际视野、中国道路”的研究理念和模式，着力打造具有国际影响力的高等教育智库，为我国高等教育在全球治理舞台亮相和发声发挥更大作用。

各位代表、理事，同志们！功崇唯志、业广唯勤。高等教育学会的事业非一日之功，要靠在座各位代表、各位理事一起共同持久地努力。让我们紧密团结在以习近平同志为核心的党中央周围，坚决贯彻落实教育部党组各项决策部署，以更坚定的信心、更坚韧的勇气、更强大的智慧，解放思想，开拓进取，同心同德，务实奉献，为加快推动我国教育现代化进程、建设高等教育强国，为实现“两个一百年”奋斗目标和中华民族伟大复兴的中国梦作出新的更大贡献！

目　　录

第一章

发展院校研究
建立治理决策支持系统

——院校研究分会专题报告

党的十八届三中全会指出，“全面深化改革的总目标是完善和发展中国特色社会主义制度，推进国家治理体系和治理能力现代化”，要“完善学校内部治理结构”。学校治理指学校内外利益相关者参与学校重大决策的结构和过程。可见，决策是学校治理的关键性因素，科学决策十分重要。决策体系一般包括决策系统、监督系统、执行系统和决策支持系统。决策支持系统是决策体系的重要组成部分。要发展院校研究，建立高校决策支持系统势在必行。

我国高校决策支持系统建设的现状如何？近几年来，院校研究分会通过多种方式进行了调研，特别是从 2014 年 5 月起，历时一年多，通过问卷调查、访谈、询问等多种方式，首次对全国 878 所高校高教研究机构进行了一次全面、深入调研。调研发现，决策支持系统不健全，是我国高校决策体系中存在的一个突出问题。

一、建立高校决策支持系统重要性

对决策支持系统，不同的学科有不同的理解。我们认为，决策支持系统为决策者提供所需数据、信息和背景资料，帮助决策者明确决策目标和进行问题的识别，建立或修改决策模型，提供各种备选方案，并且对各种方案进行评价和优选，为决策提供必要的支持。决策支持系统主要包括三个主要方面：数据、数据系统；知识、技术；人员、机构。决策支持系统是决策体系的重要组成部分。

高校决策中的决策支持系统具有特殊重要性，其重要性主要体现在两个方面。

一方面，高等教育“管、办、评”分离，学校拥有更大的办学自主权。过去，政府管大学、办大学、评大学，实行“放、管、服”结合，高校主要是执行上级决定，重大问题不需要自己决策，因而也不需要决策支持系统。现在，高等教育实行“管、办、评”分离，“管、办、评”分离已成为高等教育综合改革的突破口。高校办大学，拥有比较充分的办学自主权。办学中的重大问题需要自己决策。大学之间，办学的定位、目标不同，学科结构、人员结构不同，历史、文化传统不同，每一所大学都不可能照搬别的大学的经验，需要创造，在创造中决策。这种决策需要比较充分的决策支持。

另一方面，高校决策由于其自身的特点，具有其特殊的复杂性。我们在研究中，将高校决策的特点概括为五个方面：

第一，高校决策是为学术自由创造条件的决策。高校是学术组织，主要任务是传播知识、创造知识、培养人才。学术活动的过程是一个创造过程。而学术自由加求知等于创造。学术自由是创造的前提，没有学术自由就没有创造。学术自由是学术组织的生命力所在。因而，大学决策要为学术自由创造条件。

第二，高校具有学术、行政、综合三种决策。高校的权力特征之一是学术、行政二元权力结构，学术、行政两种权力具有明显的不同特征，相应的决策也有各自的特点。根据高校决策对象、决策主体及权力结构不同，其决策有学术、行政、综合三种决策。对纯学术问题，只需要进行真伪判断，通过学术组织，进行学术决策。对于纯行政问题，只需要进行利益、利害判断，通过行政组织，进行政策决策。学校的大量问题，既需要作出真伪判断，又需要作出利害、利益判断，需要学术、行政共同进行综合决策。

第三，高校决策容易脱离根本目的。在高校现实的决策中，由于其特殊的环境、条件、组织结构，追求“成人的无限目的”容易被“适应政治需要和经济生存的有限目的”所取代，决策往往容易远离根本目的。

第四，高校决策容易在两极中徘徊。高校的很多现象，常常呈现出两极的状态，如理性与人性，个体本位与社会本位，学术型与应用型，适应社会与超越社会，等等。由于决策者价值取向的多元，以及非此即彼的思维方式等原因，决策中容易抓住一极，或者在两极中徘徊。面对如此复杂的现象，高校决策不能停留在经验决策，必须进行科学决策，提供有力的决策支持。

二、高校决策支持系统的现状分析

决策支持系统主要包括数据、数据系统，知识、技术，人员、机构三个方面。

在数据、数据系统方面，近几年来，虽然数据系统建设取得了一定进展，但问题仍然不少，如：国家级的教育数据库尚处于建设之中；大学的业务数据库互不连接，形成信息孤岛，导致数据分散、不一致；部分数据不公开，处于保密状态，研究人员不能取得相应的数据；大学基本没有建立起自己的分析数据库。

在知识、技术方面，决策的有关理论、知识比较零散，缺乏创新；高等教育理论有待深入探究；信息技术中，数据挖掘、在线分析处理、数据汇报等，几乎处于空白。

决策支持系统建设的重点在人员、机构，有了健全的机构和高水平的人才，就会努力去探索高等教育理论、决策理论、相关信息技术，也能推进数据库的建设。现在，与高校决策支持系统有关的部门是高教研究机构和发展规划处。以下重点介绍对高教研究机构调研的状况。

（一）高等教育研究机构的基本状态

（1）机构名称。被调查高校的高等教育研究机构名称多达 48 种，其分布比例如图 1.1所示。其中，“高等教育研究所”是最为常见的机构名称，有 293 所高校的高教研究机构用了这个名称，占 57%。

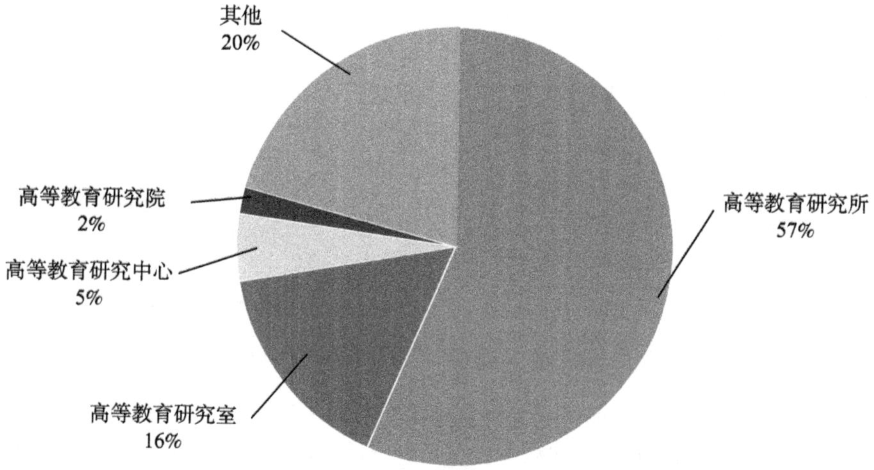

图 1.1　高等教育研究机构各种名称所占比例

（2）人员规模。表 1.1 显示，514 所高教研究机构共有研究人员 4 578 人，专职人员与兼职人员的数量及所占比例大致相当。在专职研究人员中，正高职称者为 1 586 人，其中教授 1 075 人，研究员 511 人。

高等教育研究机构人员规模的分布情况见表 1.2。

表 1.1　高等教育研究机构人员规模

类别	总数/人	平均数/人
研究人员	4 578	8.9
专职人员	2 311	4.5
兼职人员	2 267	4.4

表 1.2　高等教育研究机构人员规模分布　　%

类别	0 人	1～3 人	4～6 人	7～9 人	10 人及以上	合计
专职人员数	7	44	31	11	7	100
兼职人员数	45	22	10	6	17	100
专职教授数	31	51	11	3	4	100
专职研究员数	62	31	4	2	1	100

（3）隶属关系。高等教育研究机构大多由校领导直接主管。如图 1.2 所示，33% 的高等教育研究机构由主管教学的副校长领导，27% 由校长直接领导。高等教育研究机构的主管领导还包括主管科研的副校长（占 11%）、党委书记（占 9%）等。

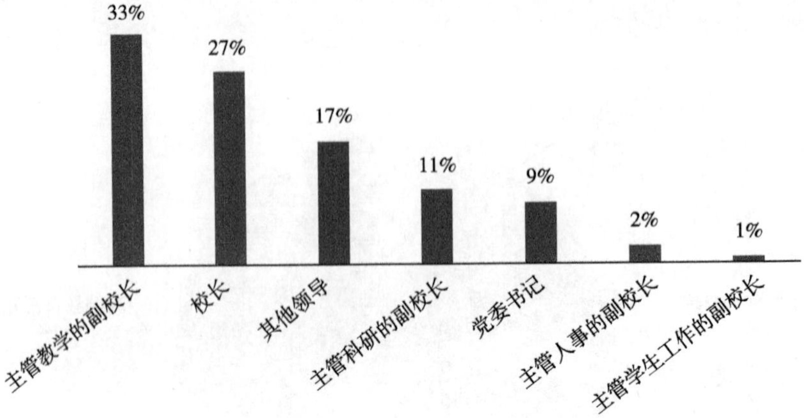

图 1.2　高等教育研究机构的主管领导分布图

（4）服务对象。高等教育研究机构的服务对象主要是校领导、教务部门及规划部门（有关数据见图 1.3）。50% 及以上的被调查者表示，他们经常与校领导、教务部门及规划部门进行互动。

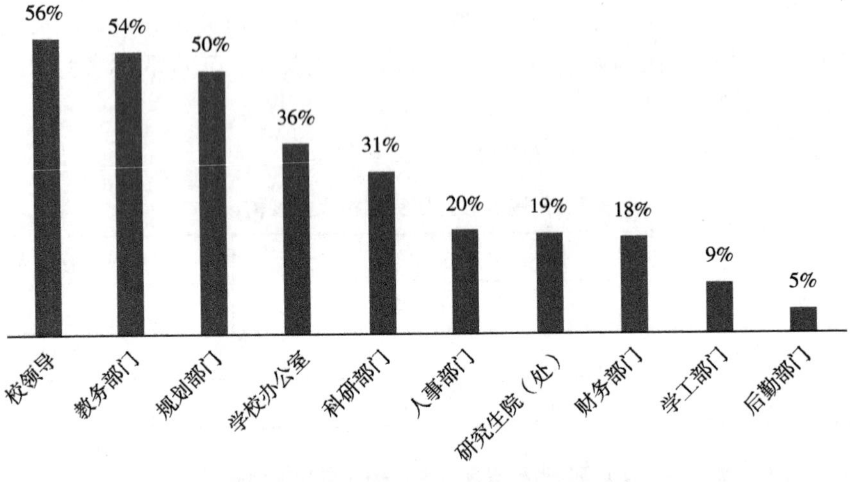

图 1.3　高等教育研究机构的服务对象（与校领导及职能部门的互动频率）

（5）基本职能。图 1.4 显示，院校研究已成为大部分高等教育研究机构的主要任务，高教研究机构的研究成果以应用性成果为主，或兼具学术性与应用性。

高教研究机构开展院校研究的方式多样，主要包括：受学校领导委托开展专题研究（83%），参与制订学校发展规划（61%），收集与分析学校运行数据（60%），参与教学评估（58%），为领导撰写报告、讲话稿（54%）等（见图 1.5）。

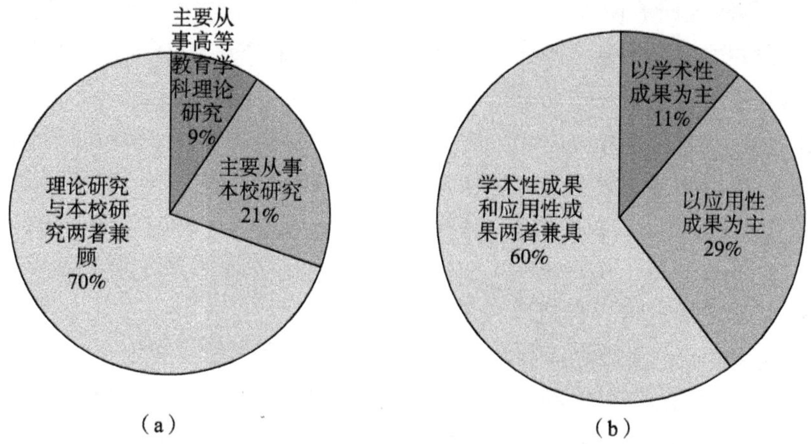

图 1.4　高等教育研究机构的研究任务与研究成果

（a）研究任务；（b）研究成果

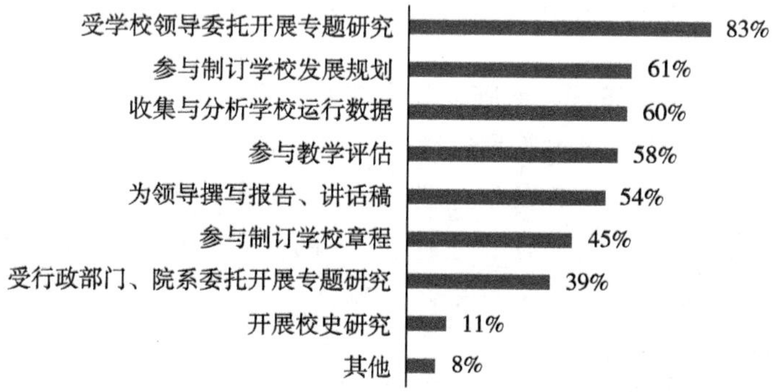

图 1.5　高等教育研究机构开展院校研究的方式及所占比例

（二）高等教育研究机构的主要工作内容

1. 从事高等教育学学科建设，培养高教研究和管理人才

少数综合实力较强、以学术为导向的高等教育研究机构，具有高等教育学或相关学科的博士学位授予权，其主要工作内容是建设高等教育学及相关学科，开展高等教育学术研究，培养高层次、高素质的高等教育研究和管理人才；还有部分学校具有高等教育或相关学科的硕士点，既开展学术研究、培养人才，也开展应用研究。

在 514 所建立了高等教育研究机构的学校中，有 100 所学校设有高等教育学硕士点，占 19%；109 所学校设有教育经济与管理硕士点，占 21%；20 所学校设有高等教育学或教育经济与管理博士点，占 4%。每年都有一批高等教育学博士、硕士走上工作岗位。一批获得高等教育学博士学位的人才，担任大学党委书记、校长以后，自觉地运用高等教育理论指导自己的工作，带头开展研究，推进学校发展；一些富有远见的大学领导，重视引进高等教育学及相关学科的博士、硕士到学校机关职能部门工作，推进职员的专业化发展。

2. 立足本地，为地方政府提供决策咨询服务

部分高教研究机构以地方高等教育为研究对象，为地方政府提供决策咨询服务。例如，济南大学高等教育研究院面向山东，建立高等教育数据库，融研究、咨询、服务为一体，对山东高等教育展开研究，为其发展提供咨询。湖北省高校高等教育研究人员在省高教学会的统一组织下，围绕人才培养、教师聘用、领导决策等主题，在深入调查的基础上，集中开展研究，提出对策和建议，供省政府和省教育厅决策时参考。广州大学高等教育研究所完成了广州市的“十一五”“十二五”高等教育规划起草，参与制定广州市“十三五”高等教育规划，还参与研制广州市教育城镇发展规划。这些研究都取得了比较好的效果。

3. 为学校决策提供支持，促进高校健康发展

问卷调查结果显示，多数高等教育研究机构参与了学校发展规划、学校章程的调查研究、撰写，发挥了一定的作用。部分学校的高教研究机构，在开展院校研究的过程中，采取与学校职能部门合作的工作方式，从而使高教研究更加贴近学校发展的实际需要。如华南理工大学高等教育研究所与研究生院联合开展人才培养类型改革、专业学位标准及基本要求等方面的研究。华东师范大学高等教育研究所与发展规划处合作，设计学校综合改革方案，制定学校章程；与研究生院协作，撰写研究生发展报告。这些研究有力地推动了学校的改革和发展。

4. 普及教育理论，推动干部、教师参与高等教育研究

高等教育的健康发展必须遵循教育规律，学校干部、教师应当努力学习教育理论。许多高教研究机构采用多种方式，普及教育理论，交流教育改革的成果和体会，做了不少工作。例如，编印《决策参考》《高教信息》《每日高教要闻》等，向干部、教师推荐有关文章，供学习参考；邀请国内外的教育专家，给干部、教师做专题报告；举行多种形式的研讨会、沙龙，进行交流探讨等。

通过拨出专款，以课题招标的形式，吸引干部、教师参与教育研究。例如，中国地质大学（武汉）、华中农业大学等高校，每年拨出 10 万～30 万元，根据本校所要研究的问题，列出若干项目，由高等教育研究机构具体组织，进行课题招标。干部、教师对高等教育问题的研究，是学习教育理论的过程，也是研究和解决学校发展问题的过程。设立院校研究课题，增加了高教研究机构与学校职能部门之间的互动，促进了行政人员对本校问题的研究，营造了一种围绕学校实际问题、提出改革方案和政策建议的良好研究氛围。

（三）高等教育研究机构面临的突出问题

1. 高教研究机构在学校的地位不高、作用有限

通过调查发现，我国目前有 4 578 名高教研究人员在 514 所高教研究机构工作，这是一支庞大的研究队伍，理应在推动学校决策的科学化和学校管理的现代化方面发挥重要作用。但事实上，除了少数按学术化道路发展的重点大学的高教研究机构以外，大部分普通地方本科院校的高教研究机构经常处于“彷徨”之中，没有找准发展的路径，在学校的地位不高，作用有限。部分研究人员表示，高教研究机构“不汤不水，不学术不行政”“没有职能，不接地气”“苟延残喘，生存艰难”；一些学校似乎认为高校研究人员“有了不多，没有也可以”“高教研究发展 30 年了，一直没有找到一条妥当的路，这是我们做高教研究的人，应该认真考虑的问题”。

有的校领导也认为高教研究机构的成果难以起到应有的作用，“高教研究的人发表文章那么多，很少能有说到点子上去的。往往看了几篇就看不下去了。”“有的研究人员连高等教育的门都没有摸着，怎么研究高等教育。”“他们的研究在云端上，飘在哪里，上不接天，下不接地。”“高等教育研究所在学校没有什么发言权。”有些校长埋怨：“他们（高教研究人员）不关注、不研究学校的问题。”

2. 高教研究机构名实不符，设置随意、分散

问卷调查显示，在高等教育研究机构的名称方面，机构名称里有“高等教育研究”六个字的，占高教研究机构80%以上，如高等教育研究所、高等教育研究室、高等教育研究中心、高等教育研究院等。高等教育研究的内容广泛，可以进行学术研究，开展宏观高等教育研究、院校研究，等等。调查发现，在设立了高教研究机构的514所高校中，在机构职能方面，只有9%的高教研究机构主要从事学术研究；在研究成果方面，只有11%的高教研究机构的研究成果以学术性成果为主，如图1.4（b）所示。而从应然来看，高等教育的学术研究，也不需要太多的高校去做。无论从应然，还是实然，高校的高教研究机构，多数应进行院校研究。调查表明，大多数高校已经着手开展院校研究的工作，如果将机构名称由高等教育研究机构改为院校研究机构，则名副其实，才能更好地起到引导作用。

我国高校职能部门的设置比较随意，没有一定的规范。大部分高校的高教研究职能在校内比较分散，相关部门之间缺乏协同，没有形成研究的合力。教育部开展本科教学评估，高校相应设置教学评估机构；教育部强调制订战略规划，高校纷纷设置发展规划处；教育部强调教师发展，高校开始设置教师发展中心。这些机构的主要职责是对学校状况、趋势、发展的研究，这些研究应该也是院校研究机构的重要内容之一。这些机构的设立，不仅职能与院校研究的职能相通，而且也使学校办公室、教务处等将职责范围内的事也往这些机构推，致使对学校发展和管理研究的力量分散，资源配置不当。

3. 部分高教研究工作的科学性和有效性有待提高

许多高教研究机构没有具体职能，在实际工作中，主要从事的是秘书性的经验总结工作，相当于校领导的“第二套秘书班子”，很难提出有效的决策咨询建议。有的高教所研究人员说：“高教所设立的初衷是为学校的决策咨询服务的，但中国的高教所往往都走不到这一步，原因是高教所没有具体职能，所以研究人员其实相当于校领导的秘书角色。”有的高教所研究人员指出，高教研究的工作成果缺乏有效性，“中国的高教所目前还不能完全进入到校领导要求的做决策的过程中。因为中间缺少互动，研究人员只是个旁观者，没有经验，说得也很不到位，出得主意不一定实用。”

许多高教研究机构没有形成为学校提供服务的长效机制，工作流程的科学性和规范性有待提高。有研究人员提到，“高教所的工作没有流程，领导的随意性很大。比如他要搞什么事了，就通知你开会，然后你就去做，也没有什么课题费。也就是说没有建立一种为学校服务的长效机制。”正因为缺少明确的规章制度，高教研究工作受校领导的影响很大，“很多时候高教所为学校提供的服务是非‘常态’的，领导高兴了，就让你做一下。”“人走政息，重视高教研究的校领导一旦走了，高教所的地位、职能可能就改变了。”

4. 部分高教研究人员的能力水平有限

在问卷调查中，谈到高等教育研究机构发展面临的主要问题时，78% 的回答为“研究人员的研究能力有待提高”，位居第二位；另有 43% 的回答为“研究人员对学校管理实践不熟悉”。高教研究，既需要研究人员具有比较高的理论水平和研究能力，又需要研究人员熟悉学校情况、具有一定的实践经验。从现在的实际状况看，高教研究人员大体由两部分人组成：一部分是即将退休的老同志，他们有实践经验，但缺乏科学研究的能力与习惯；一部分是从学校毕业的研究生，他们具有一定的理论水平和研究能力，但实践经验不足，研究实践问题的能力不足。

正是因为部分高教研究人员的能力水平有限，他们平时虽然做了许多工作，但主要是行政型、经验型的工作，而不是专业型的工作，其成果离学校发展的实际需求还有很大差距。有研究人员提到，“我们没有经过严格培训的专业人才，都是半路出家的。所以开展大型的研究，我们不知所措，不知道怎么搞。正是因为研究人员的水平问题，校领导在某种程度上，可能对高教所不是太满意。”

5. 制度、体制和习惯的制约

首先是学术制度、习惯方面的影响。我国高等教育研究是从开展学术研究、建立学科、培养研究生开始的，与之相适应，逐渐形成了一套学术研究的制度和习惯。例如，衡量高等教育研究人员水平，晋升职称，主要是看课题、论文的数量和水平。院校研究是应用研究，衡量研究人员的水平，主要是看为学校决策提供咨询的质量，数据收集、信息发布的水平。这就造成了某种冲突：院校研究人员在完成院校研究任务的同时，为了晋升职称，还要撰写学术论文；有的还要担负教学任务，从而使院校研究受到严重影响。问卷调查中，54% 的人认为“学校对院校研究人员的评价与考核方式不合理”。

其次是数据方面的问题。问卷调查中，41% 的研究人员将“无法获得用以研究的学校数据”视为高教研究机构发展面临的困难。当今世界已经进入大数据时代，研究、决策从获取数据开始，从数据到信息，到知识，再到智慧。院校研究就在于系统收集资料，科学分析资料，为决策提供支持。但是，由于多种因素影响，院校研究所需的数据不充分。从学校内部看，虽然多数学校建立了业务数据库，但数据分散，各自为政；没有对数据进行科学界定，各自理解不一；数据不干净，难以发挥作用；数据保密，不公开，形成信息孤岛；没有建立分析数据库，数据挖掘、在线分析处理、数据汇报等信息处理技术几乎处于空白状态。从国家层面看，有关信息系统还处于建设之中，院校研究不能取得比较性的数据。

长期以来，高校决策属于经验决策，这种影响根深蒂固。领导缺少科学决策、民主决策的意识，不重视决策支持、决策咨询，因而，不能主动向高教研究机构提出问题，布置任务，发挥其作用。问卷调查中，46% 的人认为，“学校领导重视程度不够。”有的学校领导认为，“现在还没到一个程度，即领导要制定一个政策，或是讨论一个学校发展的重大问题的时候；也没有这种意识——先让高等教育研究所做调研，或是先去征求高等教育研究所的意见。”也有的领导自以为是，一些高教研究人员在访谈中说：“校领导几乎个个都觉得自己是教育家。”

从上述调查情况看，现在的高等教育研究机构难以担负决策支持的重任。

发展规划处是近年来教育部重视学校战略规划的产物。大多数学校建立了发展规划处。发展规划处在制订大学章程、战略规划等方面发挥了积极作用，但也存在一些问题。由于是纯行政部门，在工作中缺乏运用系统的科学方法；因是发展规划处，大多停留在规划的制订上，容易使规划制订、规划实施、规划评估脱节，从而使规划停留在“纸上画画，墙上挂挂”；做了一些本属学校办公室、学科办、科技处等部门应该做的工作，造成一些工作相互推诿现象。发展规划处也难以担负学校决策支持的重任。

三、发展院校研究工作的未来展望

根据上述调查研究，我们认为，应该大力发展院校研究，使之成为高校的决策支持系统。

（一）继续大力发展院校研究

院校研究是高等教育研究的重要领域，也代表高等教育研究的努力方向。院校研究通过收集与分析数据，对本校管理问题开展系统和科学的研究，为提高高校管理决策水平提供支持。

院校研究是一个发展的概念，对院校研究的含义，不同时期不同的学者从不同的角度提出了自己的看法。

（1）认为院校研究作为高校进行自我研究的一种形式，目的在于帮助学院和大学广泛而全面地收集有关大学内部运行、资源利用和办学效益的数据和信息。

（2）倡导院校研究作为对高等教育组织或大学的研究，其宗旨是为高等学校提供有益的信息咨询，以改善学校的管理，为学校政策的制定出谋献策。

（3）强调院校研究是有组织地收集、记录和分析有关高等教育机构的计划、进程和环境方面的数据及信息的研究活动。

（4）强调院校研究作为一个跨学科的专门领域，必须整合运用现代管理科学与教育心理学的相关知识理论和技术方法，对高等教育组织的管理和普遍性问题进行分析。

（5）坚持院校研究作为专门为改进管理（如规划、政策发展、资源配置以及所有功能领域的管理、决策或评估）提供信息支持的研究，其价值主要体现在对于高校适应变革能力的贡献，以及为帮助高校适应变革所起的关键性作用。

（6）突出院校研究工作是数据收集、分析、汇总和相关的工作，促进院校正确决策和有效运行的研究活动；认为院校研究旨在促进对高校的理解，并促使高校计划及其运作不断得到改进。

综述各种认识可以看出，院校研究的基本特征是自我研究、管理研究、咨询研究、应用研究。

我国高等学校的院校研究的需求主要是：院校信息的收集、整理、研究与汇总；院校年度报告的撰写与研究；院校日常管理中的专题研究；院校研究中新的重大问题研究；院校战略管理研究。从院校研究的性质、内容看，院校研究带有综合性，院校研究机构完全可以成为高校的决策支持系统。

（二）院校研究的国际交流与合作

世界发达国家高校都十分重视院校研究，并使之成为学校决策支持系统。2016 年 7 月 8 日，世界院校研究五会会长峰会在长沙举行，中国、美国、日本及欧洲院校研究会会长，海外华人院校研究会会长介绍了各自开展院校研究的情况，交流了经验，探讨了合作的途径。大家一致认为，院校研究在学校决策咨询中的地位越来越突出，世界各国高校的院校研究具有很多共同特点，可以相互借鉴，携手合作，共同推进。

院校研究起源于美国，早期开展个人自发性的院校研究，1945 年起，全国性院校研究形成，1980 年开始走向专业化、国际化。现在，美国绝大多数大学都建立了院校研究机构。美国院校研究发展的一个突出特点是，其发展与高等教育和高等学校规模密切相关。从组织分析角度看，规模越大，功能越多，组织结构就越复杂，管理也就越复杂。而个人的知识经验、能力、精力是有限的。因此，在学校从小到大、简单到复杂的变化过程中，总会碰到管理复杂性超过管理者能力的情况，需要别人或机构帮助收集信息、分析问题、提供咨询。美国院校研究十分活跃，在学校起到了政策分析者、权威信息提供者、决策支持者的作用。美国大学的院校研究，在学校的决策、运行、发展中，起到了十分重要的作用。

欧洲及日本近 10 年来，也相继开展院校研究，由于政府重视，发展势头良好。中国台湾地区教育部门十分重视院校研究，拨出专款，支持大学开展院校研究。

（三）我国院校研究的进展及实践基础

十多年来，我国院校研究实践取得初步成效，形成了良好的基础。2000 年华中科技大学成立院校发展研究中心，率先开展院校研究；2003 年，在甘肃天水举行了第一次全国院校研究学术研讨会；2007 年成立中国高等教育学会院校研究分会（以下简称院校研究分会）。近十年来，院校研究分会从两个方面推进院校研究。

一是推动大学校长、高等教育研究人员参与，开展院校研究。院校研究分会通过举办研讨会、培训班，编写教材、撰写文章、巡回演讲等多种形式，宣传院校研究的意义，介绍院校研究的方法。一年多来，中国高等教育学会院校研究分会为推进院校研究，对全国本科院校高教研究、院校研究机构的状况进行了一次全面的调查，通过调查，摸清了情况，发现了问题，并提出了对策建议。调查报告在《光明日报》发表后，引起了广泛的反响。现在越来越多的高校校长，开始重视院校研究，例如，时任同济大学校长裴钢院士说："只有院校研究人员善谋，才有决策中枢机构善断，也才有中国大学治理体系和治理能力现代化的持续改善。"同时，越来越多的高教研究人员，特别是年轻的同志积极参与院校研究，令人十分欣慰。

二是针对我国高校管理中存在的主要问题，开展院校研究，推进学校发展。例如，2006 年 7 月在西安召开的"大学领导与发展战略"国际学术研讨会，针对战略规划中存在的主要问题，提出要从战略规划走向战略管理，将战略规划、战略实施、战略评估有机结合起来。这次研讨会对院校研究中的战略规划制订，产生了重大影响。2012 年 7 月在武汉召开的"院校研究：以学生为中心的本科教育变革"国际学术研讨会，明确提出了

“以学生为中心”的理念，并开始将院校研究的重点转向学生，产生了深远影响。此后，又围绕学生学习、教学管理进行了多次研讨。与此同时，院校研究分会还定期举办小型研讨会。2017 年 5 月，院校研究分会和《光明日报》、铜仁学院共同举办了第二次教学服务型大学建设学术研讨会，深化了对教学服务型大学的认识。

院校研究的开展，也使高等教育研究机构的状态发生了一定的改变。现在，研究机构设置大体有以下几种情况：少数学校独立设立了院校研究机构，将发展规划制订等任务纳入其中；多数学校的发展规划处与高教研究所分设；部分学校只设立了发展规划处；127 所高校将发展规划处与高教所合并，两块牌子一套人马，分工合作。这为调整院校研究机构，开展院校研究，创造了良好的条件。

（四）我国院校研究需要得到各方面支持

院校研究发展总体上仍然比较缓慢，严重地制约了高校决策的科学化。十分需要政府政策的有力支持，需要大学管理者增强科学决策观念，需要高校加快数据库建设，需要院校研究人员提高专业化水平。为此建议：

1. 教育部门重视和支持院校研究，使之成为高校决策体系的决策支持系统

我国高等教育改革，有的是自下而上，如思想品德课开设，文化素质教育；有的是自上而下，如本科教学评估，高等学校合并，创新创业教育。自下而上的改革，往往比较扎实，深入，但难以推动；自上而下的改革往往发展迅速，易于推动，但容易一哄而起，难以落实。根据中国的国情，成功的改革，往往都是自下而上与自上而下相结合。

院校研究开展之初，院校研究分会用了几年时间，进行院校研究，探索中国特色院校研究的理论和方法。随之，以专题研究为实践的突破口，开展院校研究。积累了一定的经验之后，又从总体上对院校研究的规范发展进行研究，设计方案，并在实践中逐步推进。然而，由于院校研究始终处于一种自发状态，没有得到政府教育部门的有力支持，发展比较缓慢，没有在高校决策中发挥应有的决策支持作用。政府教育部门的支持，主要体现在：将院校研究纳入教育部门工作的视野，在工作计划、领导讲话及有关文件中体现院校研究，从而引起高校领导的重视；在完善内部治理结构中，划拨经费，支持一部分高校开展院校研究，为学校决策提供支持，推进决策的科学化；建立决策问责制度，促进校长提升科学决策的意识、水平、能力，重视院校研究在决策支持中的作用。

2. 加速国家教育数据库建设，并向院校研究人员开放

数据是开展院校研究的基础。现在已经进入大数据时代，数据的重要性作用更为凸显。与传统数据相比，大数据具有自己的独特优势。传统数据基本上是拟态数据，数据的形成高度依赖于研究设计和研究对象对研究设计的反应；相对于所观察的社会行为，数据是事后拟构的结果。大数据则是实态数据，是社会行为者主动生成的，而非之后的构拟；更为重要的是“社会的数字化”与“数字的社会化”这两个过程相互作用，使数字与社会融为一体，研究社会，离不开数据。

首先教育部门要推进高校自身重视数据建设，建立全校统一数据库，建设分析数据库，增强获取大数据的能力，为开展院校研究奠定坚实的基础。同时，加速国家教育数据库建设，并向院校研究人员开放。学校与社会、其他高校紧密相联，为学校提供决策支持，不仅需要获取本校的数据，还需要获得国家、社会及其他高校的数据，在数据比较中发现问题，分析问题，提出解决问题的对策。

3. 改革相应的考核晋升机制

院校研究机构与其他行政、学术机构不同，兼有行政性和学术性。一方面，院校研究机构是学校决策体系的一部分，肩负决策支持的任务，具有行政性；另一方面，院校研究机构不做决策，也不贯彻执行决策，而是通过了解校情，分析学校外部环境的变化，开展专题研究，进行决策咨询，为决策者提供专业化服务。因此，院校研究机构的研究需要专业化。如何处理好机构的行政性与研究的专业化之间的关系，是院校研究面临的突出问题。这种矛盾主要表现在对院校研究人员的考核晋升上。

我国大学目前对教职工的考核、晋升，主要有两种路径：一是行政，二是学术。这种考核、晋升制度，导致院校研究人员，要么，创造条件争取在行政系统晋升；要么，写文章，做课题，带研究生，争取在学术方面晋升。因此要进行新的人事制度设计，建立相应的考核晋升机制，鼓励院校研究人员在自己岗位上努力工作，作出贡献。

附：院校研究分会简介

院校研究分会成立于2007年4月5日，主要通过组织学术交流、开展院校咨询、总结院校管理与发展经验等系列学术研究活动，推进高校专业化管理，构建现代大学制度。分会现任理事长为华中科技大学学术委员会副主任、文华学院院长刘献君教授，秘书长为华中科技大学教育科学研究院院校研究所副所长陈敏教授。分会秘书处办公地址设在华中科技大学。

第二章

推进教育信息化
提升高校管理水平

——教育信息化分会专题报告

21世纪以来，信息技术的飞速发展和广泛应用，改变着人们的生活习惯以及学习方式，《国家中长期教育改革和发展规划纲要（2010—2020年）》肯定了"信息技术对教育发展具有革命性的影响"。在此背景下，各高等学校也高度重视教育信息化的发展，把教育信息化放在优先发展的战略地位，不断加大投入改善办学条件，不断加大资金投入，加快软硬件建设步伐，提高信息技术在学校教育和管理中的应用水平，教育信息化建设取得了长足的发展。

一、高等教育信息化建设的基本情况

经过20年的发展，我国高等教育信息化的基础设施建设、资源建设初具规模，教育管理信息化水平明显提高，教育信息化重大应用取得成效，信息技术专业人才培养和教育统计工作持续推进。

（一）高等教育信息化建设的主要特点

1. 高等教育信息化发展迎来重要的战略机遇期

国家对于教育信息化高度重视，《国家中长期教育改革和发展规划纲要（2010—2020年》专门将"加快教育信息化进程"列为一章，将教育信息化的地位和作用提到了前所未有的战略高度，从加快教育信息基础设施建设、加强优质教育资源开发与应用、构建国家教育管理信息系统三个方面提出了教育信息化的发展目标和路线。"十三五"时期是我国全面建设小康社会的关键时期，是提高自主创新能力、建设创新型国家的攻坚阶段。信息技术的不断创新及其向教育领域的广泛渗透为我国高等教育信息化的深入发展创造了良好的条件，云计算、物联网、大数据等技术在教育中的应用创造了信息化新的可能。现代信息技术的应用有助于优化教育结构、合理配置教育资源、推进教育均衡，以教育信息化带动教育现代化成为我国教育发展的战略选择。随着我国《教育信息化十年发展规划》的颁布实施，高等教育信息化迎来空前的发展战略机遇。

2. 基础设施建设初具规模

高校信息化基础建设经过长期发展，网络覆盖情况得到极大提升，高校的互联网接入覆盖规模越来越大，几乎所有学校都已经连接了互联网，大量高校已经在教师、学生活动集中区域搭建了无线网络。但随着师生对互联网依赖程度的加深，尤其是在线学习等的发展，网络拥堵势必影响资源的利用，网络扩容和升级仍然是高校信息化持续性的工作。

3. 数字化资源体系初步形成

随着高校信息化基础设施建设的逐步完善，资源建设成为未来发展的重点。当前我国高等院校图书馆电子资源整体建设水平初具规模，各类数字化资源存量在不断提高。

4. 管理信息化水平明显提高

各级各类高校高度重视学校电子政务建设，开展了教务、办公、财务、图书、科研等一批信息化综合应用，一卡通系统已在各高校大面积推广。本次调研结果显示，41%的高校认为一卡通数据是最具分析价值的数据之一（见图2.1）。目前，数字化校园信息服务体系初成规模，并逐渐渗透到教学、科研、管理和校园生活的各个方面。

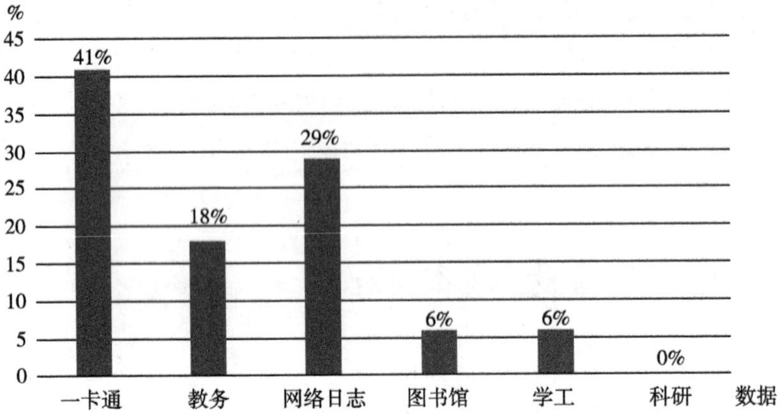

图2.1 高校中最具分析价值的数据

5. 高校对大数据技术需求强烈

在一项针对"你认为高校里现在是否有大数据?"的调查中显示，71%的受访老师认为高校中有大数据需求，校内数据资源积累正在不断生长和丰富，数据的分析和应用成为高校信息化建设下一步探索的方向；同时，随着大数据技术逐渐走进高校，越来越多的师生将切身体会到大数据带来的改变。

6. 教学科研应用稳步发展

教学科研应用是决定我国高等教育信息化水平的重要方面，很多高校都开始大规模采用信息技术改进教学实践，各类网络教学平台、学习管理系统、虚拟实验室、虚拟社区等教学应用在一定程度上推进了我国高等教育的教学改革。网络教育和现代远程教育稳步发展，推进了我国高等教育的大众化进程。

调研结果显示，高校迫切希望实现大数据技术在教学方向上的应用，有63%的受访者认为：教学类应用的建设是高校大数据建设的最重要领域（见图2.2）。受访者普遍反馈教学数据的分析可以有效地帮助老师们提高教学质量，其中主要关注因素集中在：教学环境分析、图书馆书籍借阅情况与教学成绩的关联分析、教师评语与评价分析等方面。

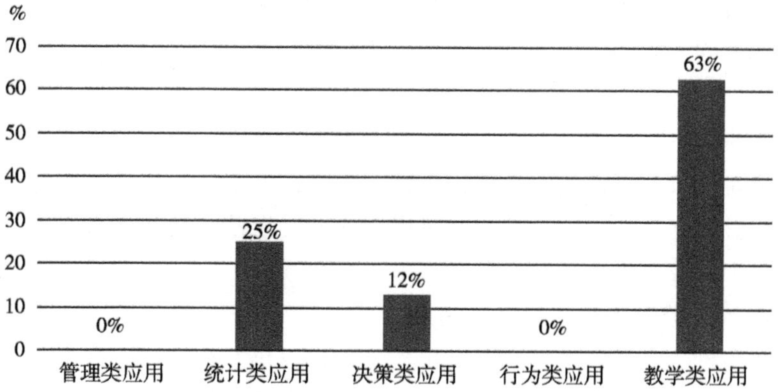

图2.2　高校大数据建设各类别应用重要性调查

（二）高校信息化建设存在的问题

虽然高校信息化建设取得了长足的发展，但高校信息化建设仍存在很多亟待解决的问题。“十三五”期间教育信息化应从应用阶段走入融合阶段、变革阶段。借助教育信息化，关键是要助力解决目前中国教育所面临的一些瓶颈问题。首先就是教育的均衡问题。在“十三五”期间，我们要更注重高位均衡，不仅要开齐课，更要开好课，要充分利用大数据、云计算，包括人工智能技术，来服务于教育的精准扶贫。教育均衡方面，希望国家在深入调查研究的基础上，提出信息化助力教育精准扶贫的专项工程，满足高位均衡，促进教育公平的解决。

1. 信息化意识薄弱

当前我国高等教育信息化面临的一大挑战是正确认识信息化的重大作用和教育信息化的发展规律，形成信息时代的思维方式和工作模式。由于在我国高等教育信息化建设初期对教育信息化建设和发展规律认识不深，致使教育信息化的推进不力，形成高校信息化建设管理体制上的孤岛，制约了高等教育信息化的深入发展。

2. 信息化经费投入没有持续保障

经费投入是高校信息化建设的重要保障，我国高校信息化经费投入大部分来自项目拨款，“985”“211”高校由于学校自身优势，更易筹集各类项目的拨款，但更多的院校面临信息化经费投入总体不足的状况，高校信息化经费自筹能力有待进一步提高。此外，信息化经费投入结构也不均衡。

3. 信息化管理体制不健全

我国高校信息化建设总体上还处于“分散独立建设”阶段，信息孤岛现象并没有完全消除。高校尚没有完全形成对信息化建设进行整体规划、管理的合理体制，虽然很多高校已经开始进行全校统一的信息化规划，但还需各方面的支持。

4. 发展不均衡

实证研究结果表明我国高等教育信息化整体发展水平存在区域间、不同类型学校间的不均衡和高等教育信息化发展内部结构的不均衡。东部地区的基础设施建设水平最高，但其配套的资源建设、教学科研应用、管理信息化和保障体系建设水平却未能跟上来。“985”“211”高校的信息化建设水平明显高于普通本科和专科学校，东西部地区基础设施建设区域差异较大。

5. 资源建设质量不高，整体应用水平落后于实际需求

数字化资源建设缺乏规范化、系统化设计和指导，处于一定程度的无序状态。优质资源总量不足，未形成高校间的资源共建共享机制。基础设施的总体利用率有待提高，信息技术在教学科研中的应用水平不高，信息技术与教育教学的融合程度较低。

6. 信息化统计、监管和评估机制不健全

教育部门及高校的信息化管理和推进机构体系建设仍然存在很多问题，建设与管理条块分割，缺乏有效的统筹协调和统一管理机制，相互牵制、重复建设现象普遍。

（三）推进高校信息化建设的管理系统

推进高校信息化管理体系建设要理顺关系。在我国高校信息化推进过程中，信息化的全局性、综合性与高校行政管理制度中的“副职分管制”之间一直存在着较大的矛盾，导致很多跨部门、跨业务领域的信息化工作因不易协调而难以有效推进。各部门之间的沟通配合是否流畅顺利，很大程度上影响着学校信息化发展的进度和速度。调研过程中，79.63%的受访者表达了“部门间统筹协调太费劲”的困扰，17.59%的受访者苦于信息化建设得不到兄弟部门的参与支持（见图2.3）。

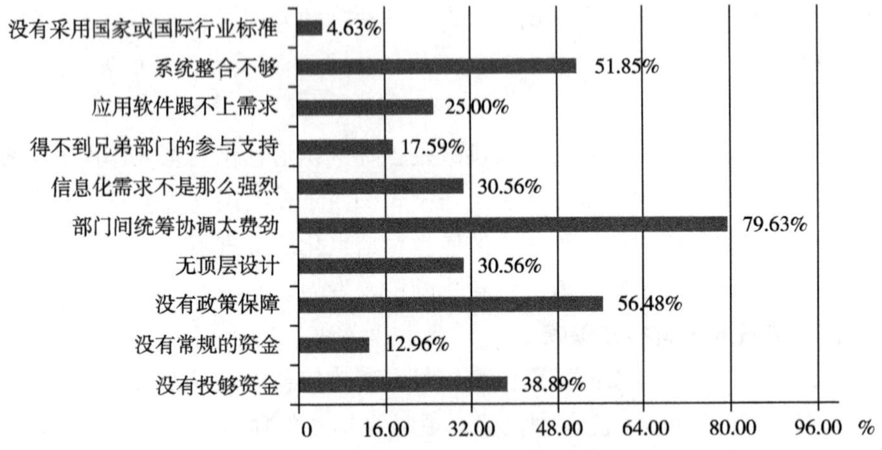

图 2.3　制约学校信息化发展的主要问题

目前，多数高校的信息化建设主要依托信息中心的支持，由副校长分管，由信息中心负责人统筹建设（见图2.4）。信息中心作为以信息化服务为主要职能的部门，面对各业务部门的需求协调常处于被动境地。高校信息化进入智慧校园建设阶段后，信息技术与教育教学深度融合将成为信息化的常态工作，预期这一矛盾将会进一步激化。因此，智慧校园建设阶段的高校 CIO 体系设计，必须正视并能够解决此矛盾。

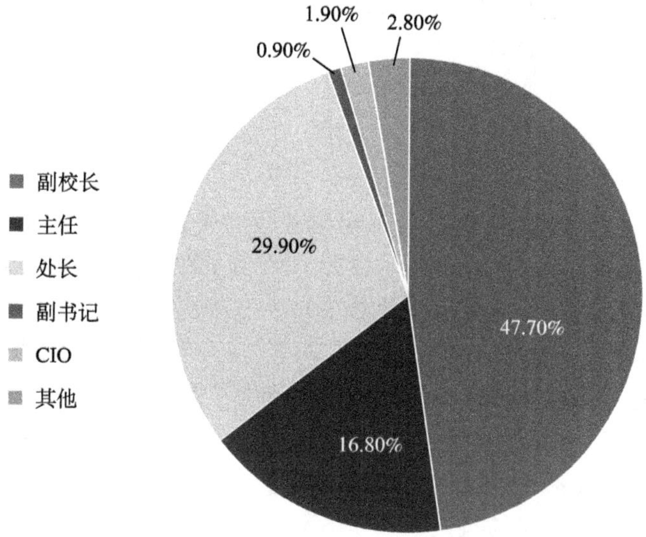

图 2.4　高校信息化规划和决策者分布情况

清华大学蒋东兴教授提出高校 CIO 体系应由决策层、协调层和执行层组成。

1. 高校信息化管理的决策层

信息化领导小组是学校信息化工作的决策层，对学校信息化发展规划和重大事项进行决策，具体职能包括：负责提出学校信息化原则，确定学校信息化发展战略与信息安全策略，明确各阶段信息化工作重点，平衡各业务领域的信息化投入，负责审核学校信息化总体规划、校级信息化和网络信息安全规章制度；负责审议全校信息化基础设施建设重大项目，决策学校网络信息安全重要事项。

信息化领导小组由学校主要负责人（校长或书记）担任组长，CIO（主管信息化校领导）担任常务副组长，主管教学、科研、宣传等工作的副校长/副书记担任副组长，教务、科技、人事、学生、财务、资产、后勤等职能部门和信息化部门的主要负责人作为小组成员。特别建议 CIO 由常务副校长或有综合协调职责的校领导担任，以利于综合协调；主要领导亲任 CIO 的条件是必须有精力真抓实干。

CIO 是 CIO 体系的关键岗位，负责将学校的事业发展战略和信息化战略相结合，是学校信息化工作的第一责任人，而不仅仅是信息化部门的分管领导。其主要岗位职责如下：组织建立学校信息化远景规划；负责提出学校全局范围的信息化策略（如信息安全策略），拟定学校信息化机构与岗位设置、信息化经费预算等；负责学校信息化应用与服务日常运行中重要问题的决策；负责学校信息化基础设施的建设；协调学校内部跨业务领域、跨部门的信息化建设；领导与其他关联机构的信息化合作。

信息化领导小组每年召开 1 ~ 2 次例行会议，审议学校信息化年度工作要点和计划，审议规划与制度，讨论决策重大事项。为了支持信息化领导小组科学决策，学校可以设立教育信息化专家咨询委员会，由教育管理专家、信息技术专家和信息化专家组成，负责对学校教育信息化发展中的重大问题提出咨询意见。专家数量不在多，而在于他们能够经常性、持续性地关心学校的信息化工作，因此专家咨询委员会每年应召开 1 ~ 2 次例行会议，并能够经常收到学校信息化工作的动态信息。

2. 高校信息化管理的协调层

信息化办公室是学校信息化工作的协调层，也是信息化领导小组的日常办事机构，在 CIO 领导下开展工作，负责学校信息化和网络信息安全工作的日常管理与组织协调。其具体职能如下：

就学校信息化和网络信息安全等重大问题进行调研并向信息化领导小组提出政策建议；负责起草全校信息化发展战略、总体规划、网络信息安全策略和年度工作要点，组织制订学校信息化和网络信息安全方面的规章制度；与业务部门和院系信息化负责人联系，协调部门间和校系间信息化建设，推动信息化与业务不断融合；组织协调学校重大信息化建设项目的论证、立项和验收评估，并对项目实施过程进行监督；组织、协调学校网络信息安全重要活动，监督、指导学校各单位开展网络信息安全工作，对网络信息安全违规事件进行查处，并提出责任追究建议；协调落实并督促检查学校信息化规划、年度工作要点以及信息化领导小组有关决议的执行。

信息化办公室的机构建设可以有不同的模式，不同的建设模式能够发挥的作用不同，针对的学校信息化发展阶段也不尽相同，大体可以分为三种类型。

（1）网络信息中心赋职能型。即在原有网络信息中心的基础上，赋予该部门以学校信息化的管理与协调职能。其优点是直接结合技术部门，技术能力强；缺点是由于原先是技术部门，势能较低，组织协调能力比较依赖于中心主任的个人能力。此类型比较适合数字校园的应用集成阶段，对信息化基础设施的整合和建设项目的统筹管理较为有利。

（2）学校办公室主任兼任型。即挂靠学校办公室，由学校办公室主任兼任信息化办公室主任，设置专职副主任和专门科室负责学校信息化的管理与协调工作。其优点是依靠强力协调部门，协调能力强；缺点是学校办公室主任大多很忙，该模式能否运转好取决于专职副主任的个人能力。此类型比较适宜于数字校园的信息集成阶段，通过学校办公室的强协调能力，理清各部门信息资源与服务的权限，推动部门之间的流程对接与优化。

（3）独立信息化办公室型。信息化办公室独立建制，成为学校行政管理职能部门，有专门的队伍（见图 2.5）。其优点是专业化的管理，信息化规划、协调和组织实施能力强；存在的隐患是和学校其他职能部门，以及信息化技术部门的关系处理问题。这种模式适合业务集成阶段的智慧校园建设，因为到了这个阶段，学校各部门、院系乃至师生都对于信息化有了深刻的体验和认识，信息化已经成为学校日常学习、工作、生活之必需，各方都有积极推进信息化的诉求。信息化办公室的主要作用是实现管理、业务与技术的对接，推动信息技术与教育教学业务的深度融合，并做好部门之间、校系之间信息化工作的协调与协同。

调研结果显示，36.11% 的高校设立了信息化领导办公室，学校的信息化规划由独立的部门负责，50.83% 的高校选择由原网络中心/信息中心进行统一规划和执行。上述三种模式对应高校信息化的不同发展阶段，但一些高校由于信息化的快速发展，可能同时面临不同阶段的发展压力，因此还有一个综合上述模式优点的整合方案：信息化办公室独立建制，主任由学校办公室主任兼任；设常务副主任主持工作，并兼任网络信息中心主任；网络信息中心设常务副主任主持工作，这种模式的优点是能够解决过渡阶段的问题，缺点是兼职过多，组织管理操作比较复杂。

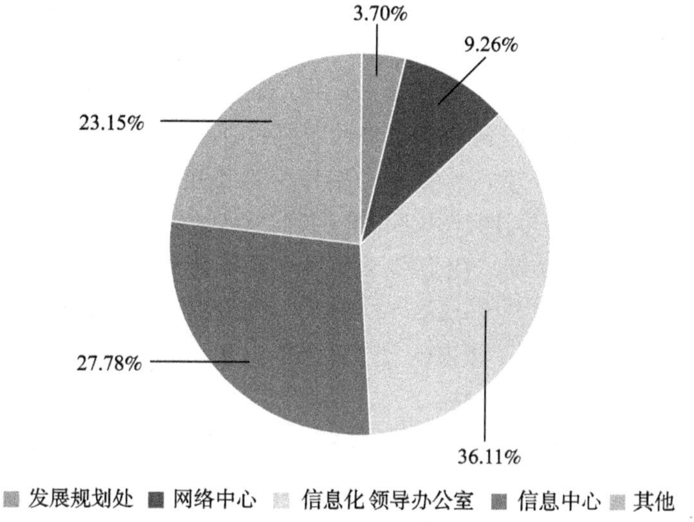

图 2.5　校园信息化规划负责部门

3. 高校信息化管理的执行层

执行层包括三个方面：学校职能部门、院系和学校信息化技术部门。

（1）在学校各职能部门，都要明确信息化负责人（部门 CIO）和信息化干事，参与学校信息化规划与本部门信息系统建设工作，负责业务信息化需求的提出与信息系统的推广应用。

（2）在高校各院系同样要设置信息化负责人（院系 CIO）和信息化干事，负责推动信息技术在教育教学和日常管理中的应用，负责组织师生信息化素养培训，并从院系角度提出对于学校信息化的需求。

（3）高校网络信息中心是学校信息化建设与运维服务的技术支撑部门，承担学校信息化规划的实施工作，包括基础设施建设、信息系统建设、信息资源管理、网络与信息系统运维保障、安全保障以及用户服务与培训。

（四）高校信息化应用的“三大平台”建设实践

在过去 10 多年中，数字校园建设俗称的“三大平台”——统一身份认证平台、公共数据平台、门户平台，成为最常见的校园软件基础设施。各高校在信息化建设中重点围绕这“三大平台”形成校级信息化架构。

1. “三大平台”建设成效及问题

“三大平台”的概念和实践将数字校园从零散的信息系统建设时代，逐渐引导到了具有整体架构设计、重视系统整合的数字校园平台化建设时代，确立了打破系统边界，基于校级顶层设计进行统一规划和建设的理念。这一理念的普及，将整个数字校园建设推进了一大步。

十多年过去了，“三大平台”的普及率应该说很高了，然而在取得成效的同时，在数字校园向智慧校园发展的过程中，依然有大量困难和问题难以在这个架构下有效解决。与此同时，也可以明显看到“三大平台”在实际应用效果中存在不少问题，而且经过多年的尝试似乎正在走进瓶颈。

平台的建设一般不存在问题，但问题出在平台长期应用效果并不理想。大部分高校可能不得不承认“三大平台”并没有如想象中解决了众多问题，主要表现在：

（1）统一身份认证平台的问题。这是相对做得较好的平台，实现单点登录没有问题。但大部分统一认证平台统一管理的其实是“账号”而不是“人”，人的多重属性、身份，包括延伸到的岗位角色等核心问题，几乎没有得到公认的解决方案。而这些管理特性的缺失使得身份认证系统其实只实现了用户登录功能，难以真正成为学校数据资产/信息资产的一个有价值的维度。而作为对比，这十多年来，在互联网中，社交平台的崛起，互联网的身份/开放授权管理已经得到了极大的发展并已标准化，相比之下校园的身份认证体系，似乎还封闭在十多年前的老做法之中。

（2）数据交换平台/共享数据库平台的问题。调查结果显示，多数高校目前无法很好地利用业务系统数据，还停留在产生数据和存储数据的阶段，仅有36.5%的受访学校建成了数据交换平台/共享数据库平台（见图2.6）。但客观地说，有多少平台在很大程度上解决了校园数据整合问题？数据交换平台是否成功应用的最重要标志不是平台本身是否建成，而是平台上是否有100个、200个数据交换流程在真正运行，是否形成了一个可持续的数据交换流程开发模式使得学校能够真正有效地应对大量、不断变更的数据交换需求。经验表明，一个普通的高校，只要信息系统的覆盖达到一定程度，必然会有数百个各种数据交换需求并且需要不断地变更维护，如果平台没有达到这个效果，不仅不能说建设成功，反而有可能限制了数据整合的发展，限制了其他技术产生的可能。

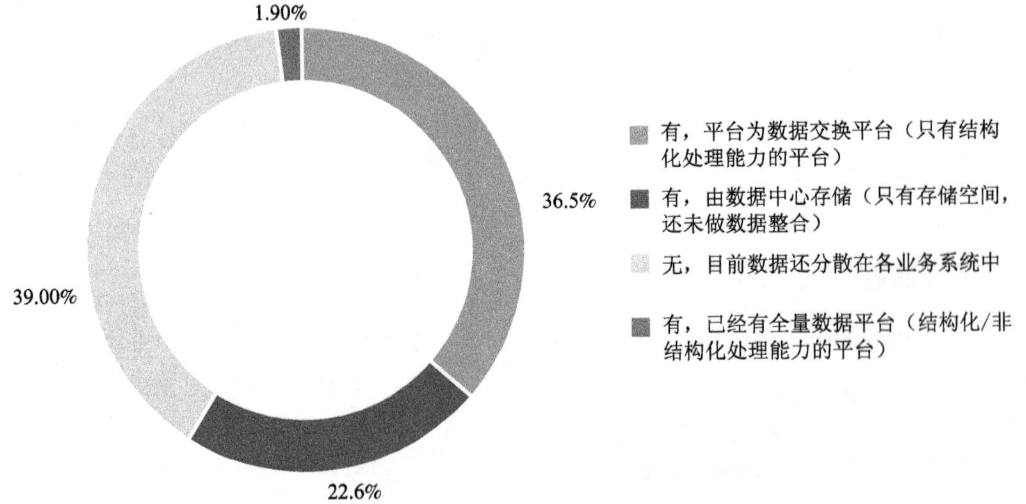

图2.6　数据交换平台建设现状

共享数据库的问题也类似，虽然有了国家数据标准的参照，但一个学校的中心数据库模型的建模需要考虑的因素是很多的，例如，如何采集、如何兼容遗留系统、如何应对分析统计要求等。这些数据建模、指标建模的工作必定是要很专业的人员参与，需要一个可持续的数据建模/数据采集/数据分析的长期服务，否则不可能建成某个“超级”系统、所有功能都能被定义出来。因此，问题的本质是：现有的“公共数据平台”带来了平台，却没能带来真正可持续的数据服务。

（3）信息服务门户问题。门户的目标是一门式的信息服务，希望把用户所需要使用的信息系统功能都集中到一个入口。目前，大部分高校都建立起了信息服务门户，然而业界都不敢说目前常见的这些校内门户已真正成为粘住用户的入口。原因很简单，无论 portlet/webpart，或者其他整合方式，都没有脱离“超链接的整合”的本质。绝大部分整合内容，无非是通过嵌入或转出到某个超链接所对应的内容上去。

实际情况是：当一个学校需要整合数百项信息服务功能时（并且需要长期变更维护），门户的框架实际上完全架空，各种信息服务还是要通过五花八门的页面开发实现，用户体验和开发实施体验都无法真正统一，大量的开发工作还是集中在后端的应用系统，门户带来的价值很有限。典型的现象就是每过一段时间就可能想要重做一个门户。问题的本质是，现有门户建设方式带来了“平台”，却没能带来可持续的服务整合。随着移动互联网的发展，问题甚至变得更糟，很多学校以类似思路建立“移动门户”，与 web 门户完全是两套架构，未来发展状况可想而知，同样问题可能会以双倍的代价再次轮回。

2. “三大平台”建设问题讨论

经过 10 多年的发展，行业中供应商的“三大平台”产品，其实已经高度同质化了，CAS/shibboleth、ODI/BizTalk、Portlet/webpart 框架等存在的问题都类似，可见改进之路并非是寻找替代产品，并不是说 ODI 换成 BizTalk 会有何区别，也不是说开源方案是否能优于商业方案，业界都应该认真反思的是所谓“三大平台”背后的逻辑是否需要改变，而不是新瓶装旧酒，把老的思路重新包装，让高校再走五年的平台建设老路。

“三大平台”是高校信息化行业的俗称，其背后的真正技术路线是中间件。中间件是过去 15 ~ 20 年企业计算最重要的技术，几乎占据了所有企业架构师的思路空间。直到近期，在互联网服务、云架构的高速和成功发展之后，出现了 PaaS/SaaS/微服务架构等不同的技术路线，才开始逐渐改变从业者的思维定势。

数字校园“三大平台”存在的问题其实并非技术本身的问题，而是技术是否能够带来持续稳定的服务。“三大平台”的背后是身份管理（IDM）、数据交换（ETL）、企业总线（ESB）、企业门户（Portal）、主数据（MDM）、商务智能（BI）等企业中间件或类似概念的集成。这些技术已经足够完备和复杂，看似覆盖了所有上述的问题。而听起来“高大上”的中间件，实际用起来时会发现，每引入一个中间件事实上都给用户带来了一个全新的技术要求、人员要求和服务体系要求，事实证明要充分用好这些技术，需要的代价已经超过大部分企业/学校能够应对的极限了。

上述这些“高端”中间件技术，往往全国都找不到多少真正的专家，不可能形成大范围的有效服务体系。且不说技术上是否必要是否正确，这个高门槛的因素事实上直接造成了“三大平台”建成容易，要持续发挥作用很困难。不可否认的事实是，至少在高校信息化这个领域，市场有能力去学习掌握这些中间件技术的开发人员可能连 1/10 都不到，因此，所谓的开发生态无从谈起。即便是少数高校通过自建团队形成了较好的应用，同样也存在隐患：团队不大，难以应付所有需求，很多场景退而求其次；一旦团队不稳定，也会造成较大压力。

互联网带来了去 IOE（IBM/Oracle/EMC）的发展方向，要去掉的其实不仅是硬件和数据库，更希望改变这些高门槛、高代价的技术及其服务体系。同样，去 IOE 也不是一个国产化、开源化的问题，并非用一些国产化的产品、开源化的中间件进行重新组合包装，能在市场上再卖 10 年。

互联网技术发展的一个重要特征是：简洁，但不妥协。虽然很难，但在互联网的快速发展和验证下，许多重量级的 SOA 技术，包括 SOAP/BPEL 等复杂协议，正在被轻量级的 REST、OAuth、API gateway 等大量取代。因此，“三大平台”的未来发展也应当是做减法并重构，而不是再把更多复杂的中间件纳入其中。

“三大平台”的概念之所以会显现出各种问题，还存在一些内在的因素：

（1）所谓三大平台的分类方式不合理，并不能完整覆盖数字校园信息化的各种问题。比如：对业务流程这一重要概念未做抽象处理，造成数据产生的通道不畅、质量不佳；将数据分析需求与数据交换和中心数据库混为一谈，让很多用户走了弯路；身份管理的内涵其实远大于“账号管理”，IDM 不应仅仅是“统一身份认证”等。覆盖不全，自然会产生许多问题。

（2）对核心问题的把握不够准确。比如：门户对信息服务整合带来的价值其实并不高，主要依赖于后端信息服务如何实现统一、整合及可持续发展。而所谓的后端整合所需要的环节，又远不是仅用“公共数据平台”所能覆盖。

（3）从“三大平台”这个名称看，就很容易把用户引导到注重平台功能建设，而忽视服务建设的误区。比如：有不少用户对公共数据平台提了大量“高级”要求，希望完美地覆盖未来可能的各种需求，觉得平台功能完善了，整合问题、统计分析问题就解决了。这不仅大大增加了产品难度和成本，同时又难以维护，造成了平台中大量很少用到甚至被逐渐抛弃的功能。事实上，如上所述，如果脱离了业界主流的技能分工，那些看似“高级”的功能设计是不可能存在下去的。

概念体系的设计与实际应用问题的不匹配，造成这些 N 大中间件/N 大平台很难通过改良去适应新的要求，如果继续纠结其中就难以产生新的理念。

3. 开放架构是智慧校园基础平台建设的方向

业界公认，数字校园这个行业在 IT 业中迄今为止还是相对封闭的。然而，开放已经是迫在眉睫。无论是已有的“三大平台”还是整合成“一大平台”，目前市场上依然有不少方案希望用一个大的“中间件平台”，从 IDE 到 ETL 到 BPM 到 BI，看似可以构造一个完整生态，然而带来的一个重大问题却是：这个体系需要所有参与的开发人员抛弃已有的语言、已有的开发技能，全部进入一个新的体系。过去十几年的发展中，微软、IBM、Oracle都在这么走，但即便是这样的巨头也没法用一套体系解决一个学校所有的技术和服务问题，甚至已经证明遇到很多失败，更何况再用一些开源软件拼凑起来重走老路。

这些看似覆盖了所有技术环节的产品体系，一个明显标志是：采用了这个“平台或生态”，所有开发人员和供应商都只能用它所规定的开发语言开发 IDE、开发插件。但问题是在互联网开发技术百花齐放、快速发展的当下，这个显然是有违生态发展需要的。反过来，对于高校这样的庞大环境也不可能要求做到这点。

企业计算向互联网/云计算靠拢，应该是一个趋势。企业内部肯定需要建立自己标准规范和框架，但应该要“薄”一些，避免成为贯穿所有环节、紧密依赖的链条，而把更多的环节开放出去，融入整个业界的服务体系中去。引用分布式系统专家 Eric Brew，Google 基础设施副总裁、美国工程院/ACM 院士、CAP 定理的发明人的一段话：“展望未来 10 年，软件开发的方式将有很大变化。应用将由许多微服务组成，开发软件就是开发微服务而不再是库。如果能够抽象出机器细节，更关注 API 和代码，那么一个应用里的 10 个服务理论上可以用 10 种不同的语言。这种更以服务为中心的软件将越来越普遍，这一变革的意义与从大型机到客户端/服务器到云，可能是等量齐观的。”

智慧校园基础平台未来发展的一个重要方向应该是开放架构：在提高抽象度、降低学习门槛的同时，要把对具体服务的开发工作尽可能多地开放出去，并且符合业界软件人员技能分工的主流，只有这样才可能解决上述的长期服务困境。

互联网技术的快速发展已经迫使大家必须敬畏互联网开放架构对软件业带来的技能分工体系；同时，通过市场中各专业供应商之间的标准开放和有效组合，共同演进出合适的技术和方案，避免通过资本和市场力量进行垄断和恶性竞争，否则数字校园的技术和团队还将继续游离在主流之外。

二、构建新型校园信息化服务系统的改革要求

身份管理、数据管理、流程管理等问题，如果只是做一两个应用的接入，实现一两个数据交换，或者做一两个业务流程，其实用什么技术都是差不多的，无须纠结。但数字校园，特别是在向智慧校园的发展过程中，核心的问题是如何解决几百个应用接入、几百个业务流程、几百个数据交换的长期服务问题。基于长期服务目标设计的产品，与仅从产品功能角度设计的产品会有很大的不同。

（一）突破“三大平台”分割弊端的要求

新一轮的智慧校园的规划和建设中，一定会突破原有“三大平台”的概念，出现新的校园软件基础服务，新一轮的校园软件基础服务将至少在以下方面体现出与传统平台的不同设计：

（1）回到初心。从这些年校园信息化的需求、痛点和可持续服务的角度出发，重新思考校园软件服务框架的覆盖和重点。

（2）简化而不妥协。基础服务的边界会更简化和清晰，从流程和数据这些最基本的视角出发，将原有“三大平台”的功能分解为校园服务框架中的若干部分重新组织，并重构对应的服务体系，发挥更为落实的效果。

（3）推动供应商的良性协作和标准规范的发展。新一代的基础服务产品，将不再像之前的“三大平台”一样，每个厂商都只做自己封闭的“三大平台”，每个高校也只能绑定

一家供应商。未来应该会出现多个专业供应商的产品互补对接、良性协作的场景，既有利于产品专业化长期发展，又能避免“绑架”高校，给高校更多选择。

（二）高校信息化建设对大数据思维的呼唤

大数据为教育领域打开了一扇新的大门，促进了高等教育信息化的发展和转型。大数据时代的来临，已经越来越多地影响着校园信息化的发展，当然也带来了一系列问题。从数字化走向数据化时代，大数据在教育领域的发展使数据建设成为教育信息化的重头戏，学校掌握的数据越来越多，越来越活，数据的价值也日益凸显。详细地说，数据的价值体现如下几个方面：调查结果显示，31% 的受访者认为大数据技术可用于优化高校管理工作；28% 的受访者认为通过大数据的统计与分析可以辅助提升服务质量；24% 的受访者希望运用大数据技术优化资产配置；17% 的受访者希望通过大数据技术运用提高资源使用效率。因此，利用数据进行科学决策，在校领导、管理者及师生中培养与建立“拿数据说话”的习惯已是势在必行，高校应该更好地应用大数据，做好数据服务和创新工作。

1. 建设真正意义上的大数据平台

通过海量异构数据的存储、统一数据建模、标准化的数据服务，实现数据与应用的解耦。在受调的高校中，71% 的高校认为学校里是有大数据需求的，高校信息化建设过程中，不仅积累了大量结构化的业务数据，还积累了大量的网络日志、机器日志等半结构化数据。调研中发现，越来越多的高校关注到了机器日志类数据的应用，50% 的高校认为身份行为管理系统数据至关重要，其次是无线 AP/AC 数据，占比为 25%。随着物联网等技术在高校内应用的深入，将来还会有更多的半结构化非结构化数据引入校园数据体系。

除了这些校园内部数据，高校师生每时每刻都在互联网上产生着数据，互联网也每时每刻都在产生与学校有关、与师生有关、与科研有关的大量数据，这些外部的互联网数据对高校来说同样存在巨大的价值。调研中发现，高校最为关注论文和就业方向的数据，占比分别为 29% 和 23%；同时，高校对于能够实时反映高校认可度和舆情信息的新闻媒体、社交媒体数据对学校的品牌维护作用也不容忽视。由此可见，所谓的“大数据平台”应该是包容共享的，应该能够接纳与学校有关的所有数据。

2. 依托大数据平台，推动大数据应用

建设大数据平台，对高校内部和外部数据进行存储、建模、标准化取用，这还只是高校大数据应用的第一步，如何利用大数据解决高校的实际问题才是高校大数据落地的核心问题。

许多高校建设了很多数据应用，基本都是锦上添花型的应用，没有触及学校管理、师生服务中的真正痛点，没有为高校产生多少价值，这也大大影响了高校大数据的落地进程和进行大数据建设的决心。放眼高校以外的企业市场，越来越多的公司依靠大数据，优化了业务决策、提升了收益、降低了成本，很多数据分析领先企业已经获得了显著的收益，这也刺激了大数据在企业市场的飞速发展。我们必须得承认，之所以这些年大数据成为全球化的一个热词，基于大数据的“杀手级”应用功不可没，对于高校大数据应用来说，同样期待着高教领域“杀手级”应用的出现。

3. 在安全可控的前提下，构建开放数据生态

单纯的几个“杀手级”大数据应用仍然不足以推动整个高校数据价值的全方位释放，依靠业内少有的几家大数据公司，是绝对不可能把所有数据应用全建设完的，我们必须要构建开放数据生态。

近年来，开放数据生态在高校内得到了越来越多人的认可，也有越来越多的公司试图构建或加入某个开放数据生态，但是，仅仅开放一些用自己的标准封装的 api 远不是开放数据生态，封闭平台上构建起来的所谓开放数据生态，仍然是新一轮被厂商绑定的老套路。从发展的眼光来看，必须做到架构级的开放，才能包容校园原有 IT 基础设施，才能真正将互联网创新纳入校园 IT 架构之中，才能真正做到不被厂商绑定，确保学校 IT 成本处在合理范围，才有可能构建真正的开放数据生态。

开放数据的一个天然质疑就是数据隐私问题。我们需要引入互联网开放平台的技术和理念，比如 DDM（动态数据脱敏）方案，也许大家对数据开放的容忍度也会有所提升。与 SDM（静态数据脱敏）不同，DDM 改变了数据流，能够阻止数据请求者访问敏感数据，而原始的生产数据不发生物理变化。简言之，通过 DDM，开发者看到的是脱敏的数据，但数据的拥有者或数据应用的消费者看到的是没有经过脱敏的完整数据。单纯依靠 DDM 远远无法消除所有数据开放和数据隐私之间的“对立”，至少，通过引入先进的技术方案，辅以逐渐完善的数据使用规则，各高校对数据开放的边界才会大大扩展。

4. 引入众智模式解决高校的治理难题

国家如何大力推动大众创业、万众创新，李克强总理曾特别指出：“集众智可以成大事，集众力者无不成也。如果人民群众都发挥创造力，这个社会就能生机勃勃、前景无限。”在政府层面，通过政府开放数据，不仅促进了公共治理的阳光化，更为重要的是引入了“众智”模式，解决政府公共治理中的难题。

高等教育领域也理应如此，单单凭借高校中的这些管理者、高校周围的信息化企业从业者的智慧，一定无法解决所有高校治理和服务中的难题，更好的解决方案，更贴近人性的数据应用，更有价值的数据分析，一定存在于“众智”中。也许，在将来的某一天，高校的管理者可以抛出某个高校治理或服务的难题，在脱敏和安全可控的前提下，通过大数据平台上的开放数据，用“众智”模式来解决这些难题，真正做到校园数据价值的最大化释放，让数据真正成为提升高校管理服务水平的最核心力量。

（三）高校大数据管理的实践要求

在教育信息化发展历程中，高校早期缺乏信息化的意识，积累的数据质量参差不齐。即使在大数据时代的今天，信息化工作人员的数据规划意识依然朦胧。在调研中显示，受调高校使用的数据标准各不相同，使用国家标准的高校仅有 31%，而 63% 的高校使用的仅仅是学校标准。各个学校对于数据的标准不同，是高校间数据质量参差不齐的原因之一。而对于高校内部数据存在的问题，50% 的高校系统间数据存在不同程度的同步不及时、有效性差等问题，85% 的高校缺乏数据字典，高校数据规划存在普遍问题。因此，大多数高校只是简单地意识到所有的数据都是有用的，但是对于具体怎么用，哪些可以共享，如何解决现有问题等并没有明确的规划。通过总体的科学数据规划所得到的数据模型将是富有生命力的，在长达数年之内，它们可以凭借微小的调整和增加，就可适用于多种类型的系统和数据库。所以，拥有一个数据的长期规划是非常必要的。

数据质量是数据分析结论有效性和准确性的基础，也是最重要的前提和保障。对于大数据在高校的应用，数据的质量管理需要考虑以下几个关键问题：一是数据收集阶段的标准化、全面化、高效化。既要满足收集速度和精度要求，又需要满足数据来源的质量要求，从数据源头保证数据质量。二是数据清洗过程中的合理化和精确化。去除大量的噪声数据，精确地提取有效数据，保证数据处理过程中的高质量。三是在此基础之上，建立良好的数据管理机制，包括加强数据标准建设、重视历史数据积累、学习数据处理技术等，以求在数据准备阶段提高数据质量。

高校的管理体制规定着机构设置、职责运行和权限划分，在高校中推行大数据共享和应用，显然要涉及对传统管理模式所形成的利益关系调整，因而需要触及体制调整与改革。只有从顶层部门进行全面、细致、强有力的规划推动，才能减少乃至消除职能部门间资源共享的屏障。信息化部门应借助自身在技术层面的优势，整合各业务系统数据，形成数据中心，变被动为主动地去维护数据；同时，也要为学校职能部门等不同层次的用户提供定制的主题数据分析；各学科职能部门也要充分沟通和配合，及时反馈和跟进。只有通过这种顶层推动、信息部门主导的模式进行体制改革，才能有效地推进大数据在高校中的应用。

1. 教育大数据驱动国家教育政策科学化

数据在国家教育决策的制定方面起着关键性作用，而大数据时代的到来将使数据的收集和分析更加方便、快捷、全面、准确，教育政策的制定将更加依靠数据说话。

传统教育数据的采集渠道和数量是非常有限的，仅能通过简单的统计分析反映某个时间段国家教育发展的局部状况，数据的预测价值难以发挥，无法为国家教育政策的制定提供科学支撑。大数据技术具有数据海量化、途径多元化、挖掘深度化等优势，能够发现多种教育数据之间以及与其他社会行业数据之间的内在联系，有助于构建更加系统化的教育发展模型，推动国家教育政策制定与调整的科学化。此外，基于数据的教育决策能够增强广大民众对教育政策的理解和支持。

决策科学化将使得教育整体成本呈下降趋势，同时实现教育质量和教育公平的大幅提升。目前，我国正在推行的学生“终身一人一号”电子学籍管理办法，为持续性记录每个学生的学业表现与全面发展情况提供了制度保障。如果能够由此建立全国联网的学生成长档案库，辅以家庭、教师、学校的多样化数据，这将为全国高考招生与录取政策、学生就业政策、资源分配政策、学生择校政策等当前众多教育政策的改善与优化，提供最宝贵的数据支持。

2. 教育大数据驱动区域教育均衡发展

区域教育均衡发展是我国教育事业面临的重大现实问题。应用大数据技术可以准确把握区域教育发展动态和影响均衡发展的关键因素，从教育环境均衡、教育资源均衡、教育机会均等、教育质量均衡等方面全面推进区域教育的均衡发展。此外，不同区域有自己不同的教育现状，在大数据背景下不仅可以缩小区域间的教育差距，而且有助于不同区域根据自身环境条件、经济状况以及发展需要形成各具特色的区域教育发展路径。

实际上，目前一些国际组织已经开始将大数据技术应用到教育资源的分配上。联合国教科文组织最新发布的一份《全民教育全球监测报告》显示，全世界用于教育的宝贵经费正在被低质量教育所浪费，其损失金额高达每年 1 290 亿美元。报告就此呼吁各国政府在投资教育时，要注重教师的数量与质量，确保把最好的教师配备给最需要的学生。统一学籍信息管理制度为我国教育大数据的采集、管理与应用提供了重要保障。学生的入学、转学、休学、退学等教育管理数据，可以实现全面、实时的采集、监控、更新与分析处理。教育管理数据还可以与家庭收入、户籍、医疗、保险、交通等数据进行关联分析，有助于及早发现与预测学困生、择校生等需要进行教育帮助和干预的学生，进而提供针对性的教育支持服务，保障每位学生平等地接受优质教育的机会。

此外，通过建立连续的制度化的区域教育发展数据采集机制，可以全面跟踪了解所有学生的在校学习情况以及毕业后的工作情况，进而更加客观地评价区域教育质量，根据评估结果动态调整区域教育体系，比如专业调整、课程计划调整、培养方式的调整等，实现教育与社会需求之间的无缝对接，帮助每一位学生获得成功。

3. 教育大数据驱动学校教育质量提升

随着各种智慧教学与管理平台的不断涌现，大数据对学校教育的变革作用将不断凸显。大数据在提升学校管理质量和教学质量以及完善教育评价手段上具有独特的优势。数字校园的建设大大推动了学校管理的数字化和网络化，办公自动化系统、资产管理系统、教务管理系统、科研管理系统等各种应用系统为教育管理数据的实时采集和深度挖掘提供了条件。

目前，国内已有一些高校率先开展基于大数据的教育管理服务。浙江大学对学校的设备资产数据进行了系统采集与整理，提供便捷的查询与分析服务，提升了实验室、教室、仪器、设备等资源的利用率和管理效率。江南大学通过物联网技术对学校用水、用电等数据进行全面监控和优化处理，实现了节能环保。华东师范大学利用学生的餐饮消费数据，对经济困难学生提供情感抚慰和助学金支持。此外，大数据还可以在教师招聘上发挥重要作用。通过对应聘者的个人信息进行分析和预测，从而将更有可能成功和更适合的教师招聘进来。美国一些学区开始与大数据公司合作，应用大数据工具辅助教师招聘。通过对教师的学位和专长以及信仰、人生观、态度、经验开放性等因素的分析，结合面试结果，综合决定教师是否被聘用。

应用大数据技术除了可以提高学校管理服务质量，通过应用大数据技术对海量教学数据进行分析与预测，还将改变传统的千篇一律的教学模式，实现高质量、个性化的教学。大数据技术能够全面记录学习者的成长记录并进行科学分析，让学习者更了解自己，帮助教师预测学生成绩，并为学习者提供科学的学习建议，帮助其提高学习成绩。

大数据技术还能为学生的学业成就评价提供全面的数据支持。学生的所有学习过程与结果数据将存储到学习档案袋，教师的所有教学过程与结果数据将存储到教学档案袋。基于档案袋数据可以建立科学的发展模型，定期评估学生和教师的发展情况，并提供相应的发展建议。此外，大数据技术在学校科学研究活动中也大有用武之地。一方面，教育数据可以作为教育研究的数据源，通过深度数据挖掘，可以通过教育问题的表象发现本质，产出高质量的实证研究成果；另一方面，海量、多维数据的分析能够发挥“科研指南针”的作用，有助于研究者准确把握研究领域的前沿课题和走向。

4. 教育大数据驱动课程体系与教学效果的最优化

当前，国家正在积极推动部分本科高校向应用型大学转型，以顺应社会发展对高等教育提出的挑战。在转型过程中的一个核心问题便是开什么专业，如何设置课程体系。此时，便需要通过有效整合专业、行业、区域经济与社会发展等诸多数据，通过全面的数据采集和深入分析，准确把握市场对人才的需求，明确各应用型专业人才培养的目标，构建能力素质模型，配套适合的课程体系。

实际上，我国各级教育部门、各类学校已经通过学籍管理系统、教务管理系统、学位管理系统等，积累了大量的学生入学、毕业和课程设置数据，但这些数据基本处于“休眠”状态。然而，调研过程中有38%以上的高校认为学校大数据建设的重点方向应该是对于成绩与教学方法的分析。对学校历届学生的课程成绩、授课方法、就业情况等诸多数据进行关联分析，可以找出影响课程成绩及就业的关键因素，为学校课程的调整和课程教学方法的优化提供可靠依据。

通过大数据技术可以持续跟踪教师授课历程，分析教师的教学特征及优势，判断教师适合承担哪些课程的教学任务，采用何种方法可以达成最优化的教学效果。调研中有13%的受访者认为，学生成绩与学习行为、学习习惯密不可分，对学生成绩与学生学习行为习惯、偏好的分析非常必要。通过智能化的网络教学平台，教师可以提前准确判断学生的兴趣点、知识基础、学习偏好、学习难点等，从而进行针对性的教学。基于学生的在线学习数据可以构建多种预测模型，预测可能存在学习困难、有退学风险的学生，并进行及时的干预。美国普渡大学的“课程信号”项目是国际知名的大数据教育应用典型案例之一。该项目研发了课程学习预警平台，采集大量学生课程学习的过程性数据，通过一套预测算法分析学生课程学习成功的概率，根据预测结果教师可以给予针对性的帮助、指导和反馈，显著提高了课程学习的成功率。

此外，通过分析学生在课程资源上的点击、浏览、翻页、收藏、评价等操作轨迹，可以客观评价课程资源的受关注度、资源界面设计的合理性、资源导航的高效性以及对学习效果的影响，从而完善课程资源的结构与内容，实现大批优质课程资源的生成与进化。

5. 教育大数据驱动个体的个性化发展

当前的标准化人才培养模式已经不能适应信息社会的发展要求，大数据技术为人才培养模式的创新提供了条件和机遇。从大众化走向个性化已成为未来人才培养的重要趋势。学生和教师是教育领域人才培养的两大核心主体，大数据技术将真正推动学生和教师的个性化发展。

个性化发展的前提是个体首先要真正认识自己，知道自己的优势、不足、兴趣、偏好、风格、知识缺陷、能力缺陷、发展目标等；其次，需要提供最适合个体发展的环境、资源、活动、工具、服务等外部条件。而大数据的最大优势便是让学生和教师认识每个真实的“自我”，同时通过学习行为、教学行为数据的深度挖掘与分析，为每个真实的“自我”推送最合适的学习资源与学习路径。

网络学习虽然具有天然的“个性化”优势，然而缺少了大数据的支持，机器将无法真正了解每位学习者，也就无法实现个性化资源与服务的推送。如果说互联网促进了教育的民主化，那么大数据将实现教育的个性化。在大数据的支持下，教师能够更有效地关注每个学生个体，记录每个学生的学习轨迹，分析每个学生的学习行为，预测其学习结果，诊断其学习需求与问题，开展真正的因材施教。教师逐步由教学者转变为帮助每位学生个性化学习与发展的指导者。传统的学习管理系统将升级为智慧学习平台，能够持续采集学习者的学习行为数据，并进行智能分析，依据学习者模型推送适合的学习资源，准确诊断、评价学习过程与结果，反馈给学习者最适合的学习建议，实现每位学生的个性化发展。

在大数据促进教师专业发展方面，有学者指出：教育大数据可以提升教师作为在线学习者的学习效率，激发其自主的专业发展意识；可以提高教师作为在线教学者的教学效率，发展其在线教学实践智慧；可以提高教师作为研究者的研究绩效，提升其对学生在线学习的服务能力；可以提高教师作为管理者的管理效率，提升其在线教学领导力。实际上，教师的专业发展不仅仅体现在专业思想、专业知识与专业能力的提高上，更体现在教师成为一个个独特的教学个体。通过大数据技术的支持，教师能够认识最真实的自我，彰显教学个性和智慧，开展灵活多样的个性化教学，最终实现个体的个性化专业发展。

（四）高校信息化技术应用的关键领域

随着智能手机的普及和APP的日益丰富，人们的工作、娱乐和其他生活方式都发生了巨大的改变，包括手机在内的智能终端设备在带来生活便利的同时，其副作用也逐渐显现，“手机依赖症”人群日益庞大。从一些研究报告和新闻报道中不难看出，此番移动智能革命已经波及现代大学校园，由此产生的消极效果显然大于积极效果，在校大学生“手机依赖症”日趋严重。其中，最重要也是对大学课堂教学的最大影响，是相当一部分学生的关注点从教师转移到了智能手机上。对教师来说，由于人数众多和手机这一设备的特殊性，监管难度非常大。

1. 推进基于移动互联的大学智慧课堂建设

在移动互联网络的冲击下，大学课堂受到了前所未有的挑战。我们需要正确认识这一现状，分析智能课堂的基本特征，建设以教学内容精准同步、良好互动课堂环境构建和学习行为记录与分析为主要支撑点的大学智慧课堂。如何发掘手机和其他智能终端设备在课堂上的积极作用，戒除课堂“手机依赖症”，对提高教学效果具有至关重要的作用。

智慧课堂的构建需要将智能终端与教师授课计算机进行同步，学生可以在无法看清投影图像时通过智能手机观看教学内容。在课堂互动环节，学生能够通过手机上的智慧APP提出问题并与其他同学互动，教师适时对互动进行引导，控制整个授课过程。课后，利用数据分析和挖掘技术对学生学习行为数据进行整合和分析，掌握学生学习的个性化需求，实行因材施教。

教学内容实时传达需要对课件进行智能获取与过滤。通过智能终端APP，将教师PPT、课堂板书和其他课件内容实时呈现在学生的智能终端上，拉近课堂与学生的距离，从而使学生的听课环境更为友好，记录更为简便，分享更为快捷，以实现愉快课堂、轻松课堂和趣味课堂的效果。

智能课堂中的高度互动是智能课堂的标志性特点，分为在线互动和面对面互动两种形式。在线互动是教师在课堂特定时间内，通过移动互联网络在课堂内部开放的交流形式，所有学生可以提交问题或将学习感受发至在线平台，类似于一些视频网站上的弹幕，或者采取群聊的方式。这种形式可以在很大程度上给予一些羞涩、胆怯或自卑的学生积极参与交流互动的勇气和信心，提高全体学生的参与度。但需要强调的是，在线互动需要在教师的引导下分时段进行，不能一直贯穿课堂始终，否则会影响整体讲授效果。另外一种形式为面对面互动，将学生分为若干个小组，在智能终端的辅助下开展问题探讨。智能课堂毕竟不是在线课堂，学生仍然还在同一个教室内听课，适当的面对面交流也是十分必要的。

大学课堂学生数量较多，教师很难做到与每一位学生充分交流和了解，这也使教师无法完全掌握每一位学生的学习状况、个性和想法，以至于课堂基本上是教师的课堂，学生的主体性不能得到充分体现。智慧课堂针对学生在课上用手机端听课的情况、截屏做笔记的次数、以弹幕方式提问的次数、笔记分享次数，连同从校园网端和教务管理系统获得的学生个人数据储存于云端，构建大数据，更好地分析每位学生学习情况和个性化需求，以便于教师对学生进行深度了解，教学设计也将根据分析结果进行进一步优化。

同时，针对学生个体，构建基于学习行为的个性化模型。学习行为建模可以直接体现学生个体的学习习惯、需求和趋势。不同的学习行为数据提取算法所获得的学习行为数据的准确性与价值性不同，不同的分类算法决定了学习行为的性质。“数据驱动课堂，分析变革教育”的时代已经来临，利用教育数据挖掘技术和学习分析技术，构建教育领域相关模型，探索教育变量之间的相互关系，为教育教学决策提供有效支持，成为未来智慧教育的发展趋势。

2. 推进高校图书馆的数字化、信息化

在互联网时代，尽管文化载体不断发生技术性变化，社会仍然需要图书馆去行使千百年赋予的职责。高校内的很多图书馆在数字资源建设上面花了很多力气，如何建立图书馆与数据商的良性互动关系，如何发挥效应，如何兼顾图书馆、师生用户、数据商的利益是一个重要问题。

调研结果显示，学校极为看重包括电子资源使用率分析、借阅人类型分析、对教学科研影响的分析、电子资源投入产出比分析，这四个方面累计投票率高达88%。面对服务范围与服务方式的局限，图书馆管理可根据重点关注方向，有的放矢地增加相应调研与数据分析，不断地扩展服务范围，丰富服务方式，从有限的区域网的服务发展到无时空限制的全媒体服务。

国家图书馆数字资源部主任曹宁在2015年中国图书馆年会上提出了一些思路，包括：对所有商购资源，均要求获得针对实名用户的远程访问权利，更广泛地采取按点击率和下载量付费的商购资源竞争谈判模式；对图书馆的自建资源，要在建设源头做好版权筛查和版权处理；在发布环节通过版权使用声明、版权纠纷第三方代理等方式解决各类版权隐患，让全国的读者快捷地获取数字资源；在获得合法授权的前提下，更多地考虑通过移动互联网、数字电视等全媒体渠道开展服务。

3. 推进校园智能自助服务发展

随着智慧校园将校园信息化从传统的数字空间向物理空间延伸，传统信息系统的全线上模式已经不能满足师生随时随地获取服务的需求，很多传统的校园 线下服务，如报到注册、证明开具、资料打印等也并不能简单地以线上服务的形式提供。因此，学校迫切需要在校内建设信息化服务的线下送达媒介，将各类信息化服务更好地送达给师生用户，实现线上服务和线下服务的融合，这也是数字校园向智慧校园转化的重要一环。

（1）以服务设计为理念，围绕学生进行服务场景设计。

①基于智能自助设备建设线下的自助服务，核心是规划合适的服务场景，而不是仅仅试图用某项技术去实现某项具体的功能或进行多种技术的堆砌。

②重点要关注的是每个服务流程应如何通过线上线下相融合的方式完成，期间应用的多种技术手段都只是服务的辅助工具。在传统注册流程中，学生需要到注册中心服务大厅办理注册手续，工作人员需要对注册学生和校园卡进行一致性检查，之后进行校园卡有效期更新，打印注册标签并粘在学生证上。然后，学生还需要再回到各自所在院系更新火车票优惠卡的次数，整个过程既费时又费事。而基于智能自助服务的注册服务，则主要考虑的是如何让学生在一台自助设备上，完成身份识别、报到注册、校园卡有效期更新、注册标签打印、火车票优惠卡更新等一系列工作。这种服务设计不但要考虑学生注册的整个服务场景，更要综合考虑人性化的服务送达方式。

（2）参考智能手机的集成理念，研发高度集成的智能化设备。

为了实现上述的服务场景，将智能自助设备定位成一个高度集成的智能化设备，需要实现两项核心功能：

首先是要能够采集多种形式的线下交互信息。其次是能够将线上服务更好地以线下方式送达给用户，尤其是对于那些不能纯线上办理的服务，如注册、打印、盖章、补卡等。因此，在建设过程中，需要参考智能手机的交互模式，大胆应用触摸、摄像等新的技术手段，实现包括人脸识别等在内的多种个性化交互手段。再次是开展工业设计，对传统自助设备进行大胆改造，将校园卡读卡器、火车票写卡器、打印机和电脑主机等在有限的空间内进行集成，设计人性化的操作面板。此外，适配智能自助设备的触摸访问方式，对现有的注册系统、成绩系统等进行改造，并同相关设备进行深度集成，为学生提供无缝的访问体验。

（3）管理部门、技术部门和厂商多方配合，管理协调技术支撑。

①基于智能自助设备的自助服务建设，需要学校管理部门、技术部门和相关厂商的高度协同。整个建设过程中，教务处是需求方，信息技术中心作为技术部门配合，并协调包括自助设备、校园卡、人脸识别、火车票刷卡等在内的多家厂商。

②教务处和信息技术中心共同设计出线上线下融合的场景，之后信息技术中心对学校现有的教务系统进行改造扩展，实现自助注册的相关流程；自助设备厂商重新设计并生产定制的自助设备；校园卡厂商提供能够自动进行读卡识别和有效期更新的校园接口；人脸识别厂商设计符合学校要求的私有云部署要求。通过多方的共同努力，才能够最终为学生提供高质量一站式自助服务。

4. 高校信息化建设的网络安全问题

随着智慧校园建设的深入发展，云计算、大数据、移动和无线网络等新技术也已经或者正在进入高校和师生生活的各个方面，同时网络信息安全给人们带来了严峻挑战，其重要性不言而喻。我们应汇聚全国高校网络信息安全的力量，发挥各高校交流、协作、共享的优势，共同应对高校网络信息安全的威胁，确保智慧校园的安全稳定和可持续发展。

中国高等教育学会教育信息化分会成立了“网络信息安全专项工作组”，并于 2015 年 10 月 9 日、10 日在上海交通大学召开了“分会网络信息安全工作组成立大会暨高校网络信息安全研讨会”。本次会议成立了网络信息安全工作组并落实相关工作，同时将结合目前高校网络信息安全工作的形势和各级部门的要求，就制度建设、等级保护、威胁监测、技术防范和信息共享等方面，相关高校和信息安全专家进行了充分的研讨和交流。

三、高校信息化技术队伍建设问题

教育部《教育信息化十年发展规划（2011—2020 年）》将“加强队伍建设，增强信息化应用与服务能力”作为独立章节（第十章），将“明确教育信息化专业人员岗位职责，制定相应的评聘办法，逐步提高专业技术人员待遇”作为建设教育信息化专业化技术支撑队伍的重要举措。如何加强信息化专业人员的队伍建设，从人力资源的角度保障我国教育信息化的持续发展，将教育信息化的各项任务真正落到实处，是教育信息化发展的核心问题之一。下面将从内涵界定、实证调查、对比分析等不同维度对这一问题加以描述。

长久以来，高校信息化工作者这一概念通常仅仅指向专职从事信息化建设的一小部分技术人群，这些人员往往来自类似信息化办公室、网络中心这样的技术部门，他们的人数较少，与其他“非信息化工作者”之间的界限也非常明晰。

随着高校信息化建设的逐步深入，信息化的触角已深入到高校日常教学、科研、管理的各个角落，各部门、各类人员对于信息化系统的依赖程度越来越高，工作中都涉及信息化的元素，并在高校信息化工作中各自扮演着不同的角色。在此背景下，是否来自信息化办公室、是否掌握信息化技术，以及是否参与具体的技术开发已不再是信息化工作者和非信息化工作者之间的区分标准。信息化工作者的概念越来越宽泛，越来越多的高校工作者都被认为参与了信息化工作。因此，有必要对信息化工作人员加以梳理，进而对信息化人员队伍与体系做一个界定。

可以将高校信息化工作者划分为两个层面：

第一个层面是传统的信息化办公室、网络中心等专门从事高校信息化建设的部门成员。这些人员作为信息化工作的传统从业者，承担了高校信息化工作中的核心任务，在总体上主导了高校的信息化建设工作。这一层面信息化工作者的团队协作、个人成长、职称职级提升等因素都在很大程度上决定了高校信息化发展质量。

第二个层面是来自于信息化工作体系的人员，这一体系不仅包括了传统的信息化办公室、网络中心等技术部门的人员，还包括了高校各个教学、科研、管理岗位中专门从事信息化工作的人员。这部分人群不仅负责高校信息化建设，而且参与高校信息化管理，通过其工作使得各类高校信息化应用能够更好地提供给校园用户使用。

需要指出的是，虽然从广义上来讲上述两个层面的人员都属于高校信息化工作者，但就其内部而言，人员的类型、分工、职责不尽相同。在进行高校信息化工作人员队伍建设必须充分考虑其中的复杂性。

（一）现状调研

从2015年6月起，中国高等教育学会信息化分会对国内不同地区和类别的学校信息化工作人员开展问卷调研，以了解不同地区的社会经济发展情况和不同类型学校队伍建设现状，梳理其面临的种种困境，力求为研究教育信息化队伍建设模式、教育信息化从业人员资格规范要求与专业技术职务评价体系奠定基础。

问卷调研覆盖全国东、中、西部，包括福建、内蒙古、重庆等17个省、市、自治区。调研问卷包括学校问卷、行政机构问卷、个人问卷及主管问卷，调研范畴包括各类学校及各级教育行政机构。其中，每个省（市、自治区）内，学校类机构不少于3所本科院校、2所高职学校、3所中小学、2所中职学校及2所学前教育机构。教育行政管理类机构不少于1个市级机构及4个区县级机构。

问卷的发放情况如下：面向本科院校，发放1份学校问卷、1份主管问卷、5份个人问卷；面向高职学校，发放1份学校问卷、1份主管问卷、3份个人问卷；面向中小学，发放1份学校问卷、1份主管问卷、2份个人问卷；面向学前教育机构，发放1份学校问卷、1份主管问卷、1份个人问卷；面向各级教育管理行政机构，均发放1份行政机构问卷、1份主管问卷、1份个人问卷。

问卷的回收情况如下：学校问卷回收136份，个人问卷回收264份，部门主管问卷回收116份，行政机构问卷回收63份。

对调研问卷加以整理，得到的初步分析结果包括：

第一，教育信息化队伍整体比较年轻，且以男性居多。男性工作人员占55.68%，35岁以下的比例为51.52%，从事教育信息化工作6~20年的比例为56.44%。

第二，专业化程度高。40.15%的样本人员为计算机专业，21.21%的样本人员为教育技术专业，表明教育信息化队伍专业性较强，这一点与教育领域内其他部门有着显著的差异。

第三，学历层次不高。65.53%的样本人员为本科，25.38%的样本人员为硕士，教育信息化队伍的学历水平较教学科研队伍而言偏低，主要原因是信息化建设与管理部门以工程实践岗位开展招聘，其入职学历要求相对较低。

第四，薪酬水平偏低。84.85%的样本人员为事业编制，人事代理比例为9.85%，其他为5.3%。80.68%的样本人员月收入在5 000元以下，与国家统计局发布的2014年信息技术行业平均年薪100 797元相比，收入水平明显偏低。

第五，关注高校工作稳定性。50.76%的样本人员选择高校信息化的原因是“工作比较稳定”，这表明教育信息化队伍比较青睐职业环境；未来3~5年，73.48%的样本人员选择继续从事现工作，表明信息化队伍相对稳定。

第六，职称、职务晋升渠道不畅。74.84%的样本人员职称为副高以下，对比教学科研岗位，在同等工作年限参照系之下，职称相对而言明显较低。96.59%的样本人员职务为副处以下，对比教育管理岗位，在同等工作年限参照系之下，职务相对而言明显偏低。总体而言，教育信息化队伍职称、职务晋升渠道不畅，这与信息化自身工作在教育领域中的定位与地位有一定的关联。

第七，工作压力大，工作满意度不高。30.68%的样本人员认为工作量过量，62.5%的样本人员认为工作量比较饱和；7.95%的样本人员每周加班15小时以上，20.45%的样本人员每周加班8～15小时。这表明教育信息化队伍工作量与工作压力普遍较大，而造成工作量大与工作压力大的一个主要原因就是信息化工作人员数量与实际工作量严重失衡。受调的高校中，师生数量平均为1万～3万人，而70%的高校信息化部门的编制人数低于30人，相当于平均每个信息化工作者要服务于500～1 000名师生，这个比例与国外平均水平差距悬殊。与此同时，对当前薪酬表示满意的样本人员只有20.07%，感觉在学校中地位较低的样本人员占62.13%，薪酬、工作地位、职称与职务晋升是影响工作满意度的重要因素。

第八，“前途”和“钱途”的影响因素。在选择“不继续当前工作”的样本人员中，60%的部门主管将“没有发展前景”置为最大原因，44.29%的样本人员将“经济收入太低”置为最大原因。而对于“前途”而言，一套行之有效的考核标准是不可缺少的，而在受调高校中，仅有7.41%的高校对于信息工作者的考核利用了有科学依据的考核模式，62.96%高校中信息工作者拿的都是死工资（见图2.7）。没有完善的考核标准，又何谈晋升与发展呢？另外在调研中，关于对信息化工作者的奖励机制设置方面，96%的高校对于信息化工作者没有明确的奖励机制。可见，教育信息化队伍和体系的相关工作需要同时关注“前途”与“钱途”。

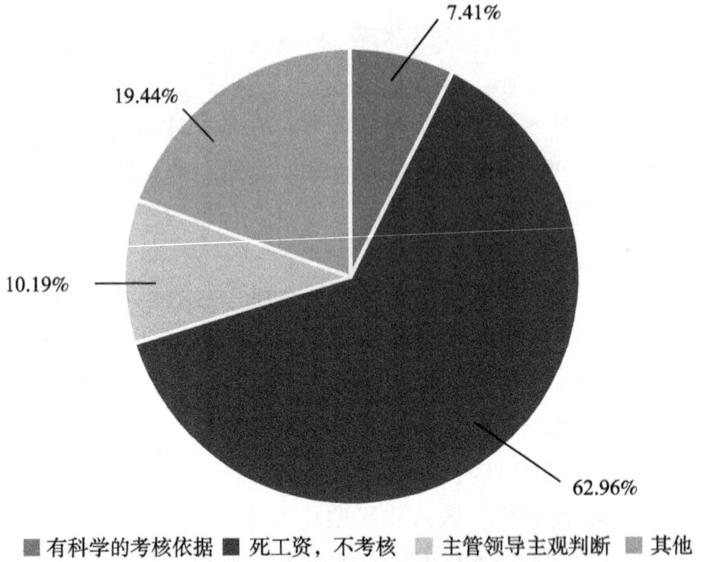

图2.7　学校对信息工作者的考核模式

（二）首席信息官（CIO）的设置

首席信息官（CIO，Chief Information Officer的缩写），是负责一个组织内所有领域信息技术和系统的高级管理人员。他们通过指导对信息技术的利用来支持组织的目标。

在受访的众多高校之中，仅有1.9%的学校进行了革新探索。据了解，重庆三峡学院已经率先使用设置 CIO 的管理方法。但是值得宽慰的是，47.7% 的受访高校是由副校长主管信息化部门（见图 2.8），高校领导对于校园信息化规划与建设的重视程度正在迅速提升。

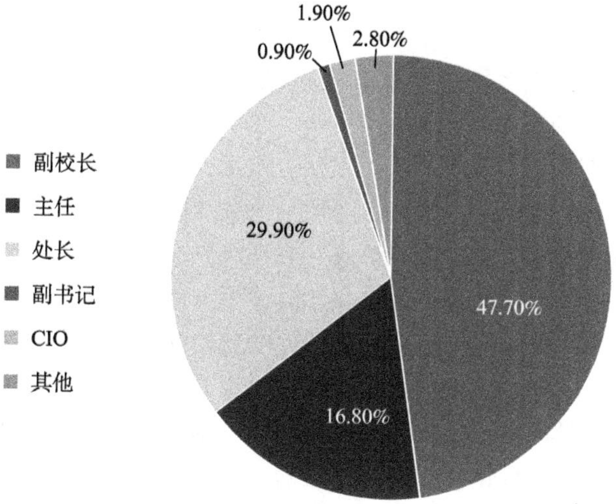

图 2.8　高校信息化规划部门负责人职务

在我国教育信息化推进过程中，信息化的全局性、综合性与教育机构行政管理制度中的“副职分管制”之间一直存在着较大的矛盾，导致很多跨部门、跨业务领域的信息化工作因不易协调而难以有效推进，而且这一矛盾还将进一步激化。因此，必须从管理层面上有所突破才会有解决之道。我们相信，在教育机构的决策管理层中设置 CIO，是一个有益的创新。

高校首席信息官（CIO）是负责将高校事业发展战略和信息化战略相结合，推进教育信息化工作的第一责任人，而不仅仅是信息化部门的分管领导。其主要岗位职责如下：（1）组织建立学校信息化远景规划；（2）负责提出学校全局范围的信息化策略（如信息安全策略）、学校信息化机构与岗位设置、信息化经费预算等；（3）负责学校信息化应用与服务日常运行中重要问题的决策；（4）领导学校信息化基础设施的建设；（5）协调学校内部跨业务领域、跨部门的信息化建设；（6）负责与其他关联机构的信息化合作。

针对上述调研中发现的诸多问题，CIO 在高校信息化队伍与体系方面的重点工作，第一是定岗定责。高校教育信息化工作内容的复杂性决定了信息化工作岗位的多样性，信息化规划、需求分析、软件开发、架构、运维、服务、安全等不同岗位，对从业人员有不同的专业技能要求。

各高校应该根据具体情况，科学合理地设置并确定信息化工作的岗位类别、岗位等级、人员数量等，根据按需设岗的原则，各类岗位都要有设岗依据、工作内容、工作标准，并根据需要设定不同岗位的任职条件以及相关待遇。

与技术紧密相关的信息化规划、需求分析、软件开发、架构等岗位，可以设置为专业技术岗位。与师生服务和日常办公室管理相关的岗位，可以设置为一般的管理岗位。同时，各教育机构应根据国家政策及自身实际情况，建立信息化专业技术人员职业发展通道，在专业技术职务聘任的工程系列中单列信息化专业，在任职要求中应突出工作实效和学校信息化任职经历，淡化以往职务评聘科研成果的“硬条件”、以代表作作为同行评审的方式，从而获得参加高级职务竞聘资格。

信息化的管理岗位，可以参与管理职级评定并获得相应的发展和待遇。有条件的教育机构应参考国内 IT 行业的薪资水平变动，通过项目津贴、绩效奖励等方式适当缩小教育信息化工作人员与 IT 行业人员收入差距。

第二是创新用工机制。IT 行业的迅猛发展、技术热点的快速更迭给信息化工作者不断提出了新的要求，而教育信息化工作岗位的种种约束和限制，又使得从业者往往只能长期固定从事某一方面的信息化工作，从而形成了对该人群个人发展的制约，使其难以适应时代的快速发展，这就需要我们在教育信息化建设中引入新的模式和方法。

项目驱动模式作为一种兼具创新性和灵活性的新模式，通过将教育信息化建设的各项任务以项目的形式进行划分，并将信息化工作者的原有分工模式加以打破，使人员在项目中实现再分工，通过达成项目最终目标以实现高校的信息化建设的推进。

在项目驱动模式中，信息化工作者不再长期受某一岗位具体工作的制约，而是能够在不同的项目中接触到丰富的领域知识，并在工作中主动参与项目问题的提出和解决，充分发挥个人的主观能动性，锻炼和提升个人综合能力，在项目的参与过程中实现更好的个人发展。

教育信息化建设本身也可以从项目驱动模式中获益，通过设置灵活多样的信息化建设项目，优化信息化工作者的人员配置，更好地满足教育机构发展进程中不断出现的各种个性化需求，并充分提升信息化建设的质量和效率。

（三）高校相关机构比较分析

通过对美国几所知名高校的信息化部门核心团队的研究发现，这些信息化部门的业务范围是非常全面的，从基础设施、基础业务系统到教学平台，涵盖了学校几乎所有的信息化建设和服务的内容。

美国高校信息化部门中通常包含以下 6 个核心团队：

（1）基础设施建设与运维团队：该团队主要负责学校网络、电话系统等基础系统的运维，以及基础设备的管理。

（2）负责为学校管理提供信息化服务和支持的团队：该团队主要负责学校各种管理信息应用系统的建设和维护。

（3）负责为教学提供信息化服务和支持的团队：该团队主要负责教学平台的维护、多媒体资源制作与开发、多媒体设备管理等。

（4）研发团队：该团队主要负责教学平台、管理信息系统的各种开发工作，数据中心的建设以及各种开发工作。

（5）信息化服务团队：该团队是整个信息化部门和用户联系的桥梁。负责调动信息化部门的资源为用户解决各种信息化问题。

（6）信息安全团队：该团队主要负责系统安全、身份认证方面的工作。

国内教育机构内信息化部门分支众多，包括网络中心、信息中心、电教中心、计算中心、图书馆、保卫部及后勤中心等。不同的教育机构内，上述信息化部门的整合程度也不尽相同，比较常见的整合案例是网络中心、信息中心与电教中心之间的整合，具体情况如表 2. 1 所示。

表 2. 1 信息化部门整合程度统计

<table>
<tr><th>信息化部门</th><th>部门职能</th><th>整合案例1</th><th>整合案例2</th><th>整合案例3</th><th>整合案例4</th><th>整合案例5</th></tr>
<tr><td>网络中心</td><td>校园网络</td><td rowspan="2">网络信息中心</td><td rowspan="3">信息技术中心</td><td rowspan="4">网络与信息技术中心（中山大学）</td><td rowspan="5">图书与信息中心（浙江大学）</td><td rowspan="7">教学技术保障部（中国科学院大学）</td></tr>
<tr><td>信息中心</td><td>数据中心与信息系统</td></tr>
<tr><td>电教中心</td><td>多媒体教室与教学资源</td><td></td></tr>
<tr><td>计算中心</td><td>高性能计算机</td><td></td><td></td></tr>
<tr><td>图书馆</td><td>数字图书资源</td><td></td><td></td><td></td></tr>
<tr><td>保卫部</td><td>校园安防与监控</td><td></td><td></td><td></td><td></td></tr>
<tr><td>后勤中心</td><td>物业与餐饮</td><td></td><td></td><td></td><td></td></tr>
</table>

（四）高校信息化建设人员比较分析

为了支持高校业务工作，美国高校的信息化部门普遍规模比较大，一所高校一般为 90 人左右。而对于规模较大的综合型大学，信息化部门的人员规模远高于平均水平。部分美国大学的信息化部门的人员数如表 2. 2 所示。

表 2. 2 部分美国大学信息化部门人员数量表

高校	信息化部门规模人数	学生人数	教师人数	信息化部门员工与师生的比例
普林斯顿大学	约 200 人	约 8 000 人	约 1 000 人	1∶45
哈佛大学	约 300 人	约 20 000 人	约 1 600 人	1∶72
耶鲁大学	约 450 人	约 12 000 人	约 4 100 人	1∶36
哥伦比亚大学	约 290 人	约 27 000 人	约 3 700 人	1∶106
纽约大学	约 300 人	约 50 000 人	约 12 000 人	1∶207

这些美国大学的平均师生人数约为 28 000 人，信息化部门平均人数约为 300 人，信息化部门员工与师生平均比例为 1∶90。

本次国内大范围调研结果显示，124 个样本学校的平均师生人数为 5 264 人，信息化部门的平均人数为 8 人，信息化部门员工与师生的平均比例是 1∶658。

就信息化部门规模和信息化部门员工与师生比例两个关键参数而言，国内外的差距相当大，主要是国外的调研数据均是一流大学，国内样本为各级各类高校。对国内调研样本做一定的过滤，遴选出师生总数超过 3 万人的样本（我们基本可以认定是本科高校），相关数据如表 2. 3 所示（因调研时匿名开展，因此并不知晓学校名称）：

表 2.2　国内信息化部门情况

学校所在省市	师生总数/人	信息化部门规模/人	信息化部门员工与师生的比例
重庆	55 251	21	1∶2 631
黑龙江	36 960	33	1∶1 120
湖南	36 270	8	1∶4 534
新疆	34 541	8	1∶4 318
广西	34 013	31	1∶1 097
广西	32 937	15	1∶2 196

这些学校的平均师生人数为 38 000 人，信息化部门的平均人数为 19 人，信息化部门员工与师生的平均比例大致是 1∶2 000。筛选后的结果与国外差距更大。

在对高校信息化建设的人员配备数量合理性调查中，高达 82.41% 的被调查者认为现阶段高校信息化建设人员的配备数量不合理，仅有 17.59% 的被调查者认为目前的人员配比数量合理（见图 2.9）。

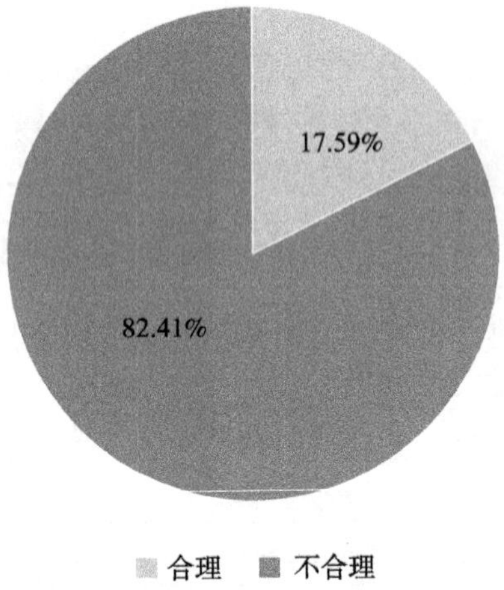

图 2.9　校园信息化建设的人员配备数量合理性调查

在学校规模基本相当的情况下，信息化部门规模及信息化部门员工与师生比例这两个关键指标上，国内外确实存在着很大的差距。

四、高等教育信息化建设的绩效评估

相对于已经比较成熟完善的国家信息化、地区信息化和企业信息化等的评价研究，我国教育信息化的评价研究还处于起步阶段，由于我国不同地区、不同类型学校的巨大差异，现有教育信息化评价及统计指标体系仍不够完善，教育信息化的评价研究尚缺乏广泛的测评实践。在教育信息化的进程中，国家、地方政府、各级各类学校投入了大量的资金和人力，信息化投入产出的绩效如何？如何评估教育信息化的水平？如何科学配置教育信息化资源？如何优化各部门和单位的管理决策？如何制订有针对性的信息化发展战略规划？如何建立科学合理的评估机制？这些都是信息化绩效评价的关键问题。

（一）高等教育信息化评估的研究

教育信息化的可持续发展，需以有效的评估作为基础。当前世界各国都在积极寻找有效的方法监测和评价教育信息化的实际应用水平，测量信息技术对教育的影响，并预测信息技术在教育中的未来发展趋势，从而使教育信息化的投资效益最大化，有效推动教育改革。教育信息化评估已成为世界各国关注的焦点，目前国内外对教育信息化的评估研究大体包括以下几个方面。

1. 教育信息化评估框架研究

由于各国具体国情的差异和信息技术在教育中的复杂性，国际上尚未建立起一套科学的、通用的教育信息化水平评估框架。从国外研究现状来看，国外教育信息化评估研究尚无统一的评估模型，而是根据项目评估目标来确定评估框架，例如，世界银行信息技术促进发展项目组（InfoDev）针对发达国家与发展中国家信息技术应用的差距，采用知识地图的方法研究信息技术在教育中的 10 个问题，分别是信息技术对学习和成就的影响、监测和评价、平等问题、成本、具体的信息技术工具、内容和课程、学校层面的问题和政策问题。研究结果发现信息技术对学习结果的影响还不清楚，缺乏广泛的可接受的方法和评价指标评定信息技术对教育的影响。

联合国教科文组织（UNESCO）、经济合作与发展组织（OECD）、国际组织欧洲联盟（EU）就信息化设备使用能力、网络访问的改进、信息化资源的选择和使用等问题进行了重点关注，研究如何测量信息通信技术能力。

英国制定了学校信息化自我评估框架（The Self-review Framework，TSF），加拿大启动了泛加拿大教育评估指标项目（The Pan-Canadian Education Indicators Program，PCEIP），美国启动了高校信息化校园项目（Campus Computing Project，CCP）。CCP 项目由美国克莱蒙特大学教授格林发起并主持，一直持续至今，是美国高等教育信息化领域最大的持续性项目。该项目研究采用基于网络的数据收集方法，调查和研究美国大学校园信息技术应用问题，每年发布美国高校信息化调研报告，提出高校教育信息化发展中的重要问题和关键问题，但该项目研究并没提出具体的高校信息化测评模型，其评估框架随着信息化建设的重点不同而变化。此外，美国还成立了高等教育信息化专业组织（EDUCAUSE），为高等教育信息化提供关于组织、员工和规划，财政与管理，教师和学生信息化，网络、高级技术与安全，信息系统等方面的核心数据服务，为学院和大学提供高校战略规划和管理方面的标杆服务。亚洲地区也启动了高校信息化调研 ACCS（Asia Campus Computing Survey，ACCS）项目，了解亚洲各高校信息化建设的成功经验，为各国高校信息化建设提供借鉴和参考。

目前国内的高等教育信息化评估分析框架主要有六要素模型、CIPO 模型（即情境、输入、过程、结果）和平衡计分卡模型。其中教育信息化六要素模型是目前被广泛接受的一种分析评估框架，该框架基于国务院信息化办公室发布的国家信息化模型，具体包括教育信息网络基础设施建设、教育信息资源建设、信息资源的利用与信息技术的应用、信息化人才的培养和培训、教育信息产业、信息化政策、法规和标准建设等六个方面。该框架对于有效指导我国教育信息化建设起到了重要作用。

经过教育信息化发展的探索期、起步期和全面发展期，为了能对教育信息化建设的环境、目的、实现目标的过程以及教育信息化的产出进行分析，在教育信息化六要素框架的基础上，黄荣怀、张进宝等提出了教育信息化评估的 CIPO 模型，将教育信息化的关注视角从建设本身转到教育信息化的语境及过程上，以准确把握教育信息化的发展脉络。CIPO 模型是六要素模型的扩展，它将语境分析纳入到教育信息化的分析框架；将信息资源的利用与信息技术的应用提升为教育信息化的过程，突出其应有地位；把促进教与学的变革、促进学校变革、促进教育的变革作为教育信息化应用的三个方向；将教育信息化产出定义为对教育信息化效果、效益和效率的分析。该模型提出了目前教育信息化评价的基本思路及应注意的问题，特别是在构建评价指标体系时应该考虑的内容，但它仍没有解决如何量化教育信息化评价的问题，缺少在该理论指导下的教育信息化测评实践。

此外，国内顾小清等吸取平衡计分卡理论和美国学校信息化评估模型 STaR（School Technology and Readiness）的评估思路，提出了区域教育信息化效益评估模型。从平衡计分卡的全局视角（包括用户视角、财务视角、运营视角、变革视角）、教育信息化的发展维度（包括起步阶段、应用阶段、融合阶段、变革阶段）和角色维度（包括教师、学生、管理人员、技术人员等），提出了区域教育信息化评估模型的二维结构，并对一些地区进行了评估应用。建立平衡计分卡模型的优点是能够清晰地阐明学校信息化的发展目标和发展战略及其相互联系。通过将学校的发展战略与信息化支撑战略紧密联系起来，能更容易识别教育信息化发展的战略任务，为信息化战略支撑得到更为客观和科学的评估方法；能够更加客观地评估每一项信息化投资的价值，其评估的多维视角可以为教育信息化测评提供实践借鉴。

2. 教育信息化评价指标体系研究

指标选择和指标体系的研究，对于教育信息化测评有非常重要的意义。从国际研究来看，构建和完善教育信息化评价指标体系仍是世界各国关注的焦点。联合国教科文组织（UNESCO）、经济与合作发展组织（OECD）试图开发一套详细的不同国家间可以比较的指标体系，旨在为国家政策制定者提供评估和监测教育效果的必要信息。通过搜集、分析和解释关键指标体系信息，进行不同国家之间的比较，以缩小由于教育信息化和信息通信技术而带来的不同国家间、不同区域间的数字鸿沟，有效指导教育政策的制定。对于不同国家信息化现状和使用现状，联合国教科文组织（UNESCO）的亚非教育执行办公室开展了教育应用的绩效指标项目。从定性指标和定量指标的角度，分三个层次，对世界各国信息技术教育应用情况的评价指标进行了分析。

发达国家已经形成比较完善的教育信息化评价指标。例如，美国教育技术 CEO 论坛开发的 STaR 评估量表比较权威。该评估从“硬件和网络连通性”“教师专业发展”“数字化资源”“学生成就和考核”四个评估维度来衡量地区和学校教育信息化发展水平，该评估量表已经成为美国一些州及学校衡量本单位教育信息化发展水平的标尺。英国学校信息化自我评估指标（SRF）立足于学校自我评估，构建学校自我评估指标。发布时由八个不同的要素组成，分别为领导和管理、课程、学与教、评价、教师专业发展、拓展学习的机会、资源、学生学习成绩的影响等八个要素。后来又发布了 SRF Version2 代替了原始版本，新版本评估框架由六个要素组成：领导和管理、规划、学习、信息技术能力评价、专业发展、资源。每个要素分为不同的方面和水平层次进行集体评估，同时开发了在线工具帮助学校管理自我评估过程。韩国也提出了韩国学生、教师和家长的教育信息化水平评价体系，包括访问指数、能力指数、使用指数和满意度指数，使用指数又分为定量使用和定性使用。美国 EDUCAUSE 公司与 AACRAO 和 NACAC 合作推出了一套美国高校信息化评估学生指南，其主要目的是帮助学生更好地选择大学，为此，该评估体系主要是对美国大学校园信息技术应用进行评价，从学习体验、管理体验、学生生活、服务和费用等四个方面提出了 39 个问题，以此来评价美国高校的信息化水平。

我国高等教育信息化的评估体系基本上沿用的是国家信息化的六要素评估框架，形成了比较翔实的高等教育信息化评估体系。教育部科学技术委员会战略重点研究项目"我国教育信息化建设与创新发展战略研究"，进一步形成了我国教育信息化发展战略研究框架。在我国教育信息化发展战略研究框架的指导下，目前我国正在进一步完善基础教育信息化、高等教育信息化的指标体系，并将职业教育信息化纳入考核范围，制定职业教育信息化评价指标体系。

3. 教育信息化水平测评和预测方法研究

教育信息化水平不是一个直观的变量，对其测度必须借助有效的评价方法和模型来完成。我国教育信息化水平测度的理论和方法多是借鉴采用信息化水平测度的理论和方法。国际上对信息化测度的理论和方法已有较深入的研究，特别是美国和日本学者对社会信息化发展水平的定量测算进行了较为深入的研究，常见的信息化测度方法和测度体系有国外的波拉特信息经济法、日本信息化指数法、国际数据公司（IDC）的信息社会指数法、国际电信联盟法。国内的有国家信息化测评指标体系、企业信息化测度体系、城市信息化测度体系、农业信息化测度体系等。

测度是评价的基础。信息化测度的实质是测度一个国家或组织的信息能力，随着时间的推移，信息化测度的焦点从信息部门的产值到以信息通信技术为核心，即当前信息化测度的对象是对信息技术及其扩散程度进行测度。近些年来全球信息化测度取得重大进展，国际电信联盟发布的数字接入指数，旨在衡量各国接入数字信息产品的能力；联合国教科文组织（UNESCO）发布的数字鸿沟指数（Digital Divide Index，DDI），考察数字鸿沟状况及不同群体在计算机和互联网应用方面的差距；国际电信联盟发布的信息化机遇指数（Information Communication Technology-Opportunity Index，ICT-OI），全面衡量个人和家庭的 ICT 获得和使用情况；世界著名市场调研机构"经济学人智库"与 IBM 商业价值研究院联合发布的全球数字化准备度（e-readiness）排名报告，针对全球 68 个国家和地区产生、应用、扩散数字化学习于工作、教育、政府、社会等层面的能力指标作整体评估；国际电信联盟提出的信息化发展指数（Information Development Index，简称 IDI），将信息化机遇指数（ICT－OI）和数字化机遇指数（DOI）两个合并为国际电信联盟的信息化发展指数，衡量和跟踪世界各国的信息通信技术进程和发展。

国际上普遍将 ICTS 指标作为测度综合国力的指标，通过测度帮助决策者制定合适的竞争对策和政策，为消除信息时代的贫富差距、填平数字鸿沟提供依据，同时为准确、全面地监测和把握信息技术、信息经济的发展，为产业政策和部门政策的制定提供依据。在各种信息化水平测度中，基本上采用的是线性加权的方法。我国国家信息化水平测度体系的发展已比较成熟，采用的也是线性加权的测度方法。

我国的大多数研究由于缺少实际数据的支撑，研究结果不具有代表性，对新趋势和新动向的研究不足，尚无对我国高等教育信息化水平的科学预测研究，对我国教育信息化的决策和政策改进贡献的力量薄弱。为此，整合一个权威可行的多指标、多变量构成的评估体系以测算教育信息化指数，科学合理地监测和评价教育信息化的发展与应用水平，从而为制订教育信息化未来发展战略规划服务是非常有必要的。

（二）教育信息化绩效评估面临的问题

尽管国内学者在高等教育信息化水平评估领域取得了一些成果，对高等教育信息化评价的理论框架、评价指标体系和评价方法等进行了探讨，但是当前我国教育信息化建设仍缺乏统一的评估机制。我国高等教育信息化发展地区间的巨大差异，增加了评估的复杂性，目前教育信息化测评研究多处于探索阶段。高等教育信息化水平测度研究的主要问题集中在以下几个方面。

1. 尚无经过验证的可靠测量工具

从国内外研究现状来看，高等教育信息化评价微观环境研究多，宏观研究少，理论和定性的分析较多，定量的研究少，而且大多集中于教育信息化发展水平的测度方法上，缺乏指标体系的优化研究，缺少与学校信息化发展战略的相关性考虑，研究成果无法进行验证和改进。为此，高等教育信息化水平测评研究急需一个基于理论模型的可靠的测量工具，需要一个相对复杂的多层的理论驱动的模型，该模型包括因果关系并同时尽可能考虑所有的相关变量。

2. 缺乏对高等教育信息化水平的横向和纵向比较研究

由于我国地区经济发展的不平衡，高等教育信息化发展难免出现区域间和校际间的不均衡。高等教育信息化水平测度缺少横向比较研究，对不同层次不同类型学校的针对性研究少。此外，由于单个高等教育信息化水平的组合指数仅反映了高等教育信息化水平的静态特征，而不能反映高等教育信息化水平的动态特征。为此，需要对高等教育信息化随时间变化的趋势进行分析，并进行高等教育信息化水平的纵向比较研究。

3. 缺乏对高等教育信息化水平发展趋势的预测研究

当前我国高等教育信息化评价研究尚处于水平评价和绩效评价的阶段，尚无对其未来发展趋势的预测研究和统计数据的深层次挖掘，这使得我国在制定教育信息化发展战略时缺少翔实的数据支撑。教育信息化的发展多是跟着国外的脚步在前进，尚无国内的教育信息化预测预警系统。

4. 缺少对高等教育信息化未来发展战略的研究

从国外高等教育信息化研究来看，着眼于战略发展的高度开展高等教育信息化的调查、数据采集、分析和评价研究，通过基于数据驱动的决策来指导高等教育信息化的未来发展战略，而我国高等教育信息化的评价研究缺少与未来发展战略的紧密结合，尚不能通过评价来有效指导高等教育信息化的未来发展战略规划。

（三）高等教育信息化绩效评估的发展思路

明确我国各地区高等教育信息化水平，找出各地区所处的位置，以及国家整体水平与发达国家之间的差距，这对提高我国高等教育信息化的科学决策和管理水平、有效制定我国高等教育信息化发展战略，有着深远的战略意义和重要的现实意义。

一是对我国高等教育信息化发展水平进行定量评价，为我国高等教育信息化发展战略规划提供决策依据。经过20多年的发展，我国高等教育信息化建设已经取得了较快的发展。但是，如何在已有的基础上确定新的发展思路和突破口，以适应新时期我国教育信息化建设的整体目标需求，科学客观的评价和分析是决策的基础。通过建立和完善高等教育信息化水平的测评指标体系，搜集、积累评价需要的基础数据，客观测算和比较国家整体和各地域高等教育信息化发展水平，对我国政府制定切实可行的教育信息化发展战略和政策有着十分重要的意义。

二是建立对不同区域不同类型高校信息化水平的不同评估策略，优化我国高等教育资源的配置。构建高等教育信息化水平评估模型，支持不同区域、不同类型的学校根据自身情况选择合适的评价指标体系开展评估，测算具体地区的高校信息化发展水平，找出不同区域不同类型高校信息化建设水平较高或相对较低的原因，发现问题的症结所在，发挥信息化水平较高地区的经验优势，合理配置和优化信息化资源，提高信息化建设的投资效益。

三是科学预测我国高等教育信息化未来发展趋势，为教育信息化战略决策提供系统理论和方法指导。教育信息化建设是一项复杂的系统工程，需要以教育技术学宏观决策管理理论、原则、方法、策略作为指导，以科学的规划作为发展的保证，以科学的数据预测作为决策的基础。基于高等教育信息化评价体系，对高等教育信息化的未来发展趋势进行预测分析是教育信息化发展战略决策的有力保障。此外，正确处理教育信息化战略目标实施过程中规模、结构、速度与质量的关系，正确处理我国教育信息化发展与整个教育发展、社会经济发展及国际发展水平的关系，正确处理教育信息化建设各维度之间的关系，促进教育信息化的均衡、协调和可持续发展，这些都与教育信息化发展战略规划息息相关，需要进行全面、系统和科学的研究。

附：教育信息化分会简介

教育信息化分会成立于2003年9月8日，以研究中国高等教育信息化的规律与战略性问题、加强高校合作与交流、促进高校教育信息化的建设和发展为宗旨。分会现任理事长为北京大学种连荣教授，秘书长为华东师范大学信息化办公室主任沈富可教授。分会秘书处办公地址设在北京大学。

第三章

发挥产学研合作优势
助推人才培养模式改革

——产学研合作教育分会专题报告

提高人才培养质量是高等教育的核心任务。随着我国高等教育事业的快速发展，改变人才培养模式，全面提高教学水平和人才培养质量、切实增强学生社会责任感、创新精神和实践能力的要求更加迫切。《国家教育事业发展“十三五”规划》指出，“十三五”时期，高等教育必须合理调整人才培养结构，提高应用型、技术技能型以及复合型人才比重，推动具备条件的普通本科高校向应用型转变，注重产教融合、校企合作，增强学生就业创业能力。

加强产学研合作教育，加强市场、职业和社会的紧密联系，着重培养学生的实践创新能力，一直是推动我国高等教育改革、提升高等教育质量的一剂良方。多年来，产学研合作教育从学科专业、培养理念、教师队伍、课程教材、实习实训等全方面为应用型人才培养提供了有力支撑。在深刻变革的新时期，产学研合作教育迎来了新机遇，被寄予了新任务，凭借“校”“企”双重教育场景的优势，必将为高等教育人才培养模式改革作出新贡献。

一、我国产学研合作教育的概念内涵

产学研合作教育是一种以育人为中心的教育模式，最早产生于20世纪初的美国，20世纪80年代引入我国，目前在我国已有30余年的发展历史。随着教育理念和模式的引入，产学研合作教育的概念内涵也在我国有了新的发展。

（一）国际合作教育的起源与概念界定

合作教育（Cooperative Education）产生于20世纪初，由美国辛辛那提大学的赫尔曼·施耐德最早创建。世界合作教育协会对合作教育的解释是“将课堂上的学习与工作中的学习结合起来，学生将理论知识应用于与之相关的、为真实的雇主效力且通常能获取报酬的工作实际中，然后将工作中遇到的挑战和增长的见识带回课堂，帮助他们在学习中的进一步分析与思考”。此外，合作教育在国际上还有一些定量标准，如美国工程技术评估委员会（ABET）规定了工程专业学生的工作经历总时间不少于 12 个月，进行轮换的“工”“读”学期时长大致相同，总的工作时间要占学术学习时间的 50% 等。

（二）我国产学研合作教育的概念内涵

为了更好地鼓励不同类型、不同层次高校进行产学研合作教育的实践探索，相比国外，我国对产学研合作教育的概念更多的是定性描述。综合近年来我国相关理论和实践研究，产学研合作教育在我国的基本内涵可以概括为一种以培养学生的全面素质、综合能力和就业竞争力为重点，利用学校和企业两种不同的教育环境和教育资源，采取课堂教学和学生参加实际工作有机结合，培养适合不同用人单位需要的具有全面素质和创新能力人才的教育模式。[①] 在具体概念界定上，产学研合作教育经历了从“合作教育”到“产学合作教育”再到“产学研合作教育”的演变，而这一演变过程是与“中国产学研合作教育协会”的名称演变息息相关的。[②]

（三）开展产学合作教育

1989 年 8 月，经教育部批准同意，北京工业大学名誉校长樊恭烋教授出席了在加拿大召开的第六次世界合作教育会议，这是我国第一次派代表参加世界合作教育大会。会后，樊教授向教育部领导建议我国也应该将高校、企业和有关的管理部门组织起来开展合作教育研究与实践。1990 年 3 月，教育部高教司召集清华大学、浙江大学、北京航空航天大学、北京市高等教育研究所等 17 家单位在北京举行了全国第一次合作教育座谈会。会上决定，为了更好地探索研究实施教育与生产劳动相结合的教育模式，更好地与世界合作教育协会及各国合作教育协会相互交流，我国应成立与世界合作教育协会类似的全国性协会，名称暂定为“中国合作教育协会”。经过多位专家学者和教育部领导的反复协商，最后确定协会名称为“中国产学合作教育协会”，并于 1991 年 4 月在上海召开了成立大会。协会第一届会长樊恭烋教授对协会名称进行了解释；一是 Cooperative Education 直译为“合作教育”，国际上比较一致的理解就是学校和用人单位合作培养学生，因此我们意译为“产学合作教育”，以突出学校和企业在合作教育中地位和作用。二是为了区别苏联教育实验派提出的关于学校实现民主化和人道化的合作教育思想，在“合作教育”前面加上定冠词“产学”两个字。中国产学合作教育协会成立后通过开展一系列学术与实践活动使得“产学合作教育”很快得到教育界的认同。

---

① 张炼．产学研合作教育的理论问题以及在我国的实践［J］．职业技术教育，2002（34）.

② 中国高等教育学会产学研合作教育分会在发展历程中曾使用“中国产学合作教育协会”“中国产学研合作教育协会”等名称，之后根据民政部关于社团分支机构管理的相关规定，统一使用“中国高等教育学会产学研合作教育分会”名称开展所有活动。本文在梳理中国高等教育学会产学研合作教育分会的发展历程时均使用了当年的名称。

随着科教兴国战略的实施，也为了在产学研结合（合作）的大背景下为产学合作教育创造深入发展的空间，1995 年 12 月在北京石油大学召开的全体会员大会上，“中国产学合作教育协会”更名为“中国产学研合作教育协会”。樊恭烋会长对更名作了说明：考虑到教育（教学）、科技研究、生产（生产劳动）三者相结合可以视为产学合作教育的基本特征之一，为了突出当今科技发展的时代特征，与我国教学、科研、生产劳动三结合的习惯提法基本相符，决定将过去把国际上的合作教育意译的“产学合作教育”改称为“产学研合作教育”。中国产学研合作教育协会的更名对于推动产学研合作教育在全国高教系统的深入开展产生了积极影响。

（四）新世纪我国产学研合作教育的扩展

1. 促进产学研用结合

2009 年，时任总理温家宝在国务院常务会议上强调“要加大改革力度，以企业为主体，促进产学研用紧密结合”。所谓产学研用是一种强调生产、学习、科学研究、实践运用的系统合作工程，是充分利用学校、企业、科研单位等多方在教学资源以及人才培养方面的优势，把以课堂传授知识为主的学校教育与直接获取实际经验、实践能力为主的生产、科研实践有机结合的教育形式。相比产学研，产学研用更加强调高校科研成果的转化与运用，更加强调高校对社会的服务能力。

2. 推进产学研协同创新

2011 年 4 月，时任国家主席胡锦涛在清华大学百年校庆上的讲话提出了“推动协同创新”的理念和要求。为落实这一讲话精神，教育部启动实施《高等学校创新能力提升计划（2011 计划）》，旨在推进高校与高校、科研院所、行业企业、地方政府以及国外科研机构之间的深度合作，探索适应于不同需求的协同创新模式。截至 2014 年年底，教育部共认定了 38 个“2011 协同创新中心”。协同创新已成为产学研合作教育的指导理念之一，是我国高等教育发展和人才培养模式变革的重要方向之一。

二、我国产学研合作教育的发展历程

自 20 世纪 80 年代产学研合作教育的概念引入我国以来，根据实际发展情况，可以将产学研合作教育发展的过程大致分为“克隆引入”阶段（1985—1990 年）、民间自发探索阶段（1991—1996 年）、官方组织试点阶段（1997—1999 年高校扩招）、高等教育人才培养全覆盖实践阶段（1999 年高校扩招至今）四个阶段。

（一）“克隆引入”阶段（1985—1990 年）

20 世纪 80 年代，我国进入改革开放时期，中国教育开始与世界各国开展交流，学习世界各国的先进教育经验。1985 年，上海工程技术大学纺织学院与加拿大滑铁卢大学合作，采用“一年三学期，工学交替”的模式，率先在我国开展合作教育试点，这标志着“克隆引入”阶段的开始。

（二）民间自发探索阶段（1991—1996年）

这一阶段以1991年4月在上海成立“中国产学合作教育协会”为起点，标志着我国的合作教育实践开始从自发、分散状态，转变为有组织有计划的社团行为。在这一阶段，合作教育的实践被列为“全国教育科学‘八五’规划重点课题”，成立了“全国产学合作教育研究课题组”。这一阶段中国产学合作教育协会开展的一系列活动受到当时国家教委领导的重视与支持，合作教育的实践和探索开始逐步融入我国高等教育改革的进程中，走向以探索贯彻党的教育与生产劳动相结合方针的方向。

（三）官方组织试点阶段（1997—1999年高校扩招）

1997年10月，教育部发出《关于产学研合作教育“九五”试点工作的通知》（教高厅〔1997〕9号），批准在原农业部、煤炭部、机械部等10部委和北京、上海等城市的28所高校开展产学研合作教育的试点工作，并委托中国产学研合作教育协会组织实施。这标志着产学研合作教育已纳入政府教育主管部门教育教学改革的总体规划。产学研合作教育从民间社团组织的试点成了官方组织的有计划试点。为了加强对产学研合作教育试点的领导，教育部成立了全国“九五”试点领导小组，教育部高教司有关领导作为领导小组重要成员。为了扩大试点范围、加大试点力度，教育部将产学研合作教育理论研究与实践探索列入世行贷款的“21世纪初高等教育教学改革项目”中。①

（四）高等教育人才培养全覆盖实践阶段（1999年高校扩招至今）

1999年我国高等教育大规模扩招实现了跨越式发展，随之而来的毕业生就业压力日益突现，大学毕业生实践能力不强等问题突出。为此，国家从各方面鼓励倡导各层次、各类型高校开展产学研合作教育。高职教育方面，原教育部部长周济同志指出，“产学研结合是高等职业教育发展的必由之路”，以服务为宗旨、以就业为导向培养人才是高职院校安身立命的根本。《国务院关于加快发展现代职业教育的决定》中将“政府推动、市场引导；服务需求、就业导向；产教融合、特色办学”作为职业教育发展的基本原则，并从多个角度强调了校企协同育人的重要性。本科方面，教育部实施的一系列卓越计划，最重要的特点就是强调学生实践学习的重要性。以“卓越工程师教育培养计划”为例，强调行业企业深度参与培养过程，学校按通用标准和行业标准培养工程人才，培养学生的工程能力和创新能力等。2013年教育部批准第三批433个本科专业加入卓越计划。研究生方面，强调大学与企业合作培养研究生已成为我国研究生培养的重要模式。近年来我国硕士研究生培养从学术型向应用型转变，大力培养专业硕士研究生。据2015年统计数据，专业硕士研究生招生规模已达25.2万人，占全部硕士研究生招生人数的44%，与学术型硕士招生规模基本持平。② 此外，地方层面也在产学研合作教育的研究生培养模式上积极探索，如

---

① 张炼．产学研合作教育的理论问题以及在我国的实践［J］．职业技术教育，2002（34）．

② 中国教育在线．2016年全国研究生招生调查报告［EB/OL］．http：//www.eol.cn/html/ky/report2016/e.shtml，2016．

北京市建立产学研合作培养研究生基地、江苏省建立企业研究生工作站等。①

三、我国产学研合作教育的多样化实践

我国产学研合作教育经过 30 多年发展，在高职、本科、研究生教育等各个层次均开展了产学研联合培养的多样化实践。以中国高等教育学会产学研合作教育分会在北京成功举办的“2009 中国产学研合作教育峰会”为标志，逐步形成了“合作办学、合作育人、合作就业、合作发展”的“四合作”本土化新理念。

（一）“四合作”本土化指导理念

中国产学研合作教育经过 30 多年的实践发展，已经走出了单纯模仿国际经验的阶段，已经从人才培养的单一环节向人才培养的全过程发展，从封闭的校园内部人才培养走向开放融通的社会合作教育，无论是参与学校的广度，还是学校实践的特色与理论总结均极大丰富了世界合作教育。2009 年，中国高等教育学会产学研合作教育分会在北京成功举办了“2009 中国产学研合作教育峰会”，会上通过了《中国产学研合作教育宣言》，将“合作办学、合作育人、合作就业、合作发展”作为指导高校产学研合作的本土化新理念，强调校企双方合作共赢。“四合作”理念自提出以来，就被政府和高校广泛接受，逐步成为具有中国特色的产学研合作教育模式，成为高职院校办学发展的重要指导方针，成为本科院校提高人才培养质量，尤其是应用型人才培养质量的重要发展方向，可以说“四合作”本土化指导理念深刻影响了我国高等教育各个层次产学研合作的实践。

特别需要指出的是，“四合作”本土理念受到教育部持续关注，在政策制定层面发挥了重要作用：在《国家中长期教育改革和发展规划纲要（2010—2020 年）》及教育部《高等教育专题规划》《中西部高等教育振兴计划（2012—2020 年）》《关于推进高等职业教育　改革创新引领职业教育科学发展的若干意见》（教职成〔2011〕12 号）、《关于全面提高高等教育质量的若干意见》（教高〔2012〕4 号）、《关于实施高等学校创新能力提升计划的意见》（教技〔2012〕6 号）等多项重要的教育政策与改革措施中，均强调了产学研合作教育对高等教育人才培养改革的重要性和紧迫性。

在 2010 年 6 月教育部召开的“卓越工程师教育培养计划”启动会以及 2010 年 9 月召开的“全国高等职业教育改革与发展工作会”上，时任教育部党组副书记、副部长陈希同志的讲话特别强调了合作办学、合作育人、合作就业、合作发展的“四合作”发展理念。教育部实施的一系列卓越计划均明确提出要以提高实践能力为重点，探索建立与有关部门、科研院所、行业企业联合培养人才的新机制和新模式。在《高等学校创新能力提升计划》中，教育部提出“鼓励高等学校同科研机构、行业企业开展深度合作，建立战略联盟，以科学研究和实践创新为主导，通过学科交叉与融合、产学研紧密合作等途径，健全拔尖创新人才培养模式”。在《国家示范性高等职业院校建设计划》和教育部《关于推进

① 王新凤．我国产学研合作教育本土化思想渊源及实践趋势［M］//产学研合作教育与人才模式改革——中国高等教育学会产学研合作教育分会 2014 学术研讨会论文集萃．北京：北京出版社，2014.

高等职业教育改革创新引领职业教育科学发展的若干意见》中，更是明确提出要以提高质量为核心，以合作办学、合作育人、合作就业、合作发展为主线，深化教育教学改革，推进体制机制创新，建设有中国特色的现代高等职业教育。①

（二）多样化产学合作育人模式的实践探索

1. 高职教育产学研合作的多样化探索

高职教育主要培养面向生产、建设、管理、服务第一线需要的实践能力强、具备良好职业道德的技术应用型人才。显然，产学研合作教育对于实现高职教育人才培养的目标和规格要求具有天然优势。高职院校专业设置的市场性、教学目的的职业性、教学过程的实践性，均决定了高职教育质量提升必须走产学研合作之路，必须坚持工学结合、顶岗实习的人才培养模式。近年来，高职院校在产学研合作教育办学模式上的探索远远走在其他类型院校的前面。

一是衔接行业、企业、市场、社会，探索开放型产学研合作办学模式。浙江建筑职业技术学院创新一体多元“1+1”模式，形成了开放型校企融合新格局，是产学研合作教育体制机制创新与实践的重要尝试。“1+1”模式是“1+1”（学院+企业）、“1+1+X”（学院+行业协会+行业协会各中小型企业）、“1+X”（学院+多家行业协会、企业、院校及科研院所）的总称。通过“1+1”校企合作学院模式，该校与浙江亚厦装饰集团有限公司、浙江五洲工程项目管理有限公司、浙江绿城物业管理有限公司、金都房产集团有限公司等合作育人，建立了亚厦学院、五洲管理学院、绿城学院、金都绿色建筑联合学院，巩固并深化了与行业龙头企业的强强合作；通过“1+1+X”行业联合学院模式实行“学院—协会—企业”共建共管、权责明晰的办学体系，深度契合中小型企业的发展需求；通过“1+X”专业一体化发展联盟构建学院与多家行业协会、企业、院校和科研院所的合作关系，使专业建设与人才培养的目标、方向、标准、质量均具有极强的社会参与度。②

二是因地制宜，实践本土化、个性化产学研合作教育办学模式。北京汇佳职业学院探索民营企业办高校的集约化发展之路，坚持“校企一家、产教一体，工学交替、学做合一”的实践路径。北京戏曲职业技术学院坚持“教、演、研”三位一体，鼓励教师以教学为中心，以演出和研创为两翼，以项目（剧节目）创作为抓手，开展艺术教学、艺术生产与研究、文艺作品创作工作，代表了艺术类院校产学研合作的特点。泉州理工职业技术学院提出了“前企后校，以企养校”办学模式。

三是运用多学科视角，探讨产学研合作教育模式。秦皇岛职业学院将校企共建实训基地模式划分为“设备+场地”“投资+使用”“经营+收益”“多元化”等共建模式。宁波城市职业技术学院依据平台经济理论，认为平台具备“集聚辐射性”“专业独特性”“外部性”“开放共赢”的特点，构建了宁波市职业教育校企合作公共服务平台。该服务

---

① 朱传礼．中国高等教育学会产学研合作教育分会第四届理事会工作报告［R］．北京：中国高等教育学会产学研合作教育分会，2013.

② 张炼、王怀宇、王俊、王嘉颖．浙江建设职业技术学院校企合作体制机制创新探索与实践研究报告［R］．北京：北京教育科学研究院，2015.

平台提供最权威的资讯，发布职业教育类的最新信息及政策法规；积极开展多层次的线下校企资源实体对接活动，实现企业找服务、找人才、找设备、找技术、找合作，为学生提供找实习、找培训、找工作等对接服务。天津职业大学构建了以经济学、心理学、系统学分析政府、行业、企业和院校四方联动的产学研合作教育机制。①

四是突出区域性、职业性、高技能性，探索产学研合作教育发展模式。宁波职业技术学院构建"三位合一、三方联动"发展模式（简称"三三"模式）。"三位合一"指的是学校和企业合作办学、合作育人、合作就业合为一体，搭建高职教育管理平台。"三方联动"指的是政府重视、企业支持、学校实践三方联合创新办学体制，形成董事会领导的管理体制、多元筹资的投入体制以及数字科技园的共建体制。

2. 本科院校产学研合作教育的多样化探索

高等教育进入大众化阶段后，应用型人才培养成为本科教育的重要任务之一。与传统的学术型人才不同，应用型人才不仅要具有较高的理论水平，还必须具有较高的理论应用水平与实践创新能力。因此，应用型本科人才培养必须注重产学研合作教育。2011 年教育部印发的《普通高等学校本科教学工作合格评估实施办法》《普通高等学校本科教学工作合格评估指标体系》等文件，将产学研结合列入本科教学质量评价体系，产学研合作教育成为本科应用型人才培养的重要指导理念。近年来，本科高等院校在产教融合、校企协同育人方面进行了各种积极探索。

一是提升"企业学习"质量，构建分段式人才培养机制。南京工程学院是教育部首批"卓越计划"试点高校之一，该校共有 6 个专业列入试点计划。为保证试点专业改革探索具有普遍意义，试点工作以通用工程教育新模式为出发点，没有采用"精英教育"的培养模式，而是以新生班级为对象，以"企业学习"为改革探索重点，开展本科全程改革试点。该校围绕"卓越计划"试点目标，构建了融入自主设计学习目标的分段式个性化培养机制；构建了学生企业双向选择、校内校外双向流动的过程管理机制；构建了团队指导、团队学习的双团队协作学习机制等协同育人机制。其中，针对企业学习的特点，设计了"分阶段、分层次、螺旋上升"的培养机制，将企业学习分成"认知、提升和实战"三个阶段，每个阶段又分为"学习、应用、创新"三个层次。不同阶段的企业学习时间不一定要连续，同一阶段的企业学习也不要求在时间上连续，但每个阶段的企业学习目标连续上升。在每个阶段的"学习"与"应用"，或"应用"与"创新"层次之间学生需要完成相关企业学习内容的自主设计。②

二是剖析应用型人才培养特征，校企深度合作贯穿全过程。校企深度合作全过程就是汇聚高校与企业的教育资源与环境，人才培养全过程产学结合。具体包括共同设计培养方案、实践教学安排以及教学与评价方案，共同承担专业课和毕业设计，共同实施教学质量监控，共同建设高水平师资队伍。在教学内容上将学科知识与工作经验结合，在教学方法

① 胡坚达．现代职业教育：校企合作网络创新平台现状概述研究——以宁波校企通为例［M］//产学研合作教育与人才模式改革——中国高等教育学会产学研合作教育分会 2014 学术研讨会论文集萃．北京：北京出版社，2014.

② 郑锋．创新协同育人机制，提升"企业学习"质量［M］//产学研合作教育与人才模式改革——中国高等教育学会产学研合作教育分会 2014 学术研讨会论文集萃．北京：北京出版社，2014.

上将理论教学与实习实训结合，在教学评价中将知识掌握与知识应用结合。[①]广东工业大学按照“单专业独立成班，多专业融合成班”原则，组建了产学全程结合的校企联合班，采用“3+1”“2+2”“大师工作室”等多种模式协同育人。厦门理工学院注重顶层设计，构建了专业设置、培养方案、培养过程、实践条件、师资队伍、科学研究、服务地方各个环节“亲产业”的育人体系。

三是换位思考，弹性组合协同育人，提高人才培养目标与企业发展目标契合度。广东五邑大学根据不同学院、不同专业以及不同企业的要求，采取融合式实践与分散式实践两种途径进行校企合作人才培养改革。融合式实践指一个企业根据实际岗位需求接收不同专业学生，由企业根据人才需求计划以及岗位需求向全校学生进行宣讲，不同专业学生经申报、考核及选拔，获准进入“综合试验班”学习并在该企业参与实践教学；分散式实践是针对一家企业同时接收同一专业大批学生实习容易产生容纳量有限、实习效果差的问题而进行的人才培养改革，由院系层面根据各家企业人才需求状况，组织设计一个专业对接多家企业的人才培养形式。[②]

3. 研究生教育产学研联合培养的多样化实践

作为最高层次学校教育，研究生教育担负着知识创新、发展尖端技术、培养高级专门人才的重任。随着规模扩张以及在读学生求学动机多样化，研究生教育质量，尤其是研究生创新实践能力缺乏等问题凸显。为此，2013年教育部、发展改革委员会、财政部三部委联合印发《关于深化研究生教育改革的意见》，标志着我国研究生教育综合改革的启动。该意见明确指出“研究生教育改革坚持走内涵式发展道路”“更加突出服务经济社会发展，更加突出创新精神和实践能力培养，更加突出科教结合和产学结合”。近年来，各地区通过建立稳定规范的联合培养基地，鼓励行业企业全方位参与，加快推进研究生培养模式改革。以北京市为例，2006年北京在全国率先实施研究生联合培养试点工作，建立北京高校产学研联合研究生培养基地。经过几年的发展，北京市已探索出多样化的研究生培养模式。

一是以学科为基础的基地建设模式。

（1）以单一学科为基础的点对点模式。该模式是学校以单一学科为基础，与该领域某一特定企业进行一对一合作，如北京中医药大学与中医药行业老字号同仁堂合作培养中医药研究生，北京体育大学选择北京世纪联合管理有限公司合作培养体育类研究生。

（2）以单一学科为基础的点对面模式。该模式是学校以单一学科为基础，与该领域内某些企业或机构进行一对多合作。如中国政法大学与北京政府部门、立法司法机关、行政执法机关、有关法律服务单位、相关科研部门以及国有大中型企业建立长期合作关系。

（3）以多学科为基础的面对面模式。该模式以学校多个学科为基础，每个学科与该领域若干企业或者学术机构合作，如北京理工大学的信息与通信工程、机械工程、控制科学与工程、计算机软件与理论等优势学科，分别与北京泰和中科科技有限公司、北京精仪达盛科技有限公司、北京天元泰科技发展中心、北京理工亘元医药技术开发中心等国有大中

---

① 吴绍芬．校企深度合作培养卓越工程人才的思考［J］．现代大学教育，2011（6）．

② 张炼，王怀宇，王俊，王新凤．五邑大学人才培养模式改革调研报告［J］．大学（研究版），2017（1）．

型企业、高新技术企业和科研院所联合成立电子信息技术研究生产学研基地、车辆与动力技术产学研交流教育创新基地、研究生生物医药技术产学研基地、网络信息资源组织与管理研究生产学研基地等产学研联合研究生培养基地。

二是致力于学科群发展的建设模式。

该模式是学校内部多学科共同参与，通过综合学科、交叉学科的方式组建学科群，联合校外多个企业共同参与联合培养。如北京工业大学依托机电、电控、材料、计算机、激光五个主干学院建立先进制造技术与信息工程学科群产学研联合研究生培养基地。各院系借助该平台与北京 20 多家大中型国有企业建立产学研合作管理制度，共同成立领导小组，联合培养研究生，包括教学改革、科研课题的策划与实施、工程师开设课程、研究生进厂实习等。北京交通大学的交通与信息学科群（交通运输工程、信息安全学、信息与通信工程三个主干学科和土木工程、机械工程、计算机科学与技术、光学工程四个支撑学科）与中国铁通北京分公司、北京市基础设施投资有限公司、北京建筑材料研究总院有限公司、北京交通发展研究中心等北京市相关企业建立产学研联合研究生培养基地，以双导师制联合培养研究生。

三是以大项目研究为引领的建设模式。

该模式以国家或北京市重大项目为引领，以学校若干优势学科为支撑，组建产学研联合研究生培养基地。如北京林业大学北京市生态公益林质量升级关键技术研究产学研联合研究生培养基地以“北京市生态公益林质量升级关键技术研究”项目为引领，依托森林培育、自然地理学、森林经理学、水土保持与荒漠化防治等优势学科，建立产学研联合研究生培养基地。该基地与北京市八达岭林场、西山试验林场、共青林场、十三陵林场等单位保持长期合作关系。①

四、推进产学研合作教育的典型案例

（一）地方高校工程教育人才培养改革——上海工程技术大学

上海工程技术大学是一所以工程技术为主，经济管理和艺术设计等多学科协调发展的全日制普通本科院校。早在 1985 年，学校就与加拿大滑铁卢大学合作，率先实施了“一年三学期制、工学交替”的产学研合作教育。经过 30 年的理论与实践探索，学校在产学研合作、协同育人方面进行了大量的积极探索与实践。而在新一轮工程教育深化改革进程中，学校以“新工科”建设为契机，以新产业发展需求为导向，创新“三协同”产学研合作教育模式升级版，构建“政产学研用合作”平台，培养高素质、复合型工程应用型人才，逐渐形成了“接地气”“近产业”“重应用”的办学特色。

1. 立足区域经济，围绕产业发展，重新布局工程学科专业

（1）学校紧紧围绕上海创建“具有全球资源配置能力的国际经济、金融、贸易和航

---

① 刘晖，刘娟，王晓燕．北京高校产学研联合培养研究生模式创新研究——以基地建设为例［M］//产学研合作教育与人才模式改革——中国高等教育学会产学研合作教育分会 2014 学术研讨会论文集萃．北京：北京出版社，2014.

运中心”发展战略，坚持学科群专业群对接产业链、技术链。当前重点发展与智能制造、服务型制造、绿色制造、新材料、高端装备等密切相关的学科专业，其中“高能束智能加工与绿色制造”已获批上海市高峰学科。

（2）加快完善具有学校特色的学科生态，打造制造工程学科群、管理与经济学科群、交通运输工程学科群、生态化工与纺织工程学科群、信息智能工程学科群、理学学科群、艺术创意学科群以及人文社科学科群等学科集群。

（3）与行业、企业共建应用型本科专业，探索实施 CDIO 工程教育模式。[①]

2. 深化产教融合，创新协同办学模式，提升产学研合作教学理论

（1）与政府、行业、企业“协同办学”，构建工程教育共同体。学校与上海市长宁区、宝山区、松江区人民政府，江苏省靖江市人民政府、浙江省海宁市人民政府、中国商用飞机有限责任公司、上海电器科学研究院有限公司、上海交运（集团）公司等签订或续签产学研战略联盟协议，共同办学院、办专业、办基地。其中，协同办学院就是依托产学研战略联盟设置政、校、行、企合作的院务委员会、专业委员会共同参与学院工作；协同办试点专业，是所有试点专业均采取“3＋1”（3 年学校学习＋1 年企业学习）卓越工程师本科培养方案与“1.5＋1”联合培养研究生方案，所有学生参加 1 年以上的企业培养，将理论和实践教育紧密结合；协同办基地就是构筑多方位、一体化的实践教学体系，对学生进行基础和综合工程能力、实践和创新能力训练。据统计，已有 250 余家企业与学校建立了校外工程教育实践基地，每个专业平均拥有 4 个合作企业。2012 年，学校与企业联合申报并获国家 23 个部委批准“飞行技术专业国家级工程实践教育中心”等 5 个国家级工程实践教育中心，成为上海获批“国家级工程实践教育中心”最多高校之一。[②]

（2）与行业企业协同育人，以产学研战略联盟为平台，深化校企合作，逐步实现由“工学交替”向“工学交融”转变，提升学生的工程实践能力和创新创业能力。学校通过深化教学改革，创新了产学研合作教育模式，例如实施“一年三学期，五学段”课程教学体系，减少学分以及每门课的教学与开课周期；实施教师教学团队激励计划，为每位本科生配备学业导师，学校还鼓励企业导师兼任学业导师；实施“预就业工程”，合作教育指导中心与毕业生就业指导中心联合管理，整合组织，联合运作，充分考虑年级、教学内容以及工作学期上的差异，为学生提供产学研服务。这些教育教学改革，使学生获得了时间以及空间上的自由，能够更加灵活地参加产学研合作教育。学校产学合作教育人数规模稳步扩大，近年来始终保持每年超过 9 000 名学生到企业事业单位“顶岗工作”6～8 周，产学研合作教育覆盖了学校 13 个学院、64 个专业，在国内的产学合作教育基地总数达 779 家。

（3）与行业企业协同创新，构建拔尖创新人才培养平台。学校以经济结构以及产业调整需求为导向，为人才培养提供不同层次的个性化创新教育平台，目前已经与行业企业、事业单位共同建设了 10 余个服务和研究开发中心或基地。此外，学校与上海交运（集团）

---

① 夏建国，赵军．“新工科”建设背景下地方高校工程教育改革发展刍议［J］．高等工程教育．2017（3）．

② 丁晓东．“三协同模式”：产学合作教育的理论创新与实践探索［M］// 产学研合作教育与人才模式改革——中国高等教育学会产学研合作教育分会 2014 学术研讨会论文集．北京：北京出版社，2014．

公司、上海宽带技术及应用工程研究中心、上海纺织控股集团公司、东方航空公司、上海汽车集团公司等企业集团开展一系列重大产学研合作创新项目。

3. 回归工程导向，推进工程教育教学综合改革

学校根据工程教育教学规律采取了一系列教育教学改革举措。

（1）完善工程教育体系。在学士、硕士学位体系的基础上，学校试点“中本贯通”“中高职贯通”培养模式，并积极申请博士学位授权点，构建具有工程特色的学士、硕士、博士学位体系。

（2）实施“卓越工程师教育培养计划”（以下简称“卓越计划”），探索建立“校校、校企、校地、校所”合作及国际合作新机制。作为教育部“卓越工程师教育培养计划”首批试点高校之一，学校先后设有 2 个研究生专业、8 个本科专业及 10 个专业方向参与计划试点。2014 年，学校“卓越计划”年度进展报告入选全国十大典型案例。

（3）对接《华盛顿协议》国际标准，积极推进工程教育专业认证，以认证为抓手提升专业建设水平，并建立与专业认证相衔接的教学质量保障体系，使学生的认知能力、工程实践能力、创新能力以及终身学习能力显著提高。

（4）深化“完全学分制”改革，创新课程体系，优化基础课程体系，构建关联专业平台内适度贯通的课程架构。一方面将本科生培养计划总学分从 195 分降到 160 分；另一方面大幅度扩充第二课堂资源，为学生在平台内转专业、辅修和跨学科选修等个性化学习需求创造条件。

（5）加强工程伦理教育，将思想政治课程改为课程思想政治。结合专业特色开设系列讲座，如学校的城市轨道交通学院“交通中国”系列讲座包括“大国之路”“大国速度”“大国标准”和“大国责任”等 10 个主题，讲座老师包括了校党委书记、校长以及有关名师，鼓励学生胸怀天下、有所担当。

（6）加强国际交流合作，提高学生国际竞争力。学校已与 20 多个国家 60 多所高等院校或企业建立合作关系，签订长期合作交流协议 70 余项，签订本科生、研究生联合培养项目 10 多项。

（二）新建本科院校应用型人才培养改革——常熟理工学院

常熟理工学院是一所江苏省省属公立全日制普通本科院校。该校建于 1958 年，前身是苏州师范专科学校，于 2004 年经教育部批准专升本。专升本后的常熟理工学院面临专业设置与地方经济发展不匹配的严峻问题。根据对所在区域经济社会发展现状的调查，学校提出专升本之后必须完成的两个转型：“专科向本科办学层次的转型，由教师教育学科为主向理工应用学科为主转型。”根据“转型”的指导思路，学校经过多次讨论与调整，明确了“立足苏南，面向江苏和周边省市，构建以理工为主的多科性学科与专业格局，发挥教师教育优势，大力发展应用技术教育，建成一所特色鲜明、质量著称的与区域经济和社会事业良性互动的应用型本科院校”的办学定位。这一定位明确将“面向社会办学，实现与地方互动发展”，即“校地互动”作为学校发展战略的核心。专升本以来，为落实“校地互动”战略，学校依托产学研合作平台进行教育教学改革，在产学研机制创新以及规范管理等方面进行了一系列的实践探索，培养了大批面向区域经济社会的应用型人才。

1. 先行改革专业设置

学校根据办学定位和转型要求确立了“群落状建设、选择性做强、结构性提高、交叉点生长”的专业建设原则，按照“做大工科、做强理科、做精文科”的思路，紧紧围绕区域经济社会发展与地方产业结构调整的需求，构建了以理工为主的专业格局。一方面，学校加大了地方急需的电子信息、机械、软件、财务管理、新材料、外语、市场营销及服务业等学科的专业建设力度；另一方面，根据地方经济发展规划，确定了构建机电工程、生物工程、信息工程、光电工程、管理工程和材料工程等六大应用专业群的学科专业目标。这些应用学科为人才培养改革奠定基础。

2. 推进师资队伍建设

学校通过以下举措形成了一支理论基础扎实、实践经验丰富的高水平应用型教师队伍。

（1）实施“百名企业家进校园，百名教师下企业工程”，即“双百工程”，旨在提高教师实践能力与应用能力。

（2）外聘高层次专业技术人才。围绕学校重点学科与特色学科建设，采取特殊人才特色政策，有计划、有目的地外聘政府科技职能部门或企业的高层次专业技术人才来校任教。

（3）开展校地、校企干部交流。通过挂职锻炼等方式建立与地方和企业“双向干部交流”机制。

（4）开展“百名教授/博士对接地方社会工程”，引导高校人员与地方或企业的科研对接。

3. 创新培养方式，首推“行业学院”模式

“行业学院”是一种跨学科跨专业的应用型人才方式，是学校与特定行业（或企业）共建的、旨在为特定行业培养人才的二级教学单位。如学校的电梯工程学院、阿特斯光伏科技学院、国际服务工程学院等。基于行业指向的合作教育项目，集成职业导向的课程模块，共建综合技能训练平台、共同规范教学质量标准、共同参与质量评价。具体运行方面，当学生进入学校后，一二年级按照原有专业计划修完专业基础课和必修课，进入三四年级可根据行业意向进入某个行业学院，通过选修行业课程模块有效融合专业教育与职业训练。

通过行业学院，学校解决了两个问题：首先，解决应用型人才培养的指向性问题。以往的专业设置在行业应用上的背景不强。行业学院实际上是学校与社会合作培养应用型人才的平台，可以使学生的培养指向性更明确。第二，解决复合型人才的培养问题。通过行业学院可以更好地实现学科的交叉和融合，有利于培养真正意义上的复合型人才。行业学院有效缓解了高校教育与社会需求脱节、“学”与“术”的矛盾、专业教育与职业素养融合性差等问题。①

与研究型大学逐渐以学部代替学院、走学科融合的道路不同，常熟理工学院实施的行

① 朱林生，孙金娟．行业学院模式：新建本科院校应用型人才培养的新探索［J］．大学（学术版），2012（12）.

业学院，走的是进一步将学科专业不断细化，以满足地区不同行业需求的发展道路。

4. 改革教学管理、完善组织架构

（1）开展产学研合作教育的人才培养创新必然对原有的教育教学秩序造成冲击。对此，学校开展了一系列内部教育教学改革。2010 年，《常熟理工学院学分制收费管理暂行办法》正式出台，第一次以文件形式明确了从 2010 级新生开始施行学分制教学管理制度。此外《常熟理工学院学生学籍管理办法》《常熟理工学院学生选课管理规定》等相应的学分教学管理文件相继印发。学分制的实施最大限度地尊重学生的自由选择，为产学研合作教育顺利开展创造条件。

（2）在加强产学研合作教育组织管理架构完善方面，学校层面成立了产学研合作教育委员会，在教务处成立了合作教育科，其目的是加强产学研合作教育的前期管理、中期和后期评价工作。学校还设有合作与发展处，目前该处成立了校地合作科，主要开展对合作对象的介绍、资质评价和项目引入等方面的工作。此外，为了以“卓越计划”引领和规范目前开展的产学研合作教育项目，学校设立“卓越计划”领导小组、“卓越计划”工作组、“卓越计划”实施小组、“卓越计划”办公室四级管理机构。组织管理架构的不断完善为产学研合作教育的开展提供了良好的组织保障。①

五、新时期产学研合作教育的发展展望

进入新时期，以新技术、新业态、新产业、新模式为特点的新经济蓬勃发展，对创新型人才需求越来越迫切，高等教育改革面临日益严峻的挑战。产学研合作教育有力对接“新工科”建设，着力促进创新创业教育向纵深发展，大力推动应用型本科院校转型，在我国高等教育人才培养改革中发挥着越来越积极的作用，占据着越来越重要的地位。

（一）对接“新工科”建设

进入新时期，我国面临与发达国家抢占新一轮科技革命以及产业变革制高点的重大挑战。为此，我国积极推动创新驱动发展，实施“一带一路”、《中国制造 2025》和“互联网 +”等重大战略，促进以新技术、新业态、新产业、新模式为特点的新经济蓬勃发展。这对我国工程科技人才提出了更高的要求，加快工程教育深化改革迫在眉睫。2017 年 2 月 18 日，教育部在复旦大学召开高等工程教育发展战略研讨会，会上达成“‘新工科’建设复旦共识”。为了推进新工科的建设与发展，教育部高教司印发《教育部高等教育司关于开展新工科研究与实践的通知》（教高司函〔2017〕6 号），组织对工程教育改革的新理念、新结构、新模式、新质量、新体系等开展研究。“新工科”已成为高等教育改革最为重要的关键词之一。

面对新经济、新产业，新工科人才必须具备快速学习新事物、终身学习的能力，不仅要精通单个学科专业的知识技能，而且要具有学科交叉融合的特征；不仅能灵活运用已掌

---

① 北京教科院高教所. 合作发展：产学研合作教育的必然选择——以常熟理工学院为例［R］. 北京教科院高教所调研报告（2016）. 2016.

握的知识解决当下问题，而且有能力迅速学习新知识与技术解决未来问题、引领未来变革；不仅要具备科学与基础理论修养，而且要具备人文情怀与管理素养。因此，“新工科”建设要注重专业设置前瞻性，主动布局新型工科专业建设；加快传统学科专业改造升级；推动学科专业交叉融合，促进科学教育、人文教育与工程教育有机融合，加强对复合型工程技术人才的培养。可以看出，“新工科”建设并非是对工程教育的“碎片化”局部改革，而是以新范式为引领推动学科专业结构、知识体系、工程教育形式、工程教育资源和工程教育标准等全方位的综合改革。①

众所周知，工程技术能力的养成具有跨界性，以学校、企业双主体的产学研合作教育模式在学生工程实践能力培养方面有天然优势，产教融合、校企合作是培养工程技术人才的必要条件。2013 年，我国成为国际工程联盟大会《华盛顿协议》的签约成员。这极大地促进了我国工程教育界与企业界的紧密联系，也标志着产学研合作教育成为我国工程教育质量的国际标准。在“新工科”建设背景下，必须进一步强化、深化产学研合作教育，探索实施工程教育人才培养的“新模式”，加快推进我国从工程教育大国走向工程教育强国。作为“新工科”建设的三部曲，“‘新工科’建设复旦共识”、“新工科”建设行动路线（“天大行动”）以及新工科建设指南（“北京指南”）均对产学研合作教育在新工科建设中的作用进行了阐释。

“‘新工科’建设复旦共识”注重高校类型以及理念定位的多元化，将高校划分为工科优势高校、综合性高校以及地方高校。针对地方高校，“‘新工科’建设复旦共识”强调了其对区域经济发展与产业转型升级的支撑作用，要求“主动对接地方经济社会发展需要和企业技术创新要求，把握行业人才需求方向，充分利用地方资源”，“深化产教融合、校企合作、协同育人”。为促进人才培养与产业需求的紧密结合，“新工科”必须依靠社会各方力量的积极参与，“打造共商、共建、共享的工程教育责任共同体，深入推进产学合作、产教融合、科教协同，通过校企联合制定培养目标和培养方案、共同建设课程与开发教程、共建实验室和实训实习基地、合作培养培训师资、合作开展研究等，鼓励行业企业参与到教育教学各个环节”。

“天大行动”认为，打造工程教育开放融合新生态必须“汇聚行业部门、科研院所、企业优势资源，完善科教结合、产学融合、校企合作的协同育人模式，建设教育、培训、研发一体的共享型协同育人实践平台”。强调推广实施产学合作协同育人项目，通过产业、技术发展的最新成果推动工程教育改革，提出“到 2020 年，争取每年由企业资助的产学合作协同育人项目达到 3 万项，参与师生超过 10 万人”。

“北京指南”在模式创新方面强调了建立多层次、多领域的校企联盟，“深入推进产学研合作办学、合作育人、合作就业、合作发展，实现合作共赢”。要求在总结“卓越工程师教育培养计划”、CDIO 等工程教育人才培养模式改革经验的基础上，深化产教融合、校企合作的人才培养模式改革、体制机制改革和大学组织模式创新。

---

① 吴爱华，侯永峰．杨秋波．郝杰．加快发展和建设新工科，主动适应和引领新经济［J］．高等工程教育研究，2017（1）.

（二）促进创新创业教育纵深化发展

创新是引领发展的第一动力，创新创业人才是支撑发展的第一资源，培养创新创业人才是高等教育的重要使命。高等教育综合改革必须因地制宜，全力推动创新创业教育向纵深发展，全面提高创新创业人才培养质量。1999 年，国务院批准教育部制定《面向 21 世纪教育振兴行动计划》，拉开了我国高校实施创业教育的序幕；2010 年，教育部《关于大力推进高等学校创新创业教育和大学生自主创业工作的意见》，从我国高等教育现实状况和中长期教育发展目标出发，将创新教育与创业教育相结合，提出了“创新创业教育”的表述；2015 年，国务院发布《关于进一步做好新形势下就业创业工作的意见》（国发〔2015〕23 号）、《国务院办公厅关于深化高等学校创新创业教育改革的实施意见》（国办发〔2015〕36 号）等文件，重在加强和促进创新创业教育。

创新创业教育注重培养创新创业精神、创业技能和创业人格，重在实施创造性教学和培养创新创业型人才。创新创业型人才关键在于具有创新意识和实践能力。创新意识需要在创新环境中亲身感受得以升华，实践能力需要在实际训练中得以提升。只有那些从具有实际价值的创新实践提炼而来的策略、方法才能为知识创造与技术进步创造价值。①

从美国、日本等发达国家的经验以及我国创新创业教育近年的实践情况来看，产学研合作教育是创新创业人才培养的有效途径。从学生层面看，通过产学研合作，学生在真实的工作环境中熏陶获得亲身体验，从而形成创业意识；而具体的实践项目探索则进一步强化了学生的责任意识、风险意识，从而提高其创业能力。从高校层面看，通过校企资源共享，高校不仅可以吸纳企业参与人才培养全过程、保证创新创业人才培养与区域经济发展需求高度契合，而且可以吸收大量来自企业、科研机构具有丰富创业经验、又有学术背景的企业家担任导师，进而提升创新创业教育教师队伍的质量。

（三）大力推动应用型本科院校转型

为化解高等教育结构性矛盾、缓解高校人才培养同质化严重的问题，完善应用型、复合型、创新型人才培养机制，使高等教育更好地服务区域经济发展，2015 年教育部印发了《教育部、国家发展改革委、财政部关于引导部分地方普通本科高校向应用型转变的指导意见》（教发〔2015〕7 号）（以下简称《意见》），旨在加强对应用型本科院校转型工作的指导。2017 年《国家教育事业发展“十三五”规划》（国发〔2017〕4 号）也提出“十三五”期间，应“推动具备条件的普通本科高校向应用型转变”，“把办学思路真正转到服务地方经济社会发展上”。

应用型并非层次上的高低，而是类型上的差异。应用型本科院校既不同于传统的学术性大学，也不同于高职院校，其培养的应用型人才应更加适合全方位的社会需求——理论基础扎实、专业知识面广、实践能力强、综合素质高。为了培养应用型创新人才，应用型本科院校必须努力创新人才培养流程，突出产学研合作办学模式，大力推进产学研合作教

---

① 刘芸．创业教育的产学研合作模式构想［J］．黑龙江高教研究，2010（7）．

育与实践教学，这是应用型本科院校转型的必由之路与根本选择。①

在人才培养模式方面，《意见》明确指出应用型本科院校应建立以提高实践能力为引领的“产教融合、协同育人”的人才培养模式，应用“卓越计划”改革成果，“实现专业链与产业链、课程内容与职业标准、教学过程与生产过程对接。加强实验、实训、实习环节，实训实习的课时占专业教学总课时的比例达到30%以上，建立实训实习质量保障机制”。针对实习实训基地的建设，《意见》强调了应用型本科院校必须根据生产、服务的知识技术流程构建知识教育体系、技术技能训练体系与实验实训实习环境。引入企业科研、生产基地，“建立校企一体、产学研一体的大型实验实训实习中心”。

附：产学研合作教育分会简介

产学研合作教育分会成立于1991年4月，以探索中国特色的产学研合作教育模式，推进产学研合作教育发展，更好促进经济社会发展为办会宗旨。分会现任理事长为教育部高等教育司司长吴岩研究员，秘书长为北京教育科学研究院高等教育研究所所长王晓燕教授。分会秘书处办公地址设在北京教育科学研究院。

---

① 潘懋元，车如山．略论应用型本科院校的定位［J］．高等教育研究，2009（5）.

第四章

探索引才机制改革
谋划引智工作创新

——引进国外智力工作分会专题报告

1983年7月8日，邓小平同志发表《利用外国智力和扩大对外开放》的重要讲话，科学分析了引进国外智力的紧迫性和必要性，明确提出要把引进国外智力作为一项长期的战略方针。作为对外开放的重要组成部分，引智工作被提升到战略高度加以谋划和实施，引智工作迎来了快速发展的春天。1998年，国家提出建设世界一流大学的宏伟目标，强调积极引进国外智力，吸收和借鉴世界先进的技术和管理经验以及其他一切文明成果。全国千余所高校积极引进国外智力，发展教学科研，逐步形成了全方位、宽领域、多渠道的引智工作格局。党的十八大以来，习近平总书记先后三次与外国专家座谈并就引进国外人才和智力工作发表重要讲话，明确提出了“聚天下英才而用之”的战略思想，从治国理政的高度，把引进国外人才和智力工作放到实现“两个一百年”奋斗目标、实现中华民族伟大复兴中国梦的大局中去思考和落实，对于做好新形势下引进国外人才和智力工作具有重大的指导意义，标志着我国引进国外人才和智力工作进入一个新的历史阶段，引智工作的历史使命和重要性被提到了前所未有的高度。

一、我国引才引智工作的重大战略与政策变迁

高等教育领域是国家引进外国人才和智力工作的重要阵地。近年来，全国高校深入学习贯彻习近平总书记关于引才引智工作重要讲话精神，认真落实党中央、国务院决策部署，努力践行“聚天下英才而用之”的战略思想，积极开展实施“千人计划”“学科创新引智基地”“国际化示范学院推进计划”等文教类高端外国专家项目，引进一批国际前沿研究领域“高精尖缺”专家，有力推动了高校的教学、科研和人才培养，显著提高了我国高等教育的国际影响力。

（一）我国引进国外人才和智力工作的重大战略部署

1983 年 7 月 8 日，邓小平同志根据改革开放以后的形势和任务，科学地分析了在改革开放和社会主义现代化建设的新的形势下引进国外智力的必要性，他深刻地指出："要利用外国智力，请一些外国人来参加我们的重点建设以及各方面的建设。"邓小平有关利用外国智力"七·八"谈话后，中共中央、国务院迅速下发了《关于引进国外智力以利四化建设的决定》，拉开了引进国外智力工作新的一幕①。

进入 21 世纪，我国不断深化体制机制改革，加快实施创新驱动发展战略，急需引进诸如战略科学家、科技领军人才、企业家人才、高层次专门人才、复合型人才等"高精尖缺"外国人才和智力，从人才强国战略到突出"高精尖缺"人才战略的导向，足以看出"人才"在一个国家发展过程中的重要性，人才政策和体制不断改革创新。

2003 年 12 月，党中央、国务院召开第一次全国人才工作会议，印发《中共中央、国务院关于进一步加强人才工作的决定》，成为新世纪新阶段人才工作的行动纲领。

2008 年 12 月，中共中央办公厅转发《中央人才工作协调小组关于实施海外高层次人才引进计划的意见》，主要围绕国家发展战略目标，有重点地支持一批能够突破关键技术、发展高新产业、带动新兴学科的战略科学家和领军人才来华创新创业。

2010 年 4 月，中共中央、国务院印发的《国家中长期人才发展规划纲要（2010—2020 年）》提出，到 2020 年，确立国家人才竞争比较优势，进入世界人才强国行列；人才资源总量增加到 1.8 亿人。

2011 年 12 月，国家出台"外国专家千人计划"，重点引进一批能够推动关键领域突破、带动战略性新兴产业发展、促进新兴学科建设的战略科学家、科技领军人才，引进一批重点领域国际化创新团队，为建设创新型国家提供有力的国外智力支持。

2015 年 11 月，《中共中央关于制定国民经济和社会发展第十三个五年规划的建议》（以下简称《建议》）出台，"人才发展战略"再次被提上重要议事日程。《建议》明确指出：深入实施人才优先发展战略，推进人才发展机制改革和政策创新；推动人才结构战略性调整，突出"高精尖缺"导向，更大力度引进急需紧缺人才，聚天下英才而用之。

国家部委、全国地方人才引进计划项目见表 4.1、表 4.2。

表 4.1　国家部委人才引进计划项目

部委	人才计划项目
中央组织部	千人计划、青年千人计划、青年拔尖人才支持计划
外国专家局	外国专家千人计划，海外高层次人才引进、引智创新基地，国际化示范学院推进计划、与大师对话——诺贝尔奖获得者中国校园行
教育部	长江学者、春晖计划、新世纪优秀人才支持计划
科技部	万人计划、创新人才推进计划

① 王逎．"七·八"谈话，开创了引智工作新局面［J］．国际人才交流，2008（6）．

续表

部委	人才计划项目
中国科协、中国科学院	百人计划、海智计划、创新团队国际合作伙伴计划
国家自然科学基金委员会	杰出青年科学基金、优秀青年科学基金
中国农科院	青年英才计划
人力资源与社会保障部	百千万人才工程、赤子计划
全国博士后管委会办公室	香江学者计划

表 4.2　全国地方人才引进计划项目

地区	省市	人才计划项目
东部	北京	北京海外人才聚集工程
	天津	天津千人计划
	河北	河北百人计划
	上海	上海千人计划、上海曙光计划、上海海外高层次人才集聚工程、杨浦“3310”计划
	江苏	江苏双创引才计划
	浙江	浙江海外高层次人才引进计划、杭州“5050”计划、创新嘉兴·精英引领计划
	福建	闽江学者计划、福建省引进高层次创业创新人才计划
	山东	泰山学者计划、山东省引进海外高层次人才万人计划
	广东	广东省引进创新科研团队专项计划、广东珠江人才计划
	海南	海南高层次人才引进计划
	香港	香港优才计划
东北	黑龙江	黑龙江龙江学者计划
	辽宁	沈阳“凤来雁归”工程、辽宁千人计划
	吉林	吉林千人计划、长春“百人工程”、吉林省引进高层次人才创新创业计划
中部	山西	山西百人计划、临汾引才计划
	安徽	皖江学者计划、安徽百人计划、合肥市百人计划
	江西	江西赣鄱英才“555”工程、江西省面向国内外引进优秀高层次专业技术人才计划
	河南	河南百人计划、中原崛起百千万海外人才引进工程、洛阳市海外高层次人才引进“1211”工程
	湖北	湖北百人计划、楚天学者计划、武汉市东湖新技术开发区“3551”人才计划
	湖南	湖南百人计划、长沙市引进国际高端人才三年行动计划

续表

地区	省份	人才计划项目
西部	重庆	重庆市引进海内外英才"鸿雁计划"、重庆千名优秀人才引进计划、"两江学者"计划、重庆百名海外高层次人才集聚计划
	四川	四川百人计划
	贵州	贵州省高层次人才引进工程
	云南	云南百名海外高层次人才引进计划
	陕西	陕西百人计划、西安"5211"计划、三秦学者计划
	青海	青海省引进海外高层次人才工作
	宁夏	宁夏百人计划
	广西	广西八桂学者人才计划
	西藏	西藏自治区高层次人才引进计划
	甘肃	甘肃省高层次人才科技创新创业扶持计划
	新疆	新疆天山英才工程
	内蒙古	草原英才工程

注：本表未包括台湾省和澳门特别行政区的项目。

（二）我国引进国外人才和智力工作政策变迁

我国引进外国专家政策大体经历了三个发展阶段：改革开放初期至 1983 年的初步探索、渐进发展阶段，1983—2003 年的全面规划、快速发展阶段，以及 2003 年至今的着力创新与层次提升阶段。未来一段时间，需要优化引进外国专家政策主体结构，建立引进外国专家的需求调查与导向机制，丰富政策工具箱以及建设引进外国专家数据系统和信息平台。①

1. 改革开放初期至 1983 年：初步探索、渐进发展阶段

这一阶段，引进外国专家工作受主客观条件限制处于散点分布、各自探索的阶段，政策主体尚不明晰，明显呈现出"摸着石头过河"的渐进发展的风格。中央一级的引进外国专家工作也存在各个部门各自为政的状况，各单位引进外国专家工作所需经费也基本要求由各单位自行解决，引进外国专家政策的目标群体侧重于科技类人才（见表 4.3）。

表 4.3　改革开放初期至 1983 年国家引进国外人才和智力方针政策一览表

年份	负责部门	政策及主要内容
1980 年	国务院	确定外国文教专家工作方针：有计划地聘请、主动团结外国专家，调动外国专家积极性，充分发挥外国专家作用，为中国现代化服务，增进中外人民友谊
1980 年	教育部	印发《关于聘请外籍学者为名誉教授的几点意见》《关于聘请外籍客座教授的意见》等文件，规范外籍名誉教授、外籍客座教授的聘请工作

① 李春，柳学智．改革开放以来我国引进外国专家政策分析［J］．第一资源，2013（2）．

续表

年份	负责部门	政策及主要内容
1983 年	国务院	印发《关于引进国外智力以利四化建设的决定》，在充分利用外资和引进国外先进技术的同时，积极地有计划有步骤地引进国外人才
1983 年	国务院	印发《关于引进国外人才工作的暂行规定》，规定引进国外人才的范围和重点、如何发挥专家作用、对外联系方式、人选确定程序等

2. 1983—2003 年：全面规划、快速发展阶段

经历了几年的引进国外专家初步探索之后，在取得一定经验和成果的基础上，我国引进国外专家政策开始逐步走向全面规划、快速发展的阶段。引进国外专家主体逐渐明晰，引进国外专家政策在不同领域全面展开，日益重视来华工作专家的工作环境、实验条件等外在因素，引进国外专家规模在迅速扩大，形式更加灵活，政策日益精细化（见表 4. 4）。

表 4. 4　1983—2003 年国家引进国外人才和智力方针政策一览表

年份	负责部门	政策及主要内容
1984 年	国务院等八部门	发布《引进国外智力相关管理办法》，对开展引智工作急需解决的有关经费、专家工资待遇、出入境手续、居住、旅行以及保密工作等方面问题作出规定
1986 年	中央引进国外智力领导小组	制定《引进国外技术、管理人才计划管理暂行办法》，规定引进国外人才计划实行按项目审批的办法；管理工作实行中央和地方两级领导小组统一领导下的分工负责制
1987 年	外国专家局	《关于提高聘用外国文教专家效益的意见》要求各单位要不断提高聘用专家的效益。明确指出了评价聘用外国文教专家效益的主要项目，提高聘用外国文教专家效益应抓住的主要环节以及聘用外国专家效益的总结检查工作
1990 年	外国专家局	《对外国专家奖励办法》规定对外国专家的奖励，以精神奖励为主；分单位奖、省部奖、外国专家特殊贡献奖三个级别，对奖励的申报与审批作了详细规定
1991 年	外国专家局	中国政府设立“友谊奖”，这是中国政府奖励外国专家的最高荣誉。1994 年，国家外国专家局实行《外国专家证》制度，同时建立引进国外智力发展基金
1992 年	外国专家局、公安部、外交部	《聘请外国文教专家单位资格认可办法》规定由外国专家局对聘请外国文教专家的单位进行资格审查和认证
1993 年	外国专家局	《外国文教专家聘用合同管理暂行办法》《外国文教专家聘用合同争议仲裁暂行规定》对外国文教专家聘用合同相关事项作了详细规定。《关于对介绍外国文教专家来华工作的境外组织和境内中介机构管理的暂行办法》规定凡是批量介绍外国文教专家来华工作的境外组织和境内中介机构，均须办理登记和资格认可手续
1994 年	外国专家局、财政部	《关于实行外国专家证的通知》，进一步明确引进外国专家的条件

续表

年份	负责部门	政策及主要内容
1996 年	外国专家局	《学校及其他教育机构聘请外籍专业人员管理办法》规定聘用外籍人员的原则；聘用外籍专业人员单位的条件；聘用外籍专业人员的申请和审批程序以及对聘用单位的处罚方式
1997 年	外国专家局	《外国文教专家工资和生活待遇管理办法》规定外国文教专家的工资水平、工作时间和休假休息、工作和生活待遇等
1998 年	外国专家局	《聘请外国文教专家单位年检注册工作暂行规定》规定：各聘用单位均须参加年检工作，不合格或不年检的单位，取消聘请外国文教专家单位资格
2002 年	公安部、外交部、外国专家局等 9 部委	《关于为外国籍高层次人才和投资者提供入境及居留便利的规定》明确了给予入境及居留便利的对象，对提供入境及居留便利的措施作了明确和详细的规定，加大吸引外国高层次人才和投资者来我国服务和投资工作的力度
2003 年	国务院	发布《关于进一步加强人才工作的决定》指出引进国外智力成为人才强国战略的重要举措

3. 2003 年至今：着力创新与层次提升阶段

这一阶段我国引进国外专家政策进入全新阶段，重点关注“高精尖”的国外人才领域，深入实施“千人计划”和高端外国专家项目，大力引进和用好高层次外国专家，将引进外国专家重点调整到高层次、急需紧缺人才上来，重视研究团队的引进强化精品意识，建立健全引进外国专家分类指导的实施机制，完善引进外国专家成果推广体系（见表 4. 5）。

表 4. 5　2003 年至今国家引进国外人才和智力方针政策一览表

年份	负责部门	政策及主要内容
2003 年	国务院	第一次全国人才工作会议召开，对实施人才强国战略作出了全面部署，标志着我国大力实施人才强国战略跃升到一个新起点，也标志着我国人才工作进入一个全面展开、整体推进的新阶段
2004 年	外国专家局	出台《外国专家来华工作许可办理规定》，指出要依法保护外国专家及聘请单位的合法权益，对外国专家在中国的工作许可、申请与审批、日常管理和服务等进行了明确规定
2006 年	外国专家局、教育部	发布《高等学校学科创新引智计划》《高等学校学科创新引智基地管理办法》，其目标是建设 100 个左右世界一流的学科创新基地
2008 年	中央组织部	制定《中央人才工作协调小组关于实施海外高层次人才引进计划的意见》，强调围绕国家发展战略目标，在未来的 5 到 10 年内为国家重点创新项目、重点学科和重点实验室等，引进 2 000 名左右人才并有重点地支持一批能够突破关键技术、发展高新产业、带动新兴学科的战略科学家和领军人才来华创新创业
2009 年	外国专家局	实施《引进海外高层次文教专家重点支持计划》

续表

年份	负责部门	政策及主要内容
2010 年	国务院	发布《国家中长期人才发展规划纲要》，实现人力资源强国和人才强国
2010 年	中央人才工作小组	发布《青年海外高层次人才引进工作细则》，启动“青年千人计划”
2011 年	中央组织部	发布“千人计划”，用 10 年左右时间引进 500 名至 1000 名高层次外国专家
2011 年	外国专家局	制定《“千人计划”高层次外国专家长期项目工薪补助办法》
2013 年	外国专家局	发布《高校国际化示范学院推进计划》，以建设世界一流大学为目标，在高校院系成建制聘请外国专家，建立国际教学试验区，采用国际先进教学、管理模式，发挥示范推广作用
2015 年	中央组织部等 25 部门	印发《外国人在中国永久居留享有相关待遇的办法》的通知，进一步保障外籍人才在中国永久居留的合法权益和各项待遇，为大力吸引海外人才来华创新创业营造良好环境
2015 年	外国专家局等 4 部门	联合印发《关于进一步完善外国专家短期来华相关办理程序的通知》，外国专家来华归口管理更加规范有序
2016 年	国务院	发布《关于深化人才发展体制机制改革的意见》，对人才管理、培养、评价、流动和创新创业激励等人才发展体制机制改革提出创新要求
2016 年	外国专家局	印发《外国文教专家经费管理暂行办法》的通知，进一步加强和规范外国文教专家经费管理。从 2016 年 10 月起，“外国人入境就业许可”和“外国专家来华工作许可”整合为“外国人来华工作许可”试点工作启动，旨在实现工作许可审批流程更加简化、优化，分类标准更为科学合理，申请材料不断精简细化，也为外国高端人才来华工作、创新创业开辟了“绿色通道”

（三）引进国外人才和智力工作政策特点

通过上述我国引进国外人才政策经历的三个发展阶段分析可以看出，自改革开放以来我国为了加强国外智力和外国专家引进工作，中共中央、国务院和中央组织部、外国专家局、教育部等部门先后颁发了几十个引进外国智力和外国专家工作的法规文件，对引进外国专家和智力的范围界定、审批程序、聘用规范、生活待遇、经费支持、出入境服务、奖励、保密、安全等各方面工作进行了规范与指导，切实提高了我国对外国智力和外国专家引进工作科学管理的水平。引进外国人才和智力工作政策呈现出以下特点：

一是引智政策更加注重提升引智质量和效益。我国引智政策改变了最初的“力争多引”的方针，开始坚持标准，注重引智质量，积极探索引智质量保证体系的建立，并通过制定相关政策法规予以落实。

二是引智结构不断优化，引智渠道持续拓展。引进外国专家由以聘请语言专家为主逐步转向以聘请科技专家为主；从单纯地邀请国外专家来华讲学为主逐步发展为邀请国际知名学者和专家来华参与共同研究、合作攻关。引智渠道也通过国际交流和境外组织和境内中介机构引进。

三是引智管理工作坚持“有所不为”和“有所为”方针。政府不再对引智工作大包大揽，注重权力下放，鼓励地方政府和高校参与外国人才引进和管理工作；高校在接受外国人才方面也逐渐走向主动，并且出台相关规定。

四是引智工作纳入“法制化”轨道。外国专家局要求各省区明确省级外国专家局为省级人民政府外国专家归口管理部门，从而将外国专家的管理进一步纳入规范化、法制化的轨道，初步理顺了外国专家管理的框架体系。

五是引智成为教育发展总体规划的重要内容。引智作为整个对外教育交流体系的重要组成部分，开始被纳入教育发展总体规划中。2016 年 4 月，中共中央办公厅、国务院办公厅印发的《关于做好新时期教育对外开放工作的若干意见》中提出：“面向全球引进高层次科技创新人才，促进高校科技国际协同创新。加快引进世界名校师资，完善教师专业标准体系，推进外籍教师资格认证，加快高水平师资队伍建设。”

六是引智政策为建设创新型国家服务。随着我国经济持续深化发展，创新创业逐渐成为我国经济社会发展的重要推动力，引智政策开始侧重促进“高精尖缺”人才的引进和创新型国家的建设。“十二五”期间，我国先后实施了“千人计划”高层次外国专家项目、科技创新人才引进项目、学科创新人才引进项目三大创新型国家建设引智工程，建设了若干国际高端人才集聚基地，引进了一批重点领域国际化创新团队，带动了创新人才和青年人才的培养，为建设创新型国家提供了强有力的国外智力支持。

二、引才引智服务高校国际化发展经验

进入 21 世纪以来，引进国外智力成为中国高校国际化的一条主线，多数高校已经把引进国外尖端智力资源、引进高层次外国专家作为学校国际化发展的重要手段。通过引进学校重点学科、新兴学科、交叉学科、边缘学科发展所需的国外智力，推动了学科建设、人才培养，引智工作从“锦上添花”变为高校发展和高等教育国际化的核心工作。2001 年来华参与高等教育的专家为 2.6 万人次，2015 年已上升为 26.1 万人次（见图 4.1），增长了近 10 倍；引进的外国文教专家水平明显提高，以部属高校为例，2013 年 104 所部属高校共聘请外国文教专家 3.9 万余人次，其中诺贝尔奖获得者占 0.3%、院士占 2%。

同时，引智工作也从单一的引进专家转变为引智助力更大范围的国际交流合作，如北京大学设立“大学堂”顶尖学者讲学计划，开设“燕京学堂”高端人才培养创新项目，建设工学院“国际化示范学院”，打造北大深圳国际校区；复旦大学出台“卓越 2025”人才计划，加大人才引进力度构建“大外事”工作格局，与英国伦敦政治经济学院共建复旦—伦敦政经全球公共政策学院；中山大学与法国 5 所工程师学校合作建设中法核工程与技术学院，培养国际一流的核电、核能安全及相关产业的高级工程技术研发和管理人才；浙江大学建设海宁国际校区，浙江大学—帝国理工学院应用数据科学联合实验室、中国学中心、浙江大学爱丁堡大学联合学院和浙江大学伊利诺伊大学厄巴纳香槟校区联合学院先后正式成立。

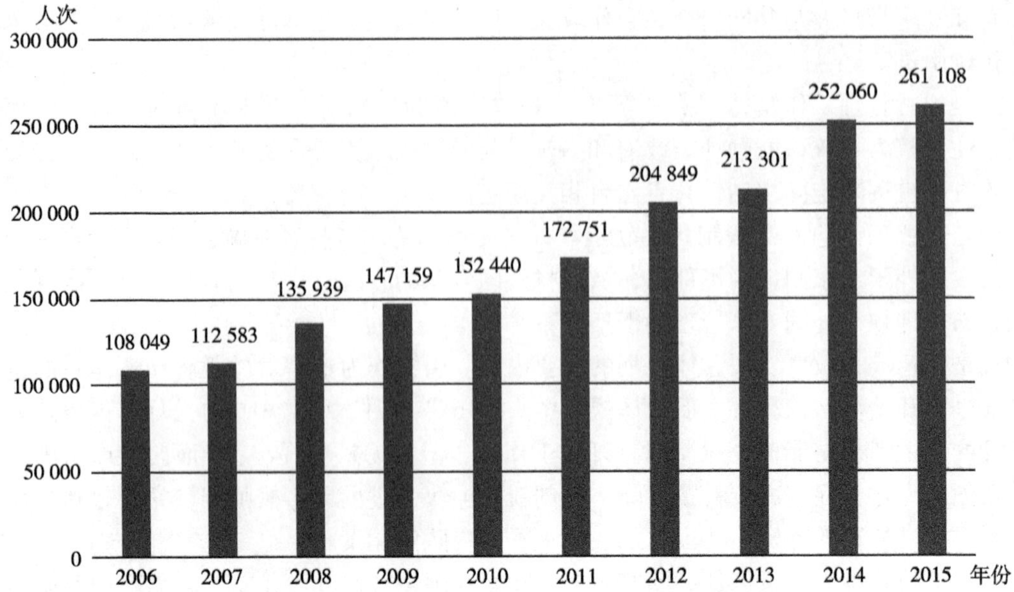

图 4.1　近十年我国引进的外国文教专家整体情况①

为了争取更多的海外高层次人才为国家发展贡献力量，我国从 20 世纪末开始相继出台了一系列人才引进计划，其中对高校引进外国人才和智力影响最大的引才计划是 2006 年教育部与国家外国专家局联合实施的“高等学校学科创新引智计划”（简称“111 计划”）和 2014 年教育部与外国专家局联合启动的“高校国际化示范学院推进计划”。

（一）“高等学校学科创新引智计划”助推一流学科建设

“高等学校学科创新引智计划”项目从 2006 年起由教育部、外国专家局联合实施，旨在推进中国高等学校建设世界一流大学的进程。“111 计划”瞄准国际学科发展前沿，以国家重点学科为基础，从世界范围排名前 100 位的著名大学及研究机构的优势学科队伍中，引进 1 000 余名优秀人才，形成高水平的研究队伍，建设 100 个左右世界一流的学科创新引智基地。该项目在“211 工程”和“985 工程”的中央部属高校之中遴选。每一个“111 计划”引智基地的建设周期为 5 年，每年度支持经费不低于 180 万元。外国专家局的数据显示，截至 2016 年年底，全国已建成覆盖 95 所高校的 374 个引智基地（见图 4.2）②。

表 4.6 是目前我国 374 个引智基地分布情况。由于“111 计划”引智基地实施项目紧紧围绕“十一五”“十二五”国家高等教育发展战略，与实施一流大学和一流学科建设紧密结合，所以原“211 工程”高校及“985 工程”高校项目基地占比高达 95.30%。从地域分布上来看，与我国高水平大学的布局不均衡现象一致，东部地区的引智基地占比达到 63.45%，中部地区占比达 20.63%，但具体来看，仅湖北一省就占据中部地区 79 项基地中的 31 项，这与湖北省有 7 所“211 工程”高校密不可分。西部地区引智基地共 61 项，主要集中在高水平高校聚集的陕西和四川两省，分别为 19 项、14 项。

---

① 根据国家统计局、外国专家局《境外来中国大陆工作专家统计调查资料汇编》历年数据整理。

② “111”引智基地相关数据由外国专家局教科文卫专家司提供。

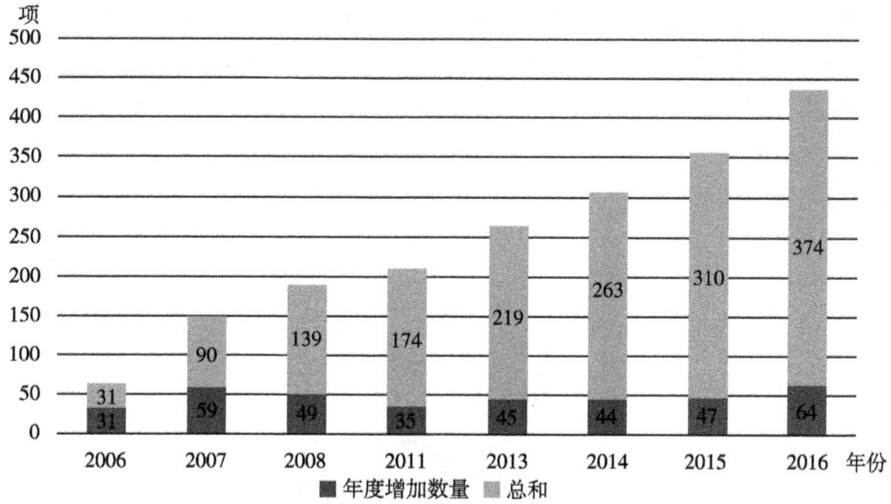

图 4.2　我国“111 计划”引智基地数量统计

表 4.6　我国“111 计划”引智基地分布情况

类别	学校层次			区域布局		
	“985”高校	非“985”类“211”高校	其他高校	东部地区	中部地区	西部地区
项目总数	233	132	18	243	79	61
占比/%	60.84	34.46	4.7	63.45	20.63	15.93

在学科布局上，如图 4.3 所示，“111 计划”主要集中在理工科，尤其是材料科学、工程、化学化工、生物、数理、先进制造等领域的引智项目占比高达 78.25%，充分体现了国家经济社会发展对资源环境、先进制造、信息科学和生物等领域发展的战略需要。

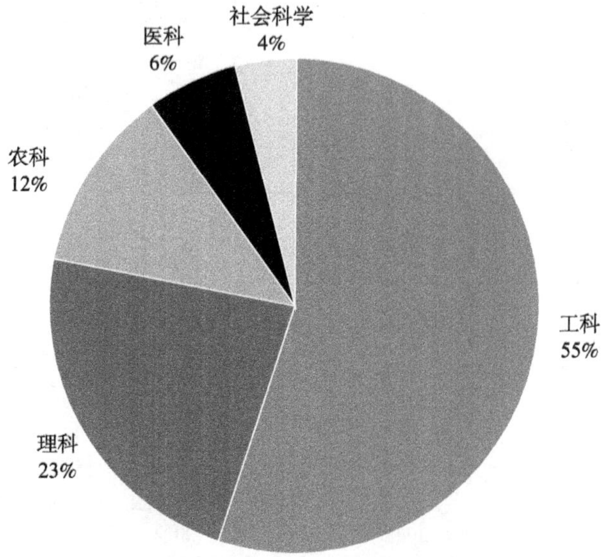

图 4.3　我国“111 计划”引智基地学科分布情况

不过农学领域的引智基地的表现非常突出，目前 45 项农学领域的引智项目占比为 12%，分布在全国 10 所顶尖的农业类大学，以及诸如浙江大学、西南大学等农学专业优势高校。但社会科学领域的引智基地相对较少，而且主要集中在经济金融领域。

各高校引智基地不断完善政策、健全机制、拓宽海外引才引智渠道，大力建设人才团队。截至目前，374 个引智基地共引进海外人才 5 000 余人，其中教授 3 300 余人，占比为 66%；院士 240 余人，“千人计划”专家 350 余人，长江学者 280 余人（见图 4.4）。引进人才质量显著提升，一批国际顶尖大师级专家学者在基地施展才华。

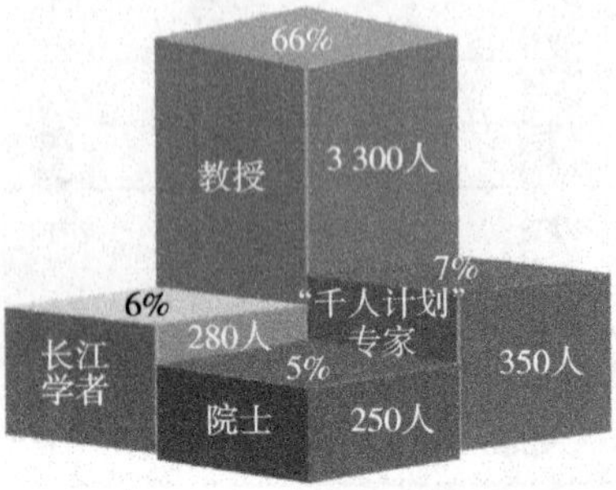

图 4.4　我国“111 计划”引智基地累计引进高层次人才分布

在“111 计划”的支持下，每一个创新引智基地都是充满着生机、有着强大吸引力、寓教学和科研于一体的集体，通过引才聚才，逐步形成人才优势、协同发展优势以及学科自主创新优势，取得了丰硕的原创性成果，既服务于国家高精尖重大需求产业，又在国际上产生了广泛和积极的影响。以下仅举几例：

北京大学生命科学创新引智基地带动了整个生命科学学院科研创新能力的提升。2006 年基地刚成立时纵向科研经费 2 782 万元，发表 SCI 收录论文 113 篇，平均每篇影响因子 3.5。而到了 2015 年，纵向科研经费已经增长到 13 742 万元，发表 SCI 收录论文 162 篇，平均每篇影响因子 7.7（见图 4.5、图 4.6），其中 3 项成果被评选为“2015 年度中国生命科学领域十大进展”。

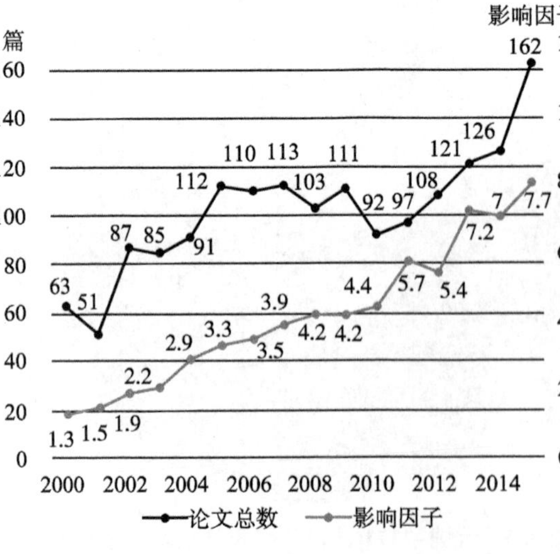

图 4.5　2000—2015 年北京大学生命科学创新引智基地发表论文、影响因子统计

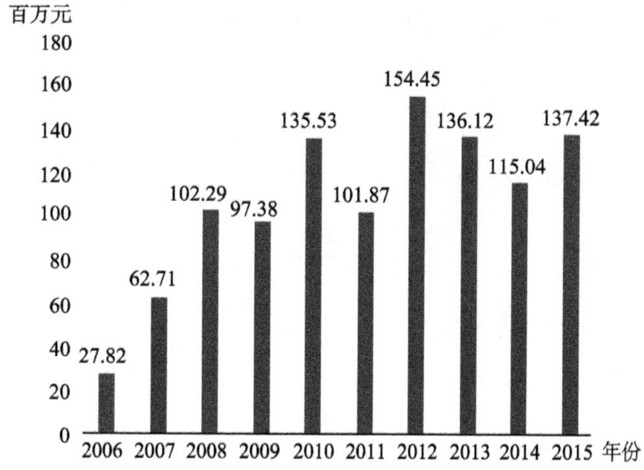

图 4.6　2006—2015 年北京大学生命科学创新引智基地科研经费统计

学科创新和学科提升还体现在 2016 年 QS 世界大学生命科学的排名中，北京大学生命科学排在第 48 位，是中国唯一进入世界前 50 位的大学。

中山大学光电及功能分子固体材料创新引智基地自 2007 年底成立以来引进“千人计划”入选者 3 名，“外国专家千人计划 1 名”，“青年千人计划 4 名”，长江学者特聘教授 4 名，“国家杰出青年 6 名”。2009 年，许宁生教授、陈小明教授当选为中国科学院院士，一个引智基地，培育出了两名中国院士。2010 年，基地联合海外学术大师、法国斯特拉斯堡大学诺贝尔奖获得者 J. – M. Lehn 教授和德国卡尔斯鲁厄理工学院纳米材料研究所创建了国际联合研究机构——Lehn 功能材料研究所。基地研究人员共发表 SCI 论文 2 887 篇，其中影响因子大于 5 的有 570 篇（见图 4.7）。

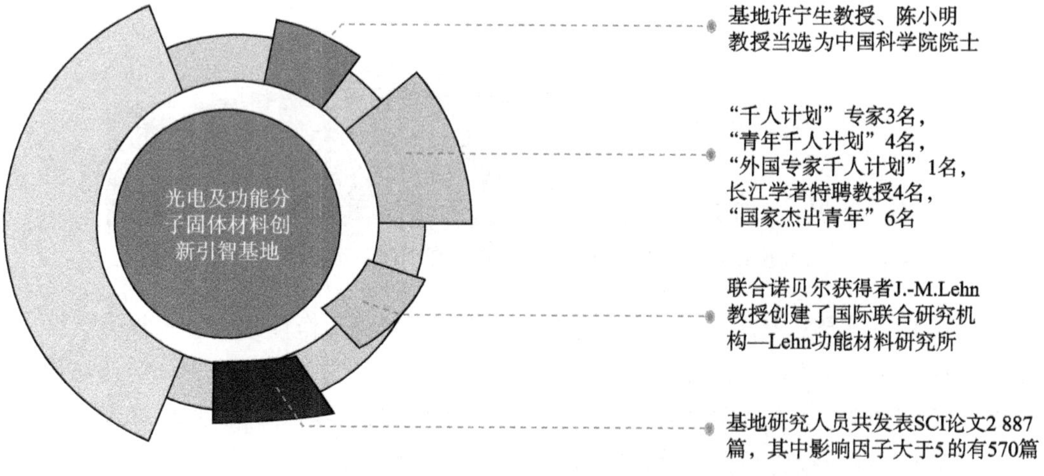

图 4.7　中山大学光电及功能分子固体材料创新引智基地主要成果

西安交通大学 8 个创新引智基地直接或间接引进了 20 多名“千人计划”学者（其中包括 3 位外籍“千人计划”学者），3 名“青年千人计划”学者，3 名“外国专家千人计划”学者；通过与海外顶尖学者和机构的合作建立了以“前沿科学技术研究院”“国际可再生能源中心”“国际电介质研究中心”“微纳制造国际联合实验室”等为代表的一批国际水准的、多学科交叉的国际化研究中心，形成一批有特色的“学术特区”（见图4.8）。

图 4.8　西安交通大学创新引智基地“孵化”与“示范”效应

华南理工大学高分子塑料光电材料研究创新引智基地在中国科学院曹镛院士的带领下，引进美国工程院院士程正迪教授、美国加州大学聚合物与有机固体研究中心主任 G. C. Bazan 教授等一批国际学术大师，在有机/聚合物太阳电池大规模应用的关键领域取得多项重大科研突破，标志光电基地在新型显示技术迈进国际先进水平行列（见图4.9）。

图 4.9　华南理工大学高分子塑料光电材料研究创新引智基地重大科研突破

“111 计划”实施已有 10 余年，根据国家外国专家局的工作计划，下一步将继续扩大覆盖面，使该计划惠及更多地方高校，力争通过持续支持，在助推高校一流学科建设上发挥更大作用。同时，对支持期已满 10 年的基地开展评估工作，对其中涌现出来的优秀基地，将以一流学科建设为目标，打造“111 计划”2.0 版，全面提升支持水平和建设层次。

（二）“高校国际化示范学院推进计划”引领国际化水平全面提升

2014 年，国家外国专家局与教育部联合启动了“高校国际化示范学院推进计划”（以下简称“推进计划”），预计用 5 年左右时间，在全国高校建立 20 个左右的国际化示范学院，通过引进高水平外国专家团队，在学院管理体制、教学科研、师资队伍、人才培养等方面进行综合改革试点，逐步实现教学、管理与国际接轨，带动我国高校向国际化目标迈进。

不同于“111 计划”立足学科，“推进计划”以学院为切入点。因为高校二级学院管理体系相对独立，其运行几乎触及高校管理的各个方面，率先建成国际化学院必将为推进学校整体国际化战略积累丰富经验。目前已有 16 所部属高校加入“推进计划”试点，各示范学院在管理体系、师资队伍、人才培养、科学研究，以及环境建设等方面开展了积极探索，迈出了坚实步伐，积累了丰富经验，为扩大试点工作奠定了良好的基础（见表 4.7）。[①]

表 4.7　高校“国际化示范学院计划”试点学院

地点	学院名称
北京	北京大学工学院
	北京交通大学汉能新能源国际学院
	北京航空航天大学国际通用工程学院
	首都师范大学地球空间信息科学与技术国际化示范学校
天津	天津大学药学院
郑州	郑州大学医学科学院
西安	西安交通大学可持续发展学院
南京	南京大学现代工程与应用科学学院
上海	上海交通大学数学科学学院
	同济大学设计创意学院
	上海财经大学国际工商管理学院
武汉	华中科技大学工程科学学院
	武汉理工大学材料科学与工程国际化示范学院
福州	福州大学土木工程学院
广州	中山大学地理学国际化示范学院
	华南理工大学先进材料国际化示范学院

1. 搭建与国际接轨的管理体系

“示范学院”通过海外招聘外籍院长以及负责教学、科研的教授学者，组建外国专家团队，与中方团队合作负责学院工作，采取国际化管理方式，建立以学术为中心的学院运行管理体制（见表 4.8）。

表 4.8　高校“国际化示范学院计划”试点学院建立与国际接轨的管理体系

名称	关键词	重点举措
华中科技大学工程科学学院	国际教学咨询委员会、国际教学执行委员会	学院成立了包括诺贝尔奖得主在内的国际教学咨询委员会和由外籍教授担任主任的教学执行委员会，邀请与会专家就学院培养计划设置、国际化教学团队建设和国际交流项目等进行研讨

① 高校国际化示范学院相关数据由外国专家局教科文卫专家司提供。

续表

名称	关键词	重点举措
天津大学药物科学与技术学院	三级式决策模式打造国际化的内部治理体系	学院按照国际高等教育运行模式，自上而下设立决策委员会、管理委员会、工作委员会和海外顾问委员会。海外顾问委员会由剑桥大学、耶鲁大学等知名专家组成，负责提供对学院学科建设和课程设置等关键领域的咨询指导和把关定向
同济大学设计创意学院	国际战略咨询委员会、理事会领导下的院长负责制	学院聘请澳大利亚国立设计学院原院长等10多位专家组成国际战略咨询委员会。对标芬兰阿尔托大学，建立由双方政、产、学、研各界人士组成的理事会，实行理事会领导下的院长负责制

2. 引进高水平外国专家团队

目前，“推进计划”的人才集聚效应日益显现，在“推进计划”试点学院中工作的外国专家，基本上形成了以外籍院士和“外国专家千人计划”专家为引领，以高端外国专家为骨干，以青年科研人才为主体的外国专家团队。

经过3年的探索和实践，天津大学药物科学与技术学院现有教师59名，含教授30名、副教授24名，其中包括外籍院士、诺贝尔奖获得者1名，“973计划”首席科学家1名，国家“千人计划”特聘教授8名、长江学者2名、天津市“千人计划”16名，教育部“新世纪优秀人才”2名。外籍教师占比42%。院长Jay Siegel教授于2015年获得“中国国家友谊奖”；国家“千人计划”创新类短期项目教授Fraser Stoddart于2016年获得诺贝尔化学奖。可以说通过几年的努力，药物科学与技术学院打造了一支具有国际化水平和视野的中外结合师资队伍（见图4.10）。

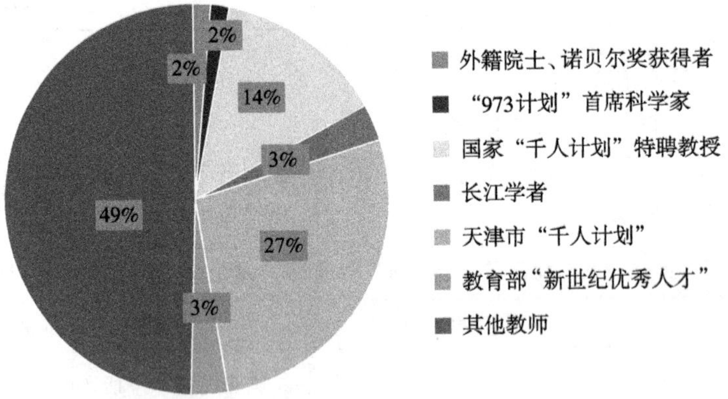

图4.10 天津大学药学院师资构成比例图

武汉理工大学材料学科国际试点学院依托“示范学院”这一平台，开展系统引智，吸引一批高端海外人才。现有中国工程院院士1人，美国工程院院士1人，比利时皇家科学院院士1人，澳大利亚工程院院士1人；“千人计划”专家10人，国家“973计划”和重大科学研究计划首席科学家2人，长江学者8人，杰出青年基金获得者7人，"新世纪百千万人才工程"国家级入选者10人（见图4.11）。聘任"外国专家千人计划"专家、美国工程院院士、加州戴维斯分校前副校长E. J. Lavernia教授担任院长；成立由16名国际知名大学校长和科学家组成的管理委员会（5名为海外专家）；成立由19名国际知名科学家组成的教授委员会（12名为海外专家）；组建了3个国际化教学团队、14个中外联合学术导师团队。

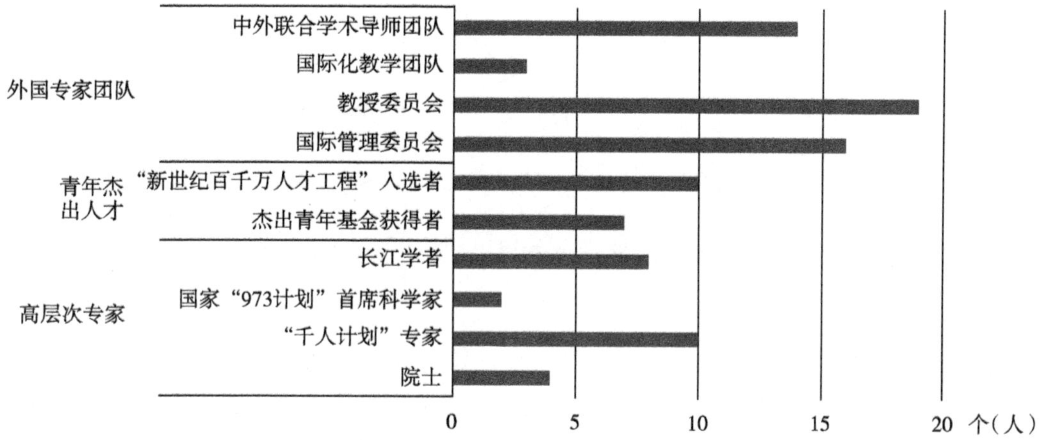

图4.11　武汉理工大学材料国际化示范学院引进国际化师资举措

3. 创新国际化人才培养与教学改革

"推进计划"鼓励学院采用以学生为中心的教学方式方法；建设与世界知名高校保持同步的课程体系；探索全英文授课、模块化教学、网络开放课程（MOOC）等现代教育教学方式；建立学生国际交换、交流的机制与平台，推动与国际一流大学达成学分互认；按国际标准建立学生学业水平评价体系；适度扩大"示范学院"自主招生的权限和规模。

北京交通大学汉能新能源学院建立"国际化视野、创新能力与工程素养并重"培养模式，在研究生培养方面，实现全英文授课和研究生校企双导师制度。本科专业基础课程中引入"翻转课堂"等混合式教学模式，加强学生的自主学习和师生互动（见图4.12）。计划组建的质量管理委员会，将以国际评估标准和评估方法为标杆，对学院建设进行总体评估，促进学院采取针对性措施推进国际化进程。

南京大学现代工程与应用科学学院适应现代工程科学要求，开展学生全面能力培养，建立本科生导师制度，大力推广全英语和双语课程与教材（见图4.12），积极创新国际化教学方式，推进本科生国际化培养。学院的生物医学工程系与美国俄亥俄州立大学合作办学，光学工程系与澳大利亚国立大学协商建立双学位项目，能源工程系积极推进与东京大学、筑波大学、京都大学多个日本顶尖高校的合作办学。

华南理工大学先进材料学院经过一年多的筹备，完成了2016级全英创新班培养计划制订、在全校新生中二次选拔招生，引进原版英文教材及参考书购置。所有主干课程教学不仅在形式上实现全英文教学，还在教学方法、教育理念上学习国际先进经验。

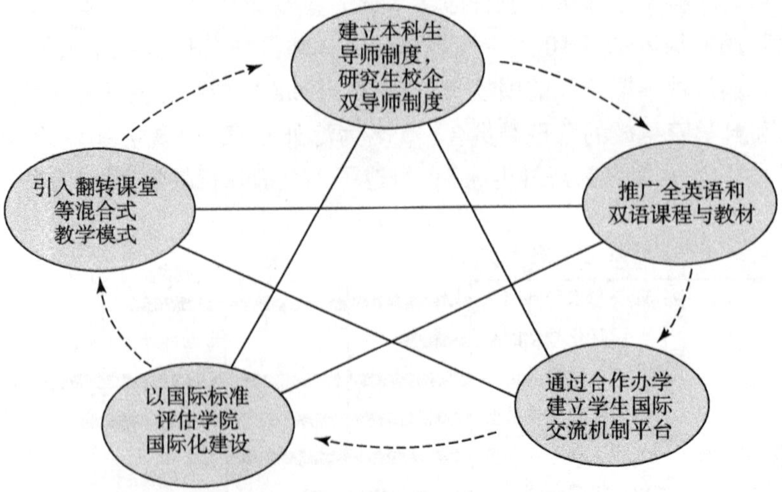

图 4.12　各校国际化示范学院国际化人才培养与教学改革举措

4. 提升国际学术体系与影响力

“推进计划”鼓励学院引进高层次外专参与指导开展前沿课题研究，合作发表高质量论文，协助搭建国际学术交流平台，参与组织国际高水准学术会议，创办一流期刊等提升学院和相关学科的国际学术地位，增强其在国际学术活动中的话语权与主动权。

上海交通大学数学科学学院依托国际化示范学院的进展，近两年来学院承接国家自然科学基金重大研究计划重点项目、国家自然科学基金重点项目、国家自然科学基金天元学科平台专项基金等各类科研基金项目合计 104 项，在 JAMS、PANS 等国际高水平学术论文期刊发表 SCI 论文 368 篇，获得上海市自然科学二等奖 1 项，新增 40 岁以下的各类国家青年人才计划 6 项。近四年数学学科在 ESI 国际排名稳于全球前百名，国内稳于第三位或第四位，在 U. S. News 世界大学数学学科排名中位列全球第 31 名（2017 年）。

同济大学设计创意学院 2010 年与芬兰阿尔托大学合作建立同济大学中芬中心，目前已成为国际知名跨学科创新平台；分别在意大利佛罗伦萨和芬兰埃斯波阿尔托大学校区建立设计教育和研究基地；和微软、欧特克、赫尔曼米勒、阿里巴巴等国际顶尖公司建立联合实验室；和世界著名出版集团 Elsevier 创立国内第一本全英文国际设计研究学报“She Ji，the Journal of Design，Economics and Innovation”，2015 年 10 月正式出版。构建国际标准的服务保障体系。“推进计划”鼓励学院加强引智服务保障体系建设，从硬件和软件两方面为外国专家提供国际化的工作环境，为外籍专家和学者提供包括信息咨询、文化适应、配套支持和服务网络的一站式服务，创造让外国人才待得住的工作与生活环境（见图 4.13）。

天津大学药学院为海外人才营造良好的工作环境和生活环境。学院和软件公司合作开发了“实验样品存储管理系统”和“实验数据电子书系统”，保证了实验药品的安全使用，实现仪器之间的数据传送、指导教师的远程指导和批阅。“双语工作室”消弭语言障碍。学院设有由学生志愿者为主体的双语工作室（翻译中心），推出英文版《科研指导手册》《实验室安全手册》《“生活在天大”手册》等，方便外籍专家们阅读和使用。

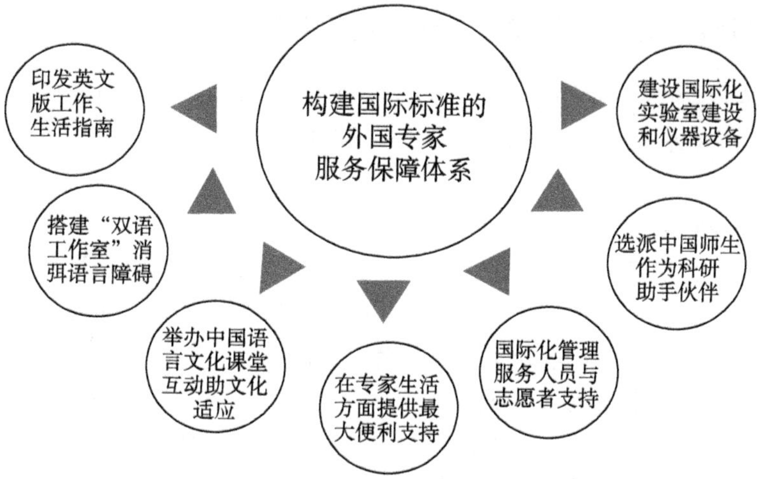

图 4.13　各校国际化示范学院构建国际标准的服务保障体系

武汉理工大学加快引进人才软件硬件配套建设，为引智工作提供良好条件。学校已为材料国际化示范学院提供用房 6 000 平方米，正在建设中的材料综合大楼面积 5.4 万平方米，其中 1.5 万平方米用于国际化示范学院。

郑州大学医学科学院作为首批入选高校国际化示范学院“推进计划”的中西部地区高校，围绕肿瘤防治的学科方向投资近 2 亿元，建设的面积近 2 万平方米的基础研究、转化医学和实验动物三大平台即将投入使用，实验室建设和仪器设备均处于国际领先水平。

三、高校引智工作创新发展保障研究

21 世纪初，随着改革开放的不断深入，引智规模不断扩大，引智工作从内容到形式都发生了前所未有的变化，通过对外交流加速提升学术水平和教育质量成为各高校的共识。面对新形势和新问题，面对改革开放新要求，引智工作在思维方式和管理模式上急需创新，引智队伍建设急需加强，建立一个资源共享、经验交流的平台迫在眉睫。在此背景下，2003 年 12 月，作为加强理论研究和交流实践问题平台的中国高等教育学会引进国外智力工作分会（以下简称引智分会）应运而生。

回顾 10 多年历程发展，引智分会大力推动学术研究，营造浓厚学术氛围；编辑出版会刊、论文集和专著，着力宣传党和国家的方针政策，促进会员单位交流经验、沟通信息、学习互鉴。引智分会对于大学国际化发挥了关键性作用，不仅推动了高校的对外交流，而且还通过网络形成了东部学校带动西部学校的格局。引智分会的工作内容也随着大学实力、国际资源等方面的条件改善而不断调整和拓展，几乎涵盖了国际交流的方方面面。主管引智工作的国家外国专家局评价引智分会：“引智分会在资源分享、推动合作等各方面发挥了越来越重要的纽带作用，已成为专门从事高等教育引智工作理论和实践研究具有相当影响力和凝聚力的重要平台，成为贯彻国家有关政策、法规的载体和高校之间沟通信息、切磋经验的桥梁与纽带，为促进我国高等教育对外交流合作作出了重要贡献。”

（一）加强组织工作机制建设，增强引智凝聚力和影响力

引智分会是高校间从事国际交流合作工作的平台，引智分会如何发挥更大的作用，更好地服务成员学校是引智分会工作的重点之一。在加强制度建设方面，引智分会主要开展了以下几项工作：

1. 定期召开会长会议和常务理事会

引智分会每年定期召开常务理事会，同时多次召开会长会议等小型会议进行决策和工作部署，针对完善组织机制、加强能力建设、促进会员合作、开展课题研究等重大事项和议题进行商议和表决，有效地推动了引智分会工作机制的顺利运作。

2. 划分片区，推出信息员及协调人制度

引智分会将所有会员单位划分为华北、东北、西南、西北、华东、东南六大片区（见图4.14），每一片区设立两所负责牵头的高校，并推出信息员联络制度，以加强研究会和高校间的及时联络，协助网站的维护和信息采集上传工作，极大地提升了各地院校开展交流的深度和广度。引智分会会员高校类型达16种，其中综合类高校会员单位达82所（见图4.15）。

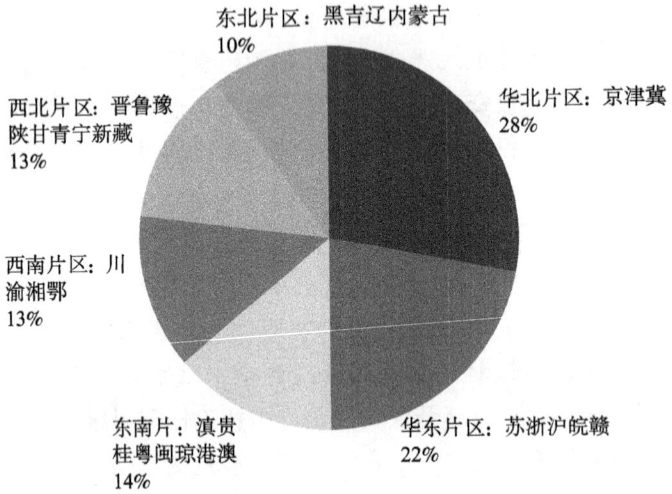

图4.14 引智分会会员高校单位区域分布

注：引智分会片区依据会员高校各地区分布数量划分而非行政地理区域划分。

3. 设立执行会长单位轮值制度

从2016年起，引智分会设立了“执行会长单位轮值制度”，在六大片区副会长单位中轮流推选执行会长单位，负责落实推进年度重点工作安排。此措施激发、释放了理事会单位的智慧才能，增加了新鲜思路与举措，增强了领导队伍活力。

4. 加强成员队伍建设，扩大引智分会影响力

引智分会不断加强会员队伍建设，2005年香港地区4所高校入会。2014年以来，香港教育学院、澳门大学和澳门科技大学陆续加入引智分会成为新会员，引智分会在港澳地区的影响力进一步扩大。2016年，引智分会成功吸纳了昆山杜克大学和上海纽约大学两所中外合作办学院校入会，这两所学校都是国内首批具有独立法人资格的中外合作办学高

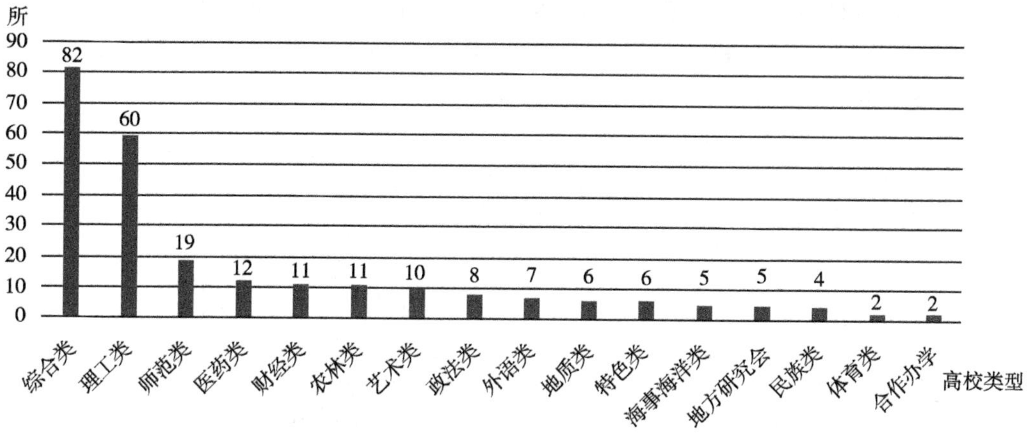

图 4.15　引智分会会员高校类型分布情况

校，在中外合作办学领域里影响力大，国际化程度高。这两所大学加入引智分会，进一步充实了会员单位力量，扩大了影响力与研究领域。引智分会还充分利用新媒体技术设立了网站和微信公众号，定期发布更新引智和大学国际化发展相关的政策、新闻、案例与成果，开拓会员单位交流分享新途径（见图 4.16）。

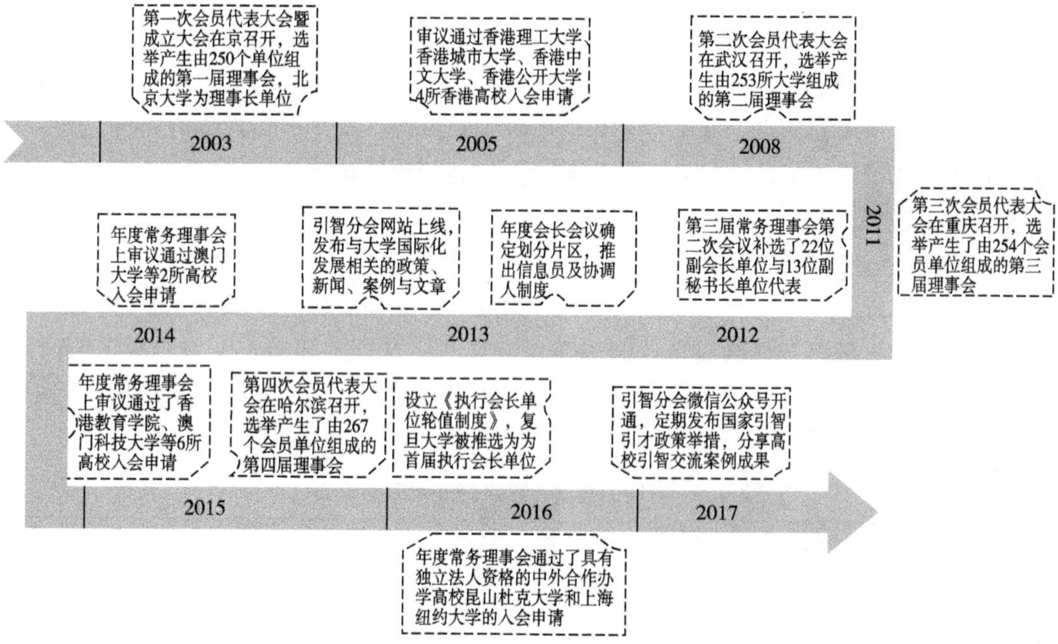

图 4.16　引智分会组织机制建设发展历程

（二）坚持开展学术研讨研究，推动高校引智持续快速发展

1. 积极举办学术年会，聚焦教育交流热点

自 2003 年成立大会以来，引智分会共举办了 15 次年会，年会的主题和议题设置都与党和国家的中心工作紧密结合，通过大会发言、主旨报告、特邀专家报告和分组讨论等形

式，交流研讨教育外事最新动态及教育国际化发展前沿问题，引导参会代表开展实践研究，学术氛围浓厚，为深化教育改革出谋划策，以达成促进交流、总结经验、开拓思想、引领未来的重要目标（见图 4.17）。

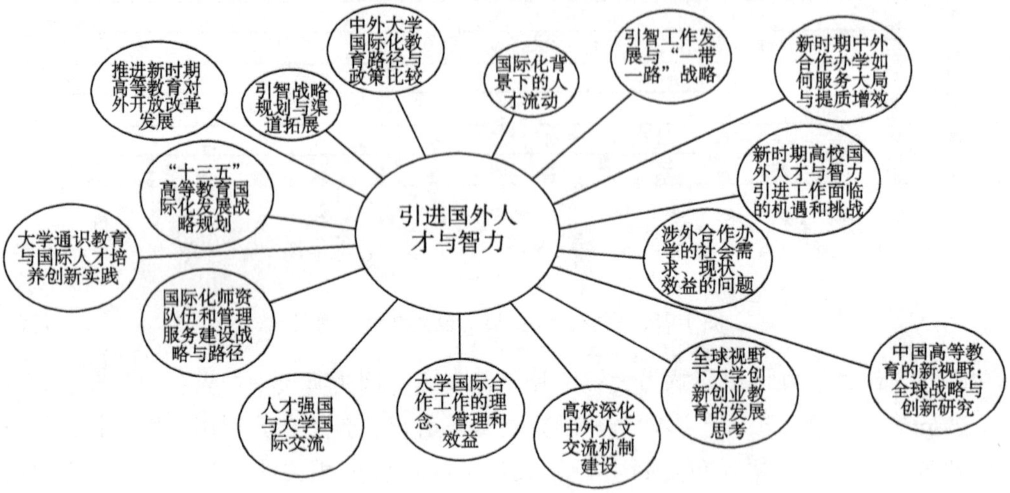

图 4.17 引智分会历年举办各类学术研讨会议的主题和议题

2. 聘请学术顾问，加强学术队伍建设

引智分会聘请了 11 名来自会员单位的高等教育专家作为特邀学术顾问，邀请他们在常务理事会、外事干部培训、学术交流年会上作专家报告，阐述有关高等教育国际化、国际人才竞争、高校引智策略、国外高等教育发展等领域的最新研究动态，推动引智分会向学术型团体的转型。

3. 编辑出版会刊专著，提升学术研究水平

引智分会主动承担了教育部、国家外国专家局、中国高等教育学会等主管部门的一系列专项调研课题，鼓励全体会员单位利用各自丰富的学术资源和实践经验积极参与研究，陆续编辑出版了大学国际化理论与实践一系列刊物与书籍，汇集了新时期大学国际化前瞻性、战略性的研究（见表 4.9）。

表 4.9 引智分会重点学术研究成果一览表

主要研究成果	日期	字数	负责单位
《中国高教学会引进国外智力工作分会成立大会特刊》	2004 年 6 月	10 万字	引智分会
《中国高校引进国外智力工作研究会 2004 年会暨大学国际化趋势国际学术研讨会文集》	2004 年 12 月	25 万字	引智分会
引智分会会刊《大学国际》创刊	2005 年 9 月	至今已刊发 300 万字	引智分会
《大学国际化理论与实践》，北京大学出版社出版	2007 年 11 月	30 万字	引智分会

续表

主要研究成果	日期	字数	负责单位
“十一五”规划教育类 2007 年度国家课题：《高校国际交流与合作领域质量标准及保障体系研究》	2011 年 4 月	5 万字	中国高等教育学会、引智分会
《引进国外智力工作亲历者纪实》，北京大学出版社出版	2013 年 1 月	21 万字	外国专家局文教司、引智分会
《大学国际化理论与实践（第二辑）》，北京大学出版社出版	2013 年 11 月	37 万字	引智分会
纪念引智分会成立十周年《十年回眸》图文画册出版	2013 年 11 月	3 万字	引智分会

（三）创新丰富活动形式内容，提升高等教育对外开放水平

1. 精心策划培训，提升工作能力素养

引智分会从 2013 年起已经先后在北京大学、中国浦东干部学院、四川大学和上海海关学院举办了四期外事干部培训班。培训课程聚焦新时期教育对外开放工作者的能力建设，主题鲜明，内容丰富，既有国家外交方针政策和教育国际化宏观分析，也包括涉外交流交往工作实用技能；安排实地参访中外合作办学高校，感受国际办学发展成果和创新理念（见图 4. 18）。这一系列培训课程提升了高校外事工作人员的业务素养和工作能力，取得了良好的培训效果。

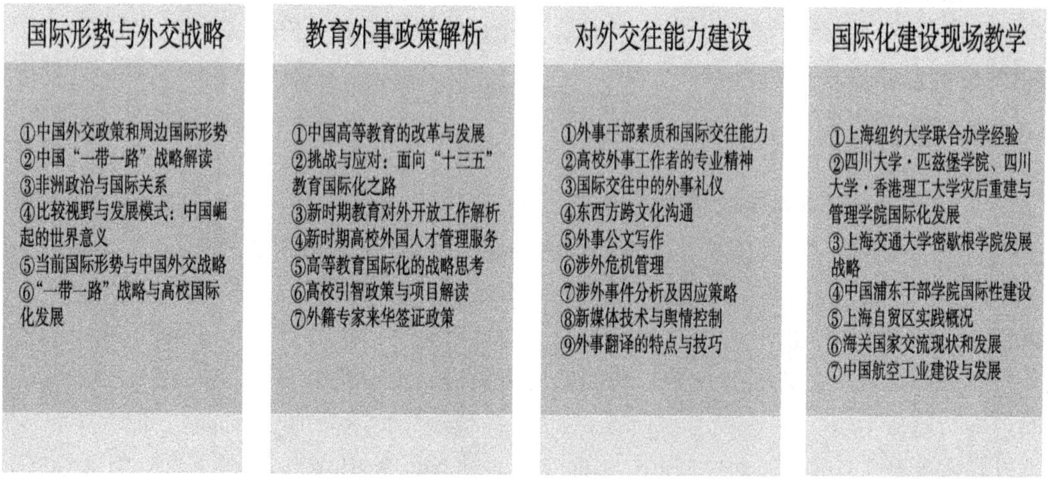

图 4. 18　引智分会外事干部培训课程模块

2. 组织外国专家研讨，创新互动交流方式

引智分会自 2015 年起开设了“外籍专家建言献策”全新板块，分别在南京、上海、成都、杨凌等地举办高校外籍专家交流研讨会，邀请引智分会六大片区上百所高校外国专家与外国专家事务主管为新时期中国高校外国人才引进与建设世界一流大学建言献策。引

智分会聚焦人才引进工作机制、“一带一路”战略、建设世界一流大学等议题，实现高校外籍专家研讨建言常态化、专业化、深度化。这一举措促进了片区间资源共享，搭建了不同地区外国专家之间的沟通交流平台，受到参会外国专家和会员单位一致好评。

3. 调动港澳台地区会员单位积极性，推进国境外高校交流合作

2012 至 2014 年间，引智分会陆续在香港、澳门、台湾等高校举办交流与合作专题研讨，围绕全球化给大学带来的机遇与挑战、MOOC 线上课程、创新创业人才培养等议题进行经验分享，推动了内地与港澳、大陆与台湾高校交流沟通常态化机制的建立。此外，引智分会积极主办和协办了高等教育国际论坛、亚太国际教育协会（APAIE）年会等一系列国际论坛和会议，并组织会员单位访问国外高校，增进了与英国、墨西哥、巴西、德国、拉脱维亚等高校国际事务同人的交流，学习国外顶尖高校引进和培养国际人才、开展国际科研合作、推动孔子学院建设的经验举措，提升了引智分会对外影响力。

四、高校引才引智工作的机遇挑战与经验借鉴

人才智力和教育资源争夺日趋激烈。从全球范围看，日趋激励的国际竞争对加快建设人才强国提出新挑战。为在新一轮全球产业结构调整中抢占制高点，赢得未来发展先机，许多国家都把大力引进开发高端人才、增强核心领域竞争力提升到国家发展战略的核心层面。世界各国特别是发展中国家对高端人才和优质教育资源的争夺日趋激烈。作为培养人才的重要基地、集聚人才的战略高地和科学研究的中坚力量，高等教育领域在积极参与国际人才竞争、加快推进人才强国战略实施中具有十分重要的地位。高校应充分认识到引才引智工作在参与国际人才竞争中的重要性，顺应国际高等教育发展大趋势，主动迎接国际人才竞争新挑战，集聚世界优秀人才，推动新时期高等教育对外开放发展，早日实现中华民族的伟大复兴。

（一）当前引智工作面临的挑战

1. 引智管理与服务机制建设需要完善

广泛集聚外国人才、用好外国人才，最根本的是要有一套充满活力和竞争力的引才引智工作机制。目前在外国专家引进工作中，对引进的外国专家的专业资质、工作能力和效益贡献等进行科学评估的机制以及激励机制还有待健全完善。在外国专家和智力引进过程中，所需获得的有关政策法律指导、合同聘用、引进渠道、国外智力及相关人才培养等方面的咨询与服务不够，为外国专家所提供的公共服务和社会化服务还无法完全满足其需求，外国专家在中国工作、学习等方面的培训、翻译服务、人力资源等相应服务还需加强，出入境政策、税收、子女接受国际化教育、公共设施服务的国际化程度有待提高。因此，国家相关部门和高校要把创新引进外国人才管理与服务机制建设作为重要任务，在发挥重大引才工程高端引领作用、搭建引才聚才国际合作平台、打造全链条外国人才管理服务体系等方面加强体制机制建设。

2. 引进外国专家专业与层次有待优化

目前，高校引进外国人才总量和机构层次还难以有效满足高校对外开放的现实需要，

高层次、高素质、紧缺人才、新兴行业外国人才的引进数量有待提升，引进外国专家专业结构有待优化。部分高校引智工作缺乏长期规划和顶层设计，海外高层次人才引进主要还以短期交流合作为主，没有考虑到引智工作对促进本校一流学科、专业发展的实际需要。新时期“高精尖缺”人才是支撑我国实施创新驱动发展战略、进入创新型国家行列的重要保障。高校作为引进外国人才重点领域和人才聚集高地，要结合自身人才培养和学科建设任务，更加突出引进“高精尖缺”人才导向。要持续关注、跟踪国际科技前沿发展，增强对新兴产业、交叉学科最新动态的敏感度，深入了解各国人才资源优势，搭建良好用人平台，主动对接、精准发力，增强高校“高精尖缺”人才引进比重，进一步强化引智引才重点，优化高校人才结构。

3. 地方高校引进高水平智力急需加强

长期以来，国家重点高校受到国家政策大力度扶持，资金和师资力量雄厚，学术环境优越，国际交流合作频繁，引进了大量的高水平人才。而普通本科地方院校由于政策、资金、顶层设计、服务配套等方面的不足，在引进外国人才和智力，尤其是引进高水平智力工作急需加强。地方高校都把引智工作摆在突出位置，纷纷出台政策，加大吸纳和聚集人才力度，不惜重金引进高水平人才，导致各高校人才争夺战，也进一步加剧了地方高校引智工作的难度。高水平外国智力引进是一项复杂的系统工作，除了需要国家继续加大力度给予地方高校相应的政策、资金和项目支持，地方高校自身也需要制订引智引才战略规划，并明确相关的政策配套服务，包括生活和工作两个基本方面。事实上人才引进是基础，用才和留才则是关键。如何通过完善生活和工作等相关配套措施用才、留才，是各地方高校应当予以重视的关键点。

（二）国家战略赋予高校引智工作的新机遇

1. 创新驱动发展战略布局

近年来，党中央高度重视科技创新，将科技创新作为提高社会生产力和综合国力的战略支撑，摆在发展全局的核心位置。2015 年 3 月，国务院印发《关于深化体制机制改革加快实施创新驱动发展战略的若干意见》，明确提出要“围绕建设一支规模宏大、富有创新精神、敢于承担风险的创新型人才队伍，按照创新规律培养和吸引人才，按照市场规律让人才自由流动，实现人尽其才、才尽其用、用有所成”。鼓励高等学校以国际同类一流学科为参照，开展学科国际评估，扩大交流合作，稳步推进高等学校国际化进程。围绕国家重大需求，面向全球引进首席科学家等高层次科技创新人才，建立访问学者制度，广泛吸引海外高层次人才回国（来华）从事创新研究。

2. 人才优先发展战略要求

2015 年，党的十八届五中全会强调加快建设人才强国，提出深入实施人才优先发展战略，推进人才发展体制改革和政策创新，形成具有国际竞争力的人才制度优势，把人才作为支撑发展的第一资源，加快推进人才发展体制和政策创新，构建有国际竞争力的人才制度优势，提高人才质量，优化人才结构，加快建设人才强国；实施更积极、更开放、更有效的人才引进政策，完善外国人永久居留制度，放宽技术技能型人才取得永久居留权的条件；加快完善高效便捷的海外人才来华工作、出入境、居留管理服务。

3. “双一流”发展战略部署

2015年10月，国务院印发《统筹推进世界一流大学和一流学科建设总体方案》，要求按照“四个全面”战略布局和党中央、国务院决策部署，坚持以中国特色、世界一流为核心，以立德树人为根本，以支撑创新驱动发展战略、服务经济社会发展为导向，坚持“以一流为目标、以学科为基础、以绩效为杠杆、以改革为动力”的基本原则，加快建成一批世界一流大学和一流学科。“双一流”建设的首先任务就是建设一流的师资队伍，强化高层次人才的支撑和引领作用，加快培养和引进一批一流科学家、学科领军人物和创新团队，培养造就一支优秀教师队伍。

4. 新时期教育对外工作的战略任务

2016年4月，国务院印发《关于做好新时期教育对外开放工作的若干意见》，要求新时期教育对外开放工作必须以服务党和国家工作大局为宗旨，统筹国内国际两个大局、发展安全两件大事，坚持扩大开放，做强中国教育，推进人文交流，不断提升我国教育质量、国家软实力和国际影响力，为实现“两个一百年”奋斗目标和中华民族伟大复兴的中国梦提供有力支撑。在引智工作中须重点做好加强高端引领，面向全球引进高层次科技创新人才，促进高校科技国际协同创新。通过选派高等学校优秀青年教师、学术带头人等赴国外高水平机构访学交流，加快引进世界名校师资，完善教师专业标准体系，推进外籍教师资格认证，加快高水平师资队伍建设。

5. 加快实施“一带一路”教育行动

“一带一路”是当前我国对外开放的重要战略。“一带一路”战略构想的提出，契合“一带一路”沿线国家的共同需求，为沿线国家优势互补、开放发展开启了新的机遇之窗，搭建了国际合作的新平台。“一带一路”教育在共建“一带一路”中具有基础性和先导性作用，“一带一路”教育交流为“一带一路”沿线各国民心相通架设桥梁，2016年7月，教育部印发《推进共建“一带一路”教育行动》的通知，要求加快实施“一带一路”教育行动，促进“一带一路”沿线国家教育合作。我国高校引智工作不仅要看到引进国外高水平人才，也要扩展视野，加强与“一带一路”沿线国家多领域、多层次、多地域的人才合作。打造“一带一路”学术交流平台，吸引各国专家学者、青年学生开展研究和学术交流，推进“一带一路”优质教育资源共享。

（三）国际引才引智方面的经验启示

1. 美国：实施H-1B签证和教育交流政策引才

美国一直以来都将从海外引进高科技人才作为一项基本政策。

一方面，美国实施H-1B签证计划吸引了大批有技术特长的海外人才。[①] 1990年美国政府实施H-1B短期工作签证计划，每年签发6.5万个签证，允许具有学士或学士以上学位的外国人到美国工作。1998年，美国国会再次通过一项法案，将1999年和2000年的H-1B签证数额从6.5万个增至11.5万个。目前此类签证数额已经增至每年19.5万个。

---

① 王辉耀．人才竞争，大国各显神通［N］．人民日报，2015-01-22（23）．

外国人能拿到 H－1B 签证的主要有工程师、建筑家、会计师、程序设计人员、大学教授和医生等。与此同时，美国政府还规定拿到此签证的人可以继续申请移民，这一举措更是为美国吸引了大批的高端人才。

另一方面，吸引海外留学生来美求学也是美国的一贯政策。早在 1946 年，美国就实施"富布赖特计划（Fulbright Program）"，提供奖学金接受各国学生赴美学习。20 世纪 60 年代，美国推出《共同教育和文化交流》《国际教育法》等计划和法案，扩大与外国交换留学生，吸引了大批受过高等教育的留学生。① 现在美国每年吸引全球近 20% 的留学生。美国各高等院校也相继实施了开放的留学教育政策，提供"研究助理"（RA）、"教学助理"（TA）等带薪职位，以资助在美攻读学位的外国留学生完成学业。此外，美国还通过绿卡制度吸优秀留学生留居美国，给予其入籍优惠。据统计，外国留学生在取得学位后有一半以上定居美国，从而形成了庞大的"人才储备库"。

2. 英国：以优厚的工作条件和生活待遇引才

在发达国家中，英国是拥有各类专业人才和技术人员数量最多的国家之一。英国人才市场是市场调节下自由开放的人才机制。英国政府唯独不限制人才流动，对人才流动采取比较自由的宽松政策，而且努力保障提供良好的人才工作环境和创业条件，通过自由开放和垂直向上的人才流动机制，依靠市场经济体制的合理调节来完成人才的自由流动。

英国政府认为，花很长时间和大量金钱培养急需的高技术人才不如购买高技术人才和他们所创造出的成果。因此，英国对高技术人才一直以重金雇用，并花巨资购买其高科技成果。英国政府与沃尔森基金会、英国皇家学会合作，每年出资 400 万英镑作为启动资金，高薪聘请 50 名世界顶级科学家，以保持英国在世界研究领域中的领先地位。目前，英国政府通过发布国家科技发展白皮书，调整吸引人才策略。在白皮书中英国政府规定，对高科技，基础研究和高等教育领域中优秀人才实行倾斜政策，国家拨专款大幅度提高他们的工资待遇，其中由英国政府锁定的几百个杰出人才，年薪达到 10 万英镑以上。另外，英国政府对人才的定义也更加宽泛和有弹性，包括金融、科技、教育、信息、法律、医学等各个领域。辨别人才的标准也下放到全英的著名大公司和研究机构，他们拥有自己签发工作许可证的特殊权利，而不再看这些人才他们是否已获得硕士文凭。

3. 日本：通过深化国际学术交流与合作机制引才

根据世界经济论坛 2016 年 6 月 15 日公布的人力资本报告，日本的综合人才指数位居世界第四位。② 学术交流与合作是日本政府获得国外顶尖科技人才的主要方式之一。近些年，日本政府所作出的相关努力有：实施强强合作计划，通过该计划使本国高水平的研究机构和多个科技发达的西方国家建立合作伙伴关系，从而达到开发人才的目的；对发展中国家人才实施 JSPS 对外合作项目、发展援助贷款 ODA；对亚非地区国家也开发了一些合作项目，建立了合作平台。日本最大的国家资格培训中心 LEC 公司与美国、英国、德国、

① 周建华. 发达国家吸引海外高层次人才的主要做法［J］. 中国人才，2011（21）：56－57.

② 世界经济论坛（WEF）报告（2016）是在对世界 130 个国家的教育、健康、劳动力和培养环境等四大领域 46 个指标进行综合计算基础上，对各国"人才力水平"进行评估的。按照这样计算，芬兰位居世界第一位，挪威位居第二位，瑞士位居第三位，日本位居第四位。

泰国，以及中国内地及香港等国家和地区建立了协作交流关系。

与此同时，日本政府从1964年开始实施“外国人特别研究员制度”，资助年轻学者到日本从事1～2年博士后的研究项目，这一举措大大推动了日本的研究事业的发展。除此之外，日本近年来还建立了“外籍特别研究员制度”“外籍聘用研究员制度”“外籍著名研究员招聘制度”，通过这样一些制度，许多卓越的科学家纷纷到日访问，为日本的研究机构提出了许多意见或建议，进行有效的沟通和交流合作，取到了很好的效果。目前，日本政府加紧实施国际化政策，决定开放政府实验室，吸引外国科学家来日本参加研究。在日本近年来实施的新的科研计划中，将近有1/3人才是从国外引进的。日本引进外国人才计划使外籍科研人员占科研人员总数的比例在今后几年将达到30%。[①]

4. 新加坡：设立各类引才引智计划专门引才

新加坡政府自建国初期就崇奉“人才立国”的政治思想。为了弥补自身天然资源短缺的绝对劣势，满足经济发展的要求，新加坡将“有目标、有计划、有重点地吸引海外人才”作为长期国策。从20世纪80年代起，新加坡政府就对本国人才库进行动态分析，相关部门据此提出国家对各领域人才的需求拟案，进而有计划地从世界各地引进大批科学技术、工业和管理方面的专业人才。根据国内用人需求，新加坡政府每年都会派专人带着总理的亲笔信和招聘书前往牛津大学、剑桥大学、麻省理工学院等全球顶尖高校进行招聘，并对人才许诺住房、高薪、股票期权等具有国际竞争力的优越条件。可以说，新加坡政府对海外人才引进的高度重视与协助，是其能够将众多国外优秀人才收入囊中的重大原因。

新加坡政府为了从世界各地广招人才，还建立了一整套相应的体制。例如，新加坡经济发展局和人力部共同成立“联系新加坡”，旨在吸引国际人才到新加坡工作、投资和生活。“联系新加坡”在亚洲（包括北京和上海）、欧洲和北美设立办事处，为有意探讨新加坡的职业发展机会的全球精英（包括新加坡侨民）以及到新加坡投资或开拓全新商业活动的个人和企业家提供一站式服务。针对新加坡自己培养的人才中约有1/3流向海外，吸引在海外发展的新加坡人才回国服务是新加坡招揽和引进人才的又一途径。为吸引海外人才回国，新加坡政府于1978年设立科技部，先后资助并组织实施了“长期回国计划”“临时回国计划”和“外国学者访问计划”，充分发挥科研机构、科学城和高校吸引海外人才的重要基地作用，拓宽吸引海外人才为国服务的渠道，提供优惠条件和就业机会，达到吸引、集聚人才的目的。

5. 引智引才的国际经验小结

通过以上对不同国家引智引才战略的分析，可以将这些经验归纳如下。

（1）建立相对完备的法规体系。

发达国家多以移民法为主体，建立完善的吸引外国人才的法规体系。多部门分工协作，但有一个起核心作用的主导部门。在发达国家，吸引外国人才涉及移民、外交、劳工、安全等多个部门，但一般以移民局为核心部门。

（2）以优厚的工作条件和生活待遇聘请外国人才。

---

① 郑永彪，高洁玉，许睢宁．世界主要发达国家吸引海外人才的政策及启示［J］．科学学研究，2013（2）：31.

①发达国家凭借优越的经济条件和先进的科研设备，通过高薪聘用等优厚的待遇引进外国人才到本国从事研究工作。

②利用学术交流和科技合作吸引利用外国人才。随着全球人才争夺的白热化，发达国家不仅直接引进国外人才，而且还巧妙地通过国际的学术交流和科技合作，吸引和利用国外人才。

③通过跨国公司直接延揽或合作培养人才。跨国公司的国际化生产经营活动为发达国家从世界各地猎选人才提供了良好的渠道，跨国公司已经成为吸引海外高级人才的重要基地。

④通过民间基金会资助和引进外国人才。发达国家凭借自己优越的生活条件和科研条件，还以民间基金会的高额奖学金等方式，在世界范围内招收访问学者，促使其移民该国。

（3）市场调节人才资源，政府进行宏观调控。

①发达国家主要根据市场需求决定引进人才的重点领域，对引进的外国人才依法管理，享受“国民待遇”，在管理上与本地居民没有任何区别，政府一般不给予特殊照顾。

②适时调整移民政策法规，吸引急需的各类海外人才。移民是发达国家争夺发展中国家人才的最常用、最普遍、最有效的手段。在全球人才资源短缺和人才资本激烈争夺的形势下，世界上很多发达国家纷纷修改移民法规，放宽移民政策，大力吸引海外优秀人才。

③签发居留许可，为海外人才提供便利条件，使大量的优秀人才能享受到国民待遇，从根本上解决了人才流动的制度障碍。

（4）引进高技术、紧缺人才，限制一般劳务人员。

①发达国家移民管理的基本目的就是对人才进行甄别，只有急需的专业人员才可以申请移民，国家限制一般性的劳务人员入境。

②吸引和留住外国留学生，作为本国人才的后备力量。近年来，国际教育市场竞争日趋激烈。招收外国留学生既为教育国增加了可观的收入，又给他们提供了大量的人才资源储备。

（四）新时期高校引智工作发展对策建议

面对日趋激烈的全球性人才竞争，面对国际金融危机带来的新机遇新挑战，面对国家实施第三步战略目标对人才的迫切需求，必须把人才引进工作当作一项重要的战略任务抓紧抓好。面对新形势新任务，高校引智工作将进入一个高端引领、改革创新、优化环境、全面提升的新阶段。

1. 认真贯彻落实中央精神，明确工作目标与任务

2014 年 5 月 23 日，习近平总书记与外国专家座谈时提出，要让有志来华发展的外国专家来得了、待得住、用得好、流得动。总书记提出的“四得”点出了引进外国人才工作的真谛，指明了引进人才工作的方向和目标。高校应进一步增强“四个意识”，将落实中央部署作为高校人才工作重要内容提上议事日程，结合本校工作实际，提出贯彻落实的具体措施。高校领导层和国际交流管理部门应认真领会中央精神，准确把握中央新要求，准确理解引才引智工作在服务高校“双一流”建设、推动高等教育对外开放进程中的重要意义，充分认识肩负的责任和使命，做到学习到位、理解到位、落实到位。

2. 加强顶层设计与规划，注重服务国家战略需求

（1）加强对引进外国人才工作的统一领导，加强顶层设计与规划，更好地统筹引进外国人才工作和其他各项人才工作，充分发挥用人单位主体作用。主动把握国家推进“双一流”建设的历史机遇，明确学校发展优势定位，突出重点，强化特色，做好总体规划，有效调动多方力量为外国人才发挥作用提供更有力的支持和更优质的服务。

（2）注重将引进外国人才工作放在党和国家事业发展大局中谋划，紧密围绕国家“一带一路”战略、创新驱动发展、教育科技发展以及国家各重大领域和区域发展战略需求，充分发挥高校先导和引领作用，优化结构，合理布局，以我为主，按需引进，使引进人才的规模、质量和结构与高校发展要求相适应，与服务国家战略的重大需求相匹配。

3. 坚持“高精尖缺”人才导向，强化引才重点

（1）“十三五”期间，要突出“高精尖缺”人才导向，着力引进具有重大原始创新能力的科学家，启动实施首席外国专家项目和青年外国专家项目，继续推进“外国专家千人计划”和高端外国专家项目。着力引进具有推动重大技术革新能力的科技领军人才，以高端制造、生物工程、新能源、集成电路等领域为重点，推动我国在关键核心技术上实现突破。要发挥市场需求导向和用人单位主体作用。要健全外国人才使用激励机制，探索建立首席科学家、访问学者制度，科研院所、高校等岗位全球招聘制度，制订外国人才有序参与国家科技计划、主持重大项目的管理办法，鼓励外国人才平等参与我国科技奖项评选，完善外国人才建言机制。①

（2）重点突出，抓好高层次人才引进工作，对高层次、高水平人才，要采取灵活的策略，科学运用各种方式引进人才和智力，例如：用高精尖研究项目吸引人才，挑选一部分关系国计民生的大项目，配以较为充足的研究经费，进行国际招标，聚集高水平的国际人才进行攻关，确保外国人才“来得了、待得住、用得好、流得动”；请高水平人才来国内考察、访问、讲学、合作科研，灵活机动地吸引人才为我所用；有选择地资助国际组织召开国际学术会议，或与国际研究机构建立合作关系，吸引高水平人才来华交流；高等院校、科研院所的重点、优势学科要加强博士后流动站建设，每年拿出一定的名额招收外国博士后研究人员入站工作，以此吸引部分外国优秀青年人才。

（3）逐步完善引进外国人才工作评价机制。应该参照国际标准，以引智成果为抓手，充分体现“高精尖缺”人才在高等教育领域发挥的重大推动作用，建立完善外国人才工作评价机制。及时收集、梳理、总结在服务国家重大战略、推动基础研究领域发展、促进科研成果转化等方面的优秀成果。

（4）重视华人智力资源，鼓励留学人才为国服务。旅居海外的华人华侨专家是我们的宝贵财富。中国留学生群体始终是一个与时俱进的取之不尽、用之不竭的高级人才群体。要继续贯彻“支持留学、鼓励回国、来去自由”的方针，鼓励和吸引他们回国或以其他方式为国家服务。制订和实施留学人才回归计划，建立符合留学人员特点的引才机制。抓紧研究制订选拔优秀留学回国人员担任领导职务的办法。加大对高层次留学人才的回国资助

---

① 张建国．努力构建具有国际竞争力的引进国外人才制度优势［J］．国际人才交流，2016（4），9.

力度，有条件的地区和单位要逐步提高留学回国人员科研启动经费。大力加强留学人员创业园建设。建立全国统一的留学人才信息服务系统和留学人才库。

4. 充分发挥市场在海外人才配置中的基础性作用

（1）建立人才市场竞争机制，形成政府部门宏观调控、市场主体充分竞争、中介组织提供服务的运行格局，实现人才资源合理配置。从宏观和长远看，要逐步建立起与市场经济相适应的海外人才流动机制，最大限度地发挥国际人才市场在海外人才资源配置中的基础作用。遵循市场发展规律，进一步发挥用人单位和人才的主体作用，促进用人单位通过市场自主择人，各类外籍人才进入市场自主择业。高校作为用人主体，更要充分发挥外国人才引进使用中的主体作用，切实增强自主性和能动性，努力探索新形势下引进外国人才工作新思路和新模式，形成满足高校引智工作需求，各具特色、规范高效的工作体系。

（2）借鉴世界一流大学的有益经验，整合分散的外国人才管理职责和资源，理顺部门职责关系，强化部门间协调配合，推动建立权责统一、运转高效、法治保障的国外人才引进工作管理体制，让来校工作的外国人才“来得了、待得住、用得好、流得动”。要强化法治意识，理顺部门权责，健全内部制度，加强对引智项目管理、经费使用等重点领域和关键环节的廉政风险防控，加强审计监督管理，提高引智工作的综合治理水平。

5. 完善多元投入，注重优秀青年人才引进培养

聚天下英才而用之，实现人才优先发展，应完善多元投入机制。中国高校要进一步吸引优秀外籍人才，开展国际合作，仅加大经费投入是远远不够的，必须做到以下几点。

一是要健全工作和服务平台，建立包括学校领导层、行政部门、国际事务部门、学院、教职人员等多部门联动的引智体制机制，建立与国际接轨的人才选拔和工作服务平台，加大外籍人才资源的开发和供给。

二是扩大人才对外交流，不仅要利用现有国际专业组织交流平台，还要更积极主动走出去招揽人才；鼓励教职人员更广泛地参加国际学术交流与合作，扩大中外合作办学及境外办学的规模，引进海外优秀教师，加快培养我国急需的国际化人才。

三是组建由外国专家组成的招聘工作委员会，统筹安排人才开发培养经费，注重发展中国家和发达国家人才引进平衡等，吸引处在职业生涯早期的优秀青年外籍人才。

6. 营造良好引智环境，留住并用好外国人才

引进人才的最终目的是“用”，外国人才到中国能否“待得住”，关键的因素是环境。人才是长着双脚的资源，具有很强的流动性，哪里环境好、适合发展，就向哪里流动，外国人才更是如此。这里所说的环境，包括生活环境和工作环境，要为外国人才在中国工作与生活的“软着陆”、文化适应与融合提供支持，完善校内相关服务制度，在引才激励、科研经费投入、薪酬补贴、学术团队建设、研究生名额配置等方面对外国人才在校工作提供强有力的支持。要妥善解决高层次外国专家在居留和出入境、医疗、保险、住房、子女入学等方面的困难和问题。同时要建立人才在工作单位可持续发展的路径，包括提供关于中国文化的互动教育，为外国专家及其家人提供定期的汉语教育；提供行政或领导职位的工作机会，为引进的优秀外籍人才提供终身教职和研究自由等。进一步更新留才用才的理念，遵循国际人才流动规律，支持外国专家定期回国和参加对外学术交流活动的需求等。[①]

附：引进国外智力工作分会简介

引进国外智力工作分会成立于 2003 年，旨在团结全国高校开展对外合作交流与引智工作理论与实践研究，在联络高校交流经验、推动合作、开展研究等方面发挥了重要的桥梁纽带作用，为促进我国高等教育对外交流合作做出了重要贡献。分会现任理事长为北京大学副校长、中国科学院院士田刚教授，秘书长为北京大学国际合作部部长夏红卫博士。分会秘书处办公地址设在北京大学。

① 华鸣．创造让外国人才待得住的环境——简谈“待得住”［J］．国际人才交流，2016（5），44－45.

第五章

总结“十二五”经验
深化教师分配制度改革

——薪酬管理研究分会专题报告

《中华人民共和国国民经济和社会发展第十二个五年规划纲要（2011—2015年）》（以下简称“十二五规划”）实施期间至今，中国高等教育学会薪酬管理研究分会（以下简称薪酬分会）把握国家收入分配改革的总体方向，遵循高等教育发展规律，结合高校实际情况和特征，落实科教兴国战略和人才强校战略，在推动高校收入分配制度改革方面进行了深入探索和改革实践，取得了良好的成效。我们有必要对过去几年的改革实践成果进行梳理，总结经验，发现不足，提出建议，进一步推动高校教师收入分配改革。

一、高校教师收入分配改革在深化

教师收入问题在高校发展中具有重大性和战略性。收入影响着教师的工作投入程度和绩效水平，最终影响着高校的竞争力。我国高校要在未来的全球化竞争中赢得竞争优势和提升核心竞争力，必然要在教师的收入分配上进行调整与创新。

（一）“十二五规划”期间相关制度改革政策

改革开放以来，我国经济实现了连续多年的高速增长，伴随经济增长，居民收入差距总体呈扩大趋势。特别是进入21世纪以来，2002—2010年期间，我国基尼系数长期高于0.45，并在2008年达到阶段性最高点0.491。与此同时，反映城乡收入差距最直观的指标——城乡居民收入比从2002年的3∶1在2009年攀升到阶段性最高比3.33∶1。调节收入分配关系，缩小贫富差距，成为社会舆论关注的热点话题。

党和国家在制定“十二五规划”时，及时回应了这一重大社会关切，将合理调整收入分配关系单列一章，作为第八篇“改善民生 建立健全基本公共服务体系”的重要组成部分，明确了调整收入分配关系的总体目标，即“坚持和完善按劳分配为主体、多种分配方式并存的分配制度，初次分配和再分配都要处理好效率和公平的关系，再分配更加注重公平，加快形成合理有序的收入分配格局”，提出了深化工资制度改革，健全资本、技术、管理等要素参与分配制度，加快完善再分配调节机制，整顿和规范收入分配秩序四个方面的具体改革举措，体现了坚持民生优先的政策导向，努力使发展成果惠及全体人民。

为落实科教兴国战略，建成人力资源强国，2010 年，中共中央、国务院发布《国家中长期教育改革和发展规划纲要（2010—2020 年）》（以下简称“中长期教育规划”），其中三处与收入分配直接相关，第五十六条“加大教育投入”，要求“各级政府要优化财政支出结构，体现法定增长要求，保证教育财政拨款增长明显高于财政经常性收入增长，保证教师工资和学生人均公用经费逐步增长”。第三十九条“落实和扩大学校办学自主权”，提出“高等学校按照国家法律法规和宏观政策，自主设置教学、科研、行政管理机构，自主确定内部收入分配，自主管理和使用人才，自主管理和使用学校财产和经费”。第五十三条“提高教师业务水平”，要求“创新人事管理和薪酬分配方式，引导教师潜心教学科研，鼓励中青年优秀教师脱颖而出”。

为落实人才强国战略，2010 年，中共中央、国务院发布《国家中长期人才发展规划纲要（2010—2020 年）》（以下简称“中长期人才规划”），提出“完善各类人才薪酬制度，加强对收入分配的宏观管理，逐步建立秩序规范、激发活力、注重公平、监管有力的工资制度”的目标，并明确了“统筹协调党政机关和国有企事业单位收入分配，稳步推进工资制度改革。建立产权激励制度，制定知识、技术、管理、技能等生产要素按贡献参与分配的办法，建立完善事业单位岗位绩效工资制度。探索高层次人才、高技能人才协议工资制和项目工资制等多种分配形式”等改革任务。

2013 年，中共中央《关于全面深化改革若干重大问题的决定》进一步要求“保护合法收入，调节过高收入，清理规范隐性收入，取缔非法收入，增加低收入者收入，扩大中等收入者比重，努力缩小城乡、区域、行业收入分配差距，逐步形成橄榄型分配格局”。

为破解城镇职工基本养老保险制度不统一的突出矛盾，2015 年国务院发布《关于机关事业单位工作人员养老保险制度改革的决定》，改革现行机关事业单位工作人员退休保障制度，改革基本养老金计发办法，实行社会统筹与个人账户相结合的基本养老保险制度，实现了机关事业单位和企业养老保险的制度统一。政府逐步推进养老、医疗等社会保障领域的改革，为收入分配改革奠定了良好的外部制度环境。

梳理国家有关收入分配改革的文件，收入决定机制、分配模式、增长机制和收入结构是改革关注的重点。

收入决定机制方面，在坚持按劳分配的主体地位同时，要完善多种分配方式并存的分配制度，健全产权激励制度，制定资本、技术、管理等要素按贡献参与分配的办法。分配模式方面，完善事业单位岗位绩效工资制度；对于高层次人才、高技能人才等特殊人才，要探索实行协议工资制和项目工资制等多种分配方式。增长机制方面，一是要建立正常工资增长机制，二是要建立企业薪酬调查制度，为调整机关事业单位提供数据参考。收入结构方面，要处理好效率和公平的关系，限高、扩中、托底，缩小收入差距，逐步形成橄榄形分配格局。

《十二五规划》《中长期教育规划》《中长期人才规划》等文件对收入分配改革进行了系统的顶层设计，指明了改革方向，明确了改革任务。在国家调整收入分配关系，加快形成合理有序的收入分配格局进程中，结合高等教育发展客观规律，薪酬分会明确了推动高等学校收入分配制度改革的整体框架，并认真贯彻到各项工作之中，取得了一系列的成果。

（二）公平高效的高校收入分配体系研究

薪酬管理研究分会（以下简称薪酬分会）作为全国性的高等学校薪酬管理研究的专业学术团体，以常务理事会、年会为交流平台，以《高校薪酬管理研究通讯》为联系纽带，以课题研究、专题研讨、走访学习等丰富多样的活动为具体载体，紧密团结各会员单位，开展薪酬管理研究和工作交流，共同探索薪酬制度改革，努力建立科学合理的薪酬分配体系，开展了大量卓有成效的工作。

薪酬分会以学术立会、以学术兴会，截至 2015 年，薪酬分会共承担教育部、人力资源与社会保障部、中国高等教育学会等单位委托课题 15 项，薪酬分会自主立项课题 23 项，取得了丰硕的成果。薪酬分会共组织三届优秀论文评选活动，共评出特别奖 1 项、一等奖 16 项、二等奖 31 项、三等奖 36 项，并将部分优秀成果推荐到《中国高等教育》《中国高校科技》等刊物公开发表。

截至 2015 年，薪酬分会会员单位达到 119 个，涵盖了 38 所“985”高校（不含国防科技大学），94 所“211”大学（占比为 80%），73 所教育部直属高校（占比为 97%），涵盖了国内绝大部分高水平研究型大学。依托会员单位，薪酬分会于 2011 年在全国范围内第一次组织实施高校薪酬调查，并在 2013 年进行了第二次全国高校薪酬调查，掌握了大量的第一手数据，为从微观层面了解高校收入水平、结构比例提供了数据基础。

1. 推动高校收入分配改革的政策框架

围绕国家收入分配改革的总体部署，结合高等教育发展规律，薪酬分会将高校收入分配改革的政策框架明确为“一个核心，两个发展，三个平衡，四个倾斜”，即一个核心——聚焦高校薪酬分配制度改革问题研究；两个发展——高校薪酬改革适应高等教育的发展、教职工薪酬增长适应国民经济的发展；三个平衡——公平与效率的平衡、激励与保障的平衡、各类人员的收入分配关系相对平衡；四个倾斜——高校薪酬分配向高层次人才倾斜、向青年教师倾斜、向教学倾斜、向基础研究倾斜。这一框架涵盖了收入决定机制、分配模式、增长机制和收入结构等国家层面改革重点、热点，又与高校具体情况相结合，同时还体现了高校收入分配改革的价值追求和方向。

一个核心——聚焦高校薪酬分配制度改革问题研究。

高校收入分配改革的核心是破除体制机制性障碍，增强收入分配制度的活力，改革的出发点和落脚点都是制度，因而，对分配制度的研究是各项工作的核心。对分配制度的研究具体包括薪酬决定机制、薪酬增长机制、激励约束机制、考核评价机制、薪酬分配模式和管理体制等多个方面的内容。

两个发展——高校薪酬改革适应高等教育的发展，教职工薪酬增长适应国民经济的发展。

讨论高校薪酬改革，决不能脱离高等教育这一主体，否则改革将成为无源之水、无本之木。高校薪酬改革目的是为高等教育发展服务的，需要去适应、而非阻碍高等教育的发展。教师队伍建设是高等教育发展的关键，高校人事制度改革是加强教师队伍建设的重要手段，薪酬制度改革首先要适应人事制度改革，例如在2006年进行岗位设置分类分级改革后，相应的需要改革薪酬制度，执行分级分类的岗位绩效工资制度，近年来一些高校试行“准聘—长聘制”（Tenure track system，又译为“长聘轨制”）聘用制度，相应的需要对这类人员执行年薪制薪酬。

关于教职工薪酬增长机制，《中长期教育规划》要求落实法定增长要求，保证教师工资逐步增长，可见，提高教师收入是政府的法定责任。与此同时，国家也确定了民生优先的改革方向，要求提高工资收入在初次分配的比重，使得改革发展的成果惠及全体人民。因而，需要保障资金投入，让教职工薪酬增长适应国民经济的发展。

三个平衡——公平与效率的平衡、激励与保障的平衡、各类人员的收入分配关系相对平衡。

薪酬具有保障、激励和调节三大基本功能和作用，调整收入分配关系，需要尊重收入分配的客观规律，充分、全面地发挥薪酬三项功能。对收入分配进行公平性测量，具体可以使用基尼系数、洛伦兹曲线、泰尔指数、极差等方法来判断教职工全部收入及收入组成部分（基本工资、岗位津贴、业绩津贴等）分配差距，比照指标描述，来判断收入差异是否合理，并调整和平衡公平与效率的关系。

保障性工资指与工作业绩、产出不挂钩的工资部分。窄口径的保障性工资可以界定为国发工资（即基本工资），其他工资为激励性工资；宽口径的保障性工资可以界定为基本工资及岗位津贴，学校发放的其他业绩津贴为激励性工资。保障性的收入比例太低，容易使得教师不安心本职工作，将精力用于各类创收活动；而保障性的收入比例太高，则会降低薪酬的激励作用，导致吃“大锅饭”的现象。

此外，在改革过程中，需要兼顾到各类人员的利益诉求，发挥薪酬的调节作用，妥善处理好引进人才和现有人员的分配关系，学校和院系之间的分配关系，各职级人员之间的分配关系，不同学科教师之间的分配关系，教师与管理教辅人员的分配关系，在职人员与离退休人员的分配关系，事业编和非事业编人员的分配关系，将收入分配关系控制在合理区间，避免诱发各类矛盾。

四个倾斜——高校薪酬分配向高层次人才倾斜、向青年教师倾斜、向教学倾斜、向基础研究倾斜。

收入分配与教职工切身利益相关，具有指挥棒的重要作用，为了推动学校发展，履行高校的各项社会职能，有必要对重点人群、关键领域进行适当倾斜，体现学校的薪酬分配价值导向。

一是向高层次人才倾斜。高层次人才是高等教育系统最重要的核心战略资源，在高校提升知识和科技创新能力、提高高校国际竞争力，建设世界一流大学和一流学科过程中发挥着不可替代的作用。

二是向青年教师倾斜。青年教师普遍学历高、视野开阔、思维活跃，是高等院校里最具活力、最有潜力的群体，是高等教育事业发展的生力军。由于参加工作时间短，他们一般职务职称层次低，但又面临住房、结婚、子女入学等生活压力，物质需求比较迫切，收入分配决定了他们是否能够安居乐业。

三是向教学倾斜。人才培养是高等教育的本质要求和根本使命，但由于教学成果见效慢，难以定量考核，而科研工作容易量化，科研经费、论文数量、刊物、影响因子等都有非常具体的评价指标，这些指标又与学校学科评价和排名挂钩，与教师个人职称、学术声誉等密切相关，导致了高校“轻教学、重科研”的倾向。因而，需要建立激励机制，分配政策向教学一线倾斜。

四是向基础研究倾斜。科技是第一生产力，基础研究是科技发展的最重要基石。相比应用研究，基础研究具有研究周期长、成果产出慢，存在失败风险，难以带来直接的经济效益等特点，从事基础研究的人员必须具有“十年磨一剑”“甘坐冷板凳”的精神，经过几年、几十年甚至几代人的努力，才能取得重要的研究突破。为了鼓励教师从事基础研究，有必要维护宽松自由的学术环境和氛围，不搞短期绩效考核，提供稳定的收入，让教师过上有尊严的生活，能够潜心研究。

2. 高校收入分配制度改革的探索和实践

（1）课题研究。

“十二五规划”期间，薪酬分会以“一个核心，两个发展，三个平衡，四个倾斜”的理念框架为指引，开展了一系列的调查研究工作。包括组织开展了《综合改革背景下的高校薪酬制度建设》《国际竞争背景下高校教师薪酬福利体系研究》《高等学校年薪制度研究》等多项课题的研究。

①高校薪酬制度改革是我国高等教育综合改革的核心环节，对高校的各项事业的改革发展具有“触一发而动全身”的意义。《综合改革背景下的高校薪酬制度建设》课题主要研究如何破解长期困扰高校发展的体制机制性障碍，特别是人事薪酬制度的瓶颈因素。该课题研究发现，目前高校执行的薪酬制度以岗位绩效工资制为主，薪酬结构中的绩效工资体现了较强激励性；大部分高校仍执行教学（科研）岗位、教学辅助岗位、党政管理岗位、工勤技能岗位的传统岗位分类及薪酬模式，并根据不同系列的岗位特点和职业发展要求设计不同的薪酬制度；薪酬管理体制正在由学校统一管理的一级模式，向学校打包下发给学院，学院进行自主分配的二级模式进行转变。同时，现有薪酬分配体系也存在一些问题，具体表现在：无论是与国内其他知识密集型行业的平均水平相比，还是与国际上其他高校相比，国内高校薪酬水平较低，缺乏竞争力。薪酬结构不合理，基本工资所占比例偏低，难以体现保障性功能；绩效考核标准不完善，考核结果难量化，考核流于形式，激励功能减弱，产生薪酬结构保障性和激励性双不足的现象。另外，学科之间收入差距过大，本土高层次人才和引进高层次人才的薪酬差距过大，科研与教学产生的收入差距较大，降低了薪酬的内部公平性。

②目前，国内高水平研究型大学正在加快建设一流大学和一流学科，建设一支具有国际竞争力的高层次人才队伍是关键，在“千人计划”等国家、地方引才计划支持下，国内高校面向国际人才市场大力引进高层次人才，但现行薪酬福利体系已经难以适应激烈的国际人才市场竞争。《国际竞争背景下高校教师薪酬福利体系研究》课题组对现行薪酬体系、薪酬标准、评价标准、考核结果使用等进行了调查研究，对国际高校教师薪酬结构特征及

改革趋势、我国高校教师薪酬现状等内容进行了梳理分析，从学术市场薪酬水平、薪酬竞争力、学校财力等多个角度分析了国外高校薪酬决定机制，分析了科研经费政策、财政经费政策对高校薪酬分配的影响和制约。相关研究旨在对国内外大学的薪酬福利体系进行梳理和剖析，借鉴世界一流大学的先进经验，推动高校建立现代大学人力资源管理制度，为建立符合中国高校特点、提高人才核心竞争力的高校教师薪酬福利体系提供依据。

③随着国家“人才强国”战略和高校“人才强校”战略的实施和“千人计划”的开展，亟须建立与高层次人才特点相适应的薪酬分配模式。年薪制是国外高校通行的薪酬分配模式，具有制度灵活、工资水平高、激励性强、工资结构清晰的特点，受到了国内高校的广泛关注。《高等学校年薪制度研究》对年薪制的内涵及特征、年薪制的理论基础、年薪制的模式类型及适用范围和条件进行了理论分析，并对国内高校的年薪制实施现状进行了调研，发现“211”高校中约一半高校正在尝试不同模式的年薪制，实施对象以“千人计划”入选者、两院院士、“985 工程”首席科学家、长江学者等高层次人才为主，部分高校针对青年教师设计了激励性强的年薪制。年薪制的模式以一揽子打包模式为主，小部分学校采取基础年薪 + 绩效年薪的方式，其中基础年薪占比为 60% ~90%。年薪制人员的薪酬经费来源以学校专项经费为主，院系筹措和社会捐助为辅，年薪制人员的人均年工资收入跨度较大，介于 8 万元到 75 万元之间。年薪制实施过程中也存在年薪水平的确定缺乏标准和依据，绩效考核难，考核结果效力不高，年薪制激励约束机制不完善，经费来源缺乏保障等问题。

（2）高校薪酬水平和结构调查。

薪酬分会于 2011 年、2013 年分别组织了两次薪酬调查。2011 年对 32 所教育部直属高校教师进行了薪酬调查，获取有效样本 57 698 个；2013 年对 84 所高校教师进行了薪酬调查，获取了有效样本 137 411 个。

①薪酬水平的高低一定程度代表了教师行业的社会地位，是决定人才竞争力的重要指标。2013 年调查显示，高校教师的年工资收入 10 万元以下的占 47.7%，10 万 ~15 万元占 38.2%，15 万 ~20 万元的占 10.7%，20 万元以上占 3.4%。教师收入分布呈现低收入人群相对集中，高收入人群相对分散的花瓶状分布。全部教师样本，具有博士学位的占 80%，具有高级职务的占 68%，而年收入在 15 万元以下的中低收入教师人数占总人数的 85.9%，与其他知识密集型行业相比，与自身人力资本投资相比，高校教师收入严重偏低。

②应用基尼系数对公平与效率分析表明，在样本高校中，有 35% 的高校基尼系数小于 0.2，65% 的高校基尼系数为 0.2 ~0.3。按照联合国相关标准，基尼系数低于 0.2，收入绝对平均；基尼系数介于 0.2 ~0.3，收入比较平均；基尼系数介于 0.3 ~0.4，收入相对合理；基尼系数介于 0.4 ~0.5，收入差距较大；基尼系数在 0.5 以上，收入差距悬殊。世界上收入差距相对较小的北欧各国，基尼系数为 0.25，我国目前的基尼系数为 0.46，即使不能简单把国家层面的基尼系数标准拿来和高校内部收入的基尼系数进行对比，但高校收入比较平均，应该是毋庸置疑的。

③保障性和激励性分析，高校教师主要执行岗位绩效工资制度，工资结构由基本工资（岗位工资与薪级工资之和）、津贴补贴、其他收入、改革性补贴四部分组成。基本工资执

行国家统一标准，是基础性、稳定性的“旱涝保收”收入，体现了工资的保障性功能。2013 年调查显示，高校教师的基本工资仅占总收入的 14%，基本工资占比偏低，难以体现保障性作用。

④在各类人员的分配关系中，按职务分析，正高级职称教师的年平均收入 14.36 万元，副高级为 10.33 万元，中级为 8.3 万元，初级为 7.44 万元，呈现收入随职称晋升而增长的趋势，且职称越高，其与下一级职称的收入差距越大。按学科分析，经济学、管理学、法学和工学等容易通过培训、科研服务创收的教师收入较高，而文史哲和教育学学科的教师收入较低。按地域分析，华南和华北地区教师的收入较高，华中和东北地区教师的收入较低，教师收入水平高低和区域经济发展情况紧密相关。

⑤在薪酬分配向关键人群和领域倾斜方面，在跨校、跨国人才竞争异常激烈的时代背景下，高层次人才收入分配取得重要突破，2013 年调查显示，院士、“千人计划”长江学者、“杰出青年人才”为代表的高层次人才的整体收入水平达到教师平均收入的 2.8 倍。其中“千人计划”人才收入最高，达到教师平均收入的 6.2 倍，基本与国外一流大学的教师收入水平接轨，院士、长江学者、“杰出青年人才”的收入分别是教师平均收入的 3.2 倍、2.8 倍、2.5 倍。总体而言，高层次人才收入相比其他教师已经具有了明显的领先优势，也具备了一定的外部竞争力。

相比而言，青年教师收入普遍较低，2011 年的调查显示：35 岁以下的高校青年教师年收入在 5 万 ~6 万元区间的人数最多，占被调查总人数的 18.2%；其次为年收入在 6 万 ~7 万元区间的，占总人数的 17%；年收入 5 万元以下的低收入教师比例达到 16.4%；高达 81.9% 的青年教师年收入在 10 万元以下。如何提高青年教师收入，为高等教育事业发展储备充足的生力军，是高校收入分配体系改革的亟待解决的“优先事项”。

2011 年调查和 2013 年调查未涉及教师的教学性津贴奖励。但为了扭转“轻教学、重科研”的倾向，奖励那些在教学岗位作出突出贡献的教师，各高校已经开始加大教学性津贴奖励的投入力度。浙江大学在 2013 年设立教学促进津贴，预算额度为 2 000 万元，专门用于教学奖励。为激励教师潜心本科教学，四川大学在 2014 年发布《关于开展“卓越教学奖”评选表彰工作的通知》，评选对象为本科教学一线的任课教师。卓越教学奖设立特等奖 1 名，奖金 100 万元；一等奖 1 名，奖金 50 万元；二等奖 2 名，奖金 30 万元/人；三等奖 7 名，奖金 10 万元/人。这些举措受到了教师的欢迎，也调动了教师从事教学的积极性。

2011 年调查和 2013 年调查未将教师区分为基础研究、应用研究等类型，但可以通过各学科教师收入来侧面了解，数学、物理、化学、生物、哲学、历史、文学是学科分类中的基础学科。学科分析表明，文史哲三个人文基础学科的教师收入位居收入分布的底端，数学、物理、化学、生物所组成的理科教师收入低于经济学、管理学、法学和工学等应用性学科，而略高于文史哲学科。以上收入仅统计了校内收入，如果再考虑经济学、管理学、法学和工学等学科教师的社会兼职、企业兼职收入，实际收入差距更大。为鼓励在校学生选择从事基础研究工作，让从事基础研究的教师能潜心研究，有必要实施倾斜性政策，提高基础学科教师收入。

二、高校多元化用人机制的理论与实践研究

随着社会主义市场经济体制的逐步建立，事业单位人事管理方式行政化、编制短缺、用人机制不灵活、实际上的身份终身制等问题日益凸显，事业单位开始探索多元化用工机制。为了激活用工制度、降低人工成本、规避用人风险、提高人力资源管理效率，国内高校逐渐打破单一的劳动合同制和聘用合同制度，引入了劳务承包制、派遣制、事业单位公司制用工等多种用工方式。

相对于单一的劳动（聘用）合同制度，这种多元化的用工方式具有相对的复杂性，使高校的劳动（人事）关系日益复杂化，教职员工之间的利益差异化，不可避免地增加了高校劳动用工和人事管理的难度和风险，对和谐劳动（人事）关系的构建提出了新的挑战。2007 年 6 月 29 日，《中华人民共和国劳动合同法》（以下简称《劳动合同法》）正式通过，《劳动合同法》中有关劳务派遣的规定，使企事业单位的用工模式再次成为各界关注的焦点。因而，有必要对高等学校多元化用人机制的成因、历史、现状进行深入分析，从而推动高校用人制度改革和收入分配改革。

（一）多元用工模式及理论基础

1. 用工模式及其影响因素

用工模式，也称为雇佣模式，是指组织为完成一定的组织目标而进行的有计划的用工选择和制度安排。用工模式概括了组织与劳动力要素的载体——劳动者之间达成的选择、使用和激励劳动力要素的各种可能的方法、规则。按照内部劳动力市场理论，以用工模式为内容之一的雇佣制度，与组织内部的薪酬制度、晋升制度等管理规则一起构成了组织内部劳动力市场的整体制度安排。

用工模式作为组织的一种制度安排，其主体一般包括政府社会、组织和劳动者三方面。组织处于不同的国家社会政策环境、不同的行业竞争环境，用工模式不同；处于不同的组织竞争战略、不同的文化背景、不同的组织生命周期，用工模式不同；组织拥有的劳动者的人力资本特征不同，其用工模式也不同。概括来说，影响组织用工模式的主要因素包括三个方面：

（1）外部环境因素，包括法律和政策环境（如《劳动法》和《劳动合同法》的颁布和实施）、国家的经济体制改革政策、社会劳动力市场的发展变化等；

（2）组织自身的因素，包括组织文化、价值观、组织的发展战略、组织所处生命周期阶段；

（3）劳动者的因素，包括个人的需求、职业目标等。

2. 人力资本混合雇佣理论与多元化用工

康奈尔大学 David Lepak 和 Scott A 教授根据人力资本的价值和独特性两个维度对组织内人力资本进行划分，提出了用于战略性构建组织人力资本的人力资本混合雇佣模型论，使组织既能拥有具有长期优势的核心人力资本，又可以根据内外部环境的变化灵活调整员工的构成，降低人工成本。

人力资本混合雇用理论认为，组织内的人力资本可分为四种类型（见图5.1）。

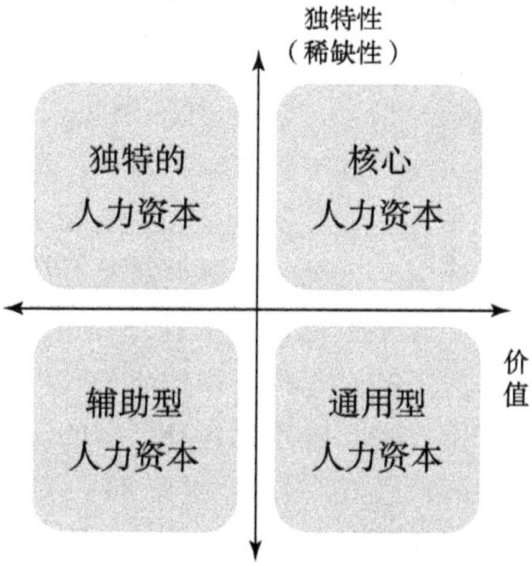

图5.1　组织内人力资本的类型

（1）核心人力资本（Core capital），是指对于组织而言，价值很高，并且非常稀缺和独特的人才。

（2）通用型人力资本（Compulsory capital）。通用型人力资本是与组织所需的核心能力直接相关、价值较高，但比较容易从市场上招聘和获得的一类人才。

（3）独特的人力资本（Idiosyncratic capital）。对于组织而言，其战略价值较低，与组织所需的核心能力间接相关，但独特人才通常拥有非常特殊的、不易习得的知识和技能，因此相对比较紧缺。

（4）辅助性人力资本（Ancillary capital）。辅助性人力资本在组织中的战略价值较低，通常只具有一般的知识和技能，比较容易从市场上招聘和获取。

对组织内不同人力资本的划分将有利于组织进行合理的雇佣方式决策，组织可以针对不同类型的人力资本采取不同雇佣模式，构建人力资本混合雇佣模型。

与四种人力资本类型对应，人力资本混合雇佣模型包括四种具体形式（见图5.2）。

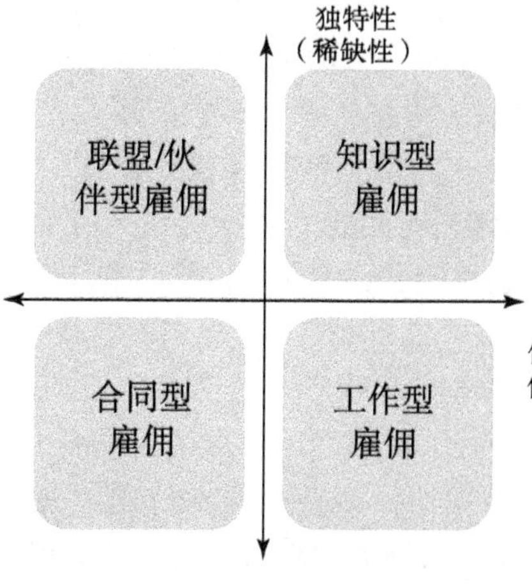

图5.2　人力资本混合雇佣模型

（1）知识型雇佣。对具有核心人力资本员工的一种雇佣方式，这类员工具有高价值和高独特性，难以在外部市场上获得，因而组织从战略上对其进行内部开发，将其视为产生竞争优势的核心员工。

（2）工作型雇佣。指能够迅速从劳动力市场上获得的、具有某种专业技能的员工，组织仅仅是支付反映在市场价格上的人力资本价值。

（3）合同型雇佣。员工对组织的竞争优势的形成没有很大的贡献，组织一般采取合同型雇佣方式，这种模式既可以降低成本，又可以根据需要灵活增减雇佣人数。

（4）联盟/伙伴型雇佣。指组织与独立的个体或外部组织之间建立持续的伙伴关系，组织利用具有独特的人力资本的员工的专业知识和技能为其提供定制化服务。

由此可见，由于组织的用工模式受到内外部各种因素的影响，且组织内人力资本类型不同，组织一般很少采取单一的雇佣模式。自20世纪80年代以来，雇佣方式多元化的雇佣趋势在西方发达国家已经表现得相当明显，在组织的应用也非常广泛和普遍。与国外相比，尽管我国雇佣多元化起步较晚，但发展迅速，雇佣体系正在快速经历着构建和完善过程。

（二）高校多元化用工的历史沿革

在我国长期实行计划经济体制的大背景下，国家事业单位与公务员系统基本属于同一体系，实行编制管理。随着高校逐步走出象牙塔，面向社会服务的功能逐渐强化，原有固定的编制限额越来越无法满足高校发展对各类人才急剧增长的需求，在编制限额难以突破的困境下，还要确保为教师队伍的发展留出编制需求空间，高校开始尝试在食堂、后勤、附属中小学、附属医院、校办企业等其他机构使用“临时工”。“临时工”作为编制外用工形式，可以认为是高校多元化用工的最初尝试。不过，在计划经济时期，“临时工”在很长一段时间内处于身份模糊的状态，在用工形式及权利义务保障方面缺乏必要的政策规范和支持。

党的十一届三中全会以来，随着改革开放的不断深入，为适应社会主义市场经济发展需要，包括高校在内的事业单位启动了一系列制度改革，其重点和难点均集中在人事制度改革方面。1995年1月1日起实施的《劳动法》和2008年1月1日起实施的《劳动合同法》，从国家层面对现存的劳动或劳务用工等形式进行了规范，在认可这些事实用工存在的前提下，使广大劳动者的合法权益得到法律保护，比如《劳动合同法》第二条规定：“国家机关、事业单位、社会团体和与其建立劳动关系的劳动者，订立、履行、变更、解除或者终止劳动合同，依照本法执行。”也使事业单位编制外用工在法律武器的保护下，开始进入逐步规范时期。

众所周知，由于在计划经济体制下所形成的事业单位特有的人员构成及机构运作方式，特别是长期以来编制“铁饭碗”的观念所形成的人员能进不能出的体制问题，使得在实际运用《劳动法》和《劳动合同法》规范事业单位用工关系，特别是编制内用工时面临诸多问题和障碍，与社会主义市场经济体制的深入推进不相协调，事业单位人事制度改革迫在眉睫。原人事部在1997年7月31日印发的《关于加强计划管理，控制机关事业单位工勤人员过快增长的通知》（人发〔1997〕69号）明确规定：“凡进入机关、事业单位的各类工勤人员，要全部纳入机关、事业单位增人计划，按照《机关、事业单位增人计划卡暂行管理办法》（人发〔1996〕55 号）实行统一管理。”随后原人事部又于 2002 年发布了《关于在事业单位试行人员聘用制度的意见》，加快了事业单位改革特别是人事制度改革的步伐，特别是 2014 年国务院颁布的《事业单位人事管理条例》的正式出台，才产生了真正意义上的为事业单位量身定做，用于规范事业单位编制内用工的法规，对于在事业单位内部全面落实聘用制度，提供了有效的法律保障。

在良好的外部环境和积极的内部动力推动下，近年来高校在人事制度方面改革成效显著，事业编制内用工、合同用工、劳务派遣、业务外包等多种用工方式并存构成了高校多元化用人体系。

（三）高校多元化用工状况的调研

为理清我国高校当前的多元化用工状况，薪酬分会课题研究组于 2014 年 6 月对全国范围内 42 所高校开展了高校多元化用工状况调查，其中部属院校 37 所，地方院校 5 所。鉴于调查分析目的，课题数据调查未涉及工勤人员。

1. 高校普遍采用多种用工方式

被调查的 42 所高校全部采用了两种及两种以上的用工方式。其中，14% 的高校采用了包含事业编制、合同制、劳务派遣及诸如外聘教师、外籍教师等其他用工方式在内的四种用工方式，28% 的高校采用了三种用工方式，58% 的高校普遍存在两种用工方式（见图 5.3）。

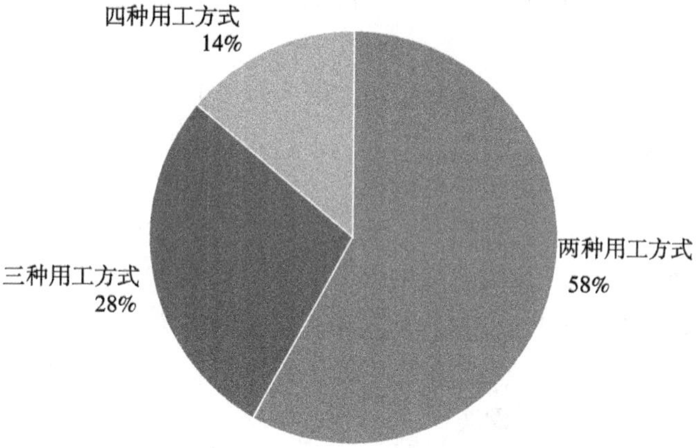

图 5.3　调查高校用工方式统计

调查表明，“规避用工风险”“激活原有人员队伍活力”“节约用人成本”“编制有限”等是高校采取多元化用工机制的主要原因。

2. 非事业编制队伍规模存在地区差异

调查显示，以合同制、派遣制等方式聘用的非事业编制人员占全校总人数的平均比例为 13%。但由于受到管理方式、人员编制、政策环境等影响，42 所被调查高校中非事业编制人员的队伍规模呈现出较大差异。总的来看，华南地区高校编外聘用人员比例较高，非事业编制人员的平均比例近 21%，而西北地区高校非事业编制人员的平均比例不到5%。

3. 非事业编制队伍结构分布

（1）年龄结构方面，高校聘用的非事业编制员工以年轻人为主。42所被调查高校30岁以下的非事业编制人员占全体教职工总数的平均比例超过50%。

（2）学历结构方面，调查显示，7.5%的非事业编制人员具有博士学位，29%的人员具有硕士学位，其余非事业编制人员为大学本科或本科以下学历。

（3）岗位结构方面，非事业编制人员分布在教师、管理和教辅各个岗位上。其中，近50%的非事业编制人员从事行政管理工作，36%的人从事教学辅助工作，专任教师中的非事业编制人员相对较少。

（四）高校多元化用工的成因分析

被调查高校均采用了两种及两种以上的用工方式，其中合同制用工是最常见的编制外用工方式。被调查高校基本认为，在现行事业单位人员管理体制机制下，合同制、派遣制等编外用工形式有利于建立能进能出、能上能下的用人机制，有利于形成合理的人员流动和退出，从而能"激发队伍活力、规避用工风险"。

1. 多元化人力资本要求实行多元化用工机制

根据康奈尔大学David Lepak和Scott A教授的人力资本架构，高校内部的人力资本类型也可区分为核心人力资本、通用型人力资本、独特的人力资本、辅助性人力资本等四种类型，各类人员资本的价值与独特性各有高低，为有效地开发和利用人力资本，合理化编制、经费等资源配置，有效地进行人力资源管理，在高校内部实行多元化的用工机制十分必要。

对于教学科研人员等高校核心人力资本可采用"知识型雇佣"，以事业编制的方式聘用；对于专职科研人员、管理人员等通用型人力资本，可采用"工作型雇佣"。在现实操作中，建议以事业编制与合同制或派遣制相结合的方式聘用。

对于法律顾问、咨询顾问等具有很强的专业独特性，可以界定为独特的人力资本，采用"联盟/伙伴型雇佣"方式。在现实操作中，则建议以兼职、外聘的方式用人。

对于一般的辅助、服务人员，可以界定为"辅助性人力资本"，采用"合同型雇佣"方式。在实际操作中个，建议以"谁用人、谁出资"的派遣制聘用方式。

2. 突破编制限额，满足实际需要

国家对事业单位编制总量控制较为严格，编制内进人普遍空间小、难度大，高校也处于同样情况，由于编制总量核定时间较早，调整速度往往落后于办学规模增长速度，编制总数与实际用人需求之间存在一定落差。

随着社会高速发展，科学知识更新换代频繁，部分教职工在知识、技术、专业等方面存在不同程度的问题，此类人员在现有体制下缺乏有效出口，导致了高校编制数进一步紧张。

人员结构性过剩与需求短缺之间的矛盾，使高校将编制主要用于教师队伍，在教辅、管理岗位通过编制外用工以弥补编制数不足的问题。只要经费允许，高校多元化用工方式能够有效解决因编制总量不足而造成的人员紧缺。

3. 能进能出，用人方式灵活

编制内用工的主要问题在于用工方式灵活性和人员流动性较差，造成”能进难出”的困境。高等教育作为知识更新最快的领域，人员必须能有效流动。国家 2002 年实行事业单位聘用制改革以来，事业单位用人机制逐步由固定用人向合同用人，由身份管理向岗位管理进行转变。

目前，高校人事制度改革取得了一定成效，特别是在新聘人员方面，普遍实现了按岗招聘、岗位管理的用人机制。对于原有编制内教职工，虽然已签订了聘用合同，但考评中考虑到编制身份、单位内部稳定等因素，实际缺乏有效措施解聘考核不合格者。

教职工多元化用人的核心为合同聘用、岗位管理，明确受聘人员岗位职责、工作任务、考核、管理等要素，因此，受聘人员无法胜任工作时，高校可根据合同条款和相关法律终止合同或退回派遣公司；阶段性工作完成后或职能减少时，高校也可以选择不再续聘相关工作人员。

多元化用工打破了编制内“铁饭碗”的传统，同时又符合《劳动法》《劳动合同法》的相关规定，在兼顾高校和劳动者双方权益的同时，对受聘人员产生适度压力，有利于调动受聘人员的工作积极性，提升工作质量。

4. 服务社会化，增强核心效益

高校的职能可以划分为人才培养、学术研究、社会服务等核心职能和后勤服务等辅助性职能两类。由于过去高校内部结构庞杂，后勤保障社会化程度较低，存在一支规模较大的服务保障队伍。

目前，高校在辅助性、事务性岗位所采用的劳务派遣或业务外包的形式，在本质上推行了后勤服务的进一步社会化，将需求委托给相关专业公司，由公司根据高校需求派遣员工、进行管理。这有助于减少高校在后勤保障队伍上的管理投入，降低用工风险，提高在教书育人等核心职能上的人力资源配置效率。

三、高校多元化用人与同工同酬问题研究

“同工同酬”概念最初是有关性别平等的，我国 1978 年和 1982 年《宪法》都有“男女同工同酬”的规定。1995 年开始施行的《劳动法》首次将“同工同酬”作为一个独立概念提了出来。按照《关于劳动法若干条文的说明》（劳办发〔1994〕289 号）的解释，同工同酬是指用人企业对于从事相同工作、付出等量劳动并且取得同等劳动业绩的劳动者，支付其相同的劳动报酬。

在 2008 年 1 月 1 日实施的《劳动合同法》第 63 条规定的“同工同酬”主要指同一企业内部在不同用工形式劳动者之间的同工同酬。那么，什么是同工同酬？同工同酬中的“工”和“酬”究竟指的是什么呢？其内涵是什么？高校不同用工方式下人员薪酬现状如何？同工同酬问题出现的原因何在？本课题拟通过分析相关同工同酬法律政策文件，对高校编制内、编制外人员薪酬福利进行问卷调查，深入剖析这一问题，并提出相应政策建议。

（一）同工同酬的界定

“同酬”的前提是“同工”，决定是否“同酬”须先界定是否“同工”。而事实上，劳动却是很难精确计量的，不用说脑力劳动，即使是体力劳动也很难用数学公式来准确计算。“工”是指工作岗位、劳动数量、劳动质量还是劳动价值？要弄清这个问题，应当追溯一下国际劳工组织的《同酬公约》。我国 1990 年批准加入《同酬公约》。“同工同酬”就来源于国际劳工组织 1951 年《同酬公约》（第 100 号）的第二条：“ensure the application to all workers of the principle of equal remuneration for men and women workers of work of equal value”，即确保男女同酬原则适用所有工人。因此，同工同酬的英文原意应是 equal remuneration for work of equal value，即对同等劳动的价值支付同等的报酬。

因此看来，同工同酬中的“工”并不仅仅是工作岗位，也不仅仅是劳动数量或质量，而是劳动价值，从“工”的角度来看，同工同酬的含义可以表述为：劳动者提供了相同的劳动价值，应当支付相同的劳动报酬。因此，实施同工同酬必须具备三个条件：一是劳动者的工作岗位、工作内容相同；二是在相同的工作岗位上付出了同样的劳动工作量；三是同样的工作量取得了相同的工作业绩。

而在我国，《劳动合同法》针对劳务派遣规定的“同工同酬”，则主要是从工作岗位的角度加以判定的，原因在于只有以岗位作为界定“同工”的标志，才可以通过同工同酬来剔除附加在用工形式上的身份属性。但值得注意的是，以岗位作为“同工”的标志，“同工”还须具备以下条件：（1）岗位的权利义务完全相同；（2）岗位的工作内容完全相同；（3）岗位级别、职称、学历、资历、技能、经验等完全相同；（4）岗位的考核结果完全相同。

同工同酬中的“酬”，就其文义解释，是指劳动报酬。管理学中通常所说的报酬包括内在报酬和外在报酬两部分内容。“内在报酬是指与工作相关的非经济报酬，是员工由于完成工作而获得的关系回报（relational returns），或是指员工在工作地点获得的心理回报（psychological re-turns），诸如被赏识，有身份地位、就业安全感、挑战性的工作、学习机会等。”外在报酬由基本工资、绩效加薪或晋升制度、浮动薪酬（奖金或业绩津贴等）、长期激励（指股票期权、员工持股计划等）、福利制度（包括法定的养老、医疗和失业保险等组成，也包括企业年金、补充医疗保险和补充工伤保险等），还包括住房补贴、交通补贴等。

在《劳动法》领域，劳动者的劳动报酬通常是指劳动者通过提供劳动获得的货币和实物报酬，包括工资、社会保险和用人单位提供的各项职业福利。从实际操作来看，用人（工）单位支付给劳动者的全部报酬包括三部分：（1）货币工资，用人单位以货币形式直接支付给劳动者的各种工资、奖金、津贴、补贴等；（2）实物报酬，即用人单位以免费或低于成本价提供给劳动者的各种物品和服务等；（3）社会保险，指用人单位为劳动者直接向政府和保险部门支付的失业、养老、人身、医疗、家庭财产等保险金。

那么，什么是“同酬”呢？实践中对“同酬”的理解通常有三种：（1）同工者劳动报酬数额相同；（2）同工者劳动报酬水平相同；（3）同工者劳动报酬分配规则或标准相同。在本单位同类岗位的派遣工与正式工“同酬”的比较中，由于“同工”只限于静态的“同类岗位”，而未要求动态的等量劳动和相同绩效，故不宜选择劳动报酬数额相同或劳动报酬水平相同作为判断“同酬”的标准，而要求劳动报酬分配规则或标准相同即可。

同工同酬体现着两个价值取向：第一，确保贯彻落实按劳配这个基本原则，即付出了相同的劳动应该得到相同的劳动报酬；第二，防止工资分配中出现歧视行为，即要求在同一用工单位，对相同劳动岗位、在同等劳动条件下，不同性别、不同身份、不同户籍或不同用工形式的劳动者之间，凡是提供的劳动数量和劳动质量一致，就应该支付同样的劳动报酬。

（二）国内同工同酬的法律沿革

我国早在1982年的《宪法》中就开始提及“同工同酬”，并逐步通过法律条文予以明晰。

1. 关于同工同酬的原则性规定

1994年颁布的《劳动法》第十二条规定：“劳动者就业，不得因其民族、种族、性别、宗教信仰不同而受到歧视。”第四十六条规定：“工资分配应当遵循按劳分配原则，实行同工同酬”。

2007年颁布实施的《劳动合同法》则规定了三种同工同酬的情形：

（1）第十一条规定：“用人单位未在用工的同时订立书面劳动合同，与劳动者约定的劳动报酬不明确的，新招用的劳动者的劳动报酬按照集体合同规定的标准执行；没有集体合同或者集体合同未规定的，实行同工同酬。”

（2）第十八条规定：“劳动合同对劳动报酬和劳动条件等标准约定不明确，引发争议的，用人单位与劳动者可以重新协商；协商不成的，适用集体合同规定；没有集体合同或者集体合同未规定劳动报酬的，实行同工同酬。”

（3）第六十三条规定：“被派遣劳动者享有与用工单位的劳动者同工同酬的权利。用工单位无同类岗位劳动者的，参照用工单位所在地相同或者相近岗位劳动者的劳动报酬确定。”

这几个条文把同工同酬原则作为最后适用的确定劳动报酬的底线，而对如何实行同工同酬则未规定。

2. 关于同工同酬的操作性规定

2012年12月28日通过修订的《劳动合同法》，将第六十三条修改为：“被派遣劳动者享有与用工单位的劳动者同工同酬的权利。用工单位应当按照同工同酬原则，对被派遣劳动者与本单位同类岗位的劳动者实行相同的劳动报酬分配办法。用工单位无同类岗位劳动者的，参照用工单位所在地相同或者相近岗位劳动者的劳动报酬确定。劳务派遣单位与被派遣劳动者订立的劳动合同和与用工单位订立的劳务派遣协议，载明或者约定的向被派遣劳动者支付的劳动报酬应当符合前款规定。”

修订后的《劳动合同法》第六十三条关于劳务派遣中同工同酬的规定，则相对较有可操作性。劳动派遣具有用工灵活，减少冗员，降低企业固定成本，增加企业效益的优势。近年来劳动派遣在我国的使用越来越多，存在的问题也逐渐增多，尤其是同工不同酬的问题。《劳动合同法》有关劳务派遣中的同工同酬的规定，就是为了避免劳务派遣在我国扩大化使用的趋势，而使劳务派遣回复到三性之中，即临时性、辅助性、替代性。

综上所述，“同工同酬”并不是伴随着多元化用工机制出现的，但却随着多元化用工机制在企事业单位的不断深化而逐渐引起越来越广泛的关注。

（三）我国高校编制内外人员薪酬福利现状分析

在多元化用人机制条件下，同工同酬问题主要表现为事业编制人员与非事业编制人员（含合同制、派遣制等）的薪酬福利现状及差异，具体包括薪酬结构、经费来源、薪酬水平和福利待遇等四个方面。

1. 薪酬结构

薪酬体系多元化首先表现在薪酬结构上。对事业编制来说，由于受国家政策的约束，薪酬结构大体上比较单一；其他用工条件下的薪酬结构则呈现出了多样性。

事业编制人员普遍按照 2006 年国家事业单位收入分配制度改革规定，执行岗位绩效工资制度，工资分为四个部分：岗位工资、薪级工资、绩效工资和津贴补贴。其中岗位工资、薪级工资按照国家统一的工资标准执行；绩效工资部分，国家只实行总量调控和政策指导，单位在上级主管部门核定的绩效工资总量内，自主决定本单位绩效工资的分配；津贴补贴是指国家对艰苦边远地区实施津贴，对特殊岗位进行补贴。目前高校事业编制人员的薪酬主要由国家工资、校内岗位津贴和绩效津贴组成。

非事业编制人员的薪酬结构因用工形式的多元化而呈现出多样化。在部分高校，合同制人员参照事业编制人员定岗定薪，薪酬结构和标准均与事业编制人员大体一致。而派遣制和其他用工方式则较多地实行了协议工资，薪酬构成包括基本年薪和绩效年薪。

2. 经费来源

调查显示，被调查高校经费基本都以“校聘人员学校出，院聘人员学院出”的原则，明确了非事业编制人员的聘用单位和经费来源。鉴于合同制方式用工的主体通常是学校，85% 的调查高校基本上由学校承担了该类型人员的人员经费。派遣制及其他方式的用工主体则更为多元化，故经费来源也更为多元化，由学校承担人员经费的比例下降为 60%。

3. 薪酬水平

调查显示，编制内外专业技术人员在薪酬上存在一定差距。总体上，事业编制人员的薪酬略高于非事业编制人员；与专业技术队伍类似，管理队伍中非事业编制人员薪酬总体上也略低于事业编制人员。而无论是专业技术人员，还是管理人员，均存在部分学校非事业编制人员薪酬略高于事业编制人员的现象。

即使编制内外人员存在薪酬差异，但这种差异是否均以“同工”为前提，仍需具体问题具体分析。据统计，大部分被调查高校，按事业编制管理的编外人员的日常收入是事业编制人员日常收入的 70% ~100%。而在 2013 年收入统计中，大部分高校反映，多元化用工机制于近几年才开始逐渐施行，因此，工作年限等客观因素成为造成编制内外人员收入差异的主要原因。由此可见，在某种意义上，该统计的前提并未完全符合“同工”的条件。

4. 福利待遇

事业单位编制人员享有比较完善的福利待遇体系，包括假期制度、优抚制度、福利补贴制度，以及住房、养老、公费医疗、子女入学入托等多种待遇。非事业编制人员则只享受部分福利待遇，例如，非事业编制人员均未享受遗属生活困难补助费。另外，即使有相关福利待遇项目，标准上往往也有所不同，例如，事业编制人员子女进入本校所属中小学或幼儿园，入学入托不需缴纳任何费用；而非事业编制人员往往需根据自身人员类别，缴纳部分赞助费。事业编制人员在本校在职攻读学位可以享受学费减免，非事业编制人员则需全额缴纳学费等。福利待遇项目和标准的差异，往往在单位内部形成对非事业编制人员的隐性歧视，非事业编制人员归属感相对较低。

（四）同工同酬的影响因素分析

1. “同工”界定难

落实在操作层面，同工同酬第一个难题就是“同工”界定难，因此也就难以“同酬”。如前文所述，同工同酬必须具备三个要素条件：一是劳动者的工作岗位、工作内容相同；二是在相同的工作岗位上付出了与别人同样的劳动工作量；三是同样的工作量取得了相同的工作业绩。对于前两个条件：同岗位、同工作量，在一些传统的生产性行业内衡量起来可能比较容易，但是在其他领域中，比如教育领域，其工作量就难以准确核算。教学和科研工作同时包含了数量和质量的因素，体现的是智力劳动成果，难以准确衡量。其次，对于是否作出同样的工作业绩，衡量业绩方法也是多元的，不同的测量方法产生的结果也是不同的。正是由于考核评价难，虽然高校已经推行了岗位聘任制，但高校的内部津贴分配办法的制定，津贴的分配仍多以身份、职务、级别来决定，难以充分考虑工作业绩的大小。

2. 劳动力市场因素

基于学校发展战略，以及相应的学校教职工队伍建设实际需要，用人单位会根据劳动力市场，结合自身实际情况，灵活决定用人形式，确定薪酬标准。由于劳动力市场是自由的，高校在自主用人条件下，导致了用人形式的差异。根据各高校的情况来看，非事业编制人员主要从事一些辅助性和可替代性较强的工作，事业编制人员以教学科研人员为主。采用不同用人形式，决定了各自不同的薪酬决定机制，事业编制人员执行岗位绩效工资制度，较少受到劳动力市场的影响；而非事业编制人员则多执行协议工资制度，其工资水平受稀缺性、市场供需关系决定，往往会随劳动力市场的供求关系变化而发生变化。

3. 校内外制度性因素

非事业编制人员在进修培训、申请公派出国、在职申请学位、考取各种职业资格证书（如教师资格证）、申报研究课题、申报人才项目、职工奖励等诸多项目面临准入门槛。以公派出国为例，国家留学基金委员会公布的《2014 年国家留学基金资助出国留学人员选拔简章》，要求申请人须为“具有中国国籍，须为高等学校、企业事业单位、行政机关、科研机构的正式工作人员或优秀在校学生”，其他校内外制度文件也存在类似的限制。这使得非事业编制人员受到一些非个体能力素质的制度因素限制，而缺乏发展机会。

（五）实现同工同酬的可行性分析和对策建议

目前，在高校多元化用工条件下实现同工同酬实非易事，还要从国家政策和法律、思想认识和管理操作等各个层面采取措施，在可能的范围内促进同工同酬的实现。弥补立法漏洞，健全法律法规，增强法律法规的可操作性。抛开反歧视语境来推行同工同酬原则的最大难点还是在于如何使其具有可操作性。

针对同工不同酬现象普遍存在的现状，国家应该尽快制定《工资法》或《同工同酬法》，对同工同酬原则进行细化，明确同工同酬的内容，准确界定同工同酬的标准，建立同工同酬参照体系，规定具体的实施办法，提高针对性和可操作性。例如，哪些工作可以进行比较，怎样评价工作绩效，工资差别应包括哪些合理因素。同工同酬并非强调绝对的平均主义，而是在同等岗位的前提下，让派遣工与正式工适用同一套薪酬计算标准，从而排除因身份差异导致的劳动报酬歧视。

制定科学合理的劳动报酬分配办法。针对高校编制外用工薪酬体系尚不规范的问题，建议人力资源与社会保障部、教育部协作，在充分调研的基础上，形成编外用工薪酬体系的指导性意见，为高校编外用工薪酬体系的建立及其科学性、规范化奠定基础。高校要建立与岗位职责、工作业绩、员工实际贡献紧密联系的激励体制，这主要涉及薪酬分配体制和绩效考核体制两个方面。薪酬分配体制以岗位为基础，制定岗位说明书，科学合理地设计薪酬制度，严格按照岗位职责实施薪酬发放，保障同工同酬的顺利进行。同时，绩效考核体系的建立健全也是薪酬分配体系有序运行的必要保障。在绩效考核中，要特别注意考核指标、考核周期、考核维度的设立，对于同层次、同工种的考核要遵循相同的标准和原则。这种运行机制和监督机制的合理制约能促进同工同酬的实现。

确立“以人为本”管理理念，注重对员工的精神激励。要想促进同工同酬，首先必须确立“人人生而平等”的理念和主张“社会正义”的价值取向，这是同工同酬的灵魂。高校尤其要确立“以人为本”的管理理念，把每个“人”都作为单位的核心和重要资源，注重员工的开发激励，关注员工的意愿要求，从物质和精神两方面给予员工激励，使员工和单位逐渐成为劳动契约和心理契约的双重合作伙伴关系，从而实现单位和员工的共同发展。

四、高校综合改革背景下的薪酬制度研究

2013 年 11 月，党的十八届三中全会对深化收入分配制度改革、高等教育的综合改革提出了明确要求。2014 年 12 月初，随着《北京大学综合改革方案》正式获得国家教育体制改革领导小组办公室批准，备受关注的北京大学、清华大学以及上海市“两校一市”综合改革试验正式启动。至此，我国高等教育进入到内涵式发展的关键阶段。而长期困扰高校发展的体制机制性障碍，特别是人事薪酬制度的瓶颈因素逐步凸显。

高校是人力资源密集型组织，高校教师是实现大学战略发展目标的重要主体。合理的薪酬制度可以稳定高校教师队伍、吸引高素质人才，为学校的发展提供持续不断的动力。薪酬体系的改革与完善，是有效推动高等教育改革的关键环节，是推进高水平特色大学建设的重要支撑。一方面，高校综合改革的核心在于激发人才的内驱力，高校的薪酬分配直接影响教师的工作投入程度和绩效水平，最终影响其竞争力；另一方面，高校薪酬体制改革已经成为高校管理实践改革的难点和社会关注的热点之一。

为了对高校薪酬制度的现状及改革方向进行深入了解，课题组对全国部分“211”“985”高校进行抽样调研，2015 年 6 月课题组向华南、华东、华中、华北等地发放问卷，截至 2015 年 8 月，共回收 33 所高校的问卷 166 份。问卷发放的对象是高校的人事部门工作人员，调研样本对象在人事部门的平均任职年限为 89. 32 个月，可见，回答问题的人员大部分都是在人事岗位工作至少五年以上的人员。本报告在客观地描述目前我国高校教师收入现状的基础上，对存在的问题进行剖析，从而为综合改革背景下高校薪酬改革提供思路和建议。

（一）薪酬战略的实施是学校战略框架重要部分

由于薪酬制度与人事制度的其他职能如岗位分类、绩效评价等方面密切相关，因此，课题组对薪酬结构、岗位分类制度、薪酬分配三个方面进行了问卷调研。

1. 薪酬结构中的绩效工资体现了激励性

目前，高校的薪酬结构以岗位绩效工资制为主，岗位绩效工资由岗位工资、薪级工资、绩效工资和津贴补贴四部分组成。其中，岗位工资和薪级工资是基本工资，执行国家统一标准；绩效工资需要在国家核定的总量内，由学校按照规范的程序和要求自主分配；津贴补贴是特殊岗位津贴和艰苦边远地区补贴，由国家统一管理。

（1）岗位工资主要体现工作人员所在的岗位职责和要求，是基本工资的主体。根据事业单位的岗位特点，一般分为技术、管理、工勤三大类岗位，对同一类别岗位再确定岗位等级，岗位工资等级与岗位等级一致，实行“定岗定薪、岗变薪变”。岗位工资具有较强的保障功能。

（2）薪级工资主要体现工作人员的工作表现和资历。薪级工资标准由工龄、学龄及担任职务时间长短三个要素决定。按照专业技术、管理、工勤三类岗位分别设立薪级，不同岗位类别规定不同的起点薪级，实行“一级一薪，定期升级”。薪级工资与岗位工资构成职工的基本工资，同样具有保障功能。

（3）绩效工资主要体现工作人员的业绩和贡献，是工资中浮动的部分。绩效工资主要包括校内岗位性津贴、业绩奖励性津贴、额外性工作津贴、福利性津贴等。根据调研的结果显示，166 份问卷中，除了一个缺失值以外，有 90 人（54. 5%）反映岗位津贴对高校教师最具有激励性，59 人（36%）反映业绩奖励性津贴最具有激励性，7 人（4. 2%）反映科研奖励最具有激励性，也有 9 人（5. 5%）反映目前的薪酬制度中没有体现激励功能的部分。由此可见，与绩效工资改革的初衷一致的是绩效工资部分体现对职工贡献和业绩的认可，可以较好地调动职工的积极性，具有较强的激励作用。然而，绩效工资中体现业绩的部分却不如体现岗位的部分所带来的激励功能强。

2. 逐步建立以岗位分类为基础的薪酬分配制度

通过调研发现，30 所高校中，绝大部分仍然是传统的岗位分类模式，包括教学（科研）岗位、教学辅助岗位、党政管理岗位、工勤技能岗位等。但有的高校也有新的尝试，如清华大学根据研究型大学教学、科研、服务并重的定位，将教师队伍分为教研（教学科研并重）、科研、教学三个系列，并根据不同系列的岗位特点和职业发展要求实行不同的薪酬制度。教研系列教师逐步实行“年薪制”，其他系列实行工资加绩效的薪酬体系。北京大学也实施了教学科研职位分系列管理和聘任制度，根据学校功能及职位特点，对教学科研职位按照三个系列进行管理，即教学科研并重系列、教学为主系列和研究、技术为主系列，制定不同的评价标准，实行不同的支持模式，鼓励各系列教师立足本职岗位充分发挥作用。北京航空航天大学则将专职化研究人员进一步细分为研究为主型专任教师、从事基础研究类专职科研人员、从事应用研究类专职科研人员、工程研发类专职研究人员、以科研为主的实验及工程技术人员、科研助理等科研辅助人员、其他专门从事研究工作的人员。

3. 薪酬分配模式逐渐向二级模式变革

目前高校的薪酬管理模式主要有一级模式和二级模式两种。

一级模式是统一由校方对全校员工的薪资进行管理，下属各部门的任何薪资活动必须经过学校高层领导审批执行。

二级模式是由校方按照各部门人员情况及承担的工作任务等要素进行统筹分配，不参与具体分配细节，由下属各部门自行按照员工工作情况进行薪资分配。在被调研的学校中，一部分高校如四川大学、暨南大学、南京理工大学等正在向二级单位的薪酬管理模式转变。二级单位整体考核绩效，调动了二级单位的分配能动性。但也造成了不同单位之间的差距较大，不同单位教职工薪酬差距拉大，给二级单位带来较大压力。同时，薪酬战略的实施是学校战略框架的重要部分，如何保证二级单位在薪酬分配时与学校的战略目标相一致，仍然是一个重点关注的问题。

（二）竞争性、公平性、激励性方面有所不足

薪酬制度应当体现公平性、激励性与竞争性的原则。虽然高校薪酬制度经过多次工资制度改革，已经趋于合理，但是仍然在竞争性、公平性、激励性方面存在不足。

1. 期望的贡献与高校所提供的薪酬水平不平衡

高校教师是从事复杂脑力的劳动者，其人力资本的体现需要充分发挥自身的主动性和积极性。一个良好的“员工—组织关系”应当是学校期望职工能够作出较高的贡献，同时学校也能够给予具有竞争力的报酬。然而我国高校薪酬水平无论是与国内知识密集型行业的平均水平相比，还是与国际上其他高校相比，均缺乏竞争性。

就我国高校工资水平的现状而言，从纵向看，自 1956 年实施第一次工资改革以来，高校教师工资水平保持稳定增长的态势，但从横向看，高校教师平均工资水平在国民经济各行业中处于相对偏低的水平。2014 年，“高等学校教师薪酬调查”课题组披露调查结果：2013 年，高校教师年工资收入 10 万元以下的占 47.7%，10 万至 15 万元占 38.2%，15 万至 20 万元的占 10.7%，20 万元以上占 3.4%。按职务分析，正高级职称教师的年平均收入 14.36 万元，副高级为 10.33 万元，中级为 8.3 万元，初级为 7.44 万元。

课题组的调研也发现，166 份调研样本中，有 108 个样本反映高校教师薪酬过低。因此，在高校中只有少数高级别的教师可以过体面的生活，而这部分人的薪酬和低级别或者青年教师的薪酬差距过大。教育乃国之根本，在人才竞争愈加激烈的今天，高校教师的薪酬水平相对偏低的现状将不利于吸收并留住优秀人才，不利于保持高校系统的稳定性和先进性。

2. 薪酬结构不合理，保障功能和激励性不足

调查显示，68 人（41%）表示年终绩效平均化倾向严重。一方面，岗位工资普遍较低，不能体现保障功能，据“高等学校教师薪酬调查”课题组调查显示，教师的基本工资占总收入的 14%，稳定性、保障性的作用显著弱化，这与高校教师的职业特点不相适应。另一方面，薪酬构成中的绩效工资由于考核标准的不完善，再加上知识工作的特性，很多绩效有时很难量化，因此，在绩效考核中容易出现流于形式的情形，其激励功能也有所减弱。

3. 薪酬制度内在公平性不足

内在公平性是薪酬制度设置的主要原则之一。根据课题组的调研发现，薪酬制度内在公平性的不足主要体现在以下三个方面：

第一，学科之间收入差距过大。我国绝大部分高校不同学科之间在招生规模、科研成果、教学工作量等方面均存在着较大的差异，而高校的收入分配制度因没有考虑学科之间的差异，造成学科之间的收入差距比较大，特别是业绩津贴方面，一些基础学科如地理、历史等学科的人均年终业绩奖金都处于全校的中下水平。因此，高校应从长远角度考虑，保障一些非优势的基础学科的发展，调动非优势学科教职工的积极性。

第二，本土高层次人才和引进高层次人才的薪酬差距过大。无论是外聘来的还是学校自己培养出来的，今年来的还是往年来的，薪酬制度应该依据统一的绩效考核标准，根据工作能力、工作绩效进行评价。

第三，科研与教学产生的收入差距较大。随着科学技术对国家发展推动作用的日益彰显，我国高校，尤其是研究型大学四大基本职能中的科学研究、社会服务职能日益增强，部分教师科研创收的量愈趋加大，这部分教师的额外收入也就越来越多，即科研劳务收入所占的比例越来越大，导致这类高校中教师之间收入的差距越来越明显。

直接的结果是，少数高收入教师的出现使得全国高校教师在统计学指标——“算术平均数”的牵连下被强行纳入中国的“高薪阶层”，成为全国税务系统中的重点纳税对象；间接的结果则是，收入上的“贫富悬殊”趋势若不及时予以必要的缓解，极有可能导致高校教师在职业认知上出现一定的偏差，近期后果是给高校的人才培养、正常的教学科研带来影响，长远来看，则会影响到中国建设世界高水平大学的进程。

4. 缺乏薪酬动态调整机制

高校的薪酬制度一旦建立，就很难变动和调整，即便员工的工作业绩表现突出，也不能通过薪酬较好地体现，难以发挥薪酬的激励作用。在美国，聘用教师的工资每年都自动增加，以适应物价指数的上涨；高校每年还拿出一笔专款为优秀教师增加工资。法国和德国每年调整高校教师的待遇，使其在社会各职业阶层中处于中上水平。良好的教师待遇在稳定教师队伍，激发教师积极性，使之安心从事教学科研工作等方面发挥了巨大作用。因此，教师工资应根据物价增长情况进行相应的调整。

（三）未来高校薪酬制度应更加精细和柔性

对于我国高校薪酬制度改革的未来趋势，本调研不仅设置了封闭式的李克特五分量表，而且还设置了开放题。表 5.1 是调研样本对薪酬制度未来改革发展的认可程度。

表 5.1　调研样本对薪酬制度未来发展思路

高校薪酬制度改革	均值	非常不同意（1）	不同意（2）	一般（3）	同意（4）	非常同意（5）	缺失值
岗位进一步精细化分类	3.67	3	11	43	82	21	6
设立薪酬当期与延期制度	3.51	2	22	41	83	13	5
弹性福利制度	4.04	1	5	15	107	34	4
年薪制	3.49	1	19	56	72	14	4
学术休假制度	3.83	0	12	35		3	5

通过综合部分关于薪酬制度改革未来方向的发展开放题结果，本文总结高校薪酬制度未来发展思路如下：

1. 岗位进一步精细化分类

岗位的分类是高校薪酬制度的基础，传统的岗位分类包括教学（科研）岗位、教学辅助岗位、党政管理岗位、工勤技能岗位等。传统的岗位分类制度已经暴露出了一些问题，影响绩效考评的公平性与激励性。未来还需要对岗位精细化分类管理。比如，有一些学校把教师岗位分为“教学科研并重岗”“研究为主岗”“教学为主岗”“社会服务与技术推广岗”和“团队科研/教学岗”。对不同岗位的教师提出不同的岗位职责要求，实行不同的考核评价方式。而这均依赖于科学的工作分析过程。工作分析是指运用科学方法收集与工作有关的信息的过程，主要包括该项工作应该承担的职责以及承担该项工作需要的任职资格等方面的信息。

2. 增强绩效工资的激励功能

以绩效为导向的薪酬制度依据教师的工作绩效确定薪酬水平，通过薪酬与业绩挂钩，影响教师的工作态度与行为，引导教师产生高绩效。绩效工资中主要组成部分的岗位津贴和业绩奖励性津贴应当具有较强的激励功能，然而目前绩效工资的激励功能仍然不够明显。未来薪酬结构中的绩效工资应当在以下两方面着重改革。

第一，岗位聘任是高校绩效工资分配的基础，高校在实施绩效工资时，首先应结合收入分配制度改革方案合理设置岗位，实行岗位聘任制度，以岗定薪，岗变薪变。岗位职责的确定需要经过科学的工作分析。

第二，在岗位聘任制度的基础上，还需要制订科学合理的岗位考核评价制度。岗位考核评价制度也应当对不同岗位系列采取不同的考核指标和权重，建立基于岗位聘任和岗位分类的考核评价制度。

3. 延期薪酬避免短期化

延期分配理论是指雇员将早期应得的收入拿出来交给雇主抵押，以换取后期更高的报酬。如果雇员因过失被解雇或者主动离职，这些报酬将不予支付。高校教职工往往受绩效考核指标中的短期目标影响，追求短期效益，倾向于选择短期化的量化工作，而对于需要时间精力积累和短期不见绩效的工作明显缺乏动力。因此，高校薪酬中应当包括当期分配和延期分配。当期分配也就是年内支付的工资、奖金，目的是补偿已经付出的劳动。延期支付则通过社会保险计划、职工福利计划和股权期权计划进行支付，其目的在于补偿风险损失和建立长期激励机制。

4. “自助餐”式的弹性福利制度

在知识经济时代，柔性化管理代表未来组织的潮流和走向，弹性化福利是针对刚性管理提出来的以人性化为特征、以人为中心的全新管理模式。柔性化员工福利是在尊重不同员工需求差异的基础上提出来的。弹性福利制度也被称为自助式福利，正像自助餐一样，可以让员工自由挑选喜欢的食品，由于自主选择的福利能够与内在需求最佳匹配，因此激励效果也会最佳。比如针对年轻教师，除住房补贴外，还可以提供多样化的福利形式，如学习交流、出国培训、学术年假等，提升学习和分享知识的能力，强化业务能力。

5. 构建校内创收收入再分配机制

规范高校的创收活动，强化“收、支”两条线，构建校内创收收入再分配机制，以“看得见的手”来均衡学科间的资源配置，在一定程度上弱化收入差异。

（1）制订不同学科的评价体系或标准。目前，高校在资源分配的过程中，对不同学科实施的是统一的评价体系或标准。高校应根据不同学科的特点，建立不同学科的评价体系或标准，在此基础上实施的聘用制度和岗位津贴制度有望成为一个良好的激励机制，更好地发挥应有的杠杆作用，使高校从事不同学科教学科研的人员，在享受改革带来的收益方面能够更加均衡。

（2）加强转移支付力度。高校在对校内资源进行配置的过程中，可对参与初次分配能力不足的一些学科（如基础学科、人文社会科学学科等）实施转移支付政策，如在科研立项和科研奖励方面加大对基础学科、人文学科的倾斜，也可建立专门的人文社科基金等，用来奖励本校教师在基础学科、人文社会科学等领域取得的重要成就。

（3）降低相关学科的科研管理费。目前，多数高校对科研项目进行统一管理，并对到校科研经费收取一定比例的科研管理费。由于学科不同，各院系实际到账的科研经费相差甚大。因此，有必要采取差异化的科研管理费提成，对基础学科和人文社会学科，可以适当降低科研管理费用，提高这些院系的资金支付能力。

（4）实行动态劳务提成制。目前，多数高校对科研经费到账款采取的是固定的劳务费比例提成。为了解决院系科研劳务相差过于悬殊的问题，可以采取分段实施不同提成比例的办法，即超过一定数额后的劳务提成，应适当降低提成比例。

（5）实行动态创收收入税负制。参照美国高校中的教务长税制，对科研等创收收入征收“校长税”，具体可视创收额度的大小按不同的税率进行分段征收。所收税款同样可纳入学校收入分配的蓄水池，作为支持基础学科学院（系）、人文社会科学学科及校机关等单位或部门进行收入调节的基金。

五、国际高校人事薪酬制度的比较研究

美国是高等教育最发达的国家之一，集聚了数量最多的世界一流大学，构建了开放、多元、国际的高等教育体系，吸纳了世界各国的众多精英人才，在国家发展过程中发挥了举足轻重的支撑作用。本节重点分析了美国高校经费来源与支出结构，教师薪酬水平，学

科间和职称间薪酬差异，并与国内高校进行比较，旨在通过与国际一流高校的对比，研究借鉴美国高校的薪酬制度及其在引进、稳定和集聚人才上的理念和经验，从国际视角探讨我国高校薪酬制度改革的思路，为建立科学有效的高校教师薪酬制度提供理论支撑。

（一）美国高校聘任制度简述

国外高校教师的聘任管理以公务员模式和自主聘用模式为主，公务员模式中，高校教师的雇主是政府，高校并不直接聘用或解聘教师；自主聘用模式中，教师的雇主是高校，教师的流动性相对较高。美国高校主要实行学校自主聘用模式。美国高校教师职称一般分为三个等级：教授（professor）、副教授（associate professor）、助理教授（assistant professor）；并实行 tenure - track 制度，担任助理教授五年左右，经过严格的评审后才能升为副教授，并获得终身聘任；再通过努力，最终成为正教授。教师晋升的主要评审依据是学术成就、教学任务和公共服务。除终身轨教师外，各高校还聘有讲师（lecturer）、兼职教师（part - time）、研究科学家（Research Scientist）等教学科研人员。

美国高校薪酬制度的特色明显。与 tenure - track 制度相匹配，美国高校主要是实行年薪制的薪酬制度。一方面不同职位设置不同级别的薪酬，不同级别之间的工资差别明显；另一方面高校之间存在人才竞争，导致薪酬制度也因人而异。在美国，教授薪酬最主要的决定因素是教师在顶尖杂志发表的文章数量，辅之学术成就、教学任务、文章引用次数以及所出版的书籍诸因素，只有在该教师有出众成果的时候，才对其薪酬的分配产生影响。

（二）高校教师平均薪酬情况

2013 年卡耐基基金会对全美所有高校的教师薪酬进行了调研，并分别给出了所有大学和研究型大学各梯队教师的平均年薪水平（卡耐基分类中的研究型大学是指有博士学位授予权的、进行较高研究性活动的大学），如图 5.4 所示。

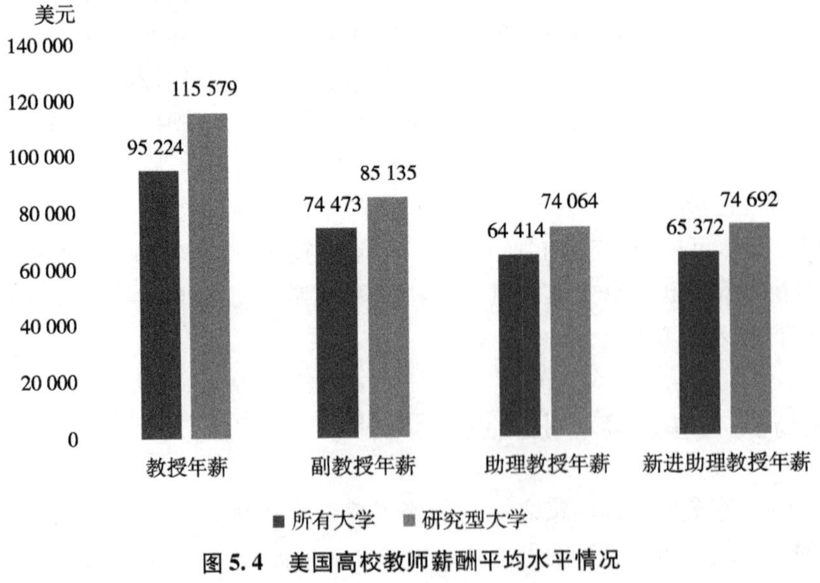

图 5.4 美国高校教师薪酬平均水平情况

不同大学类型对比：美国高校中研究型大学教授、副教授、助理教授和新进助理教授年薪均高于相同职务职级的所有大学教师平均水平，研究型大学薪酬水平相对较高。

不同职务职级对比：研究型大学教授、副教授、助理教授和新进助理教授年薪分别为115 579 美元、85 135 美元、74 064 美元、74 692 美元，所有大学教授、副教授、助理教授和新进助理教授年薪分别为 95 224 美元、74 473 美元、64 414 美元、65 372 美元。教授的平均年薪高于副教授，副教授平均年薪高于助理教授，体现了职务职级与薪酬的对应关系（见表 5.2）。但新进助理教授的年薪却比往年聘任的助理教授高，这主要是由美国高校人才引进制度所决定的。一般为了吸引更多更好的优秀教师，新进助理教授的待遇都会高于往年聘任的助理教授，而且薪水一般也会依据新进教师在世界顶尖杂志发表文章的数量而适当提高。

表 5.2　美国高校教师年薪级差情况　　单位：美元

级差类别	所有大学		研究型大学	
	绝对值	百分比/%	绝对值	百分比/%
教授与副教授级差	20 751	21.79	30 444	26.34
副教授与助理教授级差	10 059	13.51	11 071	13.00
新进助理教授与往年聘任的助理教授级差	958	1.47	628	0.84

由表 5.2 我们可以得知，从美国所有大学的教师平均薪酬水平来看，从教授到新进助理教授各梯度之间的差距呈逐渐缩小的趋势，教授的平均年薪显著高于副教授的平均年薪，这一点在研究型大学中尤其明显。

此次调研中选取了 22 所世界排名前 200 百位的美国高校（参考泰晤士高等教育世界大学排行）作为分析样本（见表 5.3），对这 22 所高校不同梯度教师的薪酬平均水平进行分析，并将结果与卡耐基调研中全美高校及研究型高校的薪酬水平进行比较分析（见图 5.5）。

表 5.3　本研究主要选取的 22 所大学（括号中为大学世界排名）

学校名称	学校名称
加州大学伯克利分校（9）	罗彻斯特大学（102）
哥伦比亚大学（14）	弗吉尼亚大学（118）
康奈尔大学（18）	佛罗里达大学（123）
杜克大学（23）	犹他大学（134）
伊利诺伊州立大学香槟分校（33）	亚利桑那大学（148）
圣路易斯华盛顿大学（45）	波士顿大学（150）
南加州大学（56）	德拉华大学（165）
宾州州立大学（61）	华盛顿大学（168）
匹兹堡大学（76）	乔治城大学（174）
塔夫斯大学（87）	威廉玛丽学院（185）
密歇根州立大学（94）	爱荷华州立大学（195）

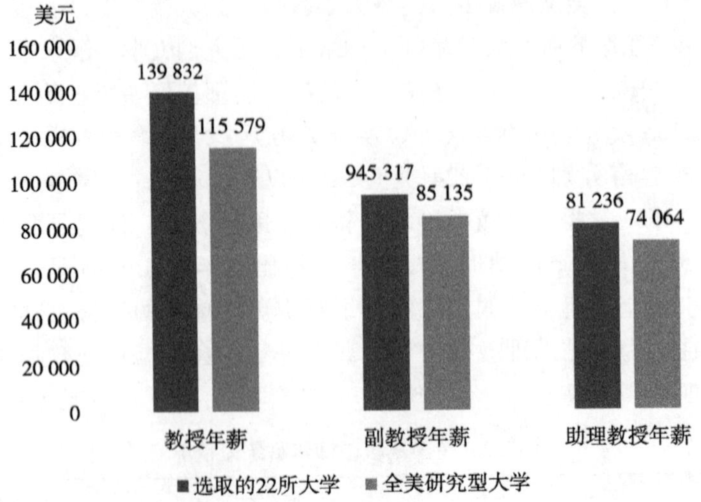

图 5.5 选取的 22 所大学与全美研究型大学教师平均年薪情况

从图 5.5 中可以看出，我们所选取的排名世界前 200 名的 22 所高校（以下简称所选样本）的教授、副教授以及助理教授的平均薪酬水平都高于全美研究型大学的平均水平。

所选样本的教授的平均薪酬水平比全美研究型大学高出了 17.3%。在这 22 所高校中，除了排名较为靠后的华盛顿大学之外，所有高校的教授的平均薪酬均高于全美研究型大学的平均水平。而高出 20% 以上的有 8 所高校，分别是加州大学伯克利分校（9）、哥伦比亚大学（14）、康奈尔大学（18）、杜克大学（23）、圣路易斯华盛顿大学（45）、南加州大学（56）、波士顿大学（150）和乔治城大学（174）。可以看出，这 8 所高校中大部分都是排名非常靠前的学校。这可能从一个方面说明了排名靠前的学校更加注重以较高的薪酬吸引高层次的人才。

在副教授的薪酬待遇上，所选取样本高出全美研究型大学 9.75%，22 所中排名前 11 名（世界排名前 100 名）的学校均高于全美研究型大学。

在助理教授的薪酬待遇上，所选取样本高出全美研究型大学 8.83%，22 所中排名前 7 名的学校（世界排名前 60 名）均高于全美研究型大学。

（三）各学科教师平均年薪情况

2013 年卡耐基对全美所有大学以及研究型大学各学科教师的平均薪酬也进行了调研。我们将卡耐基调研数据中的 30 个学科按大理科和大文科进行简单分类（见图 5.6）。

从图 5.6 我们可以看到，在所有大学大理科类里面，教授年薪水平显著高于副教授，平均年薪为 96 741 美元。年薪在 10 万美元以上的学科有建筑学（超过平均值 6%）、计算机与信息科学（超过平均值 10%）、工程学（超过平均值 24%）、医疗保健（超过平均值 4%）。副教授年薪在 8 万美元以上的有计算机与信息科学、工程学，同时工程学的助理教授也超过了 8 万美元。

从图 5.7 中我们可以看到，研究型大学大理科类薪酬情况与所有大学相同，教授平均年薪为 113 789 美元，超过美国所有大学平均年薪 18%。研究型大学中计算机与信息科学教授年薪超过美国所有大学平均年薪 15%，工程学超过 14%。

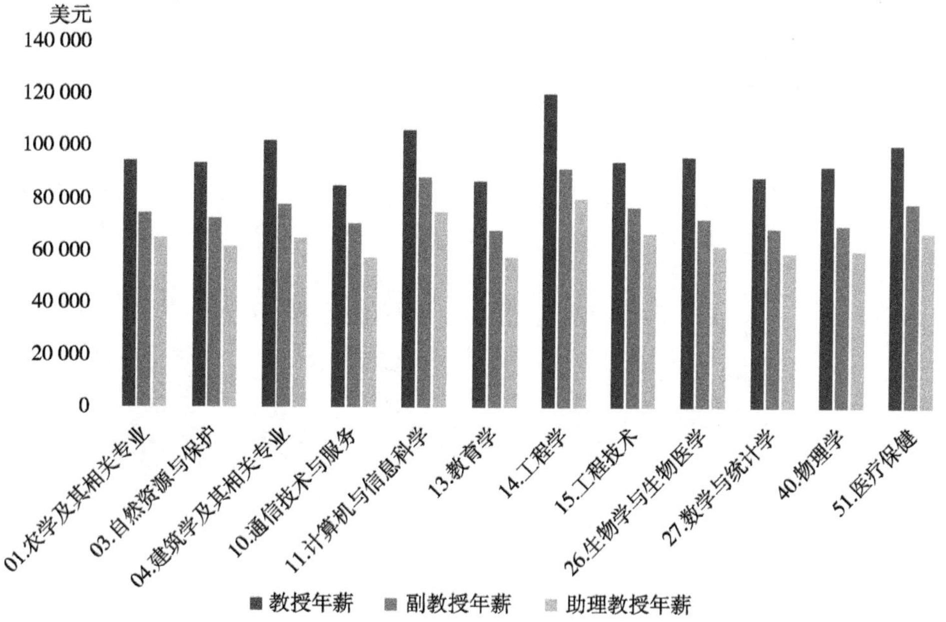

图 5.6　美国所有大学各学科（大理科类）教师平均年薪情况

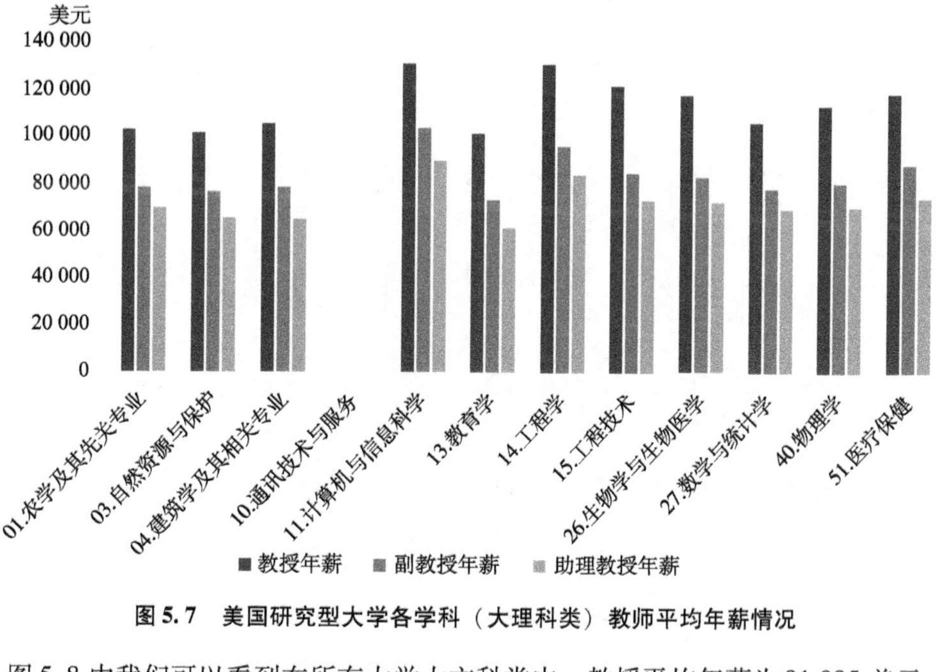

图 5.7　美国研究型大学各学科（大理科类）教师平均年薪情况

从图 5.8 中我们可以看到在所有大学大文科类中，教授平均年薪为 91 985 美元。法学教授年薪水平远超过其他学科，达到了 14 万美元，超过其他学科平均年薪 54%，商业管理、市场营销教授年薪水平也达到了 12 万美元，超过其他学科平均年薪 29%。

从图 5.9 我们可以看到，在研究型大学大文科类里面情况与所有大学不尽相同，教授平均年薪为 109145 美元。法学与商业管理、市场营销学科教授的年薪远超过教授年薪平均水平，分别为46%和40%，并且各学科教授年薪均显著高于副教授、助理教授。

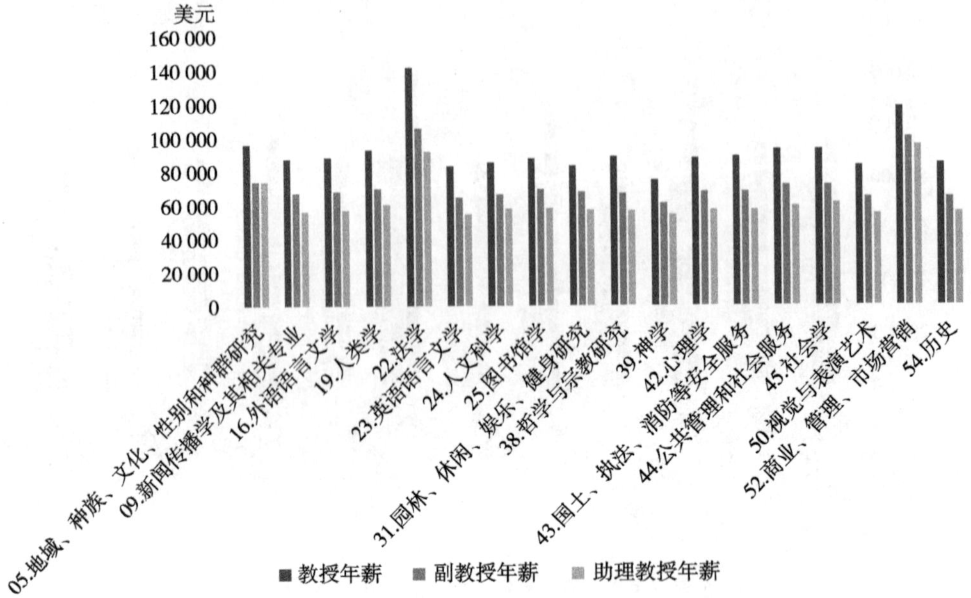

图 5.8　美国所有大学各学科（大文科类）教师平均年薪情况

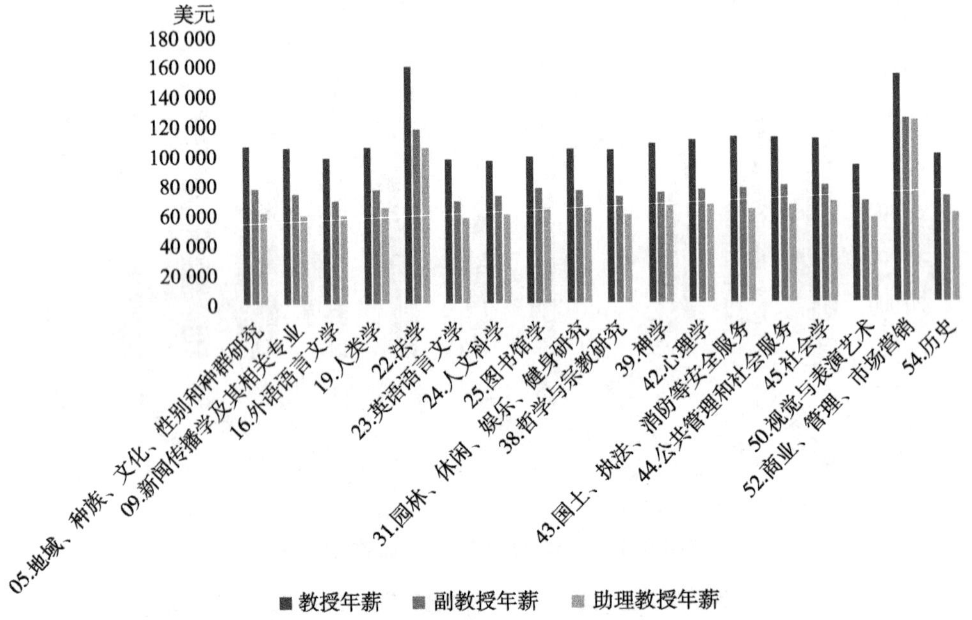

图 5.9　美国研究型大学各学科（大文科类）教师平均年薪情况

综上可知，在美国高校尤其是研究型高校中，更加注重高水平人才的引进和留任，重点体现在教授薪酬水平显著高于副教授上（级差36%）。计算机与信息科学、工程学、法学与商业管理市场营销等几门学科的教授年薪远超过其他学科的平均值，这从一个方面说明了美国高校间在上述学科的人才竞争更加激烈。

（四）高校经费收支情况的比较分析

1. 高校年度总收入情况差距比较

我国目前高校经费投入以政府拨款（国家财政性教育经费）为主，辅之以社会团体和个人办学、社会捐资和集资、学杂费以及其他教育经费等多渠道经费筹措。美国公立高校经费来源以国家投入为主，包括联邦政府、州政府和地方政府；私立高校的政府财政拨款较少，主要是捐赠、学费和投资收益等。

2014 年度我国高校年度收入超过 100 亿元人民币的只有清华大学和浙江大学两所高校（123.57 亿元、109.08 亿元），年度支出超过 100 亿元人民币的只有清华大学一所高校（115.97 亿元）；而 2012—2013 财年美国斯坦福大学年度收入达 73.58 亿美元，年度支出达 67.94 亿美元；公立的密歇根大学年度收入也达到了 69.84 亿美元。美国高校捐赠收入占有很高比例，哈佛大学 2015 年 6 月就收到该校校友约翰·保尔森捐赠的 4 亿美元。美国高校的基金运作也非常成功，很多高校基金取得了不错的投资收益。

国内外 12 所高校年度总收入比较如表 5.4 所示。

表 5.4　国内外 12 所高校年度总收入比较

国外大学	2012—2013 财年总收入/亿美元	国内大学	2014 年总收入/亿人民币
斯坦福大学	73.58	清华大学	123.57
密歇根大学	69.84	浙江大学	109.08
哈佛大学	53.04	北京大学	85.76
加州大学伯克利分校	23.03	上海交通大学	80.66
剑桥大学	23.62	复旦大学	45.75
爱丁堡大学	12.13	武汉大学	51.11

数据来源：美国高校数据来源于各大学网站；中国高校数据来源于《教育部直属高校 2014 年预算》。

美国联邦政府对公立高校和私立高校的科研给予了较大的投入，一些历史悠久、科研实力极强的一流私立大学也能够争取到很多的联邦资助，他们的科研经费收入在学校总收入中占有很高的比例。中美高校科研经费情况比较如表 5.5 所示。排名第一的约翰·霍普金斯大学 2013 年的总研发支出达到 21.69 亿美元。我国 2013 年高校科研经费超过 30 亿人民币的只有清华大学、浙江大学和上海交通大学 3 所大学。

表 5.5　中美高校 2013 年科研经费情况比较

排名	美国大学	总研发支出/亿美元	排名	中国大学	科研经费/亿元人民币
1	约翰·霍普金斯大学	21.69	1	清华大学	39.31
2	密歇根大学安娜堡分校	13.75	2	浙江大学	36.07
3	华盛顿大学	11.93	3	上海交通大学	31.09
4	威斯康星大学—麦迪逊	11.24	4	北京大学	27.73

续表

排名	美国大学	总研发支出/亿美元	排名	中国大学	科研经费/亿元人民币
5	加利福尼亚大学圣地亚哥分校	10.76	5	复旦大学	25.51
6	加利福尼亚大学三藩分校	10.43	6	北京航空航天大学	22.19
7	哈佛大学	10.13	7	华中科技大学	22.19
8	杜克大学	9.93	8	哈尔滨工业大学	21.45
9	北卡罗来纳大学教堂山分校	9.73	9	西北工业大学	19.89
10	加利福尼亚大学洛杉矶分校	9.67	10	四川大学	19.98

数据来源：美国高校数据来源于《美国科学基金会》（NSF）；中国高校数据来源于《2013 年度部属本科高校科技经费排名》。

2. 高校人员经费支出占比差距比较

从支出结构看，国外高校人员经费在高校总支出中所占比例较高，表 5.6 中，美、英高校 2013—2014 财年工资福利支出占学校总支出比例平均为 56.11%。我国四所大学 2014 年工资福利支出占总支出的平均比例为 26.55%。

表 5.6　中美高校工资福利支出占总支出比例

国外大学	2013—2014 财年工资福利支出占总支出比例/%	中国大学	2014 年工资福利支出占总支出比例/%
哈佛大学	49.26	A 大学	23
斯坦福大学	61.97	B 大学	21.5
密歇根大学	65.05	C 大学	29.30
剑桥大学	43.00	D 大学	32.38
爱丁堡大学	54.90		

数据来源：美国高校数据来源于 AAUP 统计美国大学全职教师收入。

（3）高校教师薪酬收入比较差距明显

正因为高校投入不足，我国高校教师收入与美国相比，差距较大，缺乏国际竞争力。美国高校教师 2013—2014 财年收入和我国 2012 年 84 所高校教师平均收入比较如表 5.7 所示。

表 5.7　2013—2014 财年美国高校教师收入　　单位：美元/年

大学名称 \ 职称	教授	副教授	助理教授（讲师）
斯坦福大学	215 200	140 200	117 500
哈佛大学	207 100	123 800	114 500
普林斯顿大学	206 200	129 600	101 700
芝加哥大学	210 700	118 900	105 600

续表

大学名称 \ 职称	教授	副教授	助理教授（讲师）
麻省理工学院	185 900	127 200	111 100
加利福尼亚理工学院	182 100	—	116 200
加州大学伯克利分校	165 400	110 200	99 200
平均薪资（招收博士的高校）	138 472	90 447	78 797
中国 84 所高校 2012 年（万元人民币）	14. 36	10. 33	8. 3

数据来源：美国高校数据来源于各大学网站；中国高校数据来源于教育部薪酬分会对国内 84 所高校做的调查。

美国研究型大学教授、副教授、助理教授的平均年薪水平分别为 138 472 美元、90 447美元、78 797 美元。哈佛大学、斯坦福大学等美国一流大学教授、副教授、助理教授薪酬水平则均高于研究型大学对应职称教师平均薪酬水平。与之对应，我国高校教授、副教授、讲师的年薪酬分别为 14. 36 万元、10. 33 万元、8. 3 万元。考虑人民币和美元的汇率，则仅为美国对应职务职级教师的 1/6 左右。由于国内 84 所高校主要为教育部直属高校，涵盖了国内大部分水平较高的研究型大学。可见，我国和美国高校相比，研究型大学薪酬水平差距较大。

（五）国际经验对我国高校薪酬制度改进的启示

综上所述，美国高校教育体制和薪酬制度具有鲜明的市场竞争特色，许多地方值得我们在设计劳务薪酬及聘任制度上进行借鉴。

1. 提高高校教师的收入水平

在国外，高校教师属于中上收入群体，无论收入水平和社会地位，均属于中上阶级，一般助理教授年薪都在六七万美元以上，加上房补福利，基本可以独立承担购买一套学校周边房产的能力。而在我国，高校教师的收入一般，特别是刚毕业的讲师，身处北上广等一线城市和武汉、南京等省会城市，其收入水平仅能满足“养家糊口”的温饱水平，难以解决青年教师面临的结婚生子、买房安居、子女教育等较大的经济生活压力。

2. 增强高校薪酬制度的激励作用

美国高校实行与市场竞争相适应的激励性年薪制，薪酬因成果、学科而异。成果以在顶尖杂志发表的文章数量为主，辅之以学术成就、教学任务、文章引用次数以及所出版的书籍，来指导其薪酬分配和人才引进和聘用。我国高校的薪酬激励机制仍待完善，学科薪酬水平区分度不大。应制定更加合理的薪酬激励机制，通过绩效津贴等办法，奖优罚劣。同时应制定相对合理的学科薪酬区分办法，使优秀的人才得到相对高的报酬，让其安心在高校从事学术研究。

3. 逐步推广“非升即走”的聘任制度

“非升即走”的职称晋升制度是美国高校比较激烈甚至残酷的竞争性制度。一般助理教授考核期为五年左右，此期间助理教授必须不断努力被评为副教授，并获得终身制，如果未评上，则需要换学校。美国高校多数教师做法是：无论评上与否，考核期第五年的时候开始寻找工作，以备评不上副教授时可以更换工作，评上则可以作为筹码与校方商议提高工资。前文结果表明助理教授到副教授、副教授到教授职称的晋升，都带来了薪酬水平的显著提升。从表面看，“非升即走”会给助理教授施加较大的压力，也可能出现人心不稳的现象，但是实际上这一制度是非常有利于高校间优秀师资的流动，有利于促进学术交流。

4. 严格考核制度，落实淘汰机制

美国实行教授终身制，这能够为教授提供心理和生活的保障，使他们专注于学术研究和教学中。同时为了继续激励“终身教授”，全美教授协会对终身教授每五年评估一次，对评估成绩差甚至不合格的教授提出警告直至取消教授资格。我国高校教授、副教授、助理教授和讲师，聘期考核合格即可续签合同，符合国家相关规定以后即可签订无固定期限合同。但在实际执行中，如果考核不合格，也会由于种种原因而影响高校对该教师的转聘、试聘或者辞退，此时高校在用人问题上较为被动。建议应当在法律允许的范围内，设置严厉的淘汰制度，摒弃旧的人事分配制度，规范和改进考核制度，制定和完善淘汰机制。

附：薪酬管理研究分会简介

薪酬管理研究分会成立于2005年8月10日，以薪酬管理研究为重点，以薪酬制度改革为要点，以建立科学合理的薪酬分配体系为目标，为高校人才队伍建设和人才强校战略服务。分会现任理事长为清华大学常务副书记、副校长姜胜耀教授，秘书长为清华大学副校长王希勤教授。分会秘书处办公地址设在北京化工大学。

第六章

推进队伍专业化建设 提升思政育人能力水平

——辅导员工作研究分会专题报告

辅导员是开展大学生思想政治教育的骨干力量，是大学生的人生导师和健康成长的知心朋友，对大学生成长成才发挥着至关重要的作用。近年来，这支队伍不断发展壮大，在完成立德树人根本任务，培养社会主义事业合格建设者和可靠接班人的崇高使命中发挥了十分重要的作用。在教育部思想政治工作司指导下，中国高等教育学会辅导员工作研究分会（以下简称研究分会）自2015年起，依托“高校辅导员信息管理系统”，对75所教育部直属高校的辅导员信息进行了录入以及统计分析工作，本专题报告中的数据资料大多出自于研究分会组织的调研成果。

一、高校辅导员队伍建设历史发展回顾

高校辅导员制度起源于我国大学生思想政治教育工作的创新，至今已经有半个多世纪的发展历程。自1953年清华大学在高校中率先建立了“双肩挑”辅导员制度起，经过60多年的建设与发展，高校辅导员队伍逐渐发展壮大。2004年《中共中央国务院关于进一步加强和改进大学生思想政治教育的意见》（以下简称《意见》）颁布实施以来，高校辅导员队伍建设受到了各方面的高度重视。

2016年12月，全国高校思想政治工作会议召开，习近平总书记出席会议并发表重要讲话，指出要坚持把立德树人作为中心环节，把思想政治工作贯穿教育教学全过程，实现全程育人、全方位育人，努力开创我国高等教育事业发展新局面。习近平总书记强调要拓展选拔视野，抓好教育培训，强化实践锻炼，健全激励机制，整体推进高校党政干部和共青团干部、思想政治理论课教师和哲学社会科学课教师、辅导员班主任和心理咨询教师等队伍建设，保证这支队伍后继有人、源源不断。

2016 年 12 月，中共中央、国务院印发《关于加强和改进新形势下高校思想政治工作的意见》，提出了新形势下加强和改进高校思想政治教育的总体要求和根本任务，为高校开展思想政治教育指明了重大意义和前进方向。《意见》强调要配齐建强思想政治工作队伍和党务工作队伍。高校思想政治工作队伍和党务工作队伍具有教师和管理人员双重身份，要纳入高校人才建设队伍总体规划，完善选拔、培养、激励机制，形成一支专职为主、专兼结合、数量充足、素质优良的工作力量。青年教师晋升高一级专业技术职务（职称），须有至少一年担任辅导员或班主任工作经历并考核合格。选聘校内名师兼职担任辅导员或班主任。推动高校思想政治工作队伍和党务工作队伍专业化职业化建设，探索职务职级“双线”晋升办法和保障激励机制，实行职务（职称）评审单列计划、单设标准、单独评审。制定落实高校思想政治工作队伍和党务工作队伍培训计划。

教育部及有关部门、各地各高校全面贯彻落实全国高校思想政治工作会议精神和《意见》精神，采取有效措施，大力加强辅导员队伍建设，取得了很好的成效。新时期全国高校辅导员队伍不断发展壮大，专业化、职业化、专家化发展方向更加坚定，辅导员的角色定位和工作职责进一步明确；辅导员队伍建设的领导和管理体制更加完善，队伍建设的政策导向不断加强，辅导员队伍选聘机制、管理机制、培养机制和发展机制更加健全；工作的专业内涵不断丰富，专业素养和职业能力不断提升；社会认同和职业公信力不断提升，自信心和职业归属感不断加强；辅导员队伍建设的理论和知识体系逐步健全；辅导员队伍年龄结构、学历结构、知识结构更趋合理，工作质量不断提高。

在中央和有关部门的高度重视下，各地各高校也加大了工作推进力度，辅导员队伍建设得到进一步加强，但是与中央领导要求相比，如在思想认识、体制机制、明确政策和培养人才等方面采取有力措施，切实加强高校辅导员队伍建设等，当前的工作还有一定的差距。新形势、新情况的变化，给新时期的辅导员工作带来了一系列亟待解决的问题。如何有效地解决辅导员工作中存在的具体问题，以提高大学生思想政治教育工作的科学化水平；如何推进辅导员队伍专业化、职业化建设，以提升辅导员的职业价值和社会认可度；如何把握高校辅导员队伍建设的经验，以构建完整的辅导员专业化、职业化科学理论体系，这些都是影响辅导员队伍建设的关键问题。因此，从更加专业、科学的角度出发，积极探索加强和改进新形势下的高校辅导员队伍建设的科学之路是一项重要而紧迫的战略任务。

过去 10 多年来，在教育部指导推动、各地各校共同努力下，辅导员队伍专业化、职业化建设大力推进，全国辅导员人数从 2006 年的 6.9 万人增加到 2017 年的 13.6 万人，年龄结构、学历结构、知识结构日趋合理，在一系列重点时期、重大活动、重要事件中发挥了突出作用。2017 年上半年，研究分会对 75 所部属高校辅导员进行了信息采集更新。75 所高校中，共有辅导员 12 453 人，其中男性为 5 697 人，女性为 6 738 人；本科生辅导员 9 386 人，研究生辅导员 2 849 人；年龄在 30 岁以下的辅导员为 6 401 人，40 岁以下辅导员为 10 743 人；正处级辅导员 105 人，副处级辅导员 1 492 人，正科级辅导员 1 761 人；正高级职称辅导员 151 人，副高级职称辅导员 1 013 人，中级职称 3 939 人，初级职称2 346 人。

二、加强高校辅导员队伍建设的主要作法及成效

各级领导高度重视高校辅导员工作，把推进大学生思想政治教育和辅导员队伍建设作为重要职责，相继出台一系列配套文件及具体措施，为辅导员专业化、职业化发展营造良好的条件和环境，提供坚实的保障。高校辅导员队伍建设稳步推进。

（一）党中央高度重视高校辅导员队伍建设

中央领导高度重视辅导员工作和辅导员队伍建设。2013 年五四青年节期间，习近平总书记接见了包括 10 名第五届“全国高校辅导员年度人物”在内的各界优秀青年代表；2014 年五四青年节期间，刘延东副总理专门到教育部接见了 10 名第六届“全国高校辅导员年度人物”和“全国大学生年度人物”。2012 年 7 月 17 日，习近平总书记赴清华大学考察，并与第四届“全国高校辅导员年度人物”、清华大学辅导员彭凌老师亲切交谈。他指出，辅导员工作是很重要和很有意义的工作，做辅导员工作，对学生的成长和辅导员自己的成长都很有帮助。2014 年 9 月 9 日，习近平总书记到北京师范大学看望教师学生，向全国广大教师和教育工作者致以崇高的节日祝贺。在同师生代表座谈时，该校教育学部专职辅导员、后来获评第八届“全国高校辅导员年度人物”的任雅才发言，向总书记汇报了从事学生辅导员工作的体会，表达了广大辅导员当好大学生人生导师和健康成长的知心朋友、以实际行动为实现中国梦贡献力量的愿望和决心。

2016 年 12 月 7 日—8 日全国高校思想政治工作会议在北京召开。中共中央总书记、国家主席、中央军委主席习近平出席会议并发表重要讲话。习近平总书记的重要讲话，从推进伟大事业、建设伟大工程、进行新的伟大斗争的高度，从培养中国特色社会主义合格建设者和可靠接班人的高度，充分肯定了高等教育改革发展和高校思想政治工作取得的成绩，精辟阐述了加强和改进新形势下高校思想政治工作的重大意义、目标定位、主要任务和基本要求，深刻回答了事关高等教育事业长远发展的一系列方向性重大问题，深刻阐明了高校思想政治工作的一系列重大理论和实践问题，始终贯穿马克思主义的立场、观点和方法，具有极强的战略性、政治性、思想性和针对性，是中国特色社会主义教育理论的又一重大创新成果，是加强和改进新形势下高校思想政治工作、办好中国特色社会主义高校的纲领性文献，对于办好中国特色社会主义大学、推进党和国家事业发展，具有十分重要的意义。

习近平总书记强调，高校思想政治工作关系高校培养什么样的人、如何培养人以及为谁培养人这个根本问题。要坚持把立德树人作为中心环节，把思想政治工作贯穿教育教学全过程，实现全程育人、全方位育人，努力开创我国高等教育事业发展新局面。习近平指出，长期以来，高校思想政治工作队伍兢兢业业、甘于奉献、奋发有为，为高等教育事业发展作出了重要贡献。要拓展选拔视野，抓好教育培训，强化实践锻炼，健全激励机制，整体推进高校党政干部和共青团干部、思想政治理论课教师和哲学社会科学课教师、辅导员班主任和心理咨询教师等队伍建设，保证这支队伍后继有人、源源不断。

2016 年 12 月，中共中央、国务院印发《关于加强和改进新形势下高校思想政治工作

的意见》。《意见》强调指出，高校肩负着人才培养、科学研究、社会服务、文化传承创新、国际交流合作的重要使命。加强和改进高校思想政治工作，事关办什么样的大学、怎样办大学的根本问题，事关党对高校的领导，事关中国特色社会主义事业后继有人，是一项重大的政治任务和战略工程。

《意见》指出，我们党历来高度重视高校思想政治工作，探索形成了一系列基本方针原则和工作遵循。党的十八大以来，以习近平同志为核心的党中央把高校思想政治工作摆在突出位置，作出一系列重大决策部署，各地区各有关部门各高校采取有力有效措施，积极主动开展工作，创造了许多成功做法，积累了许多宝贵经验。大学生思想政治教育成效显著，教师思想政治素质明显提高，各类思想文化阵地建设和管理不断加强，中国特色社会主义理论体系进教材、进课堂、进头脑工作扎实有效，社会主义核心价值观建设持续推进，高校意识形态领域主流积极健康向上。广大师生对以习近平同志为核心的党中央拥护信任，对党中央治国理政新理念新思想新战略高度认同，对中国特色社会主义和中华民族伟大复兴中国梦充满信心。总体上看，高校思想政治工作持续加强和改进，呈现出良好发展态势，为保证高等教育改革发展、服务党和国家工作大局作出了重要贡献。

《意见》指出，要高举中国特色社会主义伟大旗帜，全面贯彻党的十八大和十八届三中、四中、五中、六中全会精神，以马克思列宁主义、毛泽东思想、邓小平理论、“三个代表”重要思想、科学发展观为指导，深入学习贯彻习近平总书记系列重要讲话精神和治国理政新理念新思想新战略，全面贯彻党的教育方针，坚持社会主义办学方向，扎根中国大地办大学，以立德树人为根本，以理想信念教育为核心，以社会主义核心价值观为引领，切实抓好各方面基础性建设和基础性工作，切实加强和改善党的领导，全面提升思想政治工作水平，紧密团结在以习近平同志为核心的党中央周围，牢固树立政治意识、大局意识、核心意识、看齐意识，坚定不移维护党中央权威和党中央集中统一领导，为实现“两个一百年”奋斗目标、实现中华民族伟大复兴的中国梦，培养又红又专、德才兼备、全面发展的中国特色社会主义合格建设者和可靠接班人。

《意见》指出，要加强教师队伍和专门力量建设。强调要提升教师思想政治素质，加强思想政治工作，建立中青年教师社会实践和校外挂职制度，加强师德师风建设，增强教师教书育人的责任担当。要完善教师评聘和考核机制，增加课堂教学权重，引导教师将更多精力投入到课堂教学上，完善教师职业道德规范，实施师德“一票否决”。高校思想政治工作队伍和党务工作队伍具有教师和管理人员双重身份，要纳入高校人才队伍建设总体规划，形成一支专职为主、专兼结合、数量充足、素质优良的工作力量。

《意见》将组织教师和大学生年度人物等评选表彰写入其中第二部分（强化思想理论教育和价值引领）。这是对中国高等教育学会辅导员工作研究分会连续 9 年开展全国高校辅导员年度人物评选表彰活动的肯定和认可，也是继 2013 年、2014 年习近平总书记、刘延东副总理分别接见辅导员年度人物后的又一次鼓励和鞭策。

全国高校思想政治工作会议的召开和《意见》充分体现了党中央对大学生思想政治教育工作和高校辅导员队伍建设的高度重视，极大地鼓舞了辅导员的士气，推动了辅导员队伍建设和发展再上一个新台阶。

（二）教育主管部门着力推动高校辅导员队伍建设

教育部领导也对辅导员队伍的建设发展高度重视，采取多项措施、研究制定政策，以推进大学生思想政治教育和高校辅导员队伍建设发展。教育部领导多次就大学生思想政治教育工作发表讲话，就完成立德树人的根本使命、深刻把握社会主义核心价值观内涵、高校培育和践行社会主义核心价值观、做好高校宣传思想工作、加强高校网络建设和宣传思想工作的队伍建设等作出重要指示。

1. 深入实施《高等学校辅导员职业能力标准（暂行）》

2014 年 3 月，教育部颁布实施《高等学校辅导员职业能力标准（暂行）》（以下简称《标准》），《标准》分职业概况、基本要求、职业能力标准三个部分。《标准》主要对高校辅导员职业概况、基本要求和各职业等级能力标准进行了规范与要求。《标准》指出，辅导员是高校教师队伍和管理队伍的重要组成部分，具有教师和干部的双重身份，是开展大学生思想政治教育的骨干力量。辅导员应具备思想政治教育工作相关学科的宽口径知识储备，具备较强的组织管理能力和语言、文字表达能力，及教育引导能力、调查研究能力等。应按照政治强、业务精、纪律严、作风正的标准选聘辅导员。《标准》要求，高校辅导员应将爱国守法、敬业爱生、育人为本、终身学习、为人师表作为职业守则，应在基础知识、专业知识和法律法规知识方面不断拓宽储备，努力提高职业素养和职业能力。《标准》从初、中、高三个职业能力等级，对高校辅导员在思想政治教育、党团和班级建设、学业指导、日常事务管理、心理健康教育与咨询、网络思想政治教育、危机事件应对、职业规划与就业指导、理论与实践研究九方面辅导员职业功能的工作内容进行了梳理和规范，对辅导员在不同职业功能上应具备的能力和理论知识储备提出了明确要求。

2015 年至今，各级教育行政部门将《标准》作为本地区辅导员队伍建设的基本依据，建立辅导员队伍建设质量保障体系，完善辅导员选聘、考核、退出等管理制度，保障辅导员合法权益，形成科学有效的辅导员队伍管理和督导机制，组织开展了《标准》的学习宣传活动。各高校紧密结合实际，制订了贯彻落实《标准》的具体措施，规范辅导员工作职能设置，制订辅导员准入标准，完善辅导员培养培训方案，设立辅导员培训专项经费，加强辅导员专业发展规划，注重辅导员职业理想与职业道德教育，健全辅导员工作绩效考核和管理机制。各级辅导员培训和研修基地围绕《标准》建立健全科学系统的辅导员培养培训课程体系和核心课程，推进高质量辅导员培训教材编写，进一步规范辅导员培训内容，增强辅导员培训针对性和实效性。广大高校辅导员深刻理解《标准》基本理念，准确把握《标准》主要内容，落实《标准》各项要求，把《标准》作为提高自身专业发展水平的行为准则，爱岗敬业，增强专业化、职业化发展的自觉性。

2. 修订印发《普通高等学校辅导员队伍建设规定》

2017 年，教育部修订印发《普通高等学校辅导员队伍建设规定》，推进落实中央文件中关于高校思想政治工作人员和党务人员、辅导员岗位设置和配备的硬性要求，积极探索完善“双化”建设、“双线”晋升的有效途径和办法，继续实施思想政治教育中青年杰出人才支持、高校辅导员在职攻读博士学位等专项计划，加大高校思想政治工作队伍培训力度，强化抓党建和思想政治工作的职责和意识，提高辅导员的思想水平和工作能力，使他们真正成为开展高校思想政治工作、引导学生成长成才、维护学校和谐稳定的中坚力量。

3. 贯彻实施《普通高等学校辅导员培训规划（2013—2017）》

2013 年 5 月，教育部颁布实施《普通高等学校辅导员培训规划（2013—2017）》（以下简称《规划》）。《规划》的制定旨在全面落实《教育规划纲要》，进一步提高辅导员培养培训质量，深入推进辅导员队伍建设。《规划》明确了培训目标、培训内容和培训任务。到 2017 年，要基本形成适应高等教育发展需要、符合辅导员成长成才规律、规范科学的培训机制，基本构建起内容完善、形式多样、科学合理的培训体系，为全面提高辅导员队伍服务高等教育质量提升和高校学生全面发展的能力奠定坚实基础。

4. 召开现场会，部署全国高校辅导员队伍建设工作

为进一步推进辅导员队伍专业化、职业化建设，提升大学生思想政治教育工作质量，加强高校辅导员队伍建设，教育部每年举办全国高校辅导员工作现场会。现场会充分展示了优秀辅导员的先进事迹和精神风貌，总结部署辅导员队伍建设工作，对进一步推动高校辅导员队伍的专业化、职业化建设，切实提高大学生思想政治教育的针对性和实效性，发挥了重要作用。

2015 年 5 月，全国高校辅导员工作现场会在重庆师范大学召开，教育部思想政治工作司领导出席现场会，会议表彰了第七届“全国高校辅导员年度人物”和提名奖获得者，以及第四届全国高校辅导员职业能力大赛决赛获奖选手和代表队，总结布置了全国高校辅导员队伍建设工作。

2016 年 5 月 27 日，全国高校辅导员工作现场会在大连理工大学召开，时任教育部党组副书记、副部长杜玉波及教育部思想政治工作司领导出席。杜玉波发表重要讲话，对广大辅导员爱国奉献的优秀品质、情系学生的高尚师德、甘为人梯的思想情操、潜心育人的专业能力给予了充分肯定和高度赞扬。他同时强调，实现“两个一百年”奋斗目标和中华民族伟大复兴的中国梦，迫切需要高等教育更有效地提供人才和智力支撑，迫切需要广大辅导员更有作为、更有担当。今后一段时期，希望广大辅导员在深化理论武装、工作质量提高、职业能力提升上下功夫，进一步加强基础知识的积累、专业知识的研修、实务知识的把握以及职业能力的修炼，真正成为学生思想问题的解惑者、专业学习的指导者、人生发展的导航者和生活心理的关怀者，努力培养中国特色社会主义合格建设者和可靠接班人，为全面建成小康社会，实现中华民族伟大复兴中国梦作出新的更大贡献。会议表彰了第八届“全国高校辅导员年度人物”和提名奖获得者，以及第五届全国高校辅导员职业能力大赛决赛获奖选手和代表队。会议还进行了优秀辅导员工作交流，全场辅导员进行了庄严宣誓。

2017 年 6 月 17 日，全国高校辅导员工作现场会在北京交通大学召开。会议学习贯彻习近平总书记系列重要讲话和全国高校思想政治工作会议精神，回顾总结了近年来高校辅导员队伍建设工作的成绩和经验，对深入推进高校辅导员队伍建设作出新的部署。教育部党组成员、部长助理刘大为出席会议并讲话。刘大为充分肯定了辅导员队伍建设取得的成绩。他指出，辅导员工作的质量，直接关系到高校思想政治工作的质量，关系到人才培养的质量，关系到我国高等教育的整体质量，意义重大，影响深远。他希望高校辅导员立足高站位，深入学习贯彻习近平总书记系列重要讲话精神和治国理政新理念新思想新战略，积极传播科学理论，模范践行立德树人，努力成为贯彻落实思政会精神的排头兵；着眼高质量，学习把握规律，提升工作科学性、聚焦重点环节，提升工作实效性，努力成为提高工作科学化水平的先锋队；坚持高标准，着力提升理论素养和研究能力，提升工作的创新创造能力，努力成为专业化职业化建设的先行者，以优异成绩迎接党的十九大胜利召开。会议对“全国高校辅导员年度人物”和提名奖获得者、第六届高校辅导员职业能力大赛获奖者进行了表彰。与会辅导员共同宣读了辅导员誓词，表达了献身教育事业、恪守职业规范、提升专业素养、服务学生成长的信心和决心。

5. 实施多项高校辅导员培养培训计划

（1）开展辅导员骨干培训。教育部思想政治工作司每年委托高校辅导员培训和研修基地、有关高校和培训中心开办辅导员骨干培训班。2015 年，教育部高校辅导员培训研修基地、全国高校心理健康教育与咨询示范中心等 36 个单位开展了 36 期全国高校辅导员骨干培训班，培训辅导员 4 000 余名。2016 年，教育部高校辅导员培训研修基地、全国高校心理健康教育与咨询示范中心等 34 个单位开展了 34 期示范培训班，培训辅导员骨干 2 000 余名。2016 年教育部思想政治工作司依托相关省市教育部门共建 8 个高校辅导员发展研究中心。分别与国家教育行政学院、高等教育出版社共建辅导员网络学院和辅导员网络培训中心，研制开发辅导员网络培训核心课程，扩大辅导员高水平培训的覆盖面。2017 年，36 个教育部高校辅导员培训研修基地以及全国高校辅导员发展研究中心等单位开办了 36 期师范培训班，培训辅导员骨干 2 000 余名。

（2）推动辅导员工作研究。教育部思想政治工作司每年开展教育部人文社会科学研究专项任务项目（高校思想政治教育工作）的申报和评选工作，以进一步加强高校思想政治工作研究，提高辅导员开展科学研究的积极性，为辅导员开展学术研究提供更多的机会和资源。项目设一类课题、二类课题、辅导员骨干专项课题，其中辅导员骨干专项课题由高校一线专职辅导员自拟题目申报。2015 年，共立项一类课题 10 项，二类课题 84 项，辅导员骨干项目 98 项。2016 年，共立项一类课题 19 项，二类课题 67 项，辅导员骨干项目 74 项。

（3）实施高校辅导员在职攻读博士学位计划。教育部自 2016 年起将“高校辅导员在职攻读思想政治教育专业博士学位专项计划”更名为“高校辅导员在职攻读博士学位专项计划”，增设管理学、心理学培养专业。教育部各高校辅导员培训和研修基地承担了辅导员博士的招生、培养、管理等工作。综合素质高、工作能力强、善于科研创新并有志于长期从事大学生思想政治教育的高校优秀辅导员和学生工作骨干均可报考。2015 年“高校辅导员在职攻读博士学位专项计划”共招生 150 人。2016 年“高校辅导员在职攻读博士学位专项计划”共招生 150 人。2017 年“高校辅导员在职攻读博士学位专项计划”共招生 150 人。

（4）选派学生工作骨干赴海外研修。教育部思想政治工作司和国家留学基金委员会每年从高校选拔学生工作骨干赴英国、澳大利亚等国家高校进行为期 3 个月的研修，这对培养高素质的学生工作人才队伍具有重要意义。2015 年，教育部选派 90 人，分别到英国雷丁大学和澳大利亚国立大学研修。2016 年，教育部选派 80 人，分别到英国雷丁大学和澳大利亚国立大学研修。

（5）实施高校辅导员访问学者计划。教育部思想政治工作司从2014年起，实施“高校辅导员访问学者计划”，选拔政治素养高、专业发展基础好、科研能力和学术水平强的辅导员赴教育部高校辅导员培训和研修基地及有关高校进行为期3～6个月的访学研修。访学期间制订了科研计划，参加科研活动，发表学术论文，对提升辅导员的研究能力大有裨益。2015年，教育部各高校辅导员培训和研修基地及有关高校共接收辅导员访问学者30余人。2016年，教育部各高校辅导员培训和研修基地及有关高校共接收辅导员访问学者30人。

（6）实施“思想政治教育中青年杰出人才支持计划”（以下简称“支持计划”）。教育部思想政治工作司从2014年起实施“思想政治教育中青年杰出人才支持计划”，旨在全面加强思想政治教育队伍建设，引导和鼓励中青年思想政治教育工作者注重理论水平和综合素质的提升，探索和创新实践工作模式，培养一批坚持正确的政治方向、工作业绩突出、学术水平较高、理论宣讲能力较强的名嘴、名家，推出一批理论联系实际的有影响力、说服力的名篇、名著，提升思想政治教育科学化水平，并给予经费支持。全国普通高等学校从事思想政治教育研究和实践的相关人员包括高校辅导员都可以申报。2015年，共有10人入选“支持计划”，9人入选“支持计划”培育对象。2016年，共有10人入选“支持计划”，10人入选“支持计划”培育对象。

（7）培育辅导员工作精品项目。教育部思想政治工作司每年开展高校辅导员工作精品项目培育建设工作，围绕高校辅导员工作职责，重点培育和资助一批高校辅导员教育教学工作项目，引导高校辅导员加强工作研究、深化实践成效、提升理论素养，促进辅导员工作规范化、精品化、科学化，推动辅导员队伍专业化、职业化建设，提升大学生思想政治教育工作质量。对高校辅导员在教育教学过程中形成的好经验、好做法，包括辅导员课程和日常思想政治教育工作进行评审和建设，并给予经费支持。2015年9月，教育部思想政治工作司印发《教育部高校辅导员工作精品项目培育建设管理办法（试行）》，对精品项目的申报、评审和管理作出了明确要求。2015年，教育部思想政治工作司共评选出35项精品项目并予以支持。2016年，教育部思想政治工作司共评选出36项精品项目并予以支持。

（8）加强辅导员基层实践锻炼。为加强高校辅导员队伍建设，完善辅导员选拔使用和培养锻炼机制，提高辅导员服务基层意识与能力，《教育部办公厅关于加强高校辅导员基层实践锻炼的通知》要求加强高校辅导员基层实践锻炼。各地各高校要注重在具有基层工作经验的青年人才中选拔配备辅导员，教育部5年内将选派500名高校辅导员参加国家基层服务项目。各地各高校要注重从参加过大学生志愿服务西部计划、大学生村官计划、“三支一扶”计划、特岗教师计划等基层服务项目，具有丰富基层实践经验的优秀人才中选拔一定比例的辅导员，着力提高辅导员队伍中具有基层实践经历人员的结构比例，形成注重基层工作、重视实践经验的高校辅导员选拔使用工作体系。同时，要把有基层工作经验作为学校辅导员选拔的参考条件列入相关政策规定中。2015年10月，教育部会同共青团中央部门选派15名高校辅导员参加志愿服务西部计划，开展基层青年工作和社会管理等工作。

6. 加强高校辅导员培训和研修基地等工作载体建设

为进一步加强辅导员基地建设与管理，提高辅导员培训和研修质量，教育部思想政治工作司每年对 21 个辅导员培训和研修基地工作情况进行考核，考核每个基地每年在组织机构建设、经费投入、辅导员培训、人才培养、科研活动等方面的工作情况，并组织召开基地工作会议，共同研讨交流基地建设发展。2017 年，教育部思想政治工作司围绕贯彻落实全国高校思政会精神这一核心任务，加强工作统筹和整体推进，拓展工作载体功能，在现有培训基地、研究中心的基础上，丰富宣传思想、维护稳定等研究培训职能，建立健全激励机制，充分调动积极性、主动性和创造性，发挥对高校思想政治工作的支撑作用。同时，筹备建立高校思想政治工作委员会，组织一批在高校思想政治工作方面经验丰富、卓有建树的领导、专家担任顾问、委员，为高校思想政治工作把关定向、把脉会诊，作为高校思想政治工作的重要智库，发挥思想库和智囊团的作用。

7. 注重总结辅导员队伍培育成果

在教育部领导下，各省（自治区、市）教育工作部门对辅导员队伍建设予以高度重视，并投入了大量的精力建设辅导员队伍。积极组织辅导员参与各项全国性的活动、培训和交流，做好省（自治区、市）内辅导员的评比、培训、展示等各项活动，为辅导员的发展创造条件和机会，提供支持和保障。在此基础上，全国各地的优秀辅导员模范典型不断涌现出来。

（三）行业组织积极推动高校辅导员队伍发展

2008 年 7 月，中国高等教育学会辅导员工作研究分会成立（以下简称研究分会），研究分会秘书处设在山东大学，目前研究分会共有 124 个理事单位。研究分会成立以来，在教育部思想政治工作司指导下，研究分会围绕加强辅导员队伍专业化、职业化建设，推动辅导员成长发展，在全国范围内举办了一系列活动，就辅导员队伍建设和大学生思想政治教育等问题进行了深入研讨，搭建了高校辅导员工作交流和形象展示的平台，拓展了辅导员事业，提升了辅导员业务能力和学术水平，一大批优秀的辅导员在这个过程中涌现出来，成为全国高校辅导员队伍的榜样。研究分会还密切加强与各省（自治区、市）级教育工作部门、各高校的联系，加强工作上的沟通与配合，积极为他们开展工作提供服务，赢得了他们的认可和支持。

1. 第七、八、九届“全国高校辅导员年度人物”评选

为深入推进高校辅导员队伍专业化、职业化建设，宣传高校优秀辅导员的先进事迹，展示全国高校辅导员队伍建设的优秀成果，激励广大辅导员认真履行立德树人的崇高使命，在教育部思想政治工作司指导下，研究分会连续开展了九届“全国高校辅导员年度人物”评选活动。活动得到了各地、各高校的广泛关注，各省（自治区、市）教育工作部门、各高校积极准备，踊跃推荐，并对参评辅导员的思想政治素质和道德情操，以及履行职业守则，开展大学生思想政治教育工作的情况，按照专业化、职业化发展的要求成长发展的情况等进行了全面考查，注重提炼辅导员工作中的亮点以及在培养学生成为社会主义事业合格建设者和可靠接班人这一过程中的特色和成绩。第七、八、九届“全国高校辅导员年度人物”评选活动均开展了入围、提名和终评答辩三个阶段的评审。

活动评选出第七届“全国高校辅导员年度人物”11 人，提名奖 39 人，入围奖 150 人；第八届“全国高校辅导员年度人物”11 人，特别荣誉奖 1 人，提名奖 39 人，入围奖 150 人；第九届“全国高校辅导员年度人物”10 人，提名奖 40 人，入围奖 142 人。获奖辅导员都是长期在高校院（系）一线直接从事大学生思想政治教育工作的在编在岗辅导员，具有较高的职业能力和专业水平，在为人师表、爱岗敬业、无私奉献等方面有突出表现，广受师生好评。

（1）获奖辅导员的年龄分布。

①第七届“全国高校辅导员年度人物”11 人中，30～49 岁的 7 人，40～49 岁的 1 人，50～69 岁的 3 人。其中，最年轻的是出生于 1984 年的复旦大学辅导员钟妮，年龄最大的是出生于 1963 年的西南民族大学辅导员王高凤。

②第八届“全国高校辅导员年度人物”11 人中，20～29 岁的 3 人，30～39 岁的 6 人，40～49 岁的 1 人，50～59 岁的 1 人。其中，最年轻的是生于 1988 年的云南大学辅导员朱丹，年龄最大的是生于 1966 年的克拉玛依职业技术学院辅导员吐尔逊麦麦提·艾麦提江。

③第九届“全国高校辅导员年度人物”10 人中，20～29 岁的 1 人，30～39 岁的 7 人，40～49 岁的 2 人。其中，最年轻的是生于 1989 年的清华大学辅导员马冬昕，年龄最大的是生于 1968 年的西南政法大学辅导员简敏。

这三届年度人物中，以 30～39 岁的辅导员为主体。他们年富力强，而且工作有基础、有积累，肯干事，有创新精神，在工作中更容易取得成效。

（2）从事辅导员工作时间情况。

①第七届“全国高校辅导员年度人物”11 人中，从事辅导员工作 4～8 年的 1 人，8 年以上的 10 人。时间最短的是陕西科技大学辅导员李萌（6 年），最长的是中南大学辅导员张金学（27 年）。

②第八届“全国高校辅导员年度人物”11 人中，从事辅导员工作 4～8 年的 6 人，8 年以上的 5 人。时间最短的是安徽大学辅导员王慕清（4 年），最长的是大连理工大学辅导员杨雪岩（22 年）。

③第九届“全国高校辅导员年度人物”10 人中，从事辅导员工作 4～8 年的 2 人，8 年以上的 8 人。时间最短的是清华大学辅导员马冬昕（5 年）、北京交通大学辅导员张琪（5 年），最长的是西南政法大学辅导员简敏（19 年）。

《高等学校辅导员职业能力标准（暂行）》规定，辅导员职业能力标准分为初、中、高级，其中，中级辅导员一般工作 4～8 年，高级辅导员一般工作 8 年以上。按此标准，这几届年度人物均具备了中级以上辅导员的工作年限要求。特别是工作时间超过了 8 年的辅导员，他们具有丰富的实践经验，具备一定的理论水平和学术修养，更容易在大学生思想政治教育工作的某一领域取得研究或实践成果，成为辅导员工作的专家。

（3）获奖辅导员的学历学位情况。

①第七届“全国高校辅导员年度人物”11 人中，学位为学士的 1 人，学位为硕士的 9 人，学位为博士的 1 人。

②第八届“全国高校辅导员年度人物”11 人中，学位为学士的 2 人，学位为硕士的 9 人。

③第九届“全国高校辅导员年度人物”10 人中，学位为学士的 1 人，学位为硕士的 9 人。

这三年年度人物的学历水平较高。近年来，一大批高学历人才充实到辅导员队伍中，各地各高校大力实施辅导员学历学位提升计划，辅导员的学历学位水平有了显著提高。

（4）获奖辅导员的职务职称情况。

①第七届“全国高校辅导员年度人物”11 人，行政职务为科级以下的 1 人，科级 5 人，副处级 4 人，正处级 1 人。职称方面，初级以下职称的 1 人，中级职称 6 人，副高级职称 4 人。

②第八届“全国高校辅导员年度人物”11 人中，行政职务为科级以下的 5 人，科级 5 人，副处级 1 人。职称方面，初级及以下职称的 4 人，中级职称 5 人，副高级职称 1 人，正高级职称 1 人。

③第九届“全国高校辅导员年度人物”10 人中，行政职务为科级以下的 2 人，科级 5 人，副处级 3 人。职称方面，初级及以下职称的 1 人，中级职称 3 人，副高级职称 5 人，正高级职称 1 人。

三届年度人物中，大多数辅导员行政职务在科级及以上，职称多为中级及以上，他们工作经验丰富，也积累了一定的成果，便于更好地指导开展学生教育管理服务工作。

（5）获奖辅导员所属高校情况。

①第七届“全国高校辅导员年度人物”11 人中，教育部及其他部属高校 7 人，地方高校 4 人，高职高专类院校无人当选。

②第八届“全国高校辅导员年度人物”11 人中，教育部及其他部属高校 5 人，地方高校 6 人，高职高专类院校无人当选。

③第九届“全国高校辅导员年度人物”10 人中，教育部及其他部属高校 5 人，地方高校 4 人，还有 1 人为陕西省新疆籍少数民族学生专职辅导员，此届年度人物中，高职高专类院校有 1 人当选。

三届年度人物评选考虑了不同地域、不同类别、不同层次高校间的平衡。

（6）获奖辅导员的总体特征。

总体而言，获评“全国高校辅导员年度人物”的辅导员都具有坚定正确的政治方向和过硬的思想政治素质。他们热爱辅导员工作，理想信念坚定，道德品质高尚，恪守职业规范，情系学生成长；能够遵循思想政治工作规律、教书育人规律和学生成长规律，创新开展大学生思想政治教育工作。他们是引导学生树立社会主义核心价值观的坚定信仰者、积极传播者、模范践行者，培养学生成为德才兼备、全面发展的社会主义事业合格建设者和可靠接班人；按照专业化、职业化的方向不断完善发展自我，专业素养和职业能力突出，工作开展得有特色、有亮点。以第九届“全国高校辅导员年度人物”10 人为例，有 3 人在开展网络思想政治教育方面成效显著，有 1 人在开展学生情感教育方面成效显著，有 1 人在开展学生家访方面成效显著，有 2 人是专家型辅导员，有 1 人是少数民族学生专职辅导员，有 1 人是高职院校学生辅导员，有 1 人是双肩挑辅导员。他们在各自的工作领域均创新开展了有实绩的品牌活动和工作，成为辅导员中的先锋模范，起到了榜样示范带动作用。

2. 第四、五、六届全国高校辅导员职业能力大赛

为深入贯彻落实党的十八大精神，贯彻落实习近平总书记系列重要讲话精神，推动《高等学校辅导员职业能力标准（暂行）》和《普通高等学校辅导员培训规划（2013—2017 年）》的贯彻实施，进一步加强高校辅导员队伍专业化、职业化建设，提升大学生思想政治教育质量，在教育部思想政治工作司的指导下，研究分会每年举办全国高校辅导员职业能力大赛。

从第三届大赛起，实行分赛区复赛，旨在扩大比赛参与面和选手获奖面。第三届大赛分初赛、复赛和决赛三个阶段。初赛由各省级党委教育工作部门负责，各地各高校结合实际自行开展；复赛以分赛区比赛的形式进行，全国共分六个分赛区，由有关省级党委教育工作部门、有关高校共同承办；决赛由教育部思想政治工作司指导，中国高教育学会辅导员工作研究分会主办，中共辽宁省委高校工委、大连理工大学承办。复赛和决赛项目分为笔试（包括基础知识测试、网文写作）、主题班会、案例分析、主题演讲、谈心谈话等 5 个环节。

2015 年 5 月，第四届全国高校辅导员职业能力大赛决赛中，燕山大学段磊、北京科技大学孙晓丹和南京师范大学沈菲获得一等奖，重庆师范大学冯志根等 17 名选手获得二等奖，武汉科技大学王媛媛等 20 名选手获得大赛三等奖；浙江等 10 个代表队获团体奖，北京等 10 个代表队获优秀组织奖。

2016 年 5 月，第五届全国高校辅导员职业能力大赛决赛中，大连理工大学辅导员王一、福建师范大学周延锋、河南农业大学朱瑞萍等 3 名选手获得一等奖，东华大学屈喆等 18 名选手获得二等奖，东北财经大学金鑫等 45 名选手获得三等奖；天津代表队等 10 个代表队获得团体奖，北京代表队等 10 个代表队获得优秀组织奖。

2017 年 6 月，第六届全国高校辅导员职业能力大赛决赛中，燕山大学王银思、华东交通大学刘一南、陕西科技大学王雪婧、郑州大学胡波、中国矿业大学马成成 5 名选手获得一等奖，华东师范大学俞虹等 15 名选手获得二等奖，陕西科技大学张钦峰等 49 名选手获得三等奖；陕西代表队等 10 个代表队获得团体奖，北京代表队等 10 个代表队获得优秀组织奖。

（1）从比赛内容来看，辅导员理论素养不断提升。

大赛对马克思主义理论、中国特色社会主义理论体系、习近平总书记系列重要讲话精神和治国理政新理念新思想新战略、全国高校思想政治工作会议精神、思想政治教育专业知识、党团和班级建设、学业指导、日常事务管理、网络思想政治教育、职业生涯规划与就业指导、心理健康教育、危机事件应对等相关工作领域的理论和知识，相关法律法规知识，党和国家以及大学生思想政治教育领域重要文件精神等进行了考查。从比赛成绩来看，辅导员对理论知识的掌握水平越来越高，理解越来越深刻，灵活运用理论的能力也不断提升，这在参赛选手的比赛成绩中得以体现。

（2）从比赛过程来看，辅导员的职业能力明显提高。

近年来，随着辅导员专业化、职业化建设的不断推进，特别是《高等学校辅导员职业能力标准（暂行）》颁布实施以来，高校辅导员按照专业化、职业化的要求，不断提高自身职业能力，取得了很好的效果，这在职业能力大赛中体现出来。比如选手在案例分析环节、谈心谈话环节，参赛辅导员按照提供的案例和场景，运用相关学科的知识，分析问题、解决问题，表现出较高的专业化水平，展现了辅导员专业化建设的成果，展示了优秀辅导员的风采。

（3）从比赛组织来看，大赛越来越科学规范。

①近年来，教育部思想政治工作司、中国高等教育学会辅导员工作研究分会不断完善比赛内容，规范比赛程序，提高全国高校辅导员职业能力大赛水平，专门编制了《全国高校辅导员职业能力大赛规程》，还每年研究制订当年的工作方案，规定了比赛内容、环节、参赛选手、奖项设置、比赛纪律等，确保大赛有据可依，有法可循，也为各地各高校组织开展初赛、复赛和参赛提供了参考。

②全国高校辅导员职业能力大赛比赛环节。第一届大赛决赛第一阶段设自我介绍与展示（3 分钟）、基础知识测试、微博写作、主题班会（15 ~ 18 分钟）、案例分析和谈心谈话环节。第二届大赛第一阶段设自我介绍与展示（3 分钟）、基础知识测试、博文写作、主题班会（12 分钟）、案例分析、主题演讲和谈心谈话等环节。第一届和第二届大赛没有设置分赛区复赛。第三届大赛复赛和决赛设自我介绍与展示（3 分钟）、基础知识测试、博文写作、主题班会（10 分钟）、案例分析（6 分钟）、主题演讲（5 分钟）和谈心谈话（10 分钟）等七个环节，复赛采取按照区域分为六个分赛区。第四、五、六届大赛复赛和决赛第一阶段设笔试（基础知识测试、网（博）文写作）、主题班会（10 分钟）、案例分析（5 分钟）、主题演讲（5 分钟）、谈心谈话（6 分钟）等环节，取消了自我介绍与展示环节，从第四届起把博文写作改为网文写作，并与基础知识测试合并为笔试环节。每个环节的时间设置固定，过程完善，便于选手准备和评委打分，受到各界的普遍认同。

③各地各高校认真按照教育部要求组织选手参加比赛，从第四届起大赛设置优秀组织奖，表彰组织选手得力、选手风貌良好、遵守比赛纪律、比赛成绩良好的各省级代表队。

（4）从比赛成绩来看，辅导员对职业能力大赛各环节的把握情况不同。

以第五届大赛决赛成绩为例，选手对基础知识的把握相对较差。笔试总分为 100 分，选手最高得分 87. 17 分，最低得分 39. 46 分，平均得分 59. 81 分；66 名选手中，得分 80 分以上的只有 1 人；60 分以下选手 33 个，半数不及格。这反映出选手对基础理论知识把握还不够。

其他环节方面，不同年龄的选手对比赛内容把握也有差异。年轻选手在基础知识测试、主题演讲等方面的得分要高于年龄大的选手；而在案例分析、谈心谈话方面，则逊于年龄大的选手。

（5）从获奖选手来看，女辅导员、年轻辅导员获奖人数较多。

第五届全国高校辅导员职业能力大赛获得一、二、三等奖的选手共 66 人，其中，女辅导员 41 人，男辅导员 25 人，女辅导的比例为 62. 1%，明显高于男辅导员。第五届全国高校辅导员职业能力大赛决赛一等奖选手平均年龄 30. 33 岁，全部 66 名选手平均年龄 30. 06 岁，年龄最大的 35 岁，最小的 26 岁。整体上看，获奖选手呈现出年轻化、工作时间较短的特点。

3. 2015 和 2016 年度全国高校辅导员工作优秀论文评选

为了推进《普通高等学校辅导员队伍建设规定》《高等学校辅导员职业能力标准（暂

行)》的贯彻实施，推动高校辅导员队伍专业化、职业化建设，在教育部思想政治工作司指导下，研究分会开展了 2015 和 2016 年度全国高校辅导员工作优秀论文评选活动。

2015 年全国高校辅导员工作优秀论文评选活动，共评选出一等奖 23 篇，二等奖 43 篇，三等奖 61 篇。2016 年全国高校辅导员工作优秀论文评选活动，共评选出一等奖 18 篇，二等奖 28 篇，三等奖 88 篇。获奖论文第一作者参加了全国高校辅导员思想政治工作研讨会暨第八届全国高校辅导员工作创新论坛，获奖论文择优在研究分会会刊《高校辅导员》发表。

4. 全国高校辅导员思想政治工作研讨会暨第八届全国高校辅导员工作创新论坛

为了引导高校辅导员加强工作研究，提升理论素养，提高工作科学化水平，在教育部思想政治工作司指导下，研究分会于 2017 年 1 月 7—10 日在云南大学举办了全国高校辅导员思想政治工作研讨会暨第八届全国高校辅导员工作创新论坛。2015 年度、2016 年度全国高校辅导员工作优秀论文评选活动中的获奖论文第一作者紧密围绕“加强思想引领，落实立德树人根本任务”进行交流探讨，教育部思想政治工作司有关领导作论坛主报告，全国思想政治教育中青年杰出人才支持计划入选者代表、相关高校学工部长在论坛上作主旨发言。

5. 开展辅导员国内高校交流活动

按照教育部《高等学校辅导员职业能力标准（暂行)》和《普通高等学校辅导员培训规划（2013—2017 年)》的有关规定要求，强化实践教育，搭建辅导员多岗位锻炼平台，推进高校辅导员队伍专业化、职业化建设，研究分会组织开展了辅导员国内高校交流活动。

2015 年组织开展了第十二期、第十三期辅导员国内高校交流活动，共征集交流岗位 368 个，派出 126 名辅导员进行跨校工作交流。2016 年组织开展了第十四期、第十五期辅导员国内高校交流活动。共征集交流岗位 396 个，为 150 名辅导员提供了跨校工作交流和多岗位锻炼的机会。2017 年上半年，第十六期辅导员国内高校交流活动，共征集交流岗位 313 个，为 86 名辅导员提供了交流机会。

辅导员国内高校交流活动有效地整合了教育资源，促进了校际交流与合作，取得了良好的效果。参加交流的高校范围不断扩大，既有教育部直属高校，也有省（自治区、市）所属院校；既有“985”“211”工程院校，也有普通院校；既有本科院校，也有高职高专院校；既有公办高校，也有民办高校。来自不同类别、不同层次高校的辅导员，在第二校园开阔视野、交流经验、丰富经历、学习本领，个人工作能力、专业化水平等得到全方位提升。

6. 进一步完善高校辅导员队伍信息管理系统建设

受教育部思想政治工作司委托，研究分会开发了全国高校辅导员信息管理系统。该系统融辅导员信息采集、检索、统计、管理功能为一体，能够及时、准确、全面地提供全国高校辅导员信息，对辅导员信息进行实时统计和动态管理，为辅导员开展活动、科学研究提供数据信息支持。

系统第一阶段已经完成了教育部直属 75 所高校辅导员队伍的信息采集和统计工作，2016 年完善了“优秀论文申报”“年度人物申报”等评先评优通道的建设，进一步增强了信息系统的功能和用户黏度。2017 年 5 月，在试点开展了第一批辅导员信息采集录入工作的基础上，面向全国高校辅导员开展信息录入工作。录入工作由教育部思想政治工作司指导，中国高等教育学会辅导员工作研究分会、各省级教育工作部门和各高校具体协调组织开展。录入时间为 5 月中旬—6 月下旬，录入对象为全国普通高等学校全体专兼职辅导员。教育部直属高校在 2015 年第一次信息录入基础上，对当前辅导员信息进行更新完善，其他部属高校和地方高校全面开展辅导员信息录入工作。

7. 辅导员工作理论探索和工作研究

（1）研究分会积极发挥教育智库作用，开展辅导员队伍建设和大学生思想政治教育工作方面的研究，承担了教育部委托课题《高校辅导员职业能力标准》《高校辅导员誓词及核心价值观研究》《基于信息管理系统构架的高校辅导员网络文化建设管理机制研究》《文化传承创新与学生素质培养研究》《高校辅导员队伍建设研究》《高校辅导员职业能力标准研究》《高校辅导员职业发展标准研究》《大学生思想政治教育机制建设》等研究工作。出版了《大学生人格培育学》《大学生思想政治教育学》《大学生发展指导学》《大学生事务管理学》《高校学生工作探索与实践》《高校学生工作概论》《高校网络思想政治教育》等书籍，在 CSSCI、中文核心期刊发表学术研究论文多篇，并被中国人民大学复印报刊资料收录，被《新华文摘》等杂志转载。

（2）研究分会在秘书处所在地山东大学开展山东大学辅导员职业培训等级认定工作，面向山东大学全体辅导员连续开展了 2011—2017 年度的职业培训和认定工作，制订并修订了《山东大学辅导员职业培训实施办法》。通过专题讲座、课程学习、课题研究、培训班论坛、工作研究沙龙、访问学者活动、国内高校交流、校外境外研修、实践锻炼、国内考察等方式对辅导员进行知识培训和工作能力培训。培训分为初级培训、中级培训和高级培训三个等级，每年对辅导员进行上一年度的培训等级认定，以相应的培训等级证书为资格凭证。培训等级证书是辅导员专业技术职务评聘及申报相应等级辅导员的必要条件。

一般情况下，获得初级培训证书的辅导员，方可申报思想政治教育系列中级专业技术职务（博士研究生毕业后从事辅导员工作须获得岗前培训证书方可申报思想政治教育系列中级专业技术职务）和初级辅导员；获得中级培训证书的辅导员，方可申报思想政治教育系列副高级专业技术职务和中级辅导员；获得高级培训证书的辅导员，方可申报思想政治教育系列高级专业技术职务和高级辅导员。同时，培训等级证书也将作为辅导员考评、优秀辅导员评选和辅导员职务晋升的重要参考。开展山东大学辅导员职业培训等级认定的实践和研究为教育部制定《高校辅导员职业能力标准（暂行）》以及全国高校辅导员信息管理系统的建设提供了理论依据和智力支持。

8. 办好学术期刊《高校辅导员》

《高校辅导员》自 2010 年 4 月创刊以来，始终坚持正确的办刊方向，坚守自己的办刊特色，严把期刊的政治质量和学术质量，紧贴大学生思想政治教育和高校辅导员队伍建设前沿，努力将理论性与实践性相结合，刊发了一批高水平的文章，为广大思想政治教育工作者，尤其是辅导员朋友们搭建了工作研究与理论创新的平台。

迈 8 年来，《高校辅导员》已出刊 44 期。编辑部制订了选稿标准，健全了约稿、审稿、发稿等管理制度，严格执行三审三校制，不断强化编辑人员业务能力。期刊的办刊水平稳步提升，影响力逐步扩大，得到了业界的较高认同。期刊订阅、赠阅量达到 1.3 万册，复合影响因子、综合影响因子、人文社科影响因子均进入同类学科前 50%，入选《中国学术期刊影响因子年报》统计源期刊；被引频次和 web 下载量不断提升，影响力不断扩大。编辑部及时做好样刊缴送工作，对国家总书库文献收藏作出贡献，国家图书馆专门致函予以感谢。

《高校辅导员》期刊被教育部社会科学司指定为“高校马克思主义学术理论期刊”，被教育部思想政治工作司指定为“全国高校辅导员工作研究指导性期刊”；通过了国家新闻出版广电总局 2016 年第二批学术期刊认定，进入我国学术期刊名录，为下一步参评国家精品学术期刊奠定了不可或缺的基础。在教育部社会科学司指导、高校马克思主义理论期刊联盟主办的“2015 年度高校马克思主义理论影响力论文”推选活动中，《高校辅导员》推荐的《〈共产党宣言〉对大学生思想政治教育的启示》一文成为 10 篇入选论文之一。在“2016 年度高校马克思主义理论影响力论文”推选活动中，《高校辅导员》刊发的两篇文章再度荣获“2016 年度高校马克思主义理论影响力论文”，产生了良好的学术影响和社会效益。《高校辅导员》刊发的多篇文章被《人大复印资料》收录。

2016 年 11 月 5 日，《高校辅导员》编辑部召开了期刊发展推进会。教育部社会科学司出版管理处处长田敬诚出席会议并讲话。《高校辅导员》主编、山东大学党委副书记仝兴华出席会议并致辞。山东省委高校工委副巡视员刘欣堂，南开大学党委副书记、副校长杨克欣，山东大学副校长胡金焱，《文史哲》《中国高教研究》《中国高校社会科学》《人大复印资料·思想政治理论课教学研究》《华西口腔医学》《学校党建与思想教育》等知名期刊的负责同志，全国大学生思想政治教育领域的知名学者、专家和《高校辅导员》期刊的作者、读者代表参加会议并作主旨发言。

《高校辅导员》组织开展了“2016 年度影响力论文”评选活动，活动旨在进一步深入贯彻落实全国高校思想政治工作会议和中共中央、国务院《关于加强和改进新形势下高校思想政治工作的意见》精神，推出一批有广泛学术影响和实践价值的优秀论文，鼓励优秀作者更好地发挥人文社科类学术期刊在高校立德树人主阵地中的作用，促进高校思想政治工作的理论创新和实践探索。参评论文为 2016 年发表在《高校辅导员》上的全部文章，推选出政治方向正确、有较强的思想引领作用、社会反响大、有较高理论价值和较强的现实指导意义、符合学术规范的《高校辅导员》“2016 年度影响力论文”10 篇。

《高校辅导员》还发布了 2017 年度重点选题，旨在提高《高校辅导员》办刊质量，发挥期刊阵地作用，加强思想政治工作重点问题研究，加强思想引领，促进高校思想政治工作理论创新，推动高校思想政治工作队伍建设，提升大学生思想政治教育工作科学化水平。“学习贯彻全国高校思想政治工作会议和中共中央、国务院《关于加强和改进新形势下高校思想政治工作的意见》精神”“以习近平同志为核心的党中央治国理政新理念新思想新战略研究”“立德树人，加强思想理论教育和价值引领研究”等 13 个选题为年度重点选题。

9. 建立完善联系机制及网站微信等平台建设

（1）为密切与广大辅导员的联系，及时了解和掌握辅导员工作情况，加强信息沟通和工作研判，研究分会从全国高校遴选一批辅导员担任联系人，作为实施辅导员联系机制的骨干力量。联系人与研究分会开展信息交流，及时提出辅导员工作的意见建议，展示辅导员工作经验，促进资源共享。目前共有来自全国各高校的 160 名辅导员担任联系人。

（2）“高校辅导员”网站是中国高等教育学会辅导员工作研究分会唯一的官方网站，旨在推送辅导员活动信息，展示各地辅导员风采，交流辅导员工作经验。网站设置了“通知公告”“最新动态”“交流平台”“风采展示”“工作研究”“职业培训”“政策法规”等专题栏目，还设置了《高校辅导员》“期刊回顾”栏目，并在首页设计了高校辅导员信息管理系统登录入口。网站得到全国高校辅导员的广泛关注和好评。

（3）“高校辅导员”微信公众号设立于 2015 年 11 月 3 日，是中国高等教育学会辅导员工作研究分会唯一的官方微信公众号，旨在关注辅导员成长发展，搭建辅导员交流平台，推进辅导员队伍专业化、职业化建设。微信公众号设置了“最新资讯”“职业先锋”“学工风采”“期刊专栏”“通知公告”“学习园地”等专题栏目，信息丰富，定位准确，推送及时，得到了全国高校辅导员的广泛关注和好评。微信公众号发布的关于学习贯彻全国高校思想政治工作会议精神和中央 31 号文件精神的学习交流内容，在广大辅导员中引起强烈的反响，激发了广大辅导员们学会议和文件精神，做优秀思想政治工作者的工作热情，文章转载量不断提高，截至 2017 年 5 月 31 日，共有关注人次 13 603 人次，共推送图文信息 96 幅（条），累计阅读人次 541 587 人次。2016 年 5 月和 2017 年 3 月，在山东大学官方微信每月定期推送的 176 家校园新媒体联盟成员单位综合影响力排行榜中，“高校辅导员”微信公众号综合排名第二位，仅次于山东大学官方微信公众号。其中，2017 年 3 月，“高校辅导员”微信公众号最高阅读量的推文以 33 283 次人排名第一。

通知公告专栏共发布推文 29 条，推送全国高校辅导员职业能力大赛、全国高校辅导员年度人物评选、辅导员国内高校交流活动、全国高校辅导员思想政治工作研讨会、全国高校辅导员工作创新论坛、全国高校辅导员工作优秀论文评选等辅导员热切关注的信息。职业先锋专栏共发布推文 25 条，推送了一批优秀辅导员的典型事迹和工作感悟，发挥榜样的示范带头作用，展现辅导员先锋风采。高校辅导员专栏共发布推文 10 条，推送了重要选题、在线投稿系统、各期杂志目录，第一时间将有关思想政治教育工作的最新的理论、实践研究呈现给大家。学工风采专栏共发布推文 9 条，展示各地各高校思想政治工作的先进经验与典型做法，聚焦于思想理论教育、工作队伍建设、文化育人工作、网络思想教育、实践育人工作、学生党团建设、心理健康教育等方面内容。

研究分会与清华大学、上海市教卫工委等共同建设“社会主义核心价值观协同创新中心”，申报《高等学校创新能力提升计划》（《2011 计划》），并承担了“高校社会主义核心价值观教育主阵地队伍建设平台”的建设，承办了协同创新中心工作预备会，参加了“社会主义核心价值观协同创新中心”战略推进会。研究分会今后将继续参与协同创新中心的申报和建设工作。注重成果产出，加强发展研究。构建平台管理运行机制，设计平台组织架构，优化平台建设资源配置，组织平台建设协同单位，健全主阵地队伍建设相关标准，繁荣辅导员文化。

（四）高校辅导员队伍专业化、职业化建设成效

1. 高校辅导员队伍整体规模及结构日趋优化

各地各高校始终把建设一支高素质的辅导员队伍，作为进一步加强和改进大学生思想政治教育工作的重中之重，深刻认识到加强辅导员队伍建设的重要性和紧迫性，强化组织领导，制定政策措施，落实责任分工，建立起了一套辅导员选拔、培养、激励、保障的体制机制，使辅导员工作条件、发展空间、待遇保障不断改善，辅导员队伍的年龄结构、学历结构、知识结构日趋合理。

目前，全国高校辅导员人数已达13.6万多人，全国普通本专科学生为2 600万余人。从整体上看，普通本专科生一线专职辅导员岗位设置师生比基本达到1∶200。2015年，研究分会依托高校辅导员信息管理系统，对教育部75所直属高校进行了辅导员信息的录入以及统计分析工作，完成录入辅导员9 997人的各类信息30余万条；2017年上半年研究分会对75所直属高校辅导员进行了信息更新统计，采集更新了12 453名辅导员的信息。

根据此次统计，目前75所高校辅导员队伍中，岗位性质方面，专职辅导员为8 751人，占70.3%，专兼职比例比较合理。女性为6 738人，男性5 697人，男女比例比较合理。政治面貌方面，中共党员为11 957人，占96%，辅导员队伍整体政治素质过硬，这也与《高等学校辅导员职业能力标准（暂行）》对辅导员政治面貌的要求相契合。辅导员队伍整体学历层次比较高。一支专兼结合，规模及结构日趋优化，政治强、业务精、纪律严、作风正的辅导员队伍已经基本形成。

2. 高校辅导员的专业素养和职业能力不断提升

近年来，辅导员获得了更多机会参加培养培训、境外研修、挂职锻炼、访学交流，参与全国高校辅导员年度人物评选、全国高校辅导员职业能力大赛、全国高校辅导员工作优秀论文评选、全国高校辅导员工作创新论坛等活动，参与“思想政治教育中青年杰出人才支持计划”、高校辅导员工作精品项目培育建设工作等专项计划，获得了更多的学历提升机会。辅导员的专业素养和职业能力不断提升，整体素质得到了全面提高，一大批优秀辅导员典型涌现出来。九年来，共有92人被评为“全国高校辅导员年度人物”，2人荣获“全国高校辅导员年度人物”特别荣誉奖，338人获“全国高校辅导员年度人物”提名奖，1 151人获“全国高校辅导员年度人物”入围奖。在75所部属高校的辅导员中，有222人次获得“全国高校辅导员年度人物”称号及提名奖、入围奖，829人次在全国高校辅导员职业能力大赛复赛及决赛中获奖。188人次被评为省级以上优秀辅导员，111人次被评为省级以上优秀团干部，125人次被评为省级以上思想政治教育先进个人，644人次被评为省级以上社会实践优秀指导教师，79人次获评省级以上科技创新优秀指导教师。辅导员的工作成绩获得各界肯定，在高校完成立德树人根本任务，培养社会主义合格建设者和可靠接班人的过程中发挥了十分重要的作用。

（1）辅导员的学历层次不断提升。教育部每年开展辅导员在职攻读博士学位专项计划，为更多辅导员的学历提升提供了机会。专项计划选拔综合素质高、工作能力强、善于科研创新并有志于从事大学生思想政治教育的优秀辅导员在职攻读博士学位，每年全国还有数千名辅导员攻读思想政治教育专业硕士学位。辅导员的学历层次不断提升，也为辅导

员的专业发展尤其是科研能力和学术素养的提升提供了有力的支撑。

（2）辅导员的理论水平不断提升。每年举办的全国高校辅导员职业能力大赛，对辅导员掌握马克思主义理论、中国特色社会主义理论体系、习近平总书记系列重要讲话精神和治国理政新理念新思想等进行了全面考查，这对辅导员的理论水平提出了很高的要求。从比赛结果来看，参赛辅导员对以上理论的掌握越来越扎实，运用越来越熟练，理论和实践结合得越来越紧密。

（3）辅导员的表达表现能力不断增强。表达表现能力的提升是辅导员队伍整体素质提升的直接表现。近年来全国高校辅导员职业能力大赛的案例分析、主题演讲、谈心谈话情景再现环节，以及全国高校辅导员年度人物评选的终评答辩、全国高校辅导员工作创新论坛的主论坛发言，条理清晰、逻辑严谨、语言流畅、仪态大方，分析问题技巧娴熟、鞭辟入里，表达表现能力不断增强。在全国高校辅导员职业能力大赛的博文写作环节，常有主题鲜明、观点精辟、思想深邃的高水平文章出现，这些文章对大学生日常学习生活中出现的问题进行了及时有效的引导。

（4）辅导员的科研能力不断增强。教育部在《人文社会科学研究专项任务项目（高校思想政治工作）》中，专门设立针对专职辅导员的研究项目，鼓励支持辅导员骨干开展思想政治教育研究。各地各高校也设立了辅导员课题研究专项经费，用于支持辅导员开展工作研究。在每年举办的全国高校辅导员工作优秀论文评选活动中，出现了大批理论水平高、思维连贯、语言流畅、说理透彻的高水平论文，得到评审专家的一致肯定。辅导员参加高水平课题的人次不断增加以及高水平论文的不断涌现是辅导员科研能力增强的直接体现。

（5）辅导员的创新能力不断提升。在教育部举办的辅导员工作精品项目培育建设工作中，在全国高校辅导员工作论坛的主论坛发言中，辅导员实际工作中的典型案例、创新举措以及成功经验大量涌现，这些跃动的灵感和闪光的经验都是辅导员开展创新实践的直接成果，推动了大学生思想政治教育工作的创新发展。

（6）辅导员运用新媒体开展大学生思想政治教育的能力不断增强。随着科技和网络的迅猛发展，以微信、微博为代表的新媒体因其独特的优势赢得了大学生群体的喜爱。辅导员能够紧跟时代和学生的特点，不断拓展大学生思想政治教育的内容和形式。辅导员能够克服传统的课堂讲授的弱点，运用新媒体增加更多翔实、生动的教育内容，教育方式也更加灵活多样；能主动及时发布相关主题微信、微博，传播先进文化和主流思想，并主动融入学生中，与学生交流互动，增强了大学生思想政治教育工作的时效性和有效性。

（7）辅导员维护校园和社会安全稳定的能力进一步增强。近年来，在开展学生日常思想政治教育和管理的过程中，辅导员积极承担责任，不辱使命，分析和应对复杂形势和局面，及时解决困难和问题。比如，在历年全国高校辅导员年度人物评选中，涌现出一大批来自边疆或少数民族地区的辅导员，他们维护社会稳定，维护民族团结，反对民族分裂，成为边疆或少数民族地区辅导员的佼佼者。

3. 高校辅导员工作科学化水平不断提升

（1）辅导员的工作内容不断深化。新时期辅导员工作面临来自方方面面的挑战，对辅导员的工作提出了更高的要求。辅导员工作兢兢业业，认真履责，帮助学生树立正确的世界观、人生观和价值观，帮助学生养成良好的道德品质，提高学生的思想认识和精神境界；经常开展谈心谈话活动，有针对性地帮助学生处理好学习成才、择业交友、健康生活等方面的具体问题；了解和掌握高校学生思想政治状况，针对学生关心的热点、难点问题，及时进行教育和引导，化解矛盾冲突；及时处理突发事件，维护校园安全和稳定；落实对家庭经济困难学生资助的有关工作，积极帮助经济困难学生完成学业；积极开展就业指导和服务工作，为学生提供高效优质的就业指导和信息服务；以班级为基础，以学生为主体，开展形式多样的教育活动，做好经常性的思想政治工作等。

（2）以培育和践行社会主义核心价值观为引领，开展了一系列卓有成效的工作。辅导员们着力开展教育引导工作，把社会主义核心价值观教育融进学生日常的学习生活中；设立专题网页或模块，充分发挥新媒介的社会主义核心价值观传播功能；将社会主义核心价值观作为党团日、主题班会的重要内容；注重文化熏陶，发掘优秀传统文化的滋养作用和先进文化的引领作用；开展志愿服务和社会实践，将社会主义核心价值观外化于行。在高校培育和践行社会主义核心价值观活动中，辅导员成为骨干中坚力量，发挥了关键作用。

（3）辅导员工作方法不断创新。新形势下，面对来自各方面尤其是网络社会和新媒体带来的挑战，辅导员在工作方法上不断创新，工作手段不断更新。辅导员适应新时代的发展，及时更新观念，主动学习网络知识，不断提高自身的综合素质和网络思想政治教育能力；转变教育模式，积极搭建新媒体教育空间，搭建与学生交流的新平台；利用新媒体加强学生思想教育，积极引导学生正确使用网络和新媒体；努力提升自身媒体素养，以熟练运用新媒体技术开展思想政治教育工作。

4. 高校辅导员队伍建设的研究不断深入

全面贯彻落实全国高校思想政治工作会议精神，推进高校辅导员队伍职业化、专业化建设，加强和改进高校思想政治工作，成为辅导员高校辅导员队伍建设研究的重点。

（1）高校辅导员能够结合党和国家大政方针和辅导员队伍建设的实际情况，开展相关研究的能力越来越强。比如能够结合《高等学校辅导员职业能力标准（暂行）》和《普通高等学校辅导员培训规划（2013—2017年）》的颁布实施，及时开展相关研究探讨，积极为辅导员队伍建设建言献策。

研究领域进一步拓展，不仅仅局限在思想政治教育学科，还拓展到马克思主义理论、哲学、政治学、教育学、社会学、心理学、管理学、伦理学等学科。研究视角进一步新化、细化、深化，能够基于社会主义核心价值观、职业能力标准、人的全面发展、四阶段理论、现代人力资源管理、需要层次理论、知识管理等，开展辅导员队伍专业化、职业化建设的研究。

（2）辅导员所开展的研究不局限于理论层面，而更多的是研究大学生思想政治教育和学生教育管理服务中某一个专题或工作节点，深挖细究，开展精细化研究。关于学生教育管理的中外比较研究和案例分析研究也逐年增多。

以我国高校辅导员队伍和辅导员制度为对象的研究也逐渐增多，主要涵盖了高校辅导员群体特质、高校辅导员自身专业素养和职业能力提升、高校辅导员制度变迁等，梳理了辅导员群体及辅导员制度在我国产生和发展的过程，对辅导员的角色定位、工作职责、能力要求等进行了概括和界定。特别是在《高等学校辅导员职业能力标准（暂行）》颁布实施后，针对辅导员职责的进一步明确、细化，辅导员职业准入、培养培训、考核、激励制度等研究日趋增多。

三、关注高校辅导员队伍建设的实践问题

（一）高校辅导员队伍有待进一步配齐建强

2016 年 12 月，中共中央、国务院印发《关于加强和改进新形势下高校思想政治工作的意见》，强调要配齐建强思想政治工作队伍和党务工作队伍。高校思想政治工作队伍和党务工作队伍具有教师和管理人员双重身份，要纳入高校人才建设队伍总体规划，完善选拔、培养、激励机制，形成一支专职为主、专兼结合、数量充足、素质优良的工作力量。《普通高等学校辅导员队伍建设规定》要求专职思想政治工作人员和党务人员应不低于全校师生人数的 1%，每个院（系）至少配备 1 至 2 名专职组织员；按师生比不低于 1∶200 的比例设置本、专科一线专职辅导员岗位，师生比不低于 1∶350 的比例设置专职思想政治理论课教师岗位。青年教师晋升高一级专业技术职务（职称），须有至少一年担任辅导员或班主任工作经历并考核合格。选聘校内名师兼职担任辅导员或班主任。推动高校思想政治工作队伍和党务工作队伍专业化职业化建设，探索职务职级“双线”晋升办法和保障激励机制，实行职务（职称）评审单列计划、单设标准、单独评审。选聘党政机关和企事业单位党员领导干部、专家学者以及老干部、老战士、老专家、老教师、老模范，从事高校思想政治工作或党务工作。

但目前仍有一些高校未按照文件要求和大学生思想政治教育的规律设置相应数量的辅导员岗位，存在辅导员带学生过多、师生比超过了 1∶200 的情况。部分高校辅导员的缺口仍然较大，这给辅导员深入细致地开展学生工作，以及辅导员自身的成长发展都带来困难。辅导员容易陷入烦琐的学生事务中，在自身专业化、职业化发展上投入的精力受到限制。

《中共中央国务院关于进一步加强和改进大学生思想政治教育的意见》（中发〔2004〕16 号）提出，可以采取专兼职结合的方式来配备辅导员，兼职辅导员一般从优秀教师、研究生和高年级学生党员中选用，他们是专职辅导员开展工作的有益补充。《普通高等学校辅导员队伍建设规定》要求“每个班级都要配备一名兼职班主任”，但在辅导员队伍的专兼职比例上，不少高校存在兼职辅导员比例较大的问题。有些高校由于学生工作压力大，受制于学校体制的问题，专职辅导员配备得少，只能靠兼职老师来应对局面。很多高校采取的方式是新进专职教师或是硕士研究生、博士研究生，当一年或两年的兼职辅导员。兼职辅导员在自身定位上会和专职辅导员有差别，工作态度、工作能力、工作方法也需要有一个适应过程，而且他们一般兼职时间不长，刚刚熟悉了工作就不做了，又要新人来补充，工作缺乏连续性和衔接性，这对辅导员队伍的可持续发展和学生的成长成才都是不利的。在 75 所部属高校中，专职辅导员的占比为 70. 3%，但有部分高校专职辅导员的占比低于 70%，因此专职辅导员队伍仍需大力培养，进一步扩充。

辅导员队伍流动性较快，在特定年龄阶段下发展压力较大。教育部 75 所直属高校中，年龄在 30 岁以下的辅导员占 51.4%，40 岁以下的占 86.3%。辅导员队伍的整体年龄结构偏年轻，这对辅导员队伍专业化、职业化发展，对于辅导员自身成长发展都是非常不利的。这些数据也在一定程度上表明，辅导员队伍的流动性较快。年轻辅导员经过一段时间之后没有沿着职业化的道路走下去成为骨干、专家，没有把辅导员作为终生事业坚持下去，很多辅导员选择了转岗。有的高校今年才招了的新辅导员，没干几年就转岗了，又必须重新招一批来补充，没有形成科学合理的梯队，影响了辅导员队伍的可持续发展。这些特定因素也产生了辅导员经济收入较低、专业技术职务提升较慢等一系列问题，这与学校没有将辅导员纳入教师培养序列、辅导员自身发展受限有关。

（二）高校辅导员专业水平和职业素养有待提升

（1）高校辅导员学科背景不够专业，学历水平仍待提升。辅导员作为大学生思想政治教育工作的中坚力量，必须政治过硬、素质全面，具备较高的学历层次和完备的知识结构。目前，辅导员学历提升的空间较大，辅导员的培养力度还需大力加强。然而，许多学校在招聘辅导员时仅对辅导员的学历水平有限制，没有关注辅导员的学科背景，这导致辅导员中思想政治教育、教育学、心理学专业出身的辅导员较少，也给辅导员入职以后的培训培养以及辅导员为学生提供更专业的学业指导、就业指导、生活指导等带来了较大的挑战。

（2）高校辅导员开展学术研究的层次水平有待提升。在课题研究方面，辅导员参与项目和课题研究的层次需要提升，这也需要各级教育主管部门、相关行业组织等为辅导员设立更多高层次的课题研究项目，为辅导员开展学术研究提供平台和空间。

在学术成果评比、奖励方面，不少辅导员缺乏研究成果参加各级别评比的意识，辅导员应增强这方面意识。在职称评定和职务晋升时，应有效利用自身的研究成果为自己的发展助力，积极积累成果，并将研究成果运用到实际工作中。

在成果发表方面，75 所高校的辅导员共在核心期刊上发表文章 862 篇，在 CSSCI 期刊上发表文章 693 篇，出版著作 594 部，总体来看辅导员人均成果产出率较低，辅导员的科研能力和水平有待提高，这与目前辅导员和大学生思想政治教育工作领域高水平期刊较少有关。辅导员需要着力增强自身开展高水平研究的能力水平，有关部门也需要对辅导员和大学生思想政治教育工作领域的期刊予以大力支持，为辅导员高水平研究成果的发表提供平台和条件。

（三）高校辅导员工作的科学化水平有待提高

辅导员的工作重心应该是对大学生进行思想政治教育，为社会主义事业培养合格建设者和可靠接班人。辅导员要从繁重的事务性工作中抽身出来，有针对性地开展大学生思想政治教育。同时，许多辅导员只顾开展工作，忽视了对自身成长发展的关注。理论学习、业务学习和科学研究欠缺，缺乏对学生进行科学指导的能力，也耽误了自身的成长发展。面对新形势，辅导员的工作方法也需要不断改进。网络时代的到来，给辅导员工作带来了更多挑战。有些辅导员工作方法老套、观念过时、交流生硬、不贴近学生实际，工作步履维艰。辅导员应更新观念，转变方式方法，增强工作效率和工作针对性；适应时代发展，不断提高综合素质，学会搭建网络平台，加强舆论引导，传播先进文化，提升网络思想政治教育能力；以学生为本，加强人文关怀，做学生的人生导师和知心朋友。

（四）高校辅导员队伍培训的水平和质量有待加强

《中共中央、国务院关于加强和改进新形势下高校思想政治工作的意见》强调要制定落实高校思想政治工作队伍和党务工作队伍培训计划。《普通高等学校辅导员培训规划（2013—2017 年）》（以下简称《规划》）指出：到 2017 年，基本形成适应高等教育发展需要、符合辅导员成长成才规律、规范科学的培训机制，基本构建起内容完善、形式多样、科学合理的培训体系，为全面提高辅导员队伍服务高等教育质量提升和高校学生全面发展的能力奠定坚实基础。国家、省级、高校三级辅导员培训有序开展，国家级骨干示范培训 5 年达到 1 万人次，省级培训 5 年内实现轮训一遍，校级培训实现全员化、全覆盖要求。要实现符合辅导员职业特点、成长规律、发展需求的辅导员能力标准基本建立，培训课程体系更加规范完备，学历提升、社会实践、国内交流、海外研修等培训项目更加丰富，培训方式创新不断深入，培训评估制度更加成熟完善。继续依托国家教育行政学院、教育部高校辅导员培训和研修基地等单位举办全国高校辅导员示范培训，每年培训 2 000 人次，重点向中西部地区、民族地区高校和民族院校倾斜。各省（自治区、市）教育工作部门要加大省级辅导员培训力度，确保每一名专职辅导员每 5 年参加 1 次国家级或省级培训。高校要加强辅导员系统培训，每年开展不少于 4 次的校级培训，积极选送辅导员参加校外培训。新任辅导员上岗前，要参加不少于 40 个学时的岗前培训。辅导员在岗期间每年要参加不少于 16 个学时的在岗培训。

目前国家对辅导员的培训越来越重视，在政策和资源上予以大力扶持，辅导员在自身成长发展的过程中，也越来越需要高水平、高层次的培训，为其发展助力。而且在许多有关辅导员的评奖评优中，也把辅导员参加高水平培训的情况作为重要的考量因素，如近年全国高校辅导员年度人物评选就将参加过省级以上专业培训、专业素养突出作为报名条件之一，并在评选时予以重点考虑。教育部《关于加强高等学校辅导员、班主任队伍建设的意见》要求，专职辅导员在职攻读学位和国内外业务进修，应纳入学校教师培训计划，享受学校有关政策鼓励。

目前，75 所部属高校 12 453 名辅导员，共有 19 761 人次参加过校级以上培训，其中校级培训 6 863 人次，省级培训 7 942 人次，国家级培训 4 956 人次。参加培训的人次以及质量和水平都有待提升。近年辅导员参加培训的情况，从“全国高校辅导员年度人物”报名的情况来看，许多辅导员仍然缺乏省级以上的培训经历，参加培训的形式也比较单一，接触的培训资源不够丰富，离《规划》的要求还有较大差距。尤其是中西部地区、民族地区高校和民族院校参加高水平培训的机会较少，与东部高校和“985”“211”高校的辅导员相比有较大差距。许多高校的辅导员参加的培训并不系统，获得的培训信息比较零散，没有实现培训全员化、全覆盖；有些培训也没有完全贴合辅导员的职业特点、发展规律和成长需求，课程体系需要进一步完善，培训形式需要进一步创新。

对骨干辅导员的培养来说，高水平的培训尤其重要。在“全国高校辅导员年度人物”

评选、全国高校辅导员职业能力大赛、全国高校辅导员工作优秀论文评选活动过程中，从辅导员的表现来看，高水平的培训对于提升辅导员的职业能力和专业素养，提升辅导员的科研创新水平和综合素质尤为重要。辅导员在各项全国活动中表现出来的素质短板也急需高水平培训来弥补和提升，这需要各级教育主管部门和高校高度重视。

另外，目前高等学校辅导员中，参加过国内交流和境外交流，参加过国家公派留学和海外短期培训，参加过各类学术会议和论坛的辅导员人次，相比于全国 13.6 万名辅导员总数来说仍是凤毛麟角。从辅导员参加学习培训的主题来看，各级各类培训中的工作实践探讨占总培训次数的比例较大。可见，辅导员的职业培训存在总量少、覆盖率低、理论指导性缺乏等问题。各级教育工作部门和高校要提供辅导员的国内外交流研修机会，拓展辅导员的视野，为辅导员的成长发展提供更广阔的平台。

（五）高校辅导员待遇有待提高

《中共中央国务院关于加强和改进新形势下高校思想政治工作的意见》强调，要推动高校思想政治工作队伍和党务工作队伍专业化职业化建设，探索职务职级“双线”晋升办法和保障激励机制，实行职务（职称）评审单列计划、单设标准、单独评审；要建立完善大学生思想政治教育专职队伍的激励和保障机制；要采取有力措施，着力建设一支高水平辅导员、班主任队伍，学校要从政治上、工作上、生活上关心他们，在政策和待遇方面给予适当倾斜；要完善思想政治教育队伍的专业职务系列，从思想政治教育专职队伍的实际出发，解决好他们的教师职务聘任问题，鼓励支持他们安心本职工作，成为思想政治教育方面的专家。

《普通高等学校辅导员队伍建设规定》指出，辅导员的培养应纳入高等学校师资培训规划和人才培养计划，享受专任教师培养同等待遇；高等学校应根据辅导员职业能力标准的要求，结合各校实际，制订专门的辅导员评聘教师职务的具体条件，单列指标，单独评审，突出其从事学生工作的特点；高等学校应结合实际，按各校统一的教师职务岗位结构比例合理设置专职辅导员的相应教师职务岗位；辅导员评聘教师职务应坚持工作实绩、科学研究能力和研究成果相结合的原则，对于中级以下职务应侧重考察工作实绩；高等学校可根据辅导员的任职年限及实际工作表现，确定相应级别的行政待遇，给予相应的倾斜政策。

但是，目前许多高校没有落实上述规定或落实规定不彻底，辅导员在职务晋升和职称评定上仍然受到很多限制。

目前，高校辅导员晋升的途径主要是行政职务或专业技术职称，国内许多高校也规定了辅导员“双线”晋升的办法，但仍有一些高校目前没有对辅导员职务、职称上的提升予以足够的重视，许多高校辅导员职务岗位少，设岗的级别低；在职称评定上，许多高校辅导员评定没有单列，名额少，辅导员的发展受到很大限制，影响了辅导员工作的积极性，这对于稳定队伍、培养队伍，推进高校辅导员队伍专业化、职业化建设，提高大学生思想政治教育质量是非常不利的。

在行政职务上，辅导员一般晋升为学工办主任、团总支书记，直至党委副书记。行政级别包括科级、处级及以上。许多学校辅导员在晋升行政职务时，往往面临着岗位过少、晋升空间小等状况。75 所部属高校辅导员中，有正科及以上职务的辅导员为 3 572 人，占比为 28.7%；没有职务的辅导员为 7 713 人，占比为 61.9%。75 所部属高校中有正处职务的辅导员仅为 105 人，副处级辅导员为 1 492 人。

在专业技术职务方面，辅导员可按助教、讲师、副教授、教授要求评聘思想政治教育学科或其他相关学科的专业技术职务。目前，75 所部属高校中具有初级及以下职称的辅导员为 7 212 人，占比为 57.9%；获得高级职称的辅导员凤毛麟角，有正高级职称的辅导员仅为 151 人，有副高级职称的辅导员为 1 013 人。这种状况与辅导员在科研方面投入的精力少，获得的培训机会和科研资源比专职教师要少有关。目前仍有些学校没有把辅导员的职称评定作为一个单独的序列，这也给辅导员在学术上的提升以及专业技术职务上的发展带来了很大困难。

目前许多高校中，辅导员与专业课教师相比，辅导员参加国内国际交流、考察和进修深造、攻读学位、课题申报、各类评奖评优等方面的机会都比专业课教师少，辅导员在学术研究方面的工作和贡献容易被忽视。

《普通高等学校辅导员队伍建设规定》指出，高等学校要积极为辅导员的工作和生活创造便利条件，应根据辅导员的工作特点，在岗位津贴、办公条件、通信经费等方面制定相关政策，为辅导员的工作和生活提供必要保障。《教育部关于加强高等学校辅导员班主任队伍建设的意见》要求，要向重视业务学术骨干一样重视辅导员、班主任的选拔、培养、使用，使他们干事有平台、发展有空间，充分调动他们工作的积极性和创造性，为培养德智体美全面发展的社会主义合格建设者和可靠接班人作出贡献；高等学校要根据实际，将辅导员班主任的岗位津贴等纳入学校内部分配体系统筹考虑，确保辅导员、班主任的实际收入与本校专任教师的平均收入水平相当。但在实际工作中，许多辅导员的岗位津贴相比同院系的专业课教师还存在较大差距；办公条件相对拥挤，通信经费没有保障，科研经费较少；辅导员在待遇上，没有和专业课教师一视同仁，上升空间也有待进一步拓展。这些在一定程度上限制了辅导员队伍职业化、专业化的发展，对队伍整体的长期稳定发展不利。

四、高校辅导员队伍建设的未来展望

加强辅导员队伍建设，对贯彻落实党的教育方针，加强和改进大学生思想政治教育，维护高校和社会稳定，培养社会主义合格建设者和可靠接班人具有重要而深远的意义。探讨新时期辅导员队伍建设的对策，对切实加强和改进新形势下大学生思想政治教育工作，对实现高校人才培养目标有着积极意义。

（一）进一步贯彻落实高校辅导员队伍建设的相关政策文件精神

各地各高校要采取多种形式，深入学习贯彻习近平总书记系列重要讲话精神，深入学习贯彻全国高校思想政治工作会议精神，组织辅导员学习相关政策文件，帮助辅导员深刻理解政策文件的基本理念和内涵，准确把握政策文件的精神，全面落实政策文件的各项要求，把政策文件作为提高自身专业发展水平的行为准则。要将政策文件作为本地区、本高校辅导员队伍建设的基本依据，建立健全辅导员队伍建设质量保障体系，完善辅导员选聘、培养、考核、激励、退出等管理制度，进一步优化辅导员队伍的规模和结构，保障辅导员的合法权益，形成科学有效的辅导员队伍管理和督导机制。要紧密结合实际，制订贯彻落实政策文件的具体措施，进一步规范和明确辅导员工作职能设置，制订辅导员准入标准；完善辅导员培养培训方案，确保辅导员培训经费；加强辅导员专业发展规划，注重辅导员职业理想与职业道德教育，健全辅导员工作绩效考核和管理机制。

要建立考评机制，建立科学合理、有针对性的考评体系，对各高校辅导员队伍建设工作进行考评，并定期开展交流和研讨；继续开展全国大学生思想政治教育工作测评，为进一步加强和改进大学生思想政治教育和辅导员队伍建设提供数据和资料。

（二）进一步加强高校辅导员的培养培训工作

按照《普通高等学校辅导员培训规划》的要求，完善教育部、省（自治区、市）、学校三级培训体系，加强对辅导员培训和研修基地的指导和管理；建设辅导员培训师资专家库，编写出版培训教程和高级研修教材，推进辅导员培训课程体系建设和网络培训平台建设，进一步规范辅导员培训内容，增强辅导员培养培训的针对性和实效性；扩大辅导员培养培训的覆盖面，使更多的辅导员有机会参加高水平的培训研修；继续做好先进典型的宣传表彰及培养工作，各地各校要创新先进典型的学习宣传方式，讲好先进故事、发挥先进作用，同时做好后续的培育工作，使辅导员典型真正发挥模范带头作用；依托教育系统培训资源和优势，积极争取网信部门支持，进一步加强辅导员网络文化建设，提升辅导员的网络素养和新媒体使用能力。

（三）进一步提升高校辅导员的科研能力和工作水平

加强理论研究与实践创新，掌握辅导员工作规律，是提高辅导员科研水平的必由之路。各级教育主管部门、相关行业组织等要为辅导员开展科学研究提供更多的平台和空间，设立更多的课题研究项目供辅导员申报；大力支持辅导员和大学生思想政治教育工作领域的期刊，引导辅导员积极开展创新研究，及时将工作研究转化为成果并予以发表；继续培育建设辅导员工作精品项目，提供更多的辅导员骨干专项研究课题；重点资助一批具有决策咨询价值和推广示范意义的理论和实践成果；开展全国高校辅导员工作优秀论文评选活动，引导一线辅导员树立问题意识，提升理论素养，深化实践成效；辅导员要紧扣时代特征，及时把握大学生思想政治教育的目标、内容、对象、环境等多要素的变化动向和发展趋势，不断发现问题、分析问题、解决问题，加强创新研究，为破解辅导员队伍建设中的重点、难点建言献策。

（四）应对高校辅导员队伍建设中的新问题、新挑战

只有摸清事物的现象和本质，才能有针对性地解决问题。教育主管部门和各高校要密切与广大辅导员的联系，及时了解和掌握辅导员工作情况，及时发现辅导员工作中的经验做法，提出意见建议，帮助辅导员解决实际问题；要更加关注、关爱辅导员群体，针对辅导员群体中易出现、常出现的问题进行调研并认真梳理、研究，并提出应对办法；要让辅

导员从繁重的事务性工作中抽出来身，有针对性地开展大学生思想政治教育工作；要着力打造一支结构合理、专业素质突出、教育与自我教育相结合的心理健康的辅导员队伍，辅导员要做好大学生心理健康工作，学校也要及时关注辅导员的心理状况，使辅导员的负面情绪得到及时释放，避免或减少辅导员心理问题的产生；有条件的地区和高校可以尝试建立辅导员导师制度，在辅导员职业能力和专业素养的提升、日常思想政治教育工作等方面给以指导。

（五）开展全国高校辅导员品牌创新活动

中国高等教育学会辅导员工作研究分会自成立以来，切实发挥了团结全国高校辅导员队伍，加强理论探索和学术研究，交流工作经验，总结工作规律等作用，为我国高校辅导员职业化、专业化建设以及加强和改进新形势下大学生思想政治教育工作作出了贡献。研究分会面向全国高校辅导员开展的各项品牌活动反响强烈，“全国高校辅导员年度人物”评选已经开展了九届，全国高校辅导员职业能力大赛开展了六届，下一步将深入总结经验，完善活动开展机制，分析活动开展效果，宣传各项活动中推出的全国优秀辅导员典型，进一步发挥这两项品牌活动的辐射力和影响力。

研究分会还将继续开展工作创新，完善全国高校辅导员信息管理系统，建立全国高校辅导员信息库，为辅导员队伍建设提供大数据支撑；继续建设完善“高校辅导员”微信公众平台，发布辅导员活动信息，展示辅导员队伍建设成果，反映辅导员意见想法，将其建设成为全国高校辅导员的“意见领袖”平台；创新研究分会会刊《高校辅导员》，召开期刊创新推进会、期刊发行推进会，建立栏目主持人约稿制度，开展期刊年度影响力论文评选，发布期刊年度重点选题，使期刊成为高校辅导员开展学术和思想探讨、发布和展示研究成果的重要园地。

附：辅导员工作研究分会简介

辅导员工作研究分会成立于2007年12月29日，以提升高校辅导员研究水平和实际能力为主要宗旨，注重加强辅导员队伍建设的理论探索和学术研究。分会现任理事长为山东大学原党委书记李守信教授，秘书长为山东大学方宏建教授。分会秘书处办公地址设在山东大学。

第七章

提升校志编纂质量
发挥文化育人功能

——校史研究分会专题报告

盛世修史、懿年纂志。自周朝开始，我国编修地方志已有 3 000 多年的历史。中华人民共和国成立后，新编地方志开始萌芽。20 世纪 80 年代初期，随着中国地方史志协会成立、中国地方志指导小组恢复和《国务院办公厅转发中国社会科学院关于加强全国地方志编纂工作领导报告的通知》（国办发〔1985〕33 号），全国进入了前所未有的“盛世修志”时期。校志是地方志的重要组成部分，是从教育、学校门类的志书中逐渐发展起来，成为学校在一个较长阶段办学和育人工作的资料性著述。受首轮地方志编修热潮的影响，以及高等学校办学历史亟待梳理总结的内在需求，从 1982 年起，各地高校纷纷组建机构，培训人员，启动了首轮校志的编修工作。

作为学校的“百科全书”，校志不仅全面地记述了学校创办、发展的历史进程，而且是学校文化建设的一个重要方面，承载了“资治、教化、存史”的重要作用。纵观 30 余年，校志出版数量和规模空前高涨，但对首轮志书的总结与分析还不多见。如今，首轮修志已呈尾声，第二轮修志又接踵而来，有必要对 30 多年来我国高校校志的编纂情况进行述评，以此反映出全国高校校志的概况和全貌，从中总结经验、揭示规律，为第二轮修志提供有益借鉴。

一、高校校志的纂修概览

截至目前，根据校史研究分会课题组对中国新方志数据库（万方）、国家图书馆、上海图书馆、读秀学术的搜索和对各大学图书馆书目检索系统等平台的检索，共收集到校志 310 种（部分高校出版了一种以上的校志），涉及高等学校（不含港澳台高校）272 所。视野所及，尚未发现 20 世纪 80 年代之前的校志，其中最早的校志刊印年份是 1982 年。

（一）校志名称

从校志名称上看，高校校志大概有以下几类：部分高校以“校名＋志”为名，例如《清华大学志》《华东理工大学志》《浙江工业大学志》《北京电影学院志》《上海医疗器械高等专科学校志》等，名称较为简练；部分高校以“校名＋校（院）志”为名，例如《唐山学院校志》《潍坊医学院院志》《蚌埠医学院院志》等；部分高校在校志名称中添加了时间跨度，以“校名＋年份志”为名，例如《复旦大学百年志》《上海师范大学60年志》《辉煌三十年——开封大学校志》等，突出了学校的重大历史节点，一般多为重要校庆周年纪念；部分高校以“校名＋史志”为名，例如《南京农业大学史志》《烟台工程职业技术学院史志》等。

此外，大部分高校在校志的封面上，会添加起止时间，例如《上海交通大学志（1896—1996）》《北京航空航天大学校志（1952—1992）》《南通大学百年志（1912—2012）》等，都以年为单位，清晰地标注出校志记述的年份上限和下限。还有少部分高校的起止时间精确到月份，例如《东北大学校志（1923.4—1949.2）》《天津职业大学志2002.3—2008.9》。

总体而言，高校校志名称差异较小，以“校名＋志”为名的数量最多，占所有校志的58.9%，而且随着校志的规范化，近年来出版的校志封面都会添加以“年”为单位的起止时间。

（二）高校层次和地区分布

在收集到校志的272所高校中，学校层次涉及985高校、211高校、普通本科院校、专科学院、高职院校、成人高等院校和其他（包括共大庐山分校海会师范学校和华东人民革命大学）。具体数据如图7.1所示。

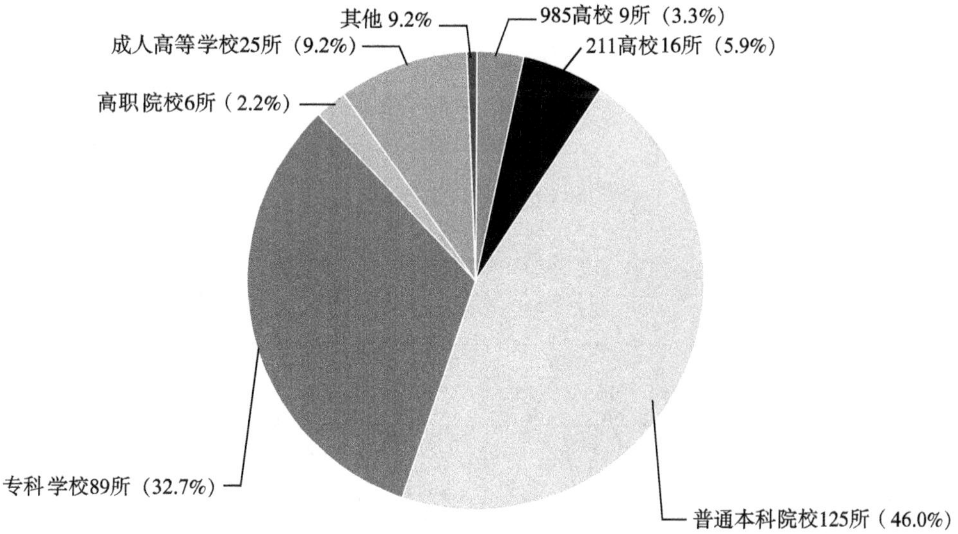

图7.1　高校层次差异

从图7.1数据可以看出，纂写校志的985高校共9所，占全国所有985高校（共39所）的23.1%；211高校（不含985高校）16所，占全国所有211高校（共73所）的21.9%；普通本科院校125所，专科学校89所，高职院校6所，成人高等院校25所，其他院校2所。其中，在所有高校中，有110所学校已合并、改建或更名，有3所学校停办，即中国新闻学院、共大庐山分校海会师范学校和华东人民革命大学。

从地区分布上看，这 272 所高校分布在 28 个省（市、自治区）。具体分布及数据如图 7. 2所示。

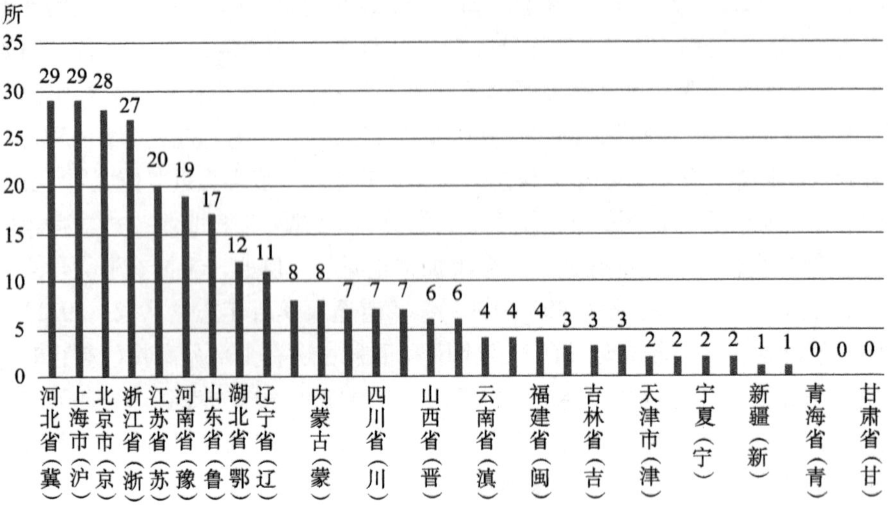

图 7. 2　高校校志地区分布

图 7. 2 的数据显示，河北省和上海市纂修校志的高校数居首，均为 29 所；北京市和浙江省紧随其后，分别为 28 所和 27 所；接下来是江苏省、河南省和山东省，依次为 20 所、19 所和 17 所，其他省（市、自治区）纂修校志的高校数量偏低，除湖北省 12 所、辽宁省 11 所之外，其他均在 10 所以下，这主要与地区的经济状况、学校经费、领导重视程度等因素有关。

（三）校志刊印年份数量

在收集到的 310 种校志中，刊印年份如图 7. 3 所示。

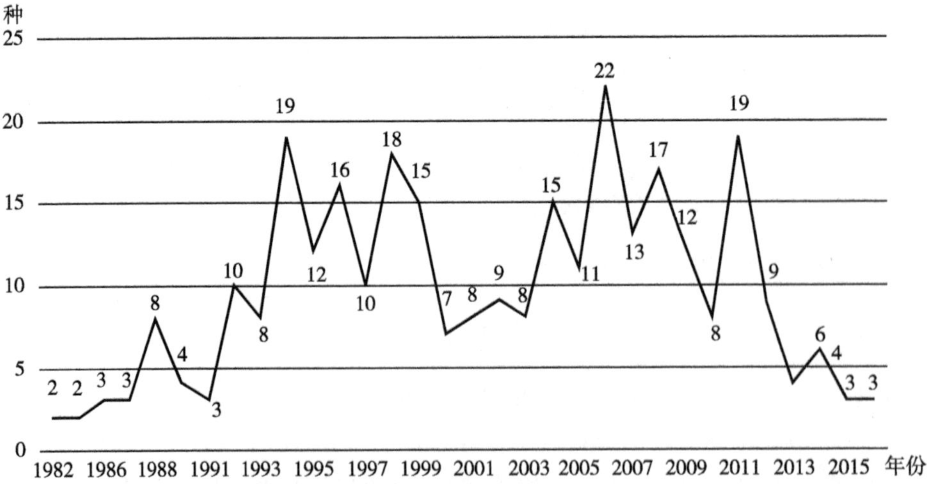

图 7. 3　校志刊印年份和数量

20 世纪 80 年代初期，最早的内部刊印的校志是 1982 年的《山东省建材学院校志（1942—1982）》《中南矿冶学院志（1951—1981）》，第一本公开出版的校志是 1985 年的《复旦大学志》（1905—1949 年版，第一卷）。从图 7.3 可见，1982—1992 年为校志编纂刊印的萌芽时期，校志数量较少；1994—1999 年为校志刊印的第一个高峰时期，共刊印校志 90 种；2000—2003 年进入平缓期；2004—2011 年出现了校志刊印的第二个高峰时期，共刊印校志 116 种。其中，2006 年刊印 22 种校志，其次是 1994 年和 2011 年刊印 19 种，接下来是 1998 年 18 种和 2008 年 17 种。近两年，校志数量逐渐减少，2015 年和 2016 年仅发行校志 3 种。校志刊印数量之所以起伏波动，主要与国内高校发展的阶段性和教育部政策的推动有关。

在 310 种刊印校志中，分为两种情况：一种是公开出版，一种是内部资料，不公开发行。据统计，公开出版的校志 177 种，占全部校志的 57.1%；内部发行的校志 133 种，占全部校志的 42.9%。公开出版发行有利于志书扩大影响、对外宣传，但仍有相当大比例的志书仅作为内部参考资料，究其原因，大致有两点：一是志书的权威性和影响较大，学校对其公开出版较为谨慎，一般先在内部发行征求意见，待接受了时间检验，才考虑正式出版；二是志书受其性质所限，受众面较窄，发行量小，出版商往往需要学校直接支付出版成本费用，而学校苦于这笔规模较大经费的筹备，出版事宜只能作罢。

此外，校志的刊印年份与校志的年份下限之间也存在某种关系。大部分校志的刊印年份与校志记述下限相同，或者相隔 1～2 年，例如《同济大学百年志（1907—2007）》的刊印年份为 2007 年，与其记述下限一致；《北京工业大学志（1960—1998）》的刊印年份是 2000 年，与其记述下限相隔 2 年。但也有部分高校校志的刊印年份与记述下限相隔较远，部分原因是编修志书和审稿都需要一定时间，开始编修校志时确定的记述下限，到校志编修竣工存在一定的时间差，例如《清华大学志》的出版年份是 2001 年，其记述下限是 1993 年，中间相隔 8 年；有部分原因是一些高校已停办，如今为其编修校志是对当时历史的梳理，例如《华东人民革命大学志》的出版发行年份是 1988 年，但其记述下限为 1952 年；还有部分原因，有些高校历史悠久，从办学到开始编修校志时间跨度太大，一本校志无法完全记述，或受编纂时间和人员精力限制，就将其分段编纂，分批刊印出版，例如《复旦大学志》的刊印年份是 1985 年，但其记载的时间段为 1905—1949 年。

（四）校志时间跨度与体量概况

校志是记述一所学校一段时间内的办学和育人工作，这一段时间便是校志的时间跨度。纵观 310 种校志，其中时间跨度从最短的《江南学院志（1997.7—2000.12）》3 年，到《江苏大学志（1903—2011）》最长 109 年不等，但其中以周年为最多，具体情况如图 7.4所示。

从图 7.4 可以看出，跨度为 40 年的校志最多，为 34 种，例如《华东化工学院志（1952—1992）》《上海中医药大学志（1956—1996）》等；跨度为50 年的校志为33 种，例如《杭州电子科技大学志（1956—2006）》《河北机电职业技术学院志（1956—2006）》；跨度为 10 年的校志 29 种，例如《上海大学志（1994—2004）》《巴音郭楞职业技术学院志（2002—2012）》。近些年，不仅历史悠久的高校编修校志，10 年校志和 20 年校志数量也显著增加，这说明大学文化建设越来越得到普遍重视，校志的编修力度也明显加强。

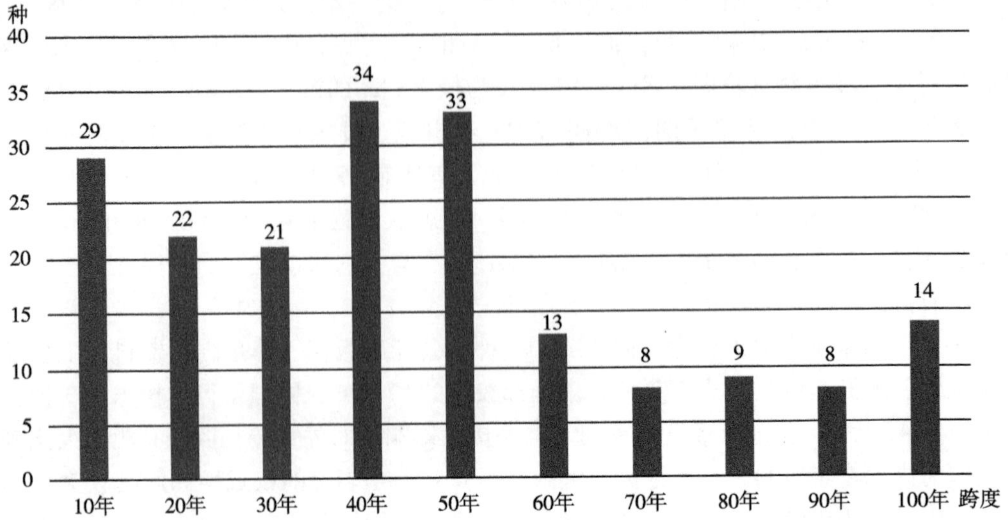

图 7.4　时间跨度差异

跨度为周年的校志数量较多，其原因可以从校志的编写找到答案。校志的编写大致有几种原因：有些是国家、省市的政策出台，高校开始编修校志，例如河南教育学院根据河南省教育厅《关于开展第二届教育志书编修工作的通知》（教科〔2001〕135 号）的精神，决定编修《河南教育学院志》；有些是学校停办或改建，为总结和纪念学校的办学历程而编修校志，例如内蒙古农业学校于 2008 年 3 月正式并入内蒙古大学，为了弘扬、传承内蒙古农业学校的光荣传统和优良作风，学校决定编撰《内蒙古农业学校志（1924—2008)》；但大部分编修校志的原因是为周年校庆"献礼"，据统计，在 310 种校志中，为庆祝建校周年而编写的校志数是 165 种，占所有校志总量的 53.2%，如《北京外国语大学志》"序"中第一句话就表明："为迎接北京外国语大学 60 周年校庆，我们组织编写了这本《北京外国语大学志》。"由此可见，校庆成为编修校志的重要契机。

从校志的规模上看，不同时间跨度的校志，字数也不同，由于 310 种校志数量较大，以部分 985 高校和 211 高校校志为例，探讨校志跨度与字数的关系。具体数据如表 7.1 所示。

表 7.1　部分校志时间跨度与字数（按刊印年份排序）

校志名称	起止时间	跨度/周年	刊印年份	字数/千
《吉林大学史志》	1946—1986	40	1986	160
《中国矿业大学志》	1909—1990	81	1992	546
《云南大学志》	1922—1976	55	1993	200
《南京师范大学志》	1902—1992	90	1994	555
《南京农业大学史志》	1914—1988	74	1994	430
《北京理工大学志》	1940—1993	53	1995	1 073

续表

校志名称	起止时间	跨度（周年）	刊印年份	字数/千
《上海交通大学志》	1896—1996	100	1996	2 200
《上海外国语大学志》	1949—1994	45	1996	1 351
《北京航空航天大学校志》	1952—1992	100	2000	1 133
《北京工业大学志》	1960—1998	38	2000	1 129
《对外经济贸易大学校志》	1951—2000	49	2001	1 324
《清华大学志》（上下卷）	1911—1993	82	2001	1 454
《北方交通大学志》	1909—1997	88	2001	1 600
《华东理工大学志》	1992—2002	10	2002	1 378
《北京中医药大学校志》	1956—1992	36	2002	1 200
《上海大学志》	1994—2004	10	2004	1 650
《复旦大学百年志》（上下卷）	1905—2005	100	2005	3 370
《同济大学百年校志》（上下卷）	1907—2007	100	2007	4 000

从表 7.1 可以看出，校志的字数与时间跨度和刊印年份没有必然的线性关系，而是根据学校的办学内容、特征、校志的记述详细程度等因素而定，但也有一定的趋势，即从《吉林大学史志》160 万字到《同济大学百年校志》（上下卷）的 4 000 万字，随着刊印年份的临近和跨度的增加，校志的体量也有增加的趋势。有些字数较多的校史无法在一本书中呈现，便分为上下卷，例如《清华大学志》《复旦大学百年志》《同济大学百年校志》等。

二、高校校志的文化教育成效

（一）校史校志资料是学校文化建设的重要基石

高校在编写校志的过程中十分重视资料的收集和整理工作，并进行了大规模的调研，这些调研积累了大量丰富的资料。部分高校在已有资料的基础上，进行了资料的筛选、分类整理，编辑成各种专题资料和资料衍生读物，如上海交通大学的《上海交通大学纪事》、东北大学的《东北工学院大事记》等。

校志的史料支撑作用，为高校文化建设提供了更广阔的平台。如上海交通大学在百年校庆之时出版了校志，时间跨度为 100 年，工作人员在校志史料的基础上，深度挖掘每一个历史专题，如人物史、建筑史等；在 2006 年 110 周年校庆之际，出版了近 20 本校史书籍，这些由校志及其资料的衍生读物，不仅为学校的庆典营造了浓厚的充满人文精神的文化氛围，更为学校文化的传承与创新打下了坚实的基础。

经过 30 多年的积累，全国高等学校的校志总量已跃升到 310 余种，其史料价值不言而喻。丰满、厚重的 310 种校志及其书籍资料，正是高校精神文化薪火相传的根基，为感召、鼓舞广大师生员工的责任感、归属感和荣誉感，发挥着凝聚精神、激励理想的作用。

（二）政策助推高校校志编修工作

可以看出，310 种高校校志分布在 28 个省（市、自治区），覆盖面较为广泛，这与国家和各省市校志纂修政策的出台推动关系颇深。1984 年国家教育部发出通知，要求所有“文革”以前建立的高等学校，着手组织力量编写校史。通知发出后，各省（市、自治区）教育厅（局）便纷纷启动史志编修工作。例如：1988 年 12 月，上海市高教局发布了《关于编纂上海市高教志和普通高校志的通知》；1992 年 12 月，北京市高等教育局向各高等院校布置了编写《北京市高等教育志》的任务，并对各校校志的编修工作提出了要求；浙江省教育委员会发布了《关于编写本省各级各类教育中一批代表性学校的校史（志）及一批教育优秀人物事迹简介的通知》；江苏教委发出关于编写校史和大事记的通知。这些文件的出台，进一步推动了高校校志的编修工作，为校志的编纂提供了契机。此外，高校校志成果的推出，得到了高校的普遍支持，转变了以往校志边缘化的局面，为校志服务功能的延伸和校志续修提供了保障。

（三）校史校志纂修队伍逐步扩大

校志的纂修形成了相对规范的模式，同时也培养了一批业务精湛的修志队伍。各高校在确定启动编修校志工作之时，便纷纷成立校志领导小组和校志编纂委员会，并在这些机构的统筹下，调动力量和人员，开展资料收集、编写等工作。例如，清华大学在编修志书时，成立了由党委书记任组长的校志编写工作领导小组，并由校史研究室人员组成校志编写组，在编纂过程中，有 74 个单位 230 余人参加了编纂工作，962 人次查阅了 8 577 卷（次）档案。

上海交通大学成立了由党委书记任组长的校志工作领导小组，先后组织 6 次修志业务培训班，参加人次达 400 余人次；上海大学先后组织队伍，指定专人负责，参加编志的部门 55 个，编采人员 200 余人。校志编撰周期长，覆盖人数多，举办各种培训课程，为校志的编修培养了一批具有一定水平的专业队伍。这支队伍不仅包括在校的青壮年干部，而且还有一大批退居二线的老同志。老同志热心修志事业，对青年同志言传身教，不仅是修志队伍中的重要力量，也是大学精神文化教育的重要传播者。

三、高校校志编撰的问题思考

（一）全国高校校志编撰工作仍有很大空间

在校志总量逐步提升、取得一系列可喜成果的同时，也应该看到，310 种校志涉及的 272 所高校，在全国高等学校中，比例还是很小的一部分。据教育部统计，截至 2017 年 5 月 31 日，全国高校共计 2 914 所，272 所编纂校志的高校所占全国高校总数近 10%，即使去除一些刚刚建立或并校还不足以修志的高校，其数量也还是很少的。

其中的原因大致有以下几个：第一，部分学校领导对校志编纂工作意义认识不足，没有计划组织编修校志工作；第二，编纂校志是一项浩大的工程，经费不足和人员短缺成为校志编纂的主要障碍；第三，部分高校历史较为曲折，资料保存不完整，为修志带来一定的困难；第四，一些高校已着手编修校志，但因对部分历史事件产生意见分歧，又无法达成共识，因而便修志工作长时间搁置。

可见，校志总量虽较以前有了大幅度提升，但如何激发更多高校的修志热情，成为今后校志编纂的重要任务。

（二）各地高校校志编撰成果比例不均衡

虽然校志覆盖面较广，但从数量上讲，各省（市、自治区）校志分布不均，差异较大。根据教育部2017年统计的全国各省（市、自治区）普通高校数量，河北省121所、上海市64所、北京市92所、浙江省107所，这些省市高校数量在全国排名并不靠前，但校志涉及的学校名列前四名，可以说这些学校是校志编纂工作较好的省市。

高校数量较多的江苏省（167所）、河南省（134所）、山东省（145所），其校志涉及学校数亦较高；但高校数量同样较多的安徽省（119所）、湖南省（124所）、广东省（151所），其校志涉及的学校数均不足10所。

一些内陆省市，如云南省（77所）、陕西省（93所）、贵州省（70所），校志涉及的学校数均在5所以下，青海省（12所）、甘肃省（49所）、西藏自治区（7所）少部分省（市、自治区），还未收集到正式出版发行高校校志。

影响校志编修的因素包括经济因素、历史因素、政策因素、人员因素和领导观念因素。我国高等教育资源区域分布不均衡，各省（市、自治区）校志数量的多寡存在差异在情理之中，但图7.2中可以看出，校志的数量与高校数量相距甚远，因此各省（市、自治区）要根据实际情况，发挥优势，弥补劣势，才能提高校志总量、达到地区均衡。

（三）完善校史研究编撰模式及机制

校志编纂工作是一项全局性、系统性很强的整体工作，涉及学校的方方面面，据了解，大部分高校都采用了众人修志这一举措，即由编纂组进行框架和内容的策划，并将内容分配至相关部门和学院，由各部处、院系的兼职修志人员完成初稿，再由编纂组进行统稿和审稿。这种修志程序具有一定的优势，即各部处、院系对自身机构的工作重点较为熟悉，能够准确把握资料的选取和编辑，众人修志，在效率和速度大幅度提高的同时，校志也得到了更为广泛的宣传。但是由于各部处、院系没有相应的校志编纂机构，编写校志的人员也是兼职工作人员，这样就会导致志书的体量、规模和质量参差不齐，为以后的统稿工作带来困难。

也有部分高校采用专家修志的方法，即抽调一部分学校工作人员，返聘几位专家，专门开展校志撰写。但由于部分高校，尤其是把校志作为献礼工程的高校，校志工作编纂工作从启动到完成，时间都较为紧迫，例如《南京师范大学志》《北方交通大学志》历时3年，《上海交通大学志》《复旦大学百年志》历时2年，《中国矿业大学志》《华东理工大学志》仅时1年多，这就为专家修志提出了挑战。

此外，部分高校校志定位不清晰，校志编纂没有形成长效机制，没有一套规范的纂修程序，也没有常设机构，有些是校史研究室承担，有些是宣传部、科研院等部门承担，有些则完全由兼职人员承担。大部分高校在校志完稿之后，临时机构便随之撤销，兼职人员也回到了原来的岗位上。没有编制的保障，使校志的续修面临更大的阻碍。

四、高校校志研究编撰的前景展望

（一）挖掘立德树人的文化教育价值

校志的功能不仅局限于“存史”，其目的也是为现实服务，辅助高校中心工作的顺利开展。校志真实丰富的校史资料为学校教育发展、改革提供历史的借鉴和现实的依据，并成为对学生进行爱国主义教育和校史校情教育的材料，是大学历史延续和文化传承与创新不可或缺的宝贵财富。

校志编纂人员要转变“等、靠、要”的观念，通过细心寻找学校中心工作与校志工作的切入点，积极发挥校志“以史育人、以史资政”的作用，开展史志研究，挖掘精神内涵，推动校志、年鉴、校史、展馆等多项工作的结合，将校志的服务功能延伸到学校人才培养、科学研究和文化创新等各个方面，从而扩大校志弘扬中国文化、培育大学精神等方面的重要意义。

对于校志编修还处于空白阶段的高校来说，要加强学校领导对修志工作的重视程度，并以志书为抓手，推动本校文化精神、校风学风建设。坚持“一纳入、五到位”，尽快将校志编修工作纳入学校的中心工作和党政议事日程，坚持党委领导下的主编责任制，带领机构人员做好顶层设计和工作规划，保证机构到位、经费到位、人员到位和条件到位等，及时督促和检查修志工作，切实帮助解决修志工作中存在的实际问题。

对于已经编修校志的高校来说，要尽快启动新一轮校志的续修工作。校志的编纂不是一次性、临时性工作，而是一项长期延续进行的文化事业，李铁映同志曾指出：“一届志书完成之日，就是新一届志书开修之时。”2006 年颁布的《地方志工作条例》要求“地方志书每 20 年左右编修一次”。鉴于校志兼有部门志和专业志两个方面的特点，既“全”又“专”，因此建议高校应以 10 年为一个跨度，对校志进行续修工作，从而保证校志代代相传、永不断续。

（二）抓住校庆契机宣传校志蕴藏的优秀文化

大部分高校的校志编纂出版都与高校校庆有着直接的联系，有些高校为将校志作为校庆献礼，不惜人力物力，在短时间内，上下一心，“众手成志”。例如《上海交通大学志（1896—1996）》《复旦大学百年志（1905—2005）》等都是借助建校 100 周年的契机来刊印出版。众所周知，校志的编纂是一项巨大的工程，之所以困难重重，与领导重视不足、经费短缺、人员编制偏少、院系推动艰难等因素不无关系。但是以学校的时间庆为契机，不仅符合校志编修的周年跨度，而且抓住全校师生追溯学校历史、弘扬大学文化、宣扬办学成果的机会，就更容易将校志编纂工作纳入到校庆的系列工作之中，得到全校师生的关注和重视，从而为编纂校志工作提供根本保障。

首先，高校的校史研究室、档案馆、宣传部等部门应以建设本校文化为己任，担负起启动校志编修的工作，提前规划，在周年校庆之前的3～5年，向学校领导提出编修校志的提议，并撰写方案，以校庆献礼为契机，对机构设置、人员编制、经费预算、工作计划等进行详细说明，从而争取校领导和相关部门的大力支持。

其次，要定期向校领导和相关责任人汇报修志工作工作进展和相关为现实服务的阶段性成果，并提出近阶段的工作困难，争取落实解决。在校庆之日，要利用契机大力发挥校志的育人功能，开办内涵丰富、特色鲜明、史料翔实的校史展、教学科研成果展、校友成果展等，召开校志出版发行座谈会，通过校友返校、师生活动等更大范围地宣传推广校志，从而为宣传学校的悠久历史、良好作风和办学特色提供平台。

最后，要总结校志编修经验，汇报校志系列成果，继续发挥校志“资治、教化、存史”的功能，争取校领导对校志编修工作的认可和支持，形成校志续修的长效机制。

（三）提高修志质量和队伍成员的专业素养

李铁映同志指出：“志书是人修的，所以修志人员的素质决定着志书的质量。有什么样的人才素质，就会产生什么样的志书。志书的质量取决于人才。”志书是官书，学校修志也建议自上而下，“众手成志”，由于涉及人数多，人员覆盖面广，对修志队伍建设形成了极大的挑战。因此，高校在编修校志时，学校党委要与行政领导合作组建校志工作领导小组，推动校志机构的建立和专兼职人员队伍的素质建设。

首先，在领导小组的统筹安排下，建立主要领导负责的校志编纂委员会，包括校史研究室在职人员，以及曾经在领导位置、人文社科院系部门、图书馆、出版社等单位工作过的老同志，由这支老中青相结合的专职队伍负责校志的组织、协调、统稿工作，实施全程管理。校志编纂委员会是决定校志质量的核心，要选择政治素质高、旗帜鲜明、立场坚定、有丰富的史志纂修经验和广博的学识修养、具有开拓创新精神的人员担当，切忌中途换人。在校志启动之前，要进行系统的理论学习和实践走访，开阔视野，吸收精华，为校志的编修提供智力支撑和保障。

其次，在领导层面向全校宣布编修校志的任务，校志框架和分工建议由校志编纂委员会起草，并下发至各院系、机关、部门，并建立两支队伍：一是以各单位责任领导为成员的领导队伍，二是以编纂为责的各部门兼职编纂人员队伍。此时，校史编纂委员会要不断给编辑提供“充电”的机会，定期培训，开展业务学习交流活动；聘请修志专家和具有丰富修志经验的一线工作者亲临学校，有针对性地进行辅导，对于实际存在的困难，请专家进行讲评，从不同视角、不同思维方法来学习提高，从而给编辑人员以更多的启发。

此外，校志编纂委员会的人员要走访基层，一方面起到督促作用，一方面对编纂者提供业务指导，并定期印发《校志简报》，汇报校志工作动态，表彰编修工作做得较好的部门，并提供模板，以供大家参考。

最后，修志结束之后，校志编纂委员会不应随工作结束而解散，一方面这支队伍已有了丰富的修志经验，确保人员的稳定性可为续修校志提供极大便利；另一方面在培养更多年轻的修志工作者方面，他们担负着不可或缺的角色，学校应提供足够的条件，保障这支队伍作用的持续性发挥。

总而言之，30多年来，我国高校校志的编纂工作取得了一系列可喜的成果，但还有很长的路要走，各高校应抓住学校文化建设的重要契机，汲取经验，凝聚力量，加强校志编纂工作的力度，为高等教育事业承上启下、继往开来提供更广阔的平台。

附：校史研究分会简介

校史研究分会成立于1988年12月，旨在开展高校校史的理论和实践问题研究，推动高校校史编写和研究，总结大学办学传统与经验教训，推进高校文化软实力建设，服务文化传承与育人工作。目前理事长暂缺，秘书长为上海交通大学钱学森图书馆党总支书记兼副馆长盛懿。分会秘书处办公地址设在上海交通大学。

第八章

推进高校素质教育
探索“书院制”培养模式

——大学素质教育研究分会专题报告

以文化素质教育为切入点和突破口的素质教育，在中国大学已经开展了20多年，引发了大学教育的三大变革。一是教育理念发生了深刻变化，从强调培养专才转向更注重提高学生的综合素质，从“制器”走向“育人”。二是本科教育课程体系发生了巨大变化，通识选修课从无到有，质量不断提升；公共基础必修课的设计思路也在发生变化，与通识选修课一起发挥素质教育作用。三是引发了“通识教育基础上的专业教育”本科培养模式改革试验，尤其是很多大学开展了书院制育人模式的实践探索。

随着素质教育的日益深入，人们逐渐认识到，实施素质教育、通识教育，绝不是仅仅开设一些通识教育选修课，开展一些文化素质教育活动，而需要教育理念和人才培养模式的深刻变革，也必将涉及大学的组织结构和管理模式的变革。以学生的归属与管理模式为例，中国大学的专业学院普遍包揽了本科生、硕士生、博士生的全部教育过程和学籍管理，尤其是学生在高考时即选定专业，一入学即隶属于大学的某一专业学院，如果专业兴趣发生变化，很难在专业学院之间进行转换和调整。大学生按照专业和年级编班集中住宿，大学期间学生们进行跨学科的学习和交流机会较少。因此，一些大学开始从管理体制上加强素质教育，率先进行了“通识教育人才培养模式”的实验探索。据不完全统计，建立通识教育学院或书院的大学及其名称如下：

北京大学元培学院、清华大学新雅书院、复旦大学复旦学院五大书院、中山大学博雅学院、北京航空航天大学知行书院、西安交通大学八大书院、哈尔滨工业大学本科生院和基础学部、浙江大学求是学院、南京大学匡亚明学院、湖北大学通识教育学院、中国海洋大学行远书院、西南财经大学通识教育学院、青岛大学浮山书院、宁波大学阳明学院、贵州大学阳明学院、汕头大学至诚书院、南方科技大学六大书院、澳门大学十大书院、香港中文大学九大书院等。

本专题报告选择了北京大学、清华大学、复旦大学、西安交通大学、湖北大学、汕头大学、青岛大学等七所大学的书院制育人新模式，为我国更多大学实行与完善书院制提供借鉴。

一、北京大学元培学院——中国特色博雅教育计划

2014 年，北京大学提出本科教育改革新的十六字方针，即“加强基础，促进交叉，尊重选择，卓越教学”，既侧重教育教学的结构体系与内容的改革措施，又注重教育教学的模式与方法的改革构想，同时提出将博雅教育和专业教育的合作与融合作为核心理念。2014 年 5 月，北京大学教授、美国普林斯顿大学教授、中国科学院院士鄂维南就任元培学院院长，推出一套整体的、全方位的、面向未来的新的教育教学改革计划，即中国特色博雅教育计划（以下简称元培博雅教育计划）。元培博雅教育计划的目的是为了培养面向未来的可持续发展人才，即引领未来的人才。

（一）元培博雅教育计划的基本导向

“博”与“雅”是元培博雅教育计划的两个基本理念。博，指的是知识面的广博、广泛，包括多学科多领域的深度学习与研究，以及多学科多领域的交叉学习与研究。雅，指的是优雅的品德，即优雅、美好的修养。蔡元培曾以《以美育代宗教说》发表演讲，并以“德育三十篇”在华工学校讲课，呼吁培养品学兼备的人才。雅，更提倡做人第一、学业第二（Human being first，professional second）的素质素养。可见，“博”与“雅”的教育寓意与西方的 Liberal Education 和 Liberal Arts Education 不尽相同。

元培博雅教育计划有两个新的试点和探索，即新生训练营和新生研讨课，并于 2015 年 8 月起实施。

新生训练营一般定在大学正式开学前一周举行，主要是为了增强新生适应环境的能力和对北京大学各个专业领域的认识和了解。其活动内容主要有两项：其一，北京大学各专业知名教授进行学科专题讲座，以此让新生尽快了解北京大学各个学科领域、专业院系等，避免学生坠入面对北京大学众多的专业方向和庞大的课程体系而不知所措的局面，并帮助学生认真、深入思考专业选择问题。其二，新生辅导员开展“认识新朋友、适应大学生活”活动，主要目的是帮助新生认识大学，熟悉环境，顺利完成由高中到大学的学习阶段的转换过程。

新生研讨课，主要由各学科领域的知名教授担任教师，以小班研讨课为主要形式，其目的是激发学生的学习热情，培养学生良好的学术品质；感受研究的乐趣，了解学术规范和学术道德；接触著名教授，建立良好的同伴关系。新生研讨课一般由院士、“国家千人计划”专家、长江学者为主的导师团队担任。

元培博雅教育计划具有三点突出特征，即以学生为中心，突出中国特色，重视能力的培养。

以学生为中心，具体指的是注重立足人的全面发展和完整人格的塑造，即全人教育。以学生为中心的理念即蔡元培先生所倡导的全人教育理念回归学生主体，尊重学生的个性

发展。蔡元培早在担任南京临时政府教育总长时就提倡全人教育，提出五育并举：“五者，皆今日之教育所不可偏废者也。军国民主义为体育，实利主义为智育，公民道德及美育毗于德育，而世界观则统三者而一之。”

元培博雅计划教育的特色是突出中国特色注重通过政治课来帮助学生立志，更好地了解中国，培养正确的人生观、价值观。此外，注重学生各种能力，比如批判性思维能力、思考和表达能力、组织和实践能力等基本能力的培养也是元培博雅计划教育的特色之一。

（二）元培博雅教育计划的基本内容

1. 为学生提供充分的、自由的选择专业的空间

元培博雅教育计划进一步强调给学生提供选择专业及职业方向的空间。元培学院的学生，在专业选择上有充分的自由空间。在元培学院的两年，学生有充分的空间来思考对自己一生发展最重要的问题，即什么才是自己最感兴趣的？什么才是自己最擅长的？什么样未来才是对于自己最有前途的？元培学院会通过多种方式来引导学生作出适合自己的选择。

其具体表现在以下三点：

第一，对包括公共必修课程在内的各类课程的缩减和整合，将 140 ~ 150 个总学分降到 120 个总学分，同时减少必修课程的总量，赋予学生更多的自由探索空间。第二，督促学生通过学习小组、讨论班等方式去自由探讨，相互学习。第三，鼓励学生从大三开始接触研究课题，争取完成高质量的毕业论文。

赋予学生更多的自由空间不但可以培养学生的研究能力，而且会推动学生在研究过程中主动学习和积极探索，以此实现真正的以学生为中心的自由选择平台。

2. 为学生提供自由探索和思考的空间

元培博雅教育计划强调给学生提供自由探索和思考的空间，让学生学会思考，学会探索，在探索的过程当中发现自己的兴趣爱好，确定自己的努力方向。元培学院认为衡量一个学生的学业是否成功，不仅要看他懂得了多少知识，更重要的是看他怎样面对他所不懂的知识。而后者不仅在于他有学会一门课、读懂一本书的能力，更在于他能否善于在浩瀚的知识海洋中寻找出他所最需要的东西。要培养这种能力，最基本的一条就是让学生从被动地服从、详尽的教学计划的模式中解放出来，去主动地寻求他所感兴趣的知识。

3. 建设博雅通识教育核心课程

元培博雅教育计划强调全面发展，即元培学院的毕业生不仅仅要有扎实的基础、专业知识和批判性思考能力，同时也要有丰富的文化修养和强烈的社会责任感、历史责任感。强调不仅仅能够踏踏实实做事情，也应该善于交流，善于应对各种复杂的情况。除了加强博雅通识课程的教学以外，元培学院还通过开展国际交流、开设讨论课、完善住宿学院管理机制等来逐步完善其博雅教育体系。

在元培博雅教育改革中，进一步加强了通识教育核心课程的建设。比如将“文学人文经典”课程列为八门通识教育核心课程的重点。“文学人文经典”课程的基本框架包括两个系列、四个单元。两个系列是社会思想经典系列与文学人文经典系列；四个单元是上述两个系列中古代和近现代各两个单元，共四个单元。“文学人文经典”课程的精华在于东西方文明的有机结合。

通识教育核心课程的目的在于让学生直接面对经典文本，意识到个体成长与经典文本的相关性。通识教育课程的设计初衷是把当下的教育，特别是人文教育放到古今中外文明总的发展进程上的一个合适位置上，恢复到中国人读书的传统之中。

4. 设置面向未来的新专业并建立前瞻性课程体系

元培学院开设了古生物学专业（2007 年）、政治学、经济学与哲学专业（2007 年）、外国语言与外国历史（2011 年）等跨学科专业之后，2014 年和 2015 年分别增设了包括数学、物理、化学和生物的整合科学专业和关于大数据获取、存储、分析的数据科学专业，致力于培养横跨各个领域的跨专业跨学科人才。开设整合科学专业，其目的是将数学、物理、化学和生物等学科相互打通并进行内在的整合，形成一门新的前沿领域学科，以此培养既有扎实的数理化基础，又对生命科学这一蓬勃发展的新学科有深刻了解的新型人才。21 世纪科学技术发展的主要动力及标志之一是生命科学与数、理、化、工程、信息等定量科学广泛、深入地交叉融合。可以说，整合科学专业研究和发展引发的“第三次生命科学革命”正在拉开帷幕。传统学科的分割局面、较单一的知识结构和与之相应的人才培养模式已无法适应这一新型学科发展。如果简单地以选修现有各类学科课程的形式来培养“通才”，学生所获得的通常只是各类知识简单地叠加或机械地拼凑，这样的知识结构难以产生对科学进行系统、深入和融会贯通的理解。元培学院的整合科学实验班由北京大学相关院系从事生命科学跨学科研究的优秀教师参与课程设计与教学，其中包括多名中国科学院院士、“国家千人计划”专家、长江学者、国家杰出青年基金获得者，实现教学资源的最优配备。实验班课程全新设计，实施小班教学。在打好数、理、化、生等基础学科的同时，注重不同学科的深度整合；在课程设计与教学中强调对科学进行深入而融会贯通的理解，培养学生的主动性、批判性、全方位、跨学科的创新型思维。

除此之外，数据科学专业也是面向未来的专业。人类正在进入大数据时代，如何获取数据、存储数据、分析和处理数据，并从中获取信息、凝练智慧，必将成为未来最为活跃的研究课题之一。而掌握数据科学的基础知识、理论及相关技术也必将成为未来最为重要的基本技能之一。为了适应这个新的需求，2015 年北京大学在元培学院设立了数据科学本科专业，集中全校相关院系的力量，培养面向未来的数据科学专业人才。数据科学专业的学生在前两年主修数学、计算机科学和统计学方面的基础课程，后两年结合自己的兴趣和能力选修金融、医疗、生物、人文、社科、自然语言处理等相关课程，并参与实际处理这些数据的一些项目，也可以选择一些基础课程和参与相关的科研项目。

另外，元培博雅教育计划也改进了原有的跨学科专业的课程建设。例如社会正义与中国实践这门课是元培学院与 PPE（政治经济与哲学专业）导师组在修订教学计划时，认真分析了国外相关专业的课程建设情况，总结了元培学院开办此专业以来的课程建设情况，征求了 PPE 学生的意见而搭建的一门新型的跨学科的课程。这门课是对三个学科进行整合而开设的跨学科课程，由国家发展研究院院长姚洋教授、中国社会调查中心主任李强教授、北京大学社会学系系主任张静教授共同开设，采用芝加哥大学思想委员会的授课模式，三名老师同一时间在课堂上分别从经济学、政治哲学、社会学家的角度组织学生在课堂上进行面对面的交流，这也成了 PPE 的品牌课程。

（三）元培博雅教育计划的制度保障

元培博雅教育计划在之前的基础上更加完善了教学制度和管理制度，提出了两个特色制度，即特色教学制度和特色管理制度。前者包括五个制度，即自由选择课程和专业方向制度、弹性学习年限制度、通识教育核心课程和特色课程制度、交叉学科专业制度、全方位导师制度；后者包括四个制度，即集中住宿制度、新生辅导员制度、学生自主管理制度、本科生生涯全程管理制度（见图 8.1）。

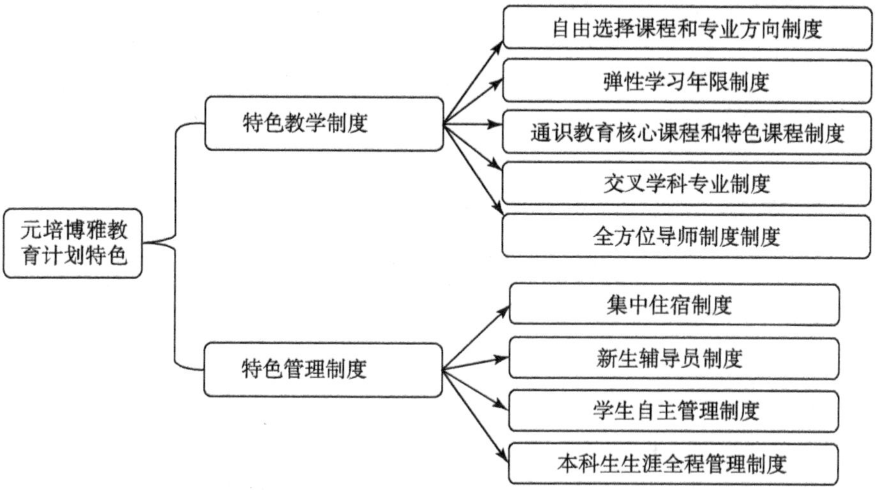

图 8.1　元培博雅教育计划特色制度

元培学院作为本科教育改革的试验田，要更好地回答好“培养什么样的人”“如何培养人”“为谁培养人”的问题，实现立德树人这一根本任务。需要强调的是，立德树人的导向，不单是培养学生的目标导向，更是教师和学生两个方面的价值引导，立德和树人两者相辅相成。教师的教学活动贯穿学生学习生活全过程，对学生思想、观念、言行的影响最直接。另外，元培学院努力在专业教育中贯穿立德树人的思想，使中国特色的博雅教育与专业教育有机融合；通过结合专业特长的实践活动，使第一课堂与第二课堂有机衔接。

元培学院的改革一直在路上，需要不断完善，需要努力从教育改革的整体角度去反思全人教育，将教与学的重心真正转移到“以学生为中心”的教育，使学生获得身心和智力上的自由，获得独立自由的思想和行动能力，实现在未来的可持续发展，培养学生成为对社会、国家和世界有理性认识和负责任的公民，从而成为能够面对复杂多变世界的挑战、引领未来的人。

二、清华大学新雅书院——“大类招生，通专融合”新动向

新雅书院是清华大学为探索本科教育创新而特设，以“源博雅正、器识为先”为办学理念于 2014 年成立的“住宿制文理学院”（residential liberal arts college）。2016 年开始正式面向全国招生（文理兼收）。新雅书院的最大特点是：学生入学时不分专业，首先接受

强化式数理基础和人文社科基础的小班通识教育，以培养文理基础雄厚、跨学科学习和创新能力突出的精英人才。一年后学生可自由选择清华大学任何专业方向进行发展，或选择交叉学科发展。以通专融合、学科交叉为导向，新雅书院为具有较大综合发展潜力的学生提供优质文理通识教育和跨学科的专业教育，以达成“文理兼修、中外会通”的世界一流、中国特色、清华风格的人才培养新模式。

（一）办学特色和优势：文理相长、通专融合、自择专业、跨越发展

集中住宿：学生享有书院制所独享的优质学习和生活环境。个性化发展：学生在认识自己的基础上自由选择真正喜欢的专业；文理通识课程培养全面发展的人才，实现通识和专业之间的有机衔接。名师云集：理工、人文、社科共同构成最强、最优的师资阵容，包括中科院院士、长江学者特聘教授和“973”首席专家等。

（二）课程设置：通识教育＋专业教育（含跨学科交叉专业）

通识课程是新雅书院的特色基础课程。通识课程以古今、中西、文理的交汇与融合为基本出发点，以中国文明与世界文明、文化传统与当代精神、人文与科学为主线；不仅注重知识传授，更注重方法论指导，通过打开一扇扇认知和思考的窗口，激发和引导学生用联系的、发展的眼光，多方位、多视角、跨学科地审视和对待自己所学的专业，了解其发展过程及其与其他知识领域的联系；重在培养四种能力：价值判断和批判思维能力，交叉学习和主动创新能力，科学想象和审美能力，书面和口头表达能力。

通识课程的教学在清华的大学早期建筑“清华学堂”内进行，采取小班授课、深度学习、有效研讨、学科交叉、师生互动的教育教学方式，培养学生对人类知识及其价值的综合理解与有效表达，使其在认知、思维、表达和运用方面达到融会贯通、厚积薄发的新高度。通识课程里（或科学类）的数学、物理等课程分层次教学，以利于学生向不同的专业方向发展。

专业课程由学生所选专业方向的专业基础课和专业核心课组成。全校的专业方向涵盖以下四大学科门类：A. 理科（数学、物理、化学、生医等）；B. 工科（建筑、电子、航天航空、机械、环境、工物、材料等）；C. 基础文科（文、史、哲、外文、艺术史等）；D. 应用文科（ 社科、经管、法律、新闻、艺术设计等）。

特设两个交叉专业，具有鲜明的整合性、交叉性和有机融合的特点。首先，创意设计与智能工程专业（Creative Design and Intelligent Engineering，CDIE），旨在培养跨学科创意人才，学制 5 年，是以智能设计、自动化、机器人等学科飞速发展为基础而孕育产生的交叉学科专业，毕业生授予工程和设计双学位。其次，政治经济与哲学（Philosophy，Politics and Economics，PPE）专业，以培养政经领袖和社会各界精英人才为培养目标，学制 4 年，毕业授予法学学位。该专业要求学生学习数理基础与人文社会通识课程，学习政治学、经济学、哲学三个学科内最核心、最根本的理论和方法，以此来培养学生问题意识和分析判断的能力。

（三）教学与管理特色

新雅学院学制与学位制度实行学分制及 4 ~5 年弹性学制。授予学位根据学生所修专业方向，包括文、理、工、法、艺术等多种学士学位。另外，在本科阶段还设立了荣誉学位（Honors Degree）。

新雅书院的住宿制度秉持“住宿制文理学院”的基本理念，按学科交叉和大类融合的原则安排宿舍。每个年级配备两套公共活动室（Common Room），供学生自习、读书、讨论、休闲之用。2017 年年底投入使用的书院大楼内设学生宿舍、辅导员宿舍、住院导师宿舍、教室、会议室、讨论室、工作室、图书馆、计算机房、小型音乐厅、健身房、琴房、咖啡馆等多种设施，以此营造新雅师生共同学习、共同生活、共同建设、共同享有的公共空间和精神家园。

新雅学社是新雅书院学生自我设计和管理的社团组织，定期组织以学术和领导力为导向的课外学习、社会实践和校园文化活动，如新雅讲座、新雅论坛、新雅读书会、新雅科技成果展、新雅创客展、新雅画展、新雅设计展、新雅合唱团、新雅乐团、新雅公益活动、新雅体育、新雅征文比赛、新雅演讲和辩论赛、新雅风采大赛等。在跨年级、跨班级和与全校各院系的交流和联谊活动中锤炼学生的参与、服务、组织和领导能力。

此外，新雅书院还具备了国际化气氛浓厚、视野开阔，把握各个学科领域前沿动态、多领域中开展跨学科交叉专业教育等特点，同时也实施推荐免试直读硕士和博士的本硕博统筹培养制度。

三、复旦大学新一轮书院制度——“文化育人”新理念

复旦大学通识教育历史悠久，其课程的建设与制度的完善一直被称为是中国大学通识教育的引领者。2005 年，复旦大学成立了复旦学院，以一年级新生为对象开展通识教育，其性质为新生学院。之后在秉承中国古代书院文化的基础上，借鉴世界一流大学的住宿学院模式，先后建立了志德书院、腾飞书院、克卿书院、任重书院、希德书院等五大书院。

（一）复旦学院五大书院

2012 年，复旦大学秉持“把学生培养成为具有人文情怀、科学精神、国际视野和专业素养的栋梁之材”的宗旨，重组建立了全面负责本科生培养的本科生院。一方面，从 2015 年开始全面启动核心课程新一轮建设，全方位提升课程质量；另一方面，推行贯穿本科教育全过程的住宿书院制度，致力于打造师生多元文化交流的环境，使书院成为学生接受通识教育的“第二课堂”。下面简单介绍一下复旦大学五大书院。

1. 志德书院

志德书院系纪念复旦大学创始人马相伯（字志德）先生，取其意，明志且道德高尚。马相伯校长毕生致力于中国教育事业，是中国近代史上著名的爱国主义者和民主主义者，是中国现代教育史上高瞻远瞩、筚路蓝缕的先哲。志德书院以绿色为标志性颜色，门匾字体为秦篆。秦篆是我国古代汉字统一的标志。书院楹联：志于道据于德依于仁，而后游于

艺；修其身齐其家治其国，必先正其心。

2. 腾飞书院

腾飞书院系纪念复旦大学老校长李登辉（字腾飞）先生，取其意，崛起成功。李登辉校长毕业于耶鲁大学，1913 年至 1936 年任复旦大学校长，很早就提出培养完善人格的教育理念，是复旦精神的创立者。腾飞书院以红色为标志性颜色，门匾字体为汉隶，汉隶的形成极大提高了书写的速度，从而加速了文化传播。书院楹联：乾始坤承，通彻古今上下，总是鸾飞鱼跃；静虚动直，浑忘物我内外，无非月满潮平。

3. 克卿书院

克卿书院系纪念上海医学院创办者颜福庆（字克卿）先生。颜福庆校长不仅创办了医学院，更将“不计功利，为社会，为人群服务”的理念在实践中发扬光大。克卿书院以蓝色为标志性颜色，门匾字体为魏碑。魏碑是南北朝时期碑志、雕刻使用的字体，用以树碑立传纪念先贤的尊贵品格。书院楹联：读书面对圣贤，当知所学何事；立志胸存社稷，但求无愧于心。

4. 任重书院

任重书院是纪念中华人民共和国成立后复旦大学首任校长陈望道（字任重）先生，取其意，任重而道远。陈望道是《共产党宣言》中译本第一任翻译者，也是修辞学的一代宗师。任重书院以橙色为标志性颜色。门匾字体为唐楷。唐楷的出现代表文字从古代演变到了现代。书院楹联：力学如为山九仞，高须加一篑；行仁若法海十分，满尚纳千流。

5. 希德书院

希德书院系纪念复旦大学老校长谢希德先生。希德书院以紫色为标识色，门匾取字秦汉简帛古隶，出自秦睡虎地、汉银雀山简牍。经配字形成“希德书院”。该字体脱胎于秦篆的威势，开创了汉隶的雄浑。古隶作为一种承上启下的字体，象征着“希德书院”开创新书院制的尝试与创新。书院楹联取自湖南衡山集贤书院：立言立功立德，此之谓不朽；希贤希圣希文，人皆可以为。

2005 年至 2012 年期间，五大书院承担了全校一年级和部分二年级本科生的教育教学管理工作，取得了很大成果。但是同时也出现了书院仅仅停留在学生管理层次，其文化育人功能未能得到充分发挥等问题；同时也显现出公共空间建设相对滞后，学生自我教育的潜力开发不够等问题。为此，在总结过去 7 年通识教育和书院建设的经验基础上，2012 年 9 月开始，按照大类相对集中兼顾学科交叉的住宿原则，将复旦所有新生统一安排入住五大书院，开启了本科阶段完整的书院生活，即新一轮书院制度建设。

（二）新一轮书院制度建设

1. 明晰书院的建设理念及工作定位

新一轮书院建设中明确提出打造全员、全过程、全方位的融合育人这一基本理念，并将书院的功能定位为建设文化育人的住宿园区、师生共享的育人空间、学生自我管理的教育平台。与此同时，注重将有形的物理空间营建与无形的精神价值塑造有机结合，以学生为主体、导师工作为核心，加强学生成长成才的培养理念。

2. 建设书院内部新的组织架构

首先，在校内聘请具有自然科学、医学、人文、社会科学和技术科学等不同学科背景的五位教授专家担任书院院长。其次，将书院院长的职责明确定为学术文化和通识教育的整体规划和开展。在此基础上对各书院内部实行书院院长领导下的院务委员会负责制。书院院长岗位的设立，进一步理顺了五大书院的内部架构，为发挥专家教授的治学经验提供了制度保障，为书院文化和学术平台的构建注入了原动力。

3. 构建文化育人的住宿园区

学校将书院住宿空间作为传承大学精神的重要载体，通过一系列标识构建系统的文化育人住宿园区。五个书院分别以复旦历史上五位老校长的名或字命名，在文化住宿园区进一步以追思先生风骨，传承复旦学术精神为主导思想，在每个书院楼楼宇内建设公共活动空间，内设藏书阁、阅览室、导师咨询室、健心房等，为师生间传递知识和学养、传递人格魅力与人文关怀搭建平台。

4. 推进导师工作改革

导师工作是书院建设中的重要基石，也是书院师生互动交流最紧密的纽带。从 2012 年起，随着复旦大学全面试行贯穿本科教育全过程的书院制，对书院导师工作提出了更高的要求。具体有以下三点。

第一，优化师生配比。从 2012 年 7 月起，在全校范围内，导师与学生人数的比例为 1∶8 ~ 1∶20，要求各院系选派新生导师，并实现师生指导的一一对应关系。

第二，细化导师工作职责。书院导师工作主要包括：为学生学习提供指导，定期与学生面谈，多渠道关心学生学习、生活及心理并有针对性地教育与引导；主持或开展讲座、新生研讨课、经典读书活动、学术实践、社会实践等在内的文化活动。此外，导师还应设立 Office Hour，建立书院导师与学生联系沟通的有效渠道。

第三，创建师生交流平台。书院通过构建各具特色的师生交流渠道，加强师生互动与精神传承。比如开展书院师生下午茶、师生午餐会、师生户外素质拓展活动、明德沙龙、腾飞论坛、明道讲堂、任重沙龙、导师论坛等项目，逐步构成书院特色品牌。

5. 加强书院管理及学生自我管理

书院建设是高校里的“社会建设”，学生在大学中学会自我管理、自我建设书院，走出校门后才有可能更好地适应和参与社会建设。基于此，书院抓住“四自精神”（自我教育、自我管理、自我服务、自我约束）内核，成立各书院学生自我管理委员会（简称自管会）和学生监督委员会（简称监委会)，通过鼓励学生参与学校事务的决策、监督相关事项的执行，锻炼学生的自我管理能力。自管会负责开展学习、生活、文化类活动，并承担书院公共空间的运营与管理，提升学生对书院的归属感。

通过新一轮书院制度建设，住宿书院成了融生活和育人功能为一体的复合空间，既打破了原来以教师、教室、班级为中心的行政化学生管理模式，强调导师教书与育人职责相统一，又促进了第一课堂之外的师生良性交流互动。与教室或以往的住宿制不同，在新的书院空间内，教师重在充分地引导和发挥学生的主动性，并在此过程中启发、互动、答疑。在充满文化气息的住宿园区，师生关系是平等和互动的，也是相互尊重的，可以说在这里真正建立了亦师亦友的师生教学关系。

（三）新一轮书院核心课程建设

结合新一轮书院制度建设，复旦大学也开始实行新一轮核心课程建设。具体如下：

1. 优化核心课程体系

一是明确通识教育理念。复旦大学的通识教育，旨在培养学生具有理解人类文明丰富性和多样性的能力，直面人类世界所面临的发展与挑战；认识现代性的社会基础性框架认识的能力，充分体认全球化时代个体价值和社会价值之间错综复杂的相互关系；体认中国文化独到智慧能力，从传统中汲取宝贵的经验；运用科学方法论和批判性思维解决问题的能力，塑造学术独立的大学精神；提升可持续全面发展的能力，推动学生自我管理、自我教育和自我服务的创新精神。

二是构建七大模块课程体系。从 2015 年，核心课程在原来六大模块的基础上，新增“社会研究与当代中国”模块，形成了复旦大学通识教育七大模块核心课程体系，这是通识教育理念在课程中的具体体现。

三是优化课程修读原则。2015 年起，为进一步促进通识教育与专业教育结合，适应不同学生学习的特点，经校教学指导委员会审议通过，核心课程学分从原来的 12 分调整为 8～12 分，并按照人文学科、社会科学、自然科学、工程与技术科学、医学科学等五大类确定学生应修读的核心课程学分数，以及需要回避、必修的模块要求，使通识教育更加具有“适切性”。

2. 优化核心课程内容

一是以“基本课程单元”为核心，减少课程设置随意性。基本课程单元是各模块课程建设的最小单位，由几个基本课程单元组成模块课程体系。每个模块中的基本课程单元之间具有一定的结构性、逻辑性和层次性，因此向学生提供相应学科领域中最基本、最核心的内容，避免课程设置的随意性，同时又给予学生相对自主、自由的选择空间。基本目标是：到 2020 年基本形成“七大模块—50 个基本课程单元—150 门课程”的体系。

二是以课程教学团队为支撑，确保课程质量。针对通识教育中存在着“因人授课”现象以及跨学科课程难以开设等问题，新一轮核心课程建设在构建基本课程单元的基础上逐步成立教学团队。每个基本课程单元由 1～2 名课程负责人领衔建设，由多位具有跨学科性质的任课教师组成教学团队。来自不同院系、专业的教师在“基本课程单元”的题目下聚集起来，一方面通过共同研讨达成共识，建立通识教育课程建设的长效机制；另一方面又允许不同学科背景的教师从自身学科视角出发进行个性化教学。

三是以教学成熟读本为基础，确保课程持续性。基本课程单元教学团队在定期研讨中，对课程单元的教学大纲、教学要求等达成共识，并选取与教学相关的部分经典名篇汇编成教学读本。教学读本可根据教学过程中教学及学生反馈情况定期调整和更新，并列出课后思考题目。对教学大纲和读本进行研讨，将有利于规范各门课程的教学、减少授课随意性，使其对学生的训练和要求保持基本一致。

3. 优化教学模式，“以学为中心”

一是规范课程教学大纲，促进学生主动学习。通识教育课程强调在知识传授的基础上以能力提升为目标，促进学生主动学习，激发学生的批判性思维和探究问题的能力。新一轮核心课程建设重视课程教学大纲的规范性：教学目标上，注重关照模块目标、关照知识体系，体现“通”；同时也在知识性学习的基础上要求课程明确对学生能力或素养方面的培养目标，体现“识”。教学内容上，要求课程在每节课中明确对学生的具体要求（包括阅读文本、思考点等），有助于学生在学习中变“被动”为“主动”，提升学习学习成效。

二是深入推行“大班授课、小班讨论”制度，促进学生能力提升。从 2015 年开始，为实现以“学”为中心的教学模式转换，使学生学会自主学习，学会倾听、交流与讨论，提高阅读与写作能力，核心课程在第一模块“文史经典与文化传承”、第二模块“哲学智慧与批判性思维”开设的所有课程中推行五次课外小班讨论制度。小班讨论的主要形式包括：导修、讨论及研修等；强调课后的训练、阅读以及口头和书面的表达能力；增加师生和生生之间的互动交流；培养学生的创造性思维能力，增强学生的自学能力，变被动学习为主动学习。

三是提高小班讨论要求，构建新核心课程助教工作体系。核心课程助教是新一轮核心课程建设的支柱，是推行“大班授课、小班讨论”模式的重要保障，是学生能力培养的实施路径之一。核心课程助教主要职责为：协助教师推进“教”与“学”的拓展与深化（特别是组织小班讨论）、做好教学辅助工作等。

4. 优化组织管理，形成支撑体系

为进一步推进核心课程建设，复旦学院成立了核心课程委员会及通识教育中心。通识教育中心是复旦学院下设的推进核心课程新一轮建设的主管部门，主要负责课程建设、质量保障、读本出版、在线课程建设、组织讲座、对外交流以及推进模块和基本课程单元建设工作，调动各方资源，形成通识教育支撑体系。核心课程委员会总体负责核心课程的建设及规划，并重点对新课进行审核把关，其成员来自模块建设专家小组成员和相关教师。

新一轮书院制度建设有利于从指导思想和源头上解决当代大学生教育模式重“管”轻“育”、教学与育人相分离、学习与生活分离、漠视学生需求等弊端，更好地实现培养“全人”的目标，顺应我国本科教育内涵提升的改革要求。当前面对的问题诸如书院基础条件与硬件设施还不完善、书院与院系的聚合力有待进一步加强、书院导师作用尚未充分发挥等，将是复旦大学未来书院教育新阶段的重要课题。

四、西安交通大学——“书院—学院”双院制度

2005 年西安交通大学开辟了书院建设的试验田——文治苑。文治苑是以交通大学老校长唐文治的名字命名的，是西安交通大学书院发展的起点。2006 年以另一位老校长彭康名字命名的彭康书院成立，当年入学的 3 405 名新生成为书院首批学生。2007 年和 2008 年又陆续成立了文治书院、宗濂书院、仲英书院、南洋书院、崇实书院、励志书院和启德书院等 7 个书院，将 1.7 万余名本科生整体纳入书院体系。2016 年学校又成立了钱学森书院。至此，西安交通大学形成了九大书院与 23 个学院并存的“书院—学院”双院制育人模式。2016 年 12 月又成立了本科生院。

（一）西安交通大学：彭康书院

如上所述西安交通大学有九大书院，彭远书院是西安交通大学最早成立且规模最大的一所书院。彭康书院成立于 2006 年 9 月，以彭康老校长名字命名，涵盖能动学院、理学院、外国语学院、数学和统计学院等 4 所学院，能源动力类、核工程类、物理学类、理科试验班（物理）、化学类、医学试验班、外国语言文学类、数学类、理科试验班（数学）九大类专业，近 3 300 名学生。

彭康书院建有彭康书院广场、多功能报告厅、会议室、阅览室、健身房、排练厅等场所，方便学生进行日常学习、运动和休闲娱乐。书院现有 16 位专职教师及多位学业导师和研究生兼职导师，通过对学生进行养成教育、品德教育、学业辅导、综合能力提升计划等全面教育，引导彭康学子争做“勤学、修德、明辨、笃实”的优秀青年，努力打造“思想活跃、学习活跃、生活活跃”的书院文化，培养学生爱国主义、集体主义、英雄主义和乐观主义精神；帮助学生树立正确的人生观、价值观，培养具有科学素养、人文情怀、全球视野、社会责任感的国家栋梁。

彭康书院以“思想活跃、学习活跃、生活活跃”为院训，以“以大学生全面发展为目标，培养学生具有坚定的理想信念、强烈的社会责任感、宽广的国际视野、卓越的领导才能和高尚的人格风范”为使命，以“进一步完善通识教育和实践创新育人模式、建设极具特色的书院文化体系、搭建学生综合素质培养的平台，到 2020 年，将西安交通大学彭康书院建设成具有独特魅力及领先优势的高水平书院”为愿景。

（二）“书院—学院”双院制育人模式特征

在“书院—学院”双院制育人模式中，本科生在学籍上隶属专业学院，在学生事务和校园生活则归属某一个书院。学院以学术与专业发展为导向，负责学生的专业教育，侧重于建立专业知识体系，培养学生的专业学术技能和科研创新能力。书院以学生综合素质发展为导向，负责开展课堂以外的学习教育、校园文化、社会实践等活动，侧重于以住宿社区为阵地，培养学生综合能力，增强学生的社会责任感。学生在按照“横向交融、纵向贯通”的原则组成一个书院，即每个书院横向包括了若干文科、理科、工科等专业的学生，同时又把同一专业大一到大四的本科生纵向地纳入同一个书院，致力于在专业相对集中的基础上实现学科专业的交叉与融合。

书院具体有四个内容：一是构建温馨便捷的校园学习生活服务体系；二是以促进学生学习质量提升为目的，以专业、专任教师为主体组织书院导师队伍，构建学生学业辅导体系，也就是所谓的导师制；三是以学生学业进步、成长成才的需求为导向，实施大学生综合能力提升计划；四是以搭建学生自我教育管理服务平台为载体，培养学生参与学校和书院管理的主人翁意识。

以上四个方面的内容，与专业学院负责开展的第一课堂的教育教学体系形成互补，书院与学院协调协作，共同完成人才培养、教书育人的目标任务。同时还注重以下三个育人品牌。

一是知心工程。知心工程是指推动辅导员、班主任、学业导师与学生开展面对面谈话的学生教育辅导工作体系。比如针对学生中普遍存在的典型问题，学校设计制作了 14 种类型的表格用于指导和记录师生之间的谈话内容，每种表格采用不同的颜色，适用不同类别的学生。通过知心工程所积累的第一手素材，老师将学生普遍存在的问题或典型案例整理成册，编印了《新生百问百解》《毕业生百问百解》等分发给学生作为自我辅导的指南。

二是大学生综合能力提升计划。具体包括八个方面：交流与表达、中国文化素养、开拓性思维、职业生涯规划、领导力、公民责任意识、广泛兴趣以及国际视野。综合能力提升计划分为三个层次：第一层为通选层，全体学生通过参加新生养成教育、学业与职业生涯规划等活动，引导学生认知自我，体察社会；第二层为任选层，通过学生自主选择参加社会实践、科技创新、创业、文体锻炼、领导力培养与素质拓展等活动，帮助学生提升技能与拓展经验；第三层为自选层，鼓励学生以参加境外高校访学、自主研修和科技竞赛活动等方式，激发学生挑战自我，展现个性。

三是学生学业辅导体系。具体包括学习兴趣辅导、学习方法辅导、课程学习辅导、职业发展方向辅导等，有个体辅导，也有团体辅导。

（三）“书院—学院”双院制育人模式重点内容

1. 学业导师制

各书院聘请校内、校外学业导师，设立学业总导师，建设学业导师辅导体系。目前，各个书院共聘请学业导师 136 名，每周开展定期辅导。学业导师主要负责开展课程学习辅导、重大竞赛指导、社会实践辅导、职业生涯规划咨询等。

2. 朋辈辅导制

各个书院组建学长团，建立朋辈辅导体系。书院聘请研究生和高年级学生，面向书院各专业学生开展学习兴趣辅导、学习方法辅导等，有个体辅导，也有团体辅导。书院年均举办专业教师参与的课外学业辅导活动 100 多场，朋辈辅导活动 800 多场，参与辅导学生 1 万多人次。其中，学长朋辈辅导最受学生欢迎。

3. 大学生综合能力提升计划

各个书院共设计了 50 余门综合能力提升课程，着力提高学生各方面的能力。2014 年、2015 年、2016 年分别有 2 000 余名、3 500 余学生、6 000 余名学生参与了大学生综合能力提升计划，大大推动了第二课堂实践教育学分化改革步伐。

4. 学风建设行动

各书院每学期均开展学业分析，按专业编制《学生学业分析报告》，以此就学生的学业问题与学院、系进行沟通，挖掘学生学业问题背后的原因，针对性地组织学业辅导。书院辅导员还开展了全面的“听课制度”，每位学生工作干部每学期听课 10 门次，总计 1 200余门次，并填写听课记录表，就听课过程中发现的问题及时反馈、改进，促进学生良好学风形成及学习行为养成。

5. 学生为主体的民主管理

西安交通大学成立了大学生党委，各个书院设立党总支。为体现学生的主体性，各书院党总支委员中学生党员人数不少于 2/3，总支副书记由学生担任。书院搭建学生自主管理平台，支持和鼓励学生利用社区公共空间开展创业训练，营造生动活泼的学生成长氛围，并通过学生代表大会、宿舍生活委员会等专项委员会，学生广泛参与书院建设，师生共同研究、讨论、决定书院的重大事项。

6. 双院制协同育人

书院与学院通过共同聘任学业导师，通过参加书院院务委员会，学院领导和知名教授全面介入书院的工作和日常管理之中。2016 年 3 月，西安交通大学推行书院与学院领导交叉任职制度，促进书院、学院的紧密协作。学院、书院领导定期互访，书院定期邀请著名教授走访书院，参加师生下午茶、书院师生冷餐会等活动。

面向未来，西安交通大学书院制将依托本科生院建设、依托钱学森书院建设、依托创新创业学院建设等，致力于营造好一个更适宜当前乃至未来人才培养所需要的教育环境，营造好一个更适宜于大学生健康快乐成长所需要的学习生活环境，营造好一个教育机构、教育者、教育对象共同成长所需要的良好生态系统，这需要关心书院建设的所有人共同努力。

五、湖北大学通识教育学院——“三二四”培养模式

2011 年 4 月湖北大学通识教育学院成立，开始对大一学生培养模式进行全面、系统的研究和实践。学院坚持以“人格塑造、知识学习、能力锻炼”为核心内容的培养理念，构建知识学习与个性修养、创新能力和社会实践、全面发展和个性发展紧密结合的人才培养体系，促进学生在“科学基础、实践能力和人文素养”诸方面融合发展，力争“实现人的全面发展和适应社会需要”。为满足和丰富学生课余学习生活，学院还建有音乐房、形体房、舞蹈房、乒乓球室、学业指导室、休闲书吧等场所。此外，为方便两个校区之间的相互来往，学校专门开通了从阳逻校区到校本部的往返直达班车。

（一）教学特色管理

1. 构建自由选课学习体系

按照本科人才培养目标，构建了满足学生“个性教育”与“全面教育”的四类课程（通识教育自由选修课、通识教育指定选修课、跨学科专业选修课、专业计划必修课），依托现代化网络选课技术和开放课堂教学环境，学生能在学有余力的条件下较好地完成大学基础知识教育学习，实现“学科互为交叉、知识融会贯通”。

2. 坚持一流师资育人

学院按照一流本科教育建设标准，根据课堂教学和学生课外内学习需要，坚持选派省、校级教学竞赛获奖教师、学校教学质量奖获得教师及课堂教学质量优秀教师承担课堂教学教师或学生课外学习指导教师。

3. 建立国际理解教育平台

学院开设“International Culture”课程，邀请外籍教师为学生授课，增强学生对不同国家和地区的文化理解；以学生社团楚英俱乐部为基础，邀请学校有海外留学经验的学者、教师与学生交流，介绍国外学习经验；开展“我爱记单词”活动，为学生提供良好的英语学习平台。

4. 构建多维学业指导体系

一是邀请各学科性学院主要负责人、学科专业责任教授来院开展集中性学业指导，讲解各学科专业的培养方案、发展前景和学习要求。二是聘请专业领域的教师，在学业指导中心开展“问诊”式学业指导。三是针对学生普遍反映学习困难的课程开展专题性学业指导。四是与学科性学院协商为通识教育学院相关班级设立“影子班主任”，通过面对面、QQ 群等方式与学生开展交流互动。

（二）学生特色管理

1. 强调人格习养

学院对学生的思想品德修养实行“深、实、细、严”的管理和培养模式。

“深”，就是将学生工作深入到学生内部，进入学生课堂、寝室，了解学生学习生活情况，与学生深入交谈，把握每一个学生的心理、思想动态。

“实”，就是学院在尊重高校教育规律和学生成长规律的基础上，通过规定动作，让学生工作和学生服务落到实处。

“细”，就是量化管理和加大考查，把品行、活动、学习等方面细化为具体指标。

“严”，就是严格管理，通过细化督促、检查、考查的办法，帮助学生自我约束，达到自我教育的目标。学院要求学生每日坚持开展早操、早读、晚自习并按时归寝，侧重学生的品行教育；实施“弹性考勤制”，周一至周五实行半封闭式管理，周六、周日对学生开放，培育优良学风和学习生活习惯。

2. 加强对学生思想引领，培育其自我管理能力

在思想引领方面，学院以活动为载体，实施“领导联系习苑制度”，学院领导每月听一次课、参加一次主题班会、走入一次寝室，开展互动式交流。在培育自我管理方面，以学生代表参与管理学院的形式，定期邀请学生参与教职工会议，听取学生意见和建议，反馈和公开学院重大工作决议；学生会作为学生自治组织参与到学院各职能部门工作的管理和监督中。

3. 强化心理健康教育

开展“心脑成长工程”。学院设有心理健康服务中心，加强了学生心理咨询和服务，对有心理疾患和心理困境学生及时提供专业治疗和帮助。学院将心理健康引入课堂，聘请专家授课，每一位学生每学年都能接受到一次心理健康课程培训。

（三）“三二四”培养模式

经过近 6 年的努力，学院建成了体系完备、运行良好的大一学生“三二四”培养模式。“三二四”培养模式中的“三”是指三个目标，即知识目标、能力目标、品德目标；“二”是指两个课堂，即第一课堂和第二课堂；“四”是指四个计划，即“大类 + 习苑”培养计划、学业指导计划、学生素养砺炼计划、“问津文化”培养计划。

1. 三个目标

一是知识目标。知识学习是通识教育的基础。与传统的专业教育思想相比较，通识教育对于知识的学习具有特殊的要求：（1）注重知识的寻根性，即注重基本价值、原理和技能的学习。(2) 注重知识的整体性。整体性包括知识的广度与深度。广度是指涉猎各个领域的所有知识；深度是指对某一个领域的完整知识。整体性就是“博通”与“精专”的统一。(3) 注重知识的建构性。即在学习知识的过程中要带有问题意识，并依据问题解决的途径有逻辑地拓宽学习领域，构建合理的知识结构。

基于上述三点，“三二四”培养模式在大一的通识课程设置中既注重拓宽口径和研讨式教学方法，又注重学生自主学习能力及探究式学习能力的培养，以牢固掌握基础知识。

二是品德目标。人格塑造是通识教育的核心目标，是贯穿大一学生培养的主线。社会主义核心价值观是大学生健全人格塑造的基础，身心健康是大学生健全人格塑造的保障，养成教育是大学生健全人格塑造的必由之路。大学生健全人格的塑造必须注重批判性思维品质的培养。

三是能力目标。能力锻炼是通识教育学院“全人”教育的主要目标，是培养大一学生的重要目标。通识教育注重的能力，是对人生历程的各个方面如社会存在、职业发展和个性发展起关键性基础作用的能力，比如生活自理能力，口头和书面表达为主的沟通能力，自主学习及探究式学习能力，批判性思维能力，创新创业等“关键能力”。

2. 两个课堂

即以大类平台课及核心课程等为主的第一课堂，以讲座等为主的第二课堂。

(1) 第一课堂，即列入本科教学计划的正式课程。学校新修订的本科人才培养方案，按照“通识教育与专业教育相结合”与“大一以通识教育为主”的原则设计了通识课程体系，明确规定学生在大一阶段修读 40 ~ 50 学分。具体如下。

一是通识大类平台课。通识大类平台课包括人文科学类（含文、史、哲、艺术、宗教等）、社会科学类（含社、经、管、法、政等）、自然科学类（含天、地、生、数、理、化等）、综合类（含多元化、可持续发展、环境、生态、创新、信息化等）等四大模块 182 门课程。其中，人文科学类包括楚文化、儒学与中国文化等 92 门课；社会科学类包括大学学习理论与方法、电子商务概论等 32 门课；自然科学类包括当代科学技术进展、普通生物学等 27 门课；综合类包括环境与人类健康、信息技术导论等 31 门课。同时辅以相应的专业导论、经典导读类课程。“四大模块”类课程中大部分集中在大一阶段完成，每门课学分为 1 ~ 3 分，16 ~ 48 学时；专业导论、经典导读类课程全部集中在大一阶段完成，每门课学分为 1 分，16 学时。要求每位学生每个学期修读 4 ~ 8 个学分。

二是重点核心通识课。重点核心通识课是从通识大类平台课中遴选的 6 门课程，是通识课程体系的“灵魂”，包括英语走遍中国、哲学引论、现代科学技术进展、人文科学导论、自然科学导论、中国古典小说名著导读。这些课程均由资深专家教授组成的教学团队承担教学任务；同时，学校还组织编写重点核心通识课程系列教材，如哲学引论、现代科学技术进展、人文科学导论、自然科学导论、中国古典小说名著导读等。开设这 6 门重点核心通识课程，旨在通过凝练“少而精”的课程，以点带面、逐步提高通识教育课程质量，优化通识教育课程内容。

三是“双重编码”课程。“双重编码”课程是作为通识教育课程体系的强力补充设置的，即将各专业学院的专业大类课程，在保证专业内同学可修读的情况下，拿出一部分选课名额，开放给大一学生，作为通识教育的一部分课程，供跨学科、跨专业同学修读。这类课程本身是专业课程，课程深度和质量都有保障。目前学校有 44 门“双重编码”课程，其中第一学期提供法学概论、社会学原理、现代汉语等 21 门课程，第二学期提供政治经济学、组织行为学、媒体理论与实践等 23 门课程。这些课程均为相关专业学院的专业课。

四是线上线下课程。线上线下课程是无学分课程，其目的是为学生提供更广博的知识平台。线上课程主要为学生提供尔雅通识网络课程学习平台，让学生自行修学，如中华诗词、口才艺术与社交礼仪等课程；线下课程主要是自主开设的无学分课程，如全英文的英美概况、名著导读、写作专题、论语导读等团队授课课程。

（2）第二课堂包括讲座、社会实践、社团活动、大学生宿舍生活、校园文化等内容。例如，为推动人文经典阅读，每年 10 月学校启动读书节系列活动，面向全体大一学生推出百部名著导读，同时开展名著导读辅导讲座、经典影视欣赏等活动，对学生理解原著、激发阅读兴趣起到了积极作用。另外，开展学习竞赛和科技创新活动，开展校园文化活动、社团活动和社会实践活动等。

3. 四个计划

即“大类 + 习苑”培养计划、学业指导计划、素养砺炼计划和“问津文化”培养计划。

（1）“大类 + 习苑”培养计划。该计划中的“大类”指的是人文社科类、理工类、经济管理类三大类。在录取时学生虽然选择了某个专业，但入学后全部由通识教育学院集中管理。“习苑”指的是通识教育学院的 13 个“习苑”。习苑是通常所说的“书院”，取名“习苑”，强调习得、养成。通识教育学院把不同地域、不同学科专业背景的学生融合在一起，以习苑为单位进行管理，鼓励建设不同的习苑文化。每个习苑配备专职辅导员和班主任开展思想政治教育工作，指导社会实践活动，组织第二课堂、第三课堂以及处理学生日常事务。与传统书院相比，习苑更强调实践性和文化引领。

（2）学业指导计划。“三二四”培养模式注重多维学业指导体系，通过专家集中指导、“问诊”式指导、朋辈成长辅导、“影子”班主任指导、院领导联系习苑等方式，帮助学生认识大学、认识自我，以顺利实现从高中向大学、从通识教育阶段向本科高年级阶段的平稳过渡。

（3）三是素养砺炼计划。素养砺炼计划旨在引导学生自主学习、独立生活，实现从中学向大学的顺利过渡，实现学生自我教育、自我管理，包括培养生活自理能力、加强养成教育、培养批判性思维能力、开展社会主义核心价值观教育、培养良好身心素质、培养创新创业能力等。

（4）“问津文化”培养计划。通识教育学院位于我国古代四大书院之一的问津书院所在地。孔子在周游列国的时候，曾于此地“使子路问津”，问津书院由此而得名，寓意探索成长发展的途径。通识教育学院以问津大讲堂为依托，积极打造问津文化平台。问津文化注重学生体验人文精神、提高科学素养、拓宽知识视野、提升审美能力。

为客观评价大一学生培养质量，学校构建了多元评价体系，包括学生学业结果评价，学生的自我评价，教师、家长及社会评价。同时学院构建了与三维目标相适应的保障机制，即负责全校大一学生的教育培养和管理的组织机构，通识宽口径培养制度和保障两个课堂的长效机制。

“三二四”培养模式的培养目标与课程设置、培养计划及其相关的评价体系与制度保障环环相扣，相互照应，形成了湖北大学通识教育学院培养大一新生的完整、可行的新型培养模式（见图 8.2）。

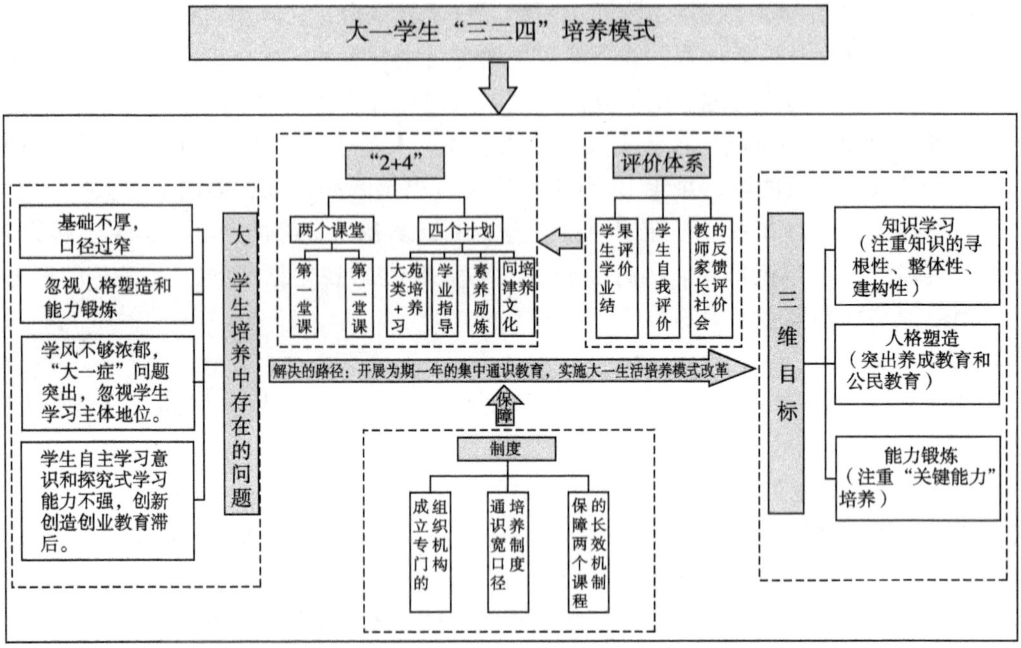

图 8.2　湖北大学通识教育学院大一学生“三二四”培养模式结构图

六、汕头大学至诚书院——“三位一体”育人机制

汕头大学于 2008 年 7 月借鉴国外住宿学院的理念和经验，把立德树人作为中心环节，率先成立了本科四年全程住宿学院——至诚书院。经过 9 年多的实践，至诚书院已形成组织构架、管理系统和课程体系三位一体的住宿学院育人机制，并于 2016 年面向全校本科生推广。

（一）组织架构

为有效促进学生之间有序、高效、持续的交流，至诚书院构建以党团建设为核心的书院矩阵式团队，建设以小型团队、中型团队和大型团队的学生社区服务型组织架构。书院大楼共有五层，每层共设 7 个区（横向剖面），每个区有 7 ~ 8 间宿舍，组成一个社区团支部，也称导生区，每个导生区约有 30 名学生。导生区是整个书院最基本的组织单位，即小型团队。中型团队是书院的团总支，共有 7 个，每个中型团队由 5 个不同楼层的小区组成。5 个小区的党员组成一个党支部，即书院的大系统、大型团队（见图 8.3）。

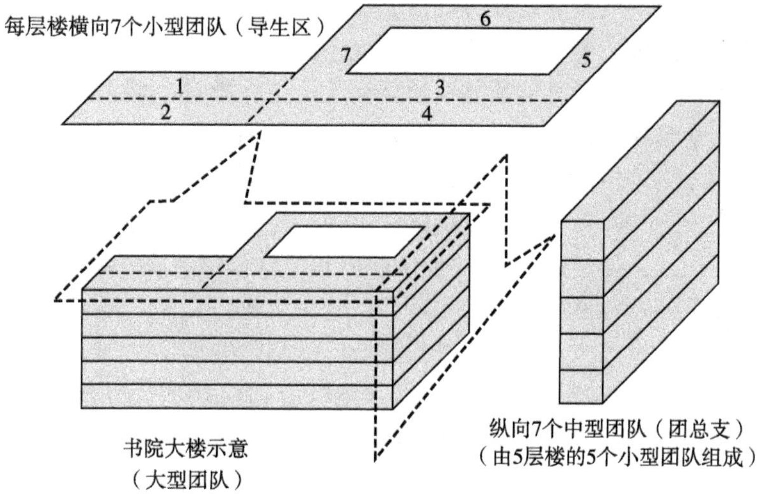

图 8.3　至诚书院矩阵式团队组建模型

（二）管理系统

为更好地促进大学生的自我成长、自我教育、自我监督，推动学生综合素质的全面提升，书院建立了党团组织、学生会、导生委员会、“常青藤”服务学习协会、《至诚》编委会以及国学社、古琴社、户外拓展协会等10几个学生兴趣社团，形成了较为完善的学生自我管理系统。各种学生组织各有定位，各司其职，相互独立又彼此联系，通过自助、互助和他助实现自我管理和共同发展。

在至诚书院，没有传统意义的“管理”，书院教师更多的是起到“引导、支持和帮助”的作用。书院的理念是学生要学会管理好自己，而这种自我管理通过小型团队、中型团队和大型团队的协调和运作来实现，以促进学生能力与素质的全面发展。

（三）课程体系

至诚书院课程体系包括团队拓展、学科拓展、体能拓展、心理拓展和职业拓展五个系统拓展项目，近20门课程。

（1）团队拓展项目。团队拓展主要培养团队精神，提高领导、沟通、协作等能力，培养自信心、独立性和社会责任感。其组织形式为训练营、讲座和户外协作训练等。

（2）学科拓展项目。学科拓展注重学科交叉，注重培养科学素养、人文精神、终生学习能力、思维整合能力，注重中国文化学习。其组织形式为学习营、交叉学科项目、调研等。

（3）心理拓展项目。心理拓展培养坚强心理品质和正确的认知、抗挫折能力，养成自尊、自爱、宽容和感恩等良好心态。其组织形式为训练营、工作坊、讲座等。

（4）体能拓展项目。体能拓展注重提升体能，促进健康，形成良好的生活习惯，培养团队精神，形成积极、乐观的人生态度。其组织形式为特训营、步行拉力、各类运动等。

（5）职业拓展项目。职业拓展注重指导职业生涯计划，提升职业能力，培养敬业、守信和奉献的职业精神。其组织形式为特训营、课程、讲座和实习等。

至诚书院开设的系统拓展课程覆盖全体学生，教育内容涵盖汕头大学人才培养目标体系中的素质教育培养目标，同时更加注重学科交叉、通识教育、能力提升、潜能发掘。其中少数课程是列入学校教学计划有学分的课程，但更多的课程是不计学分的课外学习。截至 2017 年 5 月，至诚书院共举办各类拓展项目 165 期，参与学生超过 1 万人次，其中 8 门通识教育课程，全校 3 500 余人次修读并获得学分。另外，在项目组织形式上借鉴了高级经理人员短期培训模式，通过邀请校内外专家和老师，采用讲座、视频教学、团队训练、小组研讨、汇报和野外登山素质拓展等多种形式与学生进行交流。项目内容涉及如何规划人生，如何树立崇高理想信念，如何培养自信心，如何培养团队协作能力、领导能力、意志力，如何提升心理品质、提升挫折抵抗能力和社会适应能力，以及如何培育社会责任感、如何提升道德修养等诸多方面。实践表明，这种“贴近实际 、贴近生活 、贴近学生”的拓展课程，为书院学生提供了很大的选择空间，同时也让他们的能力、素质得到很好的锻炼与提升。

如上所述，汕头大学至诚书院借鉴境外一流高校住宿学院制度，建设“三位一体”的育人机制，为学生提供了知识与能力一体化体验的平台，并在帮助学生树立正确的世界观、人生观、价值观，提高学生综合素质，增强教育效果等方面发挥了重要作用。

七、青岛大学浮山书院——建造“精耕细作”教育生态新理念

浮山书院是青岛大学依托国家大学生文化素质教育基地而创建的博雅教育平台，成立于 2007 年。浮山学院是因青岛大学背依浮山而得名。浮山学院以博雅班为“试验田”，通过手工式的“精耕细作”，致力于培养有修养、有情怀、有担当的现代公民，以期营造“博雅淡定、智慧空灵”的教育生态。

（一）招生特色——“乌托邦式”的班级生成机制

浮山学院博雅班的招生于每年秋季，即大一新生入学后正式开始。具体遴选流程包括“自愿报名—初选—笔试—面试”四个环节。每年秋季学期，书院通过学校教务处通过在线及微信公众平台发布招生启事，面向全校大一新生招录新一届博雅班学生。学生根据兴趣自愿填写报名申请表，书院根据报名表填写情况（书写、动机、态度等）筛选出参加笔试的名单。笔试侧重于考察学生的知识视野、文章修养、逻辑思维能力等。为了解每位学生的潜意识、人格倾向等隐性特征，书院在笔试中运用画树、罗夏墨迹测试等方法对学生进行心理分析。最后书院邀请老中青三代教师代表及博雅班高年级学长代表，组成评委团，对笔试合格者进行面试。面试重点考察学生的精神气象、礼仪风度、语言表达能力、团队协作能力等。考官除了考察学生的整体风貌外，还十分关注其细节所反映的素养。

在整个遴选过程中，考官首先重视学生的品德和人格。唯人格健全、志向高远、情趣高雅、具有担当精神者方可录取。面试还特设现场才艺展示环节，被博雅班录取的学生一般应具备一项可为终生享用的特长或爱好。

每届博雅班招生人数控制在 70 人左右，分为两个小班。书院在尊重学生兴趣、愿望

的前提下，充分考虑专业、性别、籍贯、特长、爱好、文化背景等因素，每届学生基本涵盖了文、史、哲、理、工、医、经、管、法、美术、音乐、教育等专业。尽量实现男女比例平衡，并特招少数民族学员，力求呈现文化交融、多元共生的特质，弥补普通专业班级性别失调、学科背景相同、生源地单一等不足。被选进书院的学生专业教育仍在其原学院，通识教育的 12 学分在书院修读，同时需参加书院举办的学术讲座、读书会、音乐会、美育雅集、文化考察、志愿者服务等各类活动。

这种“乌托邦式”的班级生成机制基于荀子“蓬生麻中，不扶而直”的教育思想，学院试图创设一种“见贤思齐”的场域，让学生在课程学习、思辨研讨和团队协作中更能碰撞出思维的火花，催化出志同道合的友谊与富有创造力的洞见。

（二）育人特色——“博、雅、慧、行”四育并重的理想人格塑造

“浮山书院，地接海山。海以涵智，山以弘仁。海魂山魄，卓尔不群。”浮山书院创立之初，著名文史学者、青岛大学校歌词作者赵明先生特地作《浮山赋》以记之，并对“博雅教育”进行了诠释——“古今中外，科技人文，博雅教育，陶铸全人。博为通识，雅在修身。天人物我，主客交融。向外驰骛，知无止境。向内躬求，境界提升。”这一诠释可谓浮山书院博雅教育的宣言，也是书院师生心怀敬畏并不懈努力的教育理想。

基于上述愿景，浮山书院首先注重学生理想人格的培养，从“博”“雅”“慧”“行”四个维度展开教育实践。“博”为通识，强调智识的博通宽广，做人的博大宽厚；“雅”在情怀，强调人格的典雅，情趣的高雅；“慧”重思悟，强调思维的敏锐，见解的独到，创造力的活跃，以及对生命内涵的理解；“行”贵践履，强调学行合一，服务社会，读万卷书，更要行万里路。书院的课程亦紧紧围绕“博、雅、慧、行”四个维度进行设计，构建了经典研读与文化自觉、琴棋书画与艺术审美、科学精神与批判性思维、自我塑造与社会担当四个模块组成的课程体系。

1. 经典研读与文化自觉课程模块

浮山书院的经典研读与文化自觉课程模块，旨在让学生通过深入研读中西方文明传统及经典著作，将“文化自觉”意识烙印心底并灌注于整个人生。中华元典研读作为该模块的核心课程，采取“元典素读—教师导读—小组研读”的教学方法，让学生从《论语》《道德经》《周易》《诗经》等文化原典中领悟先贤智慧。西方文明经典讲读从哲学与文学两个层面为学生打开广博的西方文化视野，使之建构博通宽广、和而不同的文化观，寻求中国与世界、东方与西方终极关怀的相通性，在中西文明的烛照下思考自我的人生与中国的发展。除核心课程外，书院还在经典研读与文化传承模块开设了三门供同学们选修的课程：汉字与中国文化、中国社会历史专题、中国茶文化。汉字与中国文化课从字源学的角度引领学生走进汉字博大精深且富有智慧与诗意的文化世界，从先民的造字艺术里领略中国人理解世界的方式与朴素的精神追求。中国社会历史专题课从服饰、饮食、书信、教育、宗族、法制等社会历史诸方面讲述历史上的中国人是如何生活的，启发学生思考现代中国人如何过一种文明、雅致、智慧的生活。中国茶文化课从人与茶、人与自然、人与人、人与社会的和谐关系出发，引导学生从生理到心灵认知中国茶与中国茶文化的发展过程，培养爱茶、饮茶的健康生活方式，在国内外弘扬中国茶文化。

2. 琴棋书画与艺术审美课程模块

为培养学生典雅的审美人格和自由舒展的心灵，浮山书院将古琴、围棋、书法、国画这四种独具东方美学神韵的艺术形式纳入课程体系，设计了琴棋书画与艺术审美课程板块。课程采取沉浸式教学法，重艺术熏陶和体验，教师主要起示范、引导和点评的作用。手挥五弦，感受古琴大音希声之美；切磋对弈，在围棋的黑白棋子间学会知进知退、顾全大局；临摹书法，通过丰富灵动的笔墨语言表现内在的情操修养；创作国画，体会中国画气韵生动的审美意蕴。在课堂教学之外，书院还成立了古琴、围棋、书法、国画等兴趣小组，学生根据各自兴趣参与其中，在教师的指导下，通过“雅集”的形式分享各自心得与进步，逐渐把兴趣变成享用终生的爱好。琴棋书画课程不只是简单的技能传授，而是诗意盎然的性情教育，在大道至简的艺术研习中培养学生的定力与静气，培养收放心的功夫。

3. 科学精神与批判性思维课程模块

浮山书院专设科学精神与批判性思维课程模块，意在培养学生的理性美德、问题意识与质疑精神，使学生不再盲从，走向真正的独立思考。课程将批判性思维的精义渗透于案例教学中，通过启发式教育引导学生全面收集信息，挖掘隐含假设，合理评估事实，辨别是非真伪，优化解决方案，从而进行严谨的推理，科学的决策，培养学生解决问题的能力和自我反省的精神。

4. 自我塑造与社会担当课程模块

自我塑造与社会担当课程模块开设了礼仪与教养、稻盛哲学理论与实践等课程，侧重于培养学生的礼仪风度、精神气质与社会责任感。一方面引领学生懂得如何做一个懂礼仪、有教养的现代中国人，既从举手投足、衣着言谈、待人接物等细处要求学生拥有整洁适宜、文质彬彬的仪容仪表与平和悦纳、忠恕宽仁的处世态度，又让学生做到“吾日三省吾身”，每天从“不说谎、不抱怨、尽己责”三方面省察自己，以感恩、敬畏之心善待人与自然，做到“己所不欲，勿施于人”，“勿以恶小而为之，勿以善小而不为”。另一方面引领学生思考如何处理“人与自我”“人与国家”“人与世界”三个维度的关系，发现自我、珍爱自我、升华自我，塑造好自我的“主体角色”，以文化自觉和家国情怀不辱“现代国民”之担当，在全球化格局中成为合格的“世界公民”。

（三）教学特色——不可或缺的仪式感

浮山书院没有院子，其教学、读书及美育活动皆共享学校现有的资源。书院赖以存在的不是院子，而是一届届学子心口相传的院规、院歌，是书院人年复一年绵延不绝的精神与情怀，以及充满真诚、尊重、敬畏、热爱、富有仪式感的生活方式。书院自创立以来，极为注重学生仪式感的培养。这种仪式感既蕴含在开班与结业的典礼上，也蕴含在书院的每一堂课里，甚至弥漫在学生们每一天的点滴生活之中。

每届博雅班学子进入书院时，皆有三小时的入学典礼，学生首先须庄严诵读浮山书院学规三遍，佩戴浮山书院院徽，身着靛蓝色天然亚麻院服；而后，每一位同学都要走上讲台，以光明之心立下高远志向；最后唱浮山书院院歌《校园夕歌》（又称《祖国歌》），全体学子合影留念。同样，每届博雅班学子学完书院课程后都将举行隆重的结业典礼，颁发书院结业证书。在他们毕业离校时也会举行特别的欢送典礼。

另外，书院每一堂课的开始与结束，师生之间皆有鞠躬问候与道别；学生因特殊情况请假，须提前向任课老师提交书面假条……书院格外强调这些细小的“仪式”。对仪式感的强调旨在让学生重拾本有的虔敬之心，过一种认真而非散漫、庄重而非轻浮、热忱而非冷漠、坚定而非纠结、宁静而非喧嚣的生活。

（四）师生关系——富有生命气息的精神交往

浮山书院尤为重视师生之间富有生命气息的精神交往，认为这是学子们在书院找到归宿感，毕业之后对书院仍然充满美好眷恋的重要因素。书院实行教席聘任制，根据课程需要，从青岛大学各学院或校外聘请适合的教师为博雅班授课。而这些老师与学生之间的关系不仅仅是课堂上的教与学的关系，更是互相爱护、互相尊重的一种富有生命气息的精神交往。比如，每次课前有两位同学在教学楼下迎接老师到来，陪同老师一起走进课堂，讲桌、黑板擦拭得一尘不染，同学们提前 10 分钟就坐在教室里等候、助教为老师奉上热腾腾的茶，师生在氤氲的茶香中相互鞠躬问候，开启新的一课。除课堂教学外，老师们经常利用课余时间为同学们答疑解难，和同学们一起开读书会、茶话会，参加同学们组织的美育雅集和生活沙龙，还与同学们一起听海漫步谈理想，一起去咖啡馆闲坐聊天。老师和同学们既有质疑问难、思辨研讨的经历，也有对酒当歌、登山赋诗的襟怀。

八、其他大学的书院（学院）

（一）浙江大学求是学院

除上述大学以外，还有很多大学在探索和实行书院制育人模式。例如，浙江大学求是学院①成立于 2008 年 7 月，是浙江大学为配合通识教育、大类培养需要而实行的“一横多纵”学生教育管理体制的重要组成部分，是具有思想政治教育与教学管理职能的大类学生教育管理单位，隶属本科生院。求是学院现有教职工 43 人，包括 10 名行政管理人员和 30 余名辅导员，拥有一、二年级本科生近万人。求是学院由丹阳青溪、紫云碧峰和蓝田三个学园组成。各学园实行属地化管理，配备正副主任、辅导员、班主任、学长等管理服务队伍，开展各项学生管理服务工作。求是学院设党政办公室，负责日常事务的处理。

学院自成立以来，践行“以学生为中心”的教育管理理念，认真实施新生始业教育，配合校党委学工部、人武部组织学生参加军训；重点开展学生学业指导和困难生帮扶工作；配合专业院系开展专业宣传与引导，指导学生完成主修专业确认；开展职业生涯规划辅导；开展学生党建和团建工作，引导学生积极向党组织靠拢；支持学生开展丰富多彩的社团活动、文体活动和社会实践活动。

学院围绕学校培养“具有国际视野的高素质拔尖创新人才和未来领导者”的目标，积极探索大类学生培养、管理的规律与方法，以创新求发展，力争为专业院系输送更优秀的

---

① 根据浙江大学求是学院官网整理。http：//bksy. zju. edu. cn/qsxy/redir. php？catalog_ id =708732.

可造之才。

（二）香港中文大学九大书院

香港中文大学①早在20世纪中期就开始实行住宿书院制度，将书院定位为结识友伴、探讨学术的小群体，以期待师生密切交流、朋辈一同成长。在香港中文大学，书院既是宿舍、餐厅，也是全人发展，通过举办各种活动，让学生为自己的大学生活延展色彩的空间。书院举办的活动包括海外交流及外访计划、研讨会、师友计划、社区服务、语文及资讯科技和领袖才能的训练，还有多种学生社团组织的课外活动等。在香港中文大学，书院提供的更多是非形式教育机会，与正规课程相辅相成，旨在培养学生的人际关系技巧、文化品位、自信心和责任感。学生更可利用奖学金和经济援助计划充分发挥个人成长的潜力。目前，香港中文大学共有九大书院，分别是崇基书院、新亚书院、联合书院、逸夫书院、晨兴书院、善衡书院、敬文书院、伍宜孙书院和和声书院。

（三）澳门大学十大书院

澳门大学② 2015年开始实行住宿式书院，将所有学士课程的新生安排入住了书院让他们成为住宿式书院的一分子，并将此作为完成学士课程的毕业要求之一。在住宿式书院生活期间，学生将有机会在各种“软实力”上得到提升，例如，学习自我管理、自律、自省、团队合作、领导服务、国际视野，并有能力整合跨领域的知识且加以运用等。同样重要的是住宿式书院能让学生与来自不同文化、言语、家庭、教育背景的同学共同生活、娱乐、交流，共同成长，进而学习相互包容、尊重，拥抱多元文化。这些软实力的培养对于21世纪的人才事业发展尤为重要。澳门大学“四位一体”的教育模式包括专业教育、通识教育、研修教育和社群教育。澳门大学的十大书院③具体为曹光彪书院、郑裕彤书院、张昆仑书院、蔡继有书院、霍英东珍禧书院、吕志和书院、马万祺罗柏心书院、满珍纪念书院、绍邦书院、何鸿荣东亚书院。每一个书院都设有自己的官网，介绍学生生活、学生会及大学指南等内容。

（四）宁波大学阳明学院

宁波大学阳明学院④成立于2007年12月，原名为宁波大学基础学院，2008年4月更名为阳明学院。阳明学院专门负责全校按学科大类培养的一年级学生的教育教学管理工作。

阳明学院的教育理念是“把成才的选择权交给学生”，坚持以学生为本，通过开展学习指导、探索选择机制、营造成长氛围，为学生拓宽学科基础、增进知识交叉、理性选择

---

① 香港中文大学官网 http：//translate. itsc. cuhk. edu. hk/uniTS/www. cuhk. edu. hk/chinese/college/system. html.

② 澳门大学住宿式书院官网 https：//rc. umac. mo/embedded-and-transformative-assessment-through-e-learning-possibilities-and-hurdles/.

③ 澳门大学住宿式书院系统官网 http：//www. umac. mo/zh-hant/about-um/faculties-residential-colleges-and- units/residential-college. html.

④ 宁波大学阳明学院官网 http：//ymxy. nbu. edu. cn/xygk/xyjj. htm.

专业、科学规划人生提供平台，努力让学生学会学习、学会选择、学会规划，为学校加强教学建设、优化专业结构和人才培养结构创新机制。阳明学院每学年有大类招生的大一学生约 3 000 人。从 2015 年起，招生大类有经济学类、工商管理类、法政类、人文与传媒类、电子信息类、机械类、材料化学类、海洋科学类、食品科学与工程类、数理科学类、土木建设类、设计学类、师范类（文科、理科）等，共涉及全校 15 个学院的 73 个专业。此外，还有 4 个年级的阳明创新班的学生约 160 人。

宁波大学实行基于学生自主选择的按大类招生、按大类培养模式。新生入学第一学年，在阳明学院学习相关大类的课程，第一学期末可以按有关规定申请转大类；第二学期末，根据“志愿 + 考核”的原则，在招生大类所属的专业中自主选择专业。第二学年及以后，学生在专业所在学院进入专业学习。宁波大学阳明班学生的培养过程具有以下几个特点：实行个性化的培养方案，学生根据自己的发展规划，在导师指导下制定培养方案；自主确认专业，学生可在招生大类中自主确认修读专业；在校学习期间全程实行导师制。学校选派相关专业的优秀教师担任学生的导师，对学生的学业规划、课程学习、科研创新、学科竞赛等进行指导；实施素质提升计划，开展科研训练、视野拓展、考研促进、修养提高、社会研习等第二课堂活动，提升综合素质；支持学生第二校园经历，学生享有国内外名校第二校园交换的机会，并给予最高 3 万元的经费资助；在小班化教学、奖学金评定、科研创新、研究生免推等方面享有学校特殊的政策。

（五）中国海洋大学行远书院

中国海洋大学为进一步推进本科教育改革，贯彻“通识为体，专业为用”的教育理念，实现博雅教育与专业教育的有机融合，培养文理兼备、关怀社会的复合型人才，于 2014 年 5 月成立了行远书院。行远书院是中国海洋大学通识教育的实验区和本科教学改革的“特区”。设置行远书院，组织开展通识核心课程教学，旨在帮助学生拓宽人生视野，在人格培养和能力训练上打下基础，培育能够适应未来 30 ~ 50 年社会需求的“博雅”人才，让“博雅”推动终身学习，以应对瞬息万变的未来。书院的学生将通过课程学习、反思讨论、生活训练、书院活动，调动求知欲望，拓宽认知视野，强化问题意识，增强以宏观的思维分析问题、以微观的思维解决问题的能力，打造“厚基础”的自学根基，提升“宽口径”的从业能力，养成“深识见”的思维自省，以期发掘自我，进而造福国家和社会。进入书院的学生须热衷思考、崇尚知识、塑造自我、关怀社会，珍视集体荣誉，乐于助人和奉献，积极投入行远书院的学习和活动，不断地追求进步。

（六）西南财经大学人文学院、通识教育学院

西南财经大学人文学院、通识教育学院①是为适应加强学科建设、完善学科专业结构和通识教育改革需要，以“授蒙养正、博雅信达”为教育理念于 2007 年初组建的专业学院和基础教育学院。人文学院、通识教育学院拥有不同的功能定位。其中，人文学院定位

① 参考西南财经大学人文（通识）学院官网 http：//tsjyxy. swufe. edu. cn/4020. html.

为专业学院，开设有汉语言文学（财经文秘方向）、新闻学（财经新闻方向）、社会工作等三个本科专业和媒体经营管理、经济哲学、应用社会学等三个科学硕士学位，并拥有新闻与传播专业硕士学位授权点，建有四川省人文社会科学重点研究基地——西部城乡统筹与社会建设研究中心等一批研究机构。人文学院同时也是通识教育学院的根基，为学校开设通识教育课程提供师资、学科等条件保障。通识教育学院定位为基础教育学院，不仅承担着学校通识课程的开设与管理工作，也承担着全校一年级本科生集中教育管理的职能。在课程建设方面，通识教育学院会同心理健康教育中心，开设了 8 门通识核心课程，并对全校通识选修课程进行建设与教学组织。在学生工作方面，全校一年级本科生都要在通识教育学院进行一年的集中教育管理，实现从中学生到大学生的转变。近年来，通识教育学院创新学生管理模式，强化班团建设，通过开设博雅大讲堂和丰富的学生活动，培养学生自我管理、自我教育、自我服务的能力，为今后进入专业学院学习打好坚实的基础。

（七）贵州大学阳明学院

贵州大学阳明学院是贵州大学围绕高水平大学本科教育的目标，基于办中国最好的本科教育的理想，适应我国本科教育由专业教育向通识教育转型、创新本科通识教育组织和管理模式、弘扬中国优秀传统文化和地域特色文化（包括阳明学）三大需要，于 2014 年 7 月正式成立。阳明学院以构建融价值塑造、能力培养、人类核心知识获取为一体的教育体系，以培养每一位学生成为有良好素养的现代文明人为使命，做中国本科通识教育的先行者，秉持以生为本、古今贯通、中西融会、文理渗透、知行合一的价值理念。阳明学院面向全校一年级学生开展本科通识教育，现设党政办公室、教务办、学务办（团委）、通识教育教学部，内设人文、社会科学、自然科学、工学（一、二、三）和农学七个教学部。

（八）南方科技大学六大书院

南方科技大学以“学分制、书院制、导师制”和“国际化、个性化、精英化”为核心和特色，大力培养拔尖创新人才为目的，于 2011 年开始实施书院制管理，目前共设立了致仁书院、树仁书院、致诚书院、树德书院、致新书院、树礼书院六大书院。以致仁书院为例，致仁书院①以“格物致知，格心致仁”为立院精神，寄望致仁学子以“正心、修身、齐家、治国、平天下”为理念，通过提供非形式教育，配合课堂教育，推展学术及文化活动，探索实施适应性分类教育模式，实现文理渗透、专业互补、个性拓展；鼓励不同背景的学生互相学习交流，满足学生的个性化发展需要，最终促进学生的全面发展。目前，致仁书院已经形成一系列品牌特色活动，包括致仁家庭日、假面舞会、英语角、院长午餐会、师生悦跑、致仁圣诞晚会、生日会、致仁宿舍节等。

---

① 参考南方科技大学致仁书院官网 http：//sustc. edu. cn/communication_ 4_ 1_ 2.

九、书院制培养模式的类型与特征

（一）书院制培养模式的类型

书院制培养模式主要有两个类型。

一是创办通识教育实验班，进行“通识教育基础上的专业教育”人才培养模式改革实验，属于小规模、全方位的改革试验。这些学院每年仅招收几十名或者一二百名大学生，但大都进行了较为完善的制度设计，本科四年进行全程教育和管理。如大学一二年级不分专业，进行良好的通识教育，之后根据兴趣自主选择专业；打乱专业混合住宿，实行书院育人制度，加强不同专业学生之间的交流；实行导师制等。

二是建立书院或住宿学院、通识教育学院，改革专业选择机制和学生管理组织模式。一些高校成立了住宿学院、书院或通识教育学院，主要负责全校一年级或一、二年级本科生的教育教学管理。建立书院制度，改革大学生住宿管理，不同专业学生混住，充分发挥宿舍的育人功能。同时，很多高校开始实行大类招生、延缓专业选择时间，将一二年级本科生从专业学院剥离出来，按学科大类进行培养和管理，打下了坚实的基础；之后根据兴趣和学业情况进行专业分流，学生进入各专业学院学习，力图通过组织变革加强全校的通识教育。

这些改革大都继承并发扬了中国古代传统书院的精神与价值，同时借鉴了西方一些大学的本科生院和住宿学院制度。众所周知，书院是我国古代独特的一种文化教育模式。我国最早的书院诞生于唐朝末期，在宋朝和元朝进入鼎盛时期，至今已有 1 000 多年的历史。相关研究表明宋代具有四大书院，即应天书院、岳麓书院、白鹿洞书院和嵩阳书院，都建在依山傍水、景色优美的自然环境当中，营造了诗礼传家、尊师重道的氛围。顾宪成的著名联句“风声雨声读书声声声入耳，家事国事天下事事事关心”即来源于东林书院。可见，书院是中国千百年历史中传承古代文明和思想火花的重要教育模式，它承载着中国古代教育思想的精神品格和文化意蕴。为发展近代教育培养实用人才，清光绪二十七年（1901 年）宣布书院改为学堂，使书院不仅在制度层面彻底消失，同时在空间上也失去了其滋养的土壤。

在西方国家，住宿书院最早出现在法国巴黎，之后在英国牛津大学、剑桥大学得以发展。20 世纪 30 年代美国的哈佛大学和耶鲁大学也开始实行住宿书院，历经数十年的发展，如今，哈佛大学和耶鲁大学的书院制已成为了一个功能、设施和理念俱全的完整而成熟的体系架构。例如，哈佛大学的住宿学院融学习、餐饮、娱乐、住宿、健身和交际等诸多功能为一体，每幢宿舍楼都拥有食堂、公共休息室、图书馆、学术和文化娱乐活动设施，为师生互动和同学间的交往提供了非常完善的空间和机会。同样，耶鲁大学的住宿学院也非常完善，学院不仅为学生提供了同伴社区，学生可以在其中居住、进餐、社交以及从事多种多样的学术和课外活动，而且都设有自己的图书馆、电脑室、休息室、沙龙屋、游泳池和其他各种健身、娱乐活动场所，为学生提供将学习、娱乐、健身和交流融为一体的空间。此外每所学院在理念上非常完善，有自己的徽章、报纸、运动队、兴趣俱乐部、戏剧组、歌咏队和特殊班等。国外著名大学的住宿学院制度已发展得非常完善且成熟。

（二）书院制培养模式的特征

纵览我国各所大学书院制实行现状可总结出以下两点特征。

其一，书院逐渐从学生日程生活管理机构逐渐转变为文化育人新模式。众所周知，我国大学的书院制一直面临着容易被定位为学生管理工作这一问题。其中也出现了一些宿舍管理体制直接转变成书院制度的现象，其结果毋庸置疑，出现了设施陈旧、管理滞后、师资短缺等诸多问题。近几年来，随着对书院制理念的深入理解，各个大学的书院制度得到了很大的完善，比如导师制的落实，物理空间的扩建与改善，全体新生集体住进书院等，可以说在文化育人方面有了很大的改变。同时，师生关系上也有了显著的转变，比如师生关系既注重自由、平等、和谐的气氛，同时也注重尊重师长，甚至在鞠躬问候等细小环节中体现了中华民族尊师重道的传统文化等。可以说书院制在物理空间和人文空间上都取得了巨大的转变。

其二，书院制度与大类招生、通专融合相结合，为创新型人才的培养提供双重保障。为学生提供更多自由选择的平台和机会，大类招生已是一个必然的趋势。2017 年，清华大学全面实施大类招生与大类培养，大学一年级所有学生将接受统一的通识教育课程、专业基础课程。大类招生可以减少学生填报志愿的盲目性，打破学科的界限，更有利于交叉型、复合型人才培养。但是大类招生所面临的最大的困难是如何很好地管理、组织、引导和帮助学生，如何将老师和学生通过一个平台、一个空间真正联系起来。书院制为此提供了很好的制度保障。清华大学推出大类招生、通专融合的同时，建立新雅学院，为顺利实施通识教育做好了制度的保障。

综上所述，书院制在我国大学已经不再是一个简单的住宿空间，而是生活、学习、思考、交友以及娱乐和锻炼全方位的物理空间；同时书院制与大类招生、通专结合的育人模式相结合，也成了学生自由选择专业，跨学科、跨文化学习最新领域知识的平台。住宿书院制度已成为实施素质教育、加强通识教育、培养创新人才的重要模式之一。

附：大学素质教育研究分会简介

大学素质教育研究分会成立于 2011 年 11 月 17 日，重点开展素质教育重大理论和实践问题研究，着力推进我国高素质创新人才培养，传播中国素质教育思想，促进高等教育强国建设。分会现任理事长为北京理工大学原党委书记郭大成教授，秘书长为北京理工大学教育研究院庞海芍研究员。分会秘书处办公地址设在北京理工大学。

第九章

推进信息化教学
创新教育教学模式

——教学研究分会专题报告

近年来，我国高等教育发展取得了长足的进步。截至2016年年底，全国各类高等教育在学总规模达到3 699万人，其中普通高等教育本专科在校生2 695.84万人。2016年共招生748.61万人，高等教育毛入学率达到42.7%，远远超过大众化教育时期15%的毛入学率，进一步向普及化方向迈进。高等教育改革取得了突破性进展，高校的办学积极性和自主权得以发挥和落实。高等教育办学、经费筹措、招生就业、内部管理体制等都在发生深刻变革。高等教育更贴近我国产业结构调整，适应经济增长需求。越来越多的应用型本科高校不断涌现，高职、中职等职业教育蓬勃发展，为我国从制造大国向制造强国的转变提供了必要的人力支持。

同时，高等教育课程体系、教学内容、教学方法也发生了深刻变革，高等教育回归教学的趋势越来越明显。随着现代信息技术在教育领域的开发和运用，在线开放课程成为新时代教育发展的趋势和方向，小班教学、翻转课堂、混合式教学等新的教学方法的充分应用，为提高高等教育教学质量提供了保障，高等教育教学改革呈现出越来越多的新理念、新模式、新方法。

一、信息技术与教学融合的意义不断凸显

《教育信息化十年发展规划（2011—2020年）》明确提出，“重点推进信息技术与高等教育的深度融合，促进教育内容、教学手段和方法现代化，创新人才培养、科研组织和社会服务模式，推动文化传承创新，促进高等教育质量全面提高。”

然而，高等教育从“精英化”走向“大众化”，生源质量与之前有了一定的改变，必然会对人才培养质量产生影响；高校的大量扩招导致师资的短缺与教学水平的良莠不齐，

青年教师教学经验不足，仓促上讲台，导致教学效果不佳；社会经济和科学技术的发展对教学内容和教学方法提出了新的要求，需要更多的实验实践性教学，需要更多的“双师型”教师，而这些在高等学校目前体制下难以实现；高校考核机制单一，重科研轻教学的情况仍然比较突出，导致教师、特别是青年教师宁愿在科研方面投入大量精力却不愿或没有太多精力投入教学，高校教学水平提升缓慢；教学模式、教学方法创新的主动性不够，以传统的单向性教师讲授为主，不能适应现代教学和学生的需求，导致课堂到课率较低，“低头族”众多，甚至出现学生上课睡觉等现象，不能激发学生的学习兴趣；教学效率低，学生学习积极性不够，没有课堂参与意识，从而严重影响了高等教育教学质量。

为解决以上种种问题，高校积极寻求改善和解决问题的方法。现代信息技术的发展，也给大众化的高等教育提高教学质量提供了解决的环境和途径。具体而言，教学模式和教学方法的改革是高等教育教学改革的突破口和关键点。

（一）重新解构高等教育服务对象

随着信息时代的到来，人们的学习方式和工作方式发生了巨大的变化。作为高等教育主要服务对象的学生，是在互联网背景下成长起来的，学习和生活习惯与以前的学生有很大不同，因此高等教育教学模式和方法也应该有所不同。此外，在提倡社会学习、终身学习的环境下，高等教育服务经济社会发展的需求越来越多，要求提供更为多样化的、能够满足不同人群需求的教育服务，高等教育在人才培养、科学研究、社会服务、文化传承创新等方面承担着越来越重要的作用。这就要求高等教育要打破校园界限，采用多种方式，建立起适合的运作方式，在保证完成正常教学任务的同时，提供更多的社会服务。

（二）课程体系改革的迫切要求

高等教育服务对象的变化要求课程体系和教学内容作出相应的调整，而这也正是我国高等教育教学改革的重点和难点。

（1）教学内容应充分体现前沿性、实用性和创新性。改变过去课程内容的固定和过分强调体系完整的状况，及时反映科学技术的快速发展和社会经济的不断变化，使学生能够及时把握各学科领域的最新发展方向和前沿。同时，应加强教学内容的实用性和创新性，注重学生能力培养。

（2）课程体系建设应该以培养学生的综合素质和创新能力为目标。长期以来，我们的高等教育教学重点强调学术性，注重学科体系的完整性和知识的系统性，而随着我国对人才需求的转变，学生能力的培养成为人才培养的重中之重。作为高等教育教学载体的课程体系改革也应该体现这一需求。

（三）实践能力培养成为教学改革的重点

我国正在从“制造大国”迈向“制造强国”，这就要求我们的高等教育能够提供足够的实践教学，从而培养出合格的制造者、技术工人、工程师。传统教学的重理论轻实践已经完全不能适应社会需求，各层次各类型的高校都在根据自身情况或新设实践课程，或理论与实践实训并重，通过调整课程设置、狠抓实验室建设、建设实习平台与实践基地、推动产学研相结合等措施，努力提高实验实践教学水平和学生的实践创新能力。近年来，理工科纯粹的演示性实验大大减少，综合性、设计性实验逐渐增加，有的甚至达到 80% 以上，一些人文社科类学科也增加了社会调查、仿真实验等教学内容和实践环节，努力培养学生的动手能力、创新意识及独立分析问题和解决问题的能力，不断进行实践教学创新。

（四）运用现代教育技术，推动教学改革

随着互联网时代的到来，信息技术在教育领域得到广泛运用，教育技术和手段有了很大改进，多媒体和网络教学环境已相当普遍。环境和技术的变化，对高等教育教学方法和手段提出了新的要求，某些学科，特别是理论性强的学科和实验实践性课程，可以利用三维动画、视频、虚拟仿真等手段提高学生的感性认识，有利于提高教学效果。可以说，现代教育技术的发展，推动了教学方法和手段的变革。

（五）“互联网 + 高等教育”成为高校教学新模式

互联网技术的广泛运用使我国高等教育进入了一个全新的时代，“互联网 + 高等教育”成为高等教育教学的新模式。但是，应该认识到，“互联网 + 高等教育”的重点依然是教育，必须遵循高等教育规律。互联网只是手段，或者说是实现优质教学资源共建共享、提高高等教育教学质量的方式和平台。“互联网 + 高等教育”是对传统高等教育的重构，是在教学的各个环节中适当应用互联网技术，逐步构建体系完善、内容健全、功能合理的高等教育生态系统新模式。具体而言，这种新模式具备以下几个特点：

（1）课程形式多元化。互联网平台和技术为高等教育课程建设和应用提供了更多的呈现形式，课程更为立体化、可视化、智能化，多种媒体的应用和社区及各种即时沟通软件使得在线课程的交互性足以与课堂教学相媲美，甚至在更大范围内实现交互，极大地提高了学生的学习积极性和热情，有利于教学质量的提高；内容极大丰富，音频、视频、动画等的应用更加直观和人性化；教学资源的更新更加及时快捷。

（2）教学组织、教学方式发生重大变革，个性化、全天候学习成为可能。“互联网 + 高等教育”打破了固有的校园教学模式，教学已不局限于固定场所和固定时间，可以实现每天 24 小时跨区域甚至全球化的教与学。传统的单一性课堂教师教学向翻转课堂等转变，学生成为学习的主体，从而充分调动学生学习积极性和自主性，激发学生的探究性和创造性。

（3）教学过程化管理成为可能。通过网络平台，可以方便地完成对教学各环节的数据收集、管理与分析，通过大数据分析，可以对学生的学习模式、学习效果进行分析，掌握学生学习动态，及时发现问题、及时调整，从而实现对教学的精准管理，提高教学质量。

（4）促进教师队伍转型升级。“互联网 + 高等教育”打破了高等学校传统教学模式，对教师掌握信息技术、提高信息技术教学技能提出了更高要求；借助网络平台进行线上线下教学设计，满足个性化、全天候学习需求，实现从固定时空教学到多维度教学，由单一模式教学到混合式教学的转变；要求教师必须突破原有传统教学模式，更为注重团队建设，突破学校界限，实现跨学校、跨区域甚至跨学科的合作；一些行业专家和技术人员也可参与教学，产教融合、产学融合、产研融合、教研融合，真正实现教师队伍转型升级。

二、信息技术应用实践探索不断深入

随着高等教育教学改革进一步深入，从思想理念的改变逐步深入到教学各环节，特别是在课程建设方面。慕课在全球迅速兴起，国际上的 Coursera、edX 等平台，吸引了很多世界一流大学的加入。我国高水平大学也迅速加入到慕课建设的洪流中，“爱课程”网、中国大学 MOOC、清华学堂在线等自主研发的平台迅速汇集了大量优质课程。慕课集中了远程教育、网络课程、开放教育资源和学习管理系统的最新发展成果，具备了突出的优势：一是教学活动完整；二是以学习者为中心，精心设计、重构的课程体系以及多样化的表现形式，能提高教学吸引力，而且能做到个性化学习；三是增加了教学互动，学习者参与感强；四是任务与结果激励，通过注册、作业、测验、讨论和考试等任务以及考试成绩、证书等结果，激发学习者学习主动性和积极性；五是能最大限度增加一流教师的授课对象；六是不仅可以在线学习，也可以实现线上、线下学习，通过开展“翻转式教学”，实施启发式教学。

慕课相对于传统课程、精品课、精品开放课程，其变化主要体现为以下八个方面：一是用机制强调教学团队的重要性，二是服务对象转变为以学习者为中心，三是建设目的更强调应用，四是主要用途由示范转为教学应用，五是开放程度由半封闭到完全开放，六是建设途径从一次性建设到动态生成，七是认定方式改为先上线后认定，八是建设效果由建设团体单方付出到教学相长（见表 9. 1）。

表 9. 1　传统课、精品课、精品开放课程和慕课建设的对比

项目	传统课	精品课	精品开放课程	慕课
教学团队	单兵作战	教学队伍	教师 + 技术骨干	教学团队
服务对象	本校学生	教师	师生、社会学习者	大规模学习者
建设目的	以用为主，本人用	以建为主，他人用	共建、共享，他人用	以用为主，本人用、本校用、他人用
主要用途	本校用	教学示范	展示、学习者用	本校用、学习者用，其他教师观摩
开放程度	封闭	半封闭	充分共享	完全开放
建设途径	静态、更新	静态	视频公开课多为一次性，资源共享课每年更新 10%	动态生成
认定方式	评奖式	评审即认定	入选后授予称号	先上线后认定
建设效果	反馈少	单方付出	少量反馈	教学相长

相对于国外从 OCW 到 MOOC 的发展，我国的慕课建设以一种加速发展的态势席卷全国，一些国内高水平大学及时跟进并通过国外平台推出课程。2013 年 5 月，清华大学、北京大学、复旦大学和上海交通大学成为 edX、Coursera 的首批亚洲高校成员，截至 2015 年上半年，三所大学在 edX、Coursera 平台上共推出了 75 门课程。

与此同时，国内慕课平台建设也相继展开。2013 年 10 月，由清华大学基于 edX 开放源代码研发的首个中文版慕课平台——“学堂在线”正式推出。2014 年，上海交通大学的“好大学在线”、“爱课程”网的“中国大学 MOOC”等平台陆续上线发布。2014 年 5 月 12 日，地方高校 UOOC（优课）联盟在深圳大学成立。2015 年 2 月 19 日，北京大学与阿里巴巴联手推出的“华文慕课”开始试用。

在建设与运营模式方面，我国慕课的发展也超出了传统的以政府引导为主的发展模式，更多地引进社会资本和企业，这也成为慕课快速发展的重要原因。社会参与是指政府和高校之外的企业以公益性或营利性形式投入在线开放课程平台建设的运行方式，企业参与主要体现为平台建设、系统支持和技术服务等方面。

按照社会参与的形式，国内的 MOOC 平台可划分为四类：

一是公共服务平台，以政府支持建设的“爱课程”网为代表，面向全国高校师生和社会学习者开放，以公益性为主。2014 年 5 月 8 日，作为国家精品开放课程项目的共享系统——“爱课程”网开通了“中国大学 MOOC”平台，面向全国高校进行 MOOC 课程建设和应用。

二是以某所高校为主体建设的平台，如学堂在线、好大学在线，这类平台的优点是能充分发挥所依托高校的办学优势，不足之处是参与建设的其他高校和老师不多，开放性略显不足。

三是高校联盟平台，表现为区域性或跨区域多所高校组成联盟，依托某一平台建设与共享在线开放课程，如上海高校课程中心、中国东西部高校课程共享联盟等依托的卓越“智慧树”平台，主要对加入联盟中的高校开放，部分对外开放。

四是商业平台，以营利为目的，提供视频制作、课程等有偿服务，如超星“尔雅”等，课程主要涉及各类培训、资格考试和部分专业课程，收费标准视课程性质不一，提供少量免费课程或片段免费观看。此外，在线教育中蕴含的巨大商机，已经引起了阿里巴巴、百度、腾讯等互联网公司的关注，开始纷纷布局在线教育。

而中国高校积极参与慕课建设与应用的热情更是推动慕课快速发展的关键。除清华大学、北京大学等高水平大学以外，国内一大批“985”“211”工程大学也纷纷加入慕课建设并在国内几大平台上推出课程，更多的普通高校也积极参与利用慕课、SPOC 来进行翻转课堂等教学改革实践（见表 9.2）。

表 9.2　国内几大平台情况（数据截至 2015 年年底）

课程数量及学校	中国大学 MOOC	学堂在线	好大学在线
课程数量/门	242	187	65
开课学校/所	42	24	5
课程最多学校	西南交通大学	清华大学	上海交通大学

以上为国内几大慕课平台的相关数据。截至 2015 年 12 月，中国大学 MOOC 上线 482 门次，注册总人数 268 万人，总选课人次 679 万人次，以参与建设高校、课程团队最多，课程及教学资源数量、选课人数居全国第一位，国内单门课程选课人次创最高纪录，而稳

居国内 MOOC 平台之首。目前，中国大学 MOOC 和学堂在线可以提供学习证书的发放，中国大学 MOOC 更是首家发放认证证书和提供 SPOC 服务的平台。好大学在线和卓越“智慧树”平台提供学分互认和跨校共享课服务。相关数据见表 9.3。

表 9.3 我国主要 MOOC 平台相关数据（截至 2015 年年底）

提供服务情况	中国大学 MOOC	学堂在线	好大学在线	“爱课程”网
平台上线时间	2014 年 5 月 8 日	2013 年 10 月 15 日	2014 年 4 月 8 日	2011 年 11 月 9 日
课程发布数量/门	242	187	65	992 门视频公开课，2 746 门资源共享课
选课总人次	685 万人次	100 万人次	—	独立访问 3 623 万人次
已开课学校数/所	42	24	5	613
开课最多的学校	西南交通大学	清华大学	上海交通大学	武汉大学
单门课最多选课数	131 222	20 409	—	—
课程应用类型	MOOC	MOOC	MOOC	视频公开课、资源共享课

慕课等新型在线开放课程在世界范围的迅速兴起，正在促使教学内容、方法、模式和教学管理体制机制发生变革，给高等教育教学改革发展带来了新的机遇和挑战。教育部密切关注其发展态势，积极推动大规模在线开放课程与高等教育教学改革的大讨论，以开放、包容、务实的态度，鼓励高校和社会参与者兴利避害，共同构建具有中国特色的在线开放课程体系和课程平台，促进其在更新教育观念、优化教学方式、提高教育质量、推动教育改革等方面发挥更积极的作用。

同时，教育部也制定了一系列的文件和政策，着眼于遵循教育教学规律，推动信息技术与教育教学深度融合，主动适应学习者个性化发展和多样化终身学习需求，围绕立足自主建设、注重应用共享和加强规范管理三条主线指导大规模开放课程建设。支持具有学科专业优势和现代教育技术优势的高校，建设一批以大规模在线开放课程为代表、应用与服务相融通的优质在线开放课程；采取先建设应用、后评价认定的方式，认定一批国家精品在线开放课程；选择认定基础良好、技术先进、符合国情、安全稳定、优质课程资源集聚、服务高效的平台承担公共服务平台重任。鼓励高校结合本校人才培养目标和需求，通过在线学习、在线学习与课堂教学相结合等多种方式应用在线开放课程；借助课程平台积极推广我国优质课程，优先引进反映学科发展前沿且具有先进的教育理念和教育经验的自然科学、工程与技术科学等学科优质课程，规范在线开放课程的对外推广与引进。要求根据教师、学习者的需求变化和技术发展，加强在线开放课程建设应用的师资和技术人员培训；在保证教学质量的前提下，推进在线开放课程学分认定和学分管理制度创新。

同时教育部也明确了各方应该承担的责任。在线开放课程建设应用与管理的主体责任由高校承担，课程服务和数据安全保障的主体责任则应由平台建设方承担；省级教育行政部门、高校要根据本区域、本校实际对在线开放课程的建设、应用与管理分别制订具体实施办法，教育部则为在线开放课程和公共服务平台的建设提供政策研究、宏观指导和条件支持，协同国家有关部门，依据国家网络与信息安全的政策法规履行相应的管理职能，从而从制度上保证了慕课建设与应用的顺利进行。

国家精品课程、国家精品开放课程建设为建设以慕课为代表的在线开放课程积累了经验，奠定了理论基础和实践基础，信息技术发展的新形势和我国教育教学的新需求则对在线课程建设与应用提出了现实要求，特别是如何适应我国课程特点和实际需求，建设具有中国特色的在线开放课程体系，是下阶段我国在线课程建设与应用的重要目标。因此，教育部明确将重点建设大学生文化素质教育课、受众面广的公共课和专业核心课程；鼓励高校间通过协同创新和集成创新的方式建设满足不同教学需要、不同学习需求的在线开放课程或课程群；有组织地建设一批高校思想政治理论课等在线开放课程并定为重点建设项目。

但是，随着在线课程建设与应用的逐步深入，我们也意识到，在线开放课程作为课堂教学的重要补充，并不能取代学校课堂教学，它只是课堂教学的有效补充，鼓励高校通过在线学习、在线学习与课堂教学相结合等多种方式应用在线开放课程，可以创新校内、校际课程共享与应用模式，使课堂教学内容、教学过程等通过信息技术得到延伸，学生能力得到提高。

在线课程建设必须强调高校自主建设。高校应切实承担在线开放课程建设应用与管理的主体责任，建立和实施课程建设、质量审查、课程运行保障和效果测评等制度，确保课程质量。课程的知识产权属于高校和课程团队共有。建设和应用在线开放课程不是要取代教师的教学主体地位，而是促进教师提升信息技术与高等教育深度融合的意识、水平和能力，增强教书育人本领，为有真才实学、精于教学的教师提供成长新平台和发展空间。应围绕促进信息技术与教育教学深度融合、教学改革和教育制度创新，注重提升广大师生运用信息技术教与学的水平和能力。学校应选择适合的教师、适合的课程作出符合教育教学规律、受欢迎的慕课，优选适合本校教学需求的课程应用于教学。

具有学科专业优势和现代教育技术优势的高校，具有丰富教学经验、较高学术造诣和善于应用信息技术手段的教师，应选择适合的课程开展在线开放课程建设。鼓励高校间通过协同创新和集成创新的方式建设满足不同教学需要、不同学习需求的在线开放课程或课程群。

在线课程建设教师团队应包括课程主持人、主讲教师和助教。课程团队需在开课后开展日常教学活动安排、互动和答疑、批改作业和审核、组织考试等工作。学校应对在线开放课程建设提供教育技术支撑和服务，并将教师建设在线课程工作计人工作量。学校应自主制定教师教学工作量的计算办法。例如，北京大学的《慕课运行管理条例》将慕课视同常规课程，再根据是否与翻转课堂教学实践结合来计算工作量，这种做法可供参考。

学校对于在线课程建设应采取必要的激励和保障措施。应建立在线开放课程建设、教学与学习、激励和评价的相关管理制度与机制，包括领导小组和分工明确的工作小组，培训、申请与审批，执行与督导，保障与支持，评价与质量控制等机制。在对在线课程质量的评价方面，可根据课程类型，参考全日制课程的质量要求，考查是否符合本校教学质量基本要求，教学服务是否到位，运用信息技术是否促进了教学内容和教学方法手段优化，是否能够提升学生的综合素质和创新能力等。

除了鼓励在线课程建设外，也要注重促进在线课程的应用。目前主要有三种形式：一是线上和线下结合的翻转课堂教学；二是将平台上的同类课程作为课堂教学拓展学习资源的混合式教学；三是选择课程平台上符合本校教学标准的在线开放课程直接用于教学。

为了更进一步促进在线课程的广泛应用，教育部组织有关专家和机构开展在线开放课程共享模式研究，鼓励高校积极探索并推进在线开放课程的应用。在公益性基础上，引入竞争机制，探索课程拓展资源与个性化学习服务的市场化运营方式，以保证可持续发展；同时，保护课程建设高校的权益，激发建设高校的积极性。

在线课程广泛应用的一项重要因素是可以实现学分互认，教育部要求各级教育行政部门组织专家加强研究和指导，给予相应的政策支持。发挥高校的自主性，探索建立高校内部或高校之间具备考核标准的在线学习认证和学分认定机制。在保证教学质量的前提下，开展在线学习、在线学习与课堂教学相结合等多种方式的学分认定、学分转换。目前，北京大学、清华大学、上海交通大学等十几所高校已承认开放课程学习学分。学分认定方式主要有：承认本校教师开设的慕课学分，如北京大学；二是试点承认部分课程的学分，如中南财经政法大学认定指定的几门通识课学分；三是承认某平台所有课程的学分，如武汉生物工程学院承认“爱课程”网所有课程学分。学校可以自主制定外校学生的学分认定办法，可参照校内学生学分认定的标准进行，或以学生获得公共服务平台的证书来认定学分。

无论是在线课程的建设还是应用都离不开课程平台的支持，但并不是所有高校都需要建设自己的平台，学校可以通过申报、专家遴选的方式，在具有良好公益性、开放性的国内已运行平台中，选择基础良好、技术先进、符合国情、安全稳定、优质课程资源集聚、服务高效的平台，作为本校在线开放课程公共服务平台，通过该平台提供的接口和云端服务来实现本校在线开放课程建设与应用。

在线开放课程是课程建设团队的职务作品，著作权属于高校和团队共有。公共服务平台应与高校、课程建设团队签订平等互利的知识产权保障协议，明确各方权利和义务，确保课程正常传播，保障各方权益。学校可以依法并择优对外推广或引进课程，学校或平台承担课程对外推广或引进课程的直接责任。教育部鼓励通过公共服务平台和境外平台积极对外推广我国优质课程，鼓励优先引进反映学科发展前沿且具有先进的教育理念和教育经验的自然科学、工程与技术科学等学科优质课程。

2015 年 4 月，教育部出台了《教育部关于加强高等学校在线开放课程建设应用和管理的意见》，强调立足自主建设、注重应用共享、加强规范管理三项原则，提出七大重点任务，要求“建好”“用好”“管好”。“建好”，就是要建好课程、建好平台、建好机制；“用好”，强调“应用驱动，建以致用”，鼓励高校结合本校人才培养目标和需求，通过在线学习、在线学习与课堂教学相结合等多种方式应用在线开放课程，不断创新校内、校际课程共享与应用模式；“管好”，就是要管好课程、管好平台、管好安全、管好服务。在此文件的指引下，我国的在线课程建设与应用正在进入有序、快速发展通道。

三、在线开放课程建设案例推介

在线开放课程在我国的建设与使用呈现出不同的类型和特色，下面选取了几个具有代表性和先进性的案例以供参考。

（一）哈尔滨工业大学在线开放课程群建设与应用

作为中国 C9 名校，哈尔滨工业大学（以下简称哈工大）把 MOOC 课程建设和应用作为推进世界一流大学、一流学科建设的重要工作。学校同时认识到，MOOC 课程是新时期课程建设的新载体，是实施以学生为中心的教与学的基础，是实现工程教育认证中达成度证据保存的重要手段，是教育信息化的重要组成部分。MOOC 课程既是哈工大作为名校的一个标志，又是体现教师教学水平的重要成果。

（1）学校组织并进行了 MOOC 课程建设与应用的顶层设计，出台了《哈尔滨工业大学在线开放课程建设应用与管理办法》，组织了 10 余次 MOOC 课程建设与应用培训及推进会议，促进教师在教育教学理念和课程建设方面转换观念。同时，与 MOOC 制作与运营平台合作，建设了三处 MOOC 课程录制环境和多处混合式教学环境，支持 MOOC 课程建设和应用。自 2014 年起，学校分三批立项支持了 101 门 MOOC 课程建设，分布于 18 个院系，在传统的优势专业开展了 MOOC 课程建设试点并陆续上线运行，涌现了一批优秀课程，尤其是推动学校和其他学校教学改革与内涵提升的课程。同时，大学计算机—计算思维导论、软件工程专业导论、C 语言程序设计、计算机组成原理、计算机网络、数据库系统等课程分别自 2014 年秋季学期开始陆陆续续开展了“MOOC + SPOCs + 翻转课堂”混合式教学改革，推进了以学生学习成效驱动教育理念的落地实施。学校还推动引进学堂在线、好大学在线等平台的课程，累计引进 63 门计 159 学期课程，选课人数达 15 691 人，获得成绩认证和学分的人数达 5 438 人，既丰富了学校的通识教育课程类型，又提高了学校相应课程的教学质量。

（2）积极推动优势专业 MOOC 课程群建设。推动并建设了计算机、电气工程、力学、航天等哈工大优势专业 MOOC 课程群，推动并建设了地域特色 MOOC 课程群，如冰雪、冰壶等 MOOC 课，推动国家级、省级教学名师建设了教学名师 MOOC 课程群等。优势专业、名师带动、地域特色，形成了哈工大特色化的 MOOC 课程群。

在通识教育方面则通过自主建设与校外引进相结合，哈工大较为薄弱的人文类课程则强化引进吸收；建设和应用优质 MOOC 课程，全面提升学校的教育教学质量。

（3）以 MOOC 课程建设与应用为契机，推动大学课程再造。以大学计算机—计算思维导论课程为例，该课程是对传统课程进行了深度而全面的再造所产生的全新 MOOC 课程，是解决知识膨胀环境下大学教学课程整合的优秀范例。

（4）积极探索新型教学模式。学校选择既重要又典型的课程，如公共课大学计算机—计算思维导论，推动其建立 MOOC 课程，并探索新型的教学模式，如 MOOC 教学模式、基于 MOOC 的课堂教学模式、基于 MOOC + SPOCs 的翻转课堂教学模式以及基于 MOOC + SPOCs 的服务他校的先进教学模式等，尤其是探索了 MOOC 进入校园教学中学时安排与学分认证等关键问题的解决方案，为更多院校应用 MOOC 课程提升教育教学质量提供了示范。

（5）积极推动基于“MOOC + SPOCs + 翻转课堂”的混合式教学改革。利用“MOOC + SPOCs + 翻转课堂”，较好地解决了内容不断膨胀、学时不增反降及基础参差不齐等带来的教学矛盾，实现了 MOOC + SPOCs 与课堂教学互为补充的教学新模式：“MOOC + SPOCs”强化广度教学，而实体课堂则强化深度教学，探索了一系列深度教学改革的模式，如以练代讲模式，生讲生评模式、分组研讨模式、生辨师评模式，切实提高课堂教学质量，实现了“混合教学建功”。

（二）西南交通大学在线开放课程建设与应用

MOOC 可促进优质资源共建共享，推动教与学变革，改善教与学的体验。线上的局限性正是线下教学的长处，因此西南交通大学组织推动 MOOC 建设，进而推动线上—课堂深度融合的翻转课堂势在必行。

2015 年 6 月，西南交通大学正式出台《关于深化教育教学改革提高人才培养质量的若干意见》，统一认识，达成共识。2013 年 12 月，四川省首门机械设计 MOOC 课程上线，后续又推出了高速铁路系列 11 门课程、力学系列 4 门课程、通识系列 4 门课程。

为了推进学校优势专业资源共享，在前期 MOOC 建设的基础上，在校内广泛发动、征集具有学校优势与特色的专业进行微专业建设。土木工程、电气工程及其自动化两个微专业已完成课程规划，并陆续拍摄上线。同时逐步推进受益面大的基础课程及专业基础课程小资源建设，如配合高等数学教学改革，开发部分知识点及习题课视频资源，为学生自主学习提供保障。

学校高度重视已建成的教学资源利用。如高铁系列 MOOC 课程，为土木工程专业限选模块课程；本校学生可选 1 门通识系列课程作为培养方案内课程。截至 2015 年年底，西南交通大学在中国大学 MOOC 平台上线课程 22 门，累计开课次数 40 余次，累计学习 25 万人次，全国排名前列。

为了推进优质教学资源的选用，学校已启动三批次翻转课堂立项，校内已规划并立项建设 50 门翻转课堂课程，通过立项方式，带动课程改革。机械设计作为西部第一门慕课，首批上线中国大学 MOOC 平台，累积开课 4 轮，累计选课人次超过 3 万人次。

西南交通大学在 MOOC 建设，特别是翻转课堂的建设方面的主要做法有：率先在国内高校中推出高铁系列 11 门课程，进行“优势专业系列 MOOC 建设”的有益探索，迅速为本校 MOOC 奠定品牌效应；通过学校规划与布点的方式，将学校优势学科、专业的课程资源 MOOC 化，大力推动 MOOC 课程的建设；通过课程立项的方式，推动教学资源的利用；通过翻转课堂立项的方式，引导与鼓励老师运用信息化手段，提高教与学的效率与学习效果；通过教改立项的方式，通过设定相关教学领域，引导与鼓励一线教师进行教学研究。

（三）华中师范大学在线开放课程建设与应用

华中师范大学全面改革教师教学、教学管理等评价方式，实行目标管理考核制度，推动创新型人才培养，教学作为改革的重要载体，也成为其改革的重要目标，成效显著。

（1）教师观念逐渐转变，课堂形态更加丰富。教学模式的改革得到了广大教师的关注，并逐渐得到认可，越来越多的教师开始尝试基于信息化的混合式教学模式。学校从2012 年开始立项建设网络、混合式等新型课堂。2013 年上半年，9 门课程面向全日制普通本科生开设了 18 个网络课堂，22 门课程面向全日制普通本科生开设了 48 个混合式课堂，选课人次为 3 500 人次。2013 年下半年，107 门课程提供了 163 个混合式课堂和网络课堂，选课人次超过 1 万人次。2014 年开设了 554 个混合式课堂，选课人次超过 2 万人次。在原来传统课堂的基础上，课堂形态更加丰富。

（2）考核指标更加科学，教学评价形成体系。学校在推行信息化的本科教学改革中，注重建立与信息化等教学要求相结合的教学工作考核体系。在学校年度目标考核体系中，将必修课的数字化资源建设等纳入学院年度目标任务，坚持推进信息化与教育教学的深度融合，在信息化的教学环境中为学生提供丰富的信息化教学资源。

（3）教师教学评价发生了变化。学校出台了适应研究型教学的新的教学评价体系和鼓励开展信息化环境下教学创新的教学创新评价体系，推出了教学创新奖，在全校范围内开展本科“教学创新奖”评选工作。新的教学模式——混合式教学在教学设计、教学组织形式、教学方法、考核方式、教学资源建设等方面都发生了很大变化，其要求有别于传统的课堂教学。建立了新的教学评价指标体系，从教学态度、课程资源建设情况、教学研讨与习题测验、教学效果等方面对教师的课堂教学和通过网络指导学生学习的情况进行整体评价，课程资源、课堂教学、网上学习指导是评价的重点，体现了对教学过程的重视。

（4）课程类型丰富多样，资源建设多元协同。目前，学校已在“爱课程”网上线 23 门国家级精品视频公开课和国家级精品资源共享课。在精品开放课程带动下，全校目前建成近 600 门数字化课程，全部在学校云教学平台上开放运行。

（5）学校不断推进优质资源共享工作。2013 年 9 月起，面向武汉理工大学开设 2 个网络课堂，分别连续 5 个学期和 3 个学期向全国教师网联成员高校和湖北教师网联高校开设远距离视频直播课堂，同时接收其他成员高校的实时授课视频。除了视频直播以外，学生可以通过互联网在学习平台上进行在线学习，实现了视频直播与在线学习的统一。在东西部高校联盟成员之间实现优质教育资源共享，学校有 2 门课程参与；实现与台湾、香港等地区高校的优质资源共享。目前，学校成功接收了台湾师范大学、台湾中原大学、香港教育学院的实时教学视频，学生可以登录对方学校的在线学习平台，在教师的指导下进行课后在线学习。同时，在学期末邀请主讲教师给学生面授，实现了远距离视频教学、在线学习和面授的统一。此外，学校常年与武汉地区另外 6 所部属高校之间开展联合办学工作，实现辅修、双学位的教育资源共享。

（6）信息技术融合教学，创新学习得以推进。学校依托信息化教学环境，推进课堂教学模式改革，大力发展“移动课堂”，倡导“移动学习”，着力培养学生的创新能力。“信息技术与教学深度融合”的最大特点在于：信息技术在课堂中的作用不再是可有可无的内容展示工具，而是支持师生角色变化、学生主动探究、实现教学结构变革的必不可少的支撑要素。在信息化课堂的教学过程中，学生由被动接受“单一教材知识”的角色转变为主动构建“多元化知识”的角色，在课外借助教学视频或其他网络资源进行自主学习，在课上则根据自身的兴趣和发展程度选择教师总结出的有探究价值的问题进行探究，逐渐学会自主探究问题、解决问题，创造性思维得到锻炼。

在网络版云教学平台的基础上，学校又进一步推出云教学平台手机客户端，使“移动课堂”变为可能，学生可以在全覆盖的无线校园网环境下，随时、随地进行“移动学习”。这为学生创新性学习，无论是在时间、空间，还是在技术、方法上都提供了极大便利。

（7）培养机制不断完善，教学文化日趋浓厚。为配合基于信息化本科教学工作的深入推进，学校各部门都对原来的一些政策和文件进行了修订，推出了一系列新的机制措施。例如，人事部门推出了《华中师范大学“教师持续发展计划”》，将教育信息化培训纳入到该计划中教师岗位业务能力培训项目，规定了具体的培训内容和培训时数，并将培训合格与否作为必选项目与教师的业绩考核、职称评聘挂钩。

学校学工部推出“I 校园”计划，打造“I 校园”信息平台，设置学生思想政治教育平台等五大模块，与云端一体化学习平台对接，建设全方位育人环境。学校成立了专门的信息化办公室，协调统筹全校信息化工作，发挥教育信息化优势，助推本科教学改革。此外，学校还举办以信息化与教育教学融合为主题的本科教学节、创新教学竞赛、青年教师沙龙、教授午餐会等形式多样的校园教学文化活动，营造浓厚的使用新技术推动教学改革的文化氛围。

华中师范大学在线课程建设与应用的深刻体会是：

（1）学校领导重视是前提。学校实行信息化建设“一把手”工程，校党委书记和校长充分认识到人才培养模式改革和教育信息化的重要性、紧迫性，组织调动全校的人力、财力和物力做好人才培养模式改革和数字化校园建设的顶层设计，提高了工作效率。

（2）技术保障到位是关键。落实教育信息化带动教育现代化的设想，实现信息技术和课程教学的深度融合，必然需要高水平的教育信息学科作为依托。华中师范大学是国家教育信息化试点学校，拥有国家数字化学习工程技术研究中心，较强的信息技术学科力量研发了学校自主知识产权的教学云平台、电子双板系统等信息化产品，对教育教学改革起到引领、示范和指导作用。

（3）提高人才培养质量是根本。学校工作的出发点和落脚点都是为了提高人才培养质量。尽管教育信息化能够带动教育现代化，但教育改革必须以教育思想观念转变为先导，以教学内容、教学方法改革为重点和难点。只有首先树立起以“学生为主体”的教育观念，教育教学的改革才能取得显著成效。没有真正树立起“学习者中心论”的理念，教学形态的改革将很难推动。教学形态的多样化不仅有助于优质教育资源的共享，实现教学模式与方法的改革，而且将促使以学生为中心的教与学理念更好地落实。

当前，我国教育信息化已取得显著进展，“教育 + 互联网”的阶段性任务基本完成，马上进入融合和创新阶段，也就是“互联网 + 教育”阶段。在这个阶段，重点要做的是推动信息技术和教育教学的深度融合，进行教育理念创新、人才培养模式创新和教学方法及评价方式创新。华中师范大学近年来不断实践探索，取得了一些成果：2014 年“信息化教学创新与实践项目”获得国家级教学成果二等奖，“卓越中学数字化教师培养项目”获批教育部卓越教师培养计划项目。教师教育的人才培养目标定位于培养适应中学需要的数字化教师，这样的数字化教师除了需要具备坚定的职业信念、良好的师德师风、正确的教育理念、先进的教学方法外，还需要具备较强的创新思维能力、良好的信息素养，尤其是要具备整合技术、面向真实问题开展学科教学的能力，这样才能成为学生学习活动的设计者和组织者，学生学习资源的提供者和开发者。今后，学校将继续按照“一体两翼”的办学思路，深入推进信息技术与教育的深度融合，不断追求学术（专业）、艺术（教学方法）与技术（信息技术）的完美融合，力争培养更多优秀人才。

四、在线开放课程的国际经验

在线开放课程在全球范围的持续发展，为我国的在线课程建设提供了宝贵的经验。

（一）关注可持续发展，多样化课程模式初见成效

平台提供商在得到资本的持续关注后，与慕课相关的生态系统日益健全，平台提供商的生存能力有所增强。平台提供商的经济利益和企业命脉与慕课的可持续发展息息相关，因此，他们是最关注慕课可持续发展的群体，能以一种较为强有力的方式保证慕课课程和平台服务的质量，并快速获得规模庞大的学生群体，在广泛的地域快速产生影响。在慕课的可持续发展方面作出了很大的贡献。平台提供商不断寻求新的盈利模式，确保经济的稳定；增加合作高校，加强课程管理，提高慕课课程的水平；无论是加强和高校合作，还是自创证书认证，都是在不断提高慕课证书的价值；平台提供商不断发展新的慕课学习者群体，保证慕课市场的稳定性，努力通过国际化，扩大合作伙伴，增加平台课程，注重平台上课程资源的丰富度和质量。

平台提供商更加重视国际拓展，提升本国的文化软实力，担负文化传承和走出去的重任；选定特定领域对接国际需求，为不同的国家设计针对性的课程服务。同时通过市场途径规模化扩张。

随着在线开放课程的发展，细分市场越来越受到重视，不同的平台提供商将会进入细分市场深耕细作，规避竞争的同时也提高了自身的核心竞争力。用户市场按教育层次、学科领域等不同类型，可以细分为很多。很多平台提供商进入了商学领域，帮助商学院挖掘潜在的学生资源。他们的慕课学习者中，有很多正是顶级商学院的目标学生，因此开设慕课有助于商学院挖掘这一类潜在生源。

2015 年，平台提供商通过整合课程资源形成一系列的在线开放课程群，以提供成套课程将学员培养为专业人才，允许学习者在一定的时间范围内，学习一系列与某领域相关的课程，在通过最后的考核之后获得证书，继而也会获得一些推荐就业的机会。

平台提供商和合作伙伴面向就业市场定制“专业培养方案”，这些结业证书具有品牌战略意义。当系列证书的含金量得以保证且发放到一定数量时，未来平台提供商的品牌（虚拟大学）将与现在的实体大学同等，甚至知名度会超过某些实体学校。

平台提供商纷纷推出系列证书，是其在可作为的范围内提升慕课学习的价值，这是一个一举多得的策略。但是需要培育就业市场对非学位专业证书的认可。据调查，全美持非学历证书工作者超过千万人，且平均月工资会超过无证书者 300 美金，所以经过精心设计的、由权威学校和专业人士开设的慕课系列课程是有市场的。

在线开放课程群的系列证书也让平台提供商对课程收费的策略得以落实，为了保证系列课程的学生是获得证书者本人，系列课程都需要进行身份验证，因此就会收取一定的费用。

（二）持续探索与传统教育学历的结合

在线开放课程在与现行高等教育体制结合方面进展缓慢，在线开放课程校际共享和学分认定机制还没有成形。从某种角度来说，虽然在线开放课程是一种不同于传统高等教育模式的在线教育新形式，但是在推动在线开放课程发展的过程中，现行高等教育机构始终都扮演着至关重要的角色。高校在推动在线开放课程的可持续发展方面，并不像平台提供商那样锐意进取，因为关于在线开放课程对传统高等教育制度的影响依然还在进一步的探究当中，高校对于在线开放课程的研究和利用尚比较保守，同时也担心在线开放课程的盛行会打乱现行的学历认证系统，这也在情理之中。

高校作为在线开放课程的主要来源以及利用在线开放课程资源开展翻转课堂教学的主要用户，在推动在线开放课程可持续发展中依然发挥着举足轻重的作用。平台提供商所提出的提高课程质量、加强在线开放课程伦理建设的路径，都需要高校来践行。2015 年，在提高在线开放课程质量方面，高校作出了很大的贡献：许多高校为提高本校的数字化教学水平，专门研究制定专项政策鼓励本校老师建设和应用在线开放课程，为本校的授课教师提供了专门的在线开放课程制作环境，以保证在线开放课程更加合理和精良。高校对在线开放课程的多种利用，针对不同人群开设慕课，扩大了在线开放课程的学习者群体，也是促进在线开放课程可持续发展的方式之一。但是在在线开放课程与现行高等教育体制之间的结合与博弈仍在继续。

对在线开放课程影响力的质疑依旧。过去数年，在线开放课程不仅没有如之前所宣称的那样摧毁或改变高等教育体制，反而迫于各种压力而产生了诸多适应体制内发展的变体。在线开放课程的发展依然受到了来自以下几个方面的制约：与高校学分的兑换；授课教师水平；课程质量；大众对慕课提供商的认可度；课程学分转移政策；学生完成学习过程认证的可信度。

可喜的变化是，经过 2013 年、2014 年的质疑，目前高校中已经有更多的人认为在线开放课程是有效的，认为慕课不具有可持续性的人持续减少。主流观点认为：在线开放课程不会从根本上重塑传统高等教育，但是也不会完全消失。从我们接触到的在线开放课程开课教师的言行中，我们发现愿意开设并持续开设在线开放课程的教师，往往是把在线开放课程教学与其科研兴趣有机结合的教师，以开设在线开放课程为契机，完成自己的研究。在线开放课程建设是否能够成为常态，与学校的慕课建设定位大有关系。2015 年，人们对在线开放课程发展的认识更加理性和成熟，开设在线开放课程的热情越来越高涨。

在线开放课程兑换高校学分的收效甚微。许多高校和机构在在线开放课程兑换高校学分方面作出了努力。期望允许在校学生通过参加并完成知名平台提供的指定课程，来兑换对应的学位学分。这些指定的课程都是权威第三方认证，最终受益方就是学生，这不仅能保证他们可以以更经济的方式完成学位，也能缩短他们的学习时间。但是，类似的尝试都没有收到预期的效果。通常，普通高校更加适宜用慕课课程来兑换学分，因为这样可以帮助他们节省办学经费，弥补教育资源短缺造成的负面影响。

在线开放课程学习者目前依然难以将在线开放课程作为走进名校的跳板，主要在于：在线开放课程的质量依然需要进一步的验证，高校需要证据来证明，学习者所修的课程具有进入该校所必需的含金量；平台提供商对于学习者学习过程的认证目前也不足以让高校与机构信服，人们需要更多的证据来证明，获得课程证书的学习者就是参与了整个学习过程的人；关于在线开放课程兑换高校学分是否会打乱高校的学分认证规律，造成混乱，这一点还没有得到充分的论证，高校教师和管理者完全有理由担心本校课程、学分和学位的价值会因为在线开放课程而受到严重的冲击，并因此带来很多管理麻烦。

（三）在线开放课程的建设更加精细化、人性化

在线开放课程具有多学科、地域广、在线传输、受众广等特性。课程层面的未来发展将在包括师生互动、教师提问、教学风格、教育技术、教学模式、教学流程等方面更加精细化和人性化。课程将不会再以讲授为主，更善于通过情境创设与问题引导的方式，更善于或者更强调以知识的语言传授为主，运用极具富有感染力的语言和非语言表达，结合恰当的媒体技术运用，以建构主义的思想为主导进行形式多样的课堂学习。

由于在线开放课程并不能提供一种真实的教室环境，在线学习者主要是通过观看、倾听、思考等完成相关的课程学习。因此鲜有类似那种通过开展课堂合作探究、自主学习的教学课程。课堂讲授不仅要善于用语言讲授，还要善于通过创造问题情境激发学生的学习兴趣和思考；不仅要善于进行相应问题的及时回应，还要给予学生一段时间进行思考和讨论。

随着在线开放课程的增多，老师将会更加注重教学风格。教学风格是教师运用学与教的哲学来组织教学的一种特殊方式，其展示的是教师内在的教学理念、教学策略等。良好的教学风格能够有效地影响学习者的学习兴趣和课堂学习氛围，调动学习者的学习动机。

（四）在线学习研究日益深入，在线课程建设更加规范

在线开放课程建设是一个涉及多团队、制作过程复杂、涉及大量数字资源处理与应用的系统性工程。任何一个团队、任何一个制作环节出现问题都可能给课程建设带来影响。未来，对在线开放课程的研究将会越来越多。为保障课程建设的质量和效率，研究在线开放课程建设需要遵循规范；研究克服教学模式的单一的瓶颈，有效实现个性化学习；研究在线开放课程的后续评估及认证方式，解决出口问题、研究小规模专有在线课程（SPOC）的教学模式、教学活动流程设计模型、学习监控和评价等问题。在线开放课程的研究还将着力于推动现有高等教育质量的提升，解决大部分人上不了大学的问题，解决高等教育资源不均衡问题，解决专业技能更新发展的问题，解决教师因培训而无假期的问题，解决教育经费单一来源的问题，解决终身学习的投入问题等。

同时，一些社会机构的参与也不容忽视，他们的研究结果对推进优质高等教育资源的有效利用提供了参考。比如纽约公共图书馆的研究结果表明，接受了线下辅助的学习者在慕课学习中能获得更高的分数和更好的学习体验，这为平台提供商指明了一个方向。

（五）应用型本科高校在线开放课程建设开始起步

教育部《关于加强高等学校在线开放课程建设应用与管理的意见》提出，2017 年前认定 1 000 余门国家精品在线开放课程，到 2020 年将认定 3000 余门国家精品在线开放课程。应用型本科高校已经认识到“互联网 +”对高等教育教学管理体制和教育教学理念所带来的革命性变化，探索校际层面的在线开放课程建设合作机制，强强联合共建在线开放课程，建设具有中国特色的一流应用型本科在线开放课程体系。

从总体上看，应用型本科高校在线开放课程的建设还处于起步阶段，推进速度慢，建成的课程少。但是，这些高校通过成立校际间的慕课建设联盟，探索“请进来，走出去；试点先行，全面推进”的建设思路，逐步提升了慕课在学校教学过程中的比例。

“请进来”就是引入著名平台提供商的课程，重点丰富通识课程和公共选修课程体系。“走出去”就是主动加入校际慕课建设联盟或者是构建校企慕课联盟，通过联盟平台，促进优质课程资源共享。“试点先行”就是先行选择条件成熟的课程按慕课的要求进行建设。“全面推进”就是在总结试点建设的基础上，有步骤有计划地适当扩大慕课建设的数量，提高慕课使用的范围。

（六）大数据挖掘技术承担更重要的角色

平台提供商很容易实现海量学习行为数据的采集工作，虽然拥有了大量的数据，但是数据的分析和利用工作却严重滞后。未来在数据存储、数据清洗、数据归类、数据建模、数据分析计算、教学决策、结果的可视化呈现等方面将会迎来深入的研究和实践。大数据技术运用于在线开放课程教学能够优化教学环境，提升教学质量，完善网络课程系统，促进在线开放课程的可持续发展。未来将会形成完善的 MOOC 生态链，稳步推进，实现教育质量的全面提升，促进教育公平与民主。

附：教学研究分会简介

教学研究分会成立于 1998 年 12 月 1 日，主要以教学理论为研究对象，注重开展各种教学交流活动，推动高等教育教学改革与创新。分会现任理事长为教育部全国高等学校教学研究中心常务副主任、高等教育出版社原总编辑杨祥，秘书长为教育部全国高等学校教学研究中心“爱课程”网中心主任、高等教育出版社在线课程研发中心主任吴博。分会秘书处办公地址设在高等教育出版社。

第十章

抓好公共体育教学
促进学生身心健康

——体育专业委员会专题报告

强化学校体育是实施素质教育、促进学生全面发展的重要途径，对于促进教育现代化、建设健康中国和人力资源强国，实现中华民族伟大复兴的中国梦具有重要意义。以习近平总书记为核心的党中央，十分关心体育工作，学习贯彻落实好习近平总书记关于体育工作的系列重要讲话精神，认真分析当前学校体育工作的热点和难点，是做好学校体育工作的重要前提。

一、落实高等学校体育工作的政策精神

为进一步推动学校体育改革发展，促进学生身心健康、体魄强健，2016 年 4 月，国务院办公厅印发《关于强化学校体育促进学生身心健康全面发展的意见》（国办发〔2016〕27 号），要求改革创新体制机制，全面提升体育教育质量，健全学生人格品质，切实发挥体育在培育和践行社会主义核心价值观、推进素质教育中的综合作用。同年 4 月，教育部办公厅下发了《关于组织开展〈高等学校体育工作基本标准〉实施情况专项调研的通知》（教体艺厅函〔2016〕11 号）。

为贯彻落实《国务院关于加快发展体育产业促进体育消费的若干意见》和《中国足球改革发展总体方案》，促进中国足球持续健康发展，国家发展改革委员会、国务院足球改革发展部际联席会议办公室（中国足球协会）、体育总局、教育部共同编制了《中国足球中长期发展规划（2016—2050 年）》，并编制了《全国足球场地设施建设规划（2016—2020 年）》。教育部为加快推进校园足球的普及，在总结 2015 年工作经验基础上，下发了《教育部办公厅关于做好 2016 年全国青少年校园足球特色学校及试点县（区）遴选工作的通知》，组织开展相关工作（见表 10.1）。

表 10.1　2016 年度高校体育工作指导性政策文件（含通知）汇总

序号	文件名称	编号	印发日期
1	《关于强化学校体育促进学生身心健康全面发展的意见》	国办发〔2016〕27 号	2016 年 4 月 21 日
2	《“健康中国 2030”规划纲要》	中共中央、国务院印发	2016 年 10 月 25 日
3	教育部办公厅关于组织开展《高等学校体育工作基本标准》实施情况专项调研的通知	教体艺厅函〔2016〕11 号	2016 年 5 月 17 日
4	《中国足球中长期发展规划（2016—2050 年）》	发改社会〔2016〕780 号	2016 年 4 月 6 日
5	《教育部办公厅关于做好 2016 年全国青少年校园足球特色学校及试点县（区）遴选工作的通知》	教体艺厅函〔2016〕2 号	2016 年 3 月 7 日
6	《教育部办公厅关于组织开展加快发展青少年校园足球重点督察工作的通知》	教体艺厅函〔2016〕7 号	2016 年 4 月 26 日
7	《教育部办公厅关于校园篮球推进试点工作的通知》	教体艺厅函〔2016〕31 号	2016 年 8 月 11 日

同时，各省（市、自治区）教育部门注重高校体育工作的规划和发展，如江苏省教育厅全面实施体育教师素质提升工程和学生体质健康促进工程，浙江省教育厅办公室发布了《关于建立高校学生体质健康状况抽测通报制度的通知》，河南省教育厅先后出台了《关于加强高等学校体育课程教学管理的意见》《关于进一步加强学校体育工作的意见》《河南省普通高等学校体育工作十项规定》等 18 项意见、规定和办法（见表 10.2），有力地促进了高校体育工作管理水平的进一步提升和各项工作的落实。

表 10.2　部分省（市、自治区）高校体育工作指导性政策文件汇总

序号	省份	文件名称
1	江苏省	《江苏省学生体质健康促进条例》
2		《江苏省学生体质健康监测工作方案》
3		《江苏省学生体质健康促进行动计划》和《实施方案》
4		《江苏省关于强化学校体育课和课外锻炼的意见》
5		《江苏省体育教师体能测试标准（试行）》
6		《江苏省教育厅关于加强高职高专院校公共体育课程建设的实施意见（试行）》
7	浙江省	《浙江省教育厅办公室关于建立高校学生体质健康状况抽测通报制度的通知》
8		浙江省普通高校贯彻落实《高等学校体育工作基本标准》督查指标体系与评价标准
9		《浙江省高等学校体育工作年度报表》制度

续表

序号	省份	文件名称
10	河南省	《关于加强高等学校体育课程教学管理的意见》
11		《关于进一步加强学校体育工作的意见》
12		《河南省普通高等学校体育工作十项规定》
13	贵州省	《校园足球发展规划》

为全面了解当前高校体育工作中体育教学、学生体质、课外锻炼、校园足球和高水平运动队建设等发展现状，根据《教育部办公厅关于组织开展〈高等学校体育工作基本标准〉实施情况专项调研的通知》精神，受教育部委派，教育部全国高等学校体育教学指导委员会公共体育组于2015年和2016年调集有关专家组成调研组，分赴浙江、江苏、湖南、福建、辽宁、吉林、四川、重庆、甘肃、宁夏、陕西、青海、内蒙古、黑龙江、山东、安徽、贵州、广西、湖北、河南等20个省（市、自治区）的部分高校（含高职和民办院校）进行现场访谈和问卷调查。调查表明，高等学校正在认真贯彻党的教育方针，认真执行国家教育发展规划、规章制度及各项要求，服务立德树人总目标，努力将学校体育工作纳入学校全面实施素质教育的各项工作中。

二、推动高校体育教育的改革发展

近年来，越来越多的高校高度重视体育工作，把增强学生体质和促进学生健康作为学校教育的基本目标之一和重要工作内容，纳入学校总体发展规划，统筹规划学校体育发展，全面发挥体育在学校人才培养、科学研究、社会服务和文化传承中的重要作用，部分高校开展了体育工作会议制度的实践探索。青海师范大学制定了《青海师范大学体育教育改革实施方案》（青师校字〔2016〕56号），明确学校体育工作目标，把增强学生体质作为本科教育的重要内容，并给予人力、物力、时间上的保障；成都理工大学、辽宁省交通高等专科学校等高校为提升体育教学质量，逐步建立和完善监控体系，坚持严格教学规范，实施督导检查指导等措施。

（一）推进高校体育课程建设与改革

根据《全国普通高等学校体育课程教学指导纲要》相关要求，全国高校体育课程设置基本合理。部分学校通过核查教师的教学内容和教学进度，确保教学大纲的严格执行。积极推进课程改革，探索教学内容随学期的延展而逐渐加深，循序渐进引导学生掌握体育运动基本技术，培养锻炼健身的习惯，形成终身体育的意识。为扩展学生体育、健康知识、保健知识和兴趣爱好并提升学生的运动技能，面向三、四年级大学生和研究生开设体育休闲娱乐与实践、体育欣赏、体育锻炼与身心健康、大学生体育文化、大学生生理卫生学等体育理论通识选修课。积极创新教育教学方式，指导学生科学锻炼，增强体育教学的吸引力。

西南石油大学对公共体育课程进行了“新设计”（1 +2 +1 + N），将两年两门体育专项课的传统模式调整为四年四门体育课的新模式，形成了课内“体能达标与测试 + 两门专项课 + 体育俱乐部”与课外“400 公里健身跑”相结合的一体化课程模式，更加注重学生在体育课上的全面发展和终身发展。

中国地质大学紧密结合地质人才的特点和成长规律，逐步形成了“以人为本，文体为舟，承载德智，全面发展”的教育理念和结合专业特点的“地质大体育观”。

贵州大学不断完善体育课程结构，努力扩大课程覆盖面，坚持并完善了“两自一固定”的教学模式，面向全校学生开设了中国传统体育养生、安全防护、太极拳运动与中国传统哲学等三门通识选修课程。研究生体育课以俱乐部形式开课，专门针对留学生开设双语课程等。

浙江海洋大学海岛野外生存特色课程建设成效显著。学校以学校区域资源为依托，以涉海类专业人才培养目标需要为核心，以教育行动研究法为指导，以师资队伍建设为关键，以教学改革项目为牵动，以课程建设为平台，强化教学研究，促进体育课程建设，围绕教学成果奖这一目标，开发海洋体育教学资源，突出特色创品牌，深化改革求发展，立足于人才培养质量的提高，开展教学研究与课程建设，全面提高体育教育教学质量（见图 10.1）。

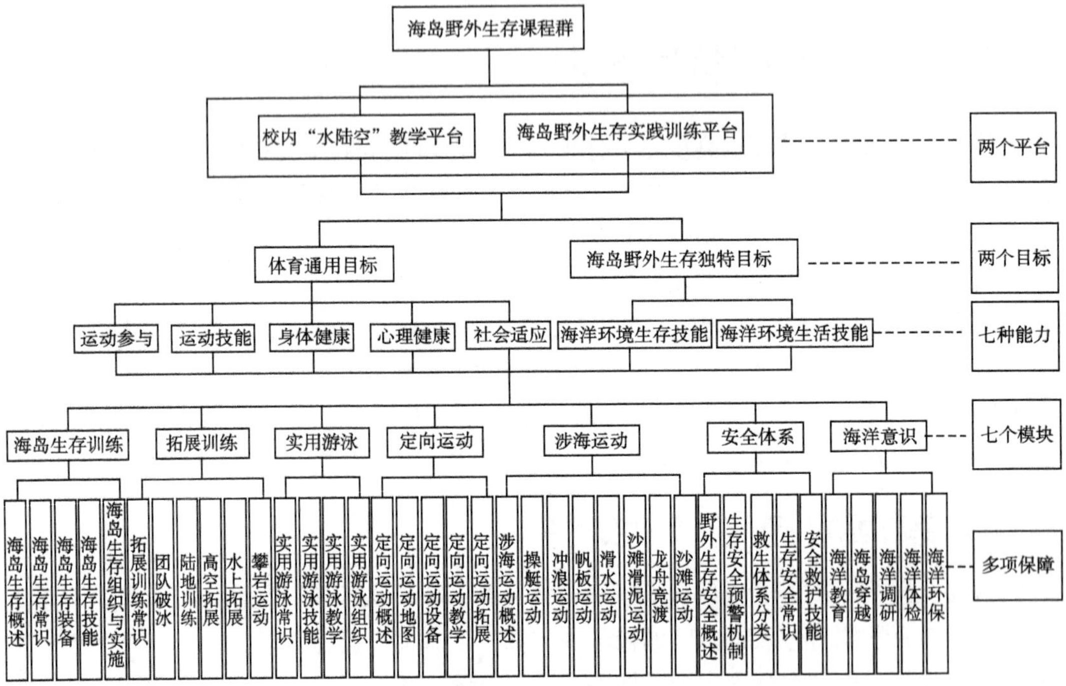

图 10.1 海岛野外生存课程示意图

（二）课内外一体化的体育课程体系建设

体育学科作为实现学校体育目标的具体途径和表现形式，承载学校体育教育所赋予的服务、教育、公益性价值。在“核心素养”教育改革潮流中，体育课程体系应符合学校体育教育及时代发展的要求，发挥体育学科促进学生身心健康、获得体育知识、技能，树立体育精神，增强社会责任意识等综合价值功能。具体表现为着眼于学生的体育素养提升，探索并推进“课内外一体化”的课程体系，形成课内与课外相结合、校内与校外相结合的课程结构，结合学校实际和办学特点，开展形式多样的课外体育活动。

西南财经大学以“春季体育艺术文化节”和“秋季运动会”为载体，开展融竞技性、健身性、民族性、趣味性为一体的系列赛事，并要求参与人数须达到本单位人数的50%以上。

贵州财经大学尝试体育范式教学改革，以俱乐部的形式大胆尝试体育范式教学改革，加大早操等第二课堂的监督与指导。范式教学提倡两个精神，即学生自主学习和学以致用。学生自主学习，如翻转课堂，选课后建QQ群、微信群等学习讨论群，把知识点做成视频放到群里，把下一节课教学内容布置下去，上课必须学1～2条规则或裁判法等，上课时学生实践，做到学以致用。学校实行天天早操制度。坚持每天早操打卡制度至今从未间断，早操出勤率与体育成绩挂钩。课余锻炼方式新颖，因地制宜组织课余体育锻炼。

各校积极探索开展阳光体育运动的新举措和新方法。杭州电子科技大学针对当前大学生身心特点，运用物联网RFID技术开发阳光长跑智能化系统，实现了学生阳光长跑参与的“自主化”。江苏和浙江部分院校还因地制宜开展了体育社会服务活动。陕西农林科技大学实施学生体育辅导员制度。学校对每个二级学院安排体育教师作为辅导员指导学生体育活动。对体育辅导员工作每年进行年度考核并聘任上岗，深受学生体育社团组织欢迎。

安徽大学完善学生课外体育活动公共服务体系建设等举措基本建立起了“校内校外体育一体化”目标，努力实践“学校体育生活化”理念，并通过提升舆论引导水平，充分发挥“一网四微”（校园网、微博、微信、微视频和微广播）全媒体聚合联动作用，做好学校体育赛事、典型人物的宣传报道，营造了良好氛围。

（三）大学生体质监测、评价机制分析

大学生体质健康测试工作，是贯彻落实教育部、国家体育总局关于大学生体质健康测试文件精神的重要举措，目的在于及时全面掌握大学生的体质健康状况，为提高大学生乃至全民族的体质健康水平提供科学的决策依据。为保障体质监测效果，更加科学的评价学生体质状况，《国家学生体质健康标准》工作测试和上报制度不断完善。部分省教育厅出台保障性政策文件。如浙江省教育厅办公室发布《关于建立高校学生体质健康状况抽测通报制度》，并将抽测结果向社会公布。浙江财经大学等学校在学生综合评价中将体质测试成绩与体育课成绩、学生评优（先）等挂钩，取得良好效果。

山东大学将学生测试成绩列入学生档案，将国家体测标准纳入课堂教学，使体测训练进入常态化训练轨道；严格监管，将体育标准测试纳入考试考纪规范内，各体测中心配备了录像设备，测试过程全程录像监控，杜绝了考试不规范、作弊和替考现象的发生。重庆电子工程职业学院实施从学生入学起，就由公共体育课任课教师负责至学生毕业，并根据学生测试情况分类辅导，采取督导不及格学生锻炼等手段和措施，提升学生身体素质水平；初步建立学生体质健康状况分析和研判机制，指导学生体育锻炼。

同时，为认真贯彻落实《国务院办公厅关于强化学校体育促进学生身心健康全面发展

的意见》（国办发〔2016〕27 号）精神，全国各高校根据教育部关于开展《国家学生体质健康标准（2014 年修订）》测试抽查复核工作的相关精神，建立健全督查机制，按照教育部抽取的学生名单进行身高、体重、肺活量、立定跳远、坐位体前屈、50 米跑、1 分钟仰卧起坐（女）、引体向上（男）、800 米跑（女）、1000 米跑（男）等 10 项目的现场测试，并实地检查学校体质测试实施方案、安全应急预案、体育工作规划等相关资料，了解学生身体状况，检查测试仪器、器材、场地等，取得良好效果（见表 10.3）。

表 10.3　部分高校学生体质健康测试举措汇总

序号	高校名称	举措	备注
1	贵州大学	发布《体质健康白皮书公告》	成绩不合格反复补测，出早操
	贵州财经大学	将《国家学生体质健康标准》实施工作作为体育教师的岗位职责和年终考评的重要内容	对体育教师出早操、课外活动辅导给予工作量补贴
2	青海大学	健全《国家学生体质健康标准》管理制度	学生测试成绩达不到 50 分者按结业处理
3	青海师范大学	测试成绩达不到 50 分者按结业处理	建设青海省学生体质健康监测中心常设地
4	西安航空职业技术学院	将学生测试成绩列入学生档案，并将其作为评优、评先的重要依据	2016 年开始，将学生体质健康合格作为学生毕业必备条件之一
5	西安美术学院	建立学生电子体测卡，联合学生处将成绩列入学生综合评定系统	体育成绩不够 50 分不能毕业，不及格不授予学位
6	山东大学	自主设计开发了学生体质健康标准智能测试系统	受测学生可根据自己的实际情况自由选择开放的时间进行测试，变被动受测为主动测试
7	济南大学	建立了济南大学学生体质健康测试中心，安排教师专门负责	根据体质测试情况，通过分类教学、个别辅导等措施，指导学生有针对性地进行体育锻炼
8	青岛黄海学院	由体育课任课教师按规定时间负责组织测试；每学年的第二学期抽查测试大三、大四年级学生	学生体质健康水平逐步提高
9	青岛职业技术学院	将体质健康测试成绩纳入人才培养方案	学生测试成绩达不到 50 分按结业处理
10	哈尔滨商业大学	将学生测试较差的项目作为课堂素质练习的项目内容，并要求纳入考核内容中，占考核成绩的 30%	体育测试结果在校内反馈，并纳入学生档案，作为学生评优评先的重要依据

（四）高校运动场馆设施建设

体育场馆是开展校园体育活动、繁荣校园体育文化的重要场地。针对场地资源紧缺，不能有效满足教学和群体活动等现实，辽宁省和吉林省部分高校积极发挥能动性，筹措资金加大体育场馆建设力度，在满足学生参加体育锻炼的需求方面较以往有所改善。

武汉城市职业技术学院不断加大经费投入，累计投入1.79亿元资金，用于体育场馆建设、体育设施设备维护保养以及体育耗材资源添置等。青海民族大学加大对体育运动实施的投入，不断完善体育硬件条件，加强基础场馆设施建设，为学生开展体育运动提供了有力保障，同时采取优惠措施，保障师生课外锻炼需求。贵州大学健身房面向全校师生实行0.9元健身制度，大大促进了师生参加课外锻炼的积极性。陕西西北农林科技大学、陕西农林科技大学等院校灯光球场免费向学生和教职工开放，提高学生活动积极性。青岛职业技术学院设立专项资金，保证体育场馆建设、器材购置、设施维护的需求。

表10.4 部分高校运动场馆基础数据汇总

序号	学校名称	室内场馆面积/m^2	室外体育场面积/m^2	室内/室外生均面积/m^2	其他
1	山东大学	47 211.4	306 937.82	1.1/7.22	体育场馆器材配备充足
2	四川大学	285 617.89		4.38	—
3	青岛黄海学院	4 960	76 430	4.77	场馆器材管理制度完备
4	青岛职业技术学院	61 000	8 830	5.4/0.78	体育场地有专人管理，对学生免费开放
5	安徽大学	2 050	43 185	—	增加五条体育健身路径，满足学生体育锻炼的需求
6	合肥学院	16 209.3	73 724.12	0.98/4.88	体育场馆、设施在课余和节假日向学生免费或优惠开放
7	安徽水利学院	7 220	28 660	—	及时更新、添置易耗、易损体育器材
8	安徽新华学院	890	68 518	—	体育场馆建设纳入到校园“十三五”建设规划中
9	西南财经大学	152 358		7.31	—
10	重庆人文科技学院	58 355.93		0.228/3.5	—

（五）高校高水平运动队建设

高水平运动队是高校体育工作的靓丽名片，全国各高校均以建设高水平特色运动队为抓手，推动学校体育工作的发展。调研组在湖南省和福建省的调研中发现，学习与训练矛盾和经费保障是高水平运动队建设中亟须解决的难题；受招生政策等因素影响，各类型学校间差异较大，不均衡现象严重，民办学校和高职院校对高水平运动队招生政策改革的呼吁较为强烈。

南京农业大学针对高水平运动员在学籍管理、文化学习、综合能力培养等方面的特殊性，制订了个性化培养方案，有效保障了运动员的学训秩序。长沙师范学院等探索实施“竞赛训练进课表”方式，将日常训练和参加比赛等纳入教学计划，归教务处统一规划管理，解决训练与学习的矛盾问题。浙江财经大学等高水平运动队建设在经费方面得到学校充足支持，设立了体育维持费、运动队专项经费、高水平运动队专项经费、行政经费、大运会专项经费等。青海大学校自行车队多年夺得“环青海湖全国大学生公路自行车赛”团体和个人成绩第一名的好成绩；学校为激发教练员积极性，将各级各类课余训练竞赛纳入教学计划管理，校运动队教练员的日常训练计入教学课时，并将运动成绩参照学校制定的《教学工作成果奖励办法》计入教学工作奖励。呼伦贝尔学院冰雪项目自2010年获批以来，经过几年的发展，目前高水平运动队共有25名运动员，项目涵盖速度滑冰、短道速度滑冰、越野滑雪、冬季两项、单板平行大回转等几个项目，运动员的训练大多在与学院签订共建协议的内蒙古自治区冬季运动项目管理中心训练基地和解放军八一体工队滑雪大队的训练基地进行。除了依托实训基地外，学校加强校内实验室、训练场地、设备的更新和建设，除了满足本校运动员训练之外，还能承担内蒙古自治区冬季项目管理中心部分训练项目和解放军八一体工队滑雪大队的夏季训练项目。

（六）高校体育师资的可持续发展

在师资配置中，除民办院校有较为特殊的情况外，全国各高校基本能合理配置体育教师。学校在教师职称评定、学术评价、岗位聘任和学习进修等方面给予体育教师与其他科目老师相同的待遇。如山东大学探索建立体育教师分类指导体系，在职称评定和岗位聘任过程中，分为教学型、教学科研型和实践型三类，充分考虑到不同岗位体育教师的不同能力、贡献和工作特征。济南大学的体育教学、课外体育活动、课余训练竞赛和实施《国家学生体质健康标准》等工作纳入教师工作量，制定了体育教师职称评定、学术评价、岗位聘任和学习进修等制度。青岛职业技术学院注重体育教师发展，在教师职称评定、学术评价、岗位聘任和学习进修等方面与其他专业教师同等待遇，近几年还加大了体育教师学习、培训、参赛等项工作力度，使体育教师有更多的机会走出去交流和锻炼（见表10.5）。

表10.5 部分高校体育师资发展举措

序号	学校名称	举措	备注
1	山东大学	建立体育教师分类指导体系	分教学型、教学科研型和实践型三类
2	济南大学	制定了体育教师职称评定、学术评价、岗位聘任和学习进修等制度	师资结构相对合理
3	青岛职业技术学院	因地制宜开展社会服务，支持体育教师参与国内外体育比赛的组织、裁判等工作	每年为体育教师购买标准为1 000元的服装
4	青海师范大学	选派体育教师参加校园足球教练员培训	特聘外教来校开展足球教学与训练

续表

序号	学校名称	举措	备注
5	青岛黄海学院	体育教师工作量计算、课时津贴方面有相应政策	体育教师从事课外体育辅导、训练竞赛、体质测试等工作纳入教学工作量
6	长春光华学院	加强对足球专业教师的培训	
7	兰州交通大学	学校领导要求体育教师不仅要上好课，同时要将自己的才能展示在学校体育的各个环节中，使全校师生都能认识到体育教师的风采	体育教师要承担一个体育社团和教工体育俱乐部的指导工作，作为岗位职责之一，纳入到教师的工作量计酬之中

（七）高校校园足球运动教育

当前，全国各高校高度重视开展校园足球工作，均以校园足球为“龙头”项目和改革抓手，培养和提高学生参与校园足球运动的兴趣，提升学生体质健康水平，促进健全人格的发展，进而达到综合育人、立德树人的最终目标。江苏省教育厅将推进校园足球工作作为大力开展学校体育工作的“五大重点工作”之一，积极营造推进校园足球的良好氛围。江苏省各市也成立了青少年校园足球工作领导小组，建立联赛制度，举办校园足球教练员培训班等。浙江省教育厅将“重基础、提水平”作为校园足球运动蓬勃开展的工作思路，加强组织领导，建立健全人才培养、师资队伍和安全保障等机制。

依据各学校体育教学训练实际，全国部分高校足球课教学班数量和教学时数有所增加，加强足球师资队伍建设，积极参加教练员培训。针对校园足球的推广和普及，四川大学探索实施了“以集中型向分散型转变、被动型向主动型转变、精英型向大众型转变、竞技型向趣味型转变”的校园足球工作转型。沈阳城市学院、长春光华学院等学校成立足球社团、俱乐部和学校足球队，配备专业教练进行专门训练，提升校园足球水平。全国高校开展校际间俱乐部赛、联赛等足球比赛活动，充分利用网络、板报等宣传平台，创新足球知识竞赛、足球主题征文比赛等，吸引更多学生关注和参与校园足球活动，丰富校园足球文化（见表 10.6）。

表 10.6　部分高校发展校园足球举措

序号	学校名称	举　措
1	宁夏大学	拟成立足球系
2	北方民族大学	准备建立足球高水平队
3	中国矿业大学银川学院	有建立高水平队意愿
4	兰州大学	积极推动校园足球发展
5	兰州交通大学	积极推动校园足球发展
6	西北师范大学知行学院	加强师资建设，选派教师到外地培训
7	沈阳城市学院	成立足球社团、俱乐部和学校足球队；利用网络、板报等宣传平台，举办足球知识竞赛、校园足球征文比赛等活动。女子足球特色显著

续表

序号	学校名称	举　措
8	长春光华学院	开展“校园五人踢”“校园足球先生”等比赛和评选活动；注重校园足球文化的宣传
9	四川大学	以集中型向分散型转变，被动型向主动型转变，精英型向大众型转变，竞技型向趣味型转变
10	青海建筑工程学院	打造学校长久性传统赛事“阳光体育杯”足球赛
11	内蒙古大学	有阳光队、高水平队，开设足球课，有四名足球教师；出国培训 1 人；有两个足球场，校足球首获自治区足球冠军
12	内蒙古师大鸿德学院	有阳光足球队，开设足球课，女子队自治区第八名
13	呼伦贝尔学院	男足获自治区足球亚军，有足球专项经费，开展 5 人制比赛，开办足球讲座，引进人才，扩大交流
14	呼伦贝尔职业技术学院	举办校足球联赛，宣传足球新闻；组建足球社团，制订规划并成立管理机构
15	东北林业大学	有两名足球专职教师，有足球联赛，承担省校园足球比赛
16	哈尔滨商业大学	有男子足球队，有三个场地，有足球专任教师
17	黑龙江东方学院	有两名足球专职教师，有男、女足球运动队，有 5 人制、11 人制比赛
18	黑龙江农业工程职业学院	有 1 名足球专项教师，两名足球副项教师；举办校足球联赛；有两个足球场地
19	济南大学	把足球运动作为学校课外体育活动的重要内容，引导广大学生“走下网络、走出宿舍、走向操场”
20	安徽水利水电职院	以足球为学校特色发展项目，高度重视校园足球工作
21	安徽大学	按照“普及与提高”的原则，依据“整体推进与重点打造，全面参与与特长培养”相结合的总体思路，全面推进校园足球活动
22	贵州财经大学	制定《贵州财经大学校园足球运动三年计划实施方案》《贵州财经大学阳光体育活动方案》等系列文件，为校园足球发展提供了坚强的政策保障
23	贵州大学	形成了以年级（或专业）为单位的院内赛、以学院为单位的校区赛、以校区为单位的“四强”（校区赛前四名）赛为主要内容的三级竞赛体系
24	郑州大学	成立足球领导小组，将足球运动纳入学校重要工作日程，推进校园足球工作

校园足球建设在中小学已经取得明显成效，在高校起步晚但发展势头良好。高校高水平足球运动队数量偏少，新的特招政策尚未明确，高校足球尚未与中小学有机衔接，不少院校处在观望等待之中，需尽快出台具体政策。

高校校园足球建设经费不足，专职足球教师少，专业水平有待提升，部分高校还没有专业足球教师，因此要切实加强足球师资队伍建设，重视校园足球教师、教练员队伍的培训学习，制订相应制度激发体育老师对校园足球工作的热情。要加大校园足球活动经费投入，同时要多渠道争取资金，保证足球活动正常经费。

如何构建校园健康的足球文化，如何以足球运动为载体推进全面素质教育，如何弘扬团队与合作精神，是当前发展高校校园足球运动的重要问题。目前部分高校还停留在场地建设、赛事组织、教学内容安排等阶段，这也是长期以来形成的模式。目前首要的问题是根据高校不同的特点构建校园足球育人文化、健康身心文化，以达到引领大学生积极向上、引领校园与社区体育健身文化、引领中小学足球运动发展的目的。

三、高校体育教育改革的经验成效

《高等学校体育工作基本标准》实施以来，全国高校在提升体育工作水平、建设校园体育文化等实践中取得了一定的成效。

一是高校体育改革政策文件发挥了良好保障作用。如江苏省召开全省学校体育工作会议，相继出台了《江苏省学生体质健康促进条例》《高校体育竞赛管理办法》等数十个政策保障性的文件；浙江省制定了《浙江省普通高校贯彻落实〈高等学校体育工作基本标准〉督查指标体系与评价标准》等。

二是重视高校体育课程的改革创新与发展。如厦门大学不断拓展全新特色课程，探索学生获取体育学分的多样化途径。北方民族大学根据学校学生多民族特点，将少数民族体育项目作为学校体育课程的重要内容，做好传承与发扬工作。四川大学体育教学工作由教务处牵头，纳入“323 + X”的创新人才培养计划体系中。浙江海洋学院海岛野外生存特色课程让体育由“软肋”变亮点，课程建设成效显著。成都理工大学根据学校实际，进行大学体育教学改革，形成了普修与选修相结合的“四年一贯制”教学模式。河南理工大学依托地域优势，积极打造陈氏太极拳品牌，在全省乃至全国具有较大的影响。

三是注重校园体育文化建设，切实发挥体育文化的育人作用。如沈阳城市学院将体育作为校园文化建设的重要组成部分，坚持早操制度并安排相应活动并将早操纳入体育成绩考核。兰州大学采取激励措施（“鸡蛋晨跑”），培养学生良好的生活和体育锻炼习惯。吉林大学将阳光体育活动按性质不同划分为 5 级，调动学生参与体育活动的积极性。

四是完善校园体育伤害事故预防和处理机制，提升校园体育伤害事故的防控能力。如宁夏工商职业技术学院针对学校体育活动中出现的伤害事故，在进行意外保险的基础上，动员校友、校企合作成立“救助基金”。湖南师范大学通过强化 12 分钟跑等训练和考核，提升学生耐力素质，有效加强了校园体育伤害事故的防控能力。

五是校园足球改革的育人“龙头”效应逐步凸显。高校校园足球在相关政策支持下，乘势而上，开始进入快速发展轨道。各高校认真谋划，多措并举，强力推进。青海师范大学将校足球队训练制度化、长期化，并特聘西班牙足球教练来校开展教学与训练，引进先进足球理念和训练方法。河南省相继出台《河南省校园足球行动计划》《关于加快发展河南省校园足球的实施办法》《河南省校园足球特色学校基本要求》等40 余个文件，将校园足球工作纳入管理规范。安徽大学有效整合优势资源，加大足球教师培训力度，大力培养校园足球教师和教练员，切实加强足球师资队伍建设；健全校内足球课程体系，将足球教学与校园阳光体育活动有效结合，开展形式多样的校园足球活动。

四、新时代高校体育教育的问题思考

习近平总书记对体育工作的系列重要论述是开创体育事业发展新局面的强大思想武器，也是指引高校学校体育工作的根本方针。对照习近平总书记和党中央对体育工作的要求，目前我国高校体育工作仍有很大差距，亟须认真学习领会、坚决贯彻落实习近平总书记关于体育工作的重要讲话精神。当前，高校体育教育改革存在的一些问题，应引起我们的足够重视与思考。

一是要高度重视新时代高校体育工作。高校领导要重视体育工作规划和落实问题，做好顶层设计，全面系统规划。各校要将课外体育锻炼纳入学校整体教学管理中，每天锻炼一小时要有制度保障，要推动学校运动会组织形式的创新。目前，部分省（自治区、市）教育厅在实施《高等学校体育工作基本标准》（以下简称《基本标准》）方面尚未启动，对高校体育工作组织、协调和支持的力度不够；许多高校尚未出台贯彻落实《基本标准》的具体实施方案，没有将学校体育工作纳入学校全面实施素质教育的规划，开展体育工作存在分工不明确、协调力不够等现象，学校专题研讨体育工作存在随意性。

二是高校体育课时数要保证达到《基本标准》要求。目前体育教学时数执行情况本科院校明显好于高职高专院校。高职高专院校面临体育教学困境，主要受职业专业实习和定岗实习的影响；学校也因人才培养目标不同，制订了不同类型的体育教学课程，尚无统一规范标准。辽宁省、吉林省的调研结果显示，根据学校缩减总学时的要求，体育课学时有缩减，本科学校基本为 120 ~ 128 学时，专科学校基本为 68 ~ 96 学时；实行课程改革后，大学体育课程由原来每学期的 36 学时调整为 32 学时或 34 学时等，这与《基本标准》要求所规定的课时数不相符。同时，各高校要认真实施《国家学生体质健康标准》，按要求组织测试和上报数据。目前，仅有少数学校将《国家学生体质健康标准》作为学生评优（先）的重要依据，大多数高校基于家庭、社会的压力，没有执行达不到 50 分者按结业处理的相关规定。

三是尽快解决体育场馆面积严重不足的问题。基础设施建设是调研中反映较为突出和普遍存在的问题。体育场馆面积不足严重影响着体育教学、群体活动、运动竞赛等活动的开展。很多高校体育场馆设施建设、体育器材配备与《普通高等学校体育场馆设施、器材配备目录》的要求有明显差距，多数学校达不到教育部规定的生均标准。要注意解决场馆设计和使用脱钩、实用性差等问题。许多高职高专院校和民办院校提出，教育部所制定的生均运动场地标准未能考虑不同类型学校的需求。民办院校经费来源单一，学校体育场馆设施较少，矛盾较为突出。

四是加强体育机构设置和师资队伍建设。在机构设置上，重点大学与省属高校设立了独立的体育教学管理部门，而高职高专院校和民办院校体育教学管理部门一般设在公共学科（基础部）下面。调研中发现，体育师资结构上和《基本标准》要求有一定差距，部分学校存在缺编现象，专任体育教师数量不足，有些学校体育教师存在“断档”现象。体育教师薪酬方面，部分学校存在同工不同酬的现象，课外体育活动、课余训练竞赛等未纳入体育教师工作量。调研中发现，基层体育教师培训提升通道不畅，参与学术活动、业务培训机会较少。在浙江省和江苏省的调研中发现，高校体育师资在应具备的专业素质能力方面存在导向“偏轨”现象，民办学校存在兼职教师比例偏大现象。

五是要解决高校体育的地区间、校际间严重不平衡问题。当前，各高校资源差异较大，特别是东西部院校，校际间不平衡问题较严重。职业院校，特别是民办高校，财力、实力较弱，严重制约学校体育工作的发展。因此，分类指导学校体育工作势在必行。

附：体育专业委员会简介

成立于1986年12月1日的体育专业委员会，为繁荣体育学科、加强学校体育工作、提高学生身心健康作出了突出贡献。委员会现任理事长为首都体育学院原党委书记李鸿江教授，秘书长为首都体育学院赵立教授。委员会秘书处办公地址设在首都体育学院。

第十一章

推进创新创业教育
培养“众创”时代生力军

——创新创业教育分会专题报告

2015 年后高校创新创业教育进入新起点。中国高等教育学会创新创业教育分会综合 2015 年以来全国高校开展创新创业教育情况的调研、特色经验材料及学术交流活动的相关资料，撰写了这份专题报告。

一、高校创新创业教育进入“快车道”

2015 年，国务院决定在每年 10 月举办全国“大众创业、万众创新”活动周，同年 10 月 19 日，首届“双创”活动周在北京主会场和上海、长春等七个城市分会场同步启动，李克强总理出席了启动仪式，“双创”热潮在中国开始掀起。2015 年 5 月，国务院办公厅印发的《关于深化高等学校创新创业教育改革的实施意见》（国办发〔2015〕36 号），全面部署了以推进素质教育为主题，以提高人才培养质量为核心，以创新人才培养机制为重点的高校创新创业教育工作。高校创新创业教育进入了深化改革和发展的“快车道”。

（一）高校创新创业教育面临的新形势

近年来，高校创新创业教育不断加强，取得了积极进展，对提高高等教育质量、促进学生全面发展、推动毕业生创业就业、服务国家现代化建设发挥了重要作用。从高等教育人才培养的角度来看，以提高人才培养质量为核心，加快培养规模宏大、富有创新精神、勇于投身实践的创新创业人才队伍，不断提高高等教育对稳增长、促改革、调结构、惠民生的贡献度，为建设创新型国家、实现“两个一百年”奋斗目标和中华民族伟大复兴的中国梦提供强大的人才智力支撑，是时代对高等学校创新创业教育的新要求，也是高校适应社会经济发展“新常态”必须担负的时代责任。

1. 国家社会经济发展对高素质人才的新要求

创新创业是国家发展之根，是民族振兴之魂。当下的中国，在“大众创业、万众创新”的宏大背景下，国家社会经济发展迫切需要大批高素质创新创业人才。

党中央、国务院高度重视高校创新创业教育工作。党的十八届五中全会强调，激发创新创业活力，推动大众创业、万众创新。习近平总书记多次作出重要指示，要求加快教育体制改革，注重培养学生创新精神，造就规模宏大、富有创新精神、敢于承担风险的创新创业人才队伍。李克强总理多次强调，大众创业、万众创新的核心在于激发人的创造力，尤其在于激发青年的创造力。刘延东副总理指出，深入推进高校创新创业教育改革，事关高等教育改革发展，事关国家全局和民族未来。

深化创新创业教育改革，是高校顺应推进“大众创业、万众创新”国家政策的时代责任，其重要意义在于，适应了国民经济转型升级，实施创新驱动发展战略对创新创业人才培养的要求；有利于推动高等教育领域综合改革深化，全面提高人才培养质量；有利于促进落实“创业带动就业”战略，实现高水平就业。

目前，越来越多的人开始认识到，创新创业教育，其重点在教育。创新创业是教育的内容和人才培养的目标，实质上创新创业教育是教育的一种新理念和新模式。高校开展创新创业教育，并不是让学生马上去注册一个公司或者自己去想办法赚钱盈利，而是向学生传授一定的基础知识，培育一种创新创业基因，为学生提供更多的可以选择的职业规划新途径，往往是在时机成熟时，才会显现创新创业教育的效果。

2. “众创”时代赋予创新创业教育的新使命

党的十八届五中全会通过了《中共中央关于制定国民经济和社会发展第十三个五年规划的建议》，对全面建成小康社会决胜阶段的教育改革发展作出了明确要求，提出“提高教育质量”这一主线，有力地推动了中国教育事业进入以质量为核心的内涵式发展阶段。

创新创业教育成为高等教育进入“深水区”改革的突破口。据不完全统计，从2013年5月至2015年年底，中央层面已经出台至少20份相关文件，促进创新创业和创新创业教育。国家有关部委紧跟中央战略部署，相继快速出台了推进创新创业教育和扶持创新创业的一系列措施。教育部在2014年11月28日印发了《关于做好2015年全国普通高等学校毕业生就业创业工作的通知》，此后还出台了一系列文件，推进创新创业教育和就业创业工作。

2015年5月13日，国务院办公厅印发的《关于深化高等学校创新创业教育改革的实施意见》，从人才培养质量标准、人才培养机制、课程体系、教学方法和考核方式、创新创业实践、教学和学籍管理制度、教师教学能力建设、创业指导服务、资金支持和政策保障体系等九个方面，对创新创业教育提出了高要求，全面推进创新创业教育，并以其为突破口推进和深化高等教育综合改革。

2015年6月，教育部在北京召开视频工作会议，时任教育部部长袁贵仁出席并讲话，全面部署了深化创新创业教育改革工作。人力资源和社会保障部提出全面实施大学生创业引领计划，为有创业意愿的高校毕业生，提供创业培训等一系列相关服务。科技部提出着力推进“众创空间”建设，印发了《发展众创空间工作指引》等系列配套文件，并在全国全面布局“众创空间”建设。

从此，大众创业、万众创新成为培育和催生经济社会发展的新动力，成为一个事关经济转型、创新增容、人民就业的重要国策。而深化创新创业教育改革，全面提高教育质量，培养出大批高素质人才，也成为高校践行“众创”国策的时代责任和新使命。

3. 深化高校创新创业教育改革的紧迫性和意义

高校创新创业教育的战略部署，是与世界经济形势和发展趋势及中国社会经济发展面临的机遇和挑战息息相关的，有着现实的紧迫性和长远的战略意义。

一方面，中国经济发展进入“新常态”，改革进入了深水区，既面临大有作为的战略机遇期，也面临着相互叠加的严峻挑战。在这么短的时间阶段内，诸多繁重的任务叠加在一起，困难可想而知。所以党中央、国务院提出“大众创业、万众创新”，就是要面对这样的态势，积极推动社会经济健康和可持续发展。这就要求高校要应对挑战，把握机遇，将创新创业的理念融入教育教学中，在国家推进的新战略中发挥自身的作用，作出重要的贡献。

另一方面，中国进入全面建成小康社会的决胜阶段。有了“全面小康”作为基础之后，中国的改革才能进一步实现质的飞跃与发展，才有可能到21世纪中叶实现“现代化”的宏伟目标，实现中华民族伟大复兴的中国梦。决胜阶段，就意味任务艰巨和时间紧迫。距离全面建成小康社会，只有短短几年的时间。这样的形势更加凸显了提高国民素质，培养创新创业人才，从而促进社会经济全面发展的重要性和紧迫性。

尽管中国高校创新创业教育取得了相应的进展和成果，但也存在一些不容忽视的突出问题：一些地方和高校重视不够，创新创业教育理念滞后，与专业教育结合不紧，与实践脱节；教师开展创新创业教育的意识和能力欠缺，教学方式方法单一，针对性实效性不强；实践平台短缺，指导帮扶不到位，创新创业教育体系亟待健全，等等。这些问题都集中指向了高等教育体制机制中最难解决和最需要解决的问题。而要做到这些，需要各个层面全方位积极参与，探索新途径，创新体制机制，下大力气推进创新创业教育工作，并以创新创业教育改革为突破口和主要抓手，推动高校综合改革走向深入。

事实上，以创新驱动、“互联网＋”、《中国制造2025》、“众创空间”等为标志的“众创”时代已经到来，深化高校创新创业教育改革意义重大，而又时不我待。

（二）高校创新创业教育健康发展

伴随着国家战略政策的确立，各高校积极贯彻落实上级精神，充分发挥创新创业教育主阵地作用，以创新创业教育为主要抓手和突破口，推进创新创业教育改革走向深入。

1. 高校创新创业教育责任意识转变与落实

高校是高素质人才培养的主阵地，培养高素质创新创业人才是顺应国家社会经济发展和新战略所需。高校必须认清形势，把握机遇，将创新创业教育作为突破口和主要抓手，全面推进高校综合改革，全面提高教育质量和人才培养质量。

2015年，112所中央部委所属高校根据《关于深化高等学校创新创业教育改革的实施意见》精神和要求，制订了深化创新创业教育改革实施方案。许多高校将创新创业教育纳入了学校综合改革方案和“十三五”建设规划。在做好学校顶层设计的同时，众多高校都在积极谋划，落实主体责任，建立健全创新创业教育工作体制机制。北京大学成立了由校长任主任，教务部、研究生院、科技部、学工部、团委、校友工作办公室等部门参加的创新创业工作委员会。南京大学成立了创新创业教育领导小组，并由教务处、就业创业指导中心、国际创新创业学院等部门人员组成了创新创业教育办公室。武汉理工大学成立了创业教育工作领导小组，成立了由校内专家教授和社会优秀企业家组成的专家委员会。中南大学调整了大学生创新创业教育领导小组，校党委书记担任新的创新创业领导小组组长，主管教学、学工、科研和科技园的校领导担任副组长，并吸纳相关职能部门、二级学院负责人及教师和学生代表进入领导小组。河北师范大学成立了由主管校长牵头，以招生就业处、教务处、学生处为成员的创新创业领导小组，整合建立就业创业指导中心。北京林业大学成立了由主管校领导牵头，教务处、科技处、财务处、招生就业处等部门及各学院就业服务分中心联合组成的创新创业教育指导委员会。东北师范大学成立了以书记、校长为组长，就业指导服务中心和学校团委联合牵头及多部门参与的就业创业工作领导小组。

2. 高校创新创业教育体系建设与发展概述

中国高校创新创业教育经过 10 多年的发展，尤其是在 2015 年，伴随着国家宏观上指导意见政策的出台，高校创新创业教育体系建设得到了突破性的发展。

创新创业教育真正进入课堂教学主渠道。教育部明确了一门必修课“创业基础”，32 学时，2 学分，要求面向全体大学生开设，并要求高校在专业课教学中有机融入创新创业教育。四川大学进行了“探究式—小班化”教学改革，从课程设计开始，采用适宜的教学方法，组织合理的教学活动，实施全过程非标准答案学业考核，带动了本科教学水平的全面提升。在很多大学，创业学、创业实训指导、创业培训等成为学生全校性选修课。一份针对 91 所高校的调研数据显示，91 所高校共开设创新创业相关课程 1 001 门，覆盖 6.7 万人。

在教材建设方面，教育部给了高校既民主又开明的指导——针对各类型、各层次高校的办学定位、人才培养目标和所在地域不同，制定了一个宽泛的大纲，实行“一纲多本”原则，给了高校很大地发挥空间，如上面提到的 91 所学校有 288 门课程选用了出版的创新创业课程教材，其余使用了自编教材。但是应该看到，尽管现在创新创业教材越来越多，但在整体上还是缺乏特色鲜明、针对性强的优质教材。

在教师队伍的培养和建设方面。大多数高校建立了专职教师、创新创业团队指导教师和校外创业导师队伍，这种师资资源的配置满足了大学生创新创业的多层次、多方位的需求。但是，目前教师队伍中创新创业教育专职教师还不能满足实际教学工作的要求，而且教师开展创新创业教育的意识和能力还有所欠缺，教学方式方法单一，教育教学的针对性、实效性不强等，还是较为普遍的问题。进一步加强创新创业教育骨干教师培训，促进教师创新创业教育教学方面的交流是下一步重点加强的工作之一。

大部分高校正在逐步推进模拟教学、创新创业项目训练、学科竞赛、创业实训和社会实践等系统“互联互通”。在实践教学方面，通过开展公共基础实践，引导学生进行自主研究性学习；开展学科专业实践，提高学生专业能力；强化研究创新实践，培养学生科研素质。许多高校实行了教学、科研实验室等平台全部面向本科生开放的制度，建设“众创空间”“创客空间”等新型平台，与校外实务部门合作建设了校外实习、实训和实践基地等。同时，众多高校开展了各种创新创业实践活动，丰富学生的创新创业知识和实践体验，如在校园内设立咖啡屋、咖啡角、咖啡吧、创业者沙龙等，让学生进行交流，开展创新创业论坛、讲座、成果展、比赛、年会和创业项目路演等活动等。调研显示，一年来120所高校举办了创新创业教育实践活动872次。如清华大学开展教育思想大讨论，形成全面深化教育教学改革的40条意见，大力探索价值塑造、能力培养、知识传授“三位一体”的教育模式。这些实践活动在高校校园内已营造出浓厚的创新创业氛围，丰富了校园文化并拓展了内涵。

中央和国家相关部委出台了很多举措，积极推动学生进行创新创业实践。如举办首届全国“大众创业万众创新”活动周、首届中国“互联网+”大学生创新创业大赛等。这些比赛和活动已经成为对接专业教学、丰富创新创业实践内容的重要课堂和平台。社会实践在创新创业教育中不可或缺。各地的科技园和高新企业、各种园区，与高校合作建设人才培养、支撑的孵化基地，促进学生创新成果转化。网络信息平台也是学生进行实践的一个重要载体，现在有相当数量的学生群体在网店上经营，这对于其下一步到社会上奋斗都是一个很不错的技能锻炼。

高校创新创业教育正在逐步引起各方的重视。教育部有高等学校创业教育指导委员会，中国高等教育学会设立了专门分支机构——创新创业教育分会。国内创办了专门的学术期刊——《创新与创业教育》，国家级教育成果奖奖励创业教育成果。教育部六个司都参与了创新创业教育工作。省级部门也都出台了相应的措施、举措，推动创新创业教育和大学生自主创业。就高校来说，许多高校已将创新创业教育教学纳入学校改革发展规划、人才培养体系和教育教学评估指标，放进了“综改”方案和“十三五”规划。已经有近100所大学，将创新创业教育教学成果写进本科教学质量报告，向社会公布，2017年向社会公布的评估报告已经出现。

目前，中国高校创新创业教育体系建设发展态势良好，已经初具规模，并正向融课堂教学、自主学习、结合实践、指导帮扶、文化引领为一体的方向发展和健全。

3. 创新创业教育与创新创业生态环境形成

创新创业教育需要有一个良好的生态环境，而政府和高校处于一个关键的地位，发挥着重要的作用。在国家推进“大众创业、万众创新”政策的顶层设计已经出台的前提下，近几年来，地方政府也密集出台“发展众创空间、推进大众创新创业”的专门文件和配套政策。天津支持企业等社会力量建设或管理运营众创空间。上海吸纳创投协会、天使联盟、孵化协会、创业者联盟等市场和社会主体参与创业体系建设。北京建设“一街三园”，在中关村创业大街建立了大学生创新创业服务中心。重庆加快布局100个高校众创空间和10个创新创业教学资源研发中心。高校也积极行动起来，2015年6月，包含85所创新创业教育分会会员单位高校在内的全国137所高校和53家企事业单位，在清华大学联合成立了“中国高校创新创业教育联盟”；同年10月，联盟召开了第一届理事会第一次理事长会议，审议通过了联盟章程及年度工作计划，联盟将与企业和海外名校合作，积极推进优质创新创业教育资源的共享。当前，创新创业教育的氛围正在迅速形成，大力支持创新创业的生态环境正在逐步改善。

（三）高校创新创业教育发展前景展望

从高等教育未来发展趋势看，高校创新创业教育主要任务就是培养学生的创新精神、开拓事业的能力和努力使事业走向成功的责任担当，这是高校的时代责任和目标。

1. 创新创业教育与高校人才培养模式改革

高等教育由“大”转“强”的根本标志是人才培养质量的整体提升。全面提高教育质量，全面贯彻党的教育方针，落实立德树人根本任务，加强社会主义核心价值观教育，培养德智体美全面发展的社会主义建设者和接班人，既是中央对高等教育的要求，也是中国高等教育自身发展的必然诉求。

面对社会经济的转型发展及建设创新型国家等战略要求，高等教育呈现的种种不适应，其关键点还是在人才培养质量上。深化创新创业教育改革，就是推进以素质教育为主题，以提高人才培养质量为核心，以创新人才培养机制为重点的高校创新创业教育工作。2015 年，在深化高校创新创业教育改革的强力推动下，高校的教育教学思想、教学内容和教学方法乃至教学管理制度都在深刻地发生改变，创新创业教育体系建设和体制机制改革得到了长足的发展，但是距离《关于深化高等学校创新创业教育改革的实施意见》的要求还远远不够。

高校无法直接给学生创造出就业岗位，也不是让学生在校期间或一毕业就一定要创办企业，而是要告诉学生就业创业的规律，训练学生创新、创业和就业能力。如果一个学生能携带着创新创业的思想和理念，并具备相应的能力，应聘到一个单位，无论是当白领或者是蓝领，其未来的贡献度应该会高于那些没有经过创新创业“教育”和“训练”的人，其发展空间会更大，上升通道会更广，成功概率会更高。另一方面，大学生创业一般会有一个滞后期，据某调研显示，大学生创业大概是其毕业后七到八年的时间是一个较为合适的时期。通过在大学经历过的创新创业教育的训练，使学生有足够的知识和能力储备走进社会去观察、去体验，并不断积累和丰富自己，单就创业成功率而言就会更高，对社会的贡献就可能会更大。同时，高校创新创业教育也要有明确的定位，即要培养高端创新创业人才，要重点鼓励和扶持知识含量高的、有创新前景要求的和有产业发展需求的创业项目和活动。

2. 高校创新创业教育体系建设

习近平总书记指出，新常态下，创新是中国经济发展的新引擎，要采取更加有效的措施把创新引擎全速发动起来，要致力于发挥创新驱动的原动力作用，更多支持原创型企业及充满活力的中小企业，促进传统产业改造升级，尽快形成新的增长点和驱动力。

从教育的角度出发，处于“大众创业、万众创新”的宏大时代背景下，高校、政府、企业和大学生自身都要有所作为。除了学校要创建良好的制度和平台来保障创新创业教育健康发展外，政府和企业也需要承担保驾护航的重要职责，为大学生创新创业提供支持、扶持、助推等政策和行业支撑。当然，作为高校创新创业教育的主体对象，大学生更应该有足够的心理准备、清晰的认识和精心的准备。

在国家战略政策的推动下，大众创业的发展脚步从未像今天这样急迫，万众创新的号角从未像今天这样嘹亮。2015 年，不少高校积极“试水”，大力推进学校人才培养方式改革，力图构建创新创业教育的新体系。江南大学立足地方特色，推动校企合作，共建创客空间；紧抓痛点，拓展服务保障；主动融入市场，优化孵化环境，育人效果显著。事实上，高校创新创业教育体系建设和发展还需要更多探索与实践。高校创新创业教育要主动适应和引领经济发展新常态，顺应“大众创业、万众创新”潮流，服务国家战略人才需求，落实主体责任。在实际工作中要渗透学校教育理念，以课程、教学、第二课堂和社会实践为载体，横向覆盖全体学生，纵向贯彻整个学程，专业上融入所有课程。创新创业教育和学生的创新创业还需要高校、政府和社会等多方面的配合与支持，打造良好的生态环境。目前，大数据给国家整个经济带来新的增长点，为整个社会产业结构带来变革，为就业创业方式带来新的改变。高校必须要主动适应和加入这些变革，推进“互联网＋”创新创业。这些都需要高校以创新的勇气和智慧，从战略高度找准着力点，整体推进教育教学改革走向深入。

3. “互联网＋”推动高校创新创业教育

2015年两会期间，李克强总理在政府工作报告中首倡“互联网＋”概念，正式提出制订“互联网＋”行动计划。同年10月，全国首届“互联网＋”大学生创新创业大赛总决赛在吉林大学举行，这项全新的赛事受到了中国社会各界的普遍关注。

从“互联网”到“互联网＋”，标志着以云计算、物联网、大数据为代表的新一代信息技术与传统行业的进一步融合与对接。对于创新活动重要源头之一的高校而言，如何融合创新创业教育，怎样链接“互联网＋”浪潮，如何在移动互联网技术飞速发展的时代背景下激活高校的每一个创新创业基因，是高校创新创业教育改革不能回避的课题。

社会发展与技术变革一定会倒逼人才培养的体制与机制产生深刻的变革。当前，“互联网＋”正在迅猛地推动传统产业转型升级。顺时顺势而上，是高校融入“互联网＋”发展与建设潮流的正确选择。高校必须要主动适应和加入这些变革，建设“互联网＋”创新创业平台，推进互联网与高校创新创业教育和大学生创新创业的有机融合。同时，帮助学生顺应行业、产业变化，大胆“跨界”，培养“互联网思维”，推进其真正参与到“互联网＋”创新创业的进程中。

高校要站在推进学校综合改革的高度来规划和设计相关方案，将“互联网＋”创新创业纳入学校创新创业教育体系建设中，通过最大限度的优化资源配置，推进制度建设，营造开放包容的良好生态环境，形成长效保障机制。要面向“互联网＋”融合发展的需求，在师生中倡导树立“互联网＋”思维。要积极引入国外前沿研究成果和先进的创新创业教育理念，学习国内先进经验，探索在专业教育教学中增加“互联网＋”内容，以融合促创新，推动“互联网＋”创新创业成为推进学校教育教学改革的重要驱动力量。要以“互联网＋”创新创业建设为突破口，探索增强学生创新精神、创业意识和创新创业能力的有效途径和模式，支持学生投身创新创业实践。要从“互联网＋”的跨界、融合、开放等特点出发，树立“互联网＋”思维，积极研究和推进人才培养模式的结构调整，建立“互联网＋”多方合作联动工作模式，依托企业、科研机构并开展国际交流，培养“互联网＋”领域高端人才，同时优化校内管理结构，统一领导、齐抓共管，构建“互联网＋”创新创业教育的帮扶模式，提升育人效果。

二、创新创业教育改革在不断深化

创新创业教育是一项复杂的系统工程，需要集聚相关教育要素与资源。近年来，诸多高校依据各自办学理念和定位，采取了各具特色的举措。尤其是自国务院印发《关于深化高等学校创新创业教育改革的实施意见》以来，各高校主动作为，扎实推进深化创新创业教育改革，在创新创业教育课程体系、教材、实践训练、指导服务和学术研究等方面，取得长足发展。

（一）创新创业教育课程体系逐步完善

近年来，众多高校深化创新创业教育改革的举措触动了人才培养模式和课程体系的全面改革。各高校不断加强创新创业教育体系建设，根据调查显示，82%的高校开设了创新创业的必修课或选修课，在课程体系、教材建设和师资培养等方面，取得了显著成效。

1. 创新创业教育课程开设情况

高校积极将创新创业教育有机融入专业教育，纳入培养体系和课程学分改革。天津大学探索创新创业学历教育，设立创业方向专业硕士。上海交通大学开设创业领导力、创业机会识别、风险投资与创业等11门课程，共计16学分。西北工业大学在通识课中开设了大学生职业生涯规划、就业与创业指导、创业基础等课程。哈尔滨商业大学开设创业实践、公司创建与运营实习等课程，共计10学分。厦门大学每年面向400名本校学生和100名厦门地区高校大学生开展涵盖教育、孵化、投资的“ETC创业培训”。中南大学将创新创业导论作为全校性必修课列入人才培养方案，同时开发开设融入学科专业的创新创业选修课，设立了创新创业实践必修学分。浙江海洋大学在大学生就业指导课中讲授创业知识，开设了大学生KAB创业教育等公选课。成都创业学院开办电子商务、微信创业、创业素质拓展等创业小班8期，服务学生280余人。北京科技大学开设创业管理、大学生创新创业等课程，并组织开展创业训练营等精英培养项目，培养创业人才。德州学院优化重组精品课程，建设了创业基础、创业融资、创业营销、商务礼仪与谈判和创业与就业5门核心课程的精品课程群。东南大学面向所有非经管专业的学生开设了经济管理基础必修课程，另外开设了工程经济学、创业财务、创业企业商业模式探讨、创业企业管理、人力资源管理、市场营销、技术创业、项目管理等20余门课程的创业辅修课，认定了50个选修学分。同时，各高校也在着力于创新创业教育在线课程和微慕课建设。2015年年底，中国高等教育学会创新创业教育分会启动了全国高校“精彩一课”微慕课征集评选活动，各会员高校积极投入到评选活动中。

2. 创新创业教育教材建设动态

教材是课程教学之本。按照《关于深化高等学校创新创业教育改革的实施意见》的要求，中国高等教育学会创新创业教育分会和诸多高校都积极行动起来。2015年，创新创业教育分会组织专家编写了《创业基础教程》教材，已由中国高等教育出版社出版。南通大学编写了《大学生创业教育》《大学生就业与创业指导》《创造力开发简明教程》《创新与创造力开发》，出版校本教材《大学生创新创业教育教程》《土建类专业创新创业辅导》

等。中南大学编写了《创业设计与实务》教材，已由机械工业出版社出版发行，同时由学校资助立项的创新创业教育课程项目有近 30 本教材正在编写当中。西安外事学院编写了《大学生创业素质论》《创业企业投融资风险的防范与管理》《创业企业的孵化、运营与管理》等教材。大连工业大学编写了辽宁省高校的统编教材《大学生创新与创业基础》《大学生创业理论与实训》《大学生创业原理与实务》等。唐山工业职业技术学院编写了《创业基础知识》《创业基础知识与实务》《职业生涯规划》等教材。德州学院编辑出版了《大学生科技创新教育》《创业基础》《创业基础案例与实训》《创业融资》《创业营销》和《创业与就业》等 6 部教材。福州大学编辑出版了《用项目管理提升大学生创新、就业与创业能力》《大学生就业与创业指导》《创业管理》《职业生涯规划与就业实训》《大学生就业与创业实训》等相关教材多部，以及《福州大学推进创新创业教育与实践的探索》1 部。当前，创新创业教材层出不穷，种类繁多，但是也应该看到够满足教师和学生需求的高质量教材还十分稀缺。

3. 创新创业教育师资队伍建设

创新创业教育教师是创新创业教育教学的直接参与者和执行者。建设高水平的多层次师资队伍，是满足学生创新创业多层次、多方位需求的重要保障。提高教师的创新创业教育教学水平和能力是摆在高校面前非常重要的问题。

中国高等教育学会创新创业教育分会与黑龙江教育厅合作，于 2014 年 11 月对黑龙江省 38 所高校的创新创业教育职能部门负责人进行了专题培训。浙江大学联合杭州市职业技能培训中心、杭州市沃土教育集团等，成立了创业师资成长中心。华中师范大学把信息技术教学应用能力培训纳入教师培训。上海理工大学组建近百个教授团队，探索交叉学科的协同育人模式。河北大学实施“双导师制”，聘请校内外近 100 名创业导师对学生项目进行专业指导。成都创业学院举办 TTT 创业师资培训班，与成都博润创新教育研究院合作举办“高校教师 CVCC 创新创业”师资班，培训教师 160 余人。西北工业大学制订了《大学创新创业指导队伍建设方案》，结合“校外班级导师库”建设，建立了一支专职为主、专兼职结合的创新创业教育师资队伍。中国矿业大学组建了一支 90 多人的创业导师队伍，实行校内教师和现场导师联合指导的“双导师制”教学模式。厦门大学通过“内培外引”，积极建设专业教师、管理干部、社会人士互补的师资队伍，聘请社会人士担任学生创业导师。现有重点专业教师 102 名，KAB 讲师 32 名。西华师范大学建立了专兼结合的高素质创业教育教师队伍，现有 65 名教师从事学生创业教育指导与研究工作，还聘请了 20 余位企业家、创业成功人士作为兼职创业导师，来校开设课程、指导创新创业计划竞赛。

要真正提高教师的能力和水平，提高其参与创新创业教育的主动性和积极性，还需要进一步推进高校体制和机制改革，在教师考核、科技创新成果转化、创业成果认定等方面破除相应的制度性障碍，形成激励机制。

（二）创新创业教育实践训练不断强化

“众创”时代，培养大批适应国家经济社会发展迫切需要，富有创新精神、敢于承担风险的、实践能力强的创新创业人才，是高校义不容辞的责任。

1. 创新创业教育紧密衔接实践教学

创新创业教育是实践性很强的教育，需要紧密衔接教学主渠道，拓展教育教学内容，挖掘内涵，达到提升学生社会责任感、创新创业精神和实践能力的目标。

北京科技大学组织200名学生在夏季学期开展了为期3周的创业训练营，涵盖创业理论教育、文化交流、企业参观和模拟实践等内容，开设了3门课程，总计授课50学时，开展创业沙龙、创业论坛、创业讲坛、创业沙盘体验20余场次，学生对创业有了更加系统、深入的认识。北京理工大学依托大学生机械创新创业实践中心、大学生科技创新创业基地（软件类）、计算机学院学生科技创新训练基地等，积极推进创新创业实践训练。

中南大学积极推进科研和创业教育内容进入课堂，在全国率先设立创业实践学分，并在2016版本科生人才培养方案中设置创新创业实践2个必修学分，鼓励学生早进课题、早进实验室、早进团队；同时还积极完善专门课程群，启动创新创业教育课程建设项目36门，明确了实践教学学时要求；分类施教，面向具有一定基础的学生，开设创业技能SYB、GYB培训，已培训7 400多人；面向有创业想法怕失败的学生，强化实践，开设创业实训指导课，已培训学生千余人；突出校企之间紧密合作，实施和推进人才培养，建立实践教学综合评价指标体系，在公共基础、学科专业和研究创新实践基础上推进创业实践。中南民族大学构建国家、省、校、院四级实践教育体系，以大学生创新创业训练计划项目为抓手，实现了立项项目对全部专业和年级的覆盖。

创新创业教育要与实践教学紧密衔接。一方面要推进学生所学知识在实践中进一步夯实和固化；另一方面，要推进其将相关知识和创意转化为创新创业成果，从而在实践中真正培养学生的科研素质、创新创业能力和实践能力。

2. 丰富创新创业教育校园文化活动

校园文化活动也是创新创业实践的有效载体，其不仅营造了校园内浓厚的创新创业氛围，而且能够有效促进校园内相关因素和条件的相关联通，为学生创新创业实践注入意想不到的活力，取得意想不到的效果。

全国各高校开展了各种创新创业实践活动，丰富学生的创新创业知识和实践体验。如浙江财经大学举办创意文化节，打造“我要当店长”等品牌活动。华南理工大学设立创业微计划大赛，开办“销售高手”“创业岛”“微信营销训练营”和“创业加油站”等专题活动。东北大学构建了学生科研训练平台和多层面学生科技竞赛平台。长安大学以“专利月”活动促进科技创新成果转化，以“论坛课堂”营造浓厚的科技创新创业氛围。北京理工大学举办“北理青年汇”沙龙，邀请创业青年校友回校分享经验。武汉大学专门设立1 000万元创新创业专项资金，支持学生创新创业实践。浙江大学针对低年级大学生，开展创业启蒙教育，举办创业点子秀活动；开展创业论坛、“创业者导航”系列沙龙等各项活动，传播企业家精神与创业价值观；创办《创业浙大》期刊，成立勤工助学与创业实践指导中心、创业训练营、微创业联盟、学生成长与服务中心等，发挥创业教育学生主体作用。哈尔滨商业大学启动“创新创业百家讲坛”，促成以政府、高校、金融（投资界）、媒体（大众传播）、中介（创业孵化器或园区）和企业（大学生创业企业）互动的大学生自主创业发展助推模式。

创新创业教育与校园文化活动有机结合，是一个有效的育人途径，但是也要看到，有部分活动品质不高、流于表面，或缺乏内涵、不成体系，这就需要高校进一步研究和探索创新创业教育内涵，将校园文化活动与创新创业教育紧密结合，催生出更多贴近学生、符合创新创业教育规律的校园文化育人活动形式。

3. 创新创业教育有效依托社会实践

创新创业教育绝不是“书斋”和“象牙塔”中的教育，要做到真正引导学生走进社会，感受时代变迁，丰富创新创业知识和实践体验，在社会实践中身体力行地考察国情、社情和民情，并运用自己所学的知识解决现实中的问题，为国家和社会作出自己的贡献。

浙江大学定期开展国外高科技成果专业化分析与市场化推广，组织大学生实践团进行《浙江大学美国创业考察之旅》，实践团被团中央评为全国大中专学生“三下乡”暑期社会活动优秀团队。

河北科技大学每年投入100多万元用于支持大学生科技创新创业活动，组织学生积极主动参加各项创新创业比赛，“创青春”全国大学生创业大赛、河北省创业大赛、河北省工商联青年创业大赛等多项赛事成为学校学生检验学习成果、锻炼创业能力的练兵场。

安徽科技学院一方面在第二课堂探索增设创业移动课堂，成效明显，不仅学生受益面宽，还通过典型示范形成了创业的群体效应；另一方面，在小岗村创建大学生创业园，先后安排500余名大学生在创业园进行创业体验。自2010年起，学校尝试在暑寒假社会实践活动里增加创业元素，除了在活动地点有针对性地选择相关企业、校友创办的企业外，每年活动还选择一个新主题，先后吸引了1.5万余人次学生参加，有力地提升了创业教育效果。

中南大学一方面在暑期社会实践中设立创新创业专题社会实践项目，并给予资助，如2015年暑期组建30支“互联网+”创新创业实践团队；另一方面连续10年在寒假开展“创新创业从点滴做起”创新创业实践教育活动，引导学生到企业、乡村实践调研，参加人次近5万。学校明确了“阅读学习、学用结合、自主训练、勇于实践”五项指导原则和内容，实践活动纳入了学生创业实践学分认定范围和学院创新创业教育工作年度评先评优；10年来累计收到读后感2.8万篇，调研报告1.8万篇，汇编成10本340万字的优秀作品集。

寒假和暑假也是学生进行创新创业实践的重要时段，众多高校已经摸索和构建了一定的体系和模式。但是就整体而言，对于这样的“时间”和“空间”，利用得还远远不够。如何充分发挥学生的主动性和创造力，引导他们更多地参与到社会实践中去，高校还需进一步探索创新。

4. 指导学生自主开展创新创业实践

《关于深化高等学校创新创业教育改革的实施意见》中明确提出了“学生的创新精神、创业意识和创新创业能力明显增强，投身创业实践的学生显著增加”的目标任务。

创新创业教育分会的调研显示，120所高校举办了创新创业教育实践活动872次。这些活动在各高校已营造出浓厚的创新创业氛围，催生出一大批优秀团队和创新创业项目。东南大学依托二级学院资源，将课程实践与创业实践相结合，让学生随时都能参与创业实训活动。大连东软信息学院相扬团队的“豆号网项目”吸引了各地投资公司争相上门，已获得首笔天使投资注资50万元。哈尔滨工程大学宋超团队创办“微触科技有限公司”，

2014 年盈利超过 200 万元，并已与 10 余家投资机构达成明确的投资意向，公司估值达到 5 000 万元。中南大学本科生姜植元团队开发的“自主续航的无人侦察机”项目，获得 1.2 亿元的天使投资意向。

近年来，国内创新创业大赛风生水起。2015 年 10 月 19 日至 20 日，由教育部主办的首届中国“互联网 +”大学生创新创业大赛总决赛，在吉林大学举行，李克强总理作出重要批示，称赞比赛“是促进学生全面发展的重要平台”。刘延东副总理接见了获奖学生、指导老师和专家评委代表，出席了座谈会并讲话。比赛历时近半年，全国 1 800 多所大学，5.7 万多支团队，20 万学生参赛，提交项目 3.6 万余个，并带动百万名学生参与。最终 300 支团队进入全国总决赛，产生金奖 34 名，银奖 82 名。浙江大学“智能视力辅具及智能可穿戴近视防控设备”团队和北京航空航天大学“Unicorn 无人直升机系统”团队并列冠军，而且众多项目受到投资机构的垂青。

2015 年，人力资源和社会保障部、宋庆龄基金会联合举办了“中国创翼”青年创业创新大赛，科技部举办了第四届中国创新创业大赛，共青团中央举办了第二届“创青春”中国青年创新创业大赛。很多地区也推出了各具特色的比赛，如北京市举办了首都青年创新创业大赛，黑龙江省举办了女大学生创业计划书大赛，长春市举办了青年科技创新创业大赛，南京市举办了女大学生文化创意创业大赛等。

另外，由教育部和科技部举办的全国大学生创新创业年会，业已成为学生新创业项目交流和展示的重要平台。2014 年 10 月，第七届年会在西安交通大学举行。2015 年 9 月，第八届年会由哈尔滨工业大学承办。两届年会共有 615 项国家级大学生创新创业训练计划项目，并进行了展示、交流与推介，有 1 500 多人次师生参与了学术年会、项目展示会、创业项目推介会、工作研讨会和联谊活动。学生的项目越来越关注市场、关注民生，涉及面越来越广。如天津工业大学的卧卫用凝胶制品涵盖了床垫、面膜、鞋垫以及各种小工艺品；中国药科大学茶特尔电子商务有限责任公司，致力于打造茶叶品牌；北京邮电大学的马蹄铁智能骑行系统，通过系统化智能配件硬件，将普通自行车秒速升级为智能自行车，该项目已经登陆“京东众筹”。

尽管学生参与创新创业实践的热情被初步调动起来，也有一部分学生踊跃参与其中，但是也应该看到的是，高校对学生的指导力度与学生实际需要，还有一定的差距。如何在风生水起的活动过后，为学生提供更多更好的支持，真正满足学生创新创业实践的需求，是今后工作中要重点关注的问题。

（三）为大学生创新创业提供有力帮扶

对大学生而言，创新创业并非易事。大学生创业既有优势，也有先天的不足，高校就是要在人才培养的全过程中，为学生提供必要的条件，培育和挖掘他们的潜力，创新机制，给予有力的帮扶和指导。

1. 建设创新创业孵化基地

在创业实践基地建设方面，创客空间、众创空间等新型平台成为热点。众多高校响应“众创”时代新变化，建设新型服务平台，服务和指导学生进行创新创业。西南交通大学与英特尔公司合作共建大学生创客活动中心。西安电子科技大学建设了创客空间、创业工作坊、1931 创业咖啡等具有电子信息特色的众创空间。中南大学依托学校教学实验室和科研平台，建设了与专业实践教学相融合的创客空间 12 个，为学生创新创业提供多元化指导和服务。大连民族大学在学校实践基地建设了实体机器人、数学建模、智能车、NAO 机器人等 25 个跨专业创新创业工作室，同时与大连科技局等共建大学生创业苗圃。东南大学依托东南大学国家大学科技园，建设了大学生创业中心，目前形成了“一中心三区”的建设格局，载体面积约 3 000 平方米，依托政府、企业资源，广泛整合校友资源和长三角地区企业家资源，多方合作建立基地。新疆、甘肃、陕西、青海四省区的 16 所大学科技园联合建立了“丝绸之路经济带众创空间”。

2. 搭建多级帮扶服务平台

教育系统正在积极推进建设较为完善的创新创业指导服务体系和多级帮扶信息平台，对参与创新创业的学生实行持续帮扶、全程指导和一站式服务。教育部主办了全国大学生创业服务网，各省级教育部门也相继开通相应的就业创业指导服务网站，高校也建设了各类创业就业服务性网站，如中南大学创办的中国大学生创业网等。这些网站基本上都开通了政策指导、创业信息等栏目，运用信息化手段，为学生创业提供服务。

除了建设网络信息服务平台外，各高校还积极推进各类“线下”实体帮扶服务。如东华大学成立了上海大学生科技创业基金会东华大学分基金会，2015 年专门提供面积达 2 094平方米的独立楼宇打造以文化创意创业为特色的创业孵化平台。上海财经大学以“就业服务月”为载体，以专业为依托，以项目和社团为形式，帮助学生树立新的职业态度与行为方式。长沙民政职业技术学院通过创业就业指导课、成功校友讲座、创业园入驻宣讲、微信平台政策宣传等多种形式进行创业咨询和指导。温州科技职业学院建成一组创业示范点、一条农业特色创业街、一个网商创业园、一个大学生现代农业创业园、一栋创业楼、一个校外大学生现代农业创业基地，现已拥有 100 多个创业项目。

信息时代，互联网已经成为人们生活中必备的工具和基础设施，将依托互联网建设的信息化平台与现实中的实体服务紧密结合，形成“线上”和“线下”相互融合的服务模式，将会有力推进高校创新创业教育和大学生自主创业。

3. 纳入政府就业创业服务体系

高校创新创业教育要积极纳入政府公共就业创业服务体系，使政府相关规划和政策，落地生根，开花结果。

2015 年，国家部委和地方政府相继出台了推进创新创业的政策和措施。人力资源和社会保障部积极实行大学生创业引领计划，建设和认定了一批全国创业孵化示范基地，全面推进创业培训。科技部积极建设大学生科技创业见习基地，在科技创新基金中包含了大学生创业项目，在全国推进众创空间建设。工商部门逐步简化了工商注册手续，破除不合理的行业准入限制等壁垒。

很多高校也积极回应国家和地方的政策变化，推出新举措。中国政法大学成为首批北京地区示范性创业指导中心建设校，获得北京市专项建设支持。吉林建筑大学与吉林省创业促进会合作建设“大创梦城”共建项目，扶持大学生自主创业。东北大学充分利用政府、企业、自身等优势资源，与辽宁省人力资源和社会保障厅共同建立辽宁省大学生就业创业实训示范基地。南京大学与南京市栖霞区、仙林大学城、国家级南京经济技术开发区联合组建南大科学园，有效地开发、整合和集聚社会各类资源，形成高校、政府、企业、社区的政产学研之间的深度融合。河北科技大学通过了河北省创业帮扶工程定点服务机构认证，三年累计帮助大学生创业者申领营业执照196项。中南大学依托全国创业孵化示范基地、湖南省省级示范基地和长沙市创业示范基地，积极落实大学生创业优惠政策，实施大学生创业引领计划。

创新创业教育不是一个封闭的系统，而是一个开放的体系，高校培养的人才归根结底是要进入社会，在社会中发挥聪明才智和大展身手。与政府的就业创业服务规划紧密衔接，并纳入其中，是高校充分发挥创新创业教育主阵地作用和拓展社会贡献度的重要渠道和途径。做好高校与政府和社会的衔接就是实现高校的人才培养的出口与社会需求的紧密对接，也是提高高校对社会经济发展贡献度的有效途径，既满足了学生创业的实际要求，也契合了国家和地方促进经济发展的要求。

（四）创新创业教育研究在不断深化

尽管中国高校在创新创业教育实践方面，取得了不俗的成绩。但不可否认，当下大学生创业的成功率很低，高校创新创业教育尚存在诸多不足之处，还需要下大力气在理论和实践方面加强研究和进行交流。

1. 建立多层次教学学术组织和机构

当前，中国高校创新创业教育的学术研究体系已经初见规模。在组织机构建设方面，教育部有高等学校创业教育指导委员会，中国高等教育学会有创新创业教育分会，高校又自发成立了中国高校创新创业教育联盟，这些组织都正在积极推进打造平台，为全社会提供优质的创新创业教育资源。部分高校设立了创新创业教育科研院所。如哈尔滨工业大学依托招生就业处建立了创业教育研究室，开展创业教学研讨，依托哈尔滨工业大学—密苏里大学创新创业研究所，开展国际化的创业研究和创业教育活动。东北师范大学成立就业创业教育研究院，建设就业创业师资培训中心，与香港中文大学、英国剑桥大学合作，举办了高校创业教育教师高端培训。中南大学于2015年成立创新创业教研室，依托公共管理学院，在承担全校性必修课教学任务的同时，积极推进创新创业教育的理论与教学实践研究。

在其他方面。全国性的创新创业教育学术期刊相对较为缺少，目前仅有创新创业教育分会的会刊《创新与创业教育》；还有一些商业性的期刊，诸如《创业邦》，主要针对白领以上的高端读者，理论性和商业化太强。《创业家园》主要是普通创业者的实用指南和经验分享。《创业家》聚焦在年龄40岁以下的精英创业家以及年营业规模在5 000万～50亿元之间的高成长创新型企业。《科技创业》主要着眼于推动科技创业企业成长并与资本市场有效衔接。在教学成果方面，创新创业教育领域有所突破，2014国家级教学成果奖中，高教类有5项创业教育成果获奖，职教类有9项获奖，但是相关成果还分属于不同的学科门类，尚未设有独立的领域来申报和评审。

2. 开展全方位教学学术交流与研讨

近年来，在宏观环境和政策的带动下，全国创新创业教育学术交流呈现出蓬勃发展的态势，尤其是中国高等教育学会创新创业教育分会，充分发挥了学术团体的职能和学术优势，起到了“推波助澜”的作用。

（1）全国性学术交流活动密集。2014 年 11 月，由创新创业教育分会支持的 2014 年“创青春”全国大学生创业理论与实践学术研讨会，在中南财经政法大学召开。2014 年 12 月，在天津工业大学举办的 2014 年高等院校技术创业教育研究与实践研讨会上，创新创业教育分会专家委员会 4 位专家在会上作了报告。2015 年 7 月，在教育部高教司指导下，在郑州大学举办的“众创时代下大学的创新创业教育”研讨会上，哈尔滨工业大学、重庆大学、武汉大学、郑州大学、西安电子科技大学、中国科技大学、郑州大学、唐山工业职业技术学院、中山职业技术学院、浙江工贸职业技术学院、清华大学和中南大学的领导和专家，围绕“众创”时代的大学创新创业教育这一主题，针对转变观念、人才培养、内容方法、实践教学和体制机制等内容，进行了深入的交流和探讨，研讨会相关观点和内容在《中国高等教育》杂志上密集刊发。2015 年 11 月，在珠海召开的“2015 年高等教育国际论坛暨中国高等教育学会学术年会”上，创新创业教育分会领导作了主论坛发言。

（2）区域性创新创业学术交流活动活跃。创新创业教育分会积极支持相关省份和地区举办相关学术交流活动和比赛。如陕西省举行了第三届“鱼化龙”大学生创业节，创新创业教育分会副会长纪志成、吴建新在会上作了报告；在黑龙江省举办的高等职业院校创新创业教育培训班上，创新创业教育分会副会长田秀萍、吴建新担任讲座主讲；江西省举行了“互联网 +”时代下高校创新创业教育与人才培养研讨会，安徽省举行了高校“互联网 +”大学生创新创业教育与人才培养暨应用型本科高校联盟教务处长会议，创新创业教育分会秘书长杨芳在两个会上担任讲座主讲。

（3）高校创新创业教育学术活动丰富。创新创业教育分会积极支持各会员高校举办创新创业教育学术研讨会。如 2014 年年底在江南大学召开了创业教育人才培养创新探索研讨会；在中山大学召开了 2014 年大学生创业指导服务国际学术研讨会，国外牛津大学、波士顿大学等 8 所高校及机构和国内北京大学、西安交通大学、南开大学、上海交通大学、清华大学、中国青年政治学院等高校的领导、专家及代表在会上作了主题演讲，700 余位有关省市就业创业服务部门负责人、高校主管领导、高校就业指导中心负责人参加了会议。

但是，从学术交流的内容来看，目前大多数的论坛和研讨会主要还是在研讨交流具体的工作，而对创新创业教育存在的问题及其深层次发展趋势的交流讨论还不多，许多讲话只是重复上级文件的精神和内容，对创新创业教育的实质及模式构建等重大问题还缺乏系统的研究和探讨。

3. 搭建教学学术平台推广教育成果

创新创业教育分会是政府部门、社会各界和会员单位联系的桥梁和纽带、也是会员单位之间的桥梁和纽带。

近年来，创新创业教育分会先后赴广东、河南、江苏、湖北、天津、河北、江西、安徽、辽宁和吉林等地高校进行调研和交流，连续五年组织开展全国高校创新创业教育问卷调查。2015 年，综合近三年调研获得的数据和信息，创新创业教育分会秘书处组织撰写了《中国高等教育学会创新创业教育分会专题年度报告（2013—2014 年）》，对高校创新创业教育的现状作了一个全景式的解读，为上级部门科学决策提供了依据。

创新创业教育分会连续五年组织全国创新创业教育论文征集和评比活动，共征集论文155篇，征文活动促进了高校创新创业教育的学术理论研究。创新创业教育分会会刊《创新与创业教育》已出版30期，刊发论文900多篇，总计约500万字。创新创业教育分会还组织开展了高校创业教育特色经验材料征集、遴选工作，目前已从各高校征集了百余篇经验材料，正在整理准备出版。

创新创业教育分会还开展了2015年全国创业教育研究与实践先进单位和创业教育先进个人评选活动，并对一线教师给予重点倾斜。目前，这些活动都已成为分会的常态化工作，成为全国创新创业教育的重要活动之一。

2016年，创新创业教育分会从提升教师创新创业教育教学能力和水平、推进创新创业教育与专业教育的有机融合、加强学术理论研究、推进分会工作做大、做强、做实和建立多方联动机制等方面重点突破，为推进“众创”背景下高校创新创业教育改革的深化，作出了应有贡献。

（五）高校创新创业教育体制机制建设

体制机制改革是创新创业教育进一步深化发展的重点和关键点，也是焦点和难点。随着国家创新创业政策的出台，高校创新创业教育体制机制改革正在逐步深化。

1. 教育部：宏观指导，多司联动

教育部围绕创新创业教育、创业基地建设、创业政策完善、创业指导服务等体系建设，推进了高等教育司、学生司、科技司、综合改革司、思想政治工作司和全国高等学校学生信息咨询与就业指导中心等多司联动，指导全国高校全面推进创新创业教育工作。

2015年，教育部起草并经国务院批准印发和实施了《关于深化高等学校创新创业教育改革的实施意见》，召开了深化高校创新创业教育改革视频会，全面部署推进创新创业教育改革，着力推动高校更新观念，完善课程设置，创新教学模式，强化实训实践，将创新创业教育融入人才培养全过程。继续推进大学生创新创业训练计划，继续举办全国大学生创新创业年会。举办了全国“互联网+”大学生创新创业大赛。推动高校面向创新创业大学生实行弹性学习年限制度，支持创新创业大学生转入相关专业学习，聘请各行业优秀人才担任专业课、创业就业课授课或指导教师。开展创新创业教育骨干教师专题培训，建设了一批大学生创新创业实习实践基地。

2. 省级教育部门：成立组织机构，因地制宜制定方案

全国省级教育主管部门因地制宜地出台政策措施，对高校创新创业教育、创业基地建设在经费、项目和基金等方面给予倾斜，评选创新创业教育示范校、省创业示范基地，有条件的地区还为大学生创业实践活动提供了小额经费支持。

安徽省完善省级统筹管理机制，出台关于做好大学生创新创业训练计划实施工作系列文件，加强对大学生创新创业训练计划的组织、实施、激励和保障。完善工作机制，将学生开展创新创业实践、发表论文、获得专利等纳入学分管理，并作为创新创业学分的重要内容。加强经费保障，将高校创新创业项目列入安徽省支持本科高校发展能力提升计划项目预算，不断加大项目资助力度，保证国家级项目平均每项不低于1万元的省级财政经费支持，省财政三年累计投入近2亿元。2012年以来，省级资助地方高校创新创业训练项目

13 758 项，地方高校获批国家级创新创业训练项目 5 323 项，连续三年位居全国第一。制订《安徽省大学生学科和技能竞赛管理暂行办法》，对竞赛类别、立项和管理、奖励政策等作出明确规定。以校际、校企、校地、校所以及国际合作培养为着力点，创新人才培养体制机制。依托国家和区域发展战略，积极支持高校建设一批大学生创新创业基地、面向全体学生的“创新实验室”、创新创业教育实验班。鼓励高校自建或与企业、地方政府共建创新创业园和大学生创业基地。

广西壮族自治区在高职院校实施“订单班”“校中厂”“厂中校”、顶岗实习等方式，推进校企合作、产教融合。以科研项目、“卓越计划”等引领推动创新创业人才培养，全区高校现有 30 个区级协同创新中心建设和培育单位。通过遴选建设区级精品课程、“十二五”规划教材等，引导促进高校不断提高课程教材建设质量。支持高校加快创新创业教育优质课程信息化建设，建设一批资源共享的慕课、视频公开课等在线开放课程，并建立了学习认证和学分认定制度。通过实施广西高等学校高水平创新团队及卓越学者计划，高等学校优秀中青年骨干教师培养、访学、践习计划和高等学校青年教师教学能力提升工程，支持教师参加业务进修、科研项目和国内外学术交流，提高“双师”素质。聘请知名科学家、创业成功者、企业家、风险投资人等各行各业优秀人才，担任专业课、创新创业课授课或指导教师。选派相关专业教师、创新创业教育专职教师到行业企业挂职锻炼。

重庆市出台了《深化高等学校创新创业教育改革的通知》，在人才培养方案中设置创新创业教育板块，计划五年内建成市级创新创业特色专业点 500 个、特色专业群 100 个。积极吸引社会资源投入创新创业人才培养，支持校企共建专业，开展订单培养。推进“大类招生、分流培养”，探索建立跨院系、跨学科、跨专业交叉培养创新创业人才的新机制。重庆各高校陆续设立创新创业教研室或创客学院，探索举办多种形式的创新创业教育实验班，计划 5 年内建成 20 个示范性众创空间。将创新创业教育纳入课程体系，已有 39 所高校开设研究方法、学科前沿、批判性思维、创业基础、就业创业指导、“互联网 +”等方面的创新创业课程，理论与实践相结合。

3. 高校：实施“三个纳入”，深化体制机制改革

全国各高校根据办学定位和人才培养目标，积极推进创新创业教育，并将其纳入综合改革规划、人才培养体系和教育教学评估指标，不断深化创新创业教育改革。

西安电子科技大学建立多部门协同机制，为创新创业保障、助推、续航。建立教务、人事、科研、产业、校友会、重点实验室、团委等多部门协同、校外多渠道推介的工作机制，支持成果转化、孵化；每年安排创新创业经费 750 万元，提供校内实践场地 100 余个；设立“创新创业校长基金”，首期投入 1 000 万元，以纯公益形式对种子期、初创期的团队给予支持；聘请 110 余位优秀企业家担任导师，积极选派、鼓励教师到行业、企业、研究所挂职锻炼，增强开展创新创业教育与产业链需求的契合度；通过开放重点实验室、本科生提前进入导师团队、申报学术活动基金等，为学生科研创新起步搭好平台。

湖南大学创新教学考核方式，提升创业教育实效性；建设在线学习云平台，实现学生之间、师生之间、虚拟在线导师团队之间的交流与指导；采用翻转课堂教学模式，运用启发式、讨论式、参与式、服务式教学，激发学生学习兴趣；根据学生学习心理，采用分段、通关、积分的考核方式，层层推进；课程考核以创意形成、展示真实或虚拟创业过程为主，辅以老师点评、同学互评，引导、鼓励学生将创新创业知识学以致用，重点考查学生运用知识分析、解决问题的能力；通过数据库生成大数据，掌握学生总体与个体学习需求和规律，采取针对性的策略，满足学生建构性学习需求，及时调整资源结构，实现基于大数据分析的精准化教学、实验式教学，及时反馈学生学习效果，提升学习质量。

天津大学将创新精神和实践能力的培养融入人才培养全过程，出台《学生创新创业实践学分认定管理办法》，开设创业学导论、创业营销、创业融资学等课程。实行“创业弹性学籍制”，参与创业实践的学生可获得实践学分。成立宣怀学院，探索创新创业学历教育，设立创业方向专业硕士，鼓励有创业潜力的学生选修创业方向辅修学位或免试攻读研究生。为创业学生配备实践导师，实现创意、服务、实训的全过程对接。整合小额贷款、税费减免、场地支持等自主创业优惠政策，打造“一站式”服务平台。宣怀学院三年来共培育 125 名有创业梦想的学员，组建了 55 个创业团队，其中在校博士生创办的精仪博硕、鼎拓科技等公司已成功创业，年销售额均突破百万元。搭建北洋创业俱乐部、1895 创意咖啡等创投信息共享及经验交流平台，开展创业沙龙活动，累计参与学生 1 000 余人次。

很多高校都因校制宜、因地制宜地将创新创业教育体制机制改革列入规划和重要工作日程上，在国务院办公厅《关于深化高校创新创业教育改革的实施意见》的指导下，不断深化创新创业教育改革与发展。

三、高校创新创业教育经验案例研究

国务院办公厅《关于深化高等学校创新创业教育改革的实施意见》的出台，标志着创新创业教育上升为国家战略。一年多来，各高校以“学生的创新精神、创业意识和创新创业能力明显增强，投身创业实践的学生显著增加”为目标，从制度、载体、方法、服务创新等方面着力构建和完善创新创业教育体系。

（一）西南交通大学：全方位推进大学生创新创业教育

西南交通大学积极响应国家创新驱动发展战略，全方位推进大学生创新创业教育，取得积极成效。

1. 课上课下联动，构建创新创业教育体系

一是加强课程体系建设。将创新创业教育纳入人才培养方案，第一课堂开设创新创业课程 12 门，第二课堂设置“学术科技与创新创业”模块，要求本科生必修 2 ~6 个创新创业学分。建立创业工程双学位课程体系和培养机制，攻读创业工程第二学士学位学生连续四年增长 100% 。引入 SYB、KAB 创业培训项目，累计培训学生 2 083 人。

二是加强实践平台建设。定期举办创新创业训练计划、“萌芽杯”大学生创业大赛、大学生科研训练计划等创新创业实践活动，年均参与学生 7 000 余人次。

2. 校内校外协同，构建创新创业支持体系

一是加强校内部门间协同。成立学校创新创业教育领导小组，下设创新创业教育中心、创新创业服务中心两个专门机构，统筹教学、科研、学生工作、产业各个系统，完善创新创业教育工作体系，为学生提供全程式指导、一站式服务。

二是加强学校政府间协同。与成都市人民政府签署战略合作框架协议，打造“环交大智慧产业城”，建设环西南交通大学“科技一条街”“文化一条街”“创业一条街”，共同举办“创业天府菁蓉汇——西南交通大学”专场活动等，搭建创新创业坚实平台。

三是加强学校企业间协同。在成都市多个大学生创业园区以及株洲机车研究所、四方车辆厂等企业建立学生校外创新创业实践基地 308 个，结合专业实际定期组织学生参加创新创业实训。

3. 软件硬件配套，构建创新创业孵化体系

一是加强创客空间建设。与英特尔公司合作共建英特尔—西南交通大学大学生创客活动中心，配备专兼职指导教师 35 人，配套 3D 打印、电子及开源等硬件设施，举办创客分享会、创客工作坊、创客训练营、创客马拉松、创客集市等活动，吸引师生 4 000 余人次参与。

二是加强项目孵化服务。落成面积 6 万平方米的创新大厦，融科创活动、创新工场、创业咖啡、项目路演、微创企业孵化等功能为一体，为创业团队提供市场定位、企业推广、发展规划、法律咨询相关服务。积极引入天使投资、风险投资、股权投资等各类投资基金，推进创新创业项目孵化。2014 年以来，累计孵化学生创业团队 51 支，接受咨询创业团队 150 余支，服务学生 5 万余人次。

（二）中南大学：将创新创业教育改革要求落到实处

中南大学人才培养主动适应经济发展新常态，顺应“大众创业、万众创新”，全面深化创新创业教育体制机制改革，取得实效。

1. 落实主体责任，当好深化创新创业教育改革排头兵

学校认真落实主体责任，持续优化创新创业教育体制，为培养优秀创新创业人才服好务。

一是纳入学校总体规划。学校从 2002 年起实施创新创业教育，逐步将其纳入综合改革规划、人才培养体系和教育教学评估指标。“完善创新创业教育人才培养体系”为学校“综合改革方案”26 个项目之一，“构建大学生创新创业教育培养新模式”为国家教育体制改革试点项目。

二是完善领导组织架构。学校成立领导小组，由党委书记任组长，统筹本科生院、学工、研工、团委等部门共同参与创新创业教育工作。建立了校、院、班三级组织体系，学院设专干 52 名，班级设委员 1 100 余名。“纵向到班级、横向到部门”的网状工作格局已经形成。

三是营造创新创业氛围。创新创业教育构想要付诸实践，还需要凝聚共识，打造创新创业良好生态环境。近两年来，学校举办创新创业年会、论坛、成果展等 100 余场次，约 2.3 万人参加，搭建了师生交流平台，凝聚了创新创业共识，营造了“鼓励探索、鼓励创新、允许失败、宽容失败”的创新创业教育氛围。

2. 对接改革需求，构建高校创新创业教育工作新机制

学校主动适应创新驱动发展战略人才需求，积极构建创新创业教育新机制。

一是制度保障机制。建立健全评价、激励、质量监控制度，提供坚实保障。2008 年中南大学起将创业选修学分纳入本科生培养方案，增加研究生创业课程和学分要求，将创新创业教育写入年度本科教学质量报告和就业质量报告，实施“创新教育行动计划”“创业素质提升工程”，每年表彰先进单位和个人。2016 年起，中南大学将开设 2 学分的创新创业全校性必修课。

二是载体支撑机制。构建知识传授、实训活动、学术研究载体，提供有力支撑。2006 年起开设创新创业选修课程 86 门，2008 年建立创业园，全校教学科研实验室向本科生开放，每年投入 1 000 多万元支持 1 000 多个学生项目，支持有创业意愿的学生组建创业工作室 800 多个，在创业园和大学科技园孵化学生公司近 300 家。出版《创新与创业教育》期刊，展示成果。

三是精准帮扶机制。“分类型、分阶段”制订帮扶方案，提供精准帮扶。为“想创业”的学生开设 GYB、SYB 培训和创业实训，累计 1. 2 万课时，培训 7 400 多人。2002 年创建中国大学生创业网，实施新生“苗圃行动”，设立校友创业助力基金，为 21 家学生公司争取获得国家科技创新基金 890 万元资助，为 8 名条件成熟的学生办理休学创业。

3. 把握主要任务，找准高校创新创业教育改革突破口

学校围绕新常态下人才培养新任务，主动寻求突破，将创新创业教育改革要求落到实处。

一是立足专业教育，实现人才培养“双驱动”。一方面，构建创新创业教育课程群，包括全校性必修课、基于学科专业背景的创新创业课、创新创业选修课，目前已启动课程建设项目 37 个。另一方面，组建专兼结合的创新创业教育师资队伍，建立了包含企业导师在内的 406 人的“创新创业教育指导教师专家库”。

二是强化实践环节，促进创新创业“落实处”。本科生培养方案专设 2 个创新创业实践必修学分；制定创业成果认定和实践学分转化制度；实施国家、省、校、企业创新创业项目四级资助计划，支持学生自由探索、创新研究、创业实训等，项目资助和创业实践覆盖 70% 以上本科生；实施协同育人，与企事业单位共建创新创业教育基地 1 000 余个。

三是搭建新型平台，打造成果转化“加速器”。依托全校实验室、科研平台、工程中心、创业园和大学科技园，启动创客空间建设；建设“互联网 +”创新创业平台，推广新理念、新产业、新商业模式，支持学生“灵活就业”；整合依托建设的 14 个国家、省部级创业教育基地和孵化平台，构建众创空间等新型创业教育孵化模式。

（三）河北大学：推进创新创业教育改革

河北大学推进创新创业教育改革，着力提升学生的创新精神、创业意识和创新创业能力。

1. 推动创新创业教育和专业教育融合

学校先后与中国科学院、中国认证认可协会、中国英利集团、河北建设集团等合作，建设生命科学星辰班、生命科学菁英班、英利班，依托卓越法律人才教育培养基地和“卓越工程师教育培养计划”，结合专业特点，开展创新创业教育。与风帆公司、乐凯公司、天威公司等企业开展战略合作，共建功能性薄膜材料研究院、薄膜光伏技术研究院，在食品检测、污水生物治理、大气污染防治等领域开展协同攻关，教师和企业技术人员共同指导学生开展专业训练。建设白洋淀流域生态修复与绿色产业协同创新中心、首都经济圈与河北发展协同创新中心等五个校级协同创新培育中心，通过举办京津冀工商管理创新发展暨 MBA 津冀联盟论坛、京津冀信息资源管理创新论坛等，立足区域经济社会发展需求，发挥学科交叉融合优势，以学科建设带动创新创业教育。

2. 推动第一课堂和第二课堂互动互融

学校成立创业教育指导委员会，创建创业学院，二级学院成立创业教育领导小组。创业学院设创业园和创业实训基地，向学生初创企业提供政策咨询、项目对接、法律援助、企业融资等服务。从 2010 年起实施三学期制改革，在短学期集中安排学术前沿讲座、第二课堂的素质拓展与创新创业等实践活动，为学生参与社会实践、参与教师的科研项目、从事创新性实验和学术研究提供必要的空间和时间保障。开设 8 门创新创业通识课，构建以创业管理学、沙盘创业为特色的理论与实践课程体系。培养 KAB、SYB 创业培训师，聘请校内外近 100 名创业指导教师对学生创新创业活动进行专业指导。每年组织创业实践大赛、市场营销大赛等赛事，举办创业精英培训班，实施大学生创新创业训练计划项目，KAB 创业俱乐部等 200 余支学生创业团队活跃在校园及周边。建立创业实践基地 41 个，建设 1 200 平方米的就业与创业展厅、动漫基地、ERP 实验室等创业实训基地，帮助学生规划创业项目，营造“在创业中成长，在成长中创业”的校园创新创业文化氛围。

3. 推动政校企协同合作

2012 年成立大学科技园，吸引企业入驻，初步形成以科技创新、文化创意、工业设计、新兴产业、大学生创业就业为特色的综合性科技孵化产业平台。加强与地方政府合作，围绕新能源、节能环保等朝阳产业与驻地企业共建实验室，与保定市高新区合作共建大学生创业示范基地，为学生提供科研能力培养平台。与企业合作开发“第二校园”，先后与天津港保税区、空港经济区等签订合作协议，建设实习就业创业一体化基地。实施“名企进河大”专题活动，邀请交通银行、中国人寿、长城汽车等企业来校参加就业创业与人才培养校企合作论坛、就业创业大讲堂等专题活动。

四、深化高校创新创业教育

创新创业教育改革是推动高等教育发展的重要方面，是时代发展的需要。全国高校对创新创业教育进行了改革，开展了创新创业教育的实践探索，今后还要从以下几个方面进一步深化。

（一）以制度创新为先导

修订并实施新的人才培养方案，使创新精神、创业意识和创新创业能力成为人才培养质量的重要指标。实施毕业生就业和重点产业人才供需年度报告制度，建立创新创业学分积累与转换制度、专职教师到行业企业挂职锻炼制度，改革学籍管理制度等。建立跨院系、跨学科专业的交叉培养机制，高校科技成果处置和收益分配机制，允许调整学业进程、保留学籍休学创新创业的弹性学制等，形成一批可复制可推广的制度成果，普及创新创业教育。

（二）以载体创新为重点

从相关高校的成功经验中，不难看出，建设新的创新创业教育载体，能为创新创业教育改革发展提供足够的支撑。健全创新创业教育课程体系，强化创新创业实践，加强创新创业教育内涵建设和平台支撑。要发挥课程教学的知识传授载体作用，建设依次递进、有机衔接、科学合理的创新创业教育专门课程群；要发挥专业实验室、创业实验室、大学科技园、大学生创业园、小微企业创新基地等在创新创业能力实训中的活动载体作用，深入实施和支持各类创新创业训练计划和竞赛项目，完善国家、地方、高校三级创新创业实训教学体系。

（三）以方法创新为突破

方法与手段的创新，对于高校构建创新创业教育新体系而言十分重要和必要。改革教学方法和考核方式，“倒逼”改革注重实效是当前重要课题。比如：推行启发式、讨论式、参与式教学，培养学生的批判性和创造性思维，突破束缚创新创业灵感的桎梏；改革考试考核的内容和方式，探索非标准答案考试，并运用大数据技术，丰富教育资源，推动课程和教学改革，破除“高分低能”的积弊。同时，把创新创业教育质量作为衡量办学水平、考核领导班子的重要指标。

（四）以服务创新为保障

对高校而言，创新创业教育就是培养一大批高素质创新创业人才，使学生增长能力，并为社会作出贡献，是其应当担负起来的时代责任；而推进服务创新，是高校指导和帮助学生进行创新创业实践的根本保障。要改进创业指导服务，引导高校学生识别创业机会、捕捉创业商机。要健全持续化信息服务，完善创业服务网功能，联合开发和实施创业培训项目，整合发展财政和社会资金，加大经费投入，做到机构、人员、场地、经费“四到位”，信息、培训、项目对接“三及时”，为高校学生创业提供持续帮扶、全程指导和一站式服务。

五、国际高校创新创业教育的趋势及经验

时代的发展对人才的知识素养和创新思维与能力提出了新的要求，同时也对创新创业教育提出了新的挑战。美国是最早开展创业教育的国家，其高校已经形成了一套系统和完整的创业教育体系，即便如此，以美国为代表的创新创业教育也不断在创新和发展。同时，欧美一些发达国家对创业教育的认识也在发生新的变化，在政策和策略上出现了新的动向。

（一）美国高校创业教育课程的发展

美国高校创业教育课程设置相对科学与完善，在整体建设思路上有着自己的特色。通过对比中美两国高校创业教育课程的设置情况，可以借鉴美国高校的成功经验，优化中国

高校创业教育的课程体系，走出一条中国特色的创新创业教育之路。

1. 美国高校创业教育课程建设情况

全球最负盛名的百森商学院、哈佛商学院及斯坦福大学是创业教育领域的领头羊，虽然这些高校在课程设置与侧重点上各具特色，但主要类型有四种：创业意识类、创业知识类、创业能力素质类和创业实务操作类。

百森商学院的创业教育课程主要以必修课和选修课的形式展开，本科生的课程体系分四年完成，必修课集中在前两年，选修课集中于后两年。必修课程有新企业创立、新生管理体验等。选修课程主要有创业领域专题学习和研究、创业企业营销、创业投资财务等。哈佛大学创业教育课程主要面对学制为两年的 MBA 学生，集中在哈佛商学院。第一年是必修课，共有 11 门，课程设置有财务报表与控制、市场营销学等；第二年是选修课，共分 10 大类，100 多门课程，学生可根据自己的兴趣与爱好自由选择。斯坦福大学的创业教育课程按照学院分为商学院课程与非商学院课程两大类：商学院的课程有 21 门，如私人证券投资、投资管理与创业财政等；非商学院的课程主要包括通识类创业教育课程、与本专业相关的创业教育课程和针对性讲座三类。

此外，各高校还通过举办创业大赛、设置企业孵化器等方式锻炼学生的实务操作技能，深化创业意识，培养创业能力。

2. 美国高校创业教育课程建设思路

创业教育作为高等教育的有机组成部分，既具有教育的一般属性，又与经济活动密切相关。

从经济角度来看，创业活动会受到多种外部因素和环境的制约，如国际国内经济形势、相关产业发展情况、区域经济结构、区域创业政策等，这些因素决定了不同层次、不同地区的高校必须开发不同的创业课程来实施创业教育，才有可能取得好的教学效果。同时，创业本身就是一个动态的过程，随着社会经济和产业发展情况而不断变化，创业教育课程内容也必然会随之有所调整。

从教育角度来说，高校创业教育必须为大学功能定位服务，而每所大学的办学类型、办学定位、特色和学科优势都是不一样的，从而每所大学的创业教育理念和目标也有很大差异，这些因素直接决定了不同高校必须整合自身的优势资源，开发适合自己的创业教育课程。

基于以上原因，美国高校创业教育课程建设的总体思路遵循了“联盟指导，校本开发”的原则。经过近 70 多年的发展，美国高校创业课程经历了从单一课程开发、专业课程开发到课程群开发的逐步发展过程。美国创业教育联盟于 1982 年由俄亥俄州立大学创立，由美国高校、地方教育系统、基金会、企业、各类政府机构和学生组织组成，旨在支持所有中学和中学后职业教育项目增加对学生创业能力的培养。2004 年，美国创业教育联盟制定了《创业教育国家内容标准》。该标准分为创业技能、创业预备技能和企业职能三大类共 15 个主题。内容标准给美国各高校开发创业课程指明了方向，各高校可以根据自己的特色和优势，有选择地在某些特定主题上重点开发校本课程。

（二）美国高校创客空间发展形态

随着互联网和移动互联网热潮的风起云涌，3D 打印技术、Arduino 等开源硬件平台日趋成熟，极大地方便了科研开发人员将创意转化为创新创业行动。基于设计、分享、制作和开源的创客运动正在席卷全球。由全球创客空间运动发起人米奇·奥特曼领衔的国际创客联盟发布的一项数据显示，2007 年全球仅有 40 个创客空间。而全球创客空间网站数据显示，截至 2015 年 1 月，活跃的创客空间已超过 1 000 个，遍布于近百个国家和地区。美国高校的创客空间有着自己鲜明的特色，其体系和功能在全球处于领先水平。

1. 麻省理工学院媒体实验室

麻省理工学院媒体实验室于 1985 年创建，隶属于麻省理工学院建筑与设计学院，强调以人为本、跨学科、原创性和开放性的开发研究理念，主要致力于科学、多媒体、技术、艺术及设计等领域成果转化的研究。该实验室创造了许多颠覆性的前沿技术，包括可穿戴技术、可触摸用户界面和情感计算等，研发出许多技术发明。实验室目前拥有 25 个研究团队，包括生物力学、摄影文化、认知机器、流动媒体、信息生态学、个人机器人、社交计算等，研究项目超过 350 项。

实验室主要从事研究生教育，队伍组成包括近 40 名资深研究人员、48 名合作企业研究人员、75 名客座科学家及博士后、80 名技术及行政人员。研究生共计 146 名，其中硕士研究生 80 名、博士研究生 66 名，分别来自不同专业并通常拥有过一定的工作经历，其中一半左右来自计算机专业。同时，每年还有 200 多名本科生通过本科生研究机会项目在实验室进行研发工作。

实验室主要从 70 多个联盟会员获得资助，年运行经费约为 4 500 万美元。会员包括微软、谷歌、三星、松下、英特尔、思科、诺基亚、高通、乐高等世界知名企业，合作年费至少为 20 万美元。联盟会员一般不会要求实验室从事特定的研究。实验室的多数研究项目是由研究开发团队独立提出申请并获得资助，从而保证了内容的前瞻性和原创性。联盟会员有权分享实验室该年的知识产权和研究成果，获得技术咨询而无须支付授权费用，同时可以派遣研究人员常驻实验室。

实验室拥有两座大楼，其中新建大楼整个建筑内部高度透明，能够看到正在进行的研发项目，起到鼓励研发人员之间的进行紧密联系和协作的作用。为了配合研究项目中的样机试制，在大楼中建有一个小型制造实验室，加工设备包括木工锯床、焊接设备、钣金设备、工业级 3D 打印机、激光切割机、木工加工中心、数控车床、数控铣床、数控水切割机床、线切割机床等。车间布局非常紧凑，由 3 名全职技术人员维护，面向实验室成员 24 小时开放，但要求用户必须接受相关设备的操作培训并且不能单独工作。

2. 纽约大学 ITP 项目

ITP 是纽约大学帝势（Tisch）艺术学院两年期的研究生教育项目，其主要任务是探索如何超出想象地使用和应用通信技术，从而提升、改善和愉悦人们的生活。项目于 1979 年启动，经过近 40 年的发展，已经成为技术专家、工程师、设计师和艺术家们以此打破真实世界与数字空间界限的活跃社区，其在多媒体和交互性专业领域贡献出诸多新创意和大批人才，得到了国际广泛认同。

ITP 的课程分为基础课和专业课两种，其中基础课有 7 门，包括新媒体应用技术、动画设计、视频与声音、可视化语言、网站设计、可计算媒体和物理计算；专业课有 100 多门，包括 3D 打印饰品、高级动画工作室、交互式设计的生物力学等。取得研究生学历的学分要求为基础课 16 学分、专业课 40 学分、毕业论文项目 4 学分。ITP 的学生来自不同领域，这些背景不同和专业不同的人一起参加课程，进行自由分享。ITP 所传授的不仅是用技术来做产品，更是用技术来学会思考和表达自己。在 ITP 教学过程中，强调自己动手和应用相关技术，尽量做到不受现有软件和硬件工具的束缚，开发出自己想要做的产品。

ITP 实验室占地约 1500 平方米，大部分是开放的活动空间和讨论空间，配备了可移动的桌椅，能够根据课程需要灵活布置。实验室加工设备同样以产品原型制作为主，包括木工机械、钳工工具、电子产品开发工具等。

3. 美国高校创客空间的经验与借鉴

美国高校创客空间的发展历史悠久，从 20 世纪 70 年代开始至今，其在建设理念、运行机制、课程体系和物理空间等方面都已经比较完备，在创新创业成果转化等方面作出了极大的贡献。通过上述案例，有以下几个方面的建设和发展经验可以借鉴：

在教学模式方面，主要针对现实社会中面临的重大挑战和问题，打破学科界限，开展系统的课程训练、以成果为导向的项目实践和常态化的广泛交流。

在空间建设方面，既要建设开展课程、项目和活动所需的开放式物理空间，又要建设支撑创新实践教学活动的可扩展信息空间。

在师资队伍方面，聚集高校教师、知名企业技术专家组成创客导师团，共同建设跨学科导引、设计思维、实践技能和综合创新项目类课程。

在课程体系方面，开设了包括跨学科导引、设计思维、实践技能和综合创新项目类课程，学生修完规定的学分可以获得相应辅修学位。

（三）欧美发达国家创业教育的新策略

在经过一段大力推进创业教育的热潮后，欧美一些发达国家的政府和教育机构在思考和推进创业教育方面，开始趋于冷静，开始倾向于采取更加理性、更加全面的创业教育发展策略。

1. 创业教育纳入长期发展规划

欧美一些发达国家的政府或教育机构开始逐步将创业教育纳入到政府以及学校的长期教育发展规划中。这一策略是伴随着对创业教育的认识的逐步深入和理性而发展变化而来的。他们开始认识到，创业人才并不能从学校教育中直接生产出来。成功的创业教育和创业教育的成功，也不是仅仅依靠开设几门创业教育课程、进行短期的创业培训和社会扶持就能达到，而应该是经过一个长期培育的过程。从而，在实施创业教育时，不再把创业教育作为临时添加给学校身上用以解决就业问题的一个即时性任务。

在创业教育的支持体系建设方面，开始强调创业教育的政策性前移。即，不再仅仅关注学生毕业后是否创办企业以及创业成功率的高低，而是立足于长远，突出包括中小学甚至幼儿园在内的所有教育机构在创业活动的重要地位，从培养学生的创业素质入手，并着力促进创业文化的形成。芬兰、荷兰、英国等已经着手把创业教育纳入国家长期教育发展规划方案，立足长远，做好创业教育的课程、师资、教学方法的开发与运用。

2. 创业教育与专业教学紧密融合

欧美许多发达国家的政府或教育机构开始意识到并已经形成这样的认识：创业教育的主要任务是开发学生未来创业潜质，为其未来创业做好知识、能力和素质上的准备，而不是让其在学习期间创业或一毕业就马上创业，更不是简单的创业培训。欧洲委员会这样描述创业教育：创业教育不应仅仅看作是自己开公司，事实上，创业是每个公民日常生活和职业生涯取得成功所应具备的一种普遍素质。

基于这样的认识，一些国家开始鼓励教育机构改造已有的课程，并拿出专门资金给予扶持。与此同时，一些学校不再把关注点放在学校已经开设了多少创业课程上，而是在整个人才培养体系框架内来思考创业教育。

一是在已开设的课程中挖掘、开发、增强和融入创业教育的内容，而不是盲目地增添创业教育课程。如美国北德州大学音乐学院，开设音乐创业与营销、音乐创业导引等课程，讲授关于音乐类企业的创新、管理和营销等内容。爱荷华大学表演艺术系与创业中心合作开设表演艺术创业课程。康奈尔大学开设了创业精神与化学企业、设计者的创业精神、小型企业与法律等课程，并允许学生跨学院、跨专业选课。

二是注重对学生个人创新创业基因的培育和创业潜能的开发，有意识地在专业课程及在教学过程中融入能激发学生创业潜能的内容，启发学生将创新创业与所学专业有机结合起来。

三是将课堂教学作为开展创业教育的主阵地，强调课堂学习和实践操作并重。

3. 创业教育面向所有在校学生

目前，在欧美发达国家已初步形成的一个共识就是：与解决人的现实问题相比，能为他们的未来生活做好准备更为重要。社会并不需要人人都去创办新企业，创业教育可以使他们在各自的职业生涯中获得开拓自己事业的能力。

创业教育不再是精英教育和单纯的商业教育，而是面向所有在校学生的教育。芬兰、荷兰等国家的创业教育政策，强调创业教育要适应所有年级的学生，培养学生的创业精神和素质，能够在不同的领域不断地寻求各种有效的方法去实现自己的目标。

创业教育不应仅仅局限于某些学校或某些专业，而应成为整个高等教育的一部分，成为所有大学生的选择。正是基于这一理念，欧美一些国家或教育机构组织正积极采取措施，扶持学校充分利用已有的教育资源，采用普及化的创业教育模式，推进创业教育实质性的全面融入，重在培养在校学生的内在创业素质。如加拿大，在目前开设创业教育课程的53所高校中，就有12所高校所有年级的学生都能接受到较为广泛的创业教育。美国考夫曼基金会也拿出2 500万美元支持本国8所高校的创业教育普及工作，力争使每一个学科专业领域中的每一个学生都能受到创业教育的熏陶。2009年，丹麦政府出台了《创业教育与培训战略》，要求国内教育系统必须为远比现在更多的师生提供创业教育服务。

附：创新创业教育分会简介

创新创业教育分会成立于 2007 年 12 月 19 日，以强化创业意识为先导，以传授创业知识为重点，以培养创新创业能力为核心，以提升素质为目标，积极倡导和开展创新创业教育理论研究、政策研究和协作活动，力求推动我国高校创新创业教育事业深入普及开展。分会现任理事长为中南大学原党委书记高文兵教授，秘书长为中南大学创新与创业教育办公室主任杨芳教授。分会秘书处办公地址设在中南大学。

第十二章

深化工程教育改革
提升工科人才培养质量

——工程教育专业委员会专题报告

21 世纪的国际竞争日益激烈，中国发展面临诸多挑战。国家间的经济、科技乃至综合国力的竞争，实质上是智力与人才的竞争。中国的高等教育必须与社会经济发展更加紧密结合，才能在人才培养中起到应有作用。培养工科创新人才，提升人才培养质量，是完善知识创新体系、建设国家创新体系、建成人力资源强国和创新型国家，实现中华民族伟大复兴的时代要求和历史任务，也是当前高等教育内涵式发展的迫切要求。

一、高校工程教育发展的现状、问题与趋势

改革开放以来，我国高等教育发展令人瞩目，高等教育进入大众化阶段，成为世界高等教育规模最大的国家。高等教育的快速发展为我国现代化建设提供了强有力的人才支撑，依靠高等教育培养的杰出人才，在以大庆油田开发、三峡工程、大型桥梁工程、载人航天工程、嫦娥一号等为标志的一系列重大科技创新领域，以及在政府管理、工农业发展和各项社会事业的改革创新中，中国掌握了经济建设、社会建设、文化建设以及涉及各个行业重大工程的一系列创新性技术，取得了显著的管理创新成果。但是，创新人才培养不足、科技创新能力不强仍然是我国高等教育和经济社会发展的突出问题。

（一）高等工程教育发展概况

从 2000 年起，美国麻省理工学院和其他几所大学进行跨国际的研究，历时四年提出 CDIO 工程教育模式，之后在全球范围内引起了新的革命浪潮。2005 年，我国对于 CDIO 工程教育模式的引进和探索在汕头大学发源，在汕头大学校长顾佩华的带领下，汕头大学开始积极践行落实 CDIO 工程教育模式，并且取得较好的效果。2006 年，汕头大学成了

CDIO 首个中国高校成员。汕头大学的改革目标主要是通过注重培养学生系统工程能力，尤其是项目的构思（conceive）、设计（design）、开发（implement）和实施（operation）的能力，并且积极吸收国际先进理念，建立符合国际工程教育标准的课程体系。汕头大学是国内 CDIO 工程教育模式的先导。

2008 年 4 月，教育部高等教育司正式发文成立“CDIO 工程教育模式研究与实践课题组”，积极探索研究并且落实国内有关院校的 CDIO 工程教育模式的试点工作。2008 年 12 月，教育部高等教育司和汕头大学联合主办 CDIO 工程教育模式试点工作会议，确定第一批 CDIO 工程教育模式试点高校名单，之后 2010 年 4 月确定第二批 21 所试点高校名单，至此，全国有 39 所高校在进行 CDIO 试点。2012 年，成立“CDIO 工程教育试点工作组”，分机械、土木、电气和化工四大类开展试点。2016 年初，汕头大学牵头成立“CDIO 工程教育联盟”，近 200 所高校参与，加强交流合作与理论研究。

成果导向工程教育模式（OBE 模式）由国外传入国内并开始成为研究与实践中的热点，推动着工程认证的发展。中国工程教育认证协会制定“成果导向”“学生中心”和“持续改进”为核心理念的认证标准并陆续组织专业认证，这势必会引导中国工程教育改革中关注学习结果，重视学习结果评价及其持续改进，即向着 OBE 方向迈进。OBE 模式的重大变革就是强调对教育活动进行顶层设计。近年来，伴随着制造业的持续发展和技术变革不断演进，我国工程科技人才在总量上保持稳步增长，人才结构、人才素质和人才培养体系逐步改善，工程科技人才的培养工作取得了新进展。

1. 人才培养规模不断扩大，人才结构逐步优化

近年来，我国工程科技人才培养规模始终居于世界前列。有关统计数据显示，在工程教育领域，开设工科专业的高校有 2 368 所，占全国高校的 83%。本专科院校的工科专业点 4 万多个，占全部专业的 41.5%，工科专业的在校生 1 040 万人。2015 年本科毕业生 118 万人，工科在校本科生 524.7 万人。现在中央正在推进《中国制造 2025》战略，这个战略相关的十大重点领域，本科专业布点 8 000 个左右，约占 50%。2014 年我国工科在校本科生人数达 512 万人、研究生数达 66 万人，工科本科毕业生人数达 113 万人，其中制造业相关专业本科毕业生占 50% 以上。装备制造业规模以上企业人力资源总量近 1 794 万人，其中，据不完全统计，制造业人才总量近 736 万人，具有大学本科和研究生学历的人员分别占人才总量的 29% 和 2%。

2. 人才培养体系逐步完善，校企合作日渐密切

据教育部有关统计数据，我国约有 1 650 所高等院校设立了工科专业，普通高校本科工科专业布点数 16 284 个，其中与《中国制造 2025》十大重点领域相关的本科专业布点数约 8 000 个，约占工科布点数的 50%。制造业企业在培养高端人才中的主体作用开始得到发挥，一批高等院校、职业院校紧贴市场需求，与企业密切合作，在加快培养后备工程科技人才方面发挥重要基础作用。

3. 人才评价机制初步形成，师资力量不断提升

以工程教育国际标准为基础、市场需求为导向、职业能力为目标、工作业绩为重点，注重职业道德和职业知识水平的人才评价体系初步建立；社会化鉴定、企业评价、院校资格认证等多元化评价机制已初步形成。各类职业技能竞赛活动蓬勃开展，已成为加快制造业高技能人才脱颖而出的重要渠道。与此同时，制造业相关学科聚集了一批以院士、科技创新领军人才为代表的高端人才队伍，在人才培养、科技创新、重大项目攻关等方面发挥着重要的作用。

（二）工科人才培养存在的问题

近年来，国内各高校在人才培养和教育教学改革方面进行了多方面的探索和实践，初步形成了工科高素质人才的培养体系和基本框架，并在一些实验班上有所突破。但限于高校内部和外部体制机制等原因，高等学校工科人才培养的改革步伐相对迟缓，全方位的人才培养模式和观念亟待更新，滞后于经济和社会发展的高等教育的惯性需要更大的驱动力。在回顾高等工程教育改革与实践基础上，结合当前社会对创新型工科人才的需求以及学校发展实际情况，目前阻碍工程教育以及工科人才培养质量提升的现实障碍包括以下几个方面。

1. 在培养理念上，科教尚未融合，“非工化”现象较为严重

在师资选配上，目前我国工科教师队伍中具有深厚工程背景又有学术水平的“双师型”教师严重缺乏。在竞争性科研机制和促进高校科技成果转化战略的影响下，部分高校，尤其是部分高等工科院校仍然过分强调科研成果导向和社会服务职能，忽视科研服务教学的基本办学原则，背离科教融合发展的高校工作方针。我国绝大多数的工科教师是从家门到校门再到校门，在现有的教育教学体制下，他们缺乏严格的科研能力、创新能力和实践能力的培养和训练，缺乏现代化工业企业的科研生产、工程设计和组织管理等实际经验。

教育教学工作是一项系统工程和长期工程，人才培养质量的评价反馈周期较长，其基础地位和重要程度容易被忽视。目前，高等院校、高职高专院校教师的教学评价体系、职称晋升体制、科技成果奖励体系，乃至在国家层面的工程院、科学院的院士遴选，均多以科学家类型的人才为激励目标，更多地是以文章数量、专利数量、成果先进性等为标准，这种纯研究型的导向扼杀了工程教育的本质与价值。教师对教育教学基本原理和技能方法掌握明显不足，“做一名教师”的主动意愿和内在动机未能得到充分的激发，不能将教育教学工作良好地与科研过程相结合，知识传播和文化传承的效率过低，科教融合的工科人才培养机制建设仍需进一步完善。

2. 在培养内容上，供需脱节，专业设置和知识体系滞后

在专业设置上，我国工程教育专业的教学与课程结构一直受限于相对刚性的专业目录，专业划分较细，转专业限制严格，学生知识面狭窄，未根据市场需求和发展趋势进行适时调整，更与我国经济转型和产业升级不相匹配。

在教学内容上，一方面产业界还未真正参与工程人才培养工作，企业新技术、新工艺没有出现在教学内容中；而现代工程师不能适应科学技术飞速发展的形势，不能满足新兴工业和技术发展的需要，不能满足对引进技术、设备和生产线进行消化吸收再创新的需要，部分专业的知识体系的发展甚至滞后于产业技术的发展。另一方面在教学过程中，理论课时所占比例过大，实践环节包括设计、实验、实习、见习、毕业设计等所占的课时比例过小，仅以浙江大学机械工程专业为例，实践类课程学分仅占学分总数的1/4，严重落后于世界知名高校机械类专业本科实践教学的占比。

3. 在培养资源上，社会资源配置效率过低，产学协同有待提升

虽然国内一批重点工科院校教育质量已经达到或接近世界先进水平，聚集了一批以院士、科技创新领军人才为代表的高端师资队伍，但大量地方院校的优质教育资源缺乏，受到教育体制、教学方式的制约。优质教育资源的开放共享不足，无法充分满足工程科技人才培养的总体需求，工程教育资源的供需矛盾仍比较突出，优质教育资源的开放共享效率有待进一步提升。

工程教育的实践性、综合性、经济性和创新性是工科人才培养的基本特征。然而，目前工程教育有走进“象牙塔”的趋势，大学与企业在课程体系、师资队伍、实践平台等质量建设方面有结合但不紧密，有效果但不持续。工程教育改革没有充分体现新时期科技与经济的发展诉求，交叉学科、新兴学科平台建设滞后，工科人才培养与产业经济发展的协同性不足。

4. 在培养结构上，拔尖创新型人才缺乏，人才结构有待优化

我国的工程人才数量具备很大的优势，但是在质量方面仍有很大的提升空间，“量”“质”悬殊的问题仍然存在。中国拥有 4 200 多万人的工程科技人才，大学生中有 38.7% 的学生学工科，“现役”和“后备”工程师的数量目前均居世界第一位。据《2013—2014 年全球竞争力报告》（2013—2014 Global Competitiveness Report），中国在“科学家和工程师的可用性”（Availability of scientists and engineers）这一指标中，排名第 44 位，而与中国一样拥有庞大人口基数的印度却排在了第 15 位。再比如，根据美国《2012 年美国科学与工程指标》公布的数据，美国“适合全球化要求”的工程师有 54 万人，而中国只有 16 万人，不足全国工程师总数的 1/10；而在印度，“符合全球化需求”的工程师数量占其总数的 70%。瑞士洛桑国际管理发展学院近年发布的《世界竞争力年鉴》中明确指出：中国工程科技人员国际竞争力在全球 60 多个被调查国家和地区中处于中等水平，且工程师的合格程度在全球范围内处于末端水平。

新时期科技和经济发展对于工程人才的需求是多样化的，但是我国在很长一段时间内过分注意本科和研究生层面的工程教育，导致教育层次不够清晰、界限不够明确。很大部分的工科大学人才培养体系和培养模式仍然是培养科学人才的模式，以致工科专业的工程特点并不突出。大学的办学模式以及培养规格越来越趋同，导致如今培养的工科人才特点不鲜明，不适应我国产业、经济结构多样化以及地区发展不平衡的需求，这就在一定程度上造成了教育资源的浪费以及我国工程科技人才队伍整体素质的下降。

（三）工科人才培养发展趋势

21 世纪以来，新一轮科技革命和产业变革正在孕育兴起，全球科技创新呈现出新的发展态势和特征。2015 年 4 月正式出台的《中国制造 2025》，是我国实施制造强国战略第一个十年的行动纲领，具有非常重要的意义。走具有中国特色的自主创新之路，建设创新型国家，对工程教育的质量提出更高的要求，需要全面改革中国工程教育体系，提升工程教育质量。

1. 明确人才培养目标

工程科技人才培养的发展状况必须与国家经济发展的水平相适应，适应经济发展的工程人才规模应该稳步扩张，主要取决于两个因素：一是产业结构升级和调整因素；二是经济增长因素。到2020年，我国经济结构将进一步发生很大变化，一、二、三产业在GDP中所占的比例将分别转变为6.8%、48.4%和44.8%。三次产业从业人员的结构比例也将分别转变为25.0%、31.0%和44.0%。

从我国的工业发展水平和工业经济的技术结构看，我国工程科技人才培养规模应该随着经济发展继续扩大，面对工程全球化、工程复杂化的现实情境，培养具有大工程观、大系统观、大集成观的复合型人才成为了当前工程教育改革的重要发展目标。

工科人才应掌握的知识包括以下几方面。

一是要具有深厚的专业知识基础：熟练掌握专业领域内的工程科技知识，具有较为扎实的数学、物理和工程基础科学知识基础。

二是要掌握跨学科和前沿知识：不断深化对学科前沿和相关产业技术的未来发展的了解，能对跨学科领域的知识进行融通。

三是要了解经管等社科知识：要具有广博的知识范围，掌握包括经济、管理、法律和人文艺术方面的常识知识。

2. 完善人才培养体系

人才培养体系是一个比较系统的体系，包括高校、企业产业以及社会多个层面。随着工程教育改革不断加深，如今的人才培养体系更加完善，校企协作日益密切，社会宏观环境也开始重视工程科技人才的培养。

对于工科院校来说，人才培养方案是学校人才培养工作的纲领性文件，是学校组织管理和教学工作的主要依据，是人才培养的实施蓝图。人才培养方案应争取人文教育与科学教育相结合，基础教育与专业教育相结合，全面发展与个性发展相结合，一、二、三课堂相结合。在设计人才培养方案时要体现时代特征，遵循教育规律和人才成长规律，有效把握相应原则，主要包括以下几点：

（1）强调学生的全面发展。人才培养体系要科学设计和合理设置，让学生在德、智、体、美各方面协调发展和综合提高的课程和教学环节，为学生创造全面发展的条件。

（2）整体优化课程体系和教学内容。统筹人才培养的全过程，从人才培养目标、学科专业培养规格、课程教学大纲的内在联系上把握核心课程，要适应社会需求，凝练特色，以有限的课程来覆盖日益增长的知识面。

（3）以学生为主体、以教师为主导，因材施教，尊重学生个性发展的原则。

（4）强化实践育人环节，突出工程实践能力和创新精神培养的原则。

二、高校工科人才培养模式典型案例

从2015年7月至2016年4月，工程教育专业委员会对国内15所高校进行调研。调研内容主要围绕高校在工科人才培养方面的改革，总结各校工科人才培养质量提升机制与路径。下面选取三所高校进行案例分析。

（一）清华大学："三位一体"的教育模式

清华大学作为我国高等教育改革的领跑者，肩负着特殊的历史使命。基于建立世界一流大学的宏伟目标，清华大学围绕立德树人根本任务，积极转变教育观念，大力推进教育改革，提出"创新教育模式、激发学术志趣、提高培养质量"的主题思想，强调知识传授、能力培养和价值塑造"三位一体"的教育模式，坚持和完善世界一流、中国特色、清华风格的教育教学体系，以学生的学习成效为导向，努力培养具有健全人格、创新思维、宽厚基础、全球视野和社会责任感的学生。

1. 基于工程技术创意、创新、创业"三创融合"的教育模式

（1）基础化。

在教学方面，清华学校打破院系壁垒，推行跨学科的专业选修及专业学位课程，如学生创新力提升证书项目、学堂在线"中国创业学院"频道以及 TSBI 交叉学位课程等。

（2）生态化。

①积极构建理论与实践、校园与社区相互影响的创新创业教育生态，打造"中国高校创新创业教育联盟"并形成创意、创新、创业的三创平台，立足于培养学生的品质、特质和潜质，实现产学协同育人。学校与 200 多家投资和专业服务机构建立对接关系，聘请企业家、投资人担任创业导师，开设"与创业名家面对面"课程，为大学生创业团队提供多方面支持。

②打造具有原始创造力的技术创新创业辅修专业。技术创新创业辅修专业教学计划目标是为夯实创新创业教育基础，在清华大学 iCenter 和各辅修专业联合主任的支持下，以前沿技术创新作为原动力，打造一个具有原始创造力的辅修专业，促进清华大学迸发出更多的未来科技。智能硬件、智能交通和机器人三个辅修专业，自 2016 年开始从全校 20 个院系中招收 72 名大二或大三本科生，于 9 月开始上课，辅修时间 1.5 年，共 25 学分。技术创新创业辅修专业通过导师指导下的团队项目实践和跨界学习，使学生掌握全球化背景下的创新创业理论、方法和工具，以开发创新产品为核心，最终作出适应市场需求的机器人作品，并完成初步的初创企业策划，以此拓展学生的创新力和领导力，培养学生的创业意识、创新精神和创造能力。

③搭建递进协同的三创平台，促进创新创业教育的生态循环。学校把促进学生的全面发展作为创新创业教育的出发点和落脚点，通过持续深化教育教学改革，激发学生独立思考的创新精神，提高解决问题的实践能力，全面提升学生的综合素质。从创意，到创新，再到创业，逐步递进，协同互动，重点打造"星火班"、学生科技兴趣团队、"创客空间""X－Lab"、校园实验室（Campus Lab）等多个各具特色的三创教育平台。以兴趣为导向，挖掘原始"创意"；以能力为导向，培育过程"创新"；以市场为导向，开展实战"创业"。围绕学习、活动、资源和培育四个功能板块搭建平台，倡导学科交叉、探索未知、体验式学习与团队协作的教育理念，帮助学生学习创意创新创业的知识、技能和理念，培养学生的创造力，包括创造性精神、创造性思维、创造性能力和执行能力，探索新型的人才教育模式。

2. 立足新形式要求建设机械工程实验教学中心

以“一个环境，两个平台，三个基地”为支撑，根据国家战略发展人才需要，结合清华大学特点和教学模式改革的需求，构筑符合创新人才成长特点的学习条件和培养环境，支持制造业进入世界一流方阵。

（1）提供面向未来创新教育模式的知识传授与自主学习环境。

①基础自学环境。针对工程图学、机械原理和设计、机械工程材料、机电控制、测试等基础知识理论学习，制作相应的系列独立而完整的课件、教学实物模型，以及典型的机械工程领域教学零部件。

②交互式学习环境。在现代网络技术的推动下，网络化交互性自学环境的建设是推进人才培养的重要环节。除课程网站之外，典型材料、典型机构、结构网站建设也是重要的人才培养体系组成部分。

③复杂机械系统实际运用环境。提供复杂机械系统的实际应用环境和各类典型构造的结构参数及多媒体资料；提供拆解、装配的典型零部件，提供制作测试方程式赛车的场地和资源。

（2）提供面向产品设计和产品制造全过程的数字化实践平台。

通过虚实结合的虚拟设计与仿真试验体系，培养学生运用数字化设计与仿真技术解决实际工程问题的能力。通过数字化虚拟设计、制造、测评的全过程，掌握最新机械产品设计开发手段；通过机电产品制造过程的综合能力训练平台，满足各类精品课程教学实验条件，满足知识融合型机电测控创新实践教学。

（3）鼓励高水平科技竞赛、学生自主创新和科研促教学。

重点建设面向国内外高水平科技赛事的团队，支持学生探索性科技活动、SRT 项目研究、课外科技竞赛活动等，并将先进的科研成果转化为教学资源，提高学生的学术志趣，提升教学效果。

3. 建设成效初见端倪

机械工程系开设首届机械工程实验班，在吸收国外一流大学机械工程本科教育先进经验的基础上，通过对课程设置和培养体系的革新，使学生具有完善的知识结构、良好的人文素养、坚实的科学基础、超前的国际视野、敏锐的实践创新以及国际化的交流合作能力，培养机械工程领域具有国际视野的引领人才。

（二）浙江大学：专业综合改革

浙江大学是一所特色鲜明、在海内外有较大影响的综合型、研究型大学，具有学科门类齐全、多学科协调发展的专业体系。学校重视学科建设，依托重点学科建设本科专业，现有本科专业 133 个，其中授工学学位的专业有 41 个，授理学学位的专业有 26 个，理工类专业占全校专业的 50.4%。在校本科生 23 803 名，其中工科学生占 48.9%，理工科学生占 60.5%。有国家第一类、第二类特色专业建设点 37 个，“卓越计划”试点本科专业（方向）24 个，“专业综合改革”试点专业 3 个，浙江省国际化专业建设项目 3 个，2012 年、2015 年共设校级“专业综合改革”试点专业 26 个。

浙江大学坚持“以人为本，整合培养，求是创新，追求卓越”的教育理念，通过个性化招生、打造卓越教育品牌，培养具有国际视野的高素质创新人才和未来领导者。卓越教育一直是浙大人追求的目标。自卓越系列计划获批以来，浙江大学通过选拔学生、“本科生走进世界名校计划”、开展本科生长时间实习等措施，推进专业综合改革，培养卓越人才。

1. 立足工科人才培养的教学设计

工科人才培养以交叉和专业知识精深为目标，通过强化科学素养，培养具有坚实数理基础、富有创新精神、具有国际竞争力的工程专业领域高素质本科人才。如浙江大学在国内首创的“工科混合班”，以“工科人才、理科培养”为原则，“高端化、研究化、国际化”为目标，因材施教、个性化培养具有国际视野的拔尖创新工科人才。

浙江大学为培养具有国际视野的高素质创新人才和未来领导者，特别注重人才培养的顶层设计。在制订培养方案时，坚持“更高、更宽”“以学生学习为中心”“加大复合型人才培养力度”三大原则，科学地构建课程体系，主要包括通识课程、专业课程，设置个性课程学分和第二、三、四课堂学分。为加大复合型人才培养力度，为学生跨学科交叉修读、多样学习提供平台，学校要求各学院（系）在总体培养方案基础上，制订所有本科专业辅修、双专业和双学位的培养方案。

2. 探索交叉化工程教育模式

浙江大学竺可桢学院工程教育高级班（Advanced Honor Class of Engineering Education，ACEE，简称工高班）是竺可桢学院特色辅修班中历史最悠久的班级，自1985年，工高班的前身提高班成立，到1994年正式成立工高班，再到2008年工高班的二次创业成为国家级“综合工程教育人才培养模式创新实验区”。

（1）以“三重”为核心，贯彻交叉化人才培养理念。

①工高班始终以“三重”（重基础、重设计、重创造）为核心，以培养具有坚实的自然科学、工程理论基础，掌握工程设计思想、方法和能力的复合型人才为目标，通过交叉化的通识教育、专业教育、综合教育和创新教育，致力成为培养具有组织工程、领导项目才能，具备较强的专业竞争力，能在未来重大工程科技领域发挥关键作用的组织型人才、领导型人才的摇篮。

②通过实现教学环节的文理交叉与理工交叉以及秉承主修专业和工程教育相结合的培养模式，积极搭建起“多规格、多通道、模块化、宽专交、开放性、互动式”的高素质、创新型人才培养互动平台和产学合作教育网络。在课程体系设置上，工高班坚持工程基础、工程设计、工程管理与工程实践匹配互动的改革方向；在教学模块中，通过必修课程、选修课程和实践课程等环节来予以保证。

（2）以DTIL为主线，构建交叉化特色培养体系。

工高班通过实施DTIL特色计划，即工程设计计划（Design）、实践训练计划（Training）、海外实习计划（Oversea Internship）和领导力开发计划（Leadership）来形成教学特色，按照“高目标、宽口径、厚基础、重交叉、强实践、分层次”的人才培养模式，从学生的综合素质、基础理论、动手实践、创新设计、工程训练等多个环节全方位地提高其动手实践能力、自主设计能力和综合创新能力。

3. 探索职业化工程教育模式

浙江大学工程师学院按照“高层次、高素质、国际化”的人才培养理念，探索应用型、复合型、创新性的工程技术人才培养体系，成为培养造就具有先进工程技术研究、开发、管理、转化能力，掌握一定经营管理知识的综合类工程师和专业型工程师的综合性、应用型一流工程师学院。

（1）以“需求”为导向，探索职业化工程教育创新模式。面向社会培养急需人才，主要面向企业在职工程科技人员招收、培养工程硕士、工程管理硕士和工程博士，达到培养目标并考核合格者，可获得学历证书、学位证书和浙江省人力资源与社会保障厅的工程师从业资格证书。

（2）以双导师为特色，构建职业化工程教育课程体系。在培养环节上着重加强工程实践训练、产学合作和国际合作，开展“学校导师 + 企业导师”双导师联合培养，共同实施“课程学习、工程实践实训、国际交流、技术研发创新”的一体化培养。针对在职人员的特点与实际发展需求，按照拓展学术与产业视野、提高管理能力和提升专业业务水平的要求，实行大类与特色相结合的思路设计培养方案与课程体系。

4. 探索多元化工程教育模式

浙江大学创新创业教育体系在基于技术创新的创业素质教育的基础上，进一步推进培育创业精神、提升创业能力、实践创业梦想的多元化的教育模式，从创业教育、创业组织、创业活动，到孵化器、加速器等配套创业服务，形成从课堂到实践的创业生态网络。

（1）打造基于“双元”的创新创业师资体系。

①在创业课程设置方面，浙江大学创业学院构建面向学生、面向创业者、面向企业高管的多元化创新创业培训课程，据统计，目前学校开设创新创业教育课程 150 余门。学校积极推进分层、分类且符合浙大特点的创新创业教育培训。

②在师资队伍建设方面，浙江大学除了整合校内管理学院、教育学院、经济学院、公共管理学院等学院的专业教师、辅导员、创业学长的力量外，学校还依托紫金创业元空间、创业苗圃、大学生创业园、资本相亲会等创新创业实践平台建立创业导师库，积极实施“大学生创业导师计划”，聘请 200 余位知名企业家、投资人、行业专家等担任校外创业导师开展创新创业的辅导孵化工作。

（2）打造基于“实战”的创新创业实训体系。

在创新创业实训方面，学校结合专业教育、KYB 培训、全球模拟公司、创业精英培训班、创业沙龙等活动，积极与全国知名企业合作，开展本科生长时间实习实训工作，开展与研究生学习研究相结合的专业实习工作。

（3）打造基于“众创”的创新创业生态体系。

浙江大学整合科学技术研究院、工业技术转化研究院、创新技术研究院、国家大学科技园等产学研合作力量，建立技术转化、项目孵化的市场机制与专业团队，依托国内外高校及国际合作伙伴资源，以“绿色智慧城市”理念打造创新创业社区——紫金众创小镇。小镇依托浙江大学紫金港校区、玉泉校区、西溪校区和西湖科技园以及浙江大学国家大学科技园的技术力量，搭建融合国际技术与人才引进、校企协同创新、产业技术公共研发、项目孵化与转化、创新创业培训等平台功能的创新创业社区。

（4）探索国际化工程教育模式。

为进一步服务国家人才强国战略和创新驱动发展战略，提高浙江高等教育水平和国际影响力，加快建设世界一流大学进程，浙江大学于 2013 年 2 月启动筹建浙江大学国际联合学院（海宁国际校区），并于 2015 年 10 月正式获得教育部的批准。

①以“强强联合”为立足点，构建国际化工程教育特区。浙江大学海宁国际校区采用“1 + X”的办学结构与世界一流大学联合办学，即在国际校区内集聚多个国际一流的合作伙伴，共建若干个联合学院及交叉研究和成果转移中心，这既有利于与浙江大学现有学科的融合，又有利于探索融合东西方教育优势，形成多样性的学术生态，相互协作、相互促进，推动和促进前沿交叉领域的研究和创新性人才的培养。

②以“资源集聚”为特色，构建科技成果转化战略高地。浙江大学海宁国际校区将在培养国际化创新人才的同时，推进海外高技术成果转化，吸引和鼓励海外高科技成果在当地乃至长三角地区落地。海宁国际小区建立国际合作研究机构和海外高技术成果向境内转化的示范基地，推进国际科研合作和海外高技术成果的转移与推广，为推动和提升地方经济建设发展服务。

（三）大连理工大学：培养高素质拔尖创新人才

大连理工大学于 1949 年建校。学校现有教职工 3 762 人，专任教师 2 184 人，其中有中国科学院和中国工程院院士 11 人，兼职教师中有两院院士 20 人。现有全日制在校学生 36 960 人（其中博士生 3 903 人，硕士生 10 161 人，本科生 22 210 人，预科生 76 人，外国留学生 610 人）。学校以人才培养为根本任务，本科生教育与研究生教育并重，已形成以理工为主，理、工、经、管、文、法、哲、艺术等协调发展的多学科体系。学校设有研究生院，7 个学部（共下设 29 个院系），7 个独立建制的学院、教学部。

1. 拔尖创新人才培养的综合改革

2007 年，大连理工大学提出构建研究型大学拔尖创新人才培养体系的“131”行动计划，即：一个目标——实施精英教育，培养精英人才；三种模式——多元化的培养模式，研究型的教学模式，以学生为本的管理模式；一个体系——与国际知名的高水平研究型大学相适应的本科人才培养新体系。

学校创新教育教学理念，在教学内容、课程体系、实践环节、教学运行和管理机制、教学组织形式等多方面进行人才培养模式的综合改革，形成了有利于拔尖创新人才成长的培养体系，满足国家对高素质拔尖创新人才的需求。学校对人才的培养模式进行顶层设计，在“大类招生、大类培养”的基础上，实施了多元化、多层次、多类型的拔尖创新人才培养模式，有针对性地培养各类拔尖创新人才。

（1）推进“基于通识教育的宽口径专业培养模式”改革。学校成立通识与基础教育中心，根据通识教育目标，规划通识教育核心课程，构建通识教育课程体系，重点建设适合理工科学生和文科学生的 27 门通识教育课程。

（2）实施“大类招生与大类培养”模式改革。自 2008 年开始学校按学科大类进行招生和培养。学生经过两年左右的通识课程和大类基础课程学习后，根据自己的志趣和潜质、爱好和特长，确定专业及专业方向，摆脱“一考定终身”的发展局限，为拔尖创新人才营造了条件宽松和自主发展的培养环境。

（3）实施“基础学科拔尖人才培养计划”。学校依托应用数学国家理科基础科学研究和教学人才培养基地，以及教育部、中科院共同实施的“科教结合协同育人行动计划”，分别设立了数学基地班和华罗庚数学班；根据学校物理和化学学科的优势和特色，分别设立了物理基础科学班和化学基础科学班”。学校每年录取和选拔 120～150 名基础学科拔尖人才进行特殊培养。

（4）实施“工程学科创新人才培养计划”。根据学校工科的优势和特色，以创新实验学院为依托，设立了钱令希力学班和机械土建类、电气信息类、化工环境生命类 4 个创新实验班，利用学校的优质教育教学资源，采用研究型、实践型教学模式，为学生营造良好的学术环境，促进多学科交流融合，鼓励学生独创研究，坚持学生创新教育和实践四年不断线。

（5）实施“国际化工程人才培养计划”。学校开设了机械、土木、化工、软件专业 4 个国际班，实行培养方案与国际高水平大学全面接轨，课程体系与国际高水平大学基本一致的培养模式，选用优秀原版外文教材，聘请国内外优秀教师采用全外语教学方式，与本专业留学生一起上课，培养具备参与国际竞争能力的高素质、国际化的拔尖创新人才。

（6）实施“卓越工程师教育培养计划”。学校积极推动大学课程与产业接轨，推动“学研产用”一体化的培养模式，培养具有创新能力、创业精神和国际视野的大型工程企业领军人才。在全校 13 个本科专业和 13 个研究生层次学科领域实施“卓越工程师培养计划”，设立了“大工—中广核”“大工—米其林”“大工—三一”“大工—大连机床”4 个校企卓越计划班，与企业一同研究制定学生的培养方案，联合开设课程，联合建立实验室，为拔尖创新人才实践能力的提升奠定了基础。

（7）实施“跨学科复合交叉人才培养计划”。学校拓展了辅修和双学位专业范围，学校 3/4 的本科专业面向所有学生开放，试行了“工管一体”“数学＋金融/软件”“物理＋电子”“力学＋机械/土木”等复合型人才的培养模式改革，努力培养复合型创新人才。

（8）实施“跨校联合培养计划”。学校先后与哈尔滨工业大学、厦门大学等国内 11 所高校，国际 18 个国家和地区的 118 所大学和科研机构开展互派学生交流访学、联合培养学生的合作培养计划，积极为学生创造为期一年的“第二校园经历”。

2. 以十大平台建设为牵引的创新路径

（1）构建校企联动教育培养平台。以实施“卓越工程师教育培养计划”为契机，学校在 13 个本科专业和 13 个工程硕士专业实施“卓越工程师教育培养计划”，改革了传统工程人才培养模式，加大了实践环节和企业学习的内容，构建校企联动教育培养平台。

（2）构建优势与特色专业平台。学校以优势学科和高水平科研为依托，根据社会发展、国家和地方产业结构对人才的需要，依托学科优势，加强优势专业和特色专业建设，化学工程、土木工程、机械制造及其自动化、环境工程等一批优势专业以优秀的成绩通过了工程教育专业认证。

（3）构建精品课程平台。以公共基础和专业核心课程为重点，以国家、省、校三级精品课程建设为核心，加大课程和教材建设力度，启动并建设了 144 门核心课程，全面开通了“网上学习中心”；建立了专业核心课程教授负责制，建成了一批国家精品课程；面向学生受益面广的公共基础课设立荣誉课程，聘请本学科最优秀的教授担任荣誉主讲，采用“教授领衔、团队授课、大班授课、小班研讨”的教学模式，以教学水平最高、教学效果最佳、学生受益最大为教学目标。

（4）构建高水平实验教学平台。以国家实验教学示范中心为牵引，依托7个国家级实验教学示范中心及建设单位和13个省级示范中心，构建了学校、学院和专业层面的三级高水平实验教学平台。在实验教学平台建设中，坚持“硬件与软件同步，改革与建设共进”的原则。

（5）构建开放式创新实践平台。以大学生创新能力培养为目标，依托创新实验学院建立了10个校级创新实践基地，依托学部和院系建立了11个院系创新实践分基地，依托研究所（室）的科研条件建立了100多个研究小组，构建了三层次、开放式的大学生创新实践平台。

（6）构建文化育人平台。以大学文化体系建设为抓手，以文化育人为核心、以文化自强为目标，进一步修订文化建设纲要，完善大学文化建设体系与运行机制，构建了文化育人平台。

（7）构建教师教学发展平台。以服务教师和教学为宗旨，设立教师教学发展中心，着重强化在区域和学校内为教师服务、为教学服务。

（四）汕头大学：EIP-CDIO 工程教育模式的改革探索

2005年10月，汕头大学工学院开始实施EIP-CDIO工程教育改革，自2006级本科生开始全面实施。基于项目设计为导向的EIP-CDIO工程教育模式，在建立EIP-CDIO专业培养架构、构建EIP-CDIO专业培养标准体系、设计EIP-CDIO一体化课程体系、构建与实施基于项目学习的教学体系以及建立质量保障与评估改进体系等方面进行了有益的探索与实践。2010年，汕头大学第一届以全新专业培养方案培养的毕业生毕业。2011年9月开始，汕头大学进入EIP-CDIO教学改革的新阶段。

1. 一体化改革的总体思路

汕头大学EIP-CDIO工程教育改革的总体思路借鉴了现代质量管理的基本思想：William Deming's Plan-Do-Check-Act，即设立目标→实施目标→反馈→持续改进。

依据改革的基本思想，按照EIP-CDIO的特色，汕头大学确定了一体化改革总体思路。以此为基础，学校全面推进以明确专业培养目标、制订专业培养标准（知识、能力与素质大纲）、构建一体化课程计划、实施授教与学习方法以及建立保障与持续反馈改进体系等工作为核心的一体化改革的全过程，并以一届四年从入学到毕业为周期，持续改进与提高。

（1）在依据社会需求、学校定位、专业特色，明确适合本学校本专业的总体培养目标的基础上，制订专业培养标准。即：根据本专业培养目标，从社会、企业、校友和在校师生等各方面进行深入调研，制订出具体的、可操作的专业知识、能力和素质的“学习产出效果”目标，并形成一个目标集合。

（2）依据目标及标准构建一体化的课程计划。依据专业培养标准的“学习产出效果”目标集合，整合课程，制订设计项目等实践环节，编写每门课程或设计项目的课程大纲和课堂教案，并明确各课程与设计对专业培养标准的贡献（教学目标达成矩阵），最终形成一体化的课程体系。

（3）配合课程体系创新教学方法。要求实施引导学生主动学习和实践的教学方法，积极采用并探寻符合教学规律、符合人才成长规律的教与学的方法，比如基于项目的学习、基于问题的学习、探究式学习等，目的就是为了实现专业培养标准所要求的培养目标。

（4）有效建立保障与持续反馈改进体系，即管理、评估、反馈与持续改进体系。管理、检查、评估整个培养计划的实施过程、软硬件条件和最终的学习效果，并将工程师培养共同体各方的意见反馈到学校，促进学校对培养方案进行持续改进。

2. EIP-CDIO 工程教育改革的初步成效

经过六年多的探索和实践，EIP-CDIO 工程教育改革取得了初步的成效。汕头大学工学院每年组织工业界专家，对本科毕业生进行离校面试，根据毕业生面试的结果和用人单位的反馈，EIP-CDIO 改革对学生能力培养有显著效果。同时，学生基本理论知识更加扎实，工程能力显著提高，EIP-CDIO 素质得到加强，在国内外创新大赛连创佳绩（在 2011 年的“第二届全国大学生工程训练综合能力竞赛”中获得一等奖）。

汕头大学工学院本科毕业生平均薪酬，在没有实行 EIP-CDIO 改革的 2009 年以前，基本低于广东省工科毕业生的平均工资。2010 届 EIP-CDIO 改革的首届毕业生平均薪酬高于广东省工科毕业生平均工资 8.2%，2011 届 CDIO 改革的第二届毕业生平均薪酬比 2010 年又增加了 13%。2011 年 9 月 1 日，汕头大学本科毕业生初次就业率达到 96.77%，居广东省第一批招生高校第一位。

汕头大学的 EIP-CDIO 改革也获得了教育行政部门、高教界和社会各界的普遍肯定。以 EIP-CDIO 改革为依托，获批教育部人才培养模式创新实验区、联合国教科文组织教育模式示范基地、教育部“卓越工程师教育培养计划”第一批启动高校，机电专业和土木专业获批“高等学校特色专业”建设点，EIP-CDIO 教改项目获得广东省教学成果奖一等奖；同时出版 EIP-CDIO 专著、译著，发表 EIP-CDIO 教改论文几十篇，EIP-CDIO 教学改革也获得中国工程院、教育部、全国教育科学规划办公室、财政部、广东省教育厅、广东省财政厅立项资助研究项目。

三、深化高校工程教育改革发展的对策建议

（一）推动科教融合，回归教育教研并重本位

人才培养质量评价反馈的周期较长，教育教学作为一项系统工程和长期工程，其基础地位和重要程度容易被忽视。高校普遍将“做好科研”作为教师评价的核心指标甚至是唯一指标，教师对教学的基本原理和技能方法掌握不足，“做一名好教师”的主动意愿和内在动机不强，不能将教育教学工作良好地与科研过程相结合，知识传播和文化传承的效率过低，科教融合的工科人才培养机制建设不完善。教育部门和高校需要加强科教融合的制度设计，实现科研资源向教学倾斜，推动科教的全面融合，扭转“重科研、轻教学”的发展趋势，进一步促进高校回归“教育”这一中心工作，提高知识传承效率。

（1）切实“将教学主导权交还学校”，构建校院两级教学委员会，做好人才培养机制

再设计。成立校级及院级教学委员会，对教学事务进行顶层设计及具体落实：校级教学委员会负责对教学进行制度化考核，强化教学的主体地位；院级教学委员会负责整合各实验室资源，实现科教融合。

（2）推动“科研资源向教学倾斜”，向本科生开放，推行“博士生实验导师”计划。向本科生开放教师主导的科研项目，指导学生参与科学研究活动，使培养活动与科研活动相辅相成。

（3）落实“人才培养为重”，科研项目要安排本科生培养经费，提高本科生的科研实践能力。改革以往以科研成果为结项指标的科研项目评价体系，将人才培养（尤其是本科生）列为科研项目立项及结题中的重要指标，在科研项目中安排专门针对本科生的实验指导经费，落实以科研项目育人的科教融合方法。

（4）“强化教学质量导向”，完善考核评价与激励机制，激发各层次老师投身教学的积极性。改革教师评价导向，增加人才培养方面的比重，以教学学术能力评价教师。

（二）推动“内容贯通”，构建“三重”工程教育系统

对工程科技人才的培养，课程内和课程外（实践）的教育内容具有同样重要的地位和作用，两者必须紧密结合起来，形成互为补充、互为支撑的内容贯通体系。目前工程教育体系中存在重知识学习、轻能力培养的软化现象，课程与实践的割裂发展现象严重：课程内容与实践教学脱钩，过于强调科学导向和理论导向；实践教育过程的“知识固化”不充分，实践教学对课程内容的创新作用不足；课程内外教育内容的整体性、系统性还不完善，亟须进一步规划设计和提升质量。

高校需要结合工科人才培养目标，依托课程平台提升实践教学效率，通过工程实践来支持课程体系建设以及促进课程内容创新，通过顶层设计来推动实现课程与实践的紧密衔接、融会贯通，建立互为补充、互为支撑的工程教育体系，构建“重基础、重实践、重创新”的“三重”工程教育基础系统，提高工科人才培养过程中的知识传播效率。

（1）变“小课”为“大课”，以本科毕业设计为主要抓手，建立从理论学习、动手实践再到探究学习的教学链条。工程实践教学必须体现设计教育思想，以毕业设计为主要抓手，把设计活动贯穿于工程实践教学的全过程；努力开发综合课程结构模型，建立能力达成与课程实践之间的一一对应关系，实现教学与实践的交叉螺旋进行，使学生全程协调地获得有意义的综合设计经验，形成未来工程师的综合品质和创新能力。

（2）立足“探究性课程”实践，建设一批具有示范性的精品基础核心课程，实现课程持续优化。打破学科界限，梳理课程知识点，按照工程逻辑构建模块化课程，开展项目导向的课程体系重构，构建突出工程性与创新性的工程课程体系。

（3）注重“回归工程”和“主动实践”，增加实践教学的梯度和层次，实现综合素质能力培养与提升。实践教育环节应强调学生主动参与，注重层次性、连续性和贯通性。推广探究性实验，注重启发式教学，实现真刀真枪做设计，增加实践活动的梯度和层次，构建基于能力和全过程的实践教学评价体系，注重工程意识与能力的培养，做到有的放矢。

（三）推动“产学协同”，构建对接国家创新战略的工程教育生态体系

工程教育的实践性、综合性、经济性和创新性是工科人才培养的基本特征，产学协同

是培养优秀工程技术人才的必由之路，必须充分重视工程教育中的产学深度合作问题。然而，目前工程教育有走进“象牙塔”的趋势，大学与企业在课程体系、师资队伍、实践平台等质量建设方面有结合，但不紧密；有效果，但不持续。工程教育改革没有充分体现新时期科技与经济的发展诉求，交叉学科、新兴学科平台建设滞后，工科人才培养与产业经济发展的协同性不足。

（1）建设“企业实验室”，分类建设制造业工程创新训练中心，打造开放式实训平台。分类建设制造业工程创新训练中心，共建生产性实训基地，打造开放式实训平台；遵循协同育人的理念，适应“互联网＋制造业”开放式创新环境对人才的新需求，依托重点专业（群），校企共建研发机构，培养创新型人才；培养制造业急需的科研人员、技术技能人才与复合型人才，深化相关领域工程博士、工程硕士等专业学位招生和培养模式改革，积极推进产学研结合。

（2）打造“校企旋转门”，大力推行高校实践型师资计划，构建“双师型”教师队伍。引进制造业领军人才和紧缺人才，推进高水平大学和大中型企业共建“双师型”教师培养培训基地；推行高校工程师实践型师资计划，增强工科教师现场工程经验，探索“学历教育＋企业实训”的培养办法；改进企事业单位人员薪酬和岗位管理制度，破除人才流动的体制机制障碍，促进人员在事业单位和企业间合理流动；允许高等学校、科研院所设立一定比例的流动岗位，吸引有创新实践经验的企业家和企业科技人才兼职。

（3）深化“产学协同”育人，鼓励支持国有企业、创新型企业建立大学生实习基地。政府部门和高校需要加强培养体系优化设计和制度研究，推动实现大学和产业在工程科技人才培养的目标、组织、资源三者协同，促进工科人才培养质量提升，加强交叉学科、新兴学科的工科人才培养平台建设，有效凝聚社会力量提升工程教育水平；通过制定开放企业实验室的相关政策及考评指标，引导大型国有企业建立接纳大学生实践训练的机制；鼓励高校主动与技术先进、管理规范、社会责任感强的“小巨人”企业开展深度合作，完善校企合作教育模式，鼓励企业深度参与高校课程体系重构。

（4）建立一批产学研示范学院，培养应用型工程师；重视工科人才的继续教育，鼓励支持企业大学的建设。国家层面：相关行业部门（协会）和教育部门联合，统筹规划布局，集聚10个重点领域优势企业以及相关高校优势学科专业，结合制造业创新中心（工业技术研究基地），建立一批国家级产学研合作示范学院。省级层面：由省级政府统筹，面向地方行业需求，集聚地方优势企业、地方高校相关学科专业，建立一批省级产学研合作示范学院。产学研合作示范学院应具有独立运行的组织管理体系，明确院系领导班子、教师队伍、教学组织等（可以独立设置，也可以依托现有学院设置）。产学研合作示范学院要坚持以人才培养为中心，主动面向产业需求，结合自身优势、特色和国家的战略布局，加强交叉型、复合型人才培养，培养制造业发展急需的专业技术人才和经营管理人才，建立从研发、转化、生产到管理的人才培养体系。

（四）推动“校际协作”，对接国际人才标准构建协同育人平台

工科院校之间合作的主要障碍在于工科人才培养的“同质化”现象和价值导向问题，需要通过校际协作突破组织界限，进一步明确各个高校的办学特色和优势，通过课程资源

互换、师资队伍共享、实践平台共建等工程教育模式的制度化建设，解决工科人才培养多元化、个性化和拔尖型、创新型人才短缺问题。充分发挥全国高校工科教改协作组的组织优势，为工程教育资源共享平台架构与共享机制设计提供专家建议和实验空间，逐步探索建立公开课设计、学分互换、师资共享、实践教育平台共建等工程教育改革实践的协作体系，提高工科人才培养资源的优化配置效率。

（1）以学生为中心，推动校际学分互换与教学资源优化，构建网络化工程教育慕课平台。以学生为中心，整合协作高校、企业、科研院所、创新中心等多方面的力量共建工程技术人才培养资源，形成一批优质的教材、课程、实验平台、实践基地、师资等教育资源。依托先进的信息技术手段和创新的管理模式，建立教育资源开放共享机制和平台；试点整合一流大学的教育教学资源，构建 MOOC 中国网络平台，依托数字化技术撕裂成员校之间的组织边界，实现政策发布、学生管理、网上教学、项目管理等领域的一体化管理，提高联盟运行效率和影响力，为学生学习知识创造开放、高效、互动的教学环境。建设虚拟仿真实验教学平台与实验项目。

（2）落实“资源优化配置”，推动工科人才培养的国际化水平，构建优势互补的工程教育联盟体系。鼓励高校积极开展多模式、深层次、全方位的国际合作办学实践，加强与信誉良好的国际组织、跨国企业以及职业教育发达国家开展交流与合作；鼓励各院系在国际上寻找对标学院，并根据学科发展阶段、特点和学院自身条件，分类推动开展多种形式的国际合作办学，走出了一条“重点突破、以点带面、全面创新”的分布式发展之路；支持高校学习和引进国际先进职业标准、专业课程、教材体系和数字化教育资源；采取多种形式选拔各类优秀人才，鼓励专业技术人才到国外学习培训，探索建立国际培训基地。

（3）立足“市场需求导向”，推动我国工科人才与国际市场对标，构建多维度工程教育评估体系。根据国际工程科技人才的质量标准和我国产业发展的人才需求，逐步构建起“市场需求导向”的多维度工程教育评价体系，并在我国工程教育联盟高校间试点推行；鼓励产业界、国内外联盟高校、在校学生以及毕业生等利益相关方，对高校的教育教学质量、师资质量、人才输出质量、成果转化质量等进行多个维度评价，并以此作为我国工程教育联盟对成员高校进行激励和淘汰的标准；尝试鼓励高校建立毕业生跟踪反馈机制，发布毕业生、校友就业质量与发展状况报告；鼓励行业发布高校对行业发展贡献度报告；实施工程教育专业认证，开展星级专业评价试点工作等。

附：工程教育专业委员会简介

工程教育专业委员会成立于1991年5月10日，主要围绕高等工程教育改革、发展重要理论和实践问题开展专题研究，促进高等学校与产业界、工程界、科技界的沟通、交流，推动产学研合作教育发展。委员会现任理事长为浙江大学党委书记邹晓东教授，秘书长为浙江大学本科生院原常务副院长陆国栋教授。委员会秘书处办公地址设在浙江大学。

第十三章

深化学科综合改革
彰显林科育人特色

——中国林业教育学会高等教育分会专题报告

高等林业教育是我国高等教育的重要组成部分。截至 2015 年，全国开展林科研究生教育的学校和科研院所 157 个，全国开展本专科和高职林科教育的普通高校 242 所、高职院校 119 所。全国高校开设的农林类专业有 27 个，专业布点 824 个，全国涉林学科分布在 43 个林业学科建设单位（包括普通高等院校及科研单位），涉及林学、林业工程、风景园林学、生物学、生态学、农业资源与利用、农林经济管理等 7 个一级学科。2011 至 2015 年五年间，涉林院校、科研院所共培养林业中职学生 33 万余人、高职（专科）学生 13.9 万人、本科生 19 万人、研究生 3.7 万余人。2015 年，全国涉林学科共招收研究生 8 092人，其中林学学科招收博士、硕士生 4 326 人（博士生 557 人，硕士生 3 769 人）。涉林学科在校研究生 25 005 人，其中林学学科在校博士、硕士生 15 653 人（博士生 3 780 人，硕士生 11 873 人）。

2013 年 11 月，《教育部 农业部 国家林业局关于推进高等农林教育综合改革的若干意见》颁布，此后召开的全国高等农林教育改革工作会议明确提出，加快推进高等农林教育综合改革，振兴发展高等农林教育，为生态文明、农业现代化和社会主义新农村建设提供坚实的人才支撑和智力保障。意见的颁布和会议的召开，标志着高等农林教育综合改革的启动。各涉林高校坚持以支撑创新驱动发展战略、服务经济社会发展和生态文明建设为导向，以内涵建设、特色发展为目标，巩固本科教育的基础地位，强化涉林专业学位教育创新，加强涉林特色学科建设，深化综合改革，推动教育创新，取得了显著成效。

一、涉林本科教育创新和卓越农林人才培养计划实践

2014 年，经过教育部、农业部、国家林业局共同组织专家审核，确定了第一批卓越农

林人才教育培养计划项目 140 项，其中拔尖创新型农林人才培养模式改革试点项目 43 项，复合应用型农林人才培养模式改革试点项目 70 项，实用技能型农林人才培养模式改革试点项目 27 项，涉及 99 所高校。

第一批涉林高校推进卓越农林人才培养计划情况见表 13.1。

表 13.1　第一批卓越农林人才培养计划改革试点学校及专业名单

人才培养模式改革试点项目类型	学校名称	涉及专业
拔尖创新型	中国人民大学	农林经济管理
	北京林业大学	园林、林学、水土保持与荒漠化防治、森林保护、园艺
	东北农业大学	食品科学与工程、动物科学、动物医学、农林经济管理
	东北林业大学	林学、野生动物与自然保护区管理、林产化工
	南京林业大学	林学、园林、森林保护
	南京农业大学	农学、植物保护、农业资源与环境、农林经济管理
	浙江农林大学	林学、森林保护、木材科学与工程
	福建农林大学	农学、植物保护、园艺、林学
	河南农业大学	农学、生物工程、农业建筑环境与能源工程、园林
	华中农业大学	农林经济管理、园艺、动物科学、农学
	华南农业大学	农学、植物保护、园艺、林学
	四川农业大学	农学、动物科学、动物医学、林学
	西北农林科技大学	植物保护、农林经济管理、动物科学、林学
复合应用型	中国人民大学	农村区域发展
	中国农业大学	动物医学、农业水利工程、农林经济管理、葡萄与葡萄酒工程、园艺
	北京农学院	园艺、动物医学、农林经济管理、食品科学与工程
	北京林业大学	林业工程类、农林经济管理、野生动物与自然保护区管理、食品科学与工程、草业科学
	天津农学院	农学、水产养殖学、园艺、动物医学
	天津商业大学	食品科学与工程
	河北科技师范学院	园艺、园林
	河北农业大学	林学、森林保护、农学、农林经济管理
	山西农业大学	园艺、林学、农业资源与环境、农业机械化及其自动化
	内蒙古农业大学	农学、林学、农业机械化及其自动化、农业水利工程
	吉林大学	植物保护、动物科学、食品科学与工程、农林经济管理
	吉林农业大学	农业资源与环境、农学、园艺、农林经济管理
	北华大学	林学、园林

续表

人才培养模式改革试点项目类型	学校名称	涉及专业
复合应用型	黑龙江八一农垦大学	农学、植物保护、园艺、农业资源与环境
	东北农业大学	农学、园艺、农业水利工程、农业机械化及其自动化
	东北林业大学	森林保护、园林、森林工程、农林经济管理
	上海交通大学	园林、动物科学
	上海海洋大学	海洋渔业科学与技术、农林经济管理
	南京林业大学	林产化工、木材科学与工程、森林工程
	南京农业大学	动物科学、动物医学、园艺、食品科学与工程
	扬州大学	农学、园艺、植物保护、农村区域发展
	浙江大学	园艺、植保、食品科学与工程、动物医学
	浙江农林大学	园艺、农学、植物保护、食品科学与工程
	浙江工商大学	食品科学与工程、食品质量与安全
	安徽农业大学	农学、园艺学、农业机械化及其自动化、农林经济管理
	安徽科技学院	动物科学、农学、农业资源与环境
	集美大学	水产养殖学、食品科学与工程、海洋渔业科学与技术、动物科学
	福建农林大学	动物医学、园林、木材科学与工程、蜂学
	江西农业大学	林学、林产化工、园林
	南昌大学	水产养殖学
	山东农业大学	农业资源与环境、林学、农业机械化及其自动化、农林经济管理
	青岛农业大学	植物保护
	聊城大学	园林
	华北水利水电大学	农业水利工程
	河南工业大学	食品科学与工程
	河南科技大学	农业机械化及其自动化、农业电气化、农学、动物医学
	河南农业大学	林学、动物科学、农业机械化及其自动化、园艺
	河南师范大学	水产养殖学
	长江大学	水产养殖学、动物医学、食品科学与工程、园林
	华中农业大学	园林、农业资源与环境、水产养殖学、植物保护
	湖北民族学院	林学、园艺
	武汉轻工大学	动物科学、水产养殖学、动物药学
	吉首大学	园林

续表

人才培养模式改革试点项目类型	学校名称	涉及专业
复合应用型	湖南农业大学	动物科学、动物医学、动物药学、水产养殖学
	中南林业科技大学	木材科学与工程、林学、生态学、食品科学与工程
	华南农业大学	动物科学、动物医学、食品科学与工程、农林经济管理
	广东海洋大学	动物科学、水产养殖学、食品科学与工程、园艺
	广西大学	农学、植物保护、林学、园林
	海南大学	动物科学、动物医学、水产养殖学
	西南大学	动物科学、动物医学、动物药学
	重庆师范大学	食品质量与安全
	重庆工商大学	食品科学与工程
	四川农业大学	农林经济管理、农业资源与环境、园艺、园林
	西南民族大学	动物科学、动物医学、食品科学与工程
	贵州大学	林学
	云南农业大学	动物科学、动物医学
	西南林业大学	林学、森林保护、园林、农林经济管理
	西藏大学	农学、林学
	西北农林科技大学	农学、设施农业科学与工程、农业机械化及其自动化、动物医学
	甘肃农业大学	动物医学
	西北民族大学	动物医学、动物科学、食品科学与工程
	青海大学	动物医学、草业科学
	宁夏大学	农学、园艺、植物保护、农林经济管理
	新疆农业大学	农业水利工程、动物科学
	塔里木大学	园艺
	石河子大学	农林经济管理、农学
实用技能型	天津农学院	食品科学与工程
	河北北方学院	农学、种子科学与工程、园艺、植物保护
	沈阳工学院	园艺、农学、植物保护
	吉林农业科技学院	动物医学
	黑龙江八一农垦大学	农业机械化及其自动化、农业电气化、飞行技术
	淮阴工学院	食品科学与工程、农学、园艺
	浙江海洋学院	海洋渔业科学与技术
	湖州师范学院	水产养殖学

续表

人才培养模式改革试点项目类型	学校名称	涉及专业
实用技能型	安徽工程大学	食品科学与工程
	阜阳师范学院	园林
	黄山学院	林学、园林
	南昌工程学院	园林、农业水利工程
	宜春学院	动物科学
	潍坊科技学院	园艺
	河南科技学院	农学、园艺、植物保护、种子科学与工程
	湖北工程学院	农学、园艺
	仲恺农业工程学院	园林
	重庆文理学院	园林
	重庆三峡学院	食品科学与工程
	西昌学院	农学、动物医学
	西华师范大学	野生动物与自然保护区管理
	铜仁学院	农村区域发展
	普洱学院	园林
	西藏大学	动物科学、动物医学
	榆林学院	植物科学与技术、动物科学、园林
	安康学院	园林

各涉林高校依托卓越农林人才教育培养计划改革试点项目，多层次多角度地进行人才培养模式、创新创业教育、促进本科教学与信息技术融合等方面的改革实践，提升涉林本科人才培养水平。

（一）创新涉林本科人才培养模式

有关涉林高校按照国家高等农林教育综合改革的要求，发挥各自优势与特色，结合学校办学定位与人才培养目标，创新人才培养机制，优化人才培养方案，深化人才培养模式改革。

北京林业大学大力推广“大类招生、按类分层培养”。2015 年在林学类、生物科学类、艺术类、林业工程类、计算机类、工商管理类、管理科学与工程类等 7 个专业类中实施“大类招生、按类分层培养”，涵盖 26 个本科专业及方向；推行专业主干课程小班授课，鼓励教师开展研讨式教学、课题研究式教学、“翻转课堂”式教学等，落实“寓学于研”的核心理念。

学校构建了“四系统、四层次、五模式”实践教学体系，建设了一批以国家级虚拟仿真实验教学中心（农林业经营管理虚拟仿真实验教学中心）、国家级实验教学示范中心（园林实验教学中心）、国家级大学生校外实践教学基地（鹫峰国家森林公园实践教育基地等4个）以及北京市实验教学示范中心和校外实践教育基地等为代表的优质实践教学资源。

"四系统"是实践教学体系的基本框架，即按照"驱动—受动—调控—保障"联动关系建立实践教学目标、内容、管理和保障四系统；"四层次"是实践教学内容系统构建的基本要求，即按照基础素质实践、专业系统实践、社会实践、创新创业实践四个层次设计实践教学内容；"五模式"是适合不同专业培养目标的实践教学运行模式，即根据专业特点和社会需求，分类建立校内实训及野外实践型、全程实习贯通及主体创新型、工程训练型、社会体验及创业实践型、科研创新型五类富有特色的实践教学模式。

东北林业大学构建"3+1"校企合作人才培养模式，推进校企（行业、部门）联合培养人才，与企业共同制定人才培养方案、设计课程及实践环节等。企业深度参与人才培养过程，强化学生工程能力和创新能力的培养。建立大学生学科竞赛基金，积极推进大学生顶岗实习，加强校企联系，建立稳定的顶岗实习基地。进一步推动实验课统一排课制度，加强实验课监控，实现实验课管理现代化，保障实验课授课质量。

南京林业大学充分利用多种经费，合理规划，加大本科教学实验室建设的投入力度，加强公共基础实验教学平台、学科专业基础实验教学平台和专业实验室建设。

（二）加强涉林特色优势专业的内涵建设

涉林高校主动适应国家生态文明建设、区域经济社会和林业现代化发展需要，推进涉林专业内涵式发展，着力办好一批涉林专业。

截至2015年，北京林业大学设置本科专业59个（含专业方向），涉及12个学科门类中的8个，林业与生态领域的主干或相关专业达22个，形成了以涉林专业为优势和特色、基本稳定的多门类协调发展的专业结构和布局。

南京林业大学依托"江苏高校品牌专业建设工程"，持续完善江苏高校品牌专业建设、省级品牌专业培育、校级品牌专业建设"三级联动"建设机制。

西南林业大学编制《西南林业大学2016—2020年专业建设定位规划报告》，提出在"十三五"末形成并巩固以林学和生物环境类学科为特色，林理融合、林工融合、林文融合、多学科协调发展的学科与专业格局。

通过实践探索，各涉林高校的专业动态调整机制进一步完善，专业内涵建设得到强化，涉林优势特色专业集中度和林业人才培养适应度不断提高。

（三）构建彰显林科特色的本科创新创业教育体系

各涉林院校贯彻落实《国务院办公厅关于深化高等学校创新创业教育改革的实施意见》，结合林业行业特色，不断完善大学生创新创业教育体系，推动林科大学生创新创业教育制度化、常态化。多所林业高校修订本科专业人才培养方案，健全创新创业教育课程体系，促进包括通识课、专业课在内的各类课程与创新创业教育有机融合，挖掘和充实各类课程的创新创业教育资源。涉林高校新建了一批国家级、省部级实验教学示范中心，与行业、科研院所和企业联合重点建设人才培养基地，遴选建设了一批国家大学生校外实践教育基地。

西北农林科技大学成立创新实验学院和右任书院，建设大学生创业基础、创业与人生规划等创业基础课、就业创业指导课、创新创业实践课80余门并纳入学分管理，规定必修创新创业与素质教育8学分。改革教学方法，修订课程质量标准、教学质量评价办法和教学奖励条例，建设创新创业教育尔雅通识课、慕课100多门，实现与专业教育的有机融合。

实施“精英培养计划”和“青年农场主培养计划”，联合有关企业开设“精益创业”训练营。以“互联网＋”和“挑战杯”“创青春”全国大赛等为重点，构建“国家—学校—二级学院”三级训练体系。聘请具有实践经验和国际视野的创业导师150余名，对实训项目进行全程指导。四年来学生依托实训项目发表论文420余篇，获国家级竞赛奖励近500项，获批专利210个。

打破学科专业壁垒，开展生物学、动物生产学、植物生产学、生物技术等综合实习，提高学生实践创新能力。每年列支750万元专项经费，在国家大学科技园开辟创业孵化基地，建设面积5 000平方米的创客空间和创业孵化园。面向创业学生开放教学、科研、推广实验室、试验示范站（基地）资源。与山东省烟台市、陕西省中小企业局、陕西省创业促进会、杨凌示范区等共建创业孵化基地。对学生创业企业进行“一对一”指导，提供政策法律咨询、技术培训，协助做好专利申请、技术鉴定、成果交易、风险融资等服务工作。构建“种子资金＋孵化资金＋创业资金＋风险投资”的扶持模式，助推优质创业项目孵化成长。

东北林业大学设立创新创业模块，纳入学分管理，累计104学时。开展科技沙龙、创新创业论坛、创业讲堂活动，举办SIYB、KAB创业培训班，累计培训学生500余人。建立“创业从兴趣开始”QQ群，邀请创业指导教师、创业先进典型在线交流。支持大学生成立KAB俱乐部、学子创业联盟等创业类社团，开展创业沙龙、创业头脑风暴等创业实践活动。推进“国家—学校—学院”三级创新创业训练体系建设，让学生在科研项目中“找感觉”“碰问题”“练本领”。鼓励学生参加各级各类创业竞赛活动，近年来，共获得国际级竞赛奖29项、国家级221项、省级443项，参赛学生达5 700人次。成立大学生创新创业工作领导小组，修订完善创新创业相关规章制度。投入400万元支持大学生创新创业，参加全国“创青春”大赛，设立全国大学生创业大赛专项资助基金。依托哈尔滨大学生创业孵化园，从信息、技术、资源、管理等方面搭建创业学生与创业投资机构、天使投资人接触的平台，志行天下教育咨询有限公司、时光慢递有限责任公司等创业实践项目顺利落地孵化。

北京林业大学开办创业班，针对个性化创业人才成长需求，依托学校教育条件、集聚校友资源，提出“创业教育、创业研究、创业孵化、创业投资”四位一体的创业人才培养体系。创业班以理论结合实际的课程培训为主体，以学校、企业“创业双导师制”及“创业服务联盟”为特色，综合帮扶有创业意愿的在校大学生解决企业创建、发展规划设计及实际经营问题，通过多种教学模式相结合的方式培养学生的创业意识、提升创业能力，塑造学生的企业家精神，为社会与企业输送有较强领导力和组织、协调、整合资源能力的创业人才。

（四）推动林业特色网络课程资源共享

2014 年 5 月，北京林业大学牵头 9 所涉林高校发起组建“全国林业高等院校特色网络课程资源联盟”。该联盟在“自愿参与、共建共享、互惠互利”的原则上，充分发挥林业院校自身特色与优势，整合共享现有的优质网络课程资源、共享教育教学改革成果，积极探索相关管理和运行机制，开展跨校教学合作活动，并面向全社会推广特色课程。北京林业大学的中国名花、东北林业大学的木材与人类生活、南京林业大学的插花艺术等一批林科类国家级精品视频开放课程陆续通过审核并正式上线，面向社会开放共享，传播生态文明。

各涉林高校加大精品资源共享课建设力度，22 门林科类专业课进入教育部第一批“国家级精品资源共享课”行列。入选的 22 门林科类课程包括：北华大学杜凤国的森林植物学、西北农林科技大学张硕新的森林生态学、北京林业大学马履一的森林培育学、西北农林科技大学李孟楼的森林昆虫学、东北林业大学严善春的资源昆虫学、浙江农林大学汤孟平的森林经理学、福建农林大学黄炎和的水土保持学、北京林业大学张洪江的土壤侵蚀原理、东北林业大学迟德富的保护生物学、东北林业大学肖向红的动物生理学、东北林业大学张伟的毛皮学、南京林业大学张青萍的园林规划设计、华中农业大学包满珠的园林植物育种学、华中农业大学陈龙清的园林树木学、北京林业大学刘燕的园林花卉学、华中农业大学尹新明的园林植物昆虫学、福建农林大学周新年的工程索道、东北林业大学郭明辉的木材学、中南林业科技大学吴义强的木材学、广西大学罗建举的木材学、南京林业大学周晓燕的人造板工艺学、西南林业大学杜官本的胶粘剂与涂料。

与此同时，由亚太森林组织资助，挂靠在北京林业大学的亚太地区林业院校长会议机制协调办公室主持的“亚太地区可持续林业管理创新教育项目”于 2013 年正式获批立项，同年 11 月在新西兰举办的第三次亚太地区林业院校长会议上举行了项目启动仪式。

该项目由北京林业大学、加拿大不列颠哥伦比亚大学、澳大利亚墨尔本大学、马来西亚普特拉大学以及菲律宾大学共同开发 6 门网络课程，目的在于通过网络在线互动课程的形式，提高亚太地区林业可持续经营水平，推动本地区林业高等教育创新。2014 年，各项目承办院校根据项目时间表以及课程录制标准召开了项目工作会议，初步完成了项目网络平台建设、视频课程样片录制以及其他项目准备工作，为项目如期上线、对外推广做好准备。

2015 年，按照“亚太地区可持续林业管理创新教育项目”工作安排，各项目执行单位按照项目进度推进在线课程录制及网络平台搭建工作，并在 2015 年 9 月于南非举办的世界林业大会上以边会形式正式对外宣传，赢得广大与会代表的关注和好评。经过各单位的通力合作，项目目前已进入结题收尾阶段。

该项目作为亚太地区林业院校长会议机制下的第一个林业高等教育国际合作项目，将对本地区同类教育合作项目以及今后层次更加多样、内容更加丰富的合作项目起到非常重要的示范作用。

（五）加强本科教师教学能力建设，完善教学质量监控体系

各涉林院校大力建设教师教学发展中心，积极开展教师培训，满足教师职业发展需要；以中青年教师和教学团队为重点，健全人才引进和培养机制，不断提升教师队伍水平。

北京林业大学组织本科课程优秀教案和教学成果评奖、青年教师教学基本功比赛、微课比赛等活动，开展“我心目中的好老师”“毕业生满意度调查”“优秀教师”和“校级教学名师”等评选工作，以比赛评优促进教师教学水平整体提升。至今已有21名教师被评为北京市教学名师，同时校内选拔了19位校级教学名师，辐射带动教师教学能力的提升。东北林业大学实施教师教学能力培养工程，建立了学校、院（部）和基层教学组织“三位一体”的教师教学能力提升体系。依托教师教学发展中心，积极开展教师培训、教学研究与改革、教学咨询等各项工作，开展教学专题研讨、教学沙龙、名师大讲堂等活动。中南林业科技大学推进卓越教学团队建设，探索青年教师企业轮训计划，选送教师到相关企业、研究机构等进行挂职工作锻炼或跟班工作，强化教师实践能力。

与此同时，涉林高校整体推进本科教学质量的监督、评估与反馈，探索研建林科专业人才培养质量标准、教学质量规范体系，加强全过程质量监控。

东北林业大学构建“五位一体”的教学质量保障体系，包括教学质量组织与指挥系统、教学质量目标与标准系统、教学质量监控与反馈系统、教学质量评估与诊断系统、教学条件支持与保障系统。不断完善教学质量监控与保障体系。北京林业大学于2015年以学校教学促进中心为基础，强化机构职能，组建本科教学质量监控与促进中心，完善并确立了学校“全程、全面、分层”的本科教学质量监控体系。通过实践探索，学校形成了较为健全的本科教学质量监控体系。

（六）拔尖创新型农林人才培养模式改革

北京林业大学推广“梁希实验班”办学经验，以培养学生的“创新意识、创新思维和创新能力”为核心，以“科学素养、专业能力、创新思维”协调发展为培养特色，以培养行业领军人才为根本目标，实施本科生导师制，构建“厚基础、重创新、个性化、国际化”的人才培养模式。林学、园林、森林保护、水土保持与荒漠化防治、园艺等入选拔尖创新型卓越农林人才教育培养计划改革试点项目的专业，建立“套餐”与“点菜”有机结合的课程体系，大力强化实践教学和科研训练环节，加强师资队伍和教学资源建设，深化教学改革，推进拔尖创新型卓越农林人才培养。

南京林业大学依托林学和森林保护专业，以培养具有“国际视野、现代思维、本土行动”的拔尖创新型人才为目标，构建“通识教育+专业教学平台”的人才培养方案，实行三学期制，开展国际化教学；实施双导师制（学业导师和科研训练导师），强化科研训练，完善实验实践教学体系，探索完全学分制和弹性学分制，实现“国际化与本土化的统一、继承传统与开拓创新的统一、理论水平拔尖与实践能力拔尖的统一”的教育理念，培养符合生态文明、林业现代化建设需求的拔尖创新型人才。

（七）复合应用型农林人才培养模式改革

东北林业大学以森林保护、园林、农林经济管理及森林工程等优势特色专业为依托，坚持“行业指导、改革创新、突出特色、分类实施”的基础原则，按照“厚基础、重实践、强能力、促个性、敢担当”的培养原则，以课程体系改革为中心，明晰人才培养目标，实施复合应用型人才培养标准；推行本科生导师制，深化以考试方法改革为抓手的教学方法改革，强化实践教学；构建与企业联合培养人才的新机制，培养基础扎实，具有较强的创新能力、管理能力和服务能力，能在林业现代化和社会主义新农村建设过程中发挥关键作用的复合应用型人才。

中南林业科技大学发挥学校特色和优势，结合林学、生态学、木材科学与工程、食品科学与工程等专业特点，构建了以培养学生自主创新能力为中心，“教学、科研、实践、服务”四基本点联合驱动，“基础、通识、专业、创新”四层次阶梯式发展的“一中心、四基本点、四层次”产学研协同创新的人才培养模式；推行“知识—能力—素质”一体化的“3 +1”人才培养方法，推进卓越教师团队建设，创建“考试成绩 + 实践能力 + 创新水平”考评机制，全面深化复合应用型卓越农林人才培养改革。

（八）实用技能型农林人才教育培养模式改革

相关院校深化面向林业基层、林业产业的教育教学改革，根据林业基层对实用技能人才的需求，改革教学内容和课程体系，加强实践教学平台和技能实训基地建设，建立健全与现代林业产业发展相适应的现代化实践技能培训体系，探索“先顶岗实习，后回校学习”的教学方式，提高学生的技术开发能力和技术服务能力。

安康学院园林专业将实用技能型卓越农林人才教育培养改革试点工作与安康山水园林城市和生态旅游建设紧密结合，以突出“应用技术”“地方性”为核心，不断凝练专业特色，积极探索“人才培养链”与“园林产业链”的有机融合，构建培养目标应用化、应用能力标准化、专业课程模块化、实习实训实战化、成绩考核集成化、师资队伍双师化的“以专业核心应用能力为导向的双链融合”人才培养模式。

二、林业、风景园林专业学位教育综合改革实践

涉林专业学位研究生教育是林科研究生教育和培养林业高层次应用型人才的重要组成部分。目前，培养应用型研究生的涉林专业学位主要有三类：林业硕士、工程硕士（林业工程领域）、风景园林硕士。本报告主要以林业硕士、风景园林硕士为例进行实践总结分析。

（一）林业专业学位教育创新实践

2010 年 1 月，国务院学位委员会第 27 次会议审议通过林业硕士专业学位设置方案，决定在我国设置林业硕士专业学位。2010 年 9 月，国务院学位委员会下发《关于下达 2010 年新增硕士专业学位授权点的通知》（学位〔2010〕32 号），批准北京林业大学等 16 所高校新增林业硕士专业学位授权点，并将其列入 2011 年全国研究生统一招生专业目录。自此，林

业硕士专业学位作为一种与林学学术型学位相对应的新型学位类型正式得以确立并发展。

林业硕士专业学位（Master of Forestry，MF）的培养目标是造就具有服务于国家和人民的社会责任感，具有扎实的林业基础理论和宽广的专业知识，善于运用现代林业科技手段解决实际问题，能够创造性地承担林业及生态建设的专业技术或管理工作的高层次、应用型专门人才。根据现代林业建设重点和林业职业认证类别，林业硕士主要服务于森林与自然资源的保护、培育、经营与管理以及生态与环境的修复、保护与建设等领域。主要包括：林木良种工程、森林培育、森林可持续经营、森林资源管理与监测、森林保护；林业生态环境工程、退化植被修复、水土保持与荒漠化防治、流域综合管理、野生动植物保护与利用、自然保护区建设与管理、湿地保护与管理、森林公园建设与管理；经济林和林特产品开发、木本生物质能源、碳汇林业、复合农林业与林下经济、森林旅游与游憩；设施栽培；信息技术与林业信息化；林业与区域可持续发展、林业经济与政策、林业生态文化建设；城市与社区林业等。

自林业硕士专业学位设置以来，林业硕士专业学位研究生教育注重质量和内涵，得到了较快的发展。截至2016年年底，全国林业硕士培养单位数量有18个，累计招生2 410人，授予学位1 250人。为加强林业硕士培养的规范化建设，建立了全国林业专业学位教育指导委员会（以下简称林业教指委），推动林业硕士教育改革创新的实践与探索。近年来，主要采取了以下多项举措。

1. 加强质量标准制定

林业硕士专业学位教育通过建立学位基本要求和质量评估体系，开展专项评估等方式，不断完善质量标准制定。

2013年4月，林业教指委制定《林业硕士专业学位基本要求编写工作方案》，同时成立编写工作小组。经过多次研讨和征求各培养单位、林业行业生产和管理部门的意见和建议后，于2014年正式向国务院学位办提交《林业硕士专业学位基本要求》，该基本要求是林业硕士专业学位授予标准的基本依据，也是开展林业硕士教育质量检查和评估的参考依据。

2013年4月至11月，编制《林业硕士培养质量评估指标体系》，并征求培养单位和行业部门的意见和建议。该指标体系分为三级指标，共46个评价因子，涵盖了林业硕士专业学位研究生培养的各个方面，为各高校培养林业硕士提供了参考，并作为开展质量检查和评估的依据。

全国林业专业学校研究生教育指导委员会（以下简称林业教指委）2015年组织开展了林业硕士专业学位授权点专项评估工作，2009—2011年获得授权的15个林业硕士专业学位授权点接受了本次评估。在通讯评议中，15个学位授权点中有一个学校有两票“不合格”，其他14个学校无“不合格”情况。林业教指委组织专家组到该校进行了实地考察，针对通讯评议中出现的问题进行了调研与具体指导。

2016年4月至10月，根据国务院学位办的要求，林业教指委研究制定了《林业硕士专业学位授权点申请基本条件》。各校根据基本要求，不断加强课程教学。以北京林业大学为例，该校针对我国目前林业生产实践的特点和人才需求现状，从基础性、系统性、综合性、实用性、前沿性的原则出发，林业硕士课程分为学位课（包括公共学位课和专业学位课）和选修课两大类别，其中选修课分为林业类选修课和水土保持与荒漠化防治类选修课（见表 13. 2）。

表 13. 2 北京林业大学林业硕士研究生课程体系

类别		课程名称
学位课	公共学位课	中国特色社会主义理论与实践研究
		林业硕士专业外语
		森林生态系统理论与应用
		森林资源与林业可持续发展
		科技创新方法
	专业学位课	现代森林培育理论与技术
		森林灾害防控技术及应用
		生态环境建设与管理
		林木遗传改良与良种工程
		现代林业信息技术
		现代林业经营理论与技术
选修课	林业类	经济林生物技术与应用
		现代城市林业进展专题
		林火控制
		林业有害生物综合管理
		森林植物资源开发与利用
		森林资源资产评估
	水土保持与荒漠化防治类	生产建设项目水土保持
		生态环境建设规划
		生态环境监测与评价
		水土保持工程设计
		工程绿化学
		土地资源管理与土地整治

2. 推动案例教学

林业教指委以评、以培促建，推动核心课程案例库建设。2014—2015 年，林业教指委完成首批 6 门林业硕士核心课程的案例库建设工作，共收入 107 个教学案例。该批课程均是《林业硕士专业学位研究生指导性培养方案》中适宜开展案例教学的核心课程，案例大多是任课教师结合教学和科研实践的成果，直接来源于林业生产和经营管理一线，反映出当前林业行业对应用型林业高层次人才的知识、能力需求。

2014 年 8 月 3 日至 5 日，林业教指委在哈尔滨举办核心课程《森林灾害防控技术及应用》师资培训会，培训会由东北林业大学承办，来自全国 9 个培养单位的教师代表参加培训。培训教师、东北林业大学林学院张国财教授对课程教学大纲、主要章节教学内容的重点、难点和学生学习效果等进行讲解，并进行了课堂现场示范教学、实践基地现场教学和案例实践点的现场考察。

为进一步推动林业硕士专业学位研究生教学案例开发，加强案例教学，推进教学改革，林业教指委于 2016 年 6 月启动了全国林业硕士专业学位研究生优秀教学案例评选工作。经培养单位申报、第二届林业教指委第一次会议评议，《高分辨率遥感影像树冠提取——方法与实例》等 10 个案例入选全国林业硕士专业学位研究生优秀教学案例，这 10 个案例收入中国林业专业学位教学案例中心。

3. 开展专业实践基地建设

2015 年，林业教指委立项建设的 5 个优秀林业硕士专业实践基地项目顺利完成。福建农林大学—西芹教学林场、江西农业大学—江西省林业科学院、东北林业大学—黑龙江省平山林业制药厂、南京林业大学—镇江市十里长山生态农业有限公司、北京林业大学—北京市林业保护站等专业实践基地在建设期内对管理体制与运行机制进行总结和研究，完善了与专业实践相关的管理规章制度，并以此带动了所在学校林业硕士专业实践基地的建设。

4. 开展全国林业硕士优秀学位论文评选

为规范不同类型学位论文的写作与评价，林业教指委 2014 年成立课题组研究制定了《林业硕士学位论文类型、要求及评价指标（试行）》。课题组在调研的基础上，将林业硕士的学位论文类型分为试验研究、规划设计、产品与技术研发、调研报告、案例分析、项目管理 6 类，并分别制定了各类型的具体要求和评价指标，为各培养单位提供了论文写作与评价的规范标准。为进一步鼓励林业硕士的创新精神，推动林业硕士专业学位研究生教育改革和创新，2014 年开展了首届全国林业硕士专业学位研究生优秀学位论文评选工作，《磁化培养液生产蛹虫草及其活性成分分析》等 13 篇论文入选。2016 年开展了第二届全国林业硕士专业学位研究生优秀学位论文评选工作，《北京山区山洪沟道特种及山洪预警技术研究》等 15 篇论文入选。

5. 林业教指委换届

2016 年 6 月，根据国务院学位委员会、教育部、人力资源社会保障部下发的《关于全国金融等 28 个专业学位研究生教育指导委员会换届的通知》（学位〔2016〕12 号），组建了新一届的林业教指委。本届林业教指委共有 20 位委员，与上届委员组成相比，来自行业部门的业务骨干明显增多。在 2016 年 11 月 23 日召开的林业教指委第一次会议上，林业教指委主任委员、国家林业局副局长张永利强调，要用系统思维设计林业专硕的来源培养去向问题，做到中间抓衔接、两头抓延伸，设计出完整的全链条式的招生政策，引导最有可能从事应用型工作的生源攻读专业学位；优化培养方案，进一步强化学生专业实践技能的培养；做好与就业政策的对接，让具有专业学位的研究生具备应用型工作岗位的能力。

（二）风景园林专业学位教育创新实践

风景园林专业学位是以风景园林职业任职资格为背景，综合运用科学和人文、技术和艺术的手段，以协调人和自然之间的关系为宗旨，研究人类户外空间环境，为培养具有较强的专业能力和职业素养、具有创新性思维从事风景园林规划、设计、建设、保护和管理等工作的应用型、复合型、高层次专门人才而设置的一种学位类型。截至 2016 年 10 月，全国共有风景园林专业学位授权点 59 个，其中第一批 25 个，第二批 7 个，第三批 27 个，2015 年专项评估撤销 1 个，2016 年动态调整新增 1 个。

风景园林专业学位人才培养模式作为一种新的人才培养类型，其发展历史可追溯到 20 世纪初，是在古典造园、风景造园基础上通过科学革命方式建立起来的人才培养模式。迄今在美国、欧洲、加拿大、日本等国家设有风景园林硕士同类或相关的职业学位。中国的风景园林专业学位教育起源于 2005 年，由北京林业大学、北京大学等教育机构在充分论证基础上，联合住房与城乡建设部、国家林业局等行业主管部门和中国风景园林学会等民间学术团体共同申请，并在国务院学位委员会第二十一次会议上审议通过设置而成。

风景园林专业学位人才服务领域集中在风景园林规划与设计、风景园林工程与技术、风景园林植物与应用、自然资源与遗产保护、风景园林经营与管理等方面。未来风景园林专业学位发展遵循我国专业学位教育发展规律与规划，以风景园林专业服务领域需求为导向，借鉴、吸收发达国家和地区同类专业学位教育的有益经验，积极创新符合我国国情的，具有地域特色的风景园林专业学位人才培养模式；统筹风景园林专业学位授权规划，促进专业学位授权点合理布局，积极发展硕士专业学位，带动推进学士专业学位，积极推进博士专业学位，构建中国特色的风景园林专业学位教育体系。

经过不断的实践探索，风景园林专业学位教育着力推动了以下几个方面的改革创新。

1. 风景园林专业学位教育规范化、科学化建设

根据国家专业学位研究生教育形势，先后修订或编制《全日制风景园林专业学位研究生指导性培养方案》《风景园林硕士专业学位论文指导性规范》《风景园林专业学位基本要求》《风景园林专业学位授权点专项评估方案》等纲领性文件。作为全国培养单位开展风景园林硕士研究生教育的科学指南和根本依据，这些文件对于规范风景园林专业学位教育、保障风景园林专业学位人才培养质量发挥了极其重要的作用。

全国风景园林专业学位研究生教育指导委员会（以下简称风景园林教指委）同教育部学位中心共同完成中国专业学位教学案例中心风景园林分中心建设规划；在全国专业学位中率先启动示范性风景园林专业学位研究生联合培养基地建设；作为中国专业学位教育代表，参加第九届北京国际文化创意产业博览会，实现专业学位教育与文化产业协同发展。这些有益的探索和尝试，极大地丰富和完善了风景园林专业学位教育体系。

2. 推动风景园林专业学位教育协同创新发展

风景园林专业学位发展须与风景园林专业学位服务领域紧密联系，要与风景园林职业资格相衔接。为此，风景园林教指委充分发挥职能，加强与中国风景园林学会、中国学位与研究生教育学会等学会组织的协同，先后创建了中国学位与研究生教育学会风景园林专业学位工作委员会、中国风景园林学会教育工作委员会，初步形成了以林业教指委为主导，联合民间学术组织和行业协会的风景园林专业学位教育共同体。

风景园林教指委坚持风景园林学科的权威性和统一性，在确保自我职能的前提下，加强与住房与城乡建设部高等学校风景园林学科专业指导委员会（负责风景园林本科专业教育指导职能）、国务院风景园林学科评议组（负责风景园林学研究生教育指导职能）等风景园林相关教育专家组织的协同，通过参与住房与城乡建设部和中国科技协会有关课题研究、联合中国风景园林教育大会、参与风景园林本科专业规范和国家标准制订等方式，启动风景园林学术共同体建设。

风景园林教指委还围绕风景园林专业学位教育与产业对接等问题，同广州、北京及海外风景园林企事业单位负责开展风景园林专业学位教育产学研一体化对话活动。风景园林教指委通过开展多层次、全方位政产学研用对话活动，积极引导风景园林专业学位服务领域与风景园林专业学位教育机构共同协作。

三、全国高校涉林学科建设情况分析

“十二五”以来，林业学科建设不断强化，布局不断拓展，涉林一级学科发展到 7 个，分别是林学、林业工程、风景园林学、农林经济管理、生物学、生态学、农业资源与环境，其中林学一级学科下设林木遗传育种等 9 个学科方向，涵盖理学、工学、农学和管理学 4 个学科门类，形成了以生物学、生态学为基础，以林学、林业工程、风景园林学为骨干，涵盖理学、工学、农学、管理学等学科门类的林业学科体系。截至 2015 年年底，共布局 89 个一级学科博士点、2 个二级学科博士点和 84 个一级学科硕士点，分布在全国 43 个农林高等院校及科研单位（见表 13.3、表 13.4）。

表 13.3　全国涉林学科分布情况　　单位：个

序号	学科名称	类别、分布情况及数量								
		博一			硕一			博二		
		林业大学	其他大学		林业大学	其他大学		林业及共建大学	其他大学	
			农业大学	综合大学		农业大学	综合大学		农业大学	综合大学
1	林学	10	4		2	10	9			
	水土保持与荒漠化防治								1	
2	林业工程	8	2	2						
	木材科学与技术								1	
3	风景园林学	7	3		5	11	6			
4	农林经济管理	6	6		5	4	1			
5	生态学	10	5	3	2	5	2			
6	生物学	8	5	3	3	4	2			
7	农业资源与环境	4	3		3	7	3			
合　计		89			84			2		

注：表中“博一”指一级学科博士学位授权点，“博二”指二级学科博士学位授权点，“硕一”指一级学科硕士学位授权点。

表 13.4　全国涉林学科博硕士点分布情况

序号	学科名称	类别	依托单位
1	林学	博一（14）	北京林业大学、东北林业大学、南京林业大学、福建农林大学、中南林业科技大学、西北农林科技大学、中国林业科学研究院、西南林业大学、内蒙古农大、河南农业大学、河北农业大学、安徽农业大学、江西农业大学、四川农业大学
2	林学	硕一（21）	浙江农林大学、山东农业大学、北京农学院、山西农业大学、沈阳农业大学、南京农业大学、华中农业大学、西南大学、甘肃农业大学、华南农业大学、新疆农业大学、仲恺农业工程学院、北华大学、湖北民族学院、华南师范大学、西华师范大学、贵州大学、西藏大学、兰州大学、青海大学、中国科学院研究生院
3	水土保持与荒漠化防治	博士（1）	中国农业大学
4	林业工程	博一（8）	北京林业大学、东北林业大学、南京林业大学、福建农林大学、中南林业科技大学、中国林业科学研究院、西南林业大学、内蒙古农业大学
5	林业工程	硕一（4）	浙江农林大学、西北农林科技大学、北华大学、吉首大学
6	木材科学与技术	博士（1）	安徽农业大学
7	风景园林学	博一（10）	北京林业大学、东北林业大学、福建农林大学、中南林业科技大学、西北农林科技大学、南京林业大学、河南农业大学、河北农业大学、四川农业大学、华中农业大学
8	风景园林学	硕一（22）	浙江农林大学、中国林业科学研究院、西南林业大学、内蒙古农业大学、山东农业大学、山西农业大学、沈阳农业大学、青岛农业大学、南京农业大学、湖南农业大学、华南农业大学、新疆农业大学、安徽农业大学、江西农业大学、东北农业大学、北京农学院、西南大学、北华大学、海南大学、广西大学、贵州大学、青海大学
9	农林经济管理	博一（12）	北京林业大学、东北林业大学、西北农林科技大学、福建农林大学、内蒙古农业大学、山东农业大学、河北农业大学、沈阳农业大学、四川农业大学、新疆农业大学、华中农业大学、华南农业大学
10	农林经济管理	硕一（10）	南京林业大学、浙江农林大学、西南林业大学、中国林业科学研究院、河南农业大学、山西农业大学、安徽农业大学、甘肃农业大学、江西农业大学、贵州大学
11	生态学	博一（18）	北京林业大学、东北林业大学、南京林业大学、福建农林大学、中南林业科技大学、中国林业科学研究院、西北农林科技大学、西南林业大学、山东农大、内蒙古农业大学、华中农业大学、甘肃农业大学、安徽农业大学、四川农业大学、华南农业大学、海南大学、广西大学、贵州大学
12	生态学	硕一（9）	浙江农林大学、河南农业大学、河北农业大学、山西农业大学、沈阳农业大学、江西农业大学、新疆农业大学、西藏大学、宁夏大学

续表

序号	学科名称	类别	依托单位
13	生物学	博一（16）	北京林业大学、东北林业大学、中南林业科技大学、福建农林大学、南京林业大学、西北农林科技大学、内蒙古农业大学、山东农业大学、河北农业大学、安徽农业大学、四川农业大学、华中农业大学、华南农业大学、海南大学、广西大学、贵州大学
14		硕一（9）	浙江农林大学、西南林业大学、河南农业大学、沈阳农业大学、江西农业大学、甘肃农业大学、新疆农业大学、西藏大学、宁夏大学
15	农业资源与环境	博一（7）	北京林业大学、福建农林大学、西北农林科技大学、山东农业大学、沈阳农业大学、华中农业大学、华南农业大学
16		硕一（15）	东北林业大学、南京林业大学、浙江农林大学、内蒙古农业大学、河南农业大学、河北农业大学、山西农业大学、安徽农业大学、江西农业大学、四川农业大学、甘肃农业大学、新疆农业大学、海南大学、广西大学、贵州大学

注：表中“博一”指一级学科博士学位授权点，“博二”指二级学科博士学位授权点，“硕一”指一级学科硕士学位授权点。

近年来，各林业高校和科研单位主动适应世界绿色经济发展、国家经济社会发展转型、生态文明建设等重大战略需求，加强特色优势学科建设，在2012年学位与研究生教育中心组织的一级学科评估中，涉林高校3个一级学科在国家评估中排名第一，分别是北京林业大学的林学、风景园林学，东北林业大学的林业工程学。综合来看，涉林学科建设的主要进展包括以下几个方面。

（一）国家林业局对林业学科建设的宏观管理和指导

2011年11月24日，国家林业局正式成立林业学科建设指导协调小组和专家咨询组。建设指导协调小组和专家咨询组的成立旨在整合学科建设资源，凝聚学科建设力量，加强对林业学科建设的统筹协调和指导，充分发挥学科建设在现代林业建设中的基础性、全局性、战略性作用，推动林业教育、科技事业的改革创新和现代林业科学发展。

国家林业局充分发挥局林业学科建设指导协调小组议事协调的引导作用和局林业学科建设专家咨询组智囊团、思想库的作用，立项开展林业学科发展战略、林业学科体系构架及学科设置等重大问题的研究，积极开展有关林业学科建设的重大项目咨询活动，并提出决策咨询建议。

2012年以来，国家林业局连续举办了林业学科建设、森林经理高级研讨会。2014年，国家林业局组织召开了“面向现代林业提升学科支撑能力建设”高级培训研讨班，组织涉林学科建设单位深入研讨如何落实国家战略要求，提升涉林学科建设水平。

2015年，国家林业局开展了2015年重点学科评选工作。国家林业局于2015年3月启动新一轮国家林业局重点学科评选工作（《关于开展国家林业局重点学科评选工作的通知》（办人字〔2015〕44号）），通过以评促建，进一步推进林业学科内涵建设，引导有关院校（单位）提升人才培养、科学研究、服务生态林业民生林业发展水平。

本次评选共有 26 个学科建设单位的 72 个学科点申请重点学科，14 个单位的 33 个一级学科方向（二级学科）申请重点（培育）学科，涉及 8 个学科门类的 21 个一级学科。经过专家通信评议，专家组会议评审和国家林业局审核，共评选出国家林业局重点学科 59 个（表 13.5）、国家林业局重点（培育）学科 15 个（见 13.6），应在创新型林业人才培养、科学研究、社会服务和生态文化传承等方面发挥示范和带头作用。

表 13.5　国家林业局重点学科名单（2016 年 1 月颁布）

国家林业局重点学科名称	依托单位
林学	北京林业大学、东北林业大学、南京林业大学、中南林业科技大学、西南林业大学、西北农林科技大学、中国林科院、河北农业大学、内蒙古农业大学、北华大学、浙江农林大学、安徽农业大学、福建农林大学、江西农业大学、山东农业大学、华南农业大学、四川农业大学、贵州大学、新疆农业大学
林业工程	北京林业大学、东北林业大学、南京林业大学、中南林业科技大学、西南林业大学、中国林科院、国际竹藤中心、内蒙古农业大学、福建农林大学
风景园林学	北京林业大学、东北林业大学、南京林业大学、中南林业科技大学、西北农林科技大学、福建农林大学、河南农业大学
生物学	北京林业大学、东北林业大学、南京林业大学、西北农林科技大学、福建农林大学
生态学	北京林业大学、东北林业大学、南京林业大学、中南林业科技大学、西南林业大学、西北农林科技大学、中国林科院、福建农林大学
农业资源与环境	南京林业大学、西北农林科技大学、浙江农林大学、福建农林大学
农林经济管理	北京林业大学、东北林业大学、南京林业大学、西南林业大学、西北农林科技大学、中国林科院、福建农林大学

表 13.6　国家林业局重点（培育）学科名单

国家林业局重点（培育）学科名称	依托单位
科学技术哲学（生态文明建设与管理方向）	北京林业大学
地图学与地理信息系统	
国际贸易学（林产品贸易方向）	
环境与资源保护法学	东北林业大学
生药学	
机械设计及理论	南京林业大学
制浆造纸工程	
旅游管理	中南林业科技大学
旅游管理	西南林业大学

续表

国家林业局重点（培育）学科名称	依托单位
草原学	西北农林科技大学
消防工程	南京森林警察学院
植物学	浙江农林大学
环境与资源保护法学	
林业经济管理	
城市规划与设计（传统村落景观保护与规划）	安徽农业大学

通过简要分析，涉林特色优势学科建设的总体态势呈现以下几个特征。

一是涉林特色优势学科的总体格局基本保持稳定，不均衡发展态势仍然存在。北京林业大学、东北林业大学、西北农林科技大学、南京林业大学等传统的主要涉林高校均有6个及以上学科成为国家林业局重点学科，体现出这些涉林学科建设单位通过长期积淀，积累了明显的学科整体优势。但是总体上看，涉林特色优势学科的覆盖面不宽、不均衡发展的格局仍然存在，特别是大部分参评的农业高校只有林学1个学科进入国家林业局重点学科行列。

二是部分省属大学涉林学科建设有了长足进步。福建农林大学、中南林业科技大学分别有7个、4个学科获批国家林业局重点学科，表现较为突出。

三是学科交叉融合有新的进展，但基础相对薄弱。本次评选有33个一级学科方向申请重点培育学科，涉及哲学、法学、地理学、建筑学等多学科与现代林业发展领域的交叉融合，反映了有关高校对学科交叉融合的重视。如北京林业大学的生态文明建设与管理方向，就是主动适应国家生态文明建设战略需求，积极与哲学交叉融合产生的新型学科，而且通过该校的连续建设发展，呈现出良好的发展态势。但是总体上看，学科交叉发展仍待加速，特别是融入需要学科基础、资源整合等。

尽管涉林学科建设取得了长足的进步，但是与国家推动“双一流”建设的需求相比，还有很大的距离。特别是在涉林学科体系构建的顶层设计、涉林学科新增长点拓展、产教融合推动涉林学科和专业一体化建设等方面，还需要行业主管部门、涉林学科建设单位强化合作、共同推动学科建设机制创新和质量提升。基于以上考虑，国家林业局将起草制定《国家林业局重点学科管理运行办法》，推动涉林特色优势学科建设动态调整、绩效管理。

（二）涉林学科在ESI、QS等国际主流学科排名中的表现稳中有升

根据ESI学科领域划分，涉林学科包括在农学和生命科学范围内，具体的学科领域涵盖在农学下的农业科学（Agricultural Sciences）、植物与动物科学（Plant & Animal Science）2个学科领域；生命科学下的生物与生化（Biology & Biochemistry）、环境/生态学（Environment/Ecology）、微生物学（Microbiology）、分子生物与遗传学（Molecular Biology & Genetics）4个学科领域。

根据2016年1月20日发布的ESI数据（数据更新节点为2016年1月14日，数据覆

盖时间为 2005 年 1 月 1 日—10 月 31 日）显示：在农学领域，中国内地共有 35 所高校进入 ESI 农业科学排名，33 所高校进入植物与动物科学 ESI 排名；在生命科学领域，分别有 38 所、25 所、5 所、11 所高校进入生物学与生物化学、环境科学与生态学、微生物学、分子生物学与遗传学 ESI 排名。

其中，涉林高校西北农林科技大学、北京林业大学、东北林业大学名列其中。具体为，西北农林科技大学在农业科学、植物学与动物学 ESI 排名中分别位于世界第 109 位、第 319 位，北京林业大学在农业科学、植物学与动物学 ESI 排名中分别位于世界第 545 位、第 536 位，东北林业大学在植物学与动物学 ESI 排名中位于第 850 位，详见表 13.7。

表 13.7　我国涉林高校在 ESI 学科排名表现

（数据更新节点为 2016 年 1 月 14 日，数据覆盖时间为 2005 年 1 月 1 日—2015 年 10 月 31 日）

世界排名	高校名称	论文总数	引文总数	篇均引文数	顶级论文数	热点论文数	高被引论文数	上榜机构数
农业科学								
109	西北农林科技大学	1 648	10 364	6.29	18	1	18	730
546	北京林业大学	371	2 287	6.16	8	1	7	730
植物学与动物学								
319	西北农林科技大学	2 021	10 634	5.26	12	0	12	1 077
536	北京林业大学	1 056	6 172	5.84	11	0	11	1 077
850	东北林业大学	601	3 114	5.18	2	0	2	1 077

对以上数据进行简要分析，可以看到：一是主要涉林高校的学科优势仍然集中于传统的农林领域、植物学领域，西北农林科技大学、北京林业大学和东北林业大学研究论文的总数、引文总数、篇均引文数有了长足的进步。二是相比世界水平而言，主要涉林高校的农业科学、植物学与动物学的排名还处于中等偏下水平，只有西北农林科技大学分别进入这两个学科排名前 1/7、1/3。三是相对国内农业大学和综合大学而言，涉林高校的优势学科相对单一，没有一所高校进入生物学与生物化学、环境科学与生态学、微生物学、分子生物学与遗传学的 ESI 排名，凸显涉林高校在这些基础学科的实力相对薄弱，同时涉林高校还面临来自综合性大学在农业领域的激烈竞争。

在 QS 农学林学学科世界排名中，中国农林高校表现稳步提升，但仍有极大的提升空间。2015 年，中国共有 11 所大学进入 QS 农学林学学科世界排名前 200 位。中国农业大学以 80.3 分位居世界第 18 位。北京林业大学、南京农业大学、西北农林科技大学、浙江大学 4 所大学位居世界 51 ~ 100 位。华中农业大学、山东农业大学、华南理工大学位居世界 101 ~ 150 位，上海交通大学、华南理工大学位居世界 151 ~ 200 位。属于涉林高校的只有北京林业大学和西北农林科技大学进入排名。

综合 2013 至 2015 年农学林学学科世界排名情况，进入世界前 200 名的中国大学总数基本维持在 10 所左右，2013 年、2015 年为 11 所，2014 年为 10 所。在中国大学进入前 200 名的数量保持基本稳定的情况下，部分大学的排名进步较大，中国农业大学呈现较快提升状态，2014 年首次进入世界前 50 位，2015 年位居世界前 20 位，成为中国 7 所大学入选全球学科排名前 50 名的学校之一，反映其学校学科整体水平和国际声誉有较大幅度的提升。此外北京林业大学的排名从 2013 年的世界 151 ~ 200 位进入 2014 年的 101 ~ 150 位，2015 年又进入世界 51 ~ 100 位，反映该校在林学相关领域人才培养和学科建设方面取得稳步发展。但是总体上看，我国涉林高校在 QS 世界大学农学林学学科排名中的差距还很大，发展的道路还很漫长。

四、高等林业教育教材建设探索与展望

教材建设是高等林业教育教学的重要载体。“十二五”期间，林科类专业教材建设全面贯彻落实《教育部关于“十二五”普通高等教育本科教材建设的若干意见》等文件精神，大力实施教材精品战略，着力提高教材质量，相继组织编写出版了一批符合林科教育规律和人才成长规律，科学性、先进性、适用性兼具的高水平教材，有力地支撑了高等林科类专业教学质量和人才培养质量的提升。主要的实践探索体现在以下几个方面。

（一）林科教材建设的宏观环境优化

国家林业局于 2013 年成立了国家林业局教材建设工作领导小组（《国家林业局办公室关于成立国家林业局教材建设工作领导小组的通知》（办人字〔2013〕150 号）），下设院校林科教育教材建设办公室和干部培训教材建设办公室。院校教材建设办公室设在中国林业出版社，负责林科高等及职业教育教材建设规划的编制及组织实施，组建由有关院校专家组成的高教、职教教材建设专家委员会，制定工作细则，组织开展林科类及相关学科（专业）教材编制和出版工作。国家林业局院校教材建设办公室、中国林业出版社依托教材建设专家委员会、林业教指委等相关机构，协同各方力量，搭建战略联盟、推动创新创业教育、编制教材规划，推动了林科教材建设的不断发展。

1. 组建成立全国高等农林院校教材建设战略联盟

我国高等农林院校在学科建设、师资队伍、专业设置与人才培养等方面具有相似性与互补性等具体特点，如何聚合各校特色，形成综合优势，特别是将高校与行业管理部门、教材建设机构等协作结合起来，推动教材建设、专著出版、教育教学研究等工作的互补融合，为此，2014 年由国家林业局院校教材建设办公室、中国林业出版社发起组建全国高等农林院校教材建设战略联盟。2016 年 6 月联盟成立大会在北京召开，第一届联盟成员单位共有北京林业大学等 32 所相关院校及单位，其中包括中国（北方）现代林业职业教育集团和中国（南方）现代林业职业教育集团。教材建设战略联盟的成立，更加有效地凝聚了农林教育的力量，明确了服务现代林业发展、服务生态文明建设的发展方向。

2. 启动“高等院校大学生创新创业教学研究与教材建设项目”

为落实国务院《关于大力推进大众创业万众创新若干措施的意见》及国务院办公厅《关于深化高等学校创新创业教育改革的实施意见》等文件精神，国家林业局专门组建了国家林业局高等院校创新创业指导委员会，并制定了《国家林业局高等院校创新创业指导委员会工作规则》。国家林业局院校教材建设办公室、中国林业出版社于 2016 年 3 月在福

建安溪召开了高等院校大学生创新创业教学研究与教材建设工作会议，正式启动了“高等院校大学生创新创业教学研究与教材建设项目”。

3. 编制国家林业局普通高等教育“十二五”“十三五”教材规划

国家林业局教材建设办公室与中国林业出版社在“十二五”“十三五”期间分批、分层次、分学科立项，滚动建设了系列规划教材，为高等院校教育教学提供高质量、高水平的精品教材和配套的优质教学资源，充分发挥教材建设在提高人才培养质量中的基础性作用。其中，“十二五”期间，共有600余种教材列入“国家林业局普通高等教育规划教材”；2016年度首批共有586种教材选题列入“国家林业局普通高等教育‘十三五’规划教材”选题目录（本科、研究生），职业教育“十三五”规划教材正在编制中。

（二）多方协同推进林科教材建设与推介使用

国家林业局人事司、国家林业局院校教材建设办公室、中国林业教育学会、中国林业出版社等力量积极协同，不断加大林科教材的建设与推介使用，主要的实践探索包括以下几方面。

1. 完成第三届全国林（农）类优秀教材暨教材建设管理先进工作者评奖工作

该评奖于2014年10月启动，得到了全国林农类院校的积极响应，总计收到来自全国29所院校（其中本科学校24所，高职高专5所）的184种教材，出版单位涉及中国林业出版社、高等教育出版社、科学出版社、农业出版社等32家，其中本科（含研究生）教材157种，职业教育类教材27种。2015年4月召开了评奖工作会议。经过与会专家认真评审，最终产生了一等奖15种，二等奖27种、优秀奖50种。

2. 启动“国家林业局生态文明教材及林业高校教材建设项目”

党的十八大明确将生态文明建设融入“五位一体”中，并要求把生态文明建设贯穿于经济、政治、社会、文化建设的全过程和各环节。加强生态文明教材建设是推动生态文明建设与教材建设的重要抓手，基于此，2014年以来，国家林业局院校教材建设办公室对包括国家林业局与省部共建院校在内的多所农林高校等单位进行了调研。在调研中发现：现行林业类教材缺乏关于生态文明建设方面的系统阐述，高校生态文明教育相对滞后，大学生的生态文明意识亟待提升，目前仅有极少数林业高校开设了生态文明公共课；生态文明教育在高校中的地位较低，经费投入较少，使用的教材基本上是改革开放初期编成的，未能与时俱进，内容陈旧，与现实脱节，有的专业甚至各行其是；编写的教材重复、杂乱，严重制约了林业高校教育教学的发展，对林业行业人才培养质量产生了较大影响。各院校及相关单位迫切需要开展新一轮教材的更新和生态文明教材的编写。

鉴于此，在国家林业局人事司的具体指导下，国家林业局院校教材建设办公室、中国林业出版社依托教材建设专家委员会，联合全国高等农林院校教材组建战略联盟，于2016年年初启动了“国家林业局生态文明教材及林业高校教材建设项目”，并设立教材建设专项资金支持该项目的建设。项目建设周期为3年，主要开展生态文明教材的规划、编制、出版及现有林业类教材的修订更新等工作，计划新编生态文明相关教材150种，修订更新现有林业类教材390种、数字教材150种。

3. 优化、调整教材选题结构，锤炼精品教材，推进教材立体化与数字化建设

“十二五”期间，国家林业局院校教材建设办公室在国家林业局教材建设工作领导小组的统筹和指导下，依托教材建设专家委员会，做好教材建设规划、编制、审定和出版工作。以国家、省部、高校三级为基础，大力推进教材建设，提升教材整体质量。按照分类指导的原则建设多类型、多层次、多样化的教材与配套教学资源，以适应不同类型高等农林院校需要和不同教学对象需求。

“十二五”期间林科教材建设工作取得了突出的成绩，但是教材编写激励机制不完善，部分高水平教师编写教材精力投入不足，教材修订工作相对滞后；学科专业教材建设不均衡，基础课、热门专业（如园林）教材众多，布点少且招生量少的专业、新兴专业或课程的教材不完备；实践教学教材缺乏；林科类教材“走出去、引进来”方面工作开展不够等问题亟待解决。

为此，“十三五”期间，要进一步强化传统优势专业教材建设。要继续发挥林学、森林保护、园林与风景园林、木材科学与工程、家具设计、水土保持与荒漠化防治等涉林专业传统品牌的出版优势，创新形式，丰富内容，做深做透涉林优势专业教材，全面推进教材立体化建设。同时，要加强农林院校延伸专业的教材建设。加强环境科学与工程类、动物医学类、动物科学类、食品科学与工程类、管理类、经济类、设计学类、地理科学类、机械类等专业门类的教材建设，编写具有农林院校特色的专业教材。继续加强重点教材及行业培训教材建设。继续加强重点建设公共平台课、素质教育课、专业核心课、实验实践课以及新兴专业和交叉学科的教材，并加大行业培训教材建设力度。着力开展教材数字资源建设。积极推动林业高等教育服务平台的建设，着力开展有丰富配套教学资源的课程群、专业群的数字资源建设，稳步推进“中国林业出版社立方书”及数字教材的开发和推广。

同时，应积极推进涉林学科专业教材“走出去，引进来”，加强与国外相关专业出版社的合作，开展林学、家具设计、风景园林、园林等涉林学科优秀教材及相关参考书的版权合作。与国外大学相关专业教师合作，尝试进行教材合编、讲座、微课等多种形式的教材与教育教学资源建设。举办多种形式的教材推广活动，开展教材评优、推荐工作，名师主编教材课程的师资培训与课程研讨，讲课比赛及与重点学科建设相关的专题活动，推进全国涉林专业教育教学水平的提高。依托国家林业局高等院校创新创业指导委员会开展相关工作，组织编写创新创业课程系列教材，研发数字教学资源、建设网络教学平台；搭建创新创业教育交流平台，组织创新创业教学研究与教材建设工作研讨会，组织教学经验研讨和教学成果的交流、评优、推广及学生竞赛；整合优势资源，实现学校之间创新创业实践基地共享，开展创新创业教学研究，提供教学方法的专业化培训。

在激励机制方面，与相关院校积极沟通，将教材编写纳入高校晋级晋职的考核指标，鼓励教学名师与高水平的教师参与教材编写。在教材建设与推介使用方面，加大力度，推荐参与业界教材评优、教育部教学指导委员会的推介工作。由名师主编的教材可择机举办师资培训与课程研讨，最终以优秀教材建设带动全国林科类专业的教育教学水平的提升。

附：中国林业教育学会高等教育分会简介

中国林业教育学会高等教育分会成立于1996年12月，立足服务林业高等教育综合改革，探讨高等林业教育发展中面临的重大问题，提升林业院校办学质量。分会现任理事长为国家林业局副局长彭有冬副教授，秘书长为北京林业大学副校长骆有庆教授。分会秘书处办公地址设在北京林业大学。

第十四章

创新麻醉学科教育
培养医学卓越人才

——医学教育专业委员会专题报告

自1846年乙醚麻醉临床应用成功揭开近代麻醉学序幕，迄今已有170多年的历史。经过一代代人的探索，汲取整合基础医学、临床医学、生物医学工程以及多种边缘学科中有关麻醉学的基本理论和工程技术，形成了麻醉学理论及技术体系。今天，麻醉学作为研究临床麻醉、生命机能调控、重症监测治疗和疼痛诊疗的一门科学，已经成为临床医学中重要的二级学科。紧跟国际麻醉学的发展步伐，我国麻醉学科正在经历两大历史性变化：一是工作内涵由麻醉学向围术期医学拓展；二是从世界麻醉大国向世界麻醉强国转变。实现这两个历史变革关键靠人才、根本在教育，为此麻醉学教育创新、麻醉学人才培养对医学学科建设发展具有重要意义。

一、我国麻醉学教育改革的背景条件

思考我国麻醉学教育未来发展的理念、思路及方法，必须认真考虑以下三个方面的背景因素。

一是学科定位。麻醉学是一门新兴的临床二级学科，医院麻醉科作为独立的临床科室在我国还不足30年历史，与内、外、妇、儿等临床学科的悠久发展历史相比，麻醉学在高等医学教育中的重要地位至今未能获得应有的重视。而值得注意的是，麻醉科是医院中医师人员数量最多的科室之一，与大内科与大外科相近而居前3位，更重要的是麻醉科对整个医院的运转效率具有重要的枢纽平台作用。随着现代化医院结构内涵的不断变化，麻醉科的地位作用必将进一步增强，作为临床医学专业毕业生的重要分配去向，在临床医学教育中加强麻醉学基础教育理应受到医学教育界的关注与重视。

二是人才需求。当前我国各类医院里麻醉科人员普遍紧缺，据江苏省麻醉科医疗质量控制中心最新抽样调查，全省 95 家三级医院接受调查，反馈率 100%，结果是 2017 年 1—3 月手术麻醉总数为 293 982 例，实际承担麻醉工作的医师总数为 2 026 人，其中主治医师以上人员为 1 215 人，主治医师以上人员与手术麻醉总量的年比例为 1∶967，按国际标准年比例 1∶600 计算，麻醉科主治医师以上人员短缺非常严重。全国情况与此相似，据华中科技大学同济医学院公共卫生学院统计，中国现有麻醉科医师 7.5 万名（不包含港澳台地区麻醉科医师），美国为 3 万名。美国人口为 3.23 亿人，中国大陆人口为 13.9 亿人，中国麻醉科医师按人口比缺 6 万余名。当前我国麻醉医师职业耗竭现象十分严重，急需补充大量人才。

而另一方面则是麻醉科工作领域正在从麻醉学向围术期医学拓展，诸如术前评估与准备的强化，精细化麻醉的实施，生命复苏与重症监测治疗，疼痛诊疗与术后镇痛，日间手术麻醉以及加速康复外科等医疗业务日益发展等，还需进一步补充人才。“旧账”（当前欠缺人员）与“新账”（发展需要新增人员）一起算，预计在今后一定历史时期内我国麻醉学人才将持续呈现“刚性需求”，因此麻醉学教育、麻醉学人才培养的数量与质量必须坚持为社会人才需求服务的方向。

三是国情与科（学科）情。我国幅员辽阔，医疗机构星罗棋布，发展很不平衡。因此，一方面我们应当认识并吸收国际先进的教育理念与模式，而另一方面还应该做深入的调查研究，摸清国情、省情与科（学科）情，否则就做不到实事求是，就会迷失未来发展的方向与目标，其结果只能是“滞后”或“冒进”。国际经验不能照搬，必须与国情和科（学科）情相结合，因此在思考我国麻醉学教育未来发展时必须有长远的目标，也要有阶段的计划，要将长远目标与近期计划相结合。

我国麻醉学教育的未来发展必须适应我国医疗卫生事业发展的需求，适应我国医疗卫生服务的需求，适应医师管理能力的需求，因此，坚持以人才需求为导向，坚持实事求是和走群众路线，因势而谋、因势而进，制定科学的发展规划，既看到长远的目标，又服务于现实的需求，坚持分阶段发展及可持续发展，是发展麻醉学教育正确的指导思想。

二、我国麻醉学教育的发展历程与现状

我国麻醉学教育的发展历程是：20 世纪 80 年代以前，我国麻醉学人才培养以“师承式”教育为主体；1976 年拨乱反正，迎来科学的春天，麻醉学科建设提到重要议事日程，为迅速解决我国麻醉队伍的学历结构与整体素质，加强麻醉学科的建设，1986 年原国家教委决定试办麻醉学专业并在徐州医学院正式招生，1987 年原国家教委决定将麻醉学专业列入国家专业目录；通过近 10 年努力，在麻醉学专业（本科）规范运行的基础上，为适应麻醉学人才需求的新形势，1995 年经研究提出以麻醉学专业（本科）为基础、研究生教育为重点、住院医师培训为方向的发展思路；21 世纪初明确提出构建麻醉学终生教育体系为麻醉学教育的总目标。

为加强学校基础教育，2001 年启动麻醉学在临床医学独立开课的论证工作，2003 年麻醉学作为一门课程正式列入《临床医学专业本科教学基本要求》；2013 年原国家卫生部正式启动规范化住院医师培训。至今构建具有中国特色的麻醉学终生教育体系已基本就

绪，但在现阶段的实施及其未来发展还有不少值得探讨的问题。

（一）强化学校基础教育：在临床医学专业独立设置麻醉学课程

学校基础教育是指医学生在校期间必须接受麻醉学的启蒙与基本教育，即医学生在校期间，必须学习麻醉学的基本理论、基本知识和基本技术，为毕业后从事临床各科医师的工作奠定初步的基础。学校基础教育的主要模式是在医学专业，特别是临床医学专业中独立设置麻醉学课程。

长期以来，在医学教育的课程体系中从未独立设置麻醉学课程，医学生只是在外科学总论中以6～8学时学习麻醉学的相关知识，这与近代医学生的知识结构需求极不相称。为了进一步适应拓宽专业口径，构建终生医学教育体系，强化麻醉学作为二级学科在医学教育中的地位，在国家教育部高教司的支持下，由中国高等教育学会医学教育专业委员会麻醉学教育研究会主持，2001年2月16—19日在上海召开高等医学院校单独设置麻醉学课程论证会。会议代表们一致认为在高等医学院校单独设置麻醉学课程是非常必要的，这是医学生知识结构的需要，是学校基础教育与毕业后教育衔接、构建终生教育体系的需要，是麻醉学作为二级学科建设与发展的需要。

麻醉学独立开课是中华人民共和国成立以来我国普通高等医学院校课程体系的一次重大改革，通过认真论证，在全国同行的共同努力下，在教育部的帮助下，在外科学前辈的支持下，在相关医学院校院（校）长的支持下，2003年麻醉学终于作为一门独立的课程正式列入《临床医学专业本科教学基本要求》（以下简称《教学基本要求》），教育部高教司专门为《教学基本要求》批复发文，要求全国各高等医学院校参照执行。应当强调的是：《教学基本要求》是教育部“新世纪高等教育教学改革工程”的重点项目，《宽口径医学本科教育人才培养模式的研究与实践》是这一工程的研究成果之一。在《教学基本要求》中，麻醉学作为一门课程被列入医学教育课程体系，并对麻醉学课程的教学目的、内容与要求作了明确阐述，2004年，我国首本教材麻醉学（供基础、临床、预防、口腔医学专业使用）由人民卫生出版社正式出版，从此开始了麻醉学在我国普通高等医学院校设置课程的新纪元。

为适应医学教育标准国际化的需要，我国开始实施医学教育认证。2009年教育部、原卫生部联合发布《关于加强医学教育工作、提高医学教育质量的若干意见》，着手开展以本科医学教育标准为依据的医学教育专业认证工作。我国第一部《本科医学教育标准——临床医学专业（试行）》方案》（以下简称《标准》）正式印发，麻醉学作为一门独立课程再次列入临床医学课程之中，《标准》明确指出：“临床医学课程，通常包括诊断学、内科学、外科学、妇产科学、儿科学、眼科学、耳鼻喉科学、口腔医学、皮肤性病学、麻醉学、急诊医学、全科医学等课程的内容和临床见习。”如今，医学教育中的麻醉学独立开课，无疑对我国医学教育，尤其是麻醉学专业教育产生着深刻影响。

（二）创建麻醉学专业（本科）教育

麻醉科医师培养的国际做法是：医学生在医学院校毕业取得医学博士学位（职业学位）后，须再接受3年时间的麻醉科住院医师培训（“8＋3”模式），经考试考核合格授予麻醉科医师执业资格，方能合法行医。但是，在 20 世纪 70 年代末期，正值我国拨乱反正、百废待兴的时期，当时我国麻醉学科的实际情况与时代发展的基本要求极不相称。据 20 世纪 80 年代初期统计，当时我国各级医院麻醉专业人员总数不足 2 万人，其中 80% 以上是中技（护士为主）以下人员，甚至未经医学训练就从事麻醉工作，大学本科毕业生仅占麻醉专业人员总数的 9%，全国不足 2 000 人。医院麻醉科普遍处于“人员少、条件差、负荷重、风险高、待遇低”的状况，临床医学专业毕业生不愿到麻醉科工作，后继乏人的情况非常严重，这种状况严重影响我国麻醉学科乃至整个医院的建设与发展步伐。

如何迅速提高我国麻醉队伍的学历结构与整体素质，加强麻醉学二级学科内涵建设是当时面临的一个重大问题。在教育部的支持下，我国麻醉学界老、中、青三代人遵照“实事求是、一切从实际出发”的原则，把国际经验与中国国情和学科现有基础相结合，提出了具有中国特色的麻醉学专业人才培养模式，即我国麻醉学专业人才的培养要达到国际先进水平必须要分两步走：第一步是在高等医学院校设置麻醉学专业（本科），强化麻醉科对医学本科人才的引进，以迅速提高我国麻醉学专业队伍的数量、学历结构与整体素质，加快麻醉学科的建设与发展；第二步是在国家与学科均具备条件时过渡到毕业后教育，即通过对麻醉科住院医师的培训培养麻醉科专门人才。通过反复认真论证，经原国家教委批准，1986 年在徐州医学院试办麻醉学专业（本科），1987 年麻醉学专业（本科）正式列入国家专业目录，在国家层面为我国麻醉学科确立了地位，开辟了麻醉学专业教育的新篇章。

实践证明，麻醉学专业是目前深受社会欢迎的专业之一，面对麻醉学人才的刚性需求，麻醉学专业已成为学生入学分数线高、毕业生专业思想稳固、毕业生就业率很高的专业。据 2014—2015 年全国调查统计，在 7.5 万名麻醉科医师中约有 40% 来自麻醉学专业（本科）。实践证明，麻醉学专业的创办对迅速改善我国麻醉专业人员的数量、学历结构和整体素质，推动我国麻醉学二级学科的内涵建设、缩短与国际麻醉学领域的差距起到了重要的作用。

（三）继续教育：住院医师规范化培训与专科医师培训

毕业后继续教育，即麻醉科规范化住院医师培训，是培养麻醉科医师的必由途径。2013 年国家卫生和计划生育委员会等 7 个部门发布《关于建立住院医师规范化培训制度的指导意见》（国卫科教发〔2013〕56 号），开辟了在我国普遍开展住院医师培训的新局面。

麻醉学是一门涉及面广、整合性强的临床医学学科，它与临床各学科关系密切，更是临床各学科特别是外科手术学的重要基础。麻醉学科根据医疗技术特点分为临床麻醉、重症监测治疗、疼痛诊疗和体外循环等亚专业（分支学科即三级学科）。临床麻醉又分为普通外科麻醉、心胸外科麻醉、神经外科麻醉、小儿麻醉、妇产科麻醉、口腔麻醉、眼耳鼻喉科麻醉、骨科麻醉等专科麻醉。麻醉科住院医师不仅要掌握麻醉科医师必须具备的监测、调控和支持人体基本生命功能的基本理论、基本知识和基本技能，而且需要了解相关学科的基本医疗知识。

麻醉科住院医师规范化培训的指导思想是：深入贯彻落实科学发展观，实施“科教兴国、人才强国”战略，紧密结合我国经济社会发展要求，按照深化医药卫生体制改革的总体部署，立足基本国情，借鉴国际经验，遵循医学教育和医学人才成长规律，从制度建设入手，完善政策，健全体系，严格管理，建立健全住院医师规范化培训制度，全面提高我国医师队伍的综合素质和专业水平。

麻醉科住院医师规范化培训实施的基本原则是：坚持政府主导、部门协同、行业牵头、多方参与，建立健全住院医师规范化培训工作机制。坚持统筹规划、需求导向、稳妥推进、逐步完善，积极开展住院医师规范化培训工作。坚持统一标准、突出实践、规范管理、注重实效，切实提高医师队伍执业素质和实际诊疗能力。

从 2016 年开始，全国已普遍开展规范化住院医师培训工作，并与专业学位研究生教育并轨，取得了较大成绩，但许多问题值得在未来发展中探讨解决。

（四）麻醉学研究生教育

1966 年之前，我国研究生学历学位教育招收数量较少。1966 年开始的“文化大革命”导致研究生中断招生 12 年，直到 1978 年，临床医学研究生教育才随之恢复。1980 年 2 月，国务院颁布《中华人民共和国学位条例》，规定中国学位分学士、硕士、博士三级。1982 年个别医学院校开始招收医学博士研究生。1984 年开始了以提高临床技能为主的临床医学博士研究生的培养，临床专业学位教育由此开始。1988 年颁布七年制高等医学教育的学生授予医学硕士学位的具体实施办法。2004 年 6 月，教育部、国务院学位委员会下达了《关于试办八年制医学教育的通知》，合格者将授予医学博士学位。

2014 年，教育部等六部门《关于医教协同深化临床医学人才培养改革的意见》提出了加快构建以“5 +3”（5 年临床医学本科教育 +3 年住院医师规范化培训或 3 年临床医学硕士专业学位研究生教育）为主体、以“3 +2”（3 年临床医学专科教育 +2 年助理全科医生培训）为补充的临床医学人才培养体系，即临床医学专业学位与住院（专科）医师规范化培训并轨为主要内容的新要求。

至今我国麻醉学研究生教育已形成覆盖面广，硕士、博士、专业学位以及专业学位、科学学位层次齐全的麻醉学研究生培养体系，为培养麻醉学科高级人才作出显著贡献。但同时也存在不少有待探索的问题，诸如地区差异显著、发展不平衡等问题，专业学位与科学学位的定位与授予问题，专业学位与规范化住院医师培训有机结合的问题，研究生质量标准及评估体系的建立与完善问题，以及同质化及师资队伍的建设等问题，有待在未来发展中予以解决。

三、我国麻醉学专业教育的未来发展

展望我国麻醉学教育的未来发展，首先必须始终坚持构建具有中国特色的麻醉学终生教育体系这个总目标，要整体规划高等医学的基础教育、继续教育，改革创新研究生教育教学；其次是要实事求是、认真探索适应社会需要的麻醉学人才培养新模式，提高人才培养的数量与质量，既能满足医疗机构对麻醉学人才的基本需求，又能培养创新性卓越人才，从教育层面为学科发展奠定坚实的基础。

（一）着力构建终生麻醉学教育体系

1. 坚持构建具有中国特色的麻醉学终生教育体系的核心

一是建立学校基础教育、毕业后教育（住院医师培训）及继续医学教育（或职业教育）分阶段而又承上启下的教育共同体；二是不照搬国际模式与经验，必须将国际经验与国情相结合，创新人才模式，对国际麻醉学教育作出中国应有的贡献。

2. 坚持构建麻醉学终生教育体系不动摇

必须抓住两个重点、一个基础。两个重点：一是麻醉学必须在学校基础教育中独立开课；二是必须认真推进麻醉科规范化住院医师培训。一个基础是加强麻醉学二级临床学科的组织架构与内涵基础建设。

（二）由麻醉学专业教育向宽口径临床医学专业拓展

坚持医学教育“宽口径”、坚持专科医师必须通过毕业后教育（住院医师培训）是坚定不移的方针，为此，要不失时机、积极稳妥地推进麻醉学专业（本科）向临床医学专业（本科）的过渡。

2000 年，教育部批准设立“21 世纪初期麻醉学人才培养模式的研究”课题（编号 1292B13071），其目的就是从人才培养模式的层次探讨这一过渡的实施方案，通过国内 5 所院校 3 年的调研与论证，获得的结果如图 14.1 所示。

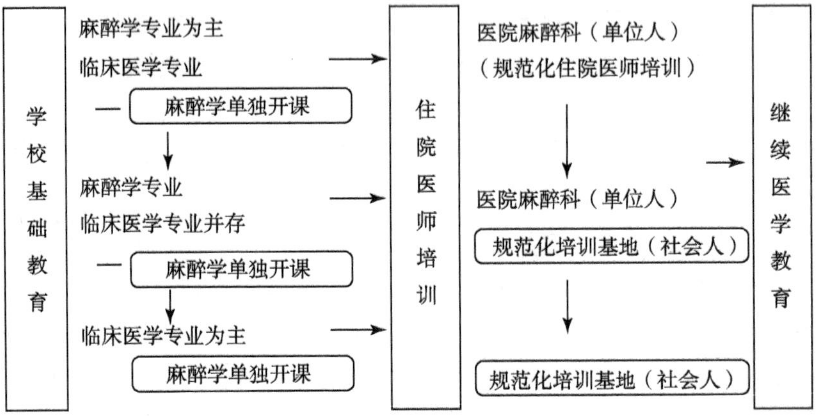

图 14.1　麻醉学人才培养模式

（三）努力探索中国麻醉学一体化人才培养模式

认真总结 30 余年麻醉学专业（本科）的办学经验，充分认识麻醉学专业（本科）毕业生的优势及其不足，对培养麻醉学卓越人才是至关重要的。

麻醉学专业（本科）学生的优势是：具有牢固的专业思想及较清晰的学科概念及学科发展意识；麻醉学专业开设四门麻醉学基础课、三门麻醉学临床课，包括实验与实习，这是国际麻醉学人才培养至今尚欠缺的完善课程及教学体系，因此，麻醉学毕业生具有较扎实的麻醉学“三基”训练基础；到麻醉科工作后能相对较快地独立工作（进入角色）。其缺陷是：临床医学的培训特别是第5年实习中相关临床科室轮转时间较短，导致麻醉学专业学生临床医学知识面及对临床医学技能的掌握相对欠缺。

因此麻醉学教育要努力探索与实践学校教育与毕业后教育相衔接的培养模式，提出科学的相互衔接的培训方案与计划。在当今国家大力推进“双一流”建设的背景下，能否通过学校基础教育与毕业后教育一体化的模式，达到扬长避短的目的，是一个值得探讨与实践研究的问题。基于上述理由，为培养一流的麻醉学卓越人才，建议国内少数教学组织健全、师资力量雄厚、教学资源丰富、生源优秀的院校，在创办麻醉学专业（本科）积累30余年经验的基础上继续探索人才培养之路。经反复研讨，提出下面麻醉学“学校教育与毕业后教育一体化”卓越人才培养模式（简称一体化培养模式），建议教育部作为人才培养模式的改革予以立项实施（见图14.2）。

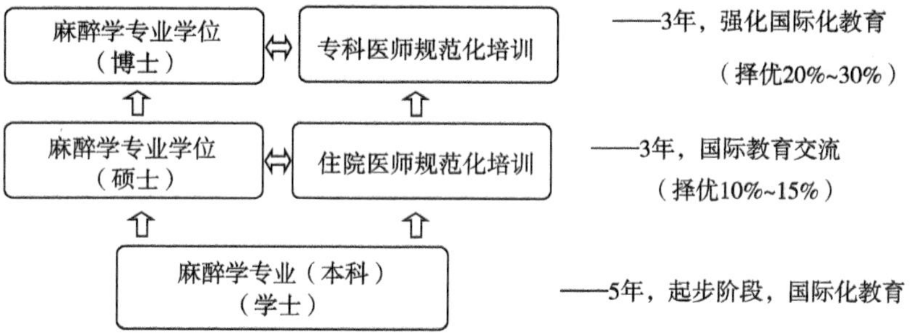

图14.2　“学校教育与毕业后教育一体化”麻醉学卓越人才培养模式

本模式在组织实施时，应着重注重下列理念、思路与方法：理念决定高度，思路决定出路，方法决定成败。学科建设与发展关键靠人才、根本在教育，教育的责任重于泰山。上述意见建议是实现中国麻醉学科发展创新必须认真思考的问题。麻醉学教育昨天的发展经验是今天创新的重要基础，只要坚持推动这门新兴学科不断创新，我国麻醉学科专业教育的明天一定更美好。

附：医学教育专业委员会简介

医学教育专业委员会成立于1991年12月，主要围绕国家高等教育工作方针和医药卫生事业发展需要组织专题研究，举办有关高等医学教育的学术会议，编印有关高等医学教育的学术刊物和信息资料，开展高等医学教育的国际学术交流。委员会现任理事长为北京大学原党委常委、原常务副校长柯杨教授，秘书长为全国高等学校学生信息咨询与就业指导中心副主任石鹏建，常务副秘书长为北京大学医学教育研究所顾问郭立研究员。委员会秘书处办公地址设在北京大学。

第十五章

把握专业发展趋势
推动学科专业改革

——外国文学专业委员会专题报告

近年来我国外国文学的教学和研究，在教学方法、研究内容、机构设置、前沿追踪、经验总结等诸多方面继续向前推进，本报告对我国2015年以来的外国文学教学与研究的基本现状和改革进展进行全方位的梳理，具体分析国内外的一些经典案例，力图把握中国高校外国文学教学与研究的发展趋势，发现和总结存在的问题和不足，为进一步改革和发展提供借鉴。

一、外国文学学科专业发展趋势

（一）学科交叉融合发展的趋势

进入21世纪，自然科学中交叉学科的研究势头强劲，人文社会科学研究领域也出现了多种理论视角的复合运用，文学地理学（Literary Geography）、数字人文（Digital Humanities）、医学人文（Medical Humanities）、空间人文（Spatial Humanities）等成为新的研究热点。这些新兴的复合研究理论视角足以预言，跨学科研究将是21世纪外国文学研究的趋势与主流。跨学科人才培养在实践活动中超越一个已知学科的边界，整合两个或两个以上的学科，打造复合型创新人才。跨学科人才培养要求改革我国目前的学科专业设置与管理体制，打破学科专业壁垒，淡化“专业”的实体性色彩，突破现有的专业性人才培养模式。随着高等教育综合体制改革的不断深入，一些高校在整合专业核心课程、组建跨学科专业方面不断探索，一些高校在积极尝试“学部制”改革，从实践上到理论上，跨学科人才培养都在逐渐走向成熟。

（二）重视跨文化研究视野的趋势

同文学本身的发展类同，一部分人在不断地进行纯文学的创作，另一部分人在拓展文学的领地。外国文学研究在继续保持纯文学研究的基础上，有一部分人正在开拓跨文化研究的视野，这与外语学习和研究的初衷相吻合。我们研究外国语言文学，主要是为培养外语专才服务，为了解和认识外国文化服务，为研究和丰富本国的语言和文化服务，为提高外国语言文学研究者自身的修养和素质服务。单纯的文学研究虽然很重要，为揭示文学的艺术规律本身服务乃是研究的本位，但是与上述四大服务相比，跨文化的研究视野更加重要，因为要揭示艺术规律需要跨界的学术视野。国际经验表明，跨学科与跨民族的文学研究始终是不容小觑、无法忽视的发展趋势。

（三）紧贴国家战略需求的趋势

2015 年 1 月中共中央办公厅、国务院办公厅印发了《关于加强中国特色新型智库建设的意见》，其中第 8 条指出："推动高校智库发展完善。发挥高校学科齐全、人才密集和对外交流广泛的优势，深入实施中国特色新型高校智库建设推进计划，推动高校智力服务能力整体提升，实施高校哲学社会科学走出去计划，重点建设一批全球和区域问题研究基地、海外中国学术研究中心。"从中可以看出高校在建设高端智库、服务国家战略中的重要作用。而外语学科作为多语种国际化人才培养基地，区域与国别研究的主力军，在中国特色新型智库体系中不可或缺，特别在涉及中外文化软实力对比研究、外国政策研究等方面的智库建设中有举足轻重的作用。传统上，高校外语学科教师主要从事语言文学等方面的本体研究，成果多为论文、专著、辞典、译著等，较少从国家战略角度选定研究问题，并以咨询报告作为成果。而根据智库建设要求，广大教师和研究者有必要转变思路，将研究与国家和地域的战略需求相结合，可与政府研究部门、社会咨询研究机构合作，围绕国家发展战略以及教育实践中的实际问题进行研究。同时可发挥多语种、跨学科特色，在文化交流研究、对外合作与关系对策研究上具备比较优势，在实施国家文化"走出去"战略中担当排头兵，实现资政建言、社会服务、公共外交等智库功能。

（四）注重人文素养培养的趋势

在当今全球化、国际化的大背景下，国家与国家之间的交流日益频繁，文化交流在其中扮演着越来越重要的角色。可以预见，在未来的外国文学教学与研究中，语言背后的文学与文化因素将越来越受重视，重语言轻文学的倾向将得到很大改善。因为很多问题看似语言问题，实际上语言问题的背后是文化问题。文化本身已经成为全球产业链和价值链当中的一个越来越重要的环节，这种情况下，应当关注对外文化交流有哪些新的特点，我们可以取得哪些新的手段，有哪些新的风险和新的机遇，如何通过外国文学教育与研究，通过人文素养的提升，提高我们中华文化在全球的影响力和软实力。

（五）"走出去"提升话语权的趋势

我国的外国文学不能仅仅是一个舶来品，我国的外国文学研究应该可以在世界的舞台上进行学术交流，提高中国学术话语权。未来的外国文学教学与研究工作，应当考虑如何让中国文化“走出去”，增强对话意识，树立国际合作的眼光，在有世界视野的同时要有中国元素。比如可以积极联合和依靠国外广大从事中译外工作的汉学家、翻译家，加强与他们的交流和合作，通过设立专项基金等形式，鼓励、资助国外的汉学家、翻译家积极投身中国文学、文化的译介工作，促进中国文学作品和文化典籍在国外的流通和传播。同时，也可对主动翻译中国文学和文化作品的外国译者或中国译者进行资助，以提高翻译中国文学和文化作品的积极性，在世界舞台上讲好中国故事，传播中国声音。

二、外国文学专业建设改革实践及案例

2015 年是推进外国文学教学与研究改革的重要一年。首先有两个新动向需要予以高度重视：一是不少高校积极调整外国文学界教学和研究方向；二是国家“一带一路”战略的实施为外国语言文学带来了学科发展的新机遇。

（一）外国文学专业建设的形势要求

我国高等院校是培养高层次文艺人才的摇篮，直接引领、辐射、带动着社会主义文艺的繁荣发展。2015 年，各高校外国文学专业在文艺创作、文艺评论、队伍建设、素质教育、对外交流等方面做了积极探索和实践。

（1）在文艺创作方面，进一步确立以人民为中心的创作导向，把生产优秀作品作为中心环节，坚持把社会效益放在首位，坚持思想性、艺术性和观赏性的有机统一，积极推动文艺创新和文艺繁荣。

（2）在文艺评论方面，针对文艺评论存在的“缺席”“缺位”现象、对优秀作品推介不够、对不良现象批评乏力等问题，进一步强化文艺评论辨善恶、鉴美丑、促繁荣的作用，为我国的文化建设添砖加瓦。

（3）在师资队伍建设方面，进一步加强师德师风建设，以自身优良的文艺风范、严谨的文艺行为引导规范大学生的思想行为，为经济发展、文化繁荣提供各类艺术人才和智力支撑。

（4）在素质教育方面，把社会主义核心价值观与外国文学专业教育相结合，把艺术教育作为素质教育不可或缺的重要内容，促进学生德智体美全面发展。

（5）在对外交流方面，积极优化学科专业布局，与产业发展、社会需求、艺术前沿有机对接，坚持开放办学，越来越多的高校与境外高水平大学实现了交流往来，鼓励和资助文艺工作者到境外高水平艺术大学研修访学，学习国外文艺实践的成功经验，以充分汲取国外优秀文艺营养，拓展国际视野，树立世界眼光，为我国的文艺事业发展服务。

（二）外国文学专业建设的改革要求

以服务国家“一带一路”战略需要为导向，积极调整外国文学学科专业课程设置。自“一带一路”战略提出以来，国内部分高等院校以此为契机，加强优势资源整合，优化学科布局设置，积极服务国家层面的战略实施。在这方面，我国高等院校的外国文学专业也

大有可为，在促进文化交流、人才支持等方面发挥着越来越重要的作用。

比如，北京大学凭借其在人文社科领域丰富的学科和学术资源优势，通过整合法学、哲学、经济学、历史人文及信息管理等优势学科资源，成立了“一带一路”研究中心，旨在聚焦政策研究和智库服务，打造在国内具有权威影响力的“一带一路”智库平台，并以参与“一带一路”研究为契机，加强跨学科协作，促进学科建设特别是交叉学科的发展。

（三）外国文学专业教学改革实践

落实教育部外文学科教学指导委员会的改革思路，以多元化教学手段提升人文综合素养，全面实施国家教育规划纲要，充分发挥专家学者对高等教育教学改革的研究、咨询与指导作用，推动高等教育内涵式发展。以改进教学方法为例，在我国高校外国文学的教学中，越来越注重大数据、多媒体的应用。

大数据为外国文学、世界文学的立体式学习提供了技术支持。特别是2012年以来，随着大型开放式在线课程慕课（MOOCs）、翻转课堂、微课堂、TED等概念在全球的流行，外国文学教学的信息化趋势越来越明显，带来的是教学模式的巨大变革。这意味着，自媒体时代里，外国文学教师不再是知识的唯一输出者，学习者也不再仅依赖教师传授知识，其自身也参与到了教学资源的建设中，例如利用SNS社区（Social Networking Services，SNS，即社会性网络服务）、各类讨论组、社交组群等方式发布学习内容与经验，利用互联网观看其他国家公开课等。

这方面，北京大学等高校已经开展了慕课教育，国内数十所高校已经在“网易公开课”上录制课程，未来现代信息技术与外国文学教学的结合将更加紧密，并且在更大范围上带来教学模式和教育方式的变革。

（四）跨学科、跨文化的课程教材建设

近年来，高校突破原有的教学与教材体系模式，跨学科、跨文化视界日益凸显。为及时了解当代西方文坛最新动态，提升学生的跨文化沟通能力、区域和国别研究能力、思辨能力，有的高校在外国文学教学中自编教材、自选书目，或者针对近年来获得诺贝尔文学奖的作家开设专门的研究课程，致使外国文学的教学与教材体系不断被突破。同时，为培养素质高、学识宽阔、基础扎实、适应力强的国际文化交流人才，并为相关学科输送高质量的研究人才，有的高校增设了跨学科专业，成为教学改革的亮点。

比如，2015年7月，北京大学外国语学院协同元培学院、历史系新设新型跨学科专业——外国语言与外国历史，为跨学科改革提供了探索经验。如果说比较文学与世界文学的教学与研究本身必须具备跨文化的视界，那么外国语言文学一级学科下的国别文学的教学与研究也在不断地往跨文化方向发展。特别是在实施“一路一带”战略的背景下，以文学研究为主要基础的语言与文化、文化国情学、东方文化研究等外国语言文学三级学科迎来了蓬勃发展的契机。区域研究范畴正在深入人心。区域研究，一方面继续保持传统的外国文学方向；另一方面在打通“跨学科”和“跨国界”两个方向上引领外国文学教学与研究的潮流，有些高校建立了教育部区域研究培育基地，一些区域研究的协同创新中心或基地正在形成。可以说，在外国语言文学一级学科下已经出现了诸如亚非研究、中亚学、

俄罗斯学、日本学、阿拉伯研究、英国学和德意志研究等西方传统的综合性方向学科。

（五）外国文学教材建设成效

近年来，拓展理论研究的视野和界线，世界文学的教学与研究重获关注，世界文学教学研究不断发展。2013 年年底，上海译文出版社翻译推出了 8 卷 16 册《世界文学史》，用近 1 000 万字和 1 000 余幅珍贵的资料性插图，为读者展示了世界文学从远古时代到 20 世纪初的发展历程，在国内学术界引起了不小的反响。该套书由刘魁立和吴元迈担任总主编，120 余位俄语翻译者参与翻译，翻译、校对和编辑历经 10 余年。该书的出版对加固外国文学从业者的世界文学观正在发挥积极作用。

2015 年，北京大学出版社适时翻译出版哈佛大学大卫·丹穆若什教授的《什么是世界文学》一书，从跨文化流通、翻译、阅读的角度，重新探讨世界文学的内涵，创造性地更新了世界文学研究的新方法，对于比较文学和翻译研究具有很大的学术启迪作用，有助于全面、深入地开展世界文学的教学与研究。

（六）外国文学专业教育的国际交流

注重追踪外国文学理论前沿问题，中国学术话语体系正在逐步探索和建立。30 多年来，在改革开放的大形势下，我国外国文学教学和研究迅速与国际接轨，积极加入国际对话。首先出现的是一批引进西方理论的前卫学者，他们通过翻译、撰文引介等方式打开了国人的眼界，使外国文学教学和科研逐渐发生变化。在采用了文化理论来处理文学文本之后，我国文学教学与评论有了明显的进步，从单纯的主题、人物和手法分析以及修辞和格律赏析，发展到今天的多方位、多视角的以读者为中心的文本解读，揭示了文本无穷尽的潜在内涵。可以说，多元化的文学理论在重新认识文学经典方面功不可没，甚至因它而激活了一些早已淡出人们视线的文学作品。

追踪国外的理论前沿，是中国外国文学研究历来特别重视的方向。在西方理论化 30 年后，“文学的边界在哪里”“理论之后是什么”等引发的种种问题，在国内不断引起反思并发酵，催生了一些颇有中国特色的问题。譬如中国的外国文学教学与研究有无特色？比较文学中的中国学派在理论上有什么独特的建树？外国文学研究究竟应该往哪方面发展才能真正符合新时期的文艺政策和文化需求？2017 年是继续思考上述问题的一年。带着愈来愈强烈的问题意识，中国学界正在这些前沿问题的探讨中积极发出自己的声音，逐渐形成自己的特色。

（七）外国文学专业改革案例

1. 北京大学：探索跨学科专业设置，建设“一带一路”课程项目

（1）在跨学科专业设置方面的探索。2011 年，北京大学外国语学院协同元培学院、历史系新设新型跨学科专业外国语言与外国历史。该专业学制 4 年，根据学生选课重点和个人意愿，可以授予文学或历史学学士学位。该专业培养目标和要求是：通过 4 年的学习，使学生获得良好的政治思想、道德品质、文化修养和身心素质教育，能够比较熟练地运用主修外语进行交流，具备较好的听、说、读、写、译等综合能力，通过世界历史的学

习，了解人类文明的一般发展历程和世界历史研究的基本方法、学术史和最新动态，同时对主修国家和地区的历史、文化、政治、社会、军事、经济的概貌与特点有比较深入的认识，有较强的独立研究或实际工作能力。

（2）关于“一带一路”课程项目建设。北京大学在外语学科建设方面具有独特的优势，启动的“一带一路”外国语言与文化系列公共课程项目（简称“一带一路”课程项目）成为高校推进非通用语人才培养的典型案例。从2015年秋季学期开始，北京大学正式启动了“一带一路”课程项目，该项目由北京大学教务部、国际合作部及外国语学院共同筹划，外国语学院负责具体实施。该项目的开展是北京大学为了响应建设“新丝绸之路经济带”和“21世纪海上丝绸之路”的战略构想倡议的积极举措，是北京大学提升人才培养水平的一次积极而有意义的探索。该项目共开设40门语言和文化类课程，其中包括32门语言类课程和8门“一带一路”文化类公共选修课程。来自“一带一路”沿线的20多个国家的驻华使节参与了这一项目。

为了开设“一带一路”系列课程，北京大学特别创设了4个部分的系统教学，即系列语言课程、讲座与文化课程、文化节活动和“大使眼中的‘一带一路’”。课程由北京大学外国语学院外教专家讲授，包括阿拉伯语、希伯来语、土耳其语、法语、伊博语、斯瓦希里语、俄语、西里尔蒙古语、孟加拉语、菲律宾语、越南语、西班牙语、韩语、德语、日语、阿姆哈拉语、缅甸语、泰语、印地语、乌尔都语、波斯语等在内的几十种语言文化课程，基本涵盖了“一带一路”战略沿线国家和地区的主要语言。

该项目的实施正是立足于国家战略，为将来在“一带一路”战略实施过程中真正与相关国家和区域进行深入沟通与对话培养和储备人才。该项目开设的课程内容覆盖了世界众多具有战略重要性的地区，其创新性在于面向全校学生开设。本专业知识与外语交流能力并行能使学生在将来更好地融入国外环境，了解目的语国家的文化和国情，加强彼此之间的沟通、理解和互信，更为有效地开展各领域的交流合作，在专业研究和各行业领域建设发展。项目的实施也将为北京大学外国语言文学学科的进一步完善与发展、积累的后发优势创造了更为有利的条件。

2. 南京大学：外国文学教学改革

南京大学的外国文学教学改革，包括中国语言文学一级学科下的外国文学教学和外国语言文学一级学科下的国别文学教学。在人文素养培育方面，突出文艺学、美学方法的实践应用，培养学生的鉴赏和批评能力，强化人文精神教育，培养学生健全人格和审美兴趣，在外国文学学科专业的课程设置、人文素养教育、学习积极性调动等方面不断改革创新。

在课程设置方面，南京大学设置覆盖一级学科专业前沿性的讲座课程，加强不同阶段课程体系的整合、衔接，通过课题、问题、专题的不同视角，把一级学科的各个二级学科的有名专家都请到讲座来，每人主讲一次，展现自己的最新研究简介，扩大全体学生的学术视野。这些措施的综合运用，达到了实施教学改革的效果。

2015年新开设的课程有外国文化通论，此课程原为南京大学外国语学院通修的课程，分两个学期4个学分，由不同国别系的老师上课，内容包括文学、哲学、历史等外国文化的基础知识，2015年开始慕课化，拍摄视频面向公众；当代西方人文精神概论，为与文学密切相关的西方性别政治通识课。“三三制”改革后，语言专业的课程对全校开放，提高了全校学生的人文素养。

在调动学生学习的积极性方面，主要采取了以下三种有效方法：一是革新编写外国文学史教材的方法；二是渗透比较文学的方法，如19世纪30年代现实主义文学思潮在法国、英国、俄国等地兴起，通过现实主义与浪漫主义文学的比较，概括出现实主义文学的创作特征，再通过对各国现实主义文学的比较分析，揭示各自的内涵特征；三是开设第二课堂，即针对文学课内容进行课外活动，如原著阅读、专题讲座、话剧彩排、诗歌朗诵、读书报告会等，以此培养学生的学习兴趣，巩固所学知识。

三、外国文学专业教师专业化发展

外国文学教学与研究涉及范围极为广泛，受各种主客观条件的限制，我们的考察无法面面俱到，只能取其要者，从以下方面进行管窥蠡测：研究队伍、学术会议、作品翻译、研究课题、学术论著、期刊文章、博士论文等。

（一）外国文学教学及研究队伍建设

我国从事外国文学教学与研究的高校人员主要分布在两个领域：（1）外国语言文学一级学科下的各个语种文学专业；（2）中国语言文学一级学科下的比较文学与世界文学专业，以及文艺学专业下的外国文艺理论方向。下面以北京大学和南京大学两所高校为例，具体分析其外国文学教学与研究人员的基本状况（见表15.1）。

表15.1　2015年北京大学、南京大学外国文学教学与研究人员基本现状

院校名称	院系	教学研究型教师总数/人	外国文学方向教师/人	外国文学方向教师占教学研究型教师总数的比重/%	新进教师/人	新进外国文学方向教师/人	文学方向教师占新进教师的比重/%
北京大学	外国语学院	164	98	60	5	3	60
	中文系	112	13	12	0	0	0
	总计	276	111	40	5	3	60
南京大学	外国语学院	93	41	44	2	2	100
	文学院	101	10	10	1	1	100
	总计	194	51	26	13	9	69

从表15.1中的人员数量来看，2015年北京大学外国语学院教学研究型教师总数为164人，其中外国文学方向教师98人，约占60%；中文系教师共有112人，其中外国文学方向（含比较文学）教师13人，占12%。南京大学外国语学院教师共计93人，其中文学方向教师41人，占44%；文学院教师总计101人，外国文学方向（含比较文学）教师10人，占10%。显而易见，外国文学教师主要集中在外国语言文学一级学科名下，其中

从事文学研究与语言学研究的教师人数基本持平，二者的比重在北京大学外国语学院约为3∶2，南京大学外国语学院约为1∶1。①

如果具体到二级学科及其系所，那么在北京大学外国语言文学一级学科下，各文学方向的教师的数量是：英语语言文学20人，法语语言文学11人，德语语言文学11人，俄语语言文学9人，日语语言文学4人，西葡语系8人，朝韩语系3人，东南亚系10人，南亚系10人，亚非系6人，阿拉伯语系4人，世界文学研究所6人。南京大学外国语言文学方向的教师的数量是：英语语言文学17人，法语语言文学6人，德语语言文学5人，俄语语言文学6人，西班牙语语言文学3人，日语语言文学5人，朝韩语系4人。

综上可见，我国外国文学教学与研究具有不平衡性，这主要表现在两个方面：首先，研究对象的空间分布极不平衡，尤其是南京大学，西方语言文学教师多达37人，东方文学却只有9人，若再进一步，英语语言文学一家独大，其他语种文学相对较少；第二，研究对象的时间分布具有不平衡性，主要以现代语言文学为主，北京大学虽有少数梵语、亚述语等古代文学研究者，但希腊语文学、拉丁语文学、希伯来语文学等几乎无人涉猎。

随着一批批留学归国人员和外籍教师的加盟，外国文学教学与研究的队伍呈现出多元化和国际化现象。例如截至2015年年底，北京大学外国语学院共聘请外籍专家逾千人，以各种形式邀请国外著名学者、外交官和作家讲学；并且大力引进毕业于英国、美国、德国、法国、俄罗斯、西班牙、日本、韩国、朝鲜、伊朗和中国香港地区等境内外一流大学的数10名博士回国任教；同时开始以国民待遇聘任外籍学者担任固定教职。

与此同时，两大高校新进教师数量很少，并符合学院教师队伍的规划，表明我国外国文学教学与研究队伍总体趋于稳定。从2015年的新进人员来看，北京大学外国语学院新进教师5人，其中外国文学方向为3人，分别研究美国文学、法国文学和梵语文学。南京大学文学院比较文学专业新进外国文学方向教师1人，研究美国文学；外国语学院新进外国文学方向教师2人，分别研究美国文学和德国文学。

新的时代环境下，外国文学专业的改革势在必行，也涌现出了一些具有典型性的高校改革案例。外国文学专业的发展趋势日益表现出学科交叉融合发展、重视跨文化研究视野、紧贴国家战略需求、注重人文素养培养、以“走出去”提升话语权等趋势。

（二）外国文学专业领域的课题研究

国家社科基金具有很强的权威性和导向性，可以宏观地反映我国哲学社会科学领域各学科的研究现状和发展趋势。外国语言文学与社会学、法学、管理学等社会学科相比，申报难度大，资助数量少，在整个社会科学领域处于末端。2015年国家社科基金立项学科共有23个，立项课题总数为3 777项，其中外国文学立项110项，在所有学科中排第17位，重点项目、一般项目和青年项目的立项数分别列第19、16、16位。② 立项数量较少，基金投入不足，在很大程度上限制了外国文学学科的发展。

---

① 高校教师的研究方向和教学课程在现实中会存在差异，一些承担语言教学任务的教师可能从事文学研究。受条件所限，本课题无法一一考察所有教师的学术背景，只能根据教学秘书提供的数据做笼统的分析。

② http：//www. cssn. cn/zx/201506/t20150626_ 2049050. shtml，2016 - 09 - 09.

不仅如此，即便与往年相比，外国文学项目也呈现下降的趋势。根据国家社科基金网站的统计，2015 年外国文学立项项目比 2014 年和 2013 年分别减少了 14 项和 9 项。虽然 2015 年国家社科基金项目立项总数比 2014 年减少了 39 项，但缩减率仅为 1.3%，而外国文学项目的缩减率却高达 11.3%，其中受影响最大的是一般项目和青年项目，二者的总量比 2014 年和 2013 年分别减少了 9 项和 12 项（见表 15.2、表 15.3）。

表 15.2　2013—2015 年国家社科基金外国文学相关项目统计　　单位：项

年度	项目类别					
	重大项目	重点项目	一般项目	青年项目	西部项目	总计项目
2015	8	5	65	30	2	110
2014	10	2	77	27	8	124
2013	5	5	67	40	2	119

然而，外国文学重点项目的数量却有所上升，2015 年比 2014 年增加了 3 项。在外国文学学科立项总数减少的情况下，重点项目数量的增长表明外国文学学科在研究深度上有所增强。

表 15.3　2013—2015 年教育部人文社科基金外国文学相关项目统计　　单位：项

年度	项目类别			
	规划项目	青年项目	西部边疆项目	总计项目
2015	24	52	3	79
2014	22	39	2	63
2013	29	44	0	73

2015 年《国家哲学社会科学成果文库》共收录各学科优秀成果 58 项，其中外国文学有 5 部入选。如果结合当年外国文学在国家社科基金立项总数中的比例（110∶3 777），及其在立项学科中的排名（第 17 名），这个数字可圈可点。这 5 部著作既有宏观梳理文学发展脉络的，如《比较神话学在中国：反思与开拓》《澳大利亚文学批评史》《新时期俄罗斯小说研究（1985—2015）》；也有深入剖析重要作家的专著，如《波德莱尔：从城市经验到诗歌经验》《契诃夫戏剧的喜剧本质论》。

在国家社科基金重大项目方面，北京大学出版社出版了《新中国 60 年外国文学研究》丛书。该套丛书同时也是国家出版基金项目、“十二五”国家重点图书出版规划项目，由申丹和王邦维担任总主编，共 6 卷 7 册，317.5 万字。这套丛书以全新的视角系统地梳理中华人民共和国成立 60 年的外国文学研究史，具有极强的问题意识。丛书将类别研究与历史分期相结合，从整体上把握我国外国文学研究的发展脉络和演化规律，考证各个类别、不同时期的利弊得失，对于外国文学学科和学术史的建设具有奠基性的意义。而且，该套丛书推出了一卷《口述史》，将个体记忆与专项研究相结合，为外国文学研究提供了一种新的研究范式。

在国家社科基金重点项目方面，商务印书馆出版的《当代外国文学纪事（1980—2000）》颇具代表性。全书共10卷，每卷按年代顺序，以作家词条引领作品词条，对20世纪最后20余年间外国文学发展历程进行全面梳理，全景式、多视角、多维度地展示外国文学动态和基本状况。如此庞杂完备的文学纪事，为今后的文学研究提供了重要的参考资料，为大型外国文学史的编纂积累了宝贵的经验。

综上所述，相较于其他社会科学，外国文学的立项数偏少，而且呈现出逐年递减的趋势。广大的外国文学研究者在有限的资源下，推出了不少精品。如果外国文学学科能获得各类人文社科基金项目更大力度的支持和资助，必然会孕育出更多优秀的成果。

（三）专业学术成果及影响

2015年我国外国文学研究领域的出版成果颇为丰硕，体现了沿前人之路、继续走向深化与多样化的总体趋势。然而，研究的多样化并不代表研究的多元化。譬如，收集的数据表明，学者们基本上仍较为关注欧美（尤其是英美）、日本等传统区域，对东欧和亚非拉等地区的挖掘力度不够；又如，对经典作家及作品的研究过盛，在新兴作家作品的发掘方面不够重视。

1. 理论与批评类论著

外国文学理论与批评并不着眼于具体的作家作品，而是以抽象的理论话语为研究对象，以阐释理论为旨归，大致可分为外国文学理论通论和专题性研究两类。2015年这一领域共出版专著23种、文集3部，出版比重相对较低。在6部外国文学理论通论中，除汪介之的《俄罗斯现代文学批评史》外，都是对西方文论的历史性梳理；专题性研究则侧重对生态、空间、文化研究等时兴话题的讨论，以及对后现代文论、解构主义文论的理论性总结。值得一提的是，以文论家为专题的6部理论著作很有特色，它们分别论述了日本文论家小泉八云、德国文论家席勒、俄罗斯文论家巴赫金、美国文论家萨义德、詹姆逊以及当代女批评家帕洛夫的学术思想，既是对前人理论遗产的珍视与继承，也对活跃于当代的文学批评家进行系统的梳理。

2. 作家作品研究类

与外国文学理论相比，外国作家作品的研究显现出一片欣欣向荣的景象。2015年我国共出版相关专著、编著98部，其中作品研究91部、辞书5部、作家研究2部。随着当代理论对作者的“祛魅”，我国学者对外国经典作家的研究势头不强，更多地关注作品研究层面，具体来说，主要表现出以下几个特点：

第一，对经典作家作品（尤其是英美地区）的关注仍位居主流，譬如莎士比亚作品研究、托尔斯泰作品研究、乔治·艾略特作品研究、伍尔夫作品研究、福克纳作品研究、杰克·伦敦作品研究等，其比重超过了总量的25%。然而，对非英语和新锐作家作品的研究，却极为罕见。

第二，女性文学作品受到一定的关注，共出版了9部专著，但关注点多为英美作品，且通论较多。

第三，小说研究远远超过诗歌和戏剧。2015年戏剧和诗歌的研究分别有5部和8部，然而小说研究著作却多达21部。

第四，研究方法和视角五彩纷呈，不拘一格，如空间论、伦理学、生态学、身份研究、体裁学、主题学、叙事学、文化研究、女性学、修辞学、心理学、媒介学等。

第五，全球多元化的文学研究视阈尚未成熟，英语文学研究占70%以上，俄、德、法、日等国文学研究占15%，亚非拉地区作家受关注度较低。难能可贵的是，有些学者在拓展研究视阈上也有所贡献，如探讨拉美文学的《高乔文学——论文学叙事与阿根廷民族身份建构》，关注墨西哥裔美国文学的《奇卡诺文学伦理思想研究》、关注新加坡华人文学的《新加坡华文旧体诗研究》。

3. 文学史及教材类

2015 年我国出版外国文学史研究专著与编著 23 部，包括世界文学史研究著作 1 部，外国文学通史 3 部，区域文学通史 2 部，国别文学史 4 部，断代文学史 12 部，体裁文学史 1 部。高等教育出版社出版了《比较文学概论》《外国文学史》（上、下）和《西方文学理论》3 部马克思主义理论研究和建设工程重点教材。总体而言，文学史和教材的编写和出版既有通史也有断代史，但更侧重后者，尤其是现当代文学史。

4. 比较文学研究类

2015 年出版的比较文学研究专著主要包括比较文学通论 3 部，比较诗学通论 3 部，翻译研究 5 部，欧美文学与中国文学作品比较 5 部，形象学研究 2 部，跨学科比较研究 1 部，以及以特定视角为出发点的比较文学研究 2 部。其中，比较有代表性的成果当属山东教育出版社的国家出版基金资助项目《中外文学交流史丛书》。该书可谓中外文学交流史研究的航空母舰，涉及语种最多、国别最齐，包括英国卷、美国卷、希腊—希伯来卷、葡萄牙语卷、阿拉伯卷、印度卷、韩朝卷、东南亚卷、澳大利亚—新西兰卷等 17 卷，全面厘清了我国文学与世界各文学系统之间的交流关系，为推进比较文学在理论和实践多个层面上的研究提供了借鉴。

5. 外国文学读本类

2015 年外国文学读本共出版 34 部，其中涉及外国神话赏析 7 部，外国名著赏析 19 部（6 部为国别文学读本，包括日、美、朝、韩、俄），微型小说赏析 2 部，女性文学赏析 2 部，军事文学 1 部，童话故事赏析 1 部，诗歌赏析 1 部，戏剧赏析 1 部。可以看出，诸如外国名著赏析这样的传统读本仍占很大比重，是外国文学教学与研究的补充材料。其他类型的读本主要服务于特定阅读群体的口味，如军事爱好者、青少年等。然而，诗歌与戏剧的赏析性读本较为罕见，且多局限于经典作品，亦为面向大众之作。

（四）外国文学期刊的文章

2015 年外国文学期刊文章数量庞大、种类繁多，为便于统计分析，本报告主要考察 CSSCI（2014—2015 年）外国文学来源期刊和集刊，以及语言类外语期刊。

1. 外国文学期刊发表文章情况

CSSCI（2014—2015 年）外国文学来源期刊共收录六种：《外国文学评论》《国外文学》《外国文学》《当代外国文学》《外国文学研究》和《俄罗斯文艺》。为保证数据的客观性，本报告暂不考虑国别性极强的《俄罗斯文艺》。① 五种期刊共发表外国文学类论文424篇。其中刊文最多的是《外国文学研究》，共有115篇，刊文最少的是《外国文学评论》，只有60篇。在这五种期刊中，《外国文学》对外国文学理论最为关注，相关的文章共有35篇，约占总数的1/3。从国别统计来看（见表15.4），英美文学仍保持着最大的关注度，共有224篇，占总数的53%，加拿大、爱尔兰、印度、苏格兰等英语文学，也受到了一定程度的关注。在最受关注的10个国家中，欧美文学占了八席。相形之下，非洲文学门庭冷落，整个大洲仅有两篇。

表15.4　2015年五家期刊国别及篇数统计②

国家	篇数	国家	篇数	国家	篇数
美国	118	奥地利	5	新西兰	1
英国	106	阿拉伯	4	以色列	1
法国	21	古希腊	4	澳大利亚	1
俄罗斯	16	韩国	2	马来西亚	1
日本	16	挪威	2	古巴比伦	1
加拿大	10	阿根廷	2	厄瓜多尔	1
德国	9	非洲	2	中世纪	1
意大利	8	比利时	1	中亚东干	1
爱尔兰	7	瑞士	1	英语	5
印度	5	苏格兰	1	希伯来语	3

从关键词统计来看，韦勒克、沃伦所谓的“外部研究”，仍占统治地位；关注作品“符号结构”的内部研究，则处于从属地位。在“外部研究”中，伦理批评又是学者们关注的焦点，当然这主要是由于《外国文学研究》的高度重视，该期刊共刊登此类文章32篇，成为这一领域的重镇。2015年我国外国文学研究领域普遍表现出厚今薄古的倾向，在出现频次超过3次的14名作家中，除但丁和莎士比亚外都是20世纪作家；在20世纪作家中，又以诺贝尔文学奖、布克奖等大奖作家为主。从研究方向来说，外国文艺理论研究偏弱，仅占文章总数的1/5左右，这表明我国外国文学研究问题意识不够，难以从根本上反思现有文学理论和文学话语体系的弊端，无法消除西方话语对文学经典的构建（见表15.5、表15.6、表15.7）。

表15.5　2015年五家期刊关键词统计（出现频次≥6）

关键词	频次	关键词	频次	关键词	频次
伦理批评	41	诗学	9	性别研究	7
文化批评	16	图像	9	互文性	6

① http：//cssrac. nju. edu. cn/uploads/file/20160329/1459216337737392. pdf，2016 - 10 - 26.

② 难以区分国别的论文按照语种统计。

续表

关键词	频次	关键词	频次	关键词	频次
叙事	15	现代性	9	历史	6
空间	14	主体性	9	认知	6
女性主义批评	14	时空	8	乌托邦	6
诗歌	13	视觉表征	8	伍尔夫	6
文学伦理学批评	13	A. S. 拜厄特	7	戏剧	6
身份	12	他者	7	象征	6
自我书写	10	隐喻	7		
权力	9	政治	7		

注：本表主要依据五家期刊的关键词检索，这种方法虽然略显机械，但为反映原貌，未对其进行人为整理。

表 15.6　2015 年五家期刊作家关键词统计（出现频次≥3）

作家	频次	作家	频次	作家	频次
A. S. 拜厄特	7	伊恩·麦克尤恩	4	帕斯捷尔纳克	3
伍尔夫	6	大江健三郎	3	山多尔	3
卡夫卡	5	卡森·麦卡勒斯	3	托妮·莫里森	3
但丁	5	莎士比亚	3	威廉·福克纳	3
菲利普·罗斯	4	叶芝	3		

表 15.7　五家期刊论文研究方向分类

刊物	比较文学与世界文学/篇	占比/%	外国文艺理论/篇	占比/%	外国语言文学/篇	占比/%
《国外文学》	7	10.00	11	15.71	52	74.29
《外国文学评论》	6	10.00	12	20.00	42	70.00
《外国文学》	10	9.62	35	33.65	59	56.73
《外国文学研究》	14	12.17	25	21.74	76	66.09
《当代外国文学》	8	9.20	11	12.64	68	78.16
总计	45	10.32	94	21.56	297	68.12

2. 语言类外语期刊发表文章情况

根据 CSSCI（2014—2015）来源期刊目录，语言类外语期刊共有 11 种，因 2015 年《外语界》和《现代外语》没有外国文学论文发表，本报告主要考察以下九种期刊：《外国语》《外语教学与研究》《外语学刊》《外语教学》《外语与外语教学》《解放军外国语学院学报》《中国外语》《外语电化教学》《外语教学理论与实践》。①

---

① http://cssrac.nju.edu.cn/uploads/file/20160329/1459216337737392.pdf，2016-10-26.

2015年这九家外语类期刊共刊登论文952篇（不包括会议综述），其中外国文学论文有126篇，占九家期刊外国文学论文总数的13%；《外语学刊》《外语教学》《外语与外语教学》《解放军外国语学院报》四家刊物刊登的外国文学论文较多，占九家期刊外国文学论文总数的81%（参见表15.8）。

表15.8　九种外语类期刊刊登外国文学论文统计（出现频次≥2）

刊物	论文数/篇	文学论文/频次	翻译批评/频次	文学批评/频次	文艺理论/频次
《外国语》	69	9	7	2	0
《外语教学与研究》	89	2	2	0	0
《外语学刊》	192	33	11	21	1
《外语教学》	144	34	9	24	1
《外语与外语教学》	99	16	5	10	1
《解放军外国语学院报》	120	19	4	14	1
《中国外语》	104	5	5	0	0
《外语电化教学》	75	1	1	0	0
《外语教学理论与实践》	60	7	6	1	0
共计	952	126	50	72	4

从关键词的统计（见表15.9）中可以看出，与文学刊物上的论文相比，这些文章有一个最大的特点，即往往采用翻译批评的视角，通过外国文学作品的译介、译者的翻译策略、比较译本与原本的区别，来研究作品的接受过程，从而寻找新的理论增长点。这些关键词有不少在五家外国文学期刊重合，一些关键词甚至多次出现，在14家期刊中，以“叙事、叙事结构、后现代叙事、历史叙事”为关键词的论文有62篇，以“身份、身份认同、身份建构”为关键词的论文34篇，以“女性、女性意识、女性主义”为关键词的论文27篇，以“殖民、后殖民、后殖民批评”为关键词的论文20篇，以“战争文学、战争题材”等为关键词的论文21篇，从这些高频词汇可以看出我国外国文学研究的关注点。

表15.9　九家外语类期刊论文关键词统计（出现频次≥2）

关键词	频次	关键词	频次	关键词	频次
翻译	6	伦理	2	语料库	2
文学翻译	4	莫言	2	欲望	2
翻译策略	3	途径	2	赞助人	2
译者	3	文学性	2	中国文学	2
意识形态	3	叙事	2	重构	2
喜福会	2	叙事艺术	2	主体	2
阿瑟·韦利	2	异化	2	冈察洛夫	2
毕飞宇	2	译介	2	互文性	2

续表

关键词	频次	关键词	频次	关键词	频次
查尔斯·约翰逊	2	隐喻	2	加拿大	2
传播	2	翻译研究	2	建构	2

3. 外国文学集刊发表论文情况

CSSCI(2014—2015）共收录外国文学来源期刊 4 本：《圣经文学研究》《文学理论前沿》《英美文学研究论丛》和《跨文化对话》①，为体现综合性和客观性，本报告不考虑研究方向极强的《圣经文学研究》，只考察后三种期刊。

2015 年《文学理论前沿》共刊登 10 篇论文，有 9 篇与外国文学相关，在三种集刊中发文数量最少。其中涉及的高频关键词有：互文性、生态批评、女性主义、跨文化翻译、世界文学。这些论文从今天的视角出发，重新阐述老的理论话题，对文学理论和批评的前沿问题提出自己的见解，在普遍重视作家作品的时代，显得弥足珍贵。

2015 年《英美文学研究论丛》共出版两辑，63 篇文章，其中英国文学 17 篇，美国文学 35 篇，新西兰文学 1 篇，文学理论 5 篇，访谈 4 篇和会议综述 1 篇。从论述对象的时间分布来看，该刊具有明显厚今薄古的倾向，其中英国文学论文涉及 19 世纪以前作家的仅有 1 篇，美国文学基本上都是 20 世纪以来的作家。在当代英美文学研究中，种族研究又占据着主导的地位：在涉及英国当代文学的 5 篇论文中，有 3 篇是族裔文学；美国族裔文学更是突出，有 17 篇之多，几乎占了总数的一半。从文类来说，小说占绝对优势，共有 40 篇，诗歌和戏剧则备受冷落，分别有 6 篇和 4 篇。该刊很有特色的一点是，增设了访谈文章，这有助于突破大文类意识，将个人反思与专项研究结合起来，保留鲜活的口述历史。

《跨文化对话》由北京大学跨文化研究中心、南京大学比较文学与比较文化研究所、中国文化书院跨文化研究院和欧洲跨文化研究院联合主办，所刊发的论文一般具有跨文化和比较的视野。2015 年该刊出版了两辑，共 52 篇文章（不含主持人语），其中外国文学论文 27 篇，有 13 篇文章专门探讨“侨易学”。

通过对期刊文章的梳理可以看出，中国学人在考察世界文学共和国的版图时，具有极大的不平衡性，从地域方面来讲，依然以欧美文学为主，对非洲、阿拉伯世界、拉美研究不够，从时间方面来讲，重点关注现当代文学，尤其是族裔文学，对于文学“内部研究”略显缺乏。

（四）外国文学博士论文分析

博士学位论文的数量和质量，是衡量一门学科教学、科研实力的重要指标，也是代表这门学科发展方向的晴雨表。通过考察外国文学方向的博士论文，可以看出外国文学教学与研究的动态变化。我们选取“万方——中国学位论文全文数据库”和“中国知网——中国博士学位论文全文数据库”进行检索，以“学科专业名称”为检索途径，“外国文

① http：//cssrac. nju. edu. cn/uploads/file/20160329/1459216424117795. pdf，2016 - 10 - 26.

学”和“比较文学与世界文学”为检索词，同时参考“中国国家数据图书馆——馆藏博士论文与博士后研究报告数字化资源库”、国内高校图书馆的数据（更新截止到2016年10月15日）。由于目前尚有很多论文没有录入数据库，加上其他条件的限制，我们仅就目前所能收集到的论文做一番分析。

2015年与外国文学相关的博士论文共计95篇，其中比较文学与世界文学、英语语言文学和文艺学毫无悬念地位居三甲，分别有28篇、25篇和12篇论文，仅这三个专业就占总数的68.42%（见表15.10）。从作家的国别来看，英国和美国文学遥遥领先，分别有10篇和13篇论文，可见英美文学是外国文学研究的重点。然而，英美文学受关注的点又有所不同，其中有6篇英国文学论文讨论英国诗歌，7篇美国文学论文考察族裔文学——非裔美国文学占了4篇。由此可见，英国文学研究更专注于传统的诗歌体裁研究；美国文学则更多地关注种族因素，而非裔文学又一马当先，这与其文学成就也不无关系。

表15.10 2015年外国文学博士论文

二级学科	篇数	二级学科	篇数
法语语言文学	2	日语语言文学	6
德语语言文学	2	亚非语言文学	7
阿拉伯语语言文学	2	文艺学	12
西班牙语语言文学	3	英语语言文学	25
中国现当代文学	3	比较文学与世界文学	28
俄语语言文学	5	总计	95

若从世界版图来看，外国文学研究仍具有明显的西方中心色彩，欧美文学占据绝对主导地位。亚非拉三大洲文学仅有18篇论文，占总数的19%，与其人口数量、国土面积和文学成就很不匹配。即便在亚非拉文学内部，各地区之间也具有不平衡性：亚非语言文学有7篇论文（均研究韩国文学），日语语言文学有6篇，阿拉伯语语言文学2篇（均为埃及文学）。可见，韩国、日本是亚洲文坛的霸主，广大的非洲和拉美文学仍拓展不足。从语言的角度来说，研究英语作家、作品、文论的论文有47篇，除英语语言文学25篇外，还包括比较文学与世界文学18篇和文艺学4篇，可见即便在比较文学与世界文学专业，英语依然占据垄断地位。

中外文学关系是外国文学，尤其是比较文学研究的重要组成部分。这类论文仍属影响研究的范畴，2014年以此为主题的博士论文占比较文学论文数的15%，在2015年这一比例上升到21%。值得指出的是，中国学派不能仅仅局限于研究内容的中国化，它更应该是一种中国视角，即采用超然于研究对象之外的第三方立场，考察外国文学与外国文学之间的关系，这种外外比较的模式，或许能为比较文学学科提供一种新思路。通过以上管窥蠡测，我们大致能把握2015年外国文学教学与研究的基本现状。从研究队伍来讲，总体上趋于稳定。

外国文学教学与研究事业，需要外国语言文学和中国语言文学的共同推动。随着研究的持续深入和全球化的发展，两个学科之间的合作会越来越密切，国际对话和交流已成为一种常态，2016 年的很多学术会议都体现了这一点。各类外国文学学会积极参与并组织学术活动，有条不紊地推进着我国外国文学研究事业的发展。外国作品和专著的翻译一片繁荣，各大出版社对经典作家、作品的出版不遗余力，对大奖作家、作品的追逐力度有增无减，同时也有意识地弥补世界文学的版图，引进了不少冷僻地区的作家作品。外国文学研究者的学术论著硕果累累，主要有三个方面的侧重点：一是对本学科学术发展史的回溯与发掘；二是对本学科基础理论的探讨与构建；三是密切结合中国情境，体现中国特色，对当前的一些热点、难题、疑点和焦点问题作出回应。特别是申丹、王邦维等外国文学顶尖级学者，能够站在新中国外国文学研究 60 年的节点上，带领庞大团队，对学科发展史进行回顾、梳理、总结、反思，体现了较高的学术自觉性，也为进一步开拓学术研究思路奠定了坚实基础。

（五）外国文学领域的学术成果

自 20 世纪初以来，翻译成为我国引介外国文学经典、促进中外文学交流的重要推手。进入 21 世纪以来，中国对外国当代文学作品的译介、跟踪和研究更加系统，也更加及时。2015 年，我国共出版外国文学及研究译作 3 014 种，中国学者的外国文学研究专著 435 种（其中包括 33 种外国文学读本）。这些译作在六大洲的平均分布比例为：欧洲 68. 51%、北美洲 29. 56%、亚洲 6. 6%、拉丁美洲 1. 3%、非洲 0. 96%、大洋洲 0. 29%；译作数量最多的前 10 个国家分别为：英国、美国、法国、德国、意大利、加拿大、俄罗斯（含苏联）、瑞典、奥地利和韩国（见图 15. 1）。[①]

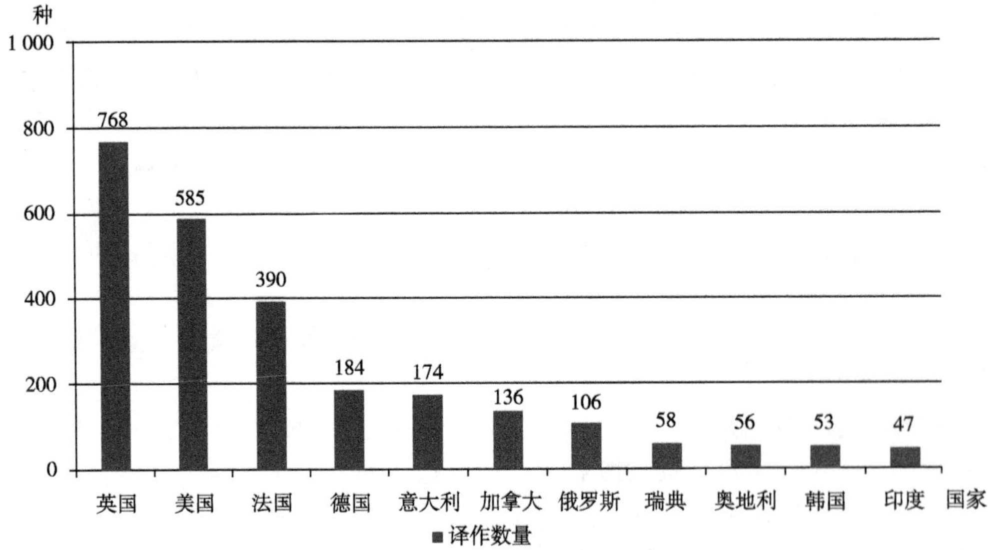

图 15. 1　2015 年文学翻译作品国别分类

1. 图书翻译出版成果

2015 年外国文学图书的出版方兴未艾，仅人民文学出版社一家，就出版外国文学作品

---

① 中国版本图书馆月度 CIP 数据精选［J］. 全国新书目，2015（1 – 12）.

421 种，其中新书 111 种，再版书 310 种。外国文学经典历来是人民文学出版社的一块金字招牌，2015 年人民文学出版社隆重推出精装本“名著名译丛书”，并配有精美的原版插图，首辑发行 60 种；携手中国翻译协会，精选杰出译者的代表性译作，分辑出版“中国翻译家译丛”，第一辑发行 20 种。[①]

不只人民文学出版社重视经典作品，很多出版社都有一股经典情结。上海三联书店稳步推进世界名著名译文库系列丛书，发行 39 种经典作品；此外，还推出“文化生活译丛”，出版了诺贝尔文学奖得主帕特里克的《镜中瑕疵》、爱默生的《论自然》、茨威格的《人类群星闪耀时》等名作。上海译文出版社发行“巴别塔诗典”系列丛书 5 本，译介各种语言中的诗歌经典，还首次以原作独立版的单行本形式，推出新版《博尔赫斯全集》(第一辑 16 种)。2015 年广西人民出版社发行精装本“大雅诗丛”，在第一辑外国卷中收录了经典诗人曼德尔施塔姆、普拉斯、沃尔科特、史蒂文斯的作品。中俄两国继续推进“中俄经典与现当代文学作品互译出版项目”双边计划，2015 年出版了 13 部俄文译作。吉林出版集团有限责任公司将“草月译谭系列图书”转向日本经典文学，翻译了世阿弥的《风姿花传》和《日本谣曲选》。上海文艺出版社在接力人民文学出版社短经典系列后，2015 年延续了这套丛书的特点，向中国读者展示现当代世界短篇小说的名家名作。

各出版社对经典作品一版再版，其实不无市场因素的考量。虽然现实生活日新月异，社会思潮千变万化，但是经典作品历久弥新，从来就不缺读者。人民文学出版社推出的“名著名译丛书”极受欢迎，问世不足一年就已加印三次。那么 2015 年最受欢迎的外国文学作品和作家分别是哪些？下面我们通过量化分析来回答这一问题。

表 15. 11、表 15. 12 中的数据清晰地表明，2015 年最受欢迎的作家、作品大多是影响深远的经典，其中也不乏一些耳熟能详的通俗作家、儿童作家及其读物。实际上，这两个排行榜基本上与教育部大纲所规定的中小学生必读书目一致。由此可见，中小学生是外国文学作品的一个巨大读者群，其数量足以左右排行榜。然而，这两份名单几乎清一色的欧美风，在很大程度上反映出我国外国文学从业人员的知识背景。

表 15. 11　2015 年外国文学作品出版排行榜

序号	书　名	版次
1	《钢铁是怎样炼成的》《童年》	29
2	《格林童话》《海底两万里》	27
3	《安徒生童话》《一千零一夜》	23
4	《格列佛游记》《伊索寓言》	22
5	《八十天环游地球》	21
6	《福尔摩斯探案集》	19
7	《简·爱》	18
8	《绿山墙的安妮》	16

① 各种数据由人民文学出版社外国文学编辑于壮提供，在此表示感谢。

续表

序号	书　名	版次
9	《鲁滨孙漂流记》《汤姆·索亚历险记》	14
10	《爱的教育》《老人与海》《尼尔斯骑鹅旅行记》《小王子》	13
11	《傲慢与偏见》《巴黎圣母院》《金银岛》	12
12	《吹牛大王历险记》《格兰特船长的儿女》《柳林风声》《鲁滨逊漂流记》《秘密花园》《偶奇遇记》《欧也妮·葛朗台》《雾都孤儿》	11
13	《爱丽丝漫游奇境》《悲惨世界》	10

表 15.12　2015 外国作家译作排行榜

序号	作　家	作品数
1	凡尔纳	65
2	毕翠科斯·波特	34
3	柯南·道尔	26
4	巴尔扎克	19
5	雨果	18
6	托尔斯泰、蒙哥马利、贾尼·罗大里、夏洛蒂·勃朗特、莎士比亚	16
7	奥斯特洛夫斯基、高尔基、泰戈尔、狄更斯	15
8	马克·吐温	14
9	刘易斯·卡罗尔	13
10	梅勒	12
11	安徒生、西顿、斯威夫特	11
12	格林兄弟、普希金、大仲马、莫泊桑、笛福、培根	10

获奖作家、作品是各大出版社关注的焦点，他们往往会在第一时间全方位地跟进和译介。2015 年，白俄罗斯作家 S. A. 阿列克西耶维奇获诺贝尔文学奖的消息一出，迅速引领了国内图书市场出版和翻译的潮流。花城出版社和九州出版社相继发行她的 4 部作品：《锌皮娃娃兵》《我是女兵，也是女人》《我还是想你，妈妈》《切尔诺贝利的哀鸣》。上海文艺出版社重点策划了 2014 年诺贝尔文学奖得主莫迪亚诺的作品，出版“99 帕特里克·莫迪亚诺作品系列”8 卷。译林出版社将塞巴斯蒂安·巴里、安德鲁·林赛、玛丽·尼米埃等近年来大奖作家的作品译入国内，出版布克奖得主朱利安·巴恩斯的作品《脉搏》《英格兰，英格兰》。

除经典作品和文学奖之外，不少出版社也致力于填补外国文学的版图。2015 年，五洲传播出版社继续推动“中阿典籍互译出版工程”，出版《阿拉伯女骑手日记》等 4 部图书，为构建现代文化“丝绸之路”添砖加瓦。中央编译出版社打造“西班牙语文学译丛”，首次出版巴拉圭作家胡安·曼努埃尔·马科斯的代表作《甘特的冬天》、哥伦比亚作家路易斯·费尔南多·阿法纳多尔的短篇《匆匆半生路》和西班牙女作家索莱达·普埃尔托拉斯的《擦肩而过》，进一步拓展了我国读者对西班牙语文学的认知。花城出版社出版"蓝色东欧"系列丛书第四辑，重新审视和梳理东欧文学，试图构建其文学版图。

2. 刊物发表的译文

2015 年，在各类刊物上发表的外国文学译文如恒河沙数，难以统计。为此，我们主要聚焦《世界文学》《译林》和《外国文艺》三本期刊，对上面刊登的译文进行量化分析。之所以选择这三家刊物，原因有二：一是从时间跨度上说，这三家刊物均已创刊超过 30 年，运作机制成熟，在很大程度上代表了我国翻译界的最新动向。二是从内容上来看，由中国社会科学院主办的《世界文学》发表的译文精品很多，显示出明显的话语权的把控力；上海译文出版社发行的《外国文艺》，颇似同人刊物，主要译介当代外国文学作品和理论，反映了外国文学的思潮和动态；译林出版社发行的《译林》，学术性较高，同时兼顾市场效益，译介了不少通俗文学。这种分类具有化约主义的倾向，不足以概括各家刊物的全貌，但它们各有偏重，相互补充，可以较为完整地呈现我国 2015 年译文的全貌。

从 2015 年三家期刊译文的国别分布来看，美国和俄罗斯是世界文坛当仁不让的霸主，两国的译文共有 89 篇，几乎占总数的 43%。这主要是因为《译林》和《外国文艺》对美国文学和俄罗斯文学的偏爱，分别刊登了 35 篇和 32 篇译文，占各自译文总数的 45% 和 44%。若综合考虑各个国家的地理分布，可以清晰地看出，欧美文学在世界文学共和国里具有压倒性的优势，所占的比重超过了 70%。由此可见，即便在实现中华民族伟大复兴的今天，世界文学的天平依然向欧美倾向。从文类统计来看，传统的三大文类命运各不相同：小说一直是译介的重点；诗歌则始终不温不火；戏剧备受冷落，只有两篇译作。三大文类迥异的命运，不仅反映出当前中国学人对外国文学文类的取舍，也体现出广大外国文学读者的期待视野。下面我们以发表译文最多的《译林》为个案，做进一步的分析。

从 2013—2015 年《译林》文章的国别分布来看，最受关注的三个国家无疑是美国、日本和英国，其作品几乎占了《译林》文章总量的 70%；而且这一比例在逐年增长，2015 年甚至超过了 75%，其中增幅最大的是美国，2015 年比 2013 年多了 13 篇。最直接的原因在于，2015 年《译林》加大了中篇小说的译介力度，篇数增长到了 18 篇，而美国作品占了 11 篇，其中凯瑟琳·海尼一人就有 5 篇。然而，这也间接反映出《译林》对美国文学的偏爱，将扩版的文章几乎全部给了它。就语言来说，英语文学在《译林》傲视群雄，而且所占的比例在逐年增长，2013 年、2014 年、2015 年所占比例分别为 57.63%、63.49%、64.94%。西班牙语文学在前两年是一片空白，2015 年出现了 4 篇短篇小说，这与上海文艺出版社引进诺贝尔文学奖热门作家哈维尔·马里亚斯的作品不无关系。从文类来看，小说是《译林》最重视的文类，不仅分类细致，按篇幅分为短篇、中篇和长篇；而且在数量上碾压其他文类，并呈现逐年递增的趋势，尤其是短篇和中篇小说，这固然受制于篇幅因素，但也可看出《译林》旨在为小说译介提供一个平台。如果说诗歌是聊胜于无的点缀，那么戏剧则完全被打入了冷宫，三年内只刊登了一篇，这种冷清是戏剧在我国外国文学研究领域的一个缩影。

三家刊物都对热点事件及时跟进，积极策划相应的专题。2015 年适逢中俄青年友好年和俄罗斯文学年，又是纪念反法西斯战争胜利 60 周年，对俄罗斯作家作品和反法西斯作品的译介，成为反映时代热点的一个窗口。

《外国文艺》重点策划了"俄罗斯外交官及苏联国家的当代文学""苏联国家的当代文学""俄罗斯青年作家"等专题；《世界文学》推出"格奥尔基·伊万诺夫小辑""外国反法西斯作品小辑"；《译林》出版了一些与"二战"有关的作品，如选译了林永得《南京大屠杀：诗篇》中的《南京安全区》和布莱德·索尔的《雅典娜计划》。

三家刊物瞄准各种国际文学大奖，策划诺贝尔文学奖、龚古尔小说奖、布克文学奖等得主的专题，如《外国文艺》重点组织了诺贝尔文学奖得主莫迪亚诺和布克奖得主弗拉纳根的专题；《世界文学》各期都推出"莫迪亚诺小辑"，《译林》关注龚古尔文学奖、俄罗斯文学奖，并即时报道普利策小说奖、日本书店奖等。此外，三家刊物有意识地填补国内外国文学的一些空白，如《世界文学》推出"以色列女作家小说专辑""蒙古文学专辑"，《译林》译介各国女性作家作品，《外国文艺》译介阿塞拜疆、智利等国的作家作品。

3. 学术译著的出版

中国版本图书馆月度 CIP 数据精选目录显示，2015 年我国翻译外国文学研究专著 46 部，其中作家作品研究 27 部，文学理论 10 部，文集 5 部，文学史 4 部。美国、法国和英国的著作位列前三名，各有 19 部、7 部和 6 部，所占的比重分别为 43%，15% 和 13%。[①] 这个统计数字很不全面，但限于时间关系，我们暂时无法提供更为权威的统计结果。为此，我们借助 CALIS 联合书目数据库，对北京大学出版社、三联书店和商务印书馆进行个案搜索。据统计，2015 年北京大学出版社共有外国文学译著 12 部，其中 10 部为欧美著作（9 部译自英语、1 部法语），2 部日本作品；三联书店有 4 部译著，其中 3 部欧美著作（俱为英语），1 部日本著作；商务印书馆有 5 部译著，全都来自欧美，其中法语 3 部、德语和意大利语各 1 部。这些数字虽然挂一漏万，但大致能反映出我国外国文学学术译著依然以欧美为主。

各种学术译著的引进，表明我国学者以积极的姿态参与中外文化交流，通过他山之石，为中国的外国文学研究提供一种工具，注入一种新的活力。这些学术专著有不少是领域内的扛鼎之作，有利于推动外国文学研究与教学的发展。不过，学术著作的翻译弥漫着强烈的西方中心倾向，这不利于突破西方的话语体系，这是从事外国文学研究的学者需要时时警惕的倾向。

（六）举办学术会议情况

2015 年与外国文学相关的学术活动不胜枚举，因数据来源有限，现仅就有公开报道的重要会议信息列表展示（见表 15.13）。

---

① 中国版本图书馆月度 CIP 数据精选［J］. 全国新书目，2015（1－12）.

表 15.13　2015 年外国文学教学与研究重要会议

序号	会议名称	时间	地点	主办及承办单位	主题	参会人数	类别
1	中国比较文学终身成就奖颁奖典礼、“中国比较文学研究的回顾与展望”学术研讨会暨青年教师高研班	4.11—12	四川成都	中国比较文学学会、四川大学文学与新闻学院	中国比较文学研究的回顾与展望	100	比较文学
2	“当代西方文论的有效性”国际高层论坛	4.17—18	北京	中国文学批评研究会、中国社会科学院文学研究所、中国社会科学院外国文学研究所、中国社会科学出版社	当代西方文论存在的问题及有效性、当代文论的建构	100	西方文论
3	重庆市莎士比亚研究会第八届年会暨莎士比亚 451 周年诞辰纪念大会	4.18	重庆	重庆市莎士比亚研究会、重庆市翻译家协会、四川外国语大学	舞台内外的莎士比亚	100	英语文学
4	第五届英美文学国际研讨会	4.24—25	上海	上海外国语大学英语学院与文学研究院	历史书写与文化阐释	328	英语文学
5	“全球化背景下的俄罗斯文学与文化”国际学术研讨会暨中国俄罗斯文学研究会年会	4.24—28	陕西西安	中国俄罗斯文学研究会、西安外国语大学俄语学院	全球化背景下的俄罗斯文学与文化	114	俄语文学
6	“文学与疆界”全国学术研讨会	5.23—24	河南开封	《外国文学》编辑部、河南大学外语学院	文学与疆界	100	外国文学
7	中国外国文学学会第十三届年会暨学术研讨会	5.29—31	四川成都	中国外国文学学会、四川大学	外国文学与国家认同	150	外国文学
8	“文学与跨国研究的中西对话”国际学术会议	5.29—6.1	湖南湘潭	湖南科技大学外国语学院	跨国研究	100	外国文学
9	中国外国文学学会英语文学研究分会第四届年会	6.13—14	北京	中国外国文学学会英语文学研究分会	族裔研究、生态研究、比较研究、文学的跨媒体改编、文学教学等	309	英语文学

续表

序号	会议名称	时间	地点	主办及承办	主题	参会人数	类别
10	中国文学与比较文学国际学会双年会	6. 18	上海	复旦大学中华文明国际研究中心	旅行的文本、影像与媒介	150	比较文学
11	“21 世纪外国重要作家专题研究”研讨会	7. 3—6	江苏常州	南京大学《当代外国文学》编辑部、常州理工大学	21 世纪外国重要作家	160	外国文学
12	第四届东北亚语言、文学与翻译国际学术论坛（NAST）	7. 24—26	内蒙古通辽	内蒙古民族大学	外国语言、文学、翻译研究与外语教学的理论与实践	117	外国文学翻译
13	中国外国文学学会教学研究会 2015 年年会	8. 9—12	河南开封	中国外国文学学会教学研究会、河南大学	外国文学教学与人文素质培养	136	外国文学教学
14	中国高等教育学会外国文学专业委员会成立 30 周年纪念大会暨“30 年来中国外国文学教学与研究新发展”全国学术研讨会	8. 17—19	吉林长春	中国高等教育学会外国文学专业委员会、东北师范大学	30 年来全国高校外国文学教学与研究新发展	180	外国文学教学研究
15	“创新与融合：21 世纪多元化语境中的外国文学研究”学术研讨会暨辽宁省外国文学会年会	9. 24—25	辽宁大连	中共辽宁省委宣传部、辽宁省外国文学学会、大连外国语大学	2015 年外国文学研究的“创新与融合”	100	外国文学
16	中国外国文学学会英国文学研究分会第十届年会暨学术研讨会	10. 16—19	山东济南	中国外国文学学会英国文学研究分会、山东大学外国语学院	英国文学近期的发展动态、研究方法和远景展望	400	英语文学
17	“思想与方法：何谓世界文学？地方性与普世性之间的张力”国际高端对话暨学术论坛	10. 16—17	北京	北京师范大学文学院	思想与方法：何谓世界文学？地方性与普世性之间的张力	20	比较文学
18	中国比较文学学会教学研究会第六届年会暨学术研讨会	10. 24—27	新疆石河子	中国比较文学学会教学研究会、石河子大学外国语学院	比较文学教材内容的更新与教学体系的改革	50	比较文学

续表

序号	会议名称	时间	地点	主办及承办	主题	参会人数	类别
19	中国中外文艺理论学会第十二届学术年会	10.24	湖北武汉	中国中外文艺理论学会、湖北大学文学院	当代中国文论的话语体系建构	400	比较诗学
20	世界文学史与世界文学翻译话语新建构国际学术研讨会	10.30—11.1	江苏苏州	苏州大学文学院、苏州大学比较文学研究中心	世界文学史与世界文学翻译话语新建构	40	比较文学翻译
21	“学科交叉与当代外国文学研究”国际论坛	11.6—9	江苏南京	《当代外国文学》编辑部、南京理工大学外国语学院	学科交叉与当代外国文学研究	200	外国文学
22	“跨文化的文学理论研究与当代话语实践”学术研讨会暨全国“外国文论与比较诗学”第八届年会	11.13—15	广州	华南师范大学文学院、华南师范大学外国语言文化学院、全国外国文论与比较诗学研究会、中国社会科学院文学理论研究中心、华南师范大学审美文化与批判理论研究中心	跨文化的文学理论研究与当代话语实践	100	西方文论比较诗学
23	第五届叙事学国际会议暨第七届全国叙事学研讨会	11.11—14	云南昆明	中国中外文艺理论学会叙事学分会、云南大学人文学院、曲靖师范学院人文学院、云南大学叙事学研究中心	叙事学	200	西方文论
24	中国阿拉伯文学研究会2015年会暨学术研讨会	12.5	天津	天津外国语大学	阿拉伯现当代文学与社会、文化的变迁	70	阿拉伯语文学
25	第22届中外传记文学研究会年会	12.25—27	北京	北京大学世界传记研究中心、对外经济贸易大学文化资本与跨文化研究中心、中央民族大学外国语学院、西南大学外国语学院、中外传记文学研究会	碑传、墓志、悼词、遗嘱研究	70	传记文学

从表 15.13 所提供的信息中，我们可以得出以下结论：

1. 各种学术团体活动频繁，有力地推动了我国外国文学教育事业的蓬勃发展

据不完全统计，2015 年与外国文学相关的会议多达 25 次，其中八成超过 100 人，甚至有两次超过 400 人；开会的地点东到上海，西到石河子，北到通辽，南到广州，又不乏湘潭、武汉等中部城市。由此可见，我国外国文学学术会议较为频繁（平均每月超过两次），规模普遍较大，全国遍地开花。这表明各类学术团体活动非常活跃，它们在积极发展自身的同时，也有条不紊地推动了外国文学研究事业的繁荣，这些团体的活跃程度是我国外国文学现状的一个风向标。

2. 外国文学研究的进步，受惠于两个一级学科的平行发展和密切合作

在上述会议中，隶属外国语言文学和中国语言文学的会议分别有 16 个和 9 个，两个一级学科各自的发展，提升了我国外国文学研究的整体水平。不过，会议的学科归属有时并不清晰，往往水乳交融。随着跨学科研究的进一步发展，两个一级学科的合作必然会越来越密切，这对于外国文学研究来说是一件好事。

3. 外国文学研究具有跨学科、跨区域的特征，国际对话是一个普遍现象

外国文学学术会议的规模较大，国际会议已成为一种常态。根据上述统计，有一半以上的会议有国际代表参加；其中英语作为一门世界语言，在外国文学会议中举足轻重，有些会议的官方语言就是英语，如第五届叙事学国际会议暨第七届全国叙事学研讨会、“思想与方法：何谓世界文学？地方性与普世性之间的张力”国际高端对话暨学术论坛等会议语言之一就是英语。在这种情形下，单一学会或组织往往难以独撑大局，2015 年的绝大多数会议，由多个单位联合主办或承办，可以说已成为外国文学相关单位办会的主流方式。

附：外国文学专业委员会简介

外国文学专业委员会成立于 1985 年，以加强全国高校外国文学教师的学术联系，促进高校外国文学教学与研究的发展，推动国内外学术研究交流为宗旨。委员会现任理事长为东北师范大学校长助理刘建军教授，秘书长为北京大学出版社外语编辑部主任张冰教授。委员会秘书处办公地址设在北京大学。

第十六章

提升秘书学科建设水平
培养高素质秘书人才

——秘书学专业委员会专题报告

秘书学专业是大有可为的专业。秘书学专业教授的知识和技能是职场生存及发展的基本需求，秘书学专业毕业生就业面广，不受行业限制，就业优势显著。通过对秘书学专业教育的探索研究，可以提高秘书专业教育教学水平和人才培养质量。

一、秘书专业教育的深化改革与发展探索

从总体上看，秘书学专业教育属于国家职业教育的范畴。加快发展现代职业教育，是党中央、国务院作出的重大战略部署。2014 年 6 月 23 至 24 日，在全国职业教育工作会议上，习近平总书记和李克强总理都对加快发展职业教育作了重要指示，提出要用改革的办法发展职业教育。同年，国务院颁布了《关于加快发展现代职业教育的决定》，教育部等六部门印发了《现代职业教育体系建设规划（2014—2020 年）》，充分体现了党中央、国务院对职业教育的高度重视，为职业教育改革发展指明了方向，也为秘书学专业教育改革发展提供了根本遵循。因此，我们必须用改革的办法发展秘书学专业教育。当前和今后一个时期，我们应当做好以下几项工作。

（一）明确秘书学专业教育的科学定位

国务院颁布的《关于加快发展现代职业教育的决定》（以下简称《决定》）明确指出：中等职业教育是现代职业教育体系的重要基础，高等职业教育承担着调整高等教育结构的重要任务。其中，本科层次职业教育要着力培养应用型和技术技能型人才，专业学位研究生教育要以职业需求为导向、以实践能力培养为重点、以产学结合为途径，改革创新培养模式。这就为我们明确秘书学专业教育的科学定位提供了重要指导。我们应当形成这样的

共识：在社会主义市场经济条件下，秘书是公认的社会职业，秘书教育应当是一种职业教育，应当遵循职业教育的特点和规律；在2600多门学科中，秘书学属于应用学科，秘书学专业教育的目标是培养合格秘书人才，应当以职业需求为导向、以实践能力培养为重点；应当按照管理科学的思维来建设秘书学专业，开展专业教育。高职高专秘书学专业在这个问题上已经没有疑义，本科秘书学专业也不能脱离这个宗旨。尽管有些学生毕业后会从事秘书专业教学和理论研究工作，但那毕竟是少数，不能代表专业教育的大方向。

明确秘书学专业教育的科学定位很重要。从这点出发，我们希望教育主管部门从决策层面让秘书学专业回归管理学科的专业属性。开设秘书专业的普通高校、职业院校和秘书学专业教师，应当拓展专业视野，主动改革，自觉地基于行政管理视野来建设和发展秘书学专业。我们必须充分认识到基于行政管理是现代秘书职业的发展趋势，认识到秘书学专业学生的就业方向与岗位面向，认识到今天的秘书学专业已经不是传统意义上的秘书学专业，而应当面向更为广泛的行政管理和社会服务领域。在专业建设中，必须改变那种基于传统意义上的秘书人才培养理念，改变那种以党政秘书工作内容为主导的专业建设思维，改变那种以传统“三办”为核心的课程设置模式，改变那种坐而论道的教学方法。只有转变教育理念，坚持与时俱进，大胆改革创新，秘书学专业教育才能适应社会发展要求，焕发出生机与活力，成为高等教育众多学科专业中一道亮丽的风景线。

（二）加快构建现代秘书职业教育体系

1. 要创新发展高等秘书职业教育

根据《决定》精神，开设秘书专业的专科高等职业院校，应当密切产学研合作，培养服务区域发展的秘书人才，重点服务企业组织。开设本科秘书学专业的普通高校，也应当把培养应用型秘书人才作为教育目标，在教学中处理好“学”与“术”的关系，把二者很好地结合起来。有条件的高校，还应积极探索秘书专业学位研究生培养模式，研究建立符合秘书职业教育特点的学位制度，逐步形成定位清晰、科学合理的秘书职业教育层次结构。

2. 要加快普通本科高校秘书学专业教育转型发展

《决定》指出，要采取试点推动、示范引领等方式，引导一批普通本科高等学校向应用技术类型高等学校转型，重点举办本科职业教育。这就为开设本科秘书学专业的普通高校转型发展指明了方向。秘书学专业教育必须向应用技术类型转变，主动进行改革，包括培养模式、课程设置、教材编写、教学组织、教师聘用等各个方面，都应当进行大胆改革创新，建立起以秘书职业需求为导向、以秘书实践能力培养为重点、以工学结合为途径的秘书人才培养模式。

3. 要逐步完善秘书人才多样化成长渠道

应当健全“文化素质 + 秘书技能”、单独招生、综合评价招生和拔尖人才免试等考试招生办法，为秘书专业学生接受不同层次高等职业教育提供多种机会。要适度提高专科高等职业院校招收中等职业学校秘书专业毕业生的比例，适度提高本科高等学校招收职业院校秘书专业毕业生的比例。要逐步扩大高等职业院校招收有秘书实践经历人员的比例。要建立学分积累与转换制度，推进学习成果互认衔接，为秘书专业学生多样化选择、多路径成才搭建“立交桥”。通过深化考试招生改革，打通秘书专业学生从中职、专科、本科到研究生的上升通道。同时，应加快秘书职业教育与人力资源市场的开放衔接，为秘书专业学生在职场和校园流动转换提供便利。

（三）着力提高秘书人才培养质量

改革秘书专业教育的目的只有一个，那就是培养高质量的秘书人才，服务我国各类社会组织尤其是行政管理组织，提高领导水平和管理效率，为实现中华民族伟大复兴的中国梦贡献力量。如何提高秘书人才培养质量？当务之急应抓好两个方面。

一是要加强标准化建设，建立健全秘书学专业课程衔接体系。标准具有普遍的约束力。目前我国秘书学专业教育中存在的各种乱象，主要是缺乏统一的专业教学标准所致。因此，有必要加强秘书学专业标准化建设，包括教学计划、课程建设、教材建设、教学质量、实习作业、检验考核等，都应当建立起一套系统规范的专业教学标准，并且要得到有关部门的认可。建议由秘书学专业委员会牵头立项，组织全国高校有关专家，在集思广益、充分论证的基础上，编写出一套专业教学标准，并且应得到教育部门的认可。

专业教学标准建立后，应当依据标准进行规范化教学管理，从根本上减少专业教学的随意性，包括教学大纲、教材编写、考核方式等，都应当严格按标准实施。还应当充分利用现代信息技术，建设秘书学专业网络课程，编制秘书学专业数字化教材，制作秘书学专业多媒体课件，建设秘书学专业学科网站，开展秘书学专业网络教学，努力提高秘书学专业教育现代化水平。同时，我们应当适应经济发展、产业升级、技术进步和政府职能转变的需要，建立秘书专业教学标准和秘书职业标准联动开发机制。推进秘书学专业设置、秘书学专业课程内容与秘书职业标准相衔接，推进中等、高专和本科秘书学专业教育培养目标、秘书学专业设置、秘书学专业教学过程等方面的衔接，形成对接紧密、特色鲜明、动态调整的秘书职业教育课程体系，使中等、高专、本科三个层次的专业教育站在更为开阔的平台上，既有分工又有合作，为实现培养合格秘书人才的目标共同努力。

二是要推进秘书人才培养模式创新。按照习近平总书记职业教育要“牢牢把握服务发展、促进就业的办学方向”“坚持产教融合、校企合作，坚持工学结合、知行合一”的指示要求，在秘书人才培养中，应当坚持校企合作、工学结合，强化教学、实训相融合的教育教学活动。推行案例教学、工作过程导向教学等教学模式。加大实习实训在教学中的比重，创新顶岗实习形式，强化以育人为目标的实习实训考核评价。积极推进学历证书和秘书专业资格证书“双证书”制度。大力开展秘书专业技能竞赛，在提升秘书专业学生的专业能力上下功夫。据了解，在产教融合机制构建上，教育部会同有关行业组建了基本覆盖国民经济各门类的59个行业职业教育教学指导委员会，形成了教育与产业共同发展职业教育的组织机制。全国已建职教集团700多个，覆盖所在行业90%以上的学校，完善了职业院校治理结构和政府决策机制。秘书人才培养也应当采取同样的模式，建立同样的机制，适应时代发展的需要。

（四）建设一支高素质的秘书专业教师队伍

提高秘书专业教育质量，关键在于提高秘书学专业教师的能力素质。

第一，要把好教师选任关。秘书学专业综合性强的特点，决定了其对专业教师的素质要求必然较高。因此，有关院校和专业系室，应把热爱秘书专业教学、有一定秘书实践经验、教学与科研能力强的教师选调到秘书专业教学岗位上来，打好秘书专业教学的组织基础，还应探索实行多种来源的秘书专业教师队伍，包括学校编制内教师、政府购买服务岗位教师、企业兼职教师、社会聘用教师，改善教师队伍的组织结构。

第二，要持续加强专业培训。教育部明确要求，今后要实行五年一周期的专业教师全员培训制度，秘书学专业教师当然不能例外。为此，秘书学专业委员会要继续举办秘书专业师资培训班，今后可考虑分专业进行课程培训，争取各门课程轮训一遍。要选择全国最优秀的教师进行讲授和示范，确保培训质量。这样长期坚持下去，就会提升全国秘书学专业教学的整体水平，这是功德无量的好事。同时，还要落实秘书专业教师岗位实践制度，不断增强专业教学的实践性、针对性和有效性。

第三，要用好激励机制。秘书学专业委员会可通过评选秘书专业教学标兵、秘书专业教学名师、秘书专业优秀教材、秘书专业精品课程、秘书专业优秀课件、秘书专业教学案例等活动，激励秘书专业教师创先争优，不断提升秘书专业教学质量。

第四，要实行兼职教师制度。秘书专业教育实践性很强，有关院校要按照有关规定自主聘请秘书专业兼职教师，请他们传授秘书工作经验。有条件的高校应当和大中型企业共建“双师型”教师培养培训基地。

第五，要加强秘书职业教育科研教研队伍建设，通过召开专题教学研讨会、组织课题立项、组织评奖活动，激发秘书专业教师的积极性，不断提高科研能力和教学研究水平。

（五）努力营造秘书专业教育发展的良好氛围

由于各种原因，秘书职业的社会形象不太好，与此相联系，秘书专业的社会吸引力也在下降。面对这种形势，没有别的选择，更没有退缩的余地，必须在练好内功的同时，主动出击，迎难而上，加强宣传，努力营造秘书专业教育发展的良好氛围。

首先，加强对内宣传，争取院校各级领导将秘书专业教育摆在重要位置。任何工作，只要领导重视，摆上位置，就一定能办成，秘书专业教育也不例外。为此，秘书学专业教师在搞好专业教学的基础上，一定要想方设法，加强对各级领导的宣传，积极争取领导对秘书学专业教育的重视和支持。

其次，加强教学宣传，培养秘书专业学生的职业自信和职业精神。秘书学专业教师在专业教学中，一定要把立德树人教育贯穿始终，把我国秘书工作的优良传统教育贯穿始终，大力宣传秘书职业在人类社会发展中的重要贡献，宣传秘书队伍中的优秀人物，多为秘书专业学生提供正能量，增强他们的职业自信和自豪感，激励他们大力弘扬秘书职业精神，为掌握专业知识和技能打牢思想基础。

最后，加强对外宣传，努力消除社会舆论对秘书职业的偏见。应当从宏观与微观两个层面加强宣传。

在宏观层面，应当借鉴中央电视台组织中国汉字听写大赛和中国成语大赛等活动的成功经验，可以考虑策划组织中国秘书知识和秘书技能竞赛活动，也可在中央电视台“百家讲坛”栏目策划推出秘书专题讲座，大力普及秘书专业知识，宣传秘书人才的重要贡献和典型案例，这样可以起到很好的宣传效果，营造良好的社会氛围。

在微观层面，有关院校和秘书学专业老师，要充分利用专业招生、资格考证、人才招聘等有利时机，大力宣传秘书专业的特色和优势，消除家长和社会对秘书职业的认知偏见，提高秘书职业教育的社会吸引力。

2014—2015 年中国本科教育秘书学专业大学竞争力排行榜见表 16.1。

表 16.1　2014—2015 年中国本科教育秘书学专业大学竞争力排行榜

序 号	学校名称	水 平	开此专业学校数
1	四川师范大学	5★	67
2	云南师范大学	5★	67
3	广西师范大学	5★	67
4	陕西师范大学	4★	67
5	安徽财经大学	4★	67
6	湖南人文科技学院	4★	67
7	安徽师范大学	4★	67
8	延安大学	4★	67
9	河北师范大学	4★	67
10	西北师范大学	4★	67
11	金陵科技学院	4★	67
12	华北科技学院	4★	67
13	聊城大学	4★	67
14	云南农业大学	3★	67
15	忻州师范学院	3★	67
16	信阳师范学院	3★	67
17	安顺学院	3★	67
18	商洛学院	3★	67
19	哈尔滨学院	3★	67
20	长治学院	3★	67

注：资料来源：中国科教评价网。

二、秘书学专业实践能力培养路径

为了更好地提升秘书学本科专业教学质量，进一步推进秘书学人才培养能力的规格和要求，增强专业实践能力培养的目的性、针对性、系统性和可操作性，真正实现培养具有较高专业实践能力的应用型、复合型人才目标，以此推进秘书专业人才培养的改革与创新，深化专业的内涵建设，提高秘书人才培养质量。依据学校要求，按照协调性原则、全面性原则、顺序性原则、层次性原则，相关院校和秘书专业应开展秘书学专业实践能力培养提升的“提质工程”。

目前秘书学专业实践能力培养还不满足社会发展需要，在一定程度上没有体现普通高校、高职院校的特点。按照“人主流、有特色”的要求进行课程模块设置，能力培养途径多元化。秘书专业实践能力是指秘书的日常事务工作能力、秘书专项业务能力、秘书特别授权工作能力、秘书参谋咨询能力等，专业实践能力培养标准涵盖秘书专业人才所须掌握的各种专业基本能力与拓展能力。主要内容包括：

（1）基础能力培养：培养学生语言应用能力、计算机应用能力、语言使用与交际能力、经典文学艺术鉴赏与评价能力、公文写作能力、办公室事务管理能力、办公自动化及电子政务管理能力、社会调查与统计分析能力等。

（2）专业核心能力培养：沟通与协调能力、处事能力、行政能力、谈判能力、参谋与督察能力、秘书管理能力等。

（3）相关拓展能力培养：项目管理能力、项目论证与评估、农业秘书、农村文化事业管理与服务能力等。

（4）秘书伦理道德教育与思维训练：提升秘书文化与艺术素养，以便更好地适应秘书岗位要求。

秘书学专业实践能力的培养作为秘书学专业建设的“提质工程”，实现从传统中文的学科教育向重视能力培养的岗位职业教育转变。专业实践能力培养须理论教学与实践教学相结合，采取课堂训练、课堂情景模拟、实训室情景模拟、课程实习、教学综合实习、专题讨论、专家讲座、毕业实习、社会调查等方式，坚持实验、实习、实训及科研活动相协调，坚持课内与课外、校内与校外的有机结合，依据学生掌握专业实践能力的先后顺序，遵循由简单到复杂、由单项能力培养到综合能力培养的规律，达到培养卓越秘书人才的目标。

三、秘书专业教育的经验总结与工作展望

秘书学专业委员会将抓住全面深化改革的机遇，以服务秘书教育工作者为本，坚持“学术立会、服务兴会、规范办会”的指导思想，着力提高专委会学术工作实效，积极响应社会组织治理改革要求，切实增强大局意识、服务意识和改革意识，不断创新和扩宽秘书学专业委员会工作领域，不断提升服务和管理水平，加强秘书学教育建设，促进了秘书专业教育改革与创新。

（一）坚持学术立会，开展高水平学术活动

继续深入开展高水平学术活动，强调秘书文化建设的重要作用，更好地传承、发扬秘书优良传统，不断丰富优秀的秘书文化。加强内部刊物印制质量及发放工作。自 2002 年以来，秘书学专业委员会一直坚持每年出版学术年会专刊。为了提高办刊质量，更专业、更好地服务广大会员，自 2012 年开始，学术年会专刊由《办公室业务》杂志社负责编辑出版，随着会员数量的扩大，每年年会专刊发放数量都有增加，2015 年学术年会专刊发放量为 625 册。

（二）推进服务兴会，促进秘书学专业教育及秘书工作发展

1. 推进落实本科教材编写工作

2012年秘书学专业进入教育部的本科目录后，为了适应秘书专业本科教育的需要，秘书学专业委员会于2014年下半年经过深入细致的调研工作，确定了《秘书学本科人才培养方案》，为编辑秘书学专业教材作了必要的准备工作。2015年上半年秘书学专业委员会多次召开会议研讨，制定组织编写《秘书学本科专业教材工作方案》。

2. 努力实现秘书专业培训工作新突破

秘书专业资格证书培训工作是秘书学专业委员会日常工作，2015年9月，由秘书学专业委员会组编的《中国秘书速记专业资格证书培训教程》由化学工业出版社出版，与此同时，秘书学专业委员会组编的《中国秘书专业资格证书教程（2015年版）》也由人民大学出版社修订再版。这些教材与《办公室行政管理师资格证书教程》（国家行政学院出版社出版）一起组建为速记、秘书、行政管理师培训系列教程。这将使培训工作更加规范化、系统化，更具权威性，相关人员可以更加全面地学习办公室管理及秘书专业知识，扩宽秘书专业技能，从而更好地提高工作效率和工作水平，为各单位做好服务。

（三）落实规范办会，提高秘书学专业委员会工作质量和水平

1. 成功更换新版登记证书

按照高教学会下发的《中国高等教育学会分支机构管理办法》（高学会〔2015〕2号）文件精神，秘书学专业委员会严格管理内部组织，加强自身建设，积极配合高教学会各项登记申报工作。2015年3月，高教学会在秘书长会议上为秘书学专业委员会颁发了新的“中国高等教育学会秘书学专业委员会登记证书”。

2. 顺利完成财务管理移交

2015年3月，在高教学会秘书长工作会议上，高教学会对分支机构财务管理移交工作作出了部署；2015年6月8日，高教学会下发了《分支机构财务管理移交实施细则》。对这项工作，秘书学专业委员会十分重视，于2015年6月8日制订了《财务管理移交实施方案》，同年7月15日报请会长办公会研究，成立了由王世红、郝银奎、王振祥、王艳莉等4人组成的财务移交工作小组；报请高教学会批准，邀请教育部高教司原副司长、教育部高等教育教学评估中心原主任刘凤泰担任秘书学专业委员会监事。2015年7月24日高教学会专门召开了分支机构财务移交工作促进会。在刘凤泰监事的监督下，秘书学专业委员会认真整理财务资料及相关报告，在2015年学术年会前完成了所有准备工作，并在年会期间召开了理事会，并审议通过了相关工作报告。按照高教学会的要求，秘书学专业委员会于2015年9月30日向高教学会顺利完成了财务管理移交工作。

新的时期，新的起点，新的跨越。在高教学会领导与监督下以及广大会员支持下，秘书学专业委员会将继续在继承中发展、落实中提升，不断探索拓展新的工作领域，努力使各项工作打开新局面，实现新飞跃。

附：秘书学专业委员会简介

秘书学专业委员会成立于1990年9月，以开展理论研究为己任，通过组织学术交流和专业培训等形式，为提高秘书专业教育教学水平和人才培养服务。委员会现任理事长为北京高等秘书学院董事长兼院长王世红博士，秘书长为郝银奎。委员会秘书处办公地址设在北京。

第十七章

注重财经高校内涵发展
创新财经人才培养模式

——高等财经教育分会专题报告

人才是国家发展和社会进步的关键。2003 年《中共中央国务院关于进一步加强人才工作的决定》提出了人才强国战略。“十三五”时期是我国全面建成小康社会的决胜阶段，是党的“两个一百年”奋斗目标中第一个百年目标实现的关键时期，是国家全面推进国民经济和社会发展的新阶段，也是国家统筹推进世界一流大学和一流学科建设的开篇布局期，而人才培养，尤其是财经人才培养是其中的一个关键因素。2015 年 10 月，国务院印发的《统筹推进世界一流大学和一流学科建设总体方案》强调指出，要“突出人才培养的核心地位，着力培养具有历史使命感和社会责任心，富有创新精神和实践能力的各类创新型、应用型、复合型优秀人才”。高等财经教育在经济新常态下的地位与作用日益凸显，为了培养出高素质、高层次的财经人才，实现“十三五”规划目标，全国财经高校着重开展以下五项工作，并坚持“沟通联系，服务教育，架设桥梁，搭建平台”的服务理念，为各财经院校建设一流大学和一流学科贡献力量。

一、加强财经高校的思政教育

2012 年党的十八大报告《坚定不移沿着中国特色社会主义道路前进　为全面建成小康社会而奋斗》中提出：“教育是民族振兴和社会进步的基石，要坚持教育优先发展，全面贯彻党的教育方针，坚持教育为社会主义现代化建设服务，为人民服务，把立德树人作为教育的根本任务，培养德智体美全面发展的社会主义建设者和接班人。”由此可见，国家需要的人才不仅要有坚实的专业知识，还要有正确的道德观、价值观和良好的自身修养，所以高校在人才培养的过程中，不仅需要传授专业知识，还要注重加强思想道德修养。我国的财经高校是伴随着改革开放和市场经济的发展壮大而出现和迅速成长的一类特殊高校，是高等教育体系中的重要组成部分，总的办学目标是培养适应社会主义市场经济和信息化社会所需要的复合型高素质财经类专门人才。① 因此，财经高校的思想教育工作的意义可想而知，必须努力做好这项工作。

当前，我国财经高校学生在整体上是积极乐观、健康向上的，但随着教育的开放与改革，财经类人才培养日益暴露出一些问题。尤其是全球化的快速发展，使得不同的政治观念、文化习俗和生活方式相互碰撞，影响着财经类学生正确思想观念和行为的形成。一些大学生生活阅历还比较浅，容易受到这些不良因素的影响，形成拜金主义、享乐主义、功利主义，失去人生的追求目标。因此，财经高校应该高度重视思想政治教育工作，努力提高财经类学生的思想道德修养，以便更好地促进财经人才培养的健康发展。

全国众多财经高校都在各自的“十三五”规划中提出了各具特点的加强思想教育措施。

江苏财经职业技术学院着力加强社会主义核心价值观教育，努力实现“五个一”的发展目标，即：构造一个具有学校鲜明特色的文化育人体系，建造一批具有一定社会影响的融职业性、专业性、地方性文化内涵为一体的育人基地，营造一个全体师生健康成长成才的良好文化环境，打造一套具有坚实理论支撑的江苏财经职业技术学院文化育人体系，创造一个具有全国领先地位的校园文化建设和文化育人成果；同时做到“三个结合”，即：把学生的思想政治教育和职业理想结合起来，把职业精神培育和职业技能训练结合起来，把专业文化与产业文化、优秀企业文化结合起来。

河北经贸大学将“大宣传”格局与加强思想政治教育紧密结合起来，打造思想政治教育的全媒体平台，特别是主动占领网络思想政治教育阵地，牢牢把握网络教育的主动权，打破思想政治教育的时间、空间限制，让思想政治教育更加贴近学生生活，取得扎实成效。

广西财经学院重视新媒体的应用，计划建设“三微一端”的新媒体应用推广平台，做好新媒体宣传工作策划，以栏目化、专题化的建设思路推进学校新媒体建设工作，实现新媒体与网站、纸质媒体、宣传栏等传统媒体的良性互动，发挥新媒体引领校园舆论的作用。加强校园各级网站、学校各种微信公众号、QQ 群等公众媒体的安全防护，牢牢守住校园网络社会主义主流意识形态主阵地。

湖北经济学院充分发挥思想政治理论课主渠道作用，深化思想政治理论课教育教学改革，增强思想政治理论课实效性和感染力；做好形势与政策教育，增强时效性，以重大活动、节庆日和纪念日为契机，开展爱国主义教育；完善大学生思想政治教育工作机制，创新大学生思想政治教育方式方法，落实辅导员直接责任，推进“青年马克思主义培养工程”。

重庆工商大学深入开展大学生文明修身行动、辅导员家访、党员服务站、“新儒商”精神培育活动等特色学生工作，以“感动校园人物”“校长荣誉奖”等评选与表彰活动为抓手，拓展和创新大学生思想政治教育的有效途径，提高大学生思想道德素质和综合

① 宋丽丽．经济全球化背景下财经类高校的思想政治教育工作［J］．中国乡镇企业会计，2012（11）．

素质。

山西财经大学深入开展“两学一做”学习教育和“一学一养”主题活动，巩固全校师生团结奋斗的共同思想基础；按照“立德树人是根本、安全稳定是底线、严管厚爱是方法”要求，实施“思想政治教育质量提升工程”，培育和践行社会主义核心价值观，把思想政治教育贯穿于学生培养全过程。

2016 年，高等财经教育分会为贯彻落实中宣部、教育部《普通高校思想政治理论课建设体系创新计划》，进一步提升财经类院校思想政治理论课教育教学效果，在内蒙古财经大学组织召开了高校思想政治理论课建设体系创新计划研讨会。与会代表进行了深入的研讨，并就思想政治课课程体系创新等问题达成了共识。各高校参会代表希望高等财经教育分会进一步强化财经高校思想政治教育部门之间的合作交流，建议每年召开财经院校马克思主义学院（思想政治工作部）院长工作论坛，院长论坛集中在工作方面，专门研究与马克思主义理论学科、马克思主义学院、思想政治课建设等相关工作问题；加强各高校内部不同专业教师之间、高校之间思想政治教育教学的交流与合作，积极推进资源共享，如建立思想政治教育联盟等；增加并丰富会议内容，如增加教学竞赛等；积极建设思想政治教育协作委员会刊物《光华思想政治教育论坛》，努力发挥刊物的交流平台作用。

二、发展财经高校创新创业教育的举措

在全球化浪潮下，国际上已经基本形成了“创新创业型人才是第一战略资源”的共识。2010 年教育部《关于大力推进高等学校创新创业教育和大学生自主创业工作的意见》从我国高等教育的现实状况和中长期教育发展目标出发，将创新教育与创业教育相结合，提出了“创新创业教育”的表述。2015 年 5 月 4 日，《国务院办公厅关于深化高等学校创新创业教育改革的实施意见》从教育改革的高度，提出把创新创业教育作为深化高等教育综合改革的突破口，明确制定了高等学校创新创业教育的总体目标——到 2020 年建立健全课堂教学、自主学习、结合实践、指导帮扶、文化引领融为一体的高校创新创业教育体系。

财经高校创新创业教育的重点在于财经类创新人才的培养。大学生一般都具有创新和创造的潜能，如果能通过创新创业教育进行有效开发，将会更好地实现就业和创业。[①] 因此，切实做到将创新创业教育融入财经高校的人才培养体系至关重要。财经高校要将创新创业型人才培养纳入专业人才培养方案，在培养专业人才的知识、能力、素质的基础上融合创新创业教育，从培养学生积极适应就业岗位教育转变为不仅能适应岗位要求更能在岗位上进行开拓创新和开拓创业的教育，以知识本位转变为以能力、素质为导向的人才培养目标。财经类创新创业教育主要侧重于两个方面。

（一）将创新创业教学与专业教学相融合

在财经类的专业课程教学过程中，根据课程内容和特征，适当增加创新创业教学内

① 李家华，卢旭东．把创新创业教育融入高校人才培养体系［J］．中国高等教育，2010（10）．

容，将学术发展前沿、最新研究成果和实践活动经验融入课程教学，促进专业教育与创新创业教育有机融合，给专业教育注入新鲜血液，激发学生对专业知识的兴趣，使学生在深刻理解学科专业内涵基础上开展创新创业实践。例如，安徽财经大学举办创新创业教育实验班、拔尖人才实验班，改革优化课程体系与教学内容设计，融专业教育与创业教育为一体，开设跨学科专业的交叉课程，科学重组和有效整合课程资源，拓宽专业口径，探索建立跨院系、跨学科、跨专业交叉培养创新创业人才的新机制。广西财经大学面向全体学生开设含理论、实践的多种创新创业课程；各专业设置创新创业方向模块；依托创新创业教育园、大学生创业园等构建财经创新创业教育体系。

（二）以市场为导向，走产学研结合之路

这将有助于巩固学生课本知识，强化其创新创业等实践意识。经实践检验，校企合作是产学研结合的有效途径。例如，重庆工商大学与10余个地方政府、60余家企（事）业单位建立了战略合作关系，进一步集聚、整合了优质资源，为提高办学水平提供了强大支撑。江苏财经职业技术学院建立了今世缘营销学院、紫金保险学院、中央新亚管理学院、京东商城电商学院、新道创新创业学院等校企合作二级学院，以及中锐汽车商务基地、用友会计人才培养基地等多个校企合作发展基地，并计划到2020年建成产教深度融合、校企紧密合作的办学实体2～3个，在校企专业共建、课程共担、教材共编、师资共训、基地共享、人才共育、课题共做、质量共评等方面取得成效，形成3～5个以产学研结合和订单式培养为特色的专业。

高等财经教育分会贯彻落实《中共中央国务院关于深化体制机制改革加快实施创新驱动发展战略的若干意见》《国务院关于深化高等学校创新创业教育改革的实施意见》精神，联合各财经类高校创新创业教育部门，共同研讨创新创业教育理念、方法和育人机制，推进财经类高校间创新创业教育合作与交流，举办了2016全国财经院校创新创业院长论坛，通过对创新创业教学的探讨、对创新创业研究的思辨，以及高校创新创业师资的交流，对提高我国财经院校创新创业教育水平起到了积极作用。高等财经教育分会联合上海高校创新创业教育联盟共同主办的“冠生园杯”全国财经院校创新创业大赛，旨在打造成为全国财经院校有品牌影响力的创新创业大赛，培养和提升广大财经学子的创造精神、创新意识和创业能力，充分展现经济管理的学科优势，突出财经院校创新创业教育特色。大赛为全国财经院校搭建起良好的交流互动平台，探讨财经院校以服务为特色的“服务+”创业模式创造了条件，具有积极意义。

除此之外，各大财经院校创新创业学院院长提出以下建议：组织编写创新创业教材；建设在线共享课程平台，制定课程开放学习认证和学分共同认定办法；举办高校创新创业师资培训；丰富大赛内容，开展财经院校各类创新作品竞赛；组织学生创客各类交流活动；搭建大学生创客集市平台或博览会等。开展这些丰富的活动将促进各大财经高校创新创业教育的发展，推动教学、就业等多部门来全面开展创新创业教育活动，从而促使学生在将来更具就业竞争力和职场发展潜力。

三、财经高校人才培养的国际化路径

21 世纪是以信息技术为特征的知识经济时代，而作为知识和技术载体的人力资源已冲破国界的束缚重新进行优化配置，进入国际经济的大循环中。人才国际化和教育国际化成为历史发展的趋势，且已成为 21 世纪综合国力竞争的主要标志。面对科技无国界、教育无国界、文化无国界和学习无国界的全球化时代，尤其是在国家积极实施"一带一路"等顶层战略背景下，高校有了更多的跨国、跨民族、跨文化交流、合作和竞争的机会，高校学生有了开阔的视野，国际化使高等教育面临前所未有的发展机遇。

中国经济深深地融入经济全球化的进程，势必对高等财经教育提出更高的要求和更多的挑战。高等财经教育必须培养出更多能够参与国际经济与贸易以及国际经济管理的高标准、应用型、国际化的商务人才，以满足国际化竞争的需求，使我国科技进步与经济发展进入良性循环的轨道，不断提升我国综合国力。在这个过程中，培养国际化财经人才的重要性尤为突出。

（一）财经人才培养国际化的重点在于加强校际合作

近年来，随着学生培养模式的逐渐成熟、固化，对学生培养质量以及合作办学成本与效益的反思，全国财经高校已经由一开始的"送出去"转变为"送出去"和"请进来"并存的办学项目模式，更多地寻求改进合作办学的新路径，并使国际化的目标诉求更加多元化。[①] 例如，在"十三五"期间，东北财经大学计划实施"大学生海内外研修计划"，支持学生参加短期国内外交流项目和国内外高水平大学的"暑期学校"，支持优秀本科生、研究生赴世界知名大学或研究机构参加短期访学、攻读学位和参加学术、文化活动。

首都经济贸易大学计划实施"海外交流提升计划"，丰富学生交换和暑期学校合作交流等项目，推进联合授课、学分互认、国际学位互授联授、联合培养等工作，提高学生赴海外交流比例，扩大学生国际视野；落实"留学首经贸计划"，实施"留学生教育吸引力提升工程"，吸引国外，尤其是"一带一路"沿线国家的优秀生源；加强优势专业、精品课程和特色研究方向建设。对外经济贸易大学计划推进与国外著名高校的本科生双学位项目，健全学生对外交流互换学分制度，奖励优秀学生、资助家庭贫困但有学习潜力的学生参与海外学习交换，争取 15% 的本科生具有出国留学经历；开展国内外联合培养项目，鼓励研究生参与国家公派留学项目，争取 60% 的博士研究生、25% 的科学学位研究生均具有出国留学经历；将学生的海外学习纳入培养方案，提高学生海外学习质量。

新疆财经大学根据所处的特殊地理位置，计划以中亚和俄罗斯为重点，开展多层次、宽领域的国际教育交流与合作；稳步扩大交换生规模，推进"1 + 2 + 1 中美人才联合培养"、"3 + 2"或"4 + 1"本升硕、海外暑期课程、学生海外文化体验实习等项目。

---

① 夏国恩，蓝勋．回顾与展望：财经类院校教育国际化的发展路径探索［J］．煤炭高等教育，2013（2）．

（二）财经人才培养国际化需要课程内容的国际化

课程国际化是指课程建设在国际观念的指导下，把国际的、跨文化的知识和观念融合到教学和课程中，使课程内容、课程结构、课程管理、教材建设、外语教学等形式，有利于培养具有跨文化沟通能力的国际性人才的课程建设过程。① 财经院校应当通过增设有关国际化方向的专业或在原有课程中增加国际化内容，建构系统的与国际接轨的课程体系和教学内容，实现国际化的培养目标。此外，由于外语是进行国际交流的重要载体，因此采用外语教学，强化学术外语的听说读写能力，让学生能够更好地理解课程的原意，提升教学的效果。例如，重庆工商大学计划到 2020 年，引进一批优质全英文授课课程，逐步建立与国际接轨的专业教学课程体系，建成全英文授课专业 3 ~5 个，打造全英文授课课程 130 门。

高等财经教育分会利用自身以往的优势，加强与国外高校、科研院所等机构的合作，如与密歇根大学等国外大学，通过合作研究、项目参与等方式，搭建国内外教学科研合作平台，大力推进财经院校与海外境外知名高校的交流合作，充分发挥高等财经教育分会的桥梁纽带作用。此外，高等财经教育分会还组织了全国财经高校的专业开展研讨会，如就金融学专业举办主题为“全国财经院校的金融教育国际化：理念、方式和经验”的论坛。各院校的金融学专家和教授各抒己见，就如何提高金融教育的国际化水平，有效拓展金融教育国际合作的广度和深度，以及改进教学方法，提高金融人才培养的质量，更好地服务于我国经济社会发展的全局等，分享了各自的思考与研究成果，共同探讨金融教育国际化的成败得失，相互交流国际化办学的经验，探索金融教育国际化有效方式。参会人员对此赞不绝口，高等财经教育分会将一如既往地推动财经院校各专业的国际化培养与发展工作。

四、财经高校的师资队伍建设

高校以育人为本，而与学生接触最多的是教师，对学生影响最深的也是教师，教师的素质直接关系到培养的人才的素质。因此，师资建设是高校工作的重要组成部分。1990 年以来，国家先后颁布了《教师法》《教育法》《教师资格条例》等一系列的法律法规，国务院也颁布了《中国教育改革和发展纲要实施意见》《中国教育改革和发展纲要》《教师资格条例》等行政法规。目前一些财经高校存在师资队伍结构不够合理、缺乏领军人才和学科带头人等问题。为了加强师资建设，财经高校要将重点放在以下几个方面。

（一）引进师资力量

引进优秀教师是师资工作中的重中之重。这是因为知名高水平教师是学校实力、地位、声望的象征，也是加强学科建设的关键。在这一方面，各财经高校都制订了详细和具

① 邱伟芬. 财经类高校课程国际化策略分析［J］. 高等教育研究，2009（3）.

体的计划。例如，在“十三五”期间，东北财经大学计划从长江学者、杰出青年基金获得者、“百千万人才工程”国家级人选等类别的高层次人才中引进2～3名学科带头人，聘为“特聘教授”；从海内外知名专家中引进3～5人，聘为“特聘兼职教授”或“海外院长”，并对“特聘教授”和“海外院长”实行特殊的考核办法和薪酬标准；通过人才引进和一般教师选调，到2020年专任教师总量达到1 000人左右，同时进一步优化师资队伍的学历结构、学缘结构、年龄结构、职称结构，具有博士学位的教师比例达到75%以上，非本校毕业的教师比例达到75%，具有海外博士学位的教师比例达到10%。

对外经济贸易大学计划完善海内外高层次人才引进制度，加大对引进人才的统筹规划及审核，采取切实措施引进“千人计划、长江学者、万人计划”学科带头人、高水平海外毕业博士，重点引进一批具有国际水准的学术带头人和具有较强国际竞争力的优秀中青年学术骨干；科学确定人力资源的规模与结构、投入比例和相关标准，理顺人才招聘程序，完善公开招聘制度，优化人才选聘机制，建立人才引进奖惩和问责机制，将人才引进成效作为学院领导的重要考核指标。

河北金融学院计划借鉴和引进国外先进的教学模式、课程体系、教学方法和管理经验，推动学校教育教学改革；继续吸引外籍教师来校任教或短期讲学，聘用外籍教师力争达100～120人次；推进海外高端引智工作，引进3～5名高水平专家。

山西财经大学计划实施“领军人才引育计划”，力争引进和培养10名左右长江学者和“千人计划”入选者、国家“百千万人才工程”入选者、国家杰出青年科学基金获得者、国家优秀青年基金获得者、“三晋学者”等，发挥领军人才对师资队伍建设的引领和辐射作用。

新疆财经大学计划以学科升级发展和学位点建设为聚焦点，通过引进、特聘、共享等多种方式，充实优秀人才队伍，确保每个重点学科达到西部地区高校同学科一流水平专家不少于2人，每个博士、硕士学位二级点导师数符合自治区生师比要求。

（二）提高师资水平

社会在不断进步，教师也同样需要紧跟时代潮流，不断提高自己的学术水平和教学水平，这样才能更有效地开展人才培养工作。例如，对外经济贸易大学计划让教师、管理干部通过多种形式到教育部、商务部、“一行三会”（中国人民银行，证监会、银监会、保监会）、海关总署以及驻外商务机构、地方市委、市政府等部门开展挂职锻炼、顶岗实践，提高实践能力和业务水平。

河北金融学院计划加快师资队伍“双师化”建设进程，鼓励教师考取高含金量的职业资格证书和技术等级证书，有计划地安排中青年教师到企业挂职锻炼，逐步提高“双师型”教师占比；加快师资队伍“博士化”建设进程，搭建平台，支持教师攻读博士学位，提升学历层次；加快师资队伍“国际化”建设进程，优先支持学术骨干赴海外高校研修，拓宽视野，提升学术水平。

广西财经大学计划实施“教师海外研修计划”，打造一支具有国际化观念和视野的教师团队；派出骨干教师参加国际学术交流和国际会议，提高教师教学和科研能力；支持并鼓励教师特别是青年骨干教师参与国际访学计划，学习先进的国际教育思想与方法。

江苏财经职业技术学院计划分类制订在职人员和校外兼职教师进修培训办法，有序开展国家级培训、省级培训、企业培训项目，鼓励和支持教师参加国家教育部、省教育厅举办的高级研讨班、骨干教师培训班和学术交流活动；实施“专业带头人国外培训、骨干教师境外培训、成长教师国内知名高校培训计划”。

内蒙古财经大学计划每年选派30名左右的优秀教师到国（境）外留学、研修、访学，全方位、多领域地推进国际合作与交流，拓展教师学术视野，增强教师国际学术背景，了解、把握相关学科发展的新方向、新趋势，提升相关学科的国际竞争力。

新疆财经大学计划实施“教学科研骨干人才海外研修计划”，每年派出20人；研修内容更加贴近“丝绸之路经济带”战略，更加符合学校人才培养、学科建设和科研发展需要。

（三）完善师资管理

随着高校的扩招，教师数量也随之增加，这就需要科学合理的管理方法，而师资管理的重点在于完善教师评价机制和激励措施。一方面，高校应根据自己的实际情况，制定适合自己的公平、公正、公开、科学合理的教师评价体系和考核方式。另一方面，合理有效的激励机制能够鼓励教师向先进榜样学习，争当先进个人；激发教师的工作积极性和主动性，促使教师不断地完善自我，最大限度地发掘自身潜力，提高工作质量；提升教师的工作满意度，吸引更多实践经验丰富的优秀人才，从而提高教师队伍整体水平。目前，我国各高校常用的教师激励机制主要有物质激励、目标激励、培训激励、精神激励等。物质激励主要是通过满足教师的基本物质需要来激发其工作的积极性，通常包括住房条件、工作环境和薪酬奖励；目标激励则需高校结合自身实际，把长远发展规划进行分解，将分解后的目标转化为各部门工作目标和教师个人目标，教师工作越积极，目标就越容易实现，激励效用就越大；培训激励是通过为教师提供进修、深造、培训等学习机会，对教师进行思想上、业务上的再教育，从而提高教师专业素养和工作能力；精神激励是一种看不见的激励，但这种激励方法维持时间最长久，主要包括情感激励法、榜样激励法、尊重激励法、文化激励法等。①

在师资管理方面，安徽财经大学改革职称评审制度，将教师分为教学为主型、科研为主型、教学科研并重型以及社会服务与推广型，实行分类管理、分类评价。

浙江工商大学探索以教学投入和教学效果为导向的薪酬分配办法，实施岗位评聘制度改革和人事分配制度改革，完善以业绩贡献和能力水平为导向的绩效考核评价体系，调动教师的积极性。

山东工商学院针对不同学科特点、不同岗位职责、不同发展阶段的要求，分别制订教学、科研等考核评价指标体系；同时创新薪酬分配方式，绩效工资与岗位职责目标、工作成效相契合，强调多劳多得、优劳优酬，强化绩效考核导向激励作用，建立与编制和岗位相结合的调动活力、重视效力、调控有力的绩效工资制度体系。

---

① 孙晓奇．完善教师激励机制，推动教师管理与评价改革［J］．科技展望，2017（6）．

上海对外经贸大学探索建立短聘、长聘、常任教职等与国际接轨的教师聘任制度，建立相对稳定有效的激励机制，吸引和留住人才；实行分类管理，科学设定不同岗位类型教师的岗位职责和评价标准，以岗位任务和聘任考核为抓手，完善绩效评价和激励制度，激发活力；探索完善短聘、返聘和双聘等不同类型教师的管理制度，提升师资队伍分类管理成效。

河北地质大学建立规范、科学、实用的人才考核评价体系，根据不同学科特点和教师类型制订人员考评办法，鼓励教师安心教学、潜心研究，促进教师多元发展；完善人才评议制度，建立高水平的人才评议专家库，推进评议主体多元化。

近年来，高等财经教育分会首先组织了财经高校不同专业的专家、教师进行交流研讨，充分发挥各大高校的师资优势，交流经验，彼此借鉴，相互取长补短。其次，针对人事部门及相关部门就人事与分配制度改革、教师岗位管理和考核评价、教师职后学习、师资培训培养等内容开展了充分的交流研讨活动，从而不断优化薪酬结构，积极推进绩效工资改革，改革并完善现有教师职务聘任、晋升和考核评价体系，推动教师队伍整体素质与业务水平的提高。再次，应各大财经院校的要求，计划组织开展高校人事制度改革、人才资源管理提升与师资队伍建设等相关内容的征文活动。各院校的师资管理各具特色，师资管理方法需要在实践中不断推陈出新，因此论文的征集将会有效推动师资建设的发展，优秀论文的出版发表也会促进师资管理的制度化、科学化，形成良性的发展格局。

五、财经高校人才培养模式的创新与探索

“创新高校人才培养机制，促进高校办出特色争创一流”，是党的十八届三中全会《决定》对高等教育改革发展提出的最直接、最明确的要求，关系到高等教育内涵发展和质量提高，也关系到高等教育强国梦和中国梦的实现。2010 年颁布的《国家中长期教育改革和发展规划纲要（2010—2020 年）》特别强调要通过“遵循教育规律和人才成长规律，深化教育教学改革，创新教育教学方法，探索多种培养方式，形成各类人才辈出、拔尖创新人才不断涌现的局面”，以及“注重学思结合，倡导启发式、探究式、讨论式、参与式教学，帮助学生学会学习，激发学生的好奇心，培养学生的兴趣爱好，营造独立思考、自由探索的良好环境”。

当前我国正处在经济转型升级的关键时期，创新人才培养机制、提高人才培养质量也随之进入一个十分重要和紧迫的阶段。近年来，教育部门和各财经高校在创新人才培养机制方面进行了一些有益的探索，取得了积极进展，积累了许多经验。各财经高校因地制宜地进行创新，摸索出符合自身实际情况的人才培养模式。

在“十三五”期间，东北财经大学计划充分利用现代教育技术，有效使用大型开放式网络课程（MOOC）、小规模限制性在线课程（SPOC）、混合式教学、研讨课程等形式，提高教学质量；积极推广小班型、研讨式教学，增加新生研讨课的数量，扩大参与面，在专业课程中推行研讨式教学，促进课堂教学模式的转变。

江苏财经职业技术学院计划利用世界大学城空间，开展翻转课堂教学改革；利用现代信息技术，通过未来课堂、智慧教室建设，实现智能环境控制、电子课程教学、移动学习、远程协作共享等教学方式变革。

湖北经济学院计划改革传统课堂教学，运用数字时代的在线技术和教学技能，扩大在线开放课程应用，推广翻转课堂、混合式教学等新型教学模式，建立线上教学与线下教学有机结合、有利于教学方法创新和学生自主学习的教学运行机制，探索在线学习学分管理、学籍管理、学业成绩评价等制度；推进教学方法改革和学习方式变革，推广案例教学，鼓励启发式、探究式、讨论式、参与式、情景式教学，支持一课多师、多师同堂等教学组织形式，构建师生学习共同体，推动教师从"为教而教"向"为学而教"、从"课堂主导"向"课内外结合"转变，促成学生从"被动学习"向"主动学习"、从"共性发展"向"个性发展"转变。

重庆工商大学计划深化课程教学内容、教学方式和考试方法改革。鼓励教师积极开展混合式、翻转式、对分课堂式等教学方式，推行专业核心课程小班教学；彻底改变学生课程成绩评定以期末考试为基准的做法，强化课程作业与过程评估，激发学生的学习积极性和创造性，促进探究式、自主式、合作式学习方式的形成，提高学生的自主学习能力。

山东工商学院适应人才培养模式多元化的要求，计划改革学籍管理制度，完善弹性学制、双学位制、双专业制、转专业制等规章制度，建立创新创业学分积累与转换制度；建立和完善与学分制相配套的教学、教师、学生等管理制度体系，与其他高校建立教学联盟，推进跨学校、跨学科、跨专业的学分互认。

内蒙古财经大学计划实行优化双学位、辅修及本科专业分流制度，试点推进"2+6"学科分流、"3+5"专业分流、"4+4"专业方向分流模式；民族预科班继续实施"1+4"专业分流模式。

新疆财经大学以民汉混班教学为目标，扎实推进民汉一体化教学改革；全面加强和改革实践教学，构建了验证性实验、综合性实验、设计性实验和创新性实验四位一体、结构合理的实验教学体系，建设了网络化、仿真化、情景化实验教学平台和跨专业创新创业实验教学中心，基本满足了各专业实验实训和创新创业教育的需要。

网络时代的到来，促使教育产生革命性变革，为改变以课堂、教材、教师为中心的传统教育教学方式，进而实施以学生发展、学生学习、学习效果为中心的教育教学方式提供了技术条件。充分发挥信息技术的巨大优势，可以使财经高校突破教育教学的时空限制，为大力创新教育教学内容、方法和手段，建立线上线下协同育人新模式提供机遇。

为此，高等财经教育分会为适应高等财经教育发展的需要，促进全国高校财经专业的发展，构建人才培养模式，完善专业建设、课程建设体系，改革教学内容、教学方法、教学手段，全面提高教学质量，在各财经专业开展横向课题申报立项工作，支持高校教师开展教学研究，鼓励教学创新，培养优秀人才。针对大学生举办各类大赛，如全国大学生财务决策大赛、全国首届大学生税务技能大赛、全国大学生"新道杯"沙盘模拟经营大赛等。联合高等学校国家级实验教学示范中心联席会经管学科组主办了2016首届全国高校经管类实验教学案例大赛。该大赛针对教师开展，推进了实验教学内涵发展，激发了创新型实验教学，有利于确立经管实验教学案例标准，建立具有普适性、推广性和共享性的经管实验教学案例库。此次大赛自筹备以来，受到多方关注，实现了经管实验案例的突破，首次在全国范围内掀起实验教学案例建设的热潮，对于推进实验教学案例标准的构建和具有普适性的实验教学案例库的建设具有开创意义。

在新的历史时期，各财经高校应当增强历史责任感和紧迫感，充分发挥积极性、主动性和创造性，振奋精神、积极进取，切实提高人才培养质量，为实现“十三五”规划目标奠定扎实的基础。高等财经教育分会将会继续努力，充分发挥学术团体的作用，为推进中国高等教育改革与发展，实现科教兴国、人才强国的战略目标作出新的贡献。

附：高等财经教育分会简介

高等财经教育分会成立于2005年4月，以服务于高等财经教育与研究，促进相互交流、协作，加快财经教育发展为目的。分会现任理事长为对外经济贸易大学原校长施建军教授，秘书长为财政部张国才教授。分会秘书处办公地址设在北京。

第十八章

立足改革发展新形势 探索自学考试新思路

——自学考试分会专题报告

高等教育自学考试制度创立于20世纪80代初期，是解放思想、改革开放的产物。30多年来，自学考试适应社会的需求深入各行各业，以质量求生存、以创新求发展，为全体公民平等享有接受高等教育的机会提供了制度保障；以开放灵活、教考分离和宽进严出等特色赢得了良好的社会信誉，为建设终身教育体系和学习型社会作出了重要贡献。

一、全国自学考试发展总体情况概述

自学考试探索出了一条发展中国家创新办教育的路子，拓宽了高等教育培养人才的途径，受到了社会行业和用人单位的欢迎，为社会各个领域培养了大批留得住、用得上的人才。

（一）高等教育自学考试年度整体情况

2015年，高等教育自学考试报考564万人次。其中，本科报考431.6万人次，占总报考人次的76.5%；专科报考132.3万人次，占总报考人次的23.5%（见图18.1）。年度报考1 385.2万科次。其中，本科层次报考1065.6万科次，占报考总科次的76.9%；专科层次报考319.6万科次，占报考总科次的23.1%。年度报考人数（不含解放军[①]）为322.2万人。首次报考人数为91.7万人。据2015年统计，2014年全年自学考试毕业生[②]为67.9万人，其中本科毕业生51.1万人，占毕业生总数的75.3%；专科毕业生16.8万人，占毕

① 高等教育自学考试年度报考、首次报考、毕业生及考生结构中不含解放军相关数据。

② 由于各地毕业审核在每年的6月和12月进行，因此本年度公布的全国毕业生数为上一年的毕业生数，即2015年公布2014年毕业生数。

业生总数的 24. 7% 。

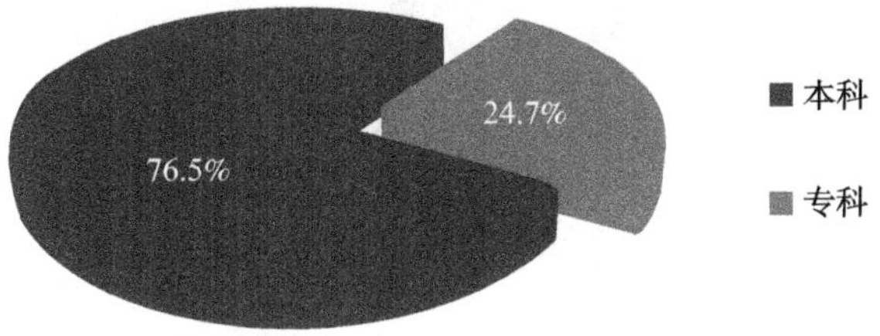

图 18. 1 2015 年报考层次结构

2015 年，25 岁以下的考生 410. 8 万人次，占总报考人次的 76% ；26 ~ 35 岁的考生 105. 4 万人次，占总报考人次的 19% ；35 岁以上考生 26. 7 万人次，占总报考人次的 5% （见图 18. 2）。

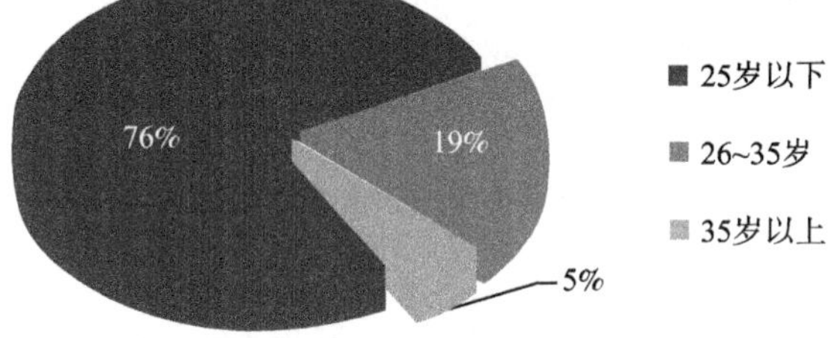

图 18. 2 2015 年报考考生的年龄结构

2015 年，各类在职人员报考规模为 185. 9 万人次，占报考总人次的 34. 2% ；学生 357. 1 万人次，占报考总人次的 65. 8% （见图 18. 3）。

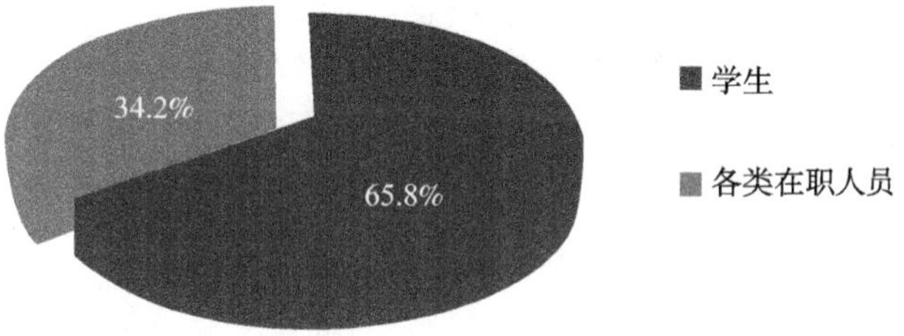

图 18. 3 2015 年生源结构

2015 年，考前为专科、本科或本科以上学历的考生 388 万人次，占年度考生规模的 71% ；高中或中专及以下学历的考生 120 万人次，占年度考生院校的 22% （见图 18. 4）。

2015 年，全国 690 所主考学校开考专业 661 个，其中专科层次专业 301 个，占开考专业的 46% ，本科层次专业 360 个，占开考专业的 54% （见图 18. 5）。全年停考专业 180 个，其中专科专业 131 个，本科专业 49 个。

2015 年，报考人次前 10 位的本科专业为会计、人力资源管理、护理学、工商企业管理、法律、行政管理学、学前教育、汉语言文学、工程管理、英语，考生共计 196. 1 万人次（见图 18. 6）；报考人次前 10 位的专科专业为护理学、学前教育、会计、行政管理、法律、汉语言文学、文秘与办公自动化、心理健康教育、工商企业管理、企业管理，考生共计 54. 6 万人次（见图 18. 7）。报考规模前 10 位的本科、专科专业与上年一致。

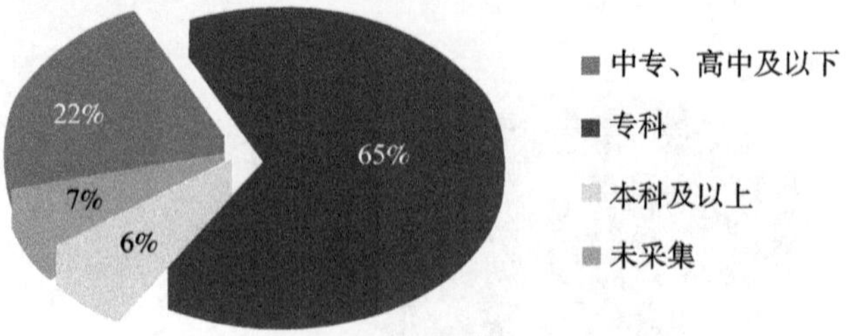

图 18.4　2015 年考生考前学历层次

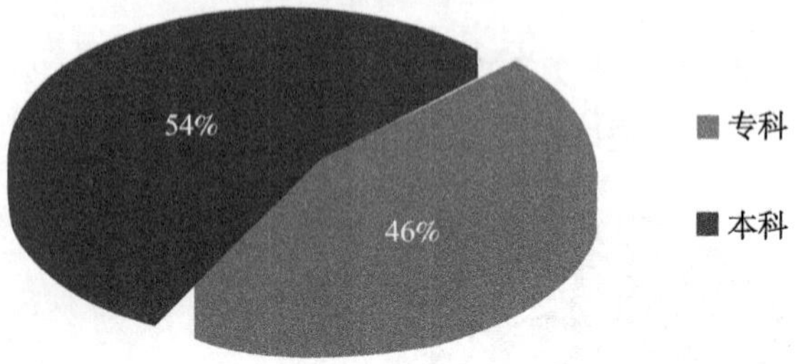

图 18.5　2015 年自学考试开考专业层次结构

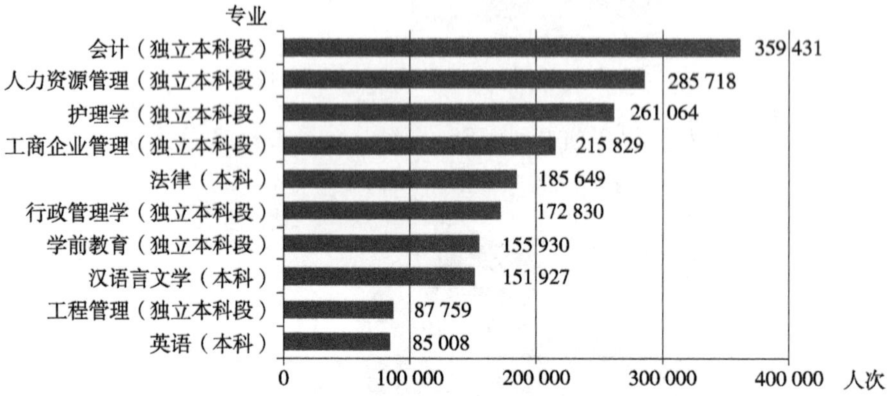

图 18.6　2015 年自学考试本科报考前 10 位专业

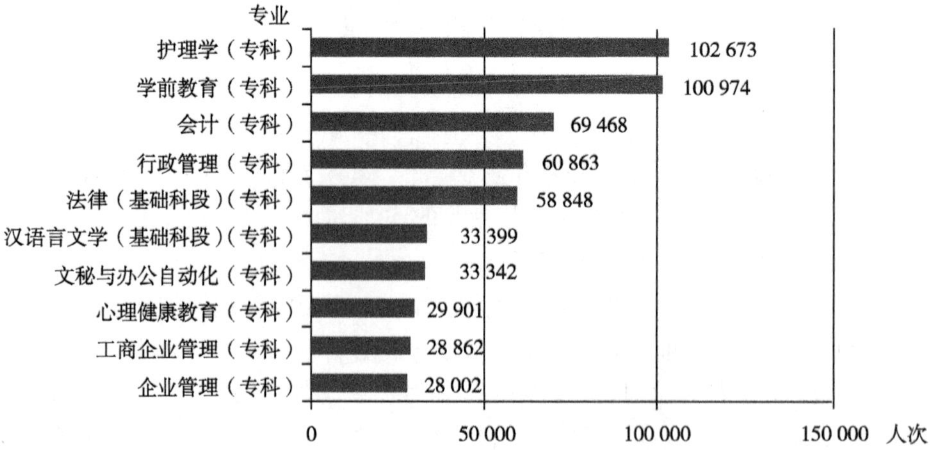

图 18.7　2015 年自学考试专科报考前 10 位专业

（二）高等教育自学考试年度工作动态

1. 落实自考职能调整，推进工作机制转变

在国家大力推进行政管理体制改革、开展简政放权工作的宏观背景下，自学考试管理模式发生了重要变化。自学考试宏观指导、政策制定和专业管理职能调整到教育部职业教育和成人教育司，全国自学考试机构密切配合，在专业管理模式、专业设置等方面积极探索，理顺工作机制，转变工作模式。

2015 年 5 月，国务院印发《关于取消非行政许可审批事项的决定》（国发〔2015〕27 号），取消了省级自学考试机构开考高等教育自学考试本科专业审批。为落实专业审批取消后的事中事后监管，教育部职业教育和成人教育司进一步规范各类高等学历继续教育专业，统筹继续教育专业管理，制订了《高等学历继续教育专业设置管理办法（初稿）》和《高等学历继续教育专业补充目录（初稿）》。按照教育部对继续教育专业设置统筹管理的部署，全国自学考试委员会积极建立新的专业开考管理模式，制订相应规范，形成了《高等教育自学考试专业开考工作实施细则》（征求意见稿）和《自学考试开考专业清单》（征求意见稿），并广泛征求专业委员会及各省自学考试委员会意见。自学考试专业清单以普通高校本科、高职专业目录为基础，适当保留自学考试特色专业，对现开考的 661 个专业进行清理、规范。上述文件对自学考试专业开考模式进行了调整，由开考前审批调整为目录化管理和事中、事后监管评估，即今后省级考委根据地方经济发展需要在自考专业清单内自主选择专业开考，不再进行开考前审批，全国自学考试委员会将制定专业基本规范，并加强事中监管和事后评估，不定期组织专家对各省专业开考的情况进行检查、评估，确保全国自学考试开考专业的规范性。

2. 优化专业结构，停考部分专业

自学考试发展 30 多年以来，根据时代需要和社会、人才培养要求，不断开展专业建设，形成了相当规模的专业体系。但是，随着社会经济快速发展，部分专业已经不适应现实需要。为优化专业结构，推动自学考试规模、质量、效益均衡发展，2015 年全国自学考试指导委员会在综合多年统计数据、开展多地实地调研、广泛征求意见的基础上，对自学考试现有专业、开考时间、专业点、报考情况进行了系统梳理，分批停考了 180 个专业，并组织各省做好停考后续工作，保证平稳过渡。

3. 全面推进“双证书”项目专业开考模式调整

2015 年，继续落实全国自学考试指导委员会关于调整“双证书”专业开考模式的精神，按照“相对脱钩、自成体系、整体认证、平稳过渡”的思路，全面推进“双证书”专业管理模式调整，完成了物流管理、采购与供应管理专业与证书的脱钩工作，对商务管理、金融管理两个专业研究制订了调整方案，并围绕物流管理、采购与供应管理专业与证书脱钩后出现的新问题召开专题会，确保各项工作顺利实施。

4. 落实国家改革任务，推进学分转换和学习成果认证研究

2015 年，教育部着力探索推进高等教育学分转换与互认机制，提出以国家考试为核心，建立高等教育学分认定和转换制度。全国各省（市、自治区）自学考试办公室积极配合，多次召开专题研讨会，并邀请专家围绕学习成果认证制度建设和自学考试的配套改革等进行讨论，提出建设性意见和建议。

二、自学考试发展面临的全新形势

（二）外部宏观环境给自学考试带来新机遇

1. 经济新常态为自学考试的发展提供了广阔空间

随着改革开放和社会主义市场经济的深入发展，国际经济形势不断变化，我国经济发展也出现了新特征，进入到“从高速增长转为中高速增长，经济结构不断优化升级，从要素驱动、投资驱动转向创新驱动”的新常态。为此，国家出台一系列政策，推动经济结构调整，积极营造大众创新、万众创业的局面。教育部不断深化高校创新创业教育改革，实施大学生创新创业训练计划，100 多所部属高校和 700 多所地方高校参与，资助 8 万多个项目，参与学生近 22 万人。2015 年，大学生创业及参与创业达 42.3 万人，比上年增长 6.8%。

2. 学习型社会构建为自学考试的定位指明了方向

2015 年是“十二五”收官之年，“十二五”期间，我国的教育改革取得了显著的成就，特别是高等教育的规模不断扩大，大众化水平不断提高。国际上通常认为，高等教育毛入学率在 15% 以下时属于精英教育阶段，15% ~50% 为高等教育大众化阶段，50% 以上为高等教育普及化阶段。1978 年，中国的高等教育毛入学率只有 1.55%，可以说高等教育资源极度匮乏，自学考试很好地满足了人民群众接受高等教育提升学历的需求。如今，教育事业已取得了长足的进步，高等教育大众化水平逐步提升，到 2014 年，我国高等教育毛入学率达到 37.5%，比 2009 年提高 13.3 个百分点；各类高等教育在学总规模 3 559 万人，居世界第一位。虽然从规模和数量上看，传统的对高等教育的需求得到了一定程度的满足，但高等教育的质量并不一定得到了提高，亟须一个质量标准体系和评价机制，对各类高等教育形式进行质量考核和监控；虽然各类高等教育资源不断丰富，但是各类教育形式之间缺乏互相沟通的渠道和机制，无法实现教育资源的共享互通和最优配置，甚至存在重复建设的现象。在当前教育发展形势下，需要一个新的制度，搭建起沟通各种高等教育形式之间的桥梁。

“十三五”是我国全面建成小康社会的关键时期，学习型社会的构建对教育改革和多种教育形式、学习成果的互认互通提出了新的要求，给自学考试的发展带来了新的机遇和挑战。建设终身学习、全民学习的学习型社会，历来受到党和政府的高度重视。党的十八届三中全会文件曾要求，“试行普通高校、高职院校、成人高校之间学分转换，拓宽终身学习通道。”在《中共中央关于制定国民经济和社会发展第十三个五年规划的建议》中，提出以“提高教育质量”为主题，覆盖各级各类教育的发展目标和任务，明确要求落实并深化考试招生制度改革和教育教学改革，强调探索建立个人学习账号和学分累计制度，畅通继续教育、终身学习通道，为显著提高国民素质和社会文明程度打下良好基础。

自学考试作为最灵活的学习制度之一，应该抓住这一机遇，加强制度设计，在学习成果认可制度方面迈出创新步伐，更多更好地提供个性化学习条件，为建设符合基本国情的学习型社会打好基础，为如期全面建成小康社会提供可靠的人力资源支持。

3. 社会价值多元化为自学考试的功能拓展创造有利条件

近年来，人民群众接受高等教育的需求不断得到满足，而且接受适应自身需要的个性化教育的需求日益增加。随着我国经济体制深刻变革、社会结构深刻变动、利益格局深刻调整、思想观念深刻变化，社会价值呈现多元化发展。特别是全球化程度加深，互联网和移动终端更加生活化，个体表达和个性发展进入了前所未有的活跃阶段，社会观念也从注重整体到关注个体，从注重共性到突出个性，公民的价值追求呈多样化发展，并寻求自身价值的实现和表达。国家的教育政策，从重视培养社会建设的各级各类人才，转向为了个体自身的成才成长，教育的功能更加回归本源，更加注重个体个性的体现和人的全面发展。传统的教育形式的统一化、度量化、结果化、正规化，已经不能很好地满足个人特长发挥、能力评价、碎片化学习等的需求，需要一个灵活开放的学习评价制度，满足个人自我学习、自我教育的定制化学习需求，适应价值多元化时代的要求。

在这样的新形势下，社会对创业教育、创新教育的需求陡然增加，而这在传统教育中是不足甚至是缺失的。任何一项教育考试制度都是特定历史条件的产物，必将与当时的经济社会条件相适应，也必然受其影响。改革开放30多年来，自学考试很好地适应了经济社会发展的需要，为国家经济建设培养了大量人才。同时，经济的迅速发展也创造了更多的就业岗位，人们对学历教育、职业教育的需求也不断增加，自学考试制度提供了一个有效、开放的高等教育资源获取途径，与社会发展的要求是相适应的。在大众创新、万众创业的背景下，自学考试制度也应该与时俱进，主动适应时代的主题。创新创业有着很强的自主性和个体性，更多的是创新创业主体根据自己的需要选择适合自己的教育形式，获取特定的知识、技能。因此，自学考试制度因其灵活自主的特点，具有先天的优势。在大众创新、万众创业的背景下，自学考试应该加强制度设计，整合各类教育资源，既能让教育方因材施教，又能使受教方因需择教，为新常态下创新创业人才的大量涌现提供教育层面的制度支持。

（二）自身发展情况对自学考试提出新要求

1. 总体规模下降：要求自学考试重新思考自身定位

根据自学考试的统计数据，自2011年至2015年，自学考试整体规模呈下降趋势（见图18.8、图18.9、图18.10、图18.11）。

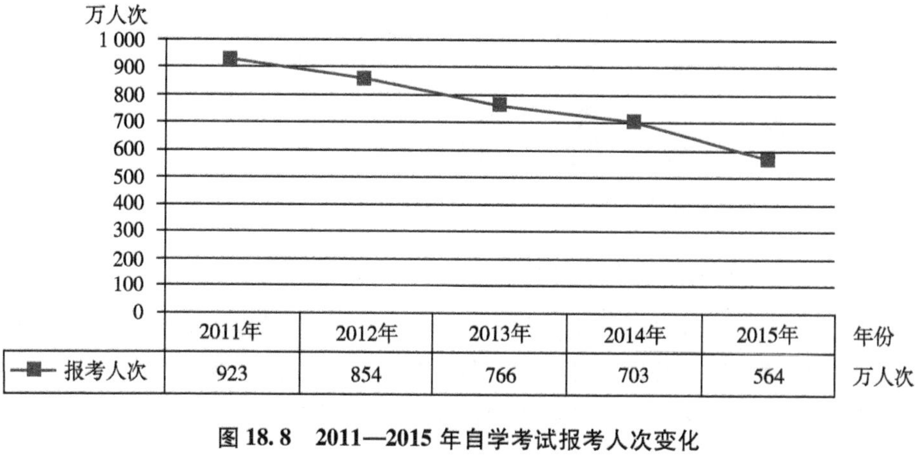

图18.8　2011—2015年自学考试报考人次变化

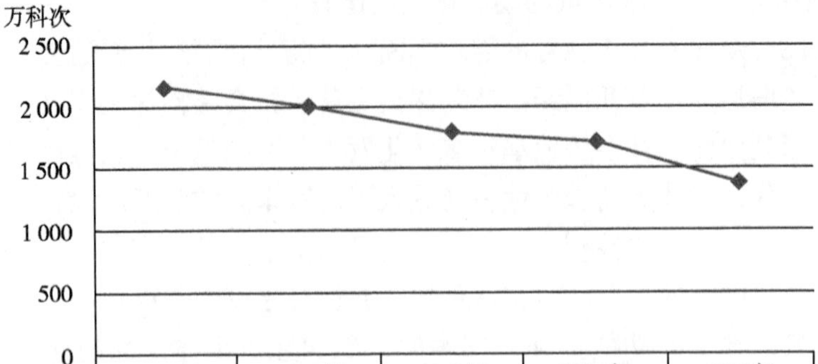

	2011年	2012年	2013年	2014年	2015年	年份
报考科次	2 160	1 998	1 796	1 706	1 385	万科次

图 18.9　2011—2015 年自学考试报考科次变化

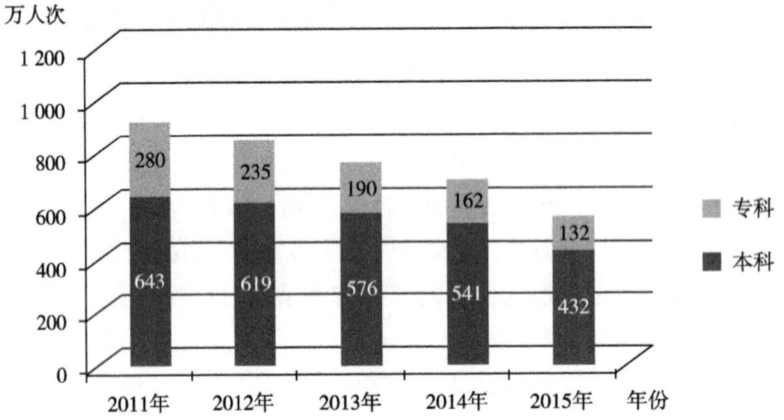

图 18.10　2011—2015 年自学考试专本科报考人次变化

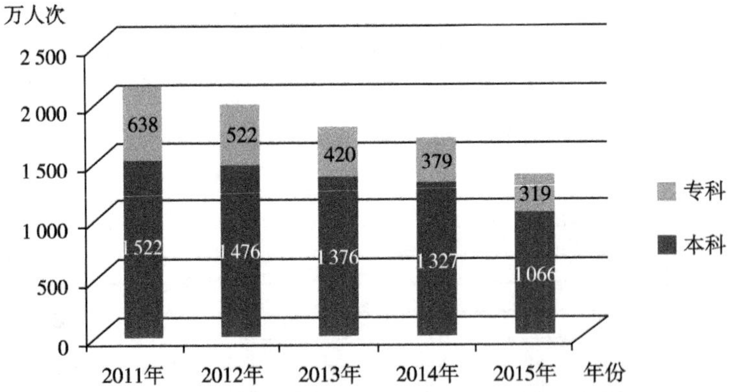

图 18.11　2011—2015 年自学考试专本科报考科次变化

可以看出，作为学历教育补充来定位的自学考试，在高等教育大众化的今天，其社会需求已不如过去旺盛，这是我国教育发展结构性的变化，应该客观看待。自学考试制度也必须适应于这种结构性变化，重新找准自身的定位，在发挥学历教育作用的同时，更好地拓展在继续教育、职业教育、兴趣教育中的功能。

2. 考生结构的新特点：要求自学考试拓展自身功能

根据考生在参加自学考试前的学历统计，可以发现，中专、高中及以下学历层次学生所占比例持续减少，专科学历所占比例稳步增加，本科及以上所占比例稳中有升。从生源年龄和结构来看，在职人员、社会人员的比例有所提升（见图 18.12、图 18.13、图 18.14）。

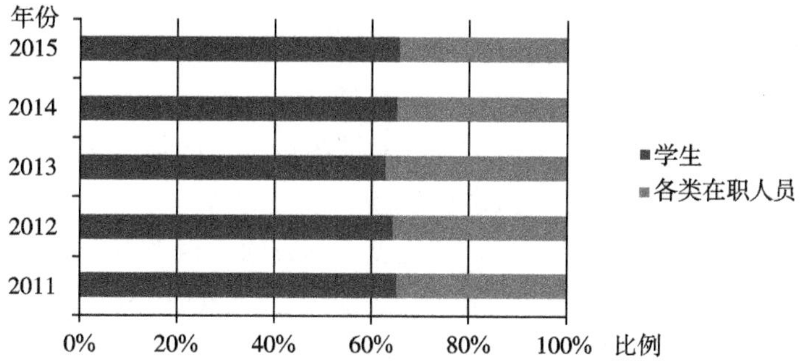

图 18.12　2011—2015 年自学考试考生生源结构比较

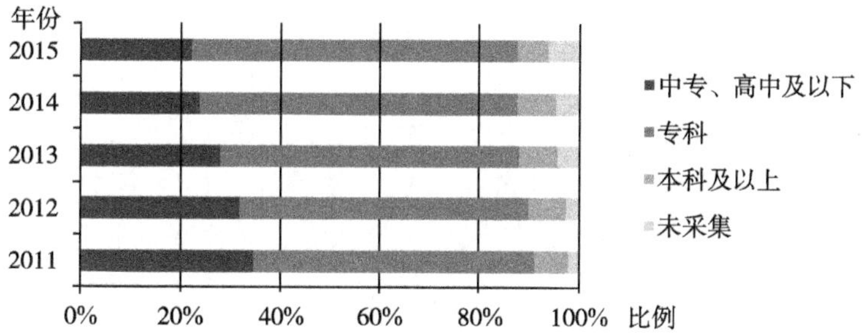

图 18.13　2011—2015 年自学考试考生考前学历层次比较

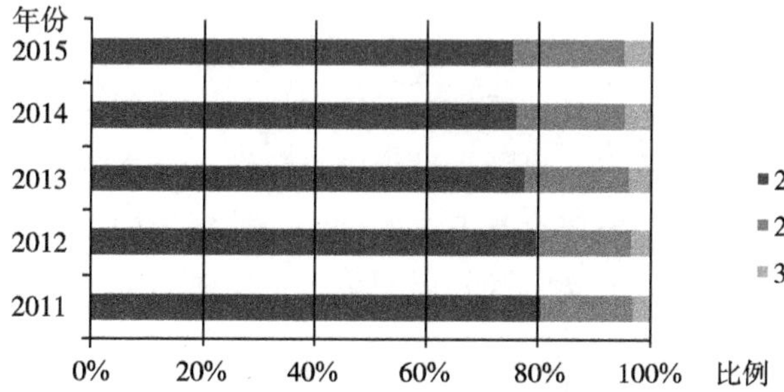

图 18.14　2011—2015 年自学考试考生年龄结构比较

考生群体的这些变化，有着深刻的社会和时代原因。自学考试在开创初期及后续很长一段时间内，扮演着补偿学历教育的角色。自学考试作为一种补充的学历教育，有效弥补了改革开放之初我国高等教育资源匮乏、人才奇缺的现实缺陷，满足了广大人民迫切希望通过提升学历获得进步的愿望，实现了在有限的教育资源下的补充教育培养目标。随着高等教育进入大众化阶段，普通高校持续扩招，自学考试在补充学历教育方面的功能逐渐淡化，单纯依赖自学考试获得学历的保障性教育需求在下降，而期望通过自学考试提升个人能力的发展性需求在上升，已经明显体现出自学考试作为继续教育的特点。但因为自学考试目前在内容形式上的改革还很滞后，这种发展性教育需求受到了抑制，没有充分被唤醒。

3. 考生需求的新变化要求自学考试按终身教育理念发展

随着高等教育大众化水平的提高，人们获得高等学历的途径不断拓宽，考生通过自考获取学历的需求在下降。不过，尽管自学考试近年来规模有所减少，但仍然保持了较大的基数，并且在考生结构中，报考本科层次的学生所占比重持续增加，学历需求向着高学历发展。因此，自学考试作为一种学历教育，仍然具有重要作用，并且在本科学历方面的需求比重不断增加。只有继续完善自学考试专业和课程设置，满足考生群体的实际需要，才能促进他们通过自学考试实现自己的人生理想。

与此同时，自学考试的需求出现出新的特点。一方面，报考专业向职业型发展，面向职业、实践性强的专业需求旺盛——从 2015 年自考报考人次前 10 位的本、专科专业可以看出。另一方面，根据自身兴趣爱好进行自学的需求潜力巨大。当今社会是一个多元化的社会，随着公民意识的不断增强，自主、自由、自强的时代精神越来越鲜明地反映在每个社会个体身上。中国有着崇尚知识、崇尚自学的传统，在知识经济时代的今天，人们更加渴望通过自学增加自己的知识，根据自己的兴趣学习拓展视野，以求得自身的发展和人生价值的实现。每个个体既有追求社会认同的自强意识，也有追求个人兴趣爱好的内在动力。方兴未艾的慕课，正是这一趋势的反映。这种大学公开课的形式，非常受广大群众的欢迎。根据国内知名慕课社区“果壳网慕课学院”的统计，2014 年共收录了 1 887 门课，每位学习者在课程结束后都会对课程的知识量、趣味性、教师互动和整体课程设计进行打分和点评，最终按照总分与评论人数相结合进行综合排名。高居前列的课程有历史、社会学、财务管理、计算机编程等方面的课程，由此可见，自主学习的动力，很大程度来自于自己的兴趣、爱好、实践需要，具有鲜明的个性。

可以预期，在建设全民学习、终身学习的学习型社会进程中，人们通过自学满足自身兴趣爱好、价值实现等方面的潜在需求巨大。虽然人们希望就自己感兴趣的领域加强自我学习、丰富知识、但没有非常合适的自学渠道，不知如何学、从哪儿学，因此自学的方法和路径需要引导以提高科学性和效率。自学考试理应充分发扬自学这一核心理念，满足广大有自我学习要求的群体的需要，发挥自学考试的指导、教育作用，为他们提供兴趣教育服务，最大限度地满足个人多样化的学习和发展需求，帮助他们实现自己的目标。

三、国际继续教育发展的特点和启示

自学考试是继续教育的一种重要形式。国外继续教育的发展状况、特点和经验，对我国自学考试如何在继续教育体系中发挥作用具有启发意义。从国际继续教育发展的历史来看，经济越发达的国家，越早启动继续教育，对继续教育的发展也越重视。20 世纪后期，几乎所有的发达国家和越来越多的发展中国家都高度重视本国的继续教育。在实践操作过程中，各国根据本国国情，从实际出发，制定了相应的法规制度，通过建立专门的继续教育机构、不断增加继续教育投入，积极推动本国继续教育事业的发展。实践证明，许多国家和地区自20世纪60年代以来取得的国民经济和科学技术的快速发展，在很大程度上都受益于继续教育的开展。经济越发达的国家，越重视继续教育的投入和发展；继续教育发展得越好，又能促进人力资源的建设，推动经济更好更快发展。从世界发达国家的继续教育发展现状看，有如下特点和经验值得在自学考试中借鉴和发扬。

（一）国家层面高度重视并立法保障

综观世界主要发达国家，无不赋予继续教育以极高的战略地位，在国家战略规划、政策支持、经费投入乃至国家继续教育管理机构建设等方面，对继续教育都有特别的规划和规定，并加强立法保障，使这一事业得到很好的保护和发展。英国政府于1998年发表了《学习时代》绿皮书，提出了建立个人学习账户、成立产业大学、提高基本技能、进行资格改革、开展工作场所学习以及地区合作等新举措，提出“要建立学习化社会，使不同阶层、不同背景的人都能有继续学习和终身学习的机会”。2002年11月，英国政府推出了一份改革继续教育和培训的文件——《为了每个人的成功——继续教育与培训改革》，意在提高现有的技能标准，建立更加有效、负责的学习和技能板块。2006年3月27日，英国政府教育与技能部公布了旨在改变年轻人的生活且面向未来提升技能的《继续教育——提高技能并改善生活机会》白皮书，发布了继续教育改革的全面计划，包括提升继续教育的教学质量、奖励办学成功的继续教育学院、继续教育部门，对个体与雇主的技能需要作出更多的回应等。

法国是世界上最早为继续教育立法的国家，立法既保证了继续教育事业的发展，也保证了教育所需经费的来源。2004年5月4日，法国颁布了一项关于继续教育的新法——《终身职业培训和社会对话法》，确认了“个人接受培训权”。该法规定：“所有履行不定期合同的工薪者，每年可以享有接受20小时培训个人权利。这一年度权利可以累积6年，即120小时。”新法创建了新型的“职业化合同”，以代替过去的成人职业资格合同、职业适应合同和职业定向合同。新的单一合同，便于成年求职者通过普通教育、技术教育、职业教育与企业活动的结合，获得公认的职业资格。

世界其他国家也不断推进继续教育立法进程。1980年，美国国会颁布了《继续教育法案》，以法律的形式分别规定了政府、继续教育机构、社会公民在继续教育中的责任与义务。日本历来高度重视科技人员的“第二次教育”，企业为了适应经济竞争的需要大力开展继续教育。1988年，日本把社会教育局改为终身学习局；1990年，日本政府又颁布了《终身学习振兴法》，大力推进继续教育的发展。此外，不少国家还实行了与继续教育相对应的证书制度、奖励制度等各项规章制度，这些措施的实施产生了良好的效果。韩国于1999年8月31日正式施行《终身教育法》，把终身教育定义为“除学校教育以外，有组织的教育活动”，确立了“全体国民均享有终身教育的权利，以个人自觉、自愿为基础，对于已经完成学业者应给予其相应的社会待遇”等原则。

（二）加强对继续教育质量的统一监测和管理

世界不少国家建立了较为完善的质量管理机制。其中，对提供继续教育的机构进行认证和评估成为不少国家保障继续教育质量的关键。在美国，医学继续教育认证工作由继续医学教育认证委员会（Accreditation Council for Continuing Medical Education，ACCME）负责。ACCME 由美国医学专业协会、美国医院协会、美国医学协会、医院医学教育协会、美国医学院校协会、医学专业理事会和美国国家医学会联盟这七个组织构成，ACCME 负责对提供继续医学教育项目的组织机构进行认证，以确保质量与信誉，并组织通过认证与重新认证来促进继续医学教育组织机构的自我研究、发展、完善，以保证质量。对医生个人继续医学教育完成情况的认定则由其他组织与代理机构来进行，每一类别的继续医学教育都有专门的认定程序。

在德国，各州颁布的《继续教育法》均对教学人员的资质有明确的规定，以保证继续教育的质量，各州对承担继续教育的机构也实行严格的质量评估和认证。德国汉诺威的 ArtSet 研究、教育和咨询公司与德国的成人教育研究所合作开发了一套全国性质量认证程序，由 ArtSet 公司组织评估和认证，评估师由德国成人教育研究所培训。此质量认证体系由德国教育与研究部和欧洲社会基金资助，评估程序为研讨、机构自评、改进措施的计划和实施、评估师书面评估报告、现场评估、提出战略发展目标、再研讨这样一个为机构提高质量的循环过程。评估内容为继续教育机构的宗旨、教育过程、基础设施、管理人员、员工、经费控制、客户（即学员）交流等。目前德国已有 566 家继续教育机构获得质量认证证书。

澳大利亚严格实施继续教育机构的审批、评估或资质认证。澳大利亚国家培训局依据一定标准严格审批全国的教育培训机构，每年定期检查已注册的培训单位。各州均设有教学评估机构，根据培训规范监督和检查教育培训质量。

（三）广泛调动和利用各种社会教育资源

国际继续教育发展中的一个显著特点，就是与开放教育资源运动的有效结合，充分利用各种途径和资源开展继续教育活动。2001 年，美国麻省理工学院（MIT）启动“开放式课件”项目（Open Course Ware Project，OCW），宣布将学校全部课程教学材料通过互联网向全世界免费开放，由此拉开了开放教育资源（Open Educational Resource，OER）运动的序幕。几年来，在麻省理工学院 OCW 项目的示范和引领作用下，作为提高教育公平和扩大高等教育参与程度、赋予学习者自主学习的权利、实现全民教育的有效手段，以共享知识为宗旨的开放教育资源运动在全世界范围内蓬勃开展。目前，开放教育资源的种类由最初的开放课件发展到包含开放教育内容、开放协议、开放平台、软件等在内的多种类型的教育资源。开放教育资源的参与者和影响面也已经由原来的高等院校推广至基础教育、开放教育乃至企业培训等诸多领域。目前，开放教育资源运动已经逐渐成为一种世界性的潮流。一方面它可能对新工具的开发、应用与创新以及软件的开发模式产生影响；另一方面也可能会对大学的管理理念、教育内容、教学组织形式和教育思想产生深远影响。因为高等院校作为教育资源拥有的主体，在这场运动中发挥着至关重要的作用。继续教育也充分利用各种互联网教育技术和手段，为继续教育接受者提供更多的学习资源和途径。

（四）大力推进各种教育形式间的互联互通

自20世纪60年代后期以来，在联合国教科文组织及其他国际机构的推动下，终身学习的理念已在世界范围内得到了广泛的传播与推进，西方一些教育发达国家纷纷探索如何在不同教育形式间进行学分的转换，实现学习成果的积累，其中“学分银行”的概念是这一探索的最突出成果。学分银行制度是继续教育、终身教育体系建设的一项重要措施，旨在借用银行的概念和特点，把学分类比为“知识货币”，完成学分的认证、积累和转换，对人们通过各类教育形式、学习途径所获得的学习成果进行评估、认定、累计，并在达到一定条件时转换成相应的学历文凭、资格证书。虽然各国关于此项制度的命名不尽相同，也根据各国国情体现出了不同特点，但其核心理念、运行机制、基本功能、主要目标等具有共通之处。（见表18.1）

表18.1　各种教育形式间的比较

名称	主要功能	适用对象	特点
美国学分转移制度	将学分从两年制社区学院转移到四年制大学	正规高等教育	学分在州层面进行转移，各个州根据自身特点制定转移政策，州层面的院校合作协议最为流行
欧洲学分转换与累积系统	允许学生在欧洲不同院校之间进行学分转移，使得学生流动性更大、获得学位也更加灵活	正规、非正规和非正式学习	（1）三个要素特征：学分、课业负荷量、等级 （2）关键性文件：信息包/课程目录、学习协议、学业成绩单、文凭说明书
韩国学分银行	对学习者在学校内外的各种学习经历进行认证，积累了足够受认证的学分之后可获得大专或者学士学位。	非正规教育	（1）面向所有人群 （2）对各类非学历院校的课程和科目进行认证 （3）制订了标准化课程和教学大纲作为认证标准 （4）仅针对传统学习 （5）对教育院校和 学生都要进行评估 （6）创建了信息中心和在线信息服务系统

1. 美国的学分转移（credit transfer）制度

从时间上来看，美国最早开始学分转移的实践，并主要在两年制社区学院与四年制大学之间进行。美国的学分转移制度主要是建立在院校合作协议基础上的学分认定。美国高等教育系统由约6 500所得到认证的学位授予院校和非学位授予院校组成，有公立和私立的，非营利性或营利性的，提供两年制或四年制学习的。院校类型的多样性使得实施一个全国统一的学分转移制度异常艰难。在美国，灵活性和开放性是中学后教育系统的重要支柱，所有州都已经或正在试图寻找促进两年制社区学院和四年制大学之间的学分转移的办法。

美国高等教育学分转移有两个重要特点：尽管有很多学生利用社区学院作为获得四年

制学士学位的“跳板”，但是从社区学院将学分转移到大学并不是一个自动的过程。学分转移取决于社区学院和州立大学之间的协议；美国的认证过程十分复杂，通常由为某一特定目的设计的私立、非营利组织进行认证（不像其他国家，通常由政府执行）。美国高等教育学分转移是在州层面进行。美国的学分转移政策多种多样，州层面的院校合作协议最为流行。这些转移办法通常是课程、院系或者院校之间的约定，且转移过程费时费力。

2001 年，美国教育委员会（Education Commission of the States，ECS）对 50 个州的学分转移政策进行了调查，可以把这些政策归为 7 类（见表 18.2）：

表 18.2　美国学分转移政策归类

序号	类别	措施	施行州的数量/个
1	立法	将学分转移和衔接政策写入法令、法案或决议中	30
2	合作协议	如果没有学分转移和衔接方面的官方政策，州层面的高等教育院校合作协议有时可以代替立法	40
3	转移数据报告	州内有相应的学分转移数据报告	33
4	学生激励和学分转移奖励	为了鼓励两年制社区学院和四年制大学之间的学分转移，一些州通过提供财政援助，保证学分能够顺利转移或为转移学生优先录取等措施提供额外的奖励	18
5	州衔接协议	州范围内的衔接指南对具体的转移要求作了描述，并为学生在学分转移过程中可能碰到的问题作了解答	26
6	州公共核心课程	不同院校对学生毕业需要完成的核心课程有不同的要求，公共核心课程消除了学生这一困惑，简化了转移的过程	23
7	公共课程编号系统	公共课程编号系统的存在使社区学院的学生满足相应的学分转移要求	8

但是，美国学分转移制度是根据美国特殊的政治、经济以及社会制度确立的，这一制度也存在相应的问题，主要问题在于政策多样，难以建立全国统一的标准。学分转移制度的具体操作办法因州或院校而异，学分转移协议多种多样。各州、各院校间还没有形成通用的“知识货币”，学分的转移依赖于局部、区域的、院校间的协议，没有形成统一的接口，不利于全国学分转移体系的整体规划和实际操作。

2. 欧洲的学分转换和累积系统（European Credit Transfer and Accumulation System，ECTS）

20 世纪 90 年代前夕，为了推进欧洲高等教育一体化、促进欧盟高教区建设，欧洲学分转换与累积系统（ECTS）应运而生。ECTS 因为成功地使学分得以在欧洲大陆 31 个国家之间进行转移而受到了世界的广泛关注。ECTS 由欧洲委员会研发和推行，旨在提供一种在学校间测量、比较和转换学习成绩的工具。ECTS 是一个以学生为中心的系统，以达到学习项目要求取得的学习成果和能力所需要付出的学习量为基础。这一系统可应用于所有的学习项目，包括适用于不同的学习模式（校本学习、生产实习）以及不同的学习者状态（全日制、半工半读），并对所有学习形式开放（正规、非正规和非正式学习），其目标是促进资格和学习单元的规划、转换、评估、认证以及学生的国际流动性。ECTS 广泛用于非正规高等教育和其他终身学习活动。ECTS 之所以能够产生和发展，主要是三方面因素作用的结果：其一，欧洲的大学与其他一些非欧盟国家，尤其与美国相比，在国际市场上越来越缺乏竞争力；其二，欧盟各国的教育计划、教育机构复杂多样，评估手段和过程各异，学位的透明度和流动性受到了极大的影响；其三，统一的欧洲劳动力大市场要求各国协调高等教育体制，建立共同的质量保证标准，对学位、学历进行衡量，促进学生就业。

ECTS 是基于学习结果和学习过程的透明度而建立的学分转换和累积系统，其核心在于学习过程的定量和学习结果的定级。主要特点有：

（1）学时学分。学分标准是欧洲不同文化背景和教育体制的国家之间学分互换的基础。每一学年的正规学习时间约合 60 个学分。一般情况下，一学年的学习时间从 1 500 小时到 1 800 小时不等，因此一个 ECTS 学分意味着 25 ~ 30 个学习小时。学分可以分配到整个学习项目中（如模块、课程单元、论文、工作实习和实验室工作）。具体分配多少学分取决于在正式环境中学习者取得学习成果需要的工作量。

（2）课业负荷量。学分分配的依据是课业负荷量，整个欧洲采用统一方法来确定高等教育课程中学习者的课业负荷量。

（3）等级评定。ECTS 利用等级标准定义考试或评估结果，划分为 7 个等级。ECTS 分级标准建立在给定评估情况下学习者排序的基础上，也就是其相对表现，分组是 ECTS 分级标准的核心。

ECTS 还建立了“关键性文件”作为信息沟通的载体。学习者在不同的高校或者学术机构间流动，机构和机构之间、学生和机构之间需要传递很多信息。为了保证信息传递的准确性、有效性和标准化，便于学术机构的操作和管理，欧洲委员会规定了信息沟通的载体，即关键性文件，并对其内容和格式进行了规定。ECTS 的关键性文件包括：

（1）信息包/课程目录（Information Package/Course Catalogue），这是 ECTS 最重要的文件，包括院校信息、等级课程信息和学习者信息三部分，各所院校必须用当地的语言和英语同时发布，一般在学院的主页上公布，或者同时印刷装订成小册子。

（2）学习协议（Learning Agreement），包含了课程列表及其相应的 ECTS 学分。

（3）学业成绩单（Transcript of Records），记录学习者的学习表现，包括所学课程清单、获得的 ECTS 学分、当地或当国的学分、当地的等级以及相应的 ECTS 等级等。

（4）文凭说明书（Diploma Supplement，DS），由欧洲大学联盟、欧盟理事会与联合国教科文组织共同设计，具体描述文凭所代表的学习内容，旨在提供独立的数据，以提高国际透明度和公平的学术和专业承认，文凭说明书是一份全面介绍学习科目的解释性文件，为全欧洲提供详细的、容易理解的并且是最主要的学习科目信息。

ECTS 虽然是旨在为学习者提供便捷的跨国学习提供平台，但其制度的局限也带来了实际应用上的复杂性。该系统本身并不是为了鼓励学习者转学，而是便于学习者在不同国家和地区的学习。它主要针对的情况是学习者的学位学习在同一所院校开始并完成，而其中一年是在国外院校学习的，而不是该学习者在这个国家开始学位学习，却在另一个国家完成该学位的学习。因此，这就需要制定一些协议使学习者所在院校了解其在国外院校的学习成果，以及所获得的相当的学习分数。这是一个非常艰巨的任务，因为并不是所有国家和地区都有相应的学分体系。在该体系下，学习者所在院校对于其在国外院校的课程选修具有完全的裁决权——不必等价接受国外院校的所有学分。不过，现在有些院校已经开始对国外院校课程做先前认证，这也就解决了学分认证问题。然而，这依然是只有在同一个院校开始并完成学习才可行，否则，其学分认证过程会相当烦琐。

3. 韩国的学分银行（The Credit Bank System，CBS）

在亚洲，韩国率先开始了学分银行的探索实践。1995 年，韩国教育改革委员会提交《关于促进开放式终身教育社会和教育体系的革新设想》，提议采用学分银行制来“实现非正规教育的价值和功能”。1997 年 1 月 13 日，韩国政府通过了《学分认证法》（Act on the Credit Recognition，ACR）。自此，学分银行正式获得政府承认，并于 1998 年 3 月开始实施。韩国学分银行是一个开放的教育系统，对学习者在学校内外的各种学习经历进行认证。当学习者积累了受学分银行认证的足够学分之后，就可以获得副学士或者学士学位。在学分银行建立之前，韩国非正规（non - formal）高等教育形式没有得到正式认可，也不授予学分。从长远来看，学分银行作为促进教育成就的重要手段，将提升非正规教育的整体水平和地位，从而保证韩国民众的全球竞争力。

韩国是第一个在国家层面建立学分银行的国家，其运行基础是依据标准化的课程和教学大纲的学分认证。学分银行制度建立以来，经认证的教育院校已经将其作为一个具有各种教育项目的非正规教育体系来实施。学分银行对学习者完成的各种教育课程授予学分，还认证国家特殊技能证书，对通过学士学位考试的学习者授予学分。当学习者积累了足够受学分银行认证的学分之后，就可以获得副学士或者学士学位。

韩国学分银行不像正规高等教育体系，它试图以透明和灵活的方式呈现给每一个人，开放性是其最鲜明的特点。该制度有以下特点：

（1）不论年龄、性别和背景，有高中文凭的人都可以向学分银行提出申请。

（2）学分银行对各类非学历院校的课程和科目进行认证，认证的标准之一是标准化课程和教学大纲，教育院校提交的认证必须在标准化课程范围之内，并且 70% 以上的课程内容应与标准化大纲相同。

（3）标准化课程和教学大纲确保了不同教育院校之间认证课程的一致性和标准化，但是，其他学分来源——大学和大专院校的学分、国家技术证书、学士学位自学考试不受标准化课程的影响。

（4）学分银行特别明确了该制度仅指传统学习，即在教室中开展的讲座和讨论，函授学习目前还不包括在内。

（5）学分银行对教育院校和学生都要进行评估。

（6）学分银行有一个信息中心和在线信息服务系统，为学生提供必要的信息，包括学业规划、学分计算方法，受学分银行认证的院校、学科、指导教师和教学人员，标准化课程和教学大纲，以及获得学位的方法，学生可以方便地访问在线信息系统。

韩国的学分银行制度相对而言较为完善，并建立有配套的覆盖全国的工作架构。但因为过于强调学习结果而不是过程，也产生了一些功利性的问题。韩国学分银行的根本目标并非在于颁授学位，而是希望学习者将自己的知识、学习经验与学分银行的学习项目相结合，以提高自身的学习能力。但是，在韩国社会中学位是获得工作、婚姻和社会声望的资本，取得学位是学习者最主要的学习动机。因此，不少学生似乎并没有表现出对学习的真正关注，仅把学分银行看作是获得升迁或者满足工作需要的一种学费低、费时短的捷径。

四、自学考试创新发展的整体思路

（一）按照终身教育的理念指导自学考试改革发展

当今世界，发展继续教育、终身教育已经成为共识。我国也把建设学习型社会、构建终身教育“立交桥”作为一项重大发展战略。教育规划纲要和考试招生制度改革实施意见都提出，要探索建立多种形式学习成果的认定转换制度，试行普通高校、高职院校、成人高校之间的学分互换，构建衔接沟通各级各类教育、认可多种学习成果的终身学习“立交桥”。在国家进一步加大对继续教育发展的政策支持力度下，自学考试应该主动作为，找准定位，拓展功能，在继续教育体系的建设中发挥更大的作用，为继续教育体系的构建和人力资源强国建设作出贡献。

自学考试创立之初，旨在满足人们日益增长的高等教育需求，补充当时稀缺的高等教育资源，具有一定的历史局限性。随着我国教育事业长足发展，高等教育普及程度明显提高，各级各类教育形式不断完善，人们接受高等教育的需求得到一定程度的满足，但接受个性化教育的需求日益凸显；高等教育资源稀缺的矛盾得到一定程度的缓解，但各种教育资源各自为政、难以互联融通的矛盾日渐突出，某些领域存在重复建设的现象。在这样的形势下，自学考试制度作为国家最灵活的教育考试制度，不应把自身局限于一项考试，而应该建立起一套自学考试制度体系，更注重自我学习过程和自由选择，把自学考试发展成为一项终身教育制度，满足人们在职学习、业余学习、终身学习的需求，为构建终身教育“立交桥”服务。

在终身教育制度的理念指导下，自学考试的内容和形式设计也应该作出新的定位和设计。自学考试过去长期扮演着学历补偿教育的角色，因此考试内容也过多地参照普通高校同类学科的要求，带有浓厚的学历教育、应试教育的色彩。自学考试考生群体结构发生变化后，自学考试应该更多地体现自己的特色，体现继续教育、职业教育、兴趣教育的特点。要科学分析自学考试各个学科的人才培养目标，分等级、分层次设计考试内容和学科，使追求学历教育、职业教育、兴趣教育的不同考生群体可以根据自己的需要选择考试的等次，既保证自学考试的质量，又调动广大考生的积极性，细分考生群体，最大限度地满足不同群体对自学考试这一教育产品的需要。

（二）积极发挥自学考试的教育评价作用

为了提高高等教育质量，国家应建立统一的质量标准体系，对各类教育形式质量进行监督和管理。自学考试在质量评价体系的建设中具有广阔的空间，可以充分利用自学考试的国家考试权威地位和学科门类齐全的特点，根据学科要求、培养目标、人才成长规律等，制订科学合理的评价指标，并按照规范的程序，对不同教育形式的过程、结果、质量等进行考核评价，为各类教育质量的考核评价提供依据，以提高教育质量。

1. 实现自学考试对学生的评价

随着信息技术的发展，大数据时代对信息搜集、整理、统计、分析、挖掘提出了新的要求。自学考试成绩也应该顺应时代潮流，变革过去单一分数呈现的形式，为考生提供一份详尽的考试结果评价报告。不仅是对其本次考试的成绩做一个终结性的评分，还要详细告知考生该考试成绩背后所隐藏的信息，告知考生在这门学科中掌握了哪些知识，达到了哪些学科培养要求，哪些方面还需要加强，今后适合从事什么工作等；为考生提供全面的考试评价服务，发挥自学考试的教育、指导功能，促进考生在今后的学习中找到方向，为学生树立起指示牌，为学生选择后续的教育形式、工作领域等提供指示引导服务。

2. 发挥自学考试对教育质量的评价作用

通过标准化、科学化的自学考试，不仅对参加自学考试的学生知识掌握程度、素质能力等进行考察，还要对其所参加的教育形式进行评价，对前置学习经历在满足课程目标、培养要求、质量标准等方面的表现作出科学客观的判断；建立起国家高等教育质量评价标准和指标，对教育结果进行适当量化比较，并利用大数据技术全面掌握教育信息，开展年际间比较分析，进而为政府决策提供教育发展情况报告和咨询建议，促进教育质量的提高和教育体制的改革。

（三）加强对社会教育资源的整合和利用

随着信息网络技术的长足发展，我们已经进入到互联网时代，如何进一步发挥互联网作用，促进互联网与传统行业的深度融合，已经成为当今世界不可阻挡的时代潮流。2015年的《政府工作报告》提出了“互联网＋”的发展战略，国务院正式出台关于积极推进“互联网＋”行动的指导意见，部署了11个方面的重点行动，并明确提出探索新型教育服务供给方式，大力推进网络化教育、在线教育资源共享、网络学习学分认定与转换制度建设等。“互联网＋”实际上是创新2.0下的互联网发展新形态、新业态，是知识社会创新2.0推动下的互联网形态演进。自学考试应该抓住“互联网＋”的时代机遇，在网络学习资源建设、学习成果认证、碎片化学习方式等方面不断创新，为自学考试找到新的生长点。

一方面，要加强与互联网教育的沟通和衔接。考察互联网教育资源与自学考试专业间的内在联系和区别，建立适当的学分认定和转换程序，按照社会助学的理念，接纳互联网教育的学习成果，促进互联网教育资源的利用和整合。

另一方面，要充分利用大数据的理念，加强对学生信息的挖掘和利用。建立全国统一的学生信息数据库，形成电子档案，涵盖学生的学习经历、学分获取、资格认定等信息，为学生在不同教育形式间的转移提供依据，为其终身学习做好基础服务；建立国家学分银行，实现学生学分的存储、积累和转换，为学生的在校学习、业余学习、职业学习、兴趣学习等提供完整的学习成果积累和转换服务。

（四）促进自学考试与其他教育形式的互连互通

建设全民学习、终身学习的学习型社会，就应该对个人的学习生涯进行全程的记录，实现学习成果的累积和在不同学习形式之间的转换。国外的学分银行制度，就是充分考虑了这一特性，把个人的学习成果用学分银行这个形象的机制储存起来，供个人在需要的时候使用。自学考试应该充分吸收这一经验，建立学习成果累积和互认机制，建立起学生学籍档案，利用大数据技术全面记录学生的学习生涯、历程和成果，实现学习成果的积累和转换，使个人的学习产生累积效应，提高个人的学习积极性，也为其今后的继续学习提供基础，为全民学习、终身学习提供可操作的途径。

自学考试不仅要建立自身内部的学分标准体系，保证自学考试内部不同专业、不同地域、相同课程的学分的互认、衔接、积累和转换，做到系统内的学分互换，还应探索建立完整的自学考试学分体系，设计相应的机制和程序，建立能够畅通衔接各种教育形式的立交桥。一是制订统一的接口标准，二是建立科学规范的衔接连通程序。

一方面，要建立自学考试国家课程学分库，为各类教育形式的衔接确定标准。没有一致的量度接口，各方因素自然会各行其是、形成孤岛，只有建立起统一的标准体系，才能使各种资源融会贯通，在“立交桥”上畅行无阻。自学考试应当发挥自身在专业课程设置上全、新、活的特点和优势，建立起国家课程学分库，建设一套涵盖各学科的课程标准体系，对每个课程的培养目标、学时、知识要求、能力体现等作出细化要求，并量化赋值，使其能平滑地与其他教育形式学习成果对接。学习者所接受的不同类型教育形式，可以对照国家课程学分库的标准体系，获得相应的学习成果认定和学分积累，进而为其后续选择其他教育形式进行对接提供依据和服务。

另一方面，建立科学规范的学习成果互认和转换程序，使各类教育形式的学习成果能够无缝衔接。要促进自学考试与学历教育之间学分的认定和转换。加强与自学考试主考学校的沟通与交流，在国家课程学分库和各高等学校课程标准之间建立实质等价的转换关系，打通自学考试与高等学校课程之间互认互换的渠道。第一，自学考试的学习者通过自学考试获得相应学校的学分，第二，鼓励在学有余力的在校学生根据自己的兴趣、爱好、就业需求选择相应的自学考试课程学习，通过考试后获得相应学分。同时，还要促进自学考试与其他非学历教育形式之间的学习成果互认。自学考试学分申请者，其职业经历、职业培训、资格证书、在线学习、创新创业、科学研究等成果，能充分体现学生的资历、资格和能力，应该按一定的标准转换成相应的学分，纳入学分库统一考量和使用。对接自学考试国家课程学分库，按照学科质量标准、课程设置标准、人才培养标准建立学分积累、转换、认证体系，打通自学考试与其他教育形式之间的沟通渠道。

五、自学考试创新的实践案例研究

自学考试学科体系庞大、课程众多。推动自学考试的创新发展，既要从大处着眼，又从小处着手，在实践的基础上，以某一领域、特定专业为研究对象，分析、研究其按照创新思路发展所面临的挑战和待解决的问题，提出相应的建议和方案。本报告以农科类专业为例，在优化专业结构、实现学分互认、利用网络资源等方面进行积极的实践和探索。

（一）优化和调整农科类专业结构

农科类专业主要面向农林牧副渔工作人员和基层人员服务，根据《高等教育自学考试专业和课程改革方案（征求意见稿）》的精神，结合目前全国自考农科类本、专科层次专业设置情况和各省份报考情况，依据《普通高等学校本科专业目录》和《普通高等学校高职高专教育指导性专业目录》，对农科类专业进行规划和改革。

（1）优化专业类型。将农科自学考试现行的专科、基础科段、独立本科段、本科、本科段 5 种专业类型，优化为专科、专升本 2 种，根据专业不同的要求和特点确定专业类型。

（2）规范专业名称。按照《普通高等学校本科专业目录（2012 年）》，对自学考试本科层次的专业名称进行规范；按照《普通高等学校高等职业教育（专科）专业目录（2015 年）》，对自学考试专科专业名称进行规范。

（3）制订《开考专业清单》。按照适合考生自主学习、符合国家考试要求、与普通高等教育及其他继续教育形式统筹协调的原则梳理现有专业，开考专业以需求量大、适应面广的专业为主，停考、归并口径过窄、不符合国家考试特点的专业；对于与高校本科目录、高职专科目录不一致的专业，经过论证确有必要保留的，作为自学考试特有专业予以适当保留。在此基础上，新列出农科类《开考专业清单》，将现开考的 12 个专科专业调整为 4 个专业，18 个本科专业调整为 10 个专业（见表 18.3）。根据农科专业特点，建议今后在专业设置上与产业需求相衔接，专业调整应适应农村形势变化及发展需求，适时增加农业技术推广、农业社会化服务、家庭农场经营管理和农民合作社等专业方向或设置为特设专业。

表 18.3　高等教育自学考试开考专业清单（农学）

序号	拟列入清单中的专业名称	专业类型
1	现代农业技术	专科
2	园艺技术	专科
3	畜牧兽医	专科
4	园林技术	专科
5	农学	专升本
6	园艺	专升本
7	植物保护	专升本
8	种子科学与工程	专升本
9	动物科学	专升本
10	动物医学	专升本
11	动植物检疫	专升本

续表

序号	拟列入清单中的专业名称	专业类型
12	林学	专升本
13	园林	专升本
14	草业科学	专升本

（二）推动农科类专业积极面向终身教育发展

在终身教育理念的指导下，农科类专业应当积极面向社会个体自主创业、兴趣爱好、职业规划等方面的需求，拓展服务对象，以服务“三农”为己任，在构建“互联网＋自考”人才培养模式及服务体系建设等方面进行积极的探索与实践。

1. 遵循教育规律，系统构建农业专业体系

充分调研社会与行业发展的岗位需求，全面考虑学生生源特征，最大程度发挥农科大学科优势，开设以农科特色专业为核心的专业体系，并着力在专业设置口径、方向调整及学制安排上体现灵活性、多元化应用型人才培养的目标。

2. 制订合理的专业计划，体现灵活机动“互联网＋”人才培养模式

针对农村基层干部，开展定向培养工程；以农村基层乡村干部、后备干部以及致富带头人等“领头羊”为主要对象，以农村社会经济发展和管理为主要内容，以远程教育为主要手段，开展农村基层干部学历教育和在岗能力培训。

农科类自学考试为新农村建设培养了一大批乡村基层干部和致富带头人，受到地方政府的普遍欢迎。

针对贫困地区青年骨干，开展温暖助学行动。帮助贫困地区高中毕业后的青少年实现就业与享受高等继续再教育，缓解社会就业压力，提高贫困人口的文化职业素质和自我脱贫能力；缓解我国发达城市电子高新技术企业和酒店、餐饮、休闲等行业的招工压力，针对企业需求制订专门的教学计划和学习制度，工学结合，实行订单式培养，尤其注重学生的生产实习和社会实践。学生可以在企业承建的教学基地实践学习，实现了就业入学两不误。

3. 科学组织教学资源，夯实专业建设基础

教师是教学过程中的关键人物。努力打造由农大名师领衔、校内优秀中青年教师为主力，校外专家学者助阵的师资团队，特别强化对一线实践型师资的选用。通过实施“名师与教学团队工程”，形成一支由主讲教师、辅导教师、教学设计和技术开发人员组成的数字化资源建设队伍，建设包括专题讲座库、教学案例库、素材库、答疑库、测试题库、考试题库等教学资源库，形成了网络课件、光盘课件、网络教育系列教材及讲义等系列教育资源产品。这些数字化教学资源和素材，全面覆盖涉农领域专业体系，满足农村基层学员的现实需求。

4. 贴心服务农科专业新群体

2015 年中央一号文件要求在经济发展新常态下，继续强化农业基础地位，切实防止出现忽视农业的倾向。强化农业基础地位主要包括稳定发展农业生产、加快高标准农田建设、扶持农民专业合作社和龙头企业发展、增强农村金融服务能力等几个方面，这样的农业生产技术人才、农业经营管理人才、农村金融服务业人才都是农科自学考试需要服务的新群体。

（三）探索农科类专业在不同教育形式间的学分互认机制

为了对不同教育形式的学习成果进行认定，需要对不同形式的学制、课程分类、课程设置、学分要求四个方面进行比较研究，在此基础上建立一套通用的学分互认标准，包括认证的原则、方法、依据、标准、细则等。以中国农业大学的动物医学专业为例，对全日制普通高等教育、网络教育和自学考试的专业计划进行对比，找到之间的区别与联系，进而探索学分互认的切入点和办法。

1. 三种教育形式同一专业的异同点分析

虽然同属于动物医学专业，在课程核心内容和专业定位上具有共通之处，但是不同教育形式因培养群体和培养目标不同，专业计划也存在差异，在学制、课程分类、课程设置、学分要求方面各具特色。

学制方面：自学考试没有设定最长修业年限；普通高等教育动物医学专业本科学制为5年；网络教育修业年限为2.5～6年。

课程分类：自学考试分为公共基础课、专业核心课、选考课和毕业实践四大类；普通高校分为通识教育（含思想政治理论课、大学外语、计算机、体育、人文社科、经济管理、文学艺术类等）、基础教育（基础课、学科大类基础课）、专业教育（专业必修课、专业选修课）和实验实践（实验实习、课程设计、毕业论文、毕业设计等）四个部分；网络教育分为通识课（人文社科、自然科学）、专业教育课（专业基础、专业核心）、任选课和综合实践。

2. 动物医学专业在三种教育形式间进行学分互认的思考

通过对三种形式、四大课程模块的对比分析，有以下几点建议与思考。

（1）建议三种教育形式在通识教育和专业教育中开展学分互认。个性教育和实践性环节的课程随机性比较大，不好把控。通识教育中4门思想政治理论课（思想道德修养与法律基础、毛泽东思想、邓小平理论和“三个代表”重要思想概论、马克思主义基本原理，中国近现代史纲要）的课程名称及教材都是相通的，完全可以互认；专业教育中不论学科基础课、专业核心或者专业选修、专业必修课程也有一定比例的重合。如果想在三种教育形式之间开展学分互认的话，共通部分的内容就是不同形式间学分认定的基础和可能。

（2）需要建立统一的学分计量和换算标准。三种教育形式的学分换算规则不同，课程的计算单位是学时和学分。学分的多与少表明课程内容的分量及其在专业考试计划中的地位。目前三种教育形式学分换算标准不同：自学考试一般为18学时计1学分，实践性环节考核的学分数根据具体情况确定。网络教育20学时计1学分，每学时45～50分钟；普通高等教育理论教学一般按照16学时计1学分，每学时45分钟。

即使同一门课程在三种形式中都开设，学分设置也不同，如马克思主义基本原理有4学分、5学分、3学分，兽医微生物学有4学分、5学分。课程名称一致或基本一致的课程可以进行互认，但是该课程到底该设置为多少学分需要进行讨论。

（3）专业课程的设置具有一定的灵活性。同一门课程放在本科段还是专科段，不同教育形式根据教学需要处理方式不同，比如兽医免疫学、畜牧概论在三种教育形式中的课程名称一致，但是在专业计划中，自考兽医免疫学设为专升本的专业课，而网络教育和普通高等教育设置为高起专的专业课。自考和普通高等教育将畜牧概论设为高起专的专业课，网络教育将其设为专升本的专业课。此类课程是否可作为跨层次的学分进行互认，尚需要进一步论证。

（4）对课程内容的互认需要深入研究。通识教育的思想政治类课程，名称统一，教材是全国“一本通”。专业教育中有部分课程虽然名称相同或相近，但是授课教师及教材不同，考核的侧重点不同，在课程内容上互认上应该采用什么样的标准，有待进一步研究讨论。

（5）从选课范围来看，三种教育形式均实行选课制，但是选课范围大小不同。自学考试计划课程门数相对较少，公共基础课中思想政治课是必考，英语选考，专业核心课是必考，选考课中即使涵盖了省荐课程也超不过 10 门；网络教育的每类课程都有很大的选择空间，动物医学专升本计划提供了 76 门课程，273 学分，学生按照每类课程学分要求选满 80 学分并参加统考课程就可以申请毕业。普通高等教育的学生选择范围会更广。建议自考也适当增加一些课程，让学生有更大的选课学习空间。

（6）开展学分互认还要建立在对三种教育形式不同定位的深刻理解上。只有把握住三种教育形式的定位和目标群体的异同，才能找到学分互认的基础，求同存异。虽然自学考试、普通教育、网络教育都是为学生提供教育服务，但是在人才培养目标和服务群体方面有明显差异。

自学考试对社会全体成员开放，无年龄、身份、文化程度、地域等方面的限制；考生可以自由地选择专业、学习时间和方式，自主决定考试时间和考试科目，而且没有修业年限限制，每门学科的考试都可重复进行，直到考试成绩合格为止，使考生拥有最大限度的自由。自学考试以培养应用型、职业型和技能型人才为主，同时兼顾社会文化教育的需要。

普通高等教育招收的是高中毕业生或同等学力学生，主要培养具有宽厚的基础知识、扎实的专业技能、良好的人文素养、富有创新意识的高素质复合型人才。以动物医学专业培养目标为例，该专业培养具备扎实的基本理论、基本知识和基本技能的高级兽医人才，使之胜任动物医学、兽医业务部门、动物生产单位及相关部门的兽医临床、防疫检疫、教学科研等工作。可以看出，普通高等教育对人才的理论知识、实践技能、创新和科研能力都有一定的要求，而网络教育和自学考试对创新和科研都没有这样的高要求。

网络教育面向的是成人在职学生，专科以理论够用为度，重点培养学生理论联系实际能力，本科则在专科基础上进一步加强理论学习，拓宽专业口径，提升专业素养。专本科在培养目标、课程体系上相互衔接，紧密配合，为现代农业和农村发展培养高素质的应用型人才。

3. 探索动物医学专业在学历和非学历教育形式之间的互认

自学考试动物医学专业学历与非学历学习成果的互认，体现在对职业资格证书的认可上。要在对动物医学专业职业资格证书种类、报考条件、报考要求及考试科目等要素进行梳理的基础上，建立学习成果鉴定认可的办法。

（1）全面了解考生的非学历教育经历。在开展学分互认前，首先要了解农科专业学生先前的学历教育成果、非学历教育成果、奖项类和培训类成果。比如动物医学专业的职业资格证书有 5 种，还分为很多等级：执业兽医师（不分级）、宠物医师（四级—中级、三级—高级、二级—技师）、动物疫病防治员（初级、中级、高级）、动物检疫检验员（初级、中级、高级）、兽医化验员（初级、中级、高级、技师、高级技师）。可以考虑将“持有职业资格证书”作为一项基本信息列入自考生信息，学生提交电子版的职业资格证书。

（2）科学制定学分互认的基本原则。同一课程在不同形式专业计划中由于地位与分量不同，设置专科还是本科也具有很强的灵活性，可能会涉及低免高的情况。目前课程免修免考类型有三种：高一层次课程的免修；同一层次课程免修；低一层次的课程免修，如低一层次的专业可免高一层次的某课程；资格证书的免修因为等级的不同也可能涉及低免高的情况。目前我国职业资格证书的发证机关有国家级（农业部、人力资源和社会保障部等）、省市级（职业技能鉴定中心），仅人力资源和社会保障部就有 1 000 多种职业资格证书，如何对这些证书进行学分认定，需要认真研究并确立基本原则。

（3）制定动物医学专业学分互认细则。如持有执业兽医资格证的学生报考专升本层次时，可申请免修计划中的三门专业课程（兽医临床诊断学、兽医传染病学、兽医寄生虫学）中的任意两门；持有宠物医师证书的学生报考专升本层次时，可申请免考宠物医师专业实习；持有动物疫病防治员、动物检疫检验员、兽医化验员等的学生报考高起专层次时，考虑到学生考证期间具有专业能力和技能操作的考核环节，可以申请免考“实践报告”；报考专升本层次时，可申请免考专业实习，如动物疫病防治实习、动物检疫检验实习、兽医化验实习等。

（四）加强农科类专业网络教育资源的建设和利用

1. 充分利用互联网技术，搭建统一农科网络服务平台

目前，中国农业大学以农科特色资源建设为核心，以农村农业农民为服务主体，以服务“三农”、服务社会为目标，在深入调研的基础上，联合南京农业大学、华中农业大学、西北农林科技大学、北京林业大学、东北林业大学等多所农林高校，建立了面向“三农”的农村网络教育教学资源库，搭建了数字化学习资源开放服务平台，今后将进一步增强合作，扩大网络覆盖范围，推动优质资源全民共享。

2. 发挥主考学校优势，推动精品资源共建共享

自学考试的主考学校多是有一定学科优势的名牌高校，其教学资源、师资力量都具有很强的实力，他们开办助学活动，就不能仅仅限于多开几个助学专业或多招多少人，而是要发挥他们的引领作用以及优势资源的示范作用。自学考试与高校联合，共同建设一批面向自考生的名牌专业、精品课程，既体现高校的办学特色，又具有职业性、应用性等自学考试的专业特点，以带动自学考试助学的教学质量的全面提高，增强其办学活力，增加社会考生的吸引力。农科专业考试计划中设置了公共基础课、专业核心课、选考课和综合实践四种类别的课程，公共基础课和部分专业核心课程资源可以共建开发。

同时，可以引进优质网络学习资源，包括专业性很强的动物解剖与组织胚胎学、兽医

寄生虫学等精品网络课程，与大众生活密切相关的食品安全与日常饮食、食物营养与配餐、中医食养食疗、家庭养花、经济动物与宠物饲养等网络课程，桃、梨果园重要害虫综合防治技术、桃树病害的防治等农业实用技术类专题，农村土地承包经营权及其流转、农村社区发展的途径、农业推广的策略选择等新农村建设类资源，还有国家级资源共享课、微课、慕课等，根据农科专业自考生学历和非学历的不同需要采用不同的学习课程。

3. 提升服务水平，为考生提供优质便捷的助学服务

以学生为中心，开展多种导学、助学活动，利用学习网站、课程论坛、视讯系统、BBS、短信平台、电话、电子邮件等对学生加强学习指导和服务；积极引导和鼓励学生网上学习，提醒和指导学生及时完成各教学环节的学习任务，将导学、助学、督学、促学服务贯穿于学习的全过程；建立统一的、规范的农科专业自学考试助学单位，形成助学服务体系，该体系可以为自考生提供优质网络教学资源，准确、及时地解题答疑；承担实践环节教学与实践技能培训，协助主考学校组织实施实践课程的考核；提供增值服务，如农业实用技术培训、农业政策咨询、就业指导与培训、就业信息提供等。

附：自学考试分会简介

自学考试分会成立于2004年9月25日，主要研究探索社会主义市场经济条件下高等教育自学考试的特点和规律，为高等教育自学考试事业持续健康发展服务。分会现任理事长为国家督学、教育部考试中心研究员戴家干，秘书长为教育部考试中心王和军。分会秘书处办公地址设在教育部考试中心。

第十九章

深化教育综合改革
推进示范基地建设

——继续教育分会专题报告

2011 年 5 月，教育部、财政部批准的“高等学校继续教育示范基地建设项目”正式启动，清华大学牵头，北京大学等 50 所高校参加。清华大学组建了总课题组，清华大学原常务副校长程建平任项目负责人，清华大学继续教育学院党委书记刁庆军、继续教育处处长邓丽曼分别担任总课题组组长、副组长。教育部于 2011 年 12 月在全国继续教育工作会上，专门举行了“高等学校继续教育示范基地”授牌仪式，时任副部长鲁昕为 50 所示范高校授牌。

清华大学切实担当起全面组织、协调项目实施的重要责任，牢牢把握项目实施的正确方向，搞好项目顶层设计和总体规划，精心实施项目全程管理，取得了丰硕的理论和实践成果。

一、高校继续教育示范基地的建设创新

“高等学校继续教育示范基地建设项目”紧紧围绕深化高校继续教育综合改革主题，重点把握四个主攻方向：一是根据国家经济社会发展全局战略需求，探索有利于进一步发挥高校自身优势和特色，搞好继续教育的管理体制、运行机制；二是根据行业、企业和地方需求，探索非学历继续教育的发展与服务模式，以及非学历继续教育、学历教育和职业教育的衔接、沟通机制；三是根据学习者多样化学习需求，探索如何创新继续教育课程体系、教学方法、人才培养模式，如何建立继续教育质量保障体系，举办高质量、高水平的学历和非学历继续教育；四是根据教育信息化需求，探索如何加快互联网与现代信息技术在继续教育领域的广泛应用，包括继续教育公共服务平台的搭建以及优质数字化教学资源的共建共享。经过示范高校四年的努力，成功探索了高校继续教育持续发展新模式。

（一）继续教育创新发展理念

各示范高校进一步明确高校继续教育重大使命与战略任务，形成了以“服务大局、能力为本、质量第一、特色办学、促进公平、开放共享”的新理念。

（1）创新体制机制。各示范高校努力构建对内统筹管理、职责分明、规范有序的继续教育管理新体制，以及对外高校主体、多方联动、产教融合、校企合作、资源汇聚、共建共享的新机制。

（2）创新人才培养模式。各示范高校将国家需求、组织需求、岗位需求、个人需求与学校优势特色专业学科对接，坚持以学习者为中心、行业企业需求为导向、知识和能力并重、理论与实践结合的办学指导思想，探索形成了包括“学历＋技能”“诊断＋设计＋实施＋评价”等多类型应用型人才培养的新模式。

（3）创新发展模式。各示范高校立足学校实际，分别形成了校内统筹发展、与行业形成战略合作发展、基于行业岗位标准发展、基于联盟平台发展、多方联动合作发展以及国际化发展等新模式。

（二）服务国家经济社会发展战略

各示范高校把服务国家经济社会发展作为基地建设的主线，积极回应国家重大战略实施，及时提供各种人才培训支持和服务；充分发挥自身区位、学科等优势，构建立足和服务于区域经济社会发展的继续教育办学体系；围绕转变增长方式，促进产业结构转型升级，积极促进人才队伍能力建设。

（三）促进人才队伍的专业能力提升

各示范高校以知识传授、能力培养、价值塑造为核心，以加强人力资源能力建设为目标，以服务党政干部队伍、行业企业人才队伍、专业技术人才队伍、高技能人才队伍、农村实用技术人才队伍、社会工作人才队伍“六支人才队伍”及中小学教师等为重点，大力发展职业导向的非学历继续教育，特别是加强重点领域急需紧缺专门人才和高层次创新人才的培训，不断提高高校继续教育服务国家人力资源开发的能力。

（四）加强继续教育质量内涵建设

各示范高校以学员为中心，把确保质量放在继续教育工作的首要位置，不断加强过程管理，规范质量管理流程，完善质量管理制度，制订质量标准，创新继续教育质量管理模式。

（五）继续教育与职业教育融合发展

许多示范高校建立继续教育与职业教育融合发展新模式，继续教育与职业教育做到五个对接：继续教育的专业设置与产业发展、职业岗位对接；继续教育专业课程内容与职业标准对接；继续教育教学过程与生产、劳动、管理等过程对接；学历证书与职业资格证书对接；职业教育与终身学习对接。

（六）搭建终身学习“立交桥”

部分示范基地所在高校尝试进行学历教育与非学历教育融合互通的改革实验，探索建立成人教育“学分银行”制度，使同层次、规格、形式教育之间的学分实现互认和不同层次、规格、形式教育之间的学分实现兑换。

（七）加快继续教育信息化建设

各示范高校积极推动现代信息技术与继续教育的深度融合，以现代信息技术促进各类教育融合发展；以现代信息技术推动远程非学历教育发展；以现代信息技术推动数字化学习资源共建共享，形成了新型的现代远程教育办学服务体系，构建了融教学、管理、服务于一体的数字化学习平台，继续教育迎来了信息化建设的快速发展时期，教学和服务功能不断提升。

二、高校继续教育示范基地建设成效

经过三年多探索与实践，示范基地建设取得了七个方面的成效。

（一）对继续教育认识深化

各示范高校充分认识到，继续教育是国家终身教育体系的重要组成部分。大力发展继续教育，事关从有实践经验者中加快培养大批新型人才，事关广大公民素质的提高和全社会的进一步和谐。同时，发展一流水平的继续教育，也是创建一流大学的一项重要战略任务。

（二）理论创新特色鲜明

各示范高校对继续教育发展理论进行了深入研究，共发表优秀继续教育学术论文 233 篇，论文就高校继续教育发展和建设情况进行了深入分析，对高校继续教育的实践探索进行了深刻总结，提出了许多创新性的对策建议，主要涉及继续教育发展理念、体制机制创新、项目与课程开发、资源建设、市场开拓、质量管理与建设、学习服务体系建设、技术创新等。

（三）实践探索成果丰硕

主要包括研究报告 63 份，示范性案例 201 个，品牌培训项目 279 个，精品课程 512 门，教学基地 1 573 个（其中包括 2014 年 40 所高校校企合作培训基地 991 个，校地合作培训基地 332 个）等。

（四）人才培养成效显著

各示范高校面向行业、企业、社会，大规模培训高层次、实用性人才，培训规模逐年上升，提升了各类人才的素质能力，展示了高校作为继续教育在经济社会发展和人力资源强国战略中的力量和作用，体现了高校继续教育的主力军、主阵地的地位和形象。据统计，2011—2014 年 50 所示范高校举办各类非学历培训班 52 405 个，培训 3 428 005 人次；非学历远程培训 10 092 893 人次。

（五）继续教育发展瓶颈难题有效突破

通过项目实施，重点解决了继续教育发展面临的共识不多、定位不准、体制不顺、思路不清、抓手不足、能力不强等问题，对高校继续教育在发展战略、体制机制、运作模式、人才培养、质量管理、技术应用等方面棘手难题提出了一系列对策思路，提升了高校继续教育的社会服务能力和水平。

（六）继续教育信息化进展迅速

各示范高校以信息化为引领，变革教育教学方式，创新支持服务模式，努力建设和整合各类网络精品课程、模块化课程、微课程等新型、优质数字化资源，促进高校优质教育资源向社会开放，并建设了一批基于联盟平台的综合性、行业性继续教育数字化资源中心及其公共学习服务平台。

（七）示范引领作用明显

项目实施过程中，总课题组及时以理论著作、研究文章、总结材料、调研报告、学术论文、创新案例、规章制度、发展规划等多种形式，及时通过上级有关文件、继续教育社团组织、学术论坛、有关展览、内部报告会、总课题组长会、各小组会等多种渠道进行展示、宣传和推广。通过《中国远程教育》和《继续教育》杂志设专栏连续报道示范基地建设项目的宝贵成果。

三、高校继续教育示范基地建设项目评价

2015 年 5 月 15 日上午，教育部专家组对“高等学校继续教育示范基地建设项目”进行结题总验收，时任教育部职业教育与成人教育司副司长刘建同主持了总验收会议，远程与继续教育处处长刘英出席，8 个子课题负责人、部分课题组成员共 50 余人参加。刁庆军代表总课题组从项目概述、项目成效、建设内容、创新成果、政策建议五个方面向专家组作了汇报。中国石油大学（华东）、华南师范大学、石家庄邮电职业技术学院分别代表项目学校进行了典型发言。

专家组对项目成果一致给予高度的认可和评价。北京师范大学陈丽教授用“有组织、有思路、有协调、有管理、有指导、有总结”等“六个有”高度评价课题研究组织管理工作的扎实、有力和到位，并用“有创新、有成效、有影响”等“三个有”充分概括和肯定了该课题取得的丰硕成果。国家教育咨询委员会委员季明明指出：“该课题是国家教育改革和发展规划纲要颁布以来教育部在我国继续教育领域所推进的持续时间长、涉及面广、规模最大的继续教育研究课题，是 50 所高校包括支持和参与项目实施的地方政府、相关企业、相关行业通力合作、协同创新的丰硕成果，彰显了围绕中心、服务大局的鲜明

特色，展示出高校继续教育在服务经济社会和人的全面发展中所具有的强大力量，清晰和有说服力地回答了‘高等学校为什么要搞继续教育、怎么样搞继续教育以及搞成什么样的继续教育’的重要命题，有利于加快构建终身教育体系，对于全面促进与倒逼普通高校深化改革也具有重要的启迪。”

专家组一致认为：本项目理论创新突出，实践效果显著，示范作用明显，是一项内涵十分丰富、促进我国继续教育深化综合改革的示范工程；是努力实施国家人才强国战略、惠及相关行业人才队伍能力建设的一项重要基础工程。

四、案例：清华大学实施继续教育全覆盖全过程管理

（一）深入研讨继续教育发展战略规划

“十二五”时期，清华大学在主管校领导主持下，学校继续教育管理职能部门、继续教育学院、有关专业院系等办学单位共同研讨学校继续教育发展战略规划，举行了10余次大小研讨会、院长工作会议，就继续教育综合改革和发展定位达成共识，指出新时期继续教育工作一定要与一流大学建设结合起来，要从大到强到精；面临二次创业，继续教育发展要明确定位，精心布局，要与学科发展结合起来，克服当前资源不足的困难；在转型关键时期，要解放思想、积极创新，保持学校继续教育的引领优势；继续教育要进一步提升质量、创立品牌，为学校、为国家、为社会多做贡献。

清华大学将继续教育发展战略规划取得的共识与成果梳理凝练后，融入学校综合改革方案中，写入《清华大学综合改革方案》其中第42条“深化继续教育体制机制改革”，提出改革完善继续教育管理模式，健全社会监督机制与质量保障体系，将所有培训机构的培训活动纳入学校统一管理，在此基础上建立有效的奖惩机制；强化质量导向，健全项目开发、课程设计、教师选聘、教学评价等有效机制。《清华大学综合改革方案》第42条为实施继续教育“全覆盖”“全过程”管理相关政策指明了基本方向，提供了行动指南。

（二）部署实施继续教育“全覆盖”“全过程”管理

2015年1月26日，清华大学举行教育培训工作会议，清华大学党委陈旭书记出席会议并讲话，部署实施继续教育“全覆盖”“全过程”管理。陈旭强调，各单位要统一思想、提高认识，各单位领导要负起责任，把落实文件要求作为重要任务抓好，这既是中央和教育部的要求，也是学校的自觉行为和举措，是与学校综合改革及一流大学建设密切相关的，是今后的新常态。要坚决把中央和学校的要求落实到位，学校有关部处、职能部门要加强监管。会上正式印发《清华大学关于教育培训实施“全覆盖”“全过程”管理的若干意见》。

“全覆盖”“全过程”管理目标是要进一步深化继续教育体制机制改革，推进继续教育模式实现战略转型，提升核心竞争力，持续提高办学质量和水平，更好地服务国家战略和世界一流大学建设。

“全覆盖”“全过程”管理主要内容包括以下几方面。

1. 关于"全覆盖"

学校非学历非学位教育培训项目及相关活动必须全部纳入继续教育处统一管理。所有教育培训项目的立项、合同、招生宣传材料及与教育培训活动相关的会议、论坛等都需通过教育培训信息管理系统进行报批，一期一报，审核通过后，方可开展相关活动。强调各培训单位不得自行立项，自行印制发放证书。为推广宣传教育培训项目而举办的会议、论坛等按照项目实施管理，也须向学校申报。

2. 关于"全过程"

要求各办学单位对教育培训的全过程必须实施监督和管理，各单位须直接管理、专人负责教育培训活动，各单位领导签订责任书。不得下放、转移办学权，各单位须完全自主开展招生工作，不得再委托或授权任何校外单位及个人进行招生，也不得接受社会机构和个人面向社会招收的生源，不得将培训经费外传分配给招生合作方。办学单位教育培训经费及与教育培训相关的会议、论坛等收入的管理和使用，须严格遵守上级及学校财务规定，全部纳入学校财务统一管理，严格执行"收支两条线"，办学单位不得授权合作单位以任何形式代收教育培训相关费用。

3. 关于师资队伍

实施教育培训兼职教师签约管理办法，原则上教育培训项目 50%（含）以上师资须来自清华，50% 的教师队伍必须相对稳定。

此外，清华大学控股、参股企业，不得举办冠以"清华"名称、商标、标识的教育培训项目，名称中含有"清华"字样的校办企业如需开展教育培训项目，须与本单位业务密切相关，并纳入学校继续教育处统一管理。

（三）部署制定、修订、完善继续教育管理规章制度及配套改革文件

2015 年 4 月，清华大学召开全校继续教育工作会议，清华大学校长邱勇、副校长杨斌出席会议并分别讲话。这次会议在更广的范围宣传和贯彻落实学校印发的《清华大学关于教育培训实施"全覆盖""全过程"管理的若干意见》以及相关配套文件。会上，邱勇强调指出，各培训单位要统一思想、提高认识，各单位领导要负起责任，在教育培训模式调整和转型过程中要毫不动摇地落实继续教育"全覆盖""全过程"管理，加强制度建设，坚决把中央和学校的要求落实到位，各培训单位、各部门要共同努力，做好自查自纠和整改工作，积极推进继续教育领域的综合改革和战略发展规划工作。

2016 年 2 月，清华大学校务会议讨论通过《清华大学非学历非学位继续教育管理规定》，同时废止 2004 年校务会议通过的原《清华大学教育培训管理规定（试行）》，进一步明确了继续教育是学校教育事业的重要组成部分及学校履行职能的重要方式之一，强调学校继续教育定位于非学历非学位，坚持以服务国家战略、履行社会责任为宗旨，坚持以改革创新为驱动、以队伍建设为基础、以品牌建设为核心、以信息技术为支撑的可持续发展道路。

学校继续教育相关办学单位认真学习领会学校改革文件，理解学校深化继续教育体制机制改革的举措，对教育培训项目及经费全部纳入学校"全覆盖"管理、取消招生合作方、加强规范管理等表示赞同和支持，对实施"全覆盖""全过程"管理的必要性、紧迫

性和意义达成共识：

（1）在依法治国、依法治校、依法治教的大背景下，学校制订《关于教育培训实施“全覆盖”“全过程”管理若干意见》面临难得的契机，应该抓住机遇，调机制、转模式、强能力、塑品牌，以实现教育培训的可持续发展和新的引领。

（2）实施“全覆盖”“全过程”管理是中央和教育主管部门对学校提出的要求，是学校贯彻落实中央有关精神的重要举措，也是学校加强规范管理内在要求，是建设一流继续教育的使命所驱动的。

（3）清华大学自2002年进行继续教育体制机制改革、实施“管办分离”至今，在本行业、本领域实现了长期引领的作用，但发展至今，学校教育培训在发展规模和质量上已经遇到新的瓶颈，难以很好地适应和服务于清华大学建设世界一流大学的奋斗目标，现有的运行和发展模式在兄弟高校中逐渐失去竞争优势和引领地位，改革和转型迫在眉睫。

（4）学校实施继续教育“全覆盖”“全过程”管理以来总体上取得积极的效果，对教育培训活动的监管力度及规范力度加强，教育培训运行模式、市场拓展模式实现转型，教育培训师资队伍结构发生转变，清华大学师资占比增加，各培训单位对继续教育“全覆盖”“全过程”管理政策总体上认真执行、落实到位，也克服了业务上和操作过程中的各种困难，一些兄弟高校也学习和借鉴清华大学的做法，进一步加强规范管理。

（5）清华大学面向社会开展非学历非学位的教育培训活动是学校人才培养和社会服务职能的重要体现，也是服务国家经济社会发展战略和人才强国战略的重要途径之一。在贯彻落实中央协调推进全面建成小康社会、全面深化改革、全面推进依法治国、全面从严治党“四个全面”战略布局的过程中，清华大学在继续教育领域积极深化体制机制改革，探索并实施对教育培训的“全覆盖”“全过程”管理，按照中央的要求进一步严格规范，面向党政机关、国有企业、事业单位领导干部开展培训，以及面向其他各类社会在职人员开展继续教育办学活动，在兄弟高校中起到引领和示范作用。在新形势下，清华大学将继续深入研究国家和社会对继续教育的需求，进一步完善继续教育管理体制机制，促进学校继续教育工作迈上新台阶。

附：继续教育分会简介

继续教育分会成立于2003年9月8日，从事继续教育科学研究、实践探索等学术交流活动及面向会员的专业培训。分会现任理事长为北京大学继续教育部部长刘力平，秘书长为北京大学继续教育部副部长杨学祥。分会秘书处办公地址设在北京大学。

后　记

2016年，中国高等教育学会正式出版了《高等教育改革与发展专题观察报告（2015）》，在高等教育领域获得了较好的反响。2017年7月，学会选举产生了第七届理事会。新一届学会领导班子明确提出，要在高等教育研究新型智库建设方面有所作为、有所贡献、有所建树。学会高度重视专题观察报告的编撰工作，划拨专项经费予以支持，并拟将其作为学会工作的“精品工程”长期开展下去，力争使专题观察报告能够为资政、资教服务。

中国高等教育学会目前共有67家分支机构，其中19家分支机构提交了《高等教育改革发展专题观察报告（2017）》初稿，这19家分支机构和撰稿人分别是：

院校研究分会，撰稿人刘献君、余东升、陈敏、张俊超、雷洪德、刘怡；

教育信息化分会，撰稿人蒋东兴、沈富可、种连荣、顾涛、宋式斌、云霞；

产学研合作教育分会，撰稿人王嘉颖、张炼、王晓燕；

引进国外智力工作分会，撰稿人廖茂忠、夏红卫、严军、徐瑶、白燕、朱洁媛、张颀；

薪酬管理研究分会，撰稿人孟超英、徐启飞、刘婉华、杨家福、于頔；

辅导员工作研究分会，撰稿人夏晓虹、王海宁、田丹丹、郭诗平、马加名；

校史研究分会，撰稿人徐骞、周小燕、欧七斤；

大学素质教育研究分会，撰稿人庞海芍、满都拉、高翔；

教学研究分会，撰稿人王青林；

体育专业委员会，撰稿人毛丽娟、孙麒麟、王坤；

创新创业教育分会，撰稿人杨芳、韩雷；

工程教育专业委员会，撰稿人邹晓东、陆国栋、张炜、沈静媛、李飞、李拓宇；

中国林业教育学会高等教育分会，撰稿人田阳、王兰珍、康红梅、曾凡勇、孙楠、赛江涛、周春光、陈贝贝；

医学教育专业委员会，撰稿人曾因明、邓小明、李文志、王国林、郭曲练；

外国文学专业委员会，撰稿人凌建侯、刘发开、梁瑞曼、郑春光、张冰、董晓；

秘书学专业委员会，撰稿人王世红、郝银奎、路振文、王守福、王振祥、张东昌、闫红；

高等财经教育分会，撰稿人夏鹏鹏、路宇亮、马增伦、张国才；

自学考试分会，集体撰稿；

继续教育分会，撰稿人郭大勇、李建斌、嵇炀、毕国平、刘芳、党杰、梅雨、薛晖、黄婕、李建国、汤丹阳。

本次编撰工作从发出通知、收集提纲、修改条目、汇总初稿到反馈修改、收集终稿、全文校对、清样出版，历经一年半有余，每一个环节都凝聚着参与人员的智慧与努力。学会副秘书长叶之红作为统稿人，亲自把关，修改了每一篇报告；学会秘书处学术与交流部高晓杰主任作为编撰工作的总协调人，参与到成书的各个环节，反复沟通、修改反馈，保障了编撰工作的顺利开展；学术与交流部高良军、窦道阳、王怡倩、李珊同志投入大量时间精力组织修编、校稿；于洪洪、刘好汉、管恩浩同志在课题管理和沟通上做了大量工作。尽管如此，报告文稿依然可能存在诸多瑕疵和不足，欢迎读者多提宝贵意见。

“自是世间无妙手，古来何事不由人。”当《高等教育改革与发展专题观察报告》（2017）清样完毕、付梓成书之际，我们感到由衷欣慰，特别感谢各方的支持和参与。